D1664678

Handwörterbuch

Jens Löcher [Hrsg.]

Grundsicherung für Arbeitsuchende

SGB II

Prof. Dr. Ulrich-Arthur Birk, Universität Bamberg | **Prof. Dr. Frank Ehmann,** Fachhochschule Frankfurt am Main | **Prof. Dr. Jens Löcher,** Hessische Hochschule für Polizei und Verwaltung, Wiesbaden | **Prof. Dr. Ralf Roßkopf,** Hochschule für Angewandte Wissenschaften Würzburg-Schweinfurt | **Prof. Dr. Carsten Wendtland,** Hessische Hochschule für Polizei und Verwaltung, Wiesbaden

Nomos

Die Deutsche Nationalbibliothek verzeichnet diese Publikation in
der Deutschen Nationalbibliografie; detaillierte bibliografische
Daten sind im Internet über http://dnb.d-nb.de abrufbar.

ISBN 978-3-8329-5877-0

1. Auflage 2012
© Nomos Verlagsgesellschaft, Baden-Baden 2012. Printed in Germany. Alle
Rechte, auch die des Nachdrucks von Auszügen, der fotomechanischen
Wiedergabe und der Übersetzung, vorbehalten. Gedruckt auf alterungsbe-
ständigem Papier.

Vorwort

Juristische Wörterbücher haben in den Rechtswissenschaften aus guten Gründen Tradition. In lexikalischer Form aufbereitete Rechtsbegriffe ermöglichen einen einfachen Zugang zum jeweiligen Rechtsgebiet und Orientierung. Der Rechtsanwender oder Rechtsinteressierte erhält inhaltliche Erläuterungen, die sich nicht nur auf den jeweiligen Begriff, sondern auch auf seine Bedeutung innerhalb der Rechtsordnung oder des jeweiligen Rechtsgebietes erstrecken.

Das Handwörterbuch Grundsicherung für Arbeitsuchende möchte an diese Tradition anknüpfen. Es bietet kurze, präzise Definitionen aller wichtigen Rechtsbegriffe des SGB II, erläutert sie tiefgehend und erhellt deren rechtliche Zusammenhänge. Hierdurch sollen diejenigen praktische Hilfestellung erhalten, die als Praktiker oder Lernende schnelle erste, aber zugleich möglichst tiefgehende Informationen zu den einzelnen Rechtsbegriffen, deren Bedeutung und Stellung innerhalb des SGB II erhalten möchten.

Die alphabetische Aufbereitung ermöglicht ein gezieltes Nachschlagen. Die Definitionen und Erläuterungen erleichtern die unmittelbare Rechtsanwendung durch Rechtsanwälte, Richter und Mitarbeiter von Jobcentern und der Sozialen Arbeit. Studierenden und Auszubildenden wird durch diese besondere Aufbereitung des Wissens das systematische und zielgerichtete Lernen wesentlich erleichtert.

Ein Wörterbuch erfüllt seinen Zweck nur, wenn es alle wesentlichen Rechtsbegriffe eines bestimmten Rechtsgebietes erläutert. Sollte ein Leser ein Stichwort vermissen oder eine tiefgründigere Darstellung von Stichworten wünschen, so sind Verlag und Herausgeber für einen entsprechenden Hinweis dankbar.

Wiesbaden, im Mai 2012   Jens Löcher

Inhalt

Stichwortverzeichnis

Abkürzungsverzeichnis

AA	Agentur für Arbeit
aaO	am angegebenen Ort
ABM	Arbeitsbeschaffungsmaßnahme(n)
Abs.	Absatz
aF	alte Fassung
AG	Arbeitsgemeinschaft, Aktiengesellschaft
ALG	Arbeitslosengeld
AMS	Staatsministerium für Arbeit und Sozialordnung, Familie und Frauen
Anm.	Anmerkung
Art.	Artikel
AsylbLG	Asylbewerberleistungsgesetz
AufenthG/EWG	Gesetz über Einreise und Aufenthalt von Staatsangehörigen der Europäischen Wirtschaftsgemeinschaft
AuslG	Ausländergesetz
AVmG	Gesetz zur Reform der gesetzlichen Rentenversicherung und zur Förderung eines kapitalgedeckten Altersvorsorgevermögens (Altersvermögensgesetz)
AVR	Arbeitsvertragsrichtlinie
BA	Bundesagentur für Arbeit
BAföG	Bundesausbildungsförderungsgesetz
BAG	Bundesarbeitsgemeinschaft
Bay VGHE	Entscheidung des Bayerischen Verwaltungsgerichtshofs
BEEG	Bundeselterngeld- und Elternzeitgesetz
BFH	Bundesfinanzhof
BGB	Bürgerliches Gesetzbuch
BGBl.	Bundesgesetzblatt
BGHZ	Entscheidungen des Bundesgerichtshofs in Zivilsachen
BKGG	Bundeskindergeldgesetz
BMWA	Bundesministerium für Wirtschaft und Arbeit
BR-Drucks.	Bundesratsdrucksache
BSG	Bundessozialgericht
BSGE	Entscheidungen des Bundessozialgerichts
BSHG	Bundessozialhilfegesetz
BT-Drucks.	Bundestagsdrucksache
BuReiseKoG	Bundesreisekostengesetz
BVerfG	Bundesverfassungericht
BVerfGE	Entscheidungen des Bundesverfassungsgerichts
BVerwG	Bundesverwaltungsgericht
BVerwGE	Entscheidungen des Bundesverwaltungsgerichts
BVG	Bundesversorgungsgesetz

bzw	beziehungsweise
DCV	Deutscher Caritasverband
dh	das heißt
DPWV	Deutscher Paritätischer Wohlfahrtsverband
DV	Deutscher Verein für öffentliche und private Fürsorge
DVO	Durchführungsverordnung
DWEKD	Diakonisches Werk der Evangelischen Kirche in Deutschland
ebd	ebenda
EStG	Einkommensteuergesetz
etc.	et cetera
EuG	Sammlung der Entscheidungen und Gutachten der Spruchstellen für Fürsorgestreitigkeiten
f, ff	folgende Seite, folgende Seiten
FamRZ	Zeitschrift für das gesamte Familienrecht
FAZ	Frankfurter Allgemeine Zeitung
FEVS	Fürsorgerechtliche Entscheidungen der Verwaltungs- und Sozialgerichte
Fn	Fußnote
FR	Frankfurter Rundschau
gem.	gemäß
GenBeschG	Gesetz zur Beschleunigung von Genehmigungsverfahren
GG	Grundgesetz
ggf	gegebenenfalls
GKV	Gesetzliche Krankenversicherung
GrS	Großer Senat
GRV	Gesetzliche Rentenversicherung
GSiG	Gesetz über eine bedarfsorientierte Grundsicherung im Alter und bei Erwerbsminderung
GUV	Gesetzliche Unfallversicherung
GWB	Gesetz gegen Wettbewerbsbeschränkungen
Hs	Halbsatz
idF	in der Fassung
idR	in der Regel
info also	Informationen zum Arbeitslosenrecht und Sozialhilferecht
iS	im Sinne
iVm	in Verbindung mit
Kap.	Kapitel
KVdR	Krankenversicherung der Rentner

Lj.	Lebensjahr
LPartG	Gesetz zur Beendigung der Diskriminierung gleichgeschlechtlicher Gemeinschaften: Lebenspartnerschaften
LPK	Lehr- und Praxiskommentar
LSG	Landessozialgericht
LVA	Landesversicherungsanstalt
MAE	Mehraufwandsentschädigung
Mio.	Millionen
mwN	mit weiteren Nachweisen
nF	neue Fassung
NDV	Nachrichtendienst des Deutschen Verein für öffentliche und private Fürsorge
NDV-RD	Rechtsprechungsdienst des Deutschen Vereins
NJW	Neue Juristische Wochenschrift
Nr.	Nummer
NW	Nordrhein-Westfalen
NZS	Neue Zeitschrift für Sozialrecht
OLG	Oberlandesgericht
OVG	Oberverwaltungsgericht
OWiG	Ordnungswidrigkeitengesetz
Rn	Randnummer
RsDE	Beiträge zum Recht der sozialen Dienste und Einrichtungen
s.	siehe
S.	Seite, Satz
SG	Sozialgericht
SGb	Die Sozialgerichtbarkeit (Zeitschrift)
SGB I, II	Sozialgesetzbuch Erste Buch, Sozialgesetzbuch Zweites Buch usw.
SGG	Sozialgerichtsgesetz
SPV	Soziale Pflegeversicherung
StGB	Strafgesetzbuch
TAG	Tagesbetreuungsausbaugesetz (Gesetzentwurf der Bundesregierung vom 13.8.2004, BR-Dr. 586/04)
TuP	Theorie und Praxis in der sozialen Arbeit
u.a.	und andere / unter anderem
usw	und so weiter
VDR	Verband der Rentenversicherungsträger
VG	Verwaltungsgericht

VGH	Verwaltungsgerichtshof
v.H.	vom Hundert
vgl	vergleiche
VOL/A	Verdingungsordnung für Leistungen, Teil A
VwGO	Verwaltungsgerichtsordnung
WoGG	Wohngeldgesetz
ZAP	Zeitschrift für die Anwaltspraxis
ZfF	Zeitschrift für das Fürsorgewesen
zB	zum Beispiel
ZfSH/SGB	Zeitschrift für Sozialhilfe und Sozialgesetzbuch
Ziff.	Ziffer
ZSpr	Zentrale Spruchstelle für Fürsorgestreitigkeiten

Abzweigung

Definition: Unter einer Abzweigung versteht man die Übertragung der Empfangsberechtigung einer laufenden Sozialleistung vom Sozialleistungsberechtigten auf dessen Ehegatten oder Kinder, gegenüber denen er seinen gesetzlichen Unterhaltspflichten nicht nachkommt.

Rechtsgrundlagen: §§ 48, 49 SGB I; § 74 EStG

Erläuterungen: Zweck einer Abzweigung ist die zeitnahe Verwirklichung gesetzlicher Unterhaltsansprüche von Ehegatten und Kindern eines Sozialleistungsberechtigten zur Verhinderung einer finanziellen Notsituation (BT-Drucks. 7/868, 31). Sie erfasst laufende Sozialleistungen (zB Renten aus der gesetzlichen Renten- oder Unfallversicherung, Krankengeld, Arbeitslosengeld), die nach ihrem Zweck zur Sicherung des Lebensunterhaltes des Leistungsberechtigten und seiner Angehörigen zu dienen bestimmt sind. Die Abzweigung erfolgt auf Antrag des Unterhaltsberechtigten oder von Amts wegen durch Verwaltungsakt des Sozialleistungsträgers. Sie setzt weder eine vorherige familiengerichtliche Entscheidung noch einen Unterhaltstitel oder eine Zwangsvollstreckungsmaßnahme voraus und wird auch als Soforthilfe, Nothilfemaßnahme oder als zusätzliche öffentlich-rechtliche Sicherung bezeichnet.

Eine Abzweigung bewirkt, dass die Empfangsberechtigung in Bezug auf die Sozialleistung in Höhe des abgezweigten Betrags auf den Unterhaltsgläubiger übertragen wird. Der Leistungsberechtigte verliert hierdurch zwar nicht sein Stammrecht auf die Sozialleistung, wohl aber das Recht, die Auszahlung in Höhe des abgezweigten Betrags an sich selbst zu fordern. Der Leistungsträger erfüllt seine gegenüber dem Sozialleistungsberechtigten bestehende Leistungspflicht durch Auszahlung an den Abzweigungsberechtigten.

Die Abzweigung kann auch zugunsten von Personen oder Stellen erfolgen, die dem Ehegatten oder den Kindern Unterhalt gewähren (Pflege- oder Kinderheime). Ob auch Träger der Sozialhilfe, der Grundsicherung für Arbeitsuchende und der Kinder- und Jugendhilfe abzweigungsberechtigt sind, wird kritisch diskutiert, da sie bereits durch den vorrangigen

Erstattungsanspruch nach § 104 SGB X und den gesetzlichen Übergang des Unterhaltsanspruchs nach 33 SGB II, § 94 SGB XII, § 95 SGB VIII oder § 7 UVG gesichert sind (vgl Hänlein in: Kreikebohm/Spellbrink/Waltermann, Kommentar zum Sozialrecht, 2009, § 48 SGB I Rn 14), ist aber zu bejahen.

Die Abzweigung setzt voraus, dass eine Unterhaltspflicht gegenüber Ehegatten oder Kindern besteht und dass der Leistungsberechtigte diese verletzt. Die Höhe des Abzweigungsbetrags darf die Höhe des Unterhaltsanspruchs nicht übersteigen, so dass der Sozialleistungsträger nicht nur die Unterhaltspflicht, sondern auch die konkrete Unterhaltshöhe zu ermitteln hat. Liegt bereits ein Unterhaltstitel vor, so kann das Bestehen einer Unterhaltspflicht nicht verneint werden.

Das „Ob" der Abzweigung steht ebenso wie ihre Höhe im Ermessen des Sozialleistungsträgers. Bei der Ermessensausübung hat sich dieser insbesondere am Zweck des § 48 SGB I zu orientieren (§ 39 SGB I), so dass die Abzweigung in aller Regel zu erfolgen hat, wenn ein menschenwürdiges Leben des Unterhaltsberechtigten ohne der Abzweigung nicht möglich ist. Eine Pflicht zur Abzweigung besteht nach § 49 SGB I, wenn der Leistungsberechtigte aufgrund richterlicher Anordnung länger als einen Kalendermonat in einer Anstalt oder Einrichtung untergebracht ist.

§ 48 SGB I ermöglicht auch die Abzweigung von Kindergeld. Da § 48 SGB I aber nur Sozialleistungen erfasst und das Kindergeld in aller Regel nicht als Sozialleistung nach dem BKGG, sondern im Rahmen des Familienlastenausgleichs nach §§ 31, 62 ff EStG als vorweggenommene Steuervergütung erbracht wird, ist die Abzweigung nach § 48 SGB I auf die Fälle beschränkt, in denen Kindergeld ausnahmsweise nach dem BKGG erbracht wird. Auf Kindergeld nach EStG ist § 74 EStG anwendbar.

Literaturhinweise:

Löcher, Die Abzweigung als Werkzeug zur Sicherung eines menschenwürdigen Lebens – Impulse durch die Soziale Arbeit, TUP 2010, S. 94 ff

Akteneinsicht

Definition: Akteneinsicht ist die seitens der Verwaltung ermöglichte unmittelbare Kenntnisnahme des Inhalts der Verwaltungsakte, einschließlich der Fertigung von Abschriften oder Fotokopien.

Rechtsgrundlage: § 25 SGB X

Erläuterungen: Die Akteneinsicht ist in § 25 SGB X nur für die Einsicht **im Rahmen eines Verwaltungsverfahrens** durch einen Beteiligten (§ 12 Abs. 1 u. 2 SGB X) und damit auch durch dessen Bevollmächtigten (§ 13 Abs. 1 S. 2 SGB X) als Rechtsanspruch geregelt (§ 25 Abs. 1 SGB X). Dritte (einschließlich Beistände iSd § 13 Abs. 4 SGB X) haben kein Akteneinsichtsrecht. **Außerhalb eines Verwaltungsverfahrens** steht die Gewährung der Akteneinsicht auch Beteiligten gegenüber im behördlichen Ermessen. Gleiches gilt innerhalb eines solchen für Entwürfe zu Entscheidungen sowie die Arbeiten zu ihrer unmittelbaren Vorbereitung (§ 25 Abs. 1 S. 2 SGB X).

Keine Einschränkung des Akteneinsichtsrechts sondern vielmehr eine Regelung der **Vermittlungsform** stellt § 25 Abs. 2 SGB X dar. Dieser sieht unter Fürsorgesichtspunkten und im Rahmen gestufter Ermessenstatbestände, die jeweils die Gefährdung des einsehenden Beteiligten bei Kenntniserlangung vom Akteninhalt im Blick haben, eine Vermittlung des Akteninhalts durch einen Arzt bzw Bediensteten der Behörde vor.

Soweit allerdings die berechtigten Interessen anderer Beteiligter oder Dritter aufgrund des Sozialgeheimnisses (§ 35 Abs. 1 SGB I) und hieraus rührender Übermittlungsverbote (§ 35 Abs. 2 SGB I iVm §§ 67 d–77 SGB X) eine Geheimhaltungspflicht bewirken, besteht nicht nur kein Anspruch auf Akteneinsicht (vgl den Wortlaut des § 25 Abs. 2 SGB X), sondern bei systematischer Auslegung zudem eine gesetzliche Pflicht der Behörde, eine solche zu **versagen**.

Der **Ort** der Akteneinsicht ist regelmäßig die Behörde (§ 25 Abs. 4 S. 1 SGB X); im Rahmen behördlichen Ermessens kann es aber zur Ermöglichung einer Einsichtnahme unter zumutbaren Bedingungen auch geboten sein, eine solche bei einer anderen Behörde (einschließlich einer diplomatischen oder konsularischen Vertretung der Bundesrepublik Deutschland im Ausland) durch Versand dorthin oder an einem anderen Ort zu ermöglichen (§ 25 Abs. 4 S. 2 SGB X). Bei Ausübung des Ermessens, einem Antrag auf Akteneinsicht in den Kanzleiräumlichkeiten des Bevollmächtigten stattzugeben, ist die Stellung desselben als Organ der Rechtspflege sowie dem Umstand Rechnung zu tragen, dass effiziente Rechtsvertretung und damit effektiver Rechtsschutz durch eine restriktive Ermessenshandhabung gefährdet wäre. Die Akteneinsicht berechtigt nicht nur zur bloßen Kenntnisnahme, sondern auch zur Fertigung eigener Auszüge und Abschriften sowie von Fotokopien durch die Behörde (ggf gegen Aufwendungsersatz; vgl § 25 Abs. 5 SGB X), im Rahmen des behördlichen Ermessens auch zur eigenen Fertigung von Kopien (v.a. durch den Bevollmächtigten).

Bei unberechtigter Verweigerung der Akteneinsicht ist eine gerichtliche **Erzwingung** derselben während des Verwaltungsverfahrens nur möglich, wenn andernfalls effektiver Rechtsschutz nicht anderweit zu erlangen wäre; im Übrigen ist die Versagung zum Gegenstand der gerichtlichen Anfechtung des Verwaltungsakts zu machen.

Ausfluss des dem Beteiligten zustehenden rechtlichen Gehörs und des hierauf gründenden Rechts auf Akteneinsicht ist die Obliegenheit der Behörde, ihr Verwaltungshandeln angemessen zu dokumentieren (**Aktenführungspflicht**), insbesondere in einem durch Antragstellung eines potenziellen Leistungsberechtigten eröffneten Verwaltungsverfahren. Die Geltendmachung oder Verteidigung rechtlicher Interessen, denen die Akteneinsicht nach § 25 Abs. 1 SGB X dient, liefe nämlich leer, wenn die maßgeblichen Verwaltungsvorgänge, die in einem laufenden Verwaltungsverfahren oder Rechtsmittelverfahren eines Antragstellers bzw Leistungsberechtigten angefallen sind, nicht sachgerecht dokumentiert wären. Zu den maßgebenden Verwaltungsvorgängen gehören im Antragsverfahren jedenfalls der das Verwaltungsverfahren eröffnende Antrag bzw der Antragsvordruck und der das Verwaltungsverfahren abschließende Verwaltungsakt (LSG Baden-Württemberg, SuP 2010, 467 f).

Literaturhinweise:
LPK-SGB II/*Armborst*, Anhang Verfahren Rn 23 ff; Hauck/Noftz § 25 SGB X; *Zim-*

mermann, Das Hartz-IV-Mandat, 2. Aufl.
2011, § 1 Rn 71 ff

Aktivierungshilfen

Definition: Aktivierungshilfen sind Bestandteil der Eingliederungsleistungen im Rahmen der Arbeitsförderung. Leistungen zur Aktivierung und beruflichen Eingliederung werden als vermittlungsunterstützende Leistungen erbracht.

Rechtsgrundlagen: § 16 Abs. 1 SGB II iVm § 45 SGB III

Erläuterungen: Die Aktivierung knüpft an die Pflicht zur aktiven Beschäftigungssuche und zur Teilnahme an zumutbaren beruflichen Eingliederungsmaßnahmen an. Gemäß der Verweisung aus § 16 Abs. 1 SGB II können die Aktivierungshilfen auch im Rahmen der Grundsicherung für Arbeitsuchende erbracht werden. Die Leistungen richten sich an Ausbildungssuchende, von Arbeitslosigkeit bedrohte Arbeitsuchende und an Arbeitslose. Der Gesetzgeber unterscheidet nicht näher zwischen der beruflichen Eingliederung und der Aktivierung. Beide Ziele sind regelmäßig auch untrennbar miteinander verbunden. Als denkbare Maßnahmen nach § 45 Abs. 1 S. 1 SGB III kommen in Betracht:

1. Heranführung an den Ausbildungs- und Arbeitsmarkt,
2. Feststellung, Verringerung oder Beseitigung von Vermittlungshemmnissen (zB durch →**Trainingsmaßnahmen**),
3. Vermittlung in eine versicherungspflichtige Beschäftigung,
4. Heranführung an eine selbständige Tätigkeit oder
5. Stabilisierung einer Beschäftigungsaufnahme.

Auf die Gewährung von Aktivierungshilfen besteht kein Rechtsanspruch; es handelt sich um eine **Ermessensleistung**. Nur bei Personen mit schwerwiegenden Vermittlungshemmnissen wird der weite Ermessensspielraum etwas eingeschränkt. Für diesen Personenkreis sollen Maßnahmen gefördert werden, die nach ihrer inhaltlichen Ausgestaltung und Dauer den erhöhten Stabilisierungs- und Unterstützungsbedarf der Arbeitslosen berücksichtigen. Als Regelbeispiel für ein **schwerwiegendes Vermittlungshemmnis** nennt der Gesetzgeber die Langzeitarbeitslosig-

keit. Der betroffene Personenkreis „soll" im Normalfall Aktivierungshilfen erhalten. Im Ausnahmefall kann dies jedoch auch abgelehnt werden. Bei der Auswahl der vorzusehenden Maßnahmen gibt es jedoch in allen Fällen keine Einschränkung des Ermessensspielraums für die Bundesagentur. Nach der Begründung der ursprünglichen Gesetzesfassung (BR-Drucks. 755/08, 54) ist die Aufzählung der Maßnahmen (Ziffer 1 bis 5) nicht als abschließend anzusehen. Zudem enthält die Bezeichnung der Maßnahmen eine Vielzahl weiter, der Konkretisierung bedürftiger Begriffe. Dies lässt ebenfalls erheblichen **Spielraum zur inhaltlichen Ausgestaltung**. Denkbar sind deshalb auch zB berufsbezogene Deutschkurse (vgl *Stascheit/Winkler*, Leitfaden für Arbeitslose, 27. Aufl. 2010, S. 80). In Betracht kommen Gruppen- wie auch Einzelmaßnahmen mit unterschiedlicher Dauer, die jedoch bei der Vermittlung von beruflichen Kenntnissen eine Dauer von acht Wochen nicht überschreiten dürfen (§ 45 Abs. 2 S. 3 SGB III). Kernbereich der zu fördernden Maßnahmen sind **niedrigschwellige Angebote** im Vorfeld von Ausbildung, Qualifizierung und Beschäftigung, die insbesondere für Jugendliche gedacht sind, die auf andere Weise nicht erreicht werden können, um sie für eine berufliche Qualifizierung zu motivieren. Dies umfasst gerade auch sozialarbeiterische Maßnahmen, um Arbeitslose erstmals oder wieder an den Ausbildungs- und Arbeitsmarkt heran zu führen. Anders als bei früheren Gesetzesfassungen sind die Hilfen nicht mehr auf Jugendliche beschränkt.

Als Aktivierungs- und Eingliederungshilfe können Berechtigte einen Aktivierungs- und →**Vermittlungsgutschein** erhalten (§ 45 Abs. 4 SGB III). Maßnahmeziel und Inhalt werden dabei von der Agentur für Arbeit festgelegt. Auch die Ausgabe eines Aktivierungs- und Vermittlungsgutscheins ist eine Ermessensentscheidung.

Wird eine vorgesehene Aktivierungsmaßnahme ohne wichtigen Grund abgelehnt, können die Voraussetzungen einer →**Sperrzeit** bei Ablehnung einer beruflichen Eingliederungsmaßnahme (§ 159 Abs. 1 S. 2 Nr. 4 SGB III) erfüllt sein. Dies kann zugleich eine Pflichtverletzung nach § 31 Abs. 2 Nr. 4 SGB II darstellen und damit Sanktionen im Rahmen des Bezugs von Arbeitslosengeld II auslösen. Der vorrangige oder alleinige Einsatz der Eingliederungsmaßnahme als Instrument zur Prüfung der Arbeitsbereitschaft oder als Missbrauchskontrolle ist nicht zulässig.

Literaturhinweise:
Gagel, SGB II/SGB III, Grundsicherung und Arbeitsförderung, § 45 Rn 41 ff; *Stascheit/Winkler*, Leitfaden für Arbeitslose, 27. Aufl. 2010, S. 64 ff

Alleinstehend

Definition: Alleinstehend ist ein Hilfebedürftiger, der keiner Bedarfsgemeinschaft mit anderen Hilfebedürftigen angehört bzw allein für seine Person „eine Bedarfsgemeinschaft" bildet.

Rechtsgrundlage: § 20 Abs. 2 SGB II

Erläuterungen: In bewusster Abkehr zum bis 2010 geltenden Sozialhilferecht hat der Gesetzgeber des SGB II bei der Höhe des Regelbedarfs auf die Normierung der Rechtsfigur eines „Haushaltsvorstands" verzichtet (BT-Drucks. 15/1516, 56). § 20 SGB II unterscheidet Alleinstehende, Alleinerziehende und Angehörige einer Bedarfsgemeinschaft. Die monatliche Regelleistung eines Alleinstehenden beträgt nach § 20 Abs. 2 S. 1 SGB II 374 EUR.

Das BSG definiert den Alleinstehenden als Hilfebedürftigen, der mit keiner anderen Person eine Bedarfsgemeinschaft im Sinne des § 7 Abs. 3 SGB II bildet (BSG 7.11.2006 – B 7 b AS 6/06 R, Rn 18). Dies macht deutlich, dass alleinstehend nicht alleine lebend bedeuten muss. Alleinstehend sind beispielsweise allein Lebende, Personen, die in einer Wohngemeinschaft mit anderen leben oder auch die mit ihren Eltern lebenden Kinder, wenn sie das 25. Lebensjahr vollendet haben.

Für nachfragende Personen, die in einer Wohngemeinschaft leben, ist dieselbe Unterkunftsgröße als abstrakt angemessen anzusehen, die auch bei einem alleine Lebenden angemessen wäre (BSG 18.6.2008 – B 14/11 b AS 61/06 R, SGb 2009, 614, 616 mit Anm. Koepke), dh konkret die aus dem jeweiligen Landesrecht zum sozialen Wohnungsbau abgeleitete Wohnungsgröße für Einpersonen-Wohnraum von 45 bis 50 Quadratmeter (→**Produkttheorie**, →**Unterkunftskosten**).

Alleinerziehung

Definition: Alleinerziehung bedeutet Pflege und Erziehung von Kindern ohne maßgebliche und nachhaltige Entlastung durch einen Partner oder Dritte.

Rechtsgrundlagen: §§ 20 Abs. 2, 21 Abs. 3 SGB II

Erläuterungen: Alleinerziehung ist mit einem besonderen Armutsrisiko verbunden. Im Juni 2008 erhielten 655.000 Alleinerziehende Grundsicherungsleistungen nach dem SGB II. Das waren annähernd 42 % der für das Jahr 2007 in der Bundesrepublik gezählten 1,56 Mio. Alleinerziehenden. Hierbei ist das Armutsrisiko umso größer, desto mehr Kinder in einer Familie alleine erzogen werden. 38 % der Alleinerziehenden mit **einem Kind** waren hilfebedürftig, jedoch 72 % der Alleinerziehenden mit **drei oder mehr Kindern**. Alleinerziehung in Armut ist ein Problem, das ganz überwiegend Frauen betrifft. Nur jeder 20. alleinerziehende Hilfebedürftige ist männlich.

§ 21 Abs. 3 SGB II sieht für Alleinerziehende zusätzlich zum Regelbedarf einen pauschalierte Mehrbedarf vor, der sich nach Alter und Anzahl der Kinder bemisst. Dieser Mehrbedarf soll besondere finanzielle Mehrbelastungen ausgleichen, die durch die Alleinerziehung bedingt sind. Hierzu zählen beispielsweise Kosten eines Babysitters, wenn Arzttermine wahrgenommen werden müssen, zu denen die Kinder nicht mitgenommen werden können.

Unter welchen Voraussetzungen davon gesprochen werden kann, dass Pflege und Erziehung der Kinder ohne maßgebliche und nachhaltige Entlastung durch Dritte erfolgt, wurde durch die Rechtsprechung im Einzelnen noch nicht abschließend geklärt. Eine unregelmäßige, gelegentliche Hilfe durch Dritte reicht nicht aus, um die Alleinerziehung infage zu stellen. Ob bei einem Zusammenleben des Erziehenden mit anderen Personen in einer Wohn- oder Bedarfsgemeinschaft Alleinerziehung vorliegt, hängt von den Umständen des Einzelfalls ab. Kümmern sich getrennt lebende Eltern abwechselnd um Pflege und Erziehung des oder der Kinder, so besteht ein Mehrbedarf für Alleinerziehung, wenn die einzelnen Intervalle mindestens eine Woche umfassen. In diesem Fall steht beiden Elternteilen der Mehrbedarfszuschlag jeweils zur Hälfte zu (BSG 3.3.2009 – B 4 AS 50707 R). Wird die Pflege und Erziehung durch ein Elternteil jedoch nur an 9 Tagen im Monat übernommen, so entsteht kein Anspruch auf einen Mehrbedarfszuschlag (BSG 2.7.2009 – B 14 AS 54/08 R). Bei einer reinen Wochenendbetreuung, die grundsätzlich eine temporäre Bedarfsgemeinschaft auslöst, scheidet ein Mehrbedarfszuschlag aus.

Da der Gesetzgeber nur auf das Zusammenleben und die Alleinerziehung des Kindes abstellt, nicht aber auf die Definition des Kindes in § 56 Abs. 2 SGB I, ist der Mehrbedarf für Alleinerziehung auch dann zu berücksichtigen, wenn zu dem Kind kein Verwandtschaftsverhältnis besteht und es sich nicht um ein Stiefkind oder Pflegekind handelt. Dies entspricht auch dem Ziel des § 21 Abs. 3 SGB II, den durch die Alleinerziehung entstehenden finanziellen Mehraufwand zu decken, der unabhängig davon entsteht, ob eine Verwandtschaft zu dem Kind besteht. Ebenso wenig kommt es darauf an, ob der Alleinerziehende mit dem Kind in einer Bedarfsgemeinschaft iSd § 7 Abs. 3 Nr. 4 SGB II lebt.

Der Mehrbedarf wegen Alleinerziehung wird – je nach Alter und Anzahl der Kinder – gewährt in Höhe von

- 36 vom Hundert (vH) des Regelbedarfs des Alleinerziehenden nach § 20 Abs. 2 SGB II bei Alleinerziehung **eines Kindes** unter 7 Jahren oder von **zwei oder drei Kindern** unter 16 Jahren. Nach OVG Nordrhein-Westfalen (OVG NW info also 2001, 41) fällt dieser Mehrbedarfszuschlag auch an, wenn neben einem Kind unter 7 Jahren noch weitere Kinder über 16 Jahren vorhanden sind. Beispiel: Alleinerziehung eines fünfjährigen Kindes. Der Mehrbedarf beträgt 374 EUR x 36 vH = 134,64 EUR.

- 12 vH des maßgebenden Regelbedarfs für jedes Kind, sofern sich hieraus ein höherer Mehrbedarf ergibt als nach § 21 Abs. 3 Nr. 1 SGB II, jedoch höchstens 60 vH der jeweiligen Regelleistung.

Beispiel: Alleinerziehung von vier Kindern unter 16 Jahren. Der Mehrbetrag beträgt 374 EUR x (4 x 12 =)

48 vH = 179,52 EUR. Eine Rundung findet nicht statt.

Literaturhinweise:
Düring, Die Mehrbedarfe nach § 21 SGB II, in: Spellbrink, Das SGB II in der Praxis der Sozialgerichte – Bilanz und Perspektiven, 2010, S. 59 ff

Altersgrenze

Definition: Die Altersgrenze beschreibt das Lebensalter, mit dessen Erreichen Ansprüche auf Altersrente aus der gesetzlichen Rentenversicherung entstehen können und zugleich Leistungen nach dem SGB II ausgeschlossen sind.

Rechtsgrundlagen: §§ 7 Abs. 1 Nr. 1, 7 a SGB II

Erläuterungen: Das Lebensalter, bei dessen Erreichen das Ausscheiden aus dem Erwerbsleben und die Inanspruchnahme einer altersabhängigen Rente aus der gesetzlichen Rentenversicherung möglich sein soll, wird sozialpolitisch festgelegt. Zum Zeitpunkt des Inkrafttretens des Rentenversicherungsgesetzes (1889) galten Versicherte kraft gesetzlicher Festlegung mit der Vollendung des 70. Lebensjahres als erwerbsunfähig und hatten, unter der Maßgabe, dass auch die weiteren gesetzlichen Voraussetzungen erfüllt waren, einen Anspruch auf eine Rente wegen Erwerbsunfähigkeit. Im Jahr 2012 liegt die Altersgrenze, die zur Inanspruchnahme einer Regelaltersrente erfüllt sein muss, bei 65 Jahren und einem Monat, für die 1947 und später Geborenen steigt sie sukzessive auf das 67. Lebensjahr.

Dem Gedanken, Menschen ab einem gewissen Lebensalter freizustellen, ob sie noch erwerbstätig sein möchten, würde es widersprechen, ihnen Leistungen nach dem SGB II zu gewähren, da diese neben dem Ziel der Lebensunterhaltssicherung auch das der Eingliederung in Arbeit verfolgen. Aus diesem Grund wurde das Erreichen der rentenversicherungsrechtlichen Regelaltersgrenze (§ 235 SGB VI) als negatives Tatbestandsmerkmal in § 7 Abs. 1 Nr. 1 SGB II iVm § 7 a SGB II aufgenommen. § 7 a SGB II knüpft inhaltlich unmittelbar an § 235 SGB VI an und regelte bis einschließlich Dezember 2011 eine Regelaltersgrenze von 65 Jahren. Zwischen 2012 und 2028 erhöht sich die Regelaltersgrenze um einen Monat pro Kalenderjahr, ab 2024 um zwei Monate pro Kalenderjahr. Beispiel: Für den Geburtsjahrgang 1947, der 2012 das 65. Lebensjahr vollendet, wird die Regelaltersgrenze um einen Monat auf die Vollendung von 65 Jahren und einen Monat erhöht. Für den Geburtsjahrgang 1948 wird die Altersgrenze um einen weiteren Monat erhöht, so dass sie mit einem Lebensalter von 65 Jahren und zwei Monaten erreicht ist. Ab dem Geburtsjahrgang 1964 wird die Regelaltersgrenze und damit die Altersgrenze des § 7 Abs. 1 Nr. 1 SGB II, § 7 a SGB II mit der Vollendung des 67. Lebensjahres erreicht sein.

Wird die Regelaltersgrenze erreicht, sind Ansprüche nach dem SGB II ausgeschlossen. Stattdessen wird der nicht gewährleistete Lebensunterhaltsbedarf auf Antrag durch Sozialhilfeleistungen nach §§ 19 Abs. 2, 41 ff SGB XII (Grundsicherung im Alter und bei Erwerbsminderung) sichergestellt.

Literaturhinweise:
Renn/Schoch, Grundsicherung im Alter und bei Erwerbsminderung, 2. Aufl. 2008

Amtsermittlungsprinzip

Definition: In einem Verwaltungsverfahren ermittelt die das Verfahren führende Behörde den Sachverhalt von Amts wegen. Synonyme: Untersuchungsmaxime, Untersuchungsgrundsatz, Amtsaufklärungsgrundsatz.

Rechtsgrundlage: § 20 SGB X

Erläuterungen: § 20 SGB X ist ein Bekenntnis zur Rechtsstaatlichkeit staatlichen Handelns. Um zu gewährleisten, dass ein Sachverhalt umfassend aufgeklärt wird, und zugleich derjenige, der sich bei der Durchsetzung seiner sozialen Rechte nicht selbst sachkompetent helfen kann und sich auch nicht sachkompetenter Hilfe Dritter bedient oder bedienen kann, keine Rechtsnachteile erleidet und zuletzt, um das Verwaltungsverfahren weitgehend gefestigt vor Manipulationen der Beteiligten zu machen, bestimmt § 20 SGB X, dass die Behörde Herrin des Verwaltungsverfahrens ist. Sie ermittelt den Sachverhalt, der Grundlage eines Verwaltungsakts oder eines öffentlich-rechtlichen Vertrags sein soll, von Amts wegen und bestimmt hierbei Art und Umfang der Ermittlungen selbst. An das Vorbringen und die Beweisanträge der Beteiligten ist sie nicht gebunden.

Das Amtsermittlungsprinzip ist, konsequent angewendet, auch Garant für die Forderung des § 2 Abs. 2 Hs 2 SGB I, dass die sozialen Rechte möglichst weitgehend zu verwirklichen sind, zumal § 20 Abs. 2 SGB X bestimmt, dass die Behörde sämtliche für den Einzelfall bedeutsamen, auch die für die Beteiligten günstigen Umstände zu berücksichtigen hat.

Die Amtsermittlung ist begrenzt durch den Verfahrensgegenstand, so dass nicht entscheidungserhebliche Tatsachen nicht erhoben werden dürfen (→**Datenschutz**). Sie endet aber auch, sobald weitere Ermittlungsbemühungen nicht mehr im Verhältnis zum Erfolg stehen. Zuletzt endet die Amtsermittlungspflicht dort, wo die Mitwirkungspflichten des Beteiligten beginnen.

Literaturhinweise:
Kreikebohm/Spellbrink/Waltermann/*Fichte*, Kommentar zum Sozialrecht, § 20 SGB X

Anfechtungsklage

→**Klageverfahren**

Angehörige

Definition: Angehörige sind Verlobte, Ehegatten, Verwandte und Verschwägerte gerader Linie, Geschwister, Kinder der Geschwister, Ehegatten der Geschwister und Geschwister der Ehegatten, Geschwister der Eltern, Pflegeeltern und Pflegekinder (§ 16 Abs. 5 SGB X).

Rechtsgrundlagen: §§ 1 Abs. 2 S. 4 Nr. 4, 10 Abs. 1 Nr. 4 SGB II; § 16 Abs. 5 SGB X

Erläuterungen: § 1 Abs. 2 S. 4 SGB II enthält Ausrichtungsleitlinien für die Erbringung von Grundsicherungsleistungen. Zu ihnen gehört, dass die familienspezifischen Lebensverhältnisse erwerbsfähiger Leistungsberechtigter, die pflegebedürftige Angehörige betreuen, bei der Erbringung von Leistung zu berücksichtigen sind. Praktische Bedeutung hat dies vor allem bei den Leistungen zur Eingliederung in Arbeit, insbesondere bei der Frage, ob und inwieweit eine Erwerbstätigkeit neben der Pflege von Angehörigen zumutbar ist. § 10 Abs. 1 Nr. 4 SGB II konkretisiert die allgemeine Vorgabe des § 1 Abs. 2 S. 4 SGB II und bestimmt, dass eine Arbeit nicht zumutbar ist, wenn ihre Ausführung mit der Pflege eines Angehörigen nicht vereinbar ist und die Pflege nicht auf andere Weise sichergestellt werden kann. § 16 a Abs. 2 Nr. 1 SGB II eröffnet den kommunalen Trägern (§ 6 Abs. 1 S. 1 Nr. 2 SGB II) das Ermessen, zur Eingliederung von Angehörige pflegenden Leistungsberechtigten, Leistungen zur häuslichen Pflege zu erbringen. Diese Leistungen sind jedoch nachrangig gegenüber Leistungen nach dem SGB XI (LPK-SGB II/*Niewald* § 16 Rn 22).

§ 16 Abs. 5 SGB X definiert den Begriff des Angehörigen im Zusammenhang mit den von einem Verwaltungsverfahren ausgeschlossenen Personen. Die Definition ist auf das SGB II übertragbar.

Literaturhinweise:
LPK-SGB II/*Niewald* § 16 Rn 22

Anhörung

Definition: Anhörung bedeutet die Einräumung der Gelegenheit zur Stellungnahme zu einem konkret beabsichtigten, belastenden Verwaltungsakt.

Rechtsgrundlagen: § 24 SGB X

Erläuterung: Die sozialrechtliche Anhörungspflicht ist in § 24 Abs. 1 SGB X normiert. Ihr Entstehen setzt voraus, dass eine Behörde beabsichtigt, durch einen Verwaltungsakt in die Rechte eines Beteiligten (§ 12 SGB X) einzugreifen. Ein solcher Rechtseingriff liegt in jeder Beeinträchtigung des Rechtskreises des Beteiligten (BT-Drucks. 7/868, 28) bzw Minderung des vorherigen Rechtszustandes (Umwandlung des Status quo in einen Status minus). Typische Rechtseingriffe in diesem Sinne sind Verwaltungsakte über die Rücknahme begünstigender Verwaltungsakte und Verwaltungsakte über die Versagung, Entziehung oder Absenkung von Sozialleistungen. Auch die Ablehnung eines Leistungsantrags stellt – jedenfalls, wenn es sich nicht um Ermessensleistungen handelt – einen Rechtseingriff in diesem Sinne dar (*Löcher*, Die Anhörung im Sozialverwaltungsverfahren, S. 93 bis 98 mwN; umstr.).

Besteht eine Anhörungspflicht, so hat die Behörde den Beteiligten nicht nur über die Tatsachen zu informieren, die sie der Entscheidung zugrunde zu legen beabsichtigt, sondern auch über die beabsichtigte Rechtsfolge. Nur durch diese weitere Information ist der Beteiligte in der Lage, die Bedeutung und Tragweite der mitgeteilten Tatsachen zu erkennen und sachgerecht und effektiv durch Tatsachen- oder Rechtsvortrag auf den Erlass des beabsichtigten Verwaltungsaktes Einfluss zu nehmen.

Eine Anhörung ist ausnahmsweise nicht vorzunehmen, wenn der Gesetzgeber sie ausdrücklich als entbehrlich bezeichnet. Für Entscheidungen nach dem SGB II enthält § 24 Abs. 2 SGB X einen Katalog von Ausnahmetatbeständen. Ist eine der Katalogziffern erfüllt, so ist dem Grundsicherungsträger das – pflichtgemäß auszuübende – Ermessen eröffnet, von der Anhörung abzusehen. Da dem Katalog der Ausnahmetatbestände – anders als im Katalog des § 28 VwVfG – der Begriff „insbesondere" fehlt, ist er abgeschlossen. Eine generalklauselartige Regelung, die zum Absehen von der Anhörung ermächtigte, gibt es also nicht.

Unterbleibt eine Anhörung, obwohl die gesetzlichen Voraussetzungen für eine Ausnahme nicht erfüllt sind, so handelt es sich um einen Verfahrensfehler, der bis zum Abschluss des zweitinstanzlichen Verfahrens heilbar ist (§ 41 Abs. 1 Nr. 3, Abs. 2 SGB X). Eine Heilung erfolgt durch Nachholung der Anhörung. Wird der Anhörungsfehler bis zu diesem Zeitpunkt nicht geheilt, so hat der Beteiligte einen Anspruch auf Aufhebung des ohne vorherige Anhörung erlassenen Verwaltungsaktes, auch wenn offensichtlich ist, dass die Verletzung der Anhörungspflicht die Entscheidung in der Sache nicht beeinflusst hat (§ 42 S. 2 SGB X).

Die Anhörung gewährleistet die Grundbedingungen eines fairen Verwaltungsverfahrens, soweit sie den Beteiligten Kenntnis von dem beabsichtigten Abschluss des Verwaltungsverfahrens, von dem Inhalt der beabsichtigten Entscheidung und von den diese Entscheidung tragenden Tatsachen gibt und ist insoweit verfassungsrechtlich geboten (*Löcher*, S. 54 ff).

Literaturhinweise:
Löcher, Die Anhörung im Sozialverwaltungsverfahren, 1. Aufl. 2005

Anspruch

Definition: Ein Anspruch ist das Recht, von einem anderen ein Tun oder Unterlassen zu verlangen (vgl § 196 Abs. 1 BGB). Ein Anspruch auf Sozialleistungen besteht, wenn er entstanden und fällig geworden ist und ihm keine Einwendungen oder Einreden entgegenstehen (LSG Baden-Württemberg 25.3.2011 – L 12 AS 910/10, Rn 25).

Rechtsgrundlagen: § 40 SGB I

Erläuterung: Bestimmt das Sozialgesetzbuch, dass bei Vorliegen bestimmter Tatbestandsvoraussetzungen eine Dienst-, Sach- oder Geldleistung (also eine Sozialleistung im Sinne des § 11 SGB I) zu erbringen ist, so hat derjenige, der die Tatbestandsvoraussetzungen erfüllt, einen Rechtsanspruch auf die Sozialleistung. Dies ist nur dann ausnahmsweise anders, wenn der Gesetzgeber beispielsweise durch Verwendung der Begriffe „darf" oder „kann" verdeutlicht hat, dass dem Sozialleistungsträger Ermessen eingeräumt ist (§ 38 SGB I). „Soll" die Sozialleistung erbracht werden, so ist sie ebenfalls zu erbringen, sofern es sich um einen sog. „typischen Fall" handelt (vgl →Ermessensleistungen).

Ansprüche auf Sozialleistungen entstehen, sobald ihre im Gesetz oder aufgrund eines Gesetzes bestimmten Voraussetzungen erfüllt sind (§ 40 Abs. 1 SGB I). Die Entstehung der Ansprüche hängt nicht vom Erlass bzw der Bekanntgabe eines Verwaltungsakts ab. Anders ist dies bei Ermessensleistungen. Hier entstehen die Leistungsansprüche erst mit der Bekanntgabe des sie bewilligenden Verwaltungsaktes (§ 40 Abs. 2 SGB I). Bis zu diesem Zeitpunkt hat der Beteiligte nur einen Anspruch auf pflichtgemäße Ermessensausübung (§ 39 S. 2 SGB I).

Ein menschenwürdiges Leben wäre nicht gewährleistet, wenn SGB II-Leistungen, die der Sicherung des notwendigen Lebensunterhaltes dienen, im Ermessen des Leistungsträgers stünden. Aus diesem Grund hat der Gesetzgeber sie als Pflichtleistungen ausgestaltet, so dass ein Anspruch auf Arbeitslosengeld II oder Sozialgeld entsteht, sobald die gesetzlichen Anspruchsvoraussetzungen erfüllt sind. Dies ist insbesondere anders bei Leistungen, die über den notwendigen Lebensunterhalt hinausgehen, bei Leistungen zur Eingliederung in Arbeit und gegenüber Leistungsberechtigten, die von Leistungen grundsätzlich ausgeschlossen sind.

Literaturhinweise:
LPK-SGB I/*Krahmer* §§ 38–40

Anspruchsübergang

Definition: Anspruchsübergang ist der gesetzliche oder durch →**Anspruchsüberleitung** behördlich gewillkürte Gläubigerwechsel in Form des Eintritts des Rechtsträgers einer Behörde.

Rechtsgrundlagen: § 33 SGB II; §§ 93, 94 SGB XII

Erläuterungen: Der Anspruchsübergang im Sinne des Eintritts des Rechtsträgers einer Behörde in die Gläubigerstellung betreffend des Anspruchs eines Leistungsempfängers gegenüber einem Dritten kann gesetzestechnisch in zweierlei Weise geregelt werden. Zum einen kann der Anspruchsübergang in das behördliche Ermessen gestellt werden (→**Anspruchsüberleitung**). Zum andern kann der Gesetzgeber durch Formulierungen der entsprechenden Tatbestandsvoraussetzungen und der Anordnung der diesbezüglich zwingenden Rechtsfolge einen gesetzlichen, das heißt automatischen Anspruchsübergang vorsehen (**Legalzession**). Für diese Regelungstechnik hatte er sich bereits bei der Neufassung des § 33 SGB II auf der Grundlage des Gesetzes zur Fortentwicklung der Grundsicherung für Arbeitsuchende vom 20.7.2006 (in Kraft seit 1.8.2006) entschieden und dies auch bei der jüngsten Änderung der Vorschrift beibehalten.

Haben demnach **Personen, die Leistungen zur Sicherung des Lebensunterhalts beziehen,** für die Zeit, für die Leistungen erbracht werden, einen Anspruch gegen einen Anderen, der nicht Leistungsträger ist, geht dieser Anspruch bis zur Höhe der geleisteten Aufwendungen auf die Grundsicherungsträger über, wenn bei rechtzeitiger Leistung des Anderen Leistungen zur Sicherung des Lebensunterhalts nicht erbracht worden wären (§ 33 Abs. 1 S. 1 SGB II). Grundvoraussetzung ist somit zunächst die Erbringung von Leistungen der Grundsicherung für Arbeitsuchende in Form der Leistungen zur Sicherung des Lebensunterhalts (§ 1 Abs. 2 Nr. 2 iVm §§ 19 ff SGB II). Ausgeschlossen ist der

Anspruchsübergang folglich bei der ausschließlichen Erbringung von Eingliederungsleistungen im Sinne des § 1 Abs. 2 Nr. 1 iVm § 14 ff SGB II, einschließlich der dort vorgesehenen Geldleistungen. Angesichts des klaren Wortlauts, aber auch nach Sinn und Zweck ist die tatsächliche Erbringung der Leistung Tatbestandsvoraussetzung; die bloße Bewilligung derselben genügt dagegen noch nicht (zutreffend Kreikebohm/Spellbrink/Waltermann/*Knickrehm*, § 33 Rn 2; aA LPK-SGB II/*Münder* § 33 Rn 9; Eicher/Spellbrink/*Link* § 33 SGB II Rn 14).

Die Rechtmäßigkeit des **Anspruchs** ist dagegen keine Frage der Überleitungs-, sondern eine solche der Durchsetzungsfähigkeit. Übergangsfähig ist grundsätzlich jede Art von Anspruch ungeachtet seiner Rechtsgrundlage und seiner privatrechtlichen oder öffentlich-rechtlichen Natur. Ausdrücklich gilt dies auch für bürgerlich-rechtliche Unterhaltsansprüche einschließlich diesbezüglicher **Auskunftsansprüche** (§ 33 Abs. 1 S. 4 SGB II). Der Umstand, dass ein Anspruch nicht übertragen, verpfändet oder gepfändet werden kann, hindert den Übergang nicht (§ 33 Abs. 1 S. 3 SGB II). Gläubiger des Anspruchs muss – gerade auch in einer Bedarfsgemeinschaft – der Hilfeempfänger selbst sein (Ausnahme: § 33 Abs. 1 S. 2 SGB II); Schuldner kann jeder Dritte sein, der nicht Leistungsträger (§ 12 SGB I) ist.

Leistungszeitraum und Anspruchszeitraum müssen übereinstimmen (**Gleichzeitigkeit**), dh der Anspruch muss in dem Zeitraum fällig sein, für den (nicht: in dem) Grundsicherungsleistungen erbracht werden. Der Anspruchsübergang erfolgt bis zu der **Höhe**, in welcher Leistungen erbracht werden. Schließlich muss die Nichterfüllung des fälligen Anspruchs durch den Dritten kausal für die Leistungserbringung gewesen sein. Mit anderen Worten ist unter Berücksichtigung der fiktiven Erfüllung des Anspruchs der hypothetische Leistungsanspruch des Hilfeempfängers zu ermitteln; ergibt sich, dass der diesbezügliche Zufluss als Einkommen oder Vermögen nach den §§ 11–11 b bzw 12 SGB II nicht berücksichtigungsfähig wäre, hätten die Grundsicherungsleistungen ohnehin in identischer Höhe erbracht werden müssen, weshalb der Anspruchsübergang folgerichtig ausgeschlossen ist (vgl § 33 Abs. 1 S. 1 aE SGB II).

Der Anspruchsübergang **bewirkt** lediglich einen Gläubigerwechsel; die Rechtsnatur des Anspruchs ändert sich dagegen nicht. Ein zivilrechtlicher Anspruch kann folglich auch durch den Grundsicherungsträger nicht im Wege der Verwaltungsvollstreckung durchgesetzt werden; vielmehr hat die Behörde den Zivilrechtsweg zu beschreiten.

Trotz etwaiger Gleichzeitigkeit ist die **Geltendmachung des Anspruchs** durch den Grundsicherungsträger gegenüber dem Schuldner nur ab dem Zeitpunkt möglich, da er dem Schuldner die Erbringung der Leistung mittels Rechtswahrungsanzeige schriftlich bekannt gemacht hat (§ 33 Abs. 3 S. 1 SGB II). Auf Leistung für die Zukunft kann der Grundsicherungsträger den Dritten in der Höhe der bisherigen monatlichen Aufwendungen in Anspruch nehmen, wenn die Grundsicherungsleistungen bei prognostischer Betrachtung voraussichtlich auf längere Zeit erbracht werden müssen (§ 33 Abs. 3 S. 2 SGB II). Auch eine Rückübertragung des Anspruchs zur gerichtlichen Geltendmachung durch den Hilfeempfänger ist unter den Maßgaben des § 33 Abs. 4 SGB II möglich.

Übergangsausschlüsse für Unterhaltsansprüche sieht § 33 Abs. 2 SGB II unter den dortigen Voraussetzungen vor.

§ 33 Abs. 5 SGB II stellt klar, dass die **Sondervorschriften** zum Übergang von Ansprüchen gegen den Arbeitgeber wegen dessen Nichterfüllung eines Anspruchs des Arbeitnehmers auf Arbeitsentgelt nach § 115 SGB X sowie von Ansprüchen gegen Schadensersatzpflichtige nach § 116 SGB X jeweils auf den deswegen mit Leistung eintretenden Träger der Grundsicherung die Regelung des § 33 Abs. 1 SGB II verdrängen.

Literaturhinweise:
Eicher/Spellbrink/*Link* § 33 SGB II; Kreikebohm/Spellbrink/Waltermann/*Knickrehm*, Kommentar zum Sozialrecht, § 33 SGB II; LPK-SGB II/*Münder* § 33 SGB II

Anspruchsüberleitung

Definition: Anspruchsüberleitung ist die gewillkürte Bewirkung des Anspruchsübergangs (Gläubigerwechsel) auf den Rechtsträger der auslösenden Behörde mittels schriftlicher Anzeige (Überleitungsanzeige) gegenüber dem Schuldner.

Rechtsgrundlagen: § 33 SGB II aF; § 93 SGB XII

Erläuterungen: Im Gegensatz zum gesetzlichen →Anspruchsübergang hat die Behörde bei der Regelungstechnik des Anspruchsübergangs durch Anspruchsüberleitung für den Fall der Erfüllung des jeweiligen gesetzlichen Tatbestandes im eigenen **Ermessen** zu prüfen, ob es den Anspruchsübergang mittels einer entsprechenden Überleitungsanzeige bewirkt oder davon absieht (cessio magistralis). Die Überleitungsanzeige stellt insofern einen hoheitlichen Akt in Gestalt eines Verwaltungsaktes dar.

Dieser Regelungstechnik bedient sich der Gesetzgeber im Sozialhilferecht in § 93 SGB XII im Grundsatz für Ansprüche jeglicher Art mit Ausnahme der unterhaltsrechtlichen Ansprüche, welche der abschließenden Spezialvorschrift des § 94 SGB XII und dem dortigen gesetzlichen Anspruchsübergang unterliegen.

Auch bei der Formulierung des § 33 SGB II **in der ursprünglichen Gesetzesfassung** (aF) hatte der Gesetzgeber für den Bereich des Grundsicherungsrechts die Anspruchsüberleitung für alle Arten von Ansprüchen (dh unterschiedslos sogar auch für Unterhaltsansprüche) vorgesehen. Die Grundsicherungsträger konnten nach eigenem Ermessen durch schriftliche Anzeige an den Schuldner bewirken, dass der jeweilige Anspruch bis zur Höhe der erbrachten Grundsicherungsleistungen auf sie übergeht. Im Weiteren sah die Vorschrift konsequenterweise Überleitungsschranken für bestimmte Fallgestaltungen bzw Anspruchsarten vor.

Durch das Gesetz zur Fortentwicklung der Grundsicherung für Arbeitsuchende vom 20.7.2006 wurde § 33 SGB II mit Wirkung vom 1.8.2006 dahin gehend geändert, dass nunmehr im Bereich des SGB II für alle Ansprüche unterschiedslos ein gesetzlicher →Anspruchsübergang vorgesehen ist.

Literaturhinweise:
Eicher/Spellbrink/*Link*, SGB II, 1. Aufl. 2005, § 33 SGB II Rn 42–45; Kreikebohm/Spellbrink/Waltermann/*Knickrehm*, Kommentar zum Sozialrecht, § 33 Rn 1; LPK-SGB II/*Münder*, 1. Aufl., § 33 Rn 24 ff, 4. Aufl., § 33 Rn 1

Antrag

Definition: Ein Antrag ist eine empfangsbedürftige, öffentlich-rechtliche Willenserklärung, die auf Gewährung einer Leistung (BSG 26.1.2000 – B 13 RJ 37/98 R) oder auf Geltendmachung anderer Rechte gerichtet ist.

Rechtsgrundlagen: §§ 16, 17 Abs. 1 Nr. 3, 60 Abs. 2 SGB I; § 28 SGB X; §§ 31 a Abs. 3 S. 1, 37 SGB II

Erläuterungen: Ein Antrag ist eine Willenserklärung, deren Auslegung analog §§ 133, 157 BGB erfolgt. Daher darf bei der Erforschung des Inhalts eines Antrags nicht an dessen Wortlaut gehaftet werden, vielmehr ist der wirkliche Wille des Erklärenden festzustellen, soweit er nach außen zutage tritt. Hierbei ist vom Günstigkeitsprinzip auszugehen, so dass im Zweifel anzunehmen ist, dass der Erklärende sämtliche ihm zustehenden Rechte geltend machen will (so bereits BSGE 49, 114). Allein diese weite, den Antragsteller begünstigende Auslegung verhilft ihm zu einer möglichst weitgehenden Verwirklichung seiner sozialer Rechte, erfüllt die Anforderungen des § 2 Abs. 2 Hs 2 SGB I und schützt ihn vor dem Eintritt eines sozialrechtlichen Schadens, der seine Ursache in der Komplexität des Sozialrechts hat. Der Schutz des Bürgers bei der Antragstellung von Sozialleistungen wird auch dadurch verdichtet, dass die Leistungsträger verpflichtet sind, darauf hinzuwirken, dass unverzüglich klare und sachdienliche Anträge gestellt und unvollständige Angaben ergänzt werden (§ 16 Abs. 3 SGB I). Eine Behörde darf die Entgegennahme von Anträgen, die sie für unzulässig oder unbegründet hält, zudem nicht verweigern (§ 20 Abs. 3 SGB X).

Als empfangsbedürftige Willenserklärung entfaltet der Antrag seine Wirkungen erst mit dem Zugang. Der Antrag muss aber nicht dem zuständigen Träger zugehen; es genügt, wenn der Zugang bei einem anderen Sozialleistungsträger, einer Gemeinde oder bei einer amtlichen Vertretung der Bundesrepublik Deutschland im Ausland erfolgt (§ 16 Abs. 1 S. 2 SGB I). Dem Antragsteller erwachsen durch einen Zugang bei einer unzuständigen Stelle keine Rechtsnachteile.

Hält der Sozialleistungsträger bestimmte Zugangsmöglichkeiten bereit (Mail, Fax, Hausbriefkasten), so geht der Antrag in dem Moment zu, in dem eine der Zugangsmöglichkeiten genutzt und der Antrag derart in den Machtbereich des Sozialleistungsträgers gelangt. Der Erklärende trägt die Beweislast für den Zugang der Erklärung.

Anträge auf SGB II-Leistungen unterliegen keinen besonderen Formvorschriften und können deshalb mündlich, schriftlich, elektronisch oder auf andere Art und Weise gestellt werden. Ein in der Praxis verbreiteter Irrtum ist, Anträge müssten durch den Antragsteller unterzeichnet werden. Dies ist bereits deshalb falsch, weil ein Antrag auch mündlich gestellt werden kann. Es reicht aus, wenn aufgrund der Umstände des Einzelfalles unzweifelhaft ist, wer der den Antrag Stellende ist. Verwendet ein Leistungsträger Antragsformulare bzw. -vordrucke, so sind diese allgemein verständlich zu halten, so dass durch sie der Zugang zur Sozialleistung nicht erschwert wird (§ 17 Abs. 1 Nr. 3 SGB I). Der Antragsteller soll Antragsvordrucke nutzen (§ 60 Abs. 2 SGB I). Stellt er einen Antrag ohne Antragsformular, so ist der Antrag gleichwohl wirksam.

Der Antrag ist allerdings nur wirksam, wenn der Antragsteller handlungsfähig ist. Die Handlungsfähigkeit ist die Fähigkeit, wirksame Verfahrenshandlungen vorzunehmen und ist bei demjenigen vorhanden, der nach bürgerlichem Recht geschäftsfähig oder nach bürgerlichem oder öffentlichem Recht als handlungsfähig anerkannt ist (§ 11 Abs. 1 Nr. 1 und 2 SGB X). Nach § 36 SGB I beginnt die sozialrechtliche Handlungsfähigkeit mit der Vollendung des 15. Lebensjahres.

Ein Antrag kann – je nach gesetzlicher Ausgestaltung – unterschiedliche Funktionen haben: Er kann Tatbestandsvoraussetzung sein, den Leistungsbeginn oder den Beginn des Verwaltungsverfahrens bestimmen. In Bezug auf die Lebensunterhaltsleistungen sowie die Eingliederung in Arbeit nach dem SGB II zählt er nicht zu den Anspruchsvoraussetzungen, da er nicht in § 7 SGB II aufgeführt ist. Stattdessen löst er das Verwaltungsverfahren aus und ist Anknüpfungspunkt für den Leistungsbeginn. Der Grundsatz des § 37 Abs. 2 S. 1 SGB II, nach dem Leistungen nicht vor Antragstellung erbracht werden, wird allerdings durch dessen zweiten Satz modifiziert. Ein Antrag auf Leistungen

zur Sicherung des Lebensunterhaltes wirkt auf den Ersten des Monats der Antragstellung zurück.

Eine weiter in die Vergangenheit reichende Wirkung eines Antrags kommt alleine unter den Voraussetzungen eines **sozialrechtlichen Herstellungsanspruchs** oder dann in Betracht, wenn der Antragsteller zunächst auf ihn verzichtet hatte, weil er einen Anspruch auf eine andere Sozialleistung gestellt hatte, diese Leistung aber versagt oder nach anfänglicher Erbringung inzwischen durch den Antragsteller erstattet werden musste (§ 28 S. 1 SGB X).

Der Antrag hat darüber hinaus materiell rechtliche Bedeutung bei der Abgrenzung der Begriffe Einkommen und Vermögen (→**Zuflussprinzip**).

Leistungen nach § 24 Abs. 1 und 3 SGB II sowie Leistungen nach § 28 Abs. 2, Abs. 4 bis 7 SGB II sind gesondert zu beantragen (§ 37 Abs. 1 S. 2 SGB II). Zweck dieser Regelung ist es, eine nachträgliche Bedarfsdeckung im Wege der Kostenerstattung auszuschließen (BT-Drucks. 17/3404, 114). Die in § 37 Abs. 1 S. 2 SGB II aufgezählten Leistungen werden daher nur erbracht, wenn der entsprechende Bedarf vor Antragstellung noch nicht durch Eigenleistung oder auf andere Weise gedeckt wurde.

Bedeutung hat der Antrag zudem im Zusammenhang mit der Absenkung des Regelbedarfs bei Pflichtverletzungen. Nach § 31 a Abs. 3 S. 1 SGB II kann der Grundsicherungsträger auf Antrag in angemessenem Umfang ergänzende Sachleistungen oder geldwerte Leistungen erbringen, wenn eine Minderung des Arbeitslosengeldes II um mehr als 30 v.H. der maßgebenden Regelleistung erfolgt ist. Hier hat der Antrag ausnahmsweise die Funktion einer Anspruchsvoraussetzung.

Bei der Abgabe einer Willenserklärung kann sich der Erklärende durch einen Dritten vertreten lassen, er kann auch andere als Boten einsetzen. § 38 SGB II enthält die gesetzliche Vermutung, dass ein erwerbsfähiger Leistungsberechtigter bevollmächtigt ist, Leistungen auch für die anderen mit ihm in einer Bedarfsgemeinschaft lebenden Personen zu beantragen (und entgegenzunehmen). Bereits aus dem Wesen der gesetzlichen Vermutung ergibt sich, dass diese widerlegt werden kann.

Antrag auf vorrangige Sozialleistungen

Definition: Der zuständige Grundsicherungsträger ist berechtigt, für den Leistungsberechtigten einen Antrag auf vorrangige Sozialleistungen zu stellen, wenn jener dies trotz Aufforderung unterlässt.

Rechtsgrundlage: § 5 Abs. 3 SGB II

Erläuterungen: Die Träger der Grundsicherung für Arbeitsuchende (§ 5 Abs. 3 SGB II) – ebenso die Sozialhilfeträger (§ 95 SGB XII) – sind ermächtigt, für Leistungsberechtigte Anträge auf Sozialleistungen anderer Sozialleistungsträger zu stellen. Hierin liegt ein nicht unerheblicher Eingriff in das Dispositionsrecht und die allgemeine Handlungsfreiheit der Beteiligten, die nicht mehr selbst darüber entscheiden können, ob und ggf wann sie einen Sozialleistungsantrag stellen, zumal eine spätere Antragstellung rechtliche und finanzielle Vorteile haben kann – zB infolge des Erwerbs von Rentenanwartschaften oder rentenrechtlichen Zeiten –, die ihnen infolge einer frühzeitigen Antragstellung abgeschnitten werden. Der Gesetzgeber versucht durch § 5 Abs. 3 SGB II dem Nachrangprinzip Geltung zu verschaffen (BT-Drucks. 15/1516, 51 f) und die Träger der Grundsicherung vor aus ihrer Sicht systemwidrigen finanziellen Mehrbelastungen zu bewahren, die ein vorrangig leistungsverpflichteter Sozialleistungsträger tragen könnte. Allein hierin kann eine verfassungsrechtliche Legitimation dieses Rechtseingriffs gesehen werden. Ob diese aber noch gegeben ist, wenn der Grundsicherungsträger für ein Mitglied der Bedarfsgemeinschaft, das selbst über ausreichende Mittel verfügt, um seinen notwendigen Lebensunterhalt zu decken, der jedoch nach § 9 Abs. 2 S. 3 SGB II hilfebedürftig „gerechnet" wird, weil seine Mittel nicht ausreichen, um den Bedarf sämtlicher Mitglieder der Bedarfsgemeinschaft zu decken, ist zweifelhaft.

Eine prophylaktische Antragstellung für sämtliche Leistungsberechtigte, ohne dass diese zuvor einer Aufforderung zur Antragstellung nicht nachgekommen sind, scheidet aus. Bei der Aufforderung zur Antragstellung handelt es sich um einen Verwaltungsakt.

Der Zweck der Antragstellung durch Grundsicherungsträger könnte unterlaufen werden, wenn der Leistungsberechtigte den Antrag des Sozialleistungsträgers wirksam zurücknehmen könnte. Indem der Gesetzgeber dem Sozialleistungsträger ein eigenes, vom Antragsrecht des Sozialleistungsberechtigten unabhängiges Recht – es entsteht eine gesetzliche Verfahrensstandschaft – verschafft hat, hat er die Rücknahme des Antrags des Sozialleistungsträgers durch den Sozialleistungsberechtigten ausgeschlossen. Nichts anderes gilt für eine Rücknahme eines durch den Sozialleistungsträger eingelegten Rechtsbehelfs, zu dessen Einlegung § 5 Abs. 3 SGB II ebenfalls ermächtigt.

Verweigert der Leistungsberechtigte in dem durch den Antrag des Grundsicherungsträgers eingeleiteten Verwaltungsverfahren die Mitwirkung, so dass der Sozialleistungsträger nach § 66 SGB I die Leistung versagt, so steht dem Grundsicherungsträger nicht das Recht zu, Sanktionen nach § 31 a SGB II festzusetzen, denn es liegt kein sanktionsfähiger Sachverhalt vor. Auch eine Versagung oder Einstellung der Grundsicherungsleistungen nach § 66 Abs. 1 SGB I ist nicht möglich, da insbesondere die Voraussetzungen des § 60 SGB I im Sozialleistungsverhältnis zwischen Grundsicherungsträger und Leistungsberechtigtem nicht erfüllt sind (zu weitgehend LPK-SGB II/*Brühl* § 5 Rn 54).

Es ist umstritten, ob § 5 Abs. 3 SGB II alleine Anträge gegenüber Sozialleistungsträgern im Sinne der §§ 12, 18 bis 29 SGB I (Linhart/Adolph § 5 SGB II Rn 43) oder auch gegenüber anderen öffentlichen Stellen oder sogar privaten Trägern umfasst (bejahend Herold-Tews/Löns § 5 SGB II Rn 18; LPK-SGB II/*Brühl* § 5 Rn 54). Die in § 5 Abs. 3 SGB II verwendeten Begriffe „Leistungen" und „Träger" deuten darauf hin, dass hiermit Sozialleistungen im Sinne des § 11 SGB I und Sozialleistungsträger im Sinne des § 12 SGB I gemeint sind. Diese Auffassung wird dadurch bekräftigt, dass § 33 SGB II einen gesetzlichen Übergang von Ansprüchen (cessio legis) gegenüber Dritten, die keine Leistungsträger sind, regelt. Dieser Regelung hätte es nicht bedurft, wenn § 5 Abs. 3 SGB II den Grundsicherungsträger berechtigt hätte, die entsprechenden Leistungen selbst zu beantragen.

Nach § 5 Abs. 3 S. 2 SGB II wirkt der Ablauf von Fristen – zB Antrags-, Widerspruchs- oder Rechtsmittelfristen –, die ohne Verschulden des Grundsicherungsträgers verstrichen sind, nicht gegen ihn. Ein verfristeter Widerspruch, der durch den Grundsicherungsträger eingelegt wird, darf daher nicht alleine wegen der Fristversäumnis als unzulässig zurückgewiesen werden.

Literaturhinweise:
LPK-SGB II/*Brühl* § 5 Rn 54 ff

Anwaltsgebühren

Definition: Anwaltsgebühren sind die Entgelte, die Anwälte für Beratungstätigkeiten und anwaltliche Vertretungen im Verwaltungs-, Widerspruchs- und Gerichtsverfahren verlangen dürfen.

Rechtsgrundlagen: Rechtsanwaltsvergütungsgesetz (RVG); Beratungshilfegesetz

Erläuterungen: Bei den Anwaltsgebühren ist zwischen den Kosten für eine Beratung und Vertretung im Verwaltungsverfahren, im Widerspruchsverfahren und im sozialgerichtlichen Verfahren zu unterscheiden. Nach dem Rechtsanwaltsvergütungsgesetz (RVG) betragen die Gebühren für eine außergerichtliche Tätigkeit allgemeinen (zB Beratung und Vertretung bei der Antragstellung und bis zum Bescheid) 40 bis 520 EUR. Eine Gebühr von mehr als 240 EUR kann nur gefordert werden, wenn die Tätigkeit umfangreich oder schwierig war. Eine gesonderte Gebühr fällt für die Vertretung im Widerspruchsverfahren an, auch wenn eine Vertretung im Verwaltungsverfahren vorausgegangen ist (40 bis 260 EUR; eine Gebühr von mehr als 120 EUR kann nur gefordert werden, wenn die Tätigkeit im Widerspruchsverfahren schwierig oder umfangreich war). Wenn das Widerspruchsverfahren ganz oder teilweise erfolgreich war, kommt eine Kostenerstattung durch die Behörde für die anwaltliche Vertretung in Betracht. Häufig muss eine gesonderte Kostenentscheidung nach einer Abhilfe im Widerspruchsverfahren von dem Betroffenen beantragt werden. Rechtsgrundlage dafür ist § 63 SGB X. Voraussetzung ist auch, dass die anwaltliche Vertretung im Widerspruchsverfahren als notwendig anzusehen ist. Wenn der Betroffene die Kosten für eine anwaltliche außergerichtliche Vertretung nicht tragen kann, kann er →**Beratungshilfe** beantragen. Im sozialgerichtlichen Verfahren fällt

eine Verfahrensgebühr im Umfang zwischen 40 und 460 EUR an. Die Mittelgebühr in Höhe von 250 EUR kann nur bei schwierigen und langen Verfahren überschritten werden. Ist eine anwaltliche Tätigkeit im Verwaltungs- oder Widerspruchsverfahren vorangegangen, beschränkt sich der Gebührenrahmen auf 20 bis 320 EUR (Mittelgebühr ist hier 170 EUR). Daneben fällt regelmäßig eine Terminsgebühr an (Gebührenrahmen 20 bis 380 EUR, Mittelgebühr 200 EUR). Kommt es zu einem Vergleich oder einer anderen vorzeitigen Erledigung des Streitverfahrens, kann zusätzlich eine Vergleichs- oder Erledigungsgebühr anfallen (Gebührenrahmen 30 bis 350 EUR, Mittelgebühr 190 EUR). Zu den Anwaltskosten treten noch Auslagen (zB für Kopie und Porto) sowie eventuelle Fahrtkosten und die Mehrwertsteuer hinzu. Das Sozialgericht hat von Amts wegen eine Entscheidung über die Kostentragung zu treffen. War das Gerichtsverfahren ganz oder teilweise erfolgreich, werden Anwaltsgebühren in dem hier dargestellten gesetzlichen Umfang von der Gegenseite – je nach Umfang des Erfolges – erstattet. Wenn die Kosten für die anwaltliche Vertretung im sozialgerichtlichen Verfahren von dem Leistungsempfänger selbst nicht aufgebracht werden können – was bei einem Leistungsbezug von Grundsicherung nach dem SGB II regelmäßig der Fall sein wird –, kann →**Prozesskostenhilfe** beantragt werden.

Literaturhinweise:
Zimmermann, Das Hartz-IV-Mandat, 2. Aufl. 2011, S. 37 ff, S. 255 ff

Arbeitsbescheinigung
→**Auskunftspflicht von Arbeitgebern**

Arbeitsförderungsgeld
→**Werkstatt für behinderte Menschen**

Arbeitsgelegenheit

Definition: Arbeitsgelegenheiten sind Eingliederungsleistungen, mit denen die Beschäftigungsfähigkeit der arbeitslosen Leistungsempfänger in einem realen Arbeitskontext erprobt werden sollen. Das Entstehen eines regulären Arbeitsverhältnisses ist ausgeschlossen. In Hinblick darauf, dass neben dem Arbeitslosengeld II für eine Tätigkeit im Rahmen einer Arbeitsgelegenheit nur eine geringe Mehraufwandsentschädigung gezahlt wird, werden die Tätigkeiten auch als Ein-Euro-Job bezeichnet.

Rechtsgrundlagen: §§ 2 Abs. 1 S. 3, 3 Abs. 2 S. 2, 16 d SGB II

Erläuterungen: Die Zielvorstellungen des Gesetzgebers waren es, mit den Arbeitsgelegenheiten die Chancen auf eine Eingliederung in ungeförderte Beschäftigungsverhältnisse zu verbessern. Historisch besteht allerdings eine Verbindung mit der Arbeitspflicht und der früheren gemeinnützigen und zusätzlichen Tätigkeiten im Rahmen der Sozialhilfe. Nach der Konzeption des SGB II in der Folge des Grundsatzes →**Fördern und Fordern** steht mehr als das arbeitsmarktpolitische Instrument die Aktivierung erwerbsfähigen Hilfebedürftiger im Vordergrund, wenn deren Eingliederung in den allgemeinen Arbeitsmarkt aktuell nicht möglich ist. Nach der Neuregelung zum 1.4.2012 ist die Entgeltvariante der Arbeitsgelegenheit in einem Arbeitsverhältnis nicht mehr möglich. Die Förderung eines Arbeitsverhältnisses kommt nun nur noch in Form des Beschäftigungszuschusses (→**Lohnkostenzuschuss**) nach § 16 e SGB II als Leistung zur Beschäftigungsförderung in Betracht. Übrig geblieben ist damit allein die Arbeitsgelegenheit mit Mehraufwandsentschädigung.

Die Arbeitsgelegenheit ist nachrangig gegenüber anderen Eingliederungsleistungen (§ 16 d Abs. 5 SGB II). Sie kommt nur dann in Betracht, wenn eine Erwerbstätigkeit auf dem ersten Arbeitsmarkt in absehbarer Zeit nicht zu erwarten ist (§ 2 Abs. 1 S. 3 SGB II). Dies setzt eine **Prognoseentscheidung** voraus, die sich in erster Linie an etwaigen Eingliederungshemmnissen der Leistungsberechtigten oder Schwierigkeiten auf dem allgemeinen Arbeitsmarkt orientiert. Ein wesentliches Kriterium ist die Länge der bestehenden Arbeitslosigkeit; in diesem Zusammenhang wird es auch als zulässig angesehen, dass ein Akademiker nach mehrjähriger Arbeitslosigkeit einer Arbeitsgelegenheit zugewiesen wird. Der Sinn einer Arbeitsgelegenheit soll in erster Linie in einer Arbeitserprobung nach längerer Arbeitslosigkeit liegen (BSG 16.12.2008 – B 4 AS 60/07 R). Wie alle Eingliederungs-

leistungen wird auch die Arbeitsgelegenheit ausschließlich auf Grundlage einer **Ermessensentscheidung** des Jobcenters zugewiesen. Ein Rechtsanspruch auf eine Arbeitsgelegenheit besteht nicht. Geltend gemacht werden kann nur ein Anspruch auf ermessensfehlerfreie Entscheidung, wenn der Leistungsberechtigte eine Arbeitsgelegenheit zugewiesen bekommen möchte. Die Arbeitsgelegenheit hat einen Doppelcharakter. Sie ist einerseits Eingliederungsleistung; andererseits Verpflichtung für den Berechtigten (§ 2 Abs. 1 S. 3 SGB II). Durch die drohenden →**Sanktionen** (§ 31 Abs. 1 S. 1 Nr. 2 SGB II) tritt der Pflichtcharakter in der Praxis häufig in den Vordergrund. Wer sich weigert, eine zumutbare Arbeitsgelegenheit aufzunehmen, fortzuführen oder deren Anbahnung durch sein Verhalten verhindert, muss mit einer Kürzung des maßgebenden Regelbedarfs rechnen. Die Sanktion setzt allerdings eine ordnungsgemäße und konkret auf die vorgesehene Tätigkeit bezogene →**Rechtsfolgenbelehrung** bzw die bereits bestehende Kenntnis der Rechtsfolgen voraus.

Die Rechtmäßigkeit der Zuweisung einer Arbeitsgelegenheit ist an eine Reihe von **Voraussetzungen** geknüpft:

- Zusätzlichkeit der zu verrichtenden Arbeiten.

- Im öffentlichen Interesse liegende Arbeiten.

- Wettbewerbsneutralität.

- Eignung zur Eingliederung in Arbeit.

- Zumutbarkeit und Verhältnismäßigkeit.

- Hinreichende Bestimmtheit der zugewiesenen Arbeitsgelegenheit.

Die Anforderung der **Zusätzlichkeit** hat den Zweck, dass durch die Arbeitsgelegenheiten reguläre Beschäftigung nicht verdrängt werden soll. Trotzdem wird die Voraussetzung in der Praxis in sehr vielen Fällen nicht eingehalten. Nach der gesetzlichen Konkretisierung (§ 16 d Abs. 2 SGB II) darf es sich nur um Arbeiten handeln, die ohne eine entsprechende Förderung überhaupt nicht, nicht in diesem Umfang oder erst zu einem späteren Zeitpunkt (bei gesetzlichen Pflichtaufgaben voraussichtlich erst nach zwei Jahren) durchgeführt werden würden. Reinigungsarbeiten in öffentlichen Gebäuden oder Hilfstätigkeiten in der öffentlichen Verwaltung sind regelmäßig nicht zusätzlich; damit werden Personalengpässe ausgeglichen und Haushaltsmittel eingespart. Wenn Aufgaben im Rahmen von Arbeitsgelegenheiten übernommen werden, die vorher von regulären Arbeitskräften ausgeführt wurden, ist dies ein deutliches Indiz dafür, dass es sich nicht um zusätzliche Arbeiten handelt.

Ob die Arbeiten **im öffentlichen Interesse** liegen, soll in erster Linie nach dem Arbeitsergebnis beurteilt werden. Das Arbeitsergebnis muss der Allgemeinheit dienen; liegt das Arbeitsergebnis dagegen überwiegend in erwerbswirtschaftlichem Interesse oder im Interesse eines begrenzten Personenkreises, ist das öffentliche Interesse nicht gegeben. Klassische Arbeitsfelder mit öffentlichem Interesse sind zB Kultur, Wissenschaft, Umweltschutz, Sport, Bildung, Erziehung und Gesundheitswesen. Eine Tätigkeit für Privatunternehmen mit Gewinnerzielungsabsicht ist dagegen grundsätzlich nicht im öffentlichem Interesse.

Neu hinzugetreten ist das Kriterium der **Wettbewerbsneutralität.** Das Kriterium wird im Gesetz (§ 16 d Abs. 4 SGB II) sehr weiträumig umschrieben. Es darf keine Beeinträchtigung der Wirtschaft zu befürchten sein und Erwerbstätigkeit auf dem allgemeinen Arbeitsmarkt soll weder verdrängt noch in ihrer Entstehung verhindert werden. Dies stellt in erster Linie darauf ab, dass Aufträge, die bisher an Unternehmer vergeben wurden, durch Arbeitsgelegenheiten nicht ersetzt werden sollen.

An der **Eignung zur Eingliederung in Arbeit** ist dann zu zweifeln, wenn die im Rahmen der Arbeitsgelegenheit vorgesehene Tätigkeit auf dem allgemeinen Arbeitsmarkt niemals nachgefragt werden würde. Dies kann bei ganz einfachen, an sich überflüssigen Arbeiten der Fall sein. Rechtmäßig wären derartige Aufgaben nur dann, wenn für die Person des Leistungsberechtigten ein bestimmtes Eingliederungsziel (zB hinreichende Tagesstrukturierung) erreicht werden soll.

Die →**Zumutbarkeit** (§ 10 SGB II) ist nach den allgemeinen Kriterien zu beurteilen. Die Leistungsfähigkeit und Qualifikation des Leistungsberechtigten darf nicht überschritten werden. Auch die

sonstigen Arbeitsumstände müssen zumutbar sein. Arbeitsschutzvorschriften sind wie bei einem Arbeitsverhältnis einzuhalten. **Verhältnismäßig** ist die Arbeitsgelegenheit nur, wenn Sie unterhalb einer vollschichtigen Tätigkeit erfolgt. **30 Wochenstunden** werden vom BSG (16.12.2008 – B 4 AS 60/07 R) als zulässig angesehen. Zu berücksichtigen ist allerdings, in welchem Umfang neben der Tätigkeit noch →**Eigenbemühungen,** zB →**Bewerbungen,** verlangt werden. Ebenso sind weitere Verpflichtungen hinreichend zu berücksichtigen (zB Kinderbetreuung oder Pflegetätigkeiten).

Damit die zugewiesene Arbeitsgelegenheit **hinreichend bestimmt** ist, muss vorher genau festgelegt werden, in welchem Umfang, mit welcher Dauer und in welcher zeitlichen Verteilung Tätigkeiten auszuüben sind. Auch die Art der auszuführenden Tätigkeit sowie die vorgesehene Mehraufwandsentschädigung müssen konkret vorher beschrieben werden. Nur so kann der Leistungsempfänger vorab erkennen, ob die vorgesehene Arbeitsgelegenheit die Anforderungen an eine rechtmäßige Maßnahme erfüllt und ihn die Verpflichtung trifft, der Zuweisung zu folgen. Bloß abstrakt gehaltene Aussagen zu den auszuübenden Tätigkeiten, wie zB Hilfsarbeiten oder eine Konkretisierung der Arbeiten erst durch den jeweiligen Anleiter vor Ort, sind unzureichend. Auch hinsichtlich der Arbeitszeit können pauschale Formulierungen nicht verwandt werden (zB stundenweise oder nach Bedarf).

Die **Mehraufwandsentschädigung** ist kein Arbeitslohn und auch nicht an einer Arbeitsvergütung zu orientieren. Sie stellt vielmehr einen Ausgleich für denkbare zusätzliche finanzielle Belastungen dar (zB Fahrtkosten, Aufwendungen zur Reinigung der Kleidung, zusätzlicher Aufwand für Ernährung und Körperpflege). Die vorgesehene Entschädigung für Mehraufwendungen muss „**angemessen**" sein. Die Angemessenheit ist ein unbestimmter Rechtsbegriff. Der häufig vorgesehene Betrag von 1,00 EUR je Stunde ist kein fester Wert; er kann über- oder unterschritten werden. Nach der Rechtsprechung des BSG (13.11.2008 – B 14 AS 66/07 R) besteht kein Anspruch darauf, dass nach Abzug der tatsächlich angefallenen Aufwendungen noch ein Betrag zur

Anerkennung der Arbeitsleistung übrig bleibt. Eine höhere Entschädigung als die vorgesehene Pauschale kann nur verlangt werden, wenn tatsächlich höhere Mehraufwendungen nachgewiesen werden können. Die Aufwandsentschädigung muss nur gezahlt werden für Zeiten, in denen die Tätigkeiten auch tatsächlich verrichtet werden, also nicht in Krankheitszeiten oder bei Urlaub. Eine Anrechnung auf das gezahlte Arbeitslosengeld II erfolgt nicht. Der Anspruch auf Zahlung der Mehraufwandsentschädigung richtet sich gegen das Jobcenter und nicht gegen den jeweiligen Träger, bei dem die Arbeiten durchgeführt werden. Die **Rechtsbeziehung zwischen dem Jobcenter und dem Maßnahmeträger** kann in unterschiedlicher Weise gestaltet sein. In der Regel wird ein öffentlich-rechtlicher Vertrag abgeschlossen mit dem Inhalt, dass sich der Maßnahmeträger verpflichtet, eine konkrete zu bezeichnende Arbeitsgelegenheit zur Verfügung zu stellen. Im Gegenzug wird für die Kosten, die bei Durchführung der Arbeitsgelegenheit entstehen, ein Zuschuss gewährt. Die Höhe der möglichen Zuschüsse ist in § 16 d Abs. 8 SGB II konkret festgelegt. Zwischen Jobcenter, Maßnahmeträger und Leistungsberechtigtem entsteht ein →**sozialrechtliches Leistungsdreieck.** Hinsichtlich der Rechtsbeziehung zwischen dem Leistungsberechtigten und dem Maßnahmeträger ist die **Entstehung eines Arbeitsverhältnisses** gem. § 16 d Abs. 7 S. 2 SGB II ausgeschlossen. Dies gilt auch dann, wenn die Zuweisung der Arbeitsgelegenheit rechtswidrig war. Die Arbeitsgelegenheit ist vielmehr als ein öffentlich-rechtliches Beschäftigungsverhältnis eigener Art anzusehen. Bei Rechtswidrigkeit der Arbeitsgelegenheit kann allerdings ein **öffentlich-rechtlicher Erstattungsanspruch** entstehen mit der Folge, dass für die erbrachte Arbeitsleistung ein Erstattungsanspruch in Höhe des Differenzbetrages zwischen den Leistungen nach dem SGB II und dem Wert der erbrachten Arbeiten (orientiert an den Tarifverträgen bzw dem ortsüblichen Entgelt) vom Jobcenter zu zahlen ist (BSG 13.4.2011 – B 14 AS 98/10 R).

Im Rahmen der festgelegten Arbeitstätigkeiten und der festgelegten Arbeitszeiten hat der Leistungsberechtigte den **Anweisungen des Maßnahmeträgers** zu folgen. Dies gilt jedoch nicht, wenn der vorgesehene Rahmen der zugewiesenen Arbeitsgelegenheit verlassen wird. Eigenmächtigen Überschreitungen seitens des Maßnahmeträgers kann der Leistungsberechtigte widersprechen. Werden **Tätigkeiten außerhalb des vorgesehenen Rahmens** der Zuweisung ausgeführt, kommt insoweit das Entstehen eines faktischen Arbeitsverhältnisses und ein entsprechender Vergütungsanspruch für den Leistungsberechtigten in Betracht. Eine **Beurteilung** der Leistung und des Verhaltens des Leistungsberechtigten durch den Maßnahmeträger ist nach § 61 Abs. 2 S. 1 Nr. 2 SGB II vorgesehen.

Literaturhnweise:
LPK-SGB II/*Thie*, 4. Aufl., § 16 d Rn 12 ff; *Stahlmann* (Hrsg.), Recht und Praxis der Ein-Euro-Jobs, 2006; *Geiger*, Leitfaden zum Arbeitslosengeld II, 8. Aufl. 2011, S. 519 ff

Arbeitsgemeinschaft (Arge)

Definition: Arbeitsgemeinschaft war bis zum 31.12.2010 die Bezeichnung für die Behörden, die Agenturen für Arbeit und kommunale Träger im gesetzlichen Regelfall zur gemeinsamen Aufgabenwahrnehmung nach dem SGB II bildeten.

Rechtsgrundlage: § 44 b SGB II idF bis 31.12.2010

Erläuterungen: Für die Leistungen der Grundsicherung für Arbeitsuchende sind nach § 6 SGB II **zwei unterschiedliche Leistungsträger** zuständig: Die kommunalen Träger für alle in § 6 Abs. 1 S. 1 Nr. 2 SGB II genannten Aufgaben sowie die Bundesagentur für Arbeit nach § 6 Abs. 1 S. 1 Nr. 1 SGB II für alle übrigen Aufgaben. Um zu erreichen, dass den Leistungsberechtigten trotzdem nur eine Behörde als **einheitlicher Ansprechpartner** gegenübersteht, sah § 44 b in der bis 31.12.2010 geltenden Fassung vor, dass die Agenturen für Arbeit und die kommunalen Träger Arbeitsgemeinschaften (Argen) bilden. Abweichend hiervon nehmen im Bereich der Optionskommunen die zugelassenen kommunalen Träger nach § 6 a SGB II alle Aufgaben wahr, auch diejenigen, die sonst der Bundesagentur für Arbeit obliegen.

Zur Organisation der Arbeitsgemeinschaften enthielt § 44 b aF nur wenige Vorgaben, unter anderem die, dass ein

Geschäftsführer als Vertretungsorgan vorhanden sein musste. Ansonsten waren die Leistungsträger sehr frei in der organisatorischen Ausgestaltung der Arbeitsgemeinschaften, etwa was die Rechtsform oder auch den Umfang der Aufgabenübertragung anging.

Das Bundesverfassungsgericht hat die Unvereinbarkeit der Regelung zu den Arbeitsgemeinschaften in § 44 b SGB II mit der Selbstverwaltungsgarantie der kommunalen Träger aus Art. 28 GG festgestellt (BVerfGE 119, 331). Um weiterhin die Durchführung des SGB II durch einheitlich zuständige Behörden zu ermöglichen, wurde mit Art. 91 e GG eine neue verfassungsrechtliche Grundlage hierfür geschaffen. § 44 b SGB II wurde dahin gehend geändert, dass es weiterhin gemeinsame Einrichtungen der beiden Leistungsträger gibt, die allerdings nicht mehr als Arbeitsgemeinschaften bezeichnet werden. Stattdessen ist nunmehr in § 6 d SGB II die Bezeichnung →Jobcenter verbindlich vorgegeben. Anders als zuvor soll es nach § 44 b nF SGB II nicht mehr möglich sein, dass eine gemeinsame Einrichtung nicht zustande kommt und die Agentur für Arbeit und der kommunale Träger ihre Aufgaben jeweils getrennt voneinander wahrnehmen. Notfalls müssen die Aufsichtsbehörden der Leistungsträger die Errichtung einer gemeinsamen Einrichtung durchsetzen. Im Übrigen enthält die seit dem 1.1.2011 geltende Neuregelung zu den gemeinsamen Einrichtungen detailliertere Bestimmungen zur organisatorischen Umsetzung und zur Aufsicht (näher dazu *Nakielski* SozSich 2010, 165).

Literaturhinweise:
Nakielski, Bleiben Hartz-IV-Berechtigte auf der Strecke? – Die Neuorganisation der Grundsicherungs-Verwaltung, SozSich 2010, 165–173

Arbeitslosengeld

Definition: Das Arbeitslosengeld ist eine Entgeltersatzleistung der Arbeitslosenversicherung für Arbeitnehmer im Rahmen der Arbeitsförderung des SGB III bei Arbeitslosigkeit und beruflicher Weiterbildung.

Rechtsgrundlagen: § 3 Abs. 4 Nr. 1 iVm §§ 136–164 SGB III

Erläuterungen: Arbeitnehmer haben einen Anspruch auf Arbeitslosengeld bei Arbeitslosigkeit (§ 136 Abs. 1 Nr. 1 iVm §§ 137–143 SGB III) bzw bei beruflicher Weiterbildung (§ 136 Abs. 1 Nr. 2 iVm § 144 SGB III).

Arbeitslosengeld bei beruflicher Weiterbildung setzt voraus, dass der Betroffene die Voraussetzungen eines Anspruchs auf Arbeitslosengeld bei Arbeitslosigkeit allein wegen einer nach § 81 SGB III geförderten beruflichen Weiterbildung nicht erfüllt, namentlich also aufgrund dessen den Vermittlungsbemühungen der Agentur für Arbeit nicht im Sinne des § 138 Abs. 1 Nr. 3 SGB II zur Verfügung stehen kann.

Anspruch auf **Arbeitslosengeld bei Arbeitslosigkeit** haben nach der Vorschrift des § 137 SGB III Arbeitnehmer, die arbeitslos im Sinne der §§ 138–140 SGB III sind (Nr. 1), sich bei der Agentur für Arbeit gemäß § 141 SGB III arbeitslos gemeldet haben (Nr. 2) und die Anwartschaftszeit iSd § 141 iVm § 142 SGB III erfüllt haben.

Voraussetzung für die Arbeitslosigkeit ist danach zum Ersten die **Beschäftigungslosigkeit** iSd Nichtbestehens eines Beschäftigungsverhältnisses (§ 138 Abs. 1 Nr. 1 SGB III iVm § 7 SGB IV). Die nach § 138 Abs. 1 Nr. 2 SGB III geforderten **Eigenbemühungen** zur Beendigung der Beschäftigungslosigkeit sind in § 138 Abs. 4 SGB III noch einmal ausdrücklich dahin gehend konkretisiert, dass der Arbeitslose alle Möglichkeiten zur beruflichen Eingliederung zu nutzen hat. Hierzu gehören insbesondere die Wahrnehmung der Verpflichtungen aus der Eingliederungsvereinbarung (vgl § 37 Abs. 2, 3 SGB III), die Mitwirkung bei der Vermittlung durch Dritte und die Inanspruchnahme der Selbstinformationseinrichtungen der Agentur für Arbeit. Arbeitslos ist zuletzt schließlich nur derjenige, welcher den Vermittlungsbemühungen der Agentur für Arbeit zur Verfügung steht (**Verfügbarkeit**, § 138 Abs. 1 Nr. 3 SGB III), dh, der nach § 138 Abs. 5 SGB III eine iSd §§ 24 ff SGB III versicherungspflichtige, mindestens 15 Stunden wöchentlich umfassende, zumutbare (vgl hierzu § 140 SGB III) Beschäftigung unter den üblichen Bedingungen des für ihn in Betracht kommenden Arbeitsmarktes ausüben kann und darf (Nr. 1), Vorschlägen der Agentur für Arbeit zur beruflichen Eingliederung zeit- und ortsnah Folge leisten kann (vgl hierzu die Erreichbarkeitsanordnung – EAO) (Nr. 2), bereit ist, jede Beschäftigung iSd Nr. 1 anzunehmen und auszuüben (Nr. 3) sowie an Maßnahmen zur beruflichen Eingliederung in das Erwerbsleben teilzunehmen (Nr. 4). Als relevanter Arbeitsmarkt iSd § 138 Abs. 5 Nr. 1 SGB III kommt insoweit räumlich das ganze Gebiet der Bundesrepublik in Betracht. Zumutbar im Sinne der Nr. 1 sind alle der Arbeitsfähigkeit des Arbeitslosen entsprechenden Beschäftigungen, soweit allgemeine oder personenbezogene Gründe der Zumutbarkeit einer Beschäftigung nicht entgegenstehen (§ 140 Abs. 1, 4 SGB III). In § 140 Abs. 2–4 SGB III werden – keineswegs abschließend – beispielhaft Fälle der allgemeinen bzw personenbezogenen Gründe für eine Unzumutbarkeit der Beschäftigung dargestellt.

Zum zweiten hat sich der Arbeitslose persönlich (dh in eigener Person) bei der zuständigen Agentur für Arbeit arbeitslos zu melden (**Arbeitslosmeldung**). Eine telefonische oder schriftliche Meldung genügt dem nicht. Die Meldung ist (spätestens) am ersten Tag der Arbeitslosigkeit zu erstatten (vgl zum Erlöschen der Wirkung § 141 Abs. 2 SGB III). Eine Meldung ist bereits dann zulässig, wenn die Arbeitslosigkeit noch nicht eingetreten, der Eintritt der Arbeitslosigkeit aber innerhalb der nächsten drei Monate zu erwarten ist (vgl § 141 Abs. 1 S. 2 SGB III). Bei verspäteter Arbeitslosmeldung entsteht der Anspruch auf Arbeitslosengeld erst nach Nachholung der Meldung. Die Arbeitslosmeldung ist von der sogenannten Arbeitssuchendenmeldung iSd § 38 Abs. 1 SGB III zu unterscheiden.

Zum Dritten muss die **Anwartschaftszeit** dergestalt erfüllt seien, dass in der Rahmenfrist (§ 143 SGB III) mindestens 12 Monate ein Versicherungspflichtverhältnis (§§ 24–26, 28 a SGB III) bestanden hat (§ 142 Abs. 1 SGB III). Die Rahmenfrist beträgt insoweit grundsätzlich (zur befristeten Ausnahme vgl § 123 Abs. 2 SGB III) zwei Jahre, beginnend mit dem Tag vor der Erfüllung aller sonstigen Voraussetzungen für den Anspruch auf Arbeitslosengeld (§ 143 Abs. 1 SGB III).

Die **Anspruchsdauer** des Arbeitslosengeldbezuges ist abhängig von der Dauer des Bestehens eines Versicherungspflicht-

verhältnisses innerhalb der um ein Jahr erweiterten Rahmenfrist des § 143 SGB III (§ 147 Abs. 1 S. 1 Nr. 1 SGB III) sowie von dem Lebensalter, welches der Arbeitslose bei Entstehung des Anspruches vollendet hat (§ 147 Abs. 1 S. 1 Nr. 2 SGB III). In Konkretisierung dessen stellt § 147 Abs. 2 SGB III die Anspruchsdauer tabellarisch dar (vgl zum befristeten Sonderrecht § 147 Abs. 3 SGB III). § 148 SGB III sieht die Minderung der Anspruchsdauer bei Erfüllung bestimmter Tatbestände vor. Diese betreffen insbesondere sanktionswürdiges Verhalten des Arbeitslosen, welches zu einer Sperrzeit geführt hat (§ 148 Abs. 1 Nr. 3, 4 iVm § 159 SGB III) bzw als fehlende Mitwirkung iSd § 66 SGB I (Nr. 5) oder fehlende Arbeitsbereitschaft (Nr. 6) zu werten ist.

Die einzelnen technischen Berechnungsvorgaben zur Ermittlung der **Höhe des Arbeitslosengeldes** ergeben sich aus §§ 149–154 SGB III. Nach dem allgemeinen Leistungssatz (§ 149 Nr. 2 SGB III) beträgt das Arbeitslosengeld danach 60% des pauschalierten Nettoentgeltes (Leistungsentgelt, § 153 SGB III), das sich aus dem Bruttoentgelt ergibt, welches der Arbeitslose im Bemessungszeitraum (§ 150 SGB III) erzielt hat (Bemessungsentgelt, § 151 SGB III). Den erhöhten Leistungssatz von 67% des pauschalierten Nettoentgelts (§ 149 Nr. 1 SGB III) erhalten dagegen nur Arbeitslose, die mindestens ein Kind iSd § 32 Abs. 1, 3–5 EStG haben, sowie Arbeitslose, deren Ehegatte oder Lebenspartner mindestens ein solches Kind hat, wenn beide Ehegatten oder Lebenspartner unbeschränkt einkommensteuerpflichtig sind und nicht dauernd getrennt leben.

Bei Erfüllung der Tatbestandsvoraussetzungen der §§ 156–160 SGB III ruht das Arbeitslosengeld (**Ruhenszeit**); in diesem Zeitraum muss der Anspruch nicht erfüllt werden und kann dementsprechend auch nicht durchgesetzt werden. Tritt neben den Ruhenstatbestand nicht gleichzeitig auch ein Sperrzeittatbestand (§ 159 SGB III iVm § 148 Abs. 1 Nr. 3, 4 SGB III), berührt das Ruhen für sich alleine den Bestand des Arbeitslosengeldanspruchs nicht. Dieser wird folglich nicht verbraucht. Dh, der Bezugszeitraum (und damit die Bezugsdauer) wird um die Zeitspanne des Ruhens zeitlich lediglich nach hinten verschoben. Mit den angesprochenen **Sperrzeiten** wird dagegen ein versicherungspflichtwidriges Verhalten des Arbeitnehmers (iSd Aufzählung in § 159 Abs. 1 S. 2 SGB III), für welches er keinen wichtigen rechtfertigenden Grund hat, gleich zweifach sanktioniert. Denn neben die Rechtsfolgen des Ruhens des Anspruchs (§ 159 Abs. 1 S. 1 SGB III) tritt gleichzeitig die Minderung der Anspruchsdauer (§ 148 Abs. 1 Nr. 3, 4 SGB III).

Zuständiger Leistungsträger ist grundsätzlich die **Agentur für Arbeit**, in deren Bezirk der Arbeitnehmer bei Eintritt der Leistung begründenden Tatbestände seinen Wohnsitz hat (§ 327 Abs. 1 SGB III).

Die grundsätzlich beitragsfinanzierte Versicherungsleistung des Arbeitslosengelds darf nicht mit der steuerfinanzierten Grundsicherungsleistung des **Arbeitslosengelds II** iSd § 19 S. 1 SGB II verwechselt werden. Den Übergang von dem einen zum anderen abzumildern, diente bis 31.12.2010 der sog. **befristete Zuschlag** nach Bezug von Arbeitslosengeld (§ 24 SGB II aF); dieser wurde zwischenzeitlich abgeschafft. Der Arbeitslosengeldempfänger kann aufstockend Arbeitslosengelds II beziehen (→**Aufstocker**), falls er trotz Bezugs von Arbeitslosengeld hilfebedürftig iSd § 9 SGB II ist (→**Hilfebedürftigkeit**).

Literaturhinweise:
Niesel (Hrsg.) §§ 117–152 SGB III; Kreikebohm/Spellbrink/Waltermann/*Mutschler*, Kommentar zum Sozialrecht, §§ 117–152 SGB III

Arbeitslosengeld II

Definition: Arbeitslosengeld II ist eine nachrangige, bedarfsorientierte und bedürftigkeitsabhängige Sozialleistung für erwerbsfähige Leistungsberechtigte, die nicht in der Lage sind, alleine oder mithilfe der mit ihnen in einer Bedarfsgemeinschaft lebenden Personen den Bedarf zur Sicherung des notwendigen Lebensunterhaltes, etwaige Mehrbedarfe und die angemessenen Kosten für Unterkunft und Heizung sicherzustellen.

Rechtsgrundlagen: §§ 7, 19 ff SGB II

Erläuterungen: Arbeitslosengeld II ist die „Kernleistung" des SGB II.

Arbeitslosengeld II umfasst Leistungen zur Sicherung des Lebensunterhalts in Form des Regelbedarfs, etwaiger Mehrbedarfe und der angemessenen Aufwendungen für Unterkunft und Heizung. Als Leistungen zur Sicherung des Lebensunterhaltes sieht § 20 SGB II zunächst den Regelbedarf vor. Dieser beträgt 374 EUR für einen Alleinstehenden oder Alleinerziehenden sowie für einen Erwerbsfähigen, dessen Partner noch nicht volljährig ist. Der Regelbedarf beträgt (für jede Person) 337 EUR, wenn es sich um zusammen lebende Ehepartner, Partner einer Partnerschaft oder Partner einer ehe- oder partnerschaftsähnlichen Gemeinschaft handelt.

Erwerbsfähige Leistungsberechtigte, die bislang in Bedarfsgemeinschaft mit anderen erwerbsfähigen Personen lebten, erhalten, sofern sie in eine eigene Unterkunft umziehen, als Alleinstehende den Regelbedarf eines Alleinstehenden in Höhe von 374 EUR. Dies ist anders, wenn sie das 25. Lebensjahr noch nicht vollendet haben und ohne Zustimmung des kommunalen Trägers umgezogen sind. In diesem Fall erhalten sie bis zur Vollendung des 25. Lebensjahres lediglich 299 EUR (§ 20 Abs. 3 iVm § 20 Abs. 2 S. 2 Nr. 2 SGB II). Anders ist es allerdings, wenn es ein unter 25jähriger nicht aus der elterlichen Wohnung auszieht, sondern aus der gemeinsamen Unterkunft seines Ehepartners oder Partners einer eheähnlichen oder lebenspartnerschaftsähnlichen Gemeinschaft. Der Regelbedarf beträgt dann 374 EUR.

Zur Leistung zum Lebensunterhalt zählen zudem Leistungen für Mehrbedarfe (→**Mehrbedarfe**) sowie Leistungen für Unterkunft (→**Unterkunftskosten**) und Heizung.

Literaturhinweise:
Zimmermann, Das Hartz-IV-Mandat, 3. Aufl. 2011

Arbeitsmarktberatung

Definition: Die Arbeitsmarktberatung ist eine an die Arbeitgeber gerichtete Beratungsleistung. Sie dient in erster Linie der Unterstützung der Arbeitgeber bei der Besetzung von Ausbildungs- und Arbeitsstellen.

Rechtsgrundlage: § 34 SGB III

Erläuterungen: Die Beratungsleistung wird von der Agentur für Arbeit erbracht.

Im Regelfall werden diejenigen Arbeitgeber beraten, die sich an die Agentur für Arbeit wenden, um eine Hilfestellung bei der Besetzung von Ausbildungs- und Arbeitsstellen zu erhalten. Die Agentur für Arbeit soll aber auch von sich aus Kontakt zu den Arbeitgebern aufnehmen bzw bestehende Kontakte unterhalten (§ 34 Abs. 2 S. 2 SGB III).

Die Arbeitsmarktberatung umfasst folgende Bereiche:

1. Lage und Entwicklung des Arbeitsmarktes und der Berufe

2. Besetzung von Ausbildungs- und Arbeitsstellen

3. Gestaltung von Arbeitsplätzen, Arbeitsbedingungen und der Arbeitszeit von Auszubildenden sowie von Arbeitnehmerinnen und Arbeitnehmern

4. Betriebliche Aus- und Weiterbildung

5. Eingliederung von förderungsbedürftigen Auszubildende und Arbeitnehmerinnen/Arbeitnehmern

6. Leistungen zur Arbeitsförderung

Literaturhinweise:
Gagel, SGB II/III, § 34 SGB III; Eicher/Schlegel/*Hennig/Eicher*, SGB III Arbeitsförderung, § 34 SGB III

Arbeitsunfähigkeit

Definition: Arbeitsunfähigkeit ist im Rahmen des Grundsicherungsrechts für Arbeitsuchende das durch Krankheit oder stationäre Behandlung bedingte Unvermögen, überhaupt bzw ohne Inkaufnahme einer Verschlimmerung des Zustandes einer nach § 10 SGB II zumutbaren Beschäftigung bzw im Falle der tatsächlichen Ausübung oder Zuweisung einer Beschäftigung ebendieser nachzugehen.

Rechtsgrundlagen: § 25 SGB II aF; § 44 Abs. 2 S. 1 Nr. 1 SGB V, § 56 SGB II

Erläuterungen: Hinsichtlich der **Bestimmung der Arbeitsunfähigkeit** ist zu unterscheiden. Im Arbeitsrecht wird Arbeitsunfähigkeit angenommen, wenn der Arbeitnehmer wegen einer Krankheit oder stationären Behandlung objektiv außer Stande ist, die geschuldete Arbeitsleistung zu erbringen bzw wenn die Gefahr einer Verschlimmerung in absehbarer Zeit besteht. Dieser Begriff ist für Arbeitslose dahin gehend zu modifizieren, dass Maßstab für die Beurteilung grundsätzlich alle

zumutbaren Beschäftigungsmöglichkeiten sein müssen. Welche Beschäftigungsmöglichkeiten dem erwerbsfähigen Hilfebedürftigen im Grundsicherungsrecht zumutbar sind, ergibt sich aus § 10 SGB II (→**Zumutbarkeit**). Vor dem Hintergrund, dass der Begriff der Arbeitsunfähigkeit im Grundsicherungsrecht zwischenzeitlich nur für die Anzeige- und Bescheinigungspflicht gemäß § 56 SGB II von Bedeutung ist (vgl unten), drängt sich dieser Maßstab im Fall der Ausübung einer konkreten Beschäftigung oder Arbeitsgelegenheit iSd § 16 d SGB II bzw der Zuweisung zu einer solchen auf.

Bei Einführung des SGB II war dem erwerbsfähigen Hilfebedürftigen noch der Krankengeldanspruch gem. § 44 Abs. 1 des SGB V zugestanden worden. § 25 SGB II in der **ursprünglichen Gesetzesfassung** koordinierte die Leistungen des Arbeitslosengelds II und des Krankengelds dahin gehend, dass Letzteres bis zur Dauer von sechs Wochen weitergezahlt wurde, wenn ein Bezieher von Arbeitslosengeld II erkrankte und dem Grunde nach Anspruch auf Krankengeld hatte. Nach diesem Zeitraum mussten die Grundsicherungsträger die bisherigen Leistungen als Vorschuss auf die Leistungen der Krankenversicherung weiter erbringen.

Mit dem Gesetz zur Vereinfachung des Verwaltungsverfahrens im Sozialrecht vom 21.3.2005 (rückwirkend in Kraft getreten zum 1.1.2005), wurde für Bezieher von Arbeitslosengeld II, die über § 5 Abs. 1 Nr. 2 a SGB II in der Krankenversicherung versicherungspflichtig sind, ein **Leistungsausschluss im Hinblick auf Krankengeld** in § 44 Abs. 2 S. 1 Nr. 1 SGB V eingeführt. Seither haben arbeitsunfähige erwerbsfähige Leistungsberechtigte unter der Voraussetzung des Fortbestehens der Erwerbsfähigkeit gemäß § 8 Abs. 1 SGB II – völlig ungeachtet ihrer zur Arbeitsunfähigkeit führenden Erkrankung – einen **fortlaufenden Anspruch auf Arbeitslosengeld II**.

Dennoch ist der eingetretene Arbeitsunfähigkeit und deren voraussichtliche Dauer unverzüglich der Agentur für Arbeit **anzuzeigen** und spätestens vor Ablauf des dritten Kalendertages nach Eintritt der Arbeitsunfähigkeit eine **ärztliche Bescheinigung** über die Arbeitsunfähigkeit und deren voraussichtliche Dauer vorzulegen (§ 56 Abs. 1 S. 1 SGB II). Die Agentur für

Arbeit ist im Rahmen ihres pflichtgemäßen Ermessens berechtigt, die Vorlage der
ärztlichen Bescheinigung bereits früher zu
verlangen (§ 56 Abs. 1 S. 2 SGB II). Für
länger andauernde Erkrankungen ist eine
Folgebescheinigung vorzulegen. Kommt
der Leistungsempfänger seinen Mitwirkungspflichten in Gestalt der Anzeige-
und Vorlageverpflichtungen nicht nach
und wird hierdurch die Aufklärung des
Sachverhalts erheblich erschwert, kann
der Grundsicherungsträger ohne weitere
Ermittlungen die Leistungen bis zur
Nachholung der Mitwirkung ganz oder
teilweise **versagen oder entziehen**, nachdem der Leistungsberechtigte auf diese
Folge schriftlich hingewiesen worden ist
und seiner Mitwirkungspflicht dennoch
nicht innerhalb einer ihm gesetzten angemessenen Frist nachgekommen ist (§ 66
Abs. 1 S. 1 und Abs. 3 iVm § 60 Abs. 1
S. 1 SGB I). Die in § 56 Abs. 1 S. 4 SGB II
noch vorgesehene Hinweispflicht auf der
Bescheinigung hinsichtlich der Obliegenheit, die Bescheinigung mit Angaben über
den Befund und die voraussichtliche Dauer der Arbeitsunfähigkeit unverzüglich
dem Krankenversicherungsträger zu über-
senden, hat nach Einführung des Kran-
kengeldausschlusses gemäß § 44 Abs. 2
S. 1 Nr. 2 SGB V keinen erkennbaren Sinn
mehr und sollte gestrichen werden.

Bei **Zweifeln an der Arbeitsunfähigkeit**
des erwerbsfähigen Leistungsberechtigten
ist die Agentur für Arbeit gemäß § 56
Abs. 1 S. 5 SGB II iVm § 275 Abs. 1
Nr. 3 b SGB V berechtigt, eine gutachtli-
che Stellungnahme des Medizinischen
Dienstes der Krankenversicherung
(MDK) einzuholen. Einzelheiten zur Kostenerstattung der Bundesagentur gegenüber den Krankenkassen sind in § 56
Abs. 2 SGB II geregelt. Gelangt die Agentur für Arbeit auf der Grundlage dieser
Stellungnahme zu der Überzeugung, der
erwerbsfähige Leistungsberechtigte sei
tatsächlich arbeitsfähig, hat sie nach § 31
Abs. 1 SGB II das Vorliegen einer Pflichtverletzung und damit die Voraussetzungen der Minderung bzw des Wegfalls des
Arbeitslosengeldes II (vgl hierzu §§ 31 a–
31 b SGB II) zu prüfen.

Literaturhinweise:
Eicher/Spellbrink/*Rixen*, 1. Aufl. 2005,
§ 25; GK-SGB II/*Schellhorn* § 25 Rn 1 u.
2; Kreikebohm/Spellbrink/Waltermann/
Mutschler, Kommentar zum Sozialrecht,

§ 126 SGB III Rn 4; LPK-SGB II/*Münder*,
1. Aufl. § 25, 3. Aufl. § 25 Rn 2, 4. Aufl.
§ 56

Arbeitsverweigerung

Definition: Arbeitsverweigerung bezeichnet als nicht feststehender Oberbegriff die
in § 31 Abs. 1 S. 1 Nr. 1–3 SGB II aufgezählten Pflichtverletzungen, die zu einer
Minderung des Arbeitslosengelds II bzw
des Sozialgelds gemäß §§ 31 a–31 b
SGB II führen können.

Rechtsgrundlage: § 31 Abs. 1 S. 1 Nr. 1–3
SGB II

Erläuterungen: Der Begriff der Arbeitsverweigerung ist im Grundsicherungsrecht für Arbeitsuchende kein feststehender. Er kann als **Oberbegriff** für die Cha-
rakterisierung der in § 31 Abs. 1 S. 1
Nr. 1–3 SGB II genannten **Pflichtverletzungen** verwendet werden und zugleich
zu deren Abgrenzung von den in § 31
Abs. 2 SGB II genannten weiteren Pflichtverletzungen.

Danach sind davon erfasst

- die Weigerung, die in der Eingliederungsvereinbarung (§ 15 Abs. 1 S. 1 u.
  2 SGB II) oder in dem diese ersetzenden Verwaltungsakt (§ 15 Abs. 1 S. 6
  SGB II) festgelegte Pflichten zu erfüllen, insbesondere in ausreichendem
  Umfang Eigenbemühungen nachzuweisen,

- die Weigerung, eine zumutbare Arbeit, Ausbildung, Arbeitsgelegenheit
  nach § 16 d SGB II oder eine mit einem Beschäftigungszuschuss nach
  § 16 e SGB II geförderte Arbeit aufzunehmen, fortzuführen oder deren Anbahnung durch ihr Verhalten verhindern,

- der Nichtantritt, der Abbruch oder die
  Veranlassung des Abbruchs einer zumutbaren Maßnahme zur Eingliederung in Arbeit.

Die so bezeichnete Arbeitsverweigerung
gilt nur dann als Pflichtverletzung, wenn
der Leistungsberechtigte keinen **wichtigen
Grund** für sein Verhalten darlegen und
nachweisen kann (§ 31 Abs. 1 S. 2
SGB II).

Nicht gerechtfertigte Pflichtverletzungen
führen zur **Sanktion** der Minderung des
Arbeitslosengelds II bzw des Sozialgelds

nach den Modalitäten der §§ 31 a u. 31 b
SGB II (→Sanktionen).

Literaturhinweise:
LPK-SGB II/*Berlit* § 31 Rn 24 ff; Eicher/
Spellbrink/*Rixen* § 31 Rn 13 ff; Groth/
Luik/Siebel-Huffmann/*Groth*, Das neue
Grundsicherungsrecht, 2011, Rn 393–
428; *Hammel*, Sozialrecht aktuell 2008,
92–100; *Hannes* SozSich 2009, 314–317;
Krahmer SGb 2009, 784–750; *Lauterbach* NJ 2008, 241–248; *Spindler* info also 2009, 122–124; *Stascheit* info also
2007, 259–260

Asylbewerberleistungsgesetz

Definition: Das Asylbewerberleistungsgesetz stellt die eigenständige und abschließende Regelungsmaterie der Mindestsicherungsleistungen für die in § 1 AsylbLG
aufgelisteten Gruppen von Ausländern
während der Dauer ihres Aufenthalts in
der Bundesrepublik Deutschland dar.

Rechtsgrundlagen: §§ 1 ff AsylbLG; § 7
Abs. 1 S. 2 Nr. 3 SGB II

Erläuterungen: Aus Anlass steigender Zu-
zugszahlen von Flüchtlingen und Asylsu-
chenden schuf der Gesetzgeber durch das
Asylbewerberleistungsgesetz (AsylbLG)
eine eigenständige Regelung zur Sicherung eines modifizierten Mindestlebens-
unterhalts für bestimmte →Ausländer,
deren Aufenthalt in der Bundesrepublik
als rechtlich noch nicht verfestigt angesehen wurde. Die dort Leistungsberechtigten sind von der Leistungsberechtigung
nach dem Grundsicherungsrecht ausgenommen (§ 7 Abs. 1 S. 2 Nr. 3 SGB II;
→Ausländer).

Leistungsberechtigt nach dem Asylbewerberleistungsgesetz sind gemäß § 1 Abs. 1
AsylbLG →Ausländer, die sich tatsächlich im Bundesgebiet aufhalten und die

■ eine Aufenthaltsgestattung nach § 55
AsylVfG besitzen,

■ über einen Flughafen einreisen wollen
und denen die Einreise nicht oder
noch nicht gestattet ist (§ 18 a Abs. 1
S. 1 u. 2 AsylVfG),

■ wegen des Krieges in ihrem Heimat-
land eine Aufenthaltserlaubnis nach
§ 23 Abs. 1 oder § 24 AufenthG oder
eine Aufenthaltserlaubnis nach § 25
Abs. 4 S. 1, Abs. 4 a oder Abs. 5
AufenthG besitzen,

■ eine Duldung nach § 60 a AufenthG
besitzen,

■ vollziehbar (§ 58 Abs. 2 S. 1 u. 2
AufenthG) ausreisepflichtig (§ 50
Abs. 1 AufenthG) sind, auch wenn eine Abschiebungsandrohung noch
nicht oder nicht mehr vollziehbar ist,

■ Ehegatten, Lebenspartner oder minderjährige Kinder der genannten Personen sind, ohne dass sie selbst die erwähnten Voraussetzungen erfüllen,
oder

■ einen Folgeantrag nach § 71 AsylVfG
oder einen Zweitantrag nach § 71 a
AsylVfG stellen.

Leistungseinschränkungen auf das unabweisbar Gebotene bestehen für Ausländer
nach 1 Nr. 4 und 5 und ihre Familienangehörigen nach Nr. 6, die sich nach
Deutschland begeben haben, um Leistungen nach dem AsylbLG zu erlangen, oder
bei denen aus von ihnen zu vertretenden
Gründen aufenthaltsbeendende Maßnahmen nicht vollzogen werden können
(§ 1 a AsylbLG).

Eine **entsprechende (keine direkte) Anwendung des SGB XII** und damit eine Abweichung von den Leistungsbestim-
mungsnormen der §§ 3–7 AsylbLG sieht
§ 2 AsylbLG für diejenigen Leistungsberechtigten vor, die bereits über eine Dauer
von insgesamt 48 Monaten Grundleistungen nach § 3 AsylbLG erhalten und die
Dauer des Aufenthalts nicht rechtsmiss-
bräuchlich selbst beeinflusst haben.

Eben dieser § 3 AsylbLG definiert die zu
erbringenden **Grundleistungen.** Danach
ist der notwendige Bedarf an Ernährung,
Unterkunft, Heizung, Kleidung, Gesund-
heits- und Körperpflege sowie Gebrauchs-
und Verbrauchsgütern des Haushalts
durch Sachleistungen zu decken. Kann
Kleidung nicht geleistet werden, so kann
sie in Form von Wertgutscheinen oder anderen vergleichbaren unbaren Abrechnungen gewährt werden. Gebrauchsgüter
des Haushalts können leihweise zur Verfügung gestellt werden. Zusätzlich erhalten Leistungsberechtigte bis zur Vollendung des 14. Lebensjahres 40 DM (der
Gesetzgeber sah sich bis heute nicht veranlasst die DM-Beträge in EURO-Beträge
umzurechnen) und von Beginn des 15.
Lebensjahres an 80 DM monatlich als
Geldbetrag zur Deckung persönlicher Bedürfnisse des täglichen Lebens. Bei einer

Unterbringung außerhalb von Aufnahmeeinrichtungen können, soweit es nach den Umständen erforderlich ist, anstelle von vorrangig zu gewährenden Sachleistungen Leistungen in Form von Wertgutscheinen, von anderen vergleichbaren unbaren Abrechnungen oder von Geldleistungen im gleichen Wert gewährt werden. Der Wert beträgt für den Haushaltsvorstand 360 DM, für Haushaltsangehörige bis zur Vollendung des 7. Lebensjahres 220 DM, für Haushaltsangehörige von Beginn des 8. Lebensjahres an 310 DM monatlich zuzüglich der notwendigen Kosten für Unterkunft, Heizung und Hausrat.

Daneben sieht das Gesetz eingeschränkte **weitere Leistungen** bei Krankheit, Schwangerschaft und Geburt (§ 4 AsylbLG), bei Unterbringung in Aufnahmeeinrichtungen das Angebot von Arbeitsgelegenheiten insbesondere zur Aufrechterhaltung und Betreibung der Einrichtung (§ 3 AsylbLG), sowie unter engen Voraussetzungen sonstige Leistungen (§ 6 AsylbLG) vor.

Die als eigentlich leistungsberechtigt aufgeführten Ausländer sind für die Zeit, für die ihnen ein anderer Aufenthaltstitel als die in § 1 Abs. 1 Nr. 3 AsylbLG bezeichnete Aufenthaltserlaubnis mit einer Gesamtgeltungsdauer von mehr als sechs Monaten erteilt worden ist, nicht nach diesem Gesetz leistungsberechtigt (§ 1 II AsylbLG), sondern erhalten **beschränkte Sozialhilfeleistungen** nach § 23 SGB XII.

Die Leistungen des AsylbLG sind steuerfinanziert. Der Leistungsberechtigte ist jedoch verpflichtet, **Einkommen und Vermögen**, über das verfügt werden kann, vorrangig zur Bedarfsdeckung einzusetzen. Einzelheiten regelt § 7 AsylbLG.

Die mit dem AsylbLG verbundene Einführung eines gegenüber Grundsicherung und Sozialhilfe modifizierten Existenzminimums und darauf aufbauender differierender Mindestsicherungsleistungen wurde durch die Rechtsprechung des Bundesverwaltungsgerichts (BVerwG NVwZ 1999, 669) und des Bundessozialgerichts (BSG NVwZ-RR 2009, 638–641) bisher gebilligt. Die konkrete Ausgestaltung hält den durch das Bundesverfassungsgericht zum SGB II herausgearbeiteten Anforderungen des Art. 1 Abs. 1 GG an Mindestsicherungsleistungen (BVerfG NJW 2010, 505-518) allerdings nicht stand.

Die **sachliche Zuständigkeit** für die Ausführung des AsylbLG bestimmen die Landesregierungen oder die von ihnen beauftragten Länder, wobei eine Übertragung von Aufgaben und Kostenträgerschaft auf weitere Behörden ermöglicht wird (§ 10 AsylbLG).

Literaturhinweise:
Berlit AWR-Bulletin 2010, 247, 259 ff; *Fichtner/Wenzel/Fasselt*, SGB XII, §§ 1–13 AsylbLG; GK-SGB II/*Loose* § 7 Rn 32.20; *Janda/Wiltsch* SGb 210, 565–574; *Kingreen* NVwZ 2010, 558–562; LPK-SGB II/*Thie/Schoch* § 7 Rn 32–33; LPK-SGB XII/*Birk* §§ 1–13 AsylbLG; *Rothkegel* ZAR 2010, 373–378; *Schreiber* info also 2008, 3–9

Aufenthalt, gewöhnlicher

Definition: Den gewöhnlichen Aufenthalt hat jemand dort, wo er sich unter Umständen aufhält, die erkennen lassen, dass er an diesem Ort oder in diesem Gebiet nicht nur vorübergehend verweilt.

Rechtsgrundlagen: § 30 Abs. 3 S. 2 SGB I; §§ 7 Abs. 1 S. 1 Nr. 4, 36, 36 a, 42 SGB II

Erläuterungen: Einen Anspruch auf Leistungen nach dem SGB II hat nach § 7 Abs. 1 S. 1 Nr. 4 SGB II nur derjenige, der seinen gewöhnlichen Aufenthalt in der Bundesrepublik Deutschland hat. Der gewöhnliche Aufenthalt bestimmt zugleich die örtliche Zuständigkeit (§ 36 SGB II) und die Zuständigkeit für Leistungen in einem Frauenhaus (§ 36 a SGB II).

Den gewöhnlichen Aufenthalt hat jemand dort, wo er unter Umständen lebt, die den Schluss zulassen, dass er dort nicht nur vorübergehend verweilt (§ 30 Abs. 3 S. 2 SGB I). Hierzu ist der **Lebensmittelpunkt** des Betroffenen (Mittelpunkt seiner Lebensumstände) festzustellen, der anhand von **Indizien** in einer Gesamtschau zu ermitteln ist. Hierbei kann eine Rolle spielen, wo sich der (Ehe-)Partner, die nächsten Familienangehörigen aufhalten, wo der Betreffende Freundschaften und Vereinsmitgliedschaften oder andere soziale Beziehungen unterhält oder wo er erwerbstätig ist bzw zuletzt gewesen ist. Auch die polizeiliche Meldung kann als Indiz zur Beurteilung des gewöhnlichen Aufenthaltes herangezogen werden.

Im Vordergrund steht nicht, wo der Lebensmittelpunkt in der Vergangenheit gewesen ist, sondern wo er gegenwärtig ist und zukünftig auch noch sein wird. Hierbei kann der bisherige gewöhnliche Aufenthaltsort richtungweisend sein, wenn sich aus den Umständen des Einzelfalls keine Hinweise auf eine Änderung ergeben.

Ein Aufenthaltsort ist kein gewöhnlicher Aufenthaltsort, wenn er auf Beendigung angelegt ist. Nicht erforderlich ist, dass sich der Betreffende auf Dauer an dem jeweiligen Ort aufhält; es genügt zur Begründung eines gewöhnlichen Aufenthaltes, wenn er sich dort „bis auf Weiteres" aufhält (BVerwG NDV-RD 1999, 73). Mit diesem Argument hatte das BVerwG den Aufenthalt eines Aussiedlers in einem Übergangswohnheim als gewöhnlichen Aufenthalt gewürdigt, da er dort seinen Lebensmittelpunkt habe.

Ein gewöhnlicher Aufenthalt kann bereits durch den Zuzug an einen bestimmten Ort begründet werden, wenn prognostisch davon auszugehen ist, dass dieser Ort der Lebensmittelpunkt sein bzw. bleiben wird. Ein Mensch kann mehrere gewöhnliche Aufenthalte haben.

Die Frage, ob ein Obdachloser einen gewöhnlichen Aufenthalt hat, wird nach den Umständen des Einzelfalles zu beantworten sein. Hält er sich bis auf weiteres in derselben Stadt auf, so wird anzunehmen sein, dass er dort seinen gewöhnlichen Aufenthalt hat.

Literaturhinweise:
LPK-SGB I/*Timme* § 30 SGB I; *Mrozynski*, Kommentar zum SGB I, § 30 SGB I

Aufforderung zur Antragstellung von Sozialleistungen

Definition: Grundsicherungsträger sind berechtigt, Antragsteller und Leistungsempfänger aufzufordern, Anträge auf vorrangige Sozialleistungen zu stellen.

Rechtsgrundlagen: §§ 5 Abs. 3, 2, 12 a SGB II

Erläuterungen: § 2 Abs. 1 S. 1 SGB II verpflichtet Leistungsberechtigte dazu, alle Möglichkeiten zur Beendigung oder Verringerung ihrer Hilfebedürftigkeit zu ergreifen (Nachranggrundsatz). § 12 a SGB II konkretisiert diesen Grundsatz, indem er Leistungsberechtigte dazu verpflichtet, Sozialleistungen (§ 11 SGB I) anderer Sozialleistungsträger im Sinne des § 12 SGB I in Anspruch zu nehmen und entsprechende Anträge zu stellen. Weder § 2 SGB II noch § 12 a SGB II ermächtigen jedoch den Leistungsträger für den Fall der Weigerung einer Antragstellung oder Leistungsinanspruchnahme zur Kürzung, Versagung oder Einstellung von Leistungen. Ebenso wenig sind die Voraussetzungen des § 66 SGB I für eine Versagung oder Entziehung von Leistungen erfüllt.

Der Gesetzgeber ermächtigt den Grundsicherungsträger in § 5 Abs. 3 S. 1 SGB II alleine dazu, den entsprechenden Antrag auf Sozialleistungen selbst zu stellen, wenn der Leistungsberechtigte ihn trotz Aufforderung nicht stellt. Rentenversicherungsrechtlich kann der Leistungsberechtigte hierdurch Einbußen erleiden, da sich der Zugangsfaktor – der nach § 64 SGB VI Bestandteil der sogenannten Rentenformel ist – für jeden Monat der vor Erreichen der Regelaltersrente in Anspruch genommenen Rente um 0,003 vermindert. Nimmt der Leistungsberechtigte infolge der Antragstellung durch den Grundsicherungsträger eine Rente zwölf Monate früher in Anspruch, so führt dies zu einer (in aller Regel lebenslangen) Minderung seines Rentenanspruchs um 3,6 %. Eine vorzeitige Inanspruchnahme einer Altersrente vor Vollendung des 63. Lebensjahres wird ihm jedoch nicht zugemutet (§ 12 a S. 2 SGB XII).

Sind infolge der Weigerung des Leistungsberechtigten zur Antragstellung Fristen versäumt worden, so gilt die Fristversäumnis nicht gegenüber dem den Antrag stellenden Grundsicherungsträger.

Aufhebung der Leistungsbewilligung

Definition: Die Aufhebung eines Verwaltungsakts über die Bewilligung von Sozialleistungen beseitigt dessen Bindungswirkung. Sie erfolgt durch Verwaltungsakt und ist nur erlaubt, wenn die Voraussetzungen einer zur Aufhebung ermächtigenden Vorschrift erfüllt sind.

Rechtsgrundlagen: §§ 44 ff SGB X; § 40 SGB II iVm § 330 SGB III

Erläuterungen: Die Bindungswirkung eines Verwaltungsakts kann durch einen Leistungsträger nur beseitigt werden, wenn die Voraussetzungen einer Ermächtigungsnorm erfüllt sind, welche dessen

Aufhebung erlaubt (Gesetzesvorbehalt, § 31 SGB I). Die Aufhebung eines Verwaltungsaktes erfolgt durch Verwaltungsakt.

Aufhebung ist in diesem Sinne der Oberbegriff für Rücknahme, Widerruf und Aufhebung (im engeren Sinne) von Verwaltungsakten. §§ 44 ff SGB X enthalten ein grundsätzlich geschlossenes System von Vorschriften über die Aufhebung von Verwaltungsakten, das danach unterscheidet, ob die Bindungswirkung rechtswidriger (dann **Rücknahme**, §§ 44 f SGB X) oder rechtmäßiger (dann: **Widerruf**, §§ 46 f) Verwaltungsakte beseitigt werden soll. Für die Aufhebung von Verwaltungsakten mit Dauerwirkung wurde eine eigene Ermächtigungsgrundlage geschaffen (§ 48 SGB X). § 40 Abs. 1 SGB II erklärt ergänzend verschiedene Regelungen des Arbeitsförderungsrechts für die Aufhebung von nach dem SGB II erlassenen Verwaltungsakten für entsprechend anwendbar (§ 330 Abs. 1, 2, 3 S. 1 u. 4 SGB III). Diese modifizieren die im SGB X geregelten Rechtsfolgen einer Aufhebung zugunsten der Grundsicherungsträger, indem sie beispielsweise deren Ermessen hinsichtlich der Rücknahme begünstigender rechtswidriger Verwaltungsakte mit Wirkung für die Vergangenheit bei Vorliegen von Vertrauensausschlussgründen (§ 45 Abs. 2 S. 3 SGB X) ausschließen und zur Pflichtentscheidung bestimmen.

Verwaltungsakte über die Bewilligung von Grundsicherungsleistungen, die zur Sicherung des Lebensunterhaltes dienen, sind in aller Regel Verwaltungsakte mit Dauerwirkung, da sich die Rechtswirkungen über den Zeitpunkt der Bekanntgabe hinaus in die Zukunft hinein erstrecken. Ändern sich die bei Bescheiderlass vorgelegenen rechtlichen oder tatsächlichen Verhältnisse im Laufe des Bewilligungszeitraums wesentlich, so besteht das Bedürfnis, den Verwaltungsakt den veränderten Verhältnissen anzupassen. § 48 Abs. 1 S. 1 SGB X bestimmt, dass der Verwaltungsakt mit Wirkung für die Zukunft – also mit Wirkung ab dem auf die Bekanntgabe des Änderungsbescheids folgenden Tages – an die veränderten Verhältnisse anzupassen ist. Werden Leistungsträger erst nach Eintritt der Änderung über diese informiert, so besteht das Bedürfnis, den Verwaltungsakt mit Wirkung für die Vergangenheit an die veränderten Verhältnisse anzupassen. Eine rückwirkende Änderung – vom Zeitpunkt des Eintritts der in der Vergangenheit Veränderung an – ist nur dann erlaubt, wenn die Voraussetzungen des § 48 Abs. 1 S. 2 SGB X erfüllt sind. Sind sie erfüllt, so steht die Aufhebung mit Wirkung für die Vergangenheit nicht im gebundenen Ermessen des Grundsicherungsträgers, vielmehr ist er zur Aufhebung verpflichtet (§ 40 Abs. 1 S. 2 Nr. 1 SGB II iVm § 330 Abs. 3 S. 1 SGB III).

Aufhebung von Verwaltungsakten (Bescheiden)

Definition: Die Aufhebung von Verwaltungsakten ist eine gesonderte Verwaltungsentscheidung, mit der die Rechtswirksamkeit eines bereits verbindlichen Bescheides ganz oder teilweise wieder beseitigt wird. Die Aufhebung von Verwaltungsakten ist eine Sammelbezeichnung für die Rücknahme rechtswidriger Bescheide (§§ 44, 45 SGB X), den Widerruf rechtmäßiger Bescheide (§§ 46, 47 SGB X) und die Aufhebung bzw. Anpassung der Bescheide bei Änderung der Verhältnisse (§ 48 SGB X).

Rechtsgrundlagen: §§ 44–48 SGB X; § 40 Abs. 1, Abs. 2 Nr. 2, 3 SGB II; § 330 SGB III

Erläuterungen: Die Aufhebung eines Verwaltungsakts bedeutet zugleich, dass die Rechtswirkung eines in →**Bestandskraft** erwachsenen Bescheides durchbrochen wird. Deswegen sind die Aufhebungsentscheidungen an konkrete, eng zu verstehende, gesetzliche Voraussetzungen geknüpft. Auch materiell rechtswidrige Bescheide bleiben grundsätzlich weiter wirksam, wenn keine Aufhebung erfolgt. Die Aufhebungsentscheidung stellt selbst wiederum einen Verwaltungsakt dar, gegen den Rechtsbehelfe (Widerspruch) eingelegt werden können. Bei einer nur **vorläufigen Bewilligung** (§ 40 Abs. 2 Nr. 1 SGB II iVm § 328 SGB III) kann eine Änderung der Leistungsgewährung ohne wesentliche Einschränkungen erfolgen; insbesondere muss kein Vertrauensschutz zugunsten des Leistungsberechtigten berücksichtigt werden.

Die **Rücknahme** rechtswidriger für den Leistungsberechtigten **belastender** Regelungen kann nach § 44 SGB X von Amts wegen oder auf gesonderten Antrag des

Betroffenen hin erfolgen. Die Voraussetzungen dieses **Überprüfungsantrags** sind in einem gesonderten Stichwort dargestellt.

Die **Rücknahme rechtswidriger begünstigender** Verwaltungsakte nach § 45 SGB X setzt eine anfängliche, bei Erlass des Bescheides bestehende Rechtswidrigkeit voraus. Tritt die Rechtswidrigkeit zB durch Änderung der Umstände erst nach Erlass (konkret ab dem Tag, an dem der Bescheid zugegangen ist) ein, so ist die Zulässigkeit einer **Aufhebungsentscheidung nach § 48 SGB X** zu beurteilen. In beiden Fällen muss nach den zugrunde liegenden gesetzlichen Regelung der Schutz des Adressaten und sein Interesse am Fortbestand einer für ihn günstigen Regelung mit dem öffentlichen Interesse an Aufhebung und damit der vollständigen oder teilweisen Beseitigung einer rechtswidrigen Regelung in Ausgleich gebracht werden.

Die Rücknahme anfänglich rechtswidriger Bescheide nach § 45 SGB X ist nur unter der **Voraussetzung** zulässig, dass dem Leistungsberechtigten ein **Verschulden** gemäß § 45 Abs. 2 S. 3 SGB X vorzuwerfen ist; andernfalls muss es aus Gründen des Vertrauensschutzes auch bei einer anfänglich rechtswidrigen Regelung bleiben. Ein Verschulden des Leistungsberechtigten liegt u.a. dann vor, wenn er arglistig getäuscht, vorsätzlich oder grob fahrlässig **falsche oder unvollständige Angaben** gemacht hat bzw ihm die Rechtswidrigkeit des Bescheids bekannt war oder nur wegen **grober Fahrlässigkeit unbekannt blieb**. Wenn ein entsprechendes Verschulden des Berechtigten festgestellt wurde, erfolgt die Rücknahme der begünstigenden Bewilligung nicht nur für die Zukunft, sondern gemäß § 40 Abs. 2 Nr. 3 SGB II iVm § 330 Abs. 2 SGB III zwingend – ohne Ermessen für die Behörde – auch für die Vergangenheit. Den Nachweis dafür, dass die Rücknahmevoraussetzungen vorliegen, muss grundsätzlich das Jobcenter führen. Nur für Tatsachen, die unmittelbar in der persönlichen Sphäre liegen, trägt der Leistungsberechtigte die **Beweislast**. Maßstab für das Verschulden ist die jeweilige Urteils- und Einsichtsfähigkeit des Leistungsempfängers. Personen mit Sprachproblemen müssen sich allerdings selbst darum bemühen, dass ihnen die Bescheide übersetzt werden. Bei einer →**Vertretung der Bedarfsgemeinschaft** nach § 38 SGB II kommt unter bestimmten Umständen die Anrechnung eines Verschuldens des Vertreters in Betracht. Vor Erlass eines Rücknahmebescheids muss gemäß § 24 SGB X eine **Anhörung** der Betroffenen durchgeführt werden. Ist dies unterlassen worden, kann die Anhörung ggf noch im laufenden Verfahren nachgeholt werden. Gemäß § 45 Abs. 4 SGB X ist eine **Rücknahmefrist** von einem Jahr einzuhalten. Die Frist beginnt ab dem Zeitpunkt der Kenntnis der Voraussetzungen, die die Rücknahme rechtfertigen. Maßgeblich ist allerdings die konkrete Kenntnis des Sachbearbeiters, der über den Rücknahmebescheid zu entscheiden hat.

Kommt es zu einer Änderung der tatsächlichen oder rechtlichen Verhältnisse, nachdem der Bewilligungsbescheid dem Leistungsberechtigten zugegangen ist, muss das Job-Center einen Aufhebungsbescheid nach § 48 SGB X erlassen. Die schlichte „Verrechnung von Überzahlungen" mit laufenden Leistungen ist unzulässig; eine →**Aufrechnung** mit laufenden Leistungen kann nur unter engen Voraussetzungen nach einem Aufhebungsbescheid erfolgen. Die Aufhebung ist bei Änderung der Verhältnisse stets für die **Zukunft** auszusprechen. Bei einer Aufhebung auch für die **Vergangenheit** (ab dem Zeitpunkt der Änderung der Verhältnisse) muss **Vertrauensschutz** berücksichtigt werden. Die Voraussetzungen der Aufhebung gemäß § 48 SGB X entsprechen hier weitgehend der Rücknahme nach § 45 SGB X: Insbesondere ist ein Verschulden in Form der vorsätzlichen oder grob fahrlässigen Pflichtverletzung hinsichtlich einer Mitteilung der Änderung der Verhältnisse maßgeblich. Weiter löst auch ein grob fahrlässiges Nichtwissen, dass der Anspruch ganz oder teilweise weggefallen ist, die rückwirkende Aufhebung aus. Als Besonderheit ist eine rückwirkende Aufhebung auch ohne Verschulden des Betroffenen vorgesehen, wenn nach Zugang des Bewilligungsbescheids **anrechenbares Einkommen oder Vermögen erzielt** wird (§ 48 Abs. 1 S. 2 Nr. 3 SGB X). Gemäß § 40 Abs. 2 Nr. 3 SGB II iVm § 330 Abs. 3 SGB III ist zwingend ohne Ausübung von Ermessen die Aufhebung auch für die Vergangenheit vorzunehmen. Vor einer Aufhebungsentscheidung ist aller-

dings ebenfalls eine Anhörung durchzuführen. Entsprechend wie bei § 45 SGB X
ist eine Jahresfrist für den Aufhebungsbescheid ab Kenntnis der maßgeblichen
Umstände einzuhalten.

Die Rücknahme- bzw Aufhebungsentscheidung ist zugleich die elementare Voraussetzung dafür, dass die Verwaltung eine **Rückforderung** zu Unrecht erbrachter
Leistungen (→**Erstattungsanspruch** nach
§ 50 SGB X) geltend machen kann. Bei einer →**Bedarfsgemeinschaft** kann sich die
Rückforderung nur gegen die Person richten, die selbst die in § 45 bzw § 48 SGB X
genannten Voraussetzungen erfüllt. Auf-
hebungsbescheide, die sich an die gesamte
Bedarfsgemeinschaft richten, sind nicht
hinreichend bestimmt und schon deswegen rechtswidrig.

Für den **Widerruf** rechtmäßiger Verwaltungsakte (§§ 46, 47 SGB X) gibt es im
Bereich der Grundsicherung kaum praxis-
relevante Konstellationen und Problem-
fälle.

Literaturhinweise:
Geiger, Leitfaden zum Arbeitslosengeld
II, 8. Aufl. 2011, S. 671 ff; Eicher/Spell-
brink,/*Eicher*, SGB II Kommentar,
2. Aufl. § 40 Rn 38 f; LPK-SGB II/*Arm-
borst*, 4. Aufl., Anh. Verfahren Rn 58 ff;
LPK-SGB II/*Conradis*, 4. Aufl., § 40
Rn 13 ff; LPK-SGB X/*Waschull* §§ 45, 48
SGB X

Aufrechnung

Definition: Durch eine vom Grundsicherungsträger erklärte Aufrechnung erlischt
der Geldleistungsanspruch des Leistungsberechtigten in Höhe einer Gegenforderung des Jobcenters, ohne dass eine Zahlung erfolgen muss.

Rechtsgrundlagen: §§ 42 a Abs. 2, 43
SGB II; § 51 SGB I; §§ 387 ff BGB

Erläuterungen: Voraussetzung ist die Gegenseitigkeit der sich gegenüber stehenden Forderungen und die Fälligkeit der
Gegenforderung (sog. Aufrechnungslage,
§ 387 BGB). Gegenseitigkeit bedeutet,
dass der Grundsicherungsträger nur mit
Gegenforderungen aufrechnen kann, die
ihm auch gegen den Leistungsberechtigten persönlich zustehen. Nicht ausreichend ist es, wenn sich die Gegenforderung (zB der Erstattungsanspruch bei zu
Unrecht erbrachten Leistungen) gegen ei-

ne andere Person in der Bedarfsgemeinschaft richtet. Fällig ist die Gegenforderung erst, wenn sie bestandskräftig festgestellt wurde oder zumindest vorläufig
vollziehbar ist. Dazu muss zunächst, zB
bei einem Erstattungsanspruch, ein **Auf-
hebungs- und Erstattungsbescheid** nach
§§ 45 oder 48 SGB X hinsichtlich der zu
Unrecht erbrachten Leistungen wirksam
geworden sein. Der Erstattungsanspruch
muss nach § 50 SGB X festgestellt worden
sein. Erst nach der Bekanntgabe (§ 37
SGB X) des Aufhebungs- und Erstattungs-
bescheids und Ablauf der Rechtsbehelfsfrist bzw Eintritt der vorläufigen Voll-
streckbarkeit ist die Erstattungsforderung
fällig und eine Aufrechnung kann wirksam erklärt werden. Der Gesetzgeber hat
sich im Rahmen des SGB II ausdrücklich
dafür entschieden, dass die Aufrechnung
durch einen Bescheid (Verwaltungsakt) zu
erklären ist (§ 43 Abs. 4 S. 1 SGB II). Gegen den Aufrechnungsverwaltungsakt
kann Widerspruch erhoben werden. Un-
einheitlich wird die Frage beantwortet, ob
der Widerspruch →**aufschiebende Wirkung** hat. Man wird jedoch der Auffassung folgen können, dass die aufschiebende Wirkung des Widerspruchs nicht nach
§ 39 SGB II entfällt, da es sich bei dieser
Vorschrift um eine Ausnahmeregelung
handelt. Die Aufrechnung lässt die Höhe
des dem Hilfebedürftigen zustehenden
Anspruchs auf Leistungen der Grundsicherung unberührt. In den Bestand des
den Leistungsanspruch begründenden Bewilligungsbescheides greift sie nicht ein,
sondern regelt nur das Erlöschen des entstanden Leistungsanspruchs und der Gegenforderung in entsprechender Höhe.

Die Aufrechnungsmöglichkeiten werden
gemäß § 43 SGB II gegenüber den allgemeinen Regelungen (§ 51 SGB I) deutlich
erweitert: Durch die Aufrechnung kann
die Grundsicherungsleistung auch unter
das Existenzminimum absinken. Bei von
dem Leistungsberechtigten nicht verschul-
deter Überzahlung wird eine Aufrechnung
im Umfang von 10 Prozent des Regelbedarfs vorgesehen. Dies trifft auch auf die
Fälle der Aufrechnung mit zu viel gezahlten vorläufigen Leistungen nach § 43
Abs. 2 S. 1 SGB I bzw § 328 Abs. 3 S. 2
SGB III zu. In weiteren Fällen beträgt die
Aufrechnung sogar 30 Prozent des maßgebenden Regelbedarfs: Bei verschuldet
Rückforderungsansprüchen nach §§ 45

bzw 48, 50 SGB X, wenn Leistungen zu Unrecht erbracht wurden, und bei Ersatzansprüchen des Grundsicherungsträgers bei herbeigeführter Hilfebedürftigkeit nach vorangegangenem (verschuldeten) sozialwidrigem Verhalten (§ 34 SGB II) bzw schuldhaftem Herbeiführen der Hilfebedürftigkeit durch Dritte (§ 34 a SGB II). Über 30 Prozent des Regelbedarfs darf die Aufrechnung allerdings auch bei Zusammentreffen verschiedener Kürzungen insgesamt nicht hinausgehen. Damit ist bereits das absolute Minimum des physischen Existenzminimums berührt. Über längere Zeit kann eine Aufrechnung in diesem Umfang nur erfolgen, wenn der Leistungsempfänger über weitere Ressourcen in Form von verwertbarem Schonvermögen oder nicht anrechenbarem Einkommen verfügt. In zeitlicher Hinsicht wird die Aufrechnungsmöglichkeit auf drei Jahre nach der Bestandskraft der Aufrechnungsentscheidung begrenzt. Die drei Jahre verlängern sich um Zeiten, in denen die Aufrechnung, zB wegen eines Gerichtsverfahrens, nicht vollziehbar ist. Der Grundsicherungsträger muss nach Ermessen darüber entscheiden, ob und wie lange er von der Aufrechnungsmöglichkeit Gebrauch macht. Dabei ist insbesondere von Bedeutung, welche Umstände zu einer Überzahlung von Leistungen geführt haben (zB ob auch Versäumnisse des Jobcenters eine Rolle gespielt haben). Weiter ist zu berücksichtigen, welche Auswirkungen die Aufrechnung auf weitere Personen in der Bedarfsgemeinschaft hat. Werden Kinder von einer umfangreichen Aufrechnung mittelbar mitbetroffen, muss ggf von der Aufrechnung abgesehen werden. Auch wenn mehrere Personen in der Bedarfsgemeinschaft nur über Leistungen unterhalb des Existenzminimums verfügen, muss die Aufrechnung zeitweilig ausgesetzt werden. Die Höhe der Aufrechnung ist mit den beiden Stufen von 10 Prozent bzw 30 Prozent des maßgebenden Regelbedarfs festgeschrieben. Nach einem vorangegangenen Darlehen ist die Aufrechnungsmöglichkeit ebenfalls auf 10 Prozent des maßgebenden Regelbedarfes begrenzt (§ 42 a SGB II).

Literaturhinweise:
Geiger, Leitfaden zum Arbeitslosengeld II, 8. Aufl. 2011, S. 682 ff; LPK-SGB II/ *Conradis*, 4. Aufl., § 43 Rn 6 ff

Aufschiebende Wirkung

Definition: Aufschiebende Wirkung ist die Hemmung (strenge Wirksamkeitstheorie) bzw vorläufige Hemmung der Wirksamkeit (eingeschränkte Wirksamkeitstheorie) des Verwaltungsaktes, nach anderer Auffassung die Hemmung der Vollziehbarkeit des wirksamen Verwaltungsaktes (Vollziehbarkeitstheorie), die jedenfalls Bindung (§ 77 SGG) und Bestandskraft hinausschiebt.

Rechtsgrundlagen: §§ 86 a, 86 b SGG; § 39 SGB II

Erläuterungen: Die aufschiebende Wirkung ist Ausfluss der Rechtsschutzgarantie des Art. 19 Abs. 4 GG. Die **Bedeutung der aufschiebenden Wirkung** ist in Rechtsprechung und Literatur hoch umstritten, wenngleich die verschiedenen Auffassungen meist letztlich zu denselben Ergebnissen kommen. Nach der strengen Wirksamkeitstheorie bedeutet aufschiebende Wirkung die Hemmung der Wirksamkeit des Verwaltungsakts bis zum Zeitpunkt des Wegfalls der aufschiebenden Wirkung, in welchem die Wirksamkeit von nun an für die Zukunft (ex nunc) entsteht. Die eingeschränkte Wirksamkeitstheorie geht dagegen davon aus, die Wirksamkeit sei nur vorläufig gehemmt, so dass der Verwaltungsakt bei Wegfall der aufschiebenden Wirkung auch für die Vergangenheit (ex tunc) wirksam wird. Die vor allem durch das BSG und BVerwG sowie weite Teile der Rechtsprechung vertretene Vollziehbarkeitstheorie geht dagegen von einer durch die aufschiebende Wirkung unbeeinträchtigten Wirksamkeit des Verwaltungsakts aus, dessen Vollziehung sie lediglich hemmt.

Grundsätzlich haben **Widerspruch** und **Anfechtungsklage** aufschiebende Wirkung (§ 86 a Abs. 1 S. 1 SGG). Die aufschiebende Wirkung entfällt nur in den in § 86 a Abs. 2 SGG enumerativ aufgelisteten Konstellationen, deren eine die dahin lautende bundesgesetzliche Bestimmung des Entfallens der aufschiebenden Wirkung ist (§ 86 a Abs. 2 S. 1 Nr. 4 SGG).

Eine solche gesetzliche Bestimmung stellt im Recht der Grundsicherung für Arbeitsuchende die **Regelung der sofortigen Vollziehbarkeit in § 39 SGB II** dar. Als Ausnahmevorschrift ist § 39 SGB II restriktiv auszulegen; die dortige Aufzählung der Ausnahmetatbestände ist somit als abschließend anzusehen. Keine aufschiebende Wirkung haben danach Widerspruch und Anfechtungsklage gegen einen Verwaltungsakt,

■ der Leistungen der Grundsicherung für Arbeitsuchende aufhebt, zurücknimmt, widerruft, die Pflichtverletzung und die Minderung des Auszahlungsanspruchs feststellt oder Leistungen zur Eingliederung in Arbeit oder Pflichten des erwerbsfähigen Hilfebedürftigen bei der Eingliederung in Arbeit regelt (Nr. 1),

■ den Übergang eines Anspruchs (§ 33 SGB II aF) bewirkt (Nr. 2),

■ mit dem zur Beantragung einer vorrangigen Leistung (vgl § 2 iVm § 5 Abs. 1 und 3 S. 1 SGB II) (Nr. 3) oder

■ mit dem nach § 59 SGB II iVm § 309 SGB III (nicht aber iVm § 310 SGB III) zur persönlichen Meldung bei der Agentur für Arbeit aufgefordert wird (Nr. 4).

Der Ausnahmetatbestand der **Nr. 1** erfasst zunächst Verwaltungsakte, mit welchen eine Aufhebung (einschließlich Änderung) im Sinne der §§ 44–48 SGB X angeordnet wird. Nicht erfasst sind dagegen Widerspruch und Anfechtung gegen einen (gegebenenfalls auf der Grundlage einer Aufhebung ruhenden) Erstattungsverwaltungsakt nach § 50 SGB X, wohl aber die Minderung des Arbeitslosengeldes II bzw des Sozialgeldes (§ 31 SGB II), weil es sich insoweit um Herabsetzungen der Leistungen der Grundsicherung für Arbeitsuchende handelt. Ebenfalls dem Sofortvollzug unterliegen Verwaltungsakte, welche Leistungen der Eingliederung in Arbeit gemäß den §§ 15 a bis 16 g SGB II oder Pflichten des erwerbsfähigen Hilfebedürftigen bei der Eingliederung in Arbeit im Sinne des § 15 Abs. 1 S. 6 SGB II regeln.

Die Regelung der **Nr. 2** ist dagegen für Zeiträume nach dem 1.8.2006 ohne Anwendungsbereich, weil zu diesem Zeitpunkt die vormalige Überleitungsregelung des § 33 SGB II in einen gesetzlichen Anspruchsübergang umformuliert wurde.

Die in **Nr. 3** angesprochene Aufforderung, vorrangige Leistungen zu beantragen, bezieht sich auf die Verpflichtung der erwerbsfähigen Hilfebedürftigen und der mit ihnen in einer Bedarfsgemeinschaft lebenden Personen, alle Möglichkeiten zur Beendigung oder Verringerung ihrer Hilfebedürftigkeit auszuschöpfen und insoweit alle Möglichkeiten zu nutzen, ihren Lebensunterhalt aus eigenen Mitteln und Kräften zu bestreiten (§ 2 Abs. 1 S. 1 und Abs. 2 S. 1 SGB II). Da auf Rechtsvorschriften beruhende Leistungen anderer, insbesondere der Träger anderer Sozialleistungen, durch das Grundsicherungsrecht nicht berührt werden (§ 5 Abs. 1 S. 1 SGB II), können die Träger der Grundsicherung die Hilfebedürftigen auffordern, einen Antrag auf Leistungen eines anderen Trägers zu stellen sowie Rechtsbehelfe und Rechtsmittel diesbezüglich einzulegen (vgl diesbezüglich und zu den Folgen, eine nicht fristgerechten Beachtung dieser Aufforderung § 5 Abs. 3 SGB II). Durch die Anordnung der sofortigen Vollziehbarkeit der Aufforderung sollen Verzögerungen durch Einlegung des Widerspruchs und Erhebung der Klage vermieden werden.

Gleiches gilt für die in **Nr. 4** angesprochene Aufforderung zur persönlichen Meldung bei der Agentur für Arbeit im Sinne des § 59 SGB II iVm § 309 SGB III, die nicht erweiternd auch auf die Meldung gemäß § 310 SGB III bezogen werden darf.

Nicht vom Sofortvollzug erfasst sind alle nicht genannten Verwaltungsakte, namentlich neben dem Erstattungsverwaltungsakt (§ 50 SGB X) die Aufrechnung (§ 43 SGB II) und die Abzweigung (§ 48 SGB I).

Effektiver Rechtsschutz gegen den Sofortvollzug erfordert demnach, neben der Einlegung des Widerspruchs bzw der Erhebung der Klage (Hauptsacheverfahren), die Durchführung eines zusätzlichen behördlichen (§ 86 a Abs. 3 S. 1 SGG) oder gerichtlichen (§ 86 b Abs. 1 S. 1 Nr. 2 SGG) Eilverfahrens im **einstweiligen Rechtsschutz**. Der diesbezügliche Antrag auf gerichtliche Anordnung der aufschiebenden Wirkung ist bereits vor Klageerhebung zulässig (§ 86 b Abs. 3 SGG).

Literaturhinweise:
Berendes SGb 2008, 215–219; *Berlit* info also 2005, 3–12; *Hölzer* info also 2010, 99–105; *Krodel* NZS 2007, 20–23; *ders.*, NZS 2006, 637–642; LPK-SGB II/*Conradis* § 39; *Wündrich* SGb 2009, 206–210; *Schwabe* ZfF 2007, 11–17; *Zimmermann*, Das Hartz-IV-Mandat, 2. Aufl. 2011, § 1 Rn 64 ff, § 7 Rn 189 ff

Aufsicht

Definition: Aufsicht ist die Kontrolle der Verwaltungtätigkeit einer Behörde durch eine Aufsichtsbehörde.

Rechtsgrundlagen: §§ 44 b Abs. 3, 47, 48 SGB II

Erläuterungen: Die Zuständigkeit für Leistungen der Grundsicherung für Arbeitsuchende ist nach § 6 SGB II geteilt zwischen Bundesagentur für Arbeit und kommunalen Trägern. Sie bilden nach § 44 b SGB II im Regelfall Jobcenter als gemeinsame Einrichtungen. Gegenüber der gemeinsamen Einrichtung haben Agentur für Arbeit und kommunaler Träger nach § 44 b Abs. 3 ein **Weisungsrecht** in ihrem jeweiligen Aufgabenbereich. Sowohl die Bundesagentur für Arbeit als auch die kommunalen Träger unterliegen dabei der Aufsicht ihrer jeweiligen Aufsichtsbehörden.

Für die BA ist die Aufsicht in § 47 Abs. 1. S 1. SGB II geregelt. Danach übt das BMAS die →**Rechtsaufsicht** und die →**Fachaufsicht** aus, anders als bei der Aufsicht über die Aufgabenwahrnehmung der BA im SGB III, wo die Aufsicht des BMAS nach § 393 Abs. 1 SGB III auf die Rechtsaufsicht beschränkt ist. Daraus folgt, dass das BMAS die BA nicht nur auf die Rechtmäßigkeit ihres Verwaltungshandelns hin kontrolliert, sondern dass es ihr auch fachliche Weisungen erteilen darf. Für die kommunalen Träger, soweit sie Aufgaben nach dem SGB II wahrnehmen, gelten die Vorschriften des jeweiligen Landesrechts über die Kommunalaufsicht (§ 47 Abs. 2 SGB II).

Eine Abweichung hiervon besteht hinsichtlich solcher Angelegenheiten der gemeinsamen Einrichtungen, die nach § 44 c nicht einseitig durch Agentur für Arbeit oder kommunalem Träger entschieden werden können, sondern für die die Trägerversammlung zuständig ist. Für diese Angelegenheiten unterliegt die gemeinsame Einrichtung nach § 47 Abs. 3 SGB II einer unmittelbaren Aufsicht durch das BMAS, welches hierbei im Einvernehmen mit der zuständigen Landesbehörde zu handeln hat. Lässt sich ein Einvernehmen nicht herstellen, tritt nach § 18 b SGB II der Kooperationsausschuss als Konfliktlösungsmechanismus ein.

Für den Fall, dass Aufgaben nach dem SGB II von einem zugelassenen kommunalen Träger wahrgenommen werden, enthält § 48 eine Aufsichtsbestimmung. Da sie staatsorganisatorisch dem Bereich der Landesverwaltung zuzuordnen sind, gelten für sie die landesrechtlichen Aufsichtsregelungen. Soweit sie allerdings Aufgaben wahrnehmen, die nach § 6 SGB II eigentlich in den Aufgabenbereich der BA fallen, steht der Bundesregierung eine Rechtsaufsicht über die obersten Landesbehörden zu. Sie kann diese in Einzelfällen ausüben oder auch allgemeine Verwaltungsvorschriften zu grundsätzlichen Rechtsfragen erlassen. Das BMAS hat zudem die Befugnis, allgemeine Verwaltungsvorschriften über Aufwendungsabrechnungen zu erlassen.

Für Leistungsberechtigte sind die Aufsichtsregelungen deshalb von Interesse, weil sie sich im Streit mit den Leistungsbehörden parallel zu Widerspruchs- und Klageverfahren auch mit einer **Rechtsbzw Fachaufsichtsbeschwerde** an die jeweilige Aufsichtsbehörde wenden können.

Literaturhiweise:
Luik, Überblick über die „Jobcenterreform", jurisPR-SozR 24/2010, Anm. 1

Aufstocker

Definition: Aufstocker sind Personen, die ein Einkommen, insbesondere Arbeitslosengeld nach dem SGB III, erzielen und daneben Leistungen zur Sicherung des Lebensunterhalts nach dem SGB II empfangen.

Rechtsgrundlagen: §§ 9, 11, 16 SGB II; § 22 SGB III

Erläuterungen: Der Begriff „Aufstocker" ist im SGB II an keiner Stelle enthalten. Im allgemeinen Sprachgebrauch findet er sich in unterschiedlichen Bedeutungszusammenhängen. Im weiteren Sinne werden als Aufstocker Empfänger von Leistungen zur Sicherung des Lebensunterhalts bezeichnet, die ein →**Einkommen** im Sinne des § 11 SGB II beziehen, aber dennoch **hilfebedürftig** im Sinne des § 9 SGB II sind. Als Einkommen kommen dabei alle Einkommensarten in Betracht, die sich begrifflich § 11 Abs. 1 SGB II – Einnahmen in Geld oder Geldeswert – zuordnen lassen.

Genügt dieses Einkommen nach Abzug aller in § 11 b enthaltenen Freibeträge

nicht, um den Lebensunterhalt des Hilfebedürftigen und der mit ihm in Bedarfsgemeinschaft lebenden Personen zu sichern
(§ 9 Abs. 2 S. 3 SGB II), besteht ein Anspruch auf aufstockende Leistungen zur
Sicherung des Lebensunterhalts nach
§§ 19 ff SGB II. Allerdings ist stets zu prüfen, ob die Bedarfslücke durch vorrangige
Leistungen wie →**Wohngeld**, →**Kinderzuschlag** oder **Unterhaltsvorschuss** gedeckt
werden kann.

In einem engeren Sinne werden als Aufstocker Arbeitslosengeldempfänger nach
dem SGB III bezeichnet, deren →**Arbeitslosengeld** zur Deckung des Bedarfs nicht
ausreicht und die daher parallel dazu Arbeitslosengeld II beziehen. Diesen Aufsto-
ckerbegriff legt die BA in ihren Fachlichen Hinweisen zu § 11 SGB II
(Rn 11.48) zugrunde. Besonderheiten für
diesen Personenkreis ergeben sich gemäß
§ 22 Abs. 4 S. 5 SGB III bei den Leistungen zur Eingliederung in Arbeit. Anders
als andere erwerbsfähige Hilfebedürftige
erhalten sie Leistungen wie Beratung und
Vermittlung, aber auch besondere Teilhabeleistungen unmittelbar nach dem
SGB III, nicht über § 16 Abs. 1 SGB II.
Für ihre Rechtsposition bedeutet dies,
dass sie auf manche Leistungen (Eingli-
derungsgutschein, Aktivierungsmaßnahme) einen Rechtsanspruch haben, die bei
anderen erwerbsfähigen Hilfebedürftigen
bloß →**Ermessensleistungen** sind.

Literaturhinweise:
Bundesagentur für Arbeit, Fachliche Hinweise zu § 11 SGB II; *Bruckmeier/Graf/
Rudolph*, Aufstocker – Kombilohn durch
die Hintertür?, IAB-Forum 2007, Nr 1,
20–26; *Adamy*, 1,2 Millionen können
vom Arbeitseinkommen nicht leben, Soz-
Sich 2007, 180

Aufwandsentschädigung

Definition: Aufwandsentschädigungen
sind Zahlungen, die keine Vergütung für
geleistete Arbeit darstellen, sondern lediglich einen Ausgleich für eigenen materiellen Aufwand oder Belastungen bewirken.

Rechtsgrundlagen: § 11 b Abs. 2 S. 3
SGB II; §§ 3 Nr. 12, 26–26 b EStG

Erläuterungen: Aufwandsentschädigungen für nebenberufliche Tätigkeiten als
Übungsleiter, Ausbilder, Erzieher, Betreu-
er oder vergleichbare nebenberufliche Tä-

tigkeiten nach § 3 Nr. 26 EStG sowie
Aufwandsentschädigungen aus öffentlichen Kassen für geleistete öffentliche
Dienste (§ 3 Nr. 12 EStG) sind gemäß
§ 11 b Abs. 2 S. 3 SGB II als Einkommen
anrechenbar. Als Grundfreibetrag gilt jedoch 175 EUR an der Stelle von
100 EUR. Auch sind tatsächlich (nach-
weisbare) höhere Aufwendungen als
175 EUR dann absetzbar, wenn aufgrund
mehrerer Nebentätigkeiten oder ehrenamtlicher Tätigkeiten eine Aufwandsentschädigung über 175 EUR gezahlt wird.
Um zweckbestimmte Einnahmen (§ 11 b
Abs. 2 S. 4 SGB II), die nicht als Einkommen anrechenbar sind, handelt es sich,
soweit damit direkt Aufwendungen ausgeglichen werden (Fahrtkostenerstat-
tung). Kommt den Aufwandsentschädigungen eher Entgeltersatzcharakter zu (zB
Aufwandsentschädigung für ehrenamtliche Bürgermeister und Stadträte), sind
diese als Erwerbseinkommen (mit den
entsprechenden Freibeträgen) anzurechnen (BSG 26.5.2011 – B 14 AS 93/10 R).

Literaturhinweise:
Geiger, Leitfaden zum Arbeitslosengeld
II, 8. Aufl. 2011, S. 300

Ausbildungsbegleitende Hilfen

Definition: Ausbildungsbegleitende Hilfen
sind ergänzende Maßnahmen, die an förderungsbedürftige junge Menschen gerichtet sind, die über die ausbildungsübli-
chen Inhalte hinausgehend Hilfestellun-
gen zur Erlangung grundlegender Kenntnisse im Sprachen- und Bildungsbereich,
zu grundlegenden fachpraktischen oder
fachtheoretischen Fertigkeiten oder
Schlüsselkompetenzen benötigen.

Rechtsgrundlagen: §§ 74, 75, 78, 79
SGB III

Erläuterungen: Leistungsberechtigt sind
förderungsbedürftige **lernbeeinträchtige
und soziale benachteiligte junge Menschen** (§ 78 SGB III). Ausbildungsbegleitende Hilfen werden grundsätzlich im Zusammenhang mit einer betrieblichen Berufsausbildung oder einer Einstiegsqualifizierung gewährt (§ 75 SGB III). Es gibt
drei Ausbildungssituationen, in denen die
Hilfemaßnahmen gewährt werden können:

1. Begleitend neben einer Berufsausbildung oder Einstiegsqualifizierung.
2. Zur Unterstützung nach einer vorzeitigen Lösung eines betrieblichen Ausbildungsverhältnisses.
3. Als nachgehende Hilfe nach einer bereits mit ausbildungsbegleiteten Hilfen geförderten betrieblichen Ausbildung bis zur Begründung oder Festigung eines Arbeitsverhältnisses.

Die in Betracht kommenden Maßnahmen werden mit dem Abbau von Sprach- und Bildungsdefiziten und der fachpraktischen und fachtheoretischen Förderung nicht abschließend benannt. Insbesondere eine **sozialpädagogische Begleitung** kann in ganz unterschiedlicher Ausprägung erfolgen. Erforderlich ist jedenfalls aber eine spezifische Förderkonzeption für die sozialpädagogische Arbeit. Ausbildungsbegleitende Hilfen werden im Regelfall außerhalb der betrieblichen Ausbildungszeit bzw Qualifizierungszeit durch Unterricht im Umfang von bis zu acht Stunden wöchentlich gewährt. Der Unterricht kann – soweit nötig – auch mit weiteren sozialpädagogischen Maßnahmen kombiniert werden. Denkbar sind auch konzentrierte Unterrichtsabschnitte in überbetrieblichen Einrichtungen.

Literaturhinweise:
Gagel, SGB II/SGB III, Grundsicherung und Arbeitsförderung, Loseblatt 43. Ergänzungslieferung 2011, § 241 Rn 8 ff; *Stascheit/Winkler*, Leitfaden für Arbeitslose, 27. Auflage 2010, S. 476 ff

Ausbildungsgeld

Definition: Ausbildungsgeld sichert den Lebensunterhalt während einer Maßnahme zur →**Teilhabe am Arbeitsleben** für behinderte Menschen.

Rechtsgrundlagen: §§ 122–126 SGB III

Erläuterungen: Als Maßnahmen sind einbezogen: berufliche Ausbildungen oder berufsvorbereitende Bildungsmaßnahmen, individuelle betriebliche Qualifizierungen im Rahmen unterstützter Beschäftigung (§ 38 a SGB IX), Maßnahmen im Eingangsverfahren oder im Berufsbildungsbereich einer →**Werkstatt für behinderte Menschen**. Auf diese Leistungen besteht ein Rechtsanspruch. Wer zu dem Personenkreis behinderter Menschen gehört, folgt aus § 19 Abs. 1 SGB III. Aufgrund von Art und Schwere der Behinderung (§ 2 Abs. 1 SGB IX) muss die Aussicht, am Arbeitsleben teilhaben zu können, wesentlich gemindert sein. Im Wesentlichen entspricht das Ausbildungsgeld der →**Berufsausbildungsbeihilfe** (BAB). Für behinderte Menschen wird allerdings ein erleichterter Zugang zu dieser Leistung geschaffen. Die **Bedarfsberechnung** und die Höhe des Ausbildungsgeldes sind in §§ 123–126 SGB III geregelt. **Nebeneinkommen** wird in bestimmten Grenzen angerechnet (§ 126 Abs. 2 SGB III). Diese Regelungen sind allerdings für die Betroffenen günstiger als bei der Berufsausbildungsbeihilfe. Bei Maßnahmen in einer Werkstatt für behinderte Menschen findet keine Einkommensanrechnung statt. Beim Bezug von Arbeitslosengeld II wird Ausbildungsgeld, das nach § 124 SGB III bei berufsvorbereitenden Bildungsmaßnahmen, unterstützter Beschäftigung und Grundausbildung gezahlt wird, als Einkommen angerechnet. Keine Anrechnung als Einkommen erfolgt bei Maßnahmen in anerkannten Werkstätten für behinderte Menschen.

Literaturhinweise:
Stascheit/Winkler, Leitfaden für Arbeitslose, 27. Aufl. 2010, S. 554; Gagel, SGB II/III, § 104 ff SGB III aF; GK-SGB III/*Götze* § 104 Rn 4 ff

Auskunftsanspruch

Definition: Der sozialrechtliche Auskunftsanspruch ist das grundsätzlich anlassbezogene subjektive Recht jeder natürlichen oder juristischen Person, die nach dem Sozialgesetzbuch Rechte wahrnehmen oder Pflichten erfüllen kann, auf die Benennung der für die Sozialleistungen zuständigen Leistungsträger sowie auf Beantwortung aller Sach- und Rechtsfragen, die für die Auskunftssuchenden von Bedeutung sein können und zu deren Beantwortung die Auskunftsstelle imstande ist. Dagegen stellt der **unterhaltsrechtliche Auskunftsanspruch** das subjektive Recht der geschiedenen Eheleute oder aber Verwandter gerader Linie dar, jeweils untereinander Auskunft über ihre Einkünfte und ihre Vermögen verlangen zu können.

Rechtsgrundlagen: § 15 SGB I; §§ 1580, 1605 BGB; § 33 SGB II

Erläuterungen: a) Mit Geltungsanspruch und Vorrangwirkung für alle Teile des Sozialgesetzbuches (vgl § 37 S. 2 SGB I) stellt der **sozialrechtliche Auskunftsanspruch** einen Teilaspekt der in §§ 13–15 SGB I allgemein geregelten **Informationsrechte bzw -pflichten** dar. Dabei ist zu unterscheiden zwischen Aufklärung (§ 13 SGB I), →Beratung (§ 14 SGB I) und Auskunft (§ 15 SGB I). Dem Einzelnen soll durch die Verpflichtung der Leistungsträger zur entsprechenden Informationserteilung der abstrakte Überblick über die rechtliche Situation unter der Geltung des Sozialgesetzbuches, sowie Hilfe und Anleitung im Falle eines konkreten Rechtsanliegens verschafft werden.

Die Auskunftpflicht ist insoweit weniger weitgehend als die Beratungsverpflichtung. Im Rahmen der Auskunftspflicht sind die nach Landesrecht zuständigen **Stellen**, die Träger der gesetzlichen Krankenversicherung und der sozialen Pflegeversicherung verpflichtet, über alle sozialen Angelegenheiten nach dem SGB Auskünfte zu erteilen. **Auskunftsanspruchsinhaber** sind alle natürlichen oder juristischen Personen, die nach dem Sozialgesetzbuch Rechte wahrnehmen oder Pflichten erfüllen können. Wie die Beratungspflicht entsteht die Auskunftspflicht **anlassbezogen**, dh grundsätzlich aus Anlass eines Auskunftsbegehrens. Dieses Begehren kann sich ggf auch aus den Umständen ergeben. Ausnahmsweise besteht darüber hinaus eine Pflicht zur spontanen Auskunft, wenn bereits ein enges und konkretes Verhältnis zwischen Bürger und Verwaltung besteht und die nicht unwahrscheinliche Möglichkeit eines Rechtsverlustes droht.

Inhaltlich erstreckt sich die Auskunftsverpflichtung auf alle sozialen Angelegenheiten nach dem Sozialgesetzbuch und scheint damit der Beratungsverpflichtung angenähert zu sein. Allerdings ist keine erschöpfende Beratung gefordert. Die Auskunftspflicht hat vielmehr eine Art Wegweiserfunktion. Dies wird aus § 15 Abs. 2 SGB I deutlich, der bestimmt, die Auskunftspflicht erstrecke sich auf die Benennung der für die Sozialleistungen zuständigen Leistungsträger sowie auf alle Sach- und Rechtsfragen, die für die Auskunftssuchenden von Bedeutung sein

können und zu deren Beantwortung die Auskunftsstelle im Stande ist. Danach sind die zuständigen Stellen verpflichtet, dem Auskunftssuchenden zumindest die für sein Rechtsbegehren zuständige und kompetente Stelle zu benennen, und uU – je nach den Umständen des Einzelfalls und der Kapazitäten der nachfragenden Person – auch zu helfen, den ersten Kontakt herzustellen, um den Betroffenen in die Lage zu versetzen, bei der zuständigen Stelle eine (dann erschöpfende) →Beratung nach § 14 SGB I zu erhalten. Speziell die Träger der gesetzlichen Rentenversicherung können über Möglichkeiten zum Aufbau einer nach § 10 a oder Abschnitt XI EStG geförderten zusätzlichen Altersvorsorge Auskünfte erteilen, soweit sie dazu im Stande sind (§ 15 Abs. 4 SGB I). Gerade in dem gegliederten und differenzierten System der Sozialverwaltung erlangt der Auskunftsanspruch aufgrund dieser Wegweiserfunktion eine wichtige eigenständige Bedeutung gegenüber dem Beratungsanspruch. Denn dieser kann effektiv nur geltend gemacht werden, wenn der Betroffene bei seinem Beratungsbegehren bereits bei der zuständigen und kompetenten Stelle vorträgt.

Entsprechend ist der Auskunftsanspruch als vor Gericht einklagbarer **subjektiver Anspruch** des Einzelnen ausgestaltet. Bei unterlassener und ungenügender (unrichtiger oder unvollständiger) Auskunft treten je nach Fallgestaltung verschiedene Rechtsfolgen, die nachfolgend überblicksartig wie folgt zusammengefasst werden:

- Wiedereinsetzung (§ 27 SGB X),
- Rücknahme des Verwaltungsakts (§ 44 SGB X),
- Anfechtungsmöglichkeit (§ 119 BGB),
- sozialrechter Herstellungsanspruch,
- ggf Umkehr der Beweislage.

b) Von den bisherigen Ausführungen strikt zu trennen sind **unterhaltsrechtliche Auskunftsansprüche**, welche zivilrechtlicher Natur sind. Insofern sind geschiedene Ehegatten einander verpflichtet, auf Verlangen über ihre Einkünfte und ihr Vermögen Auskunft zu erteilen (§ 1580 S. 1 BGB). Ferner sind Verwandte in gerader Linie (§ 1589 Abs. 1 S. 1 BGB) einander verpflichtet, auf Verlangen über ihre Einkünfte und ihr Vermögen Auskunft zu erteilen, soweit dies zur Feststellung eines

Unterhaltsanspruchs oder einer Unterhaltsverpflichtung erforderlich ist. Über die Höhe der Einkünfte sind auf Verlangen Belege, insbesondere Bescheinigungen des Arbeitgebers, vorzulegen, wobei die Vorschriften über die Pflichten bei Herausgabe oder Auskunft über Inbegriff von Gegenständen (§ 260 BGB) bzw über die Änderung der eidesstattlichen Versicherung und diesbezügliche Kosten (§ 261 BGB) entsprechend anzuwenden sind (§ 1605 BGB). Neuerliche Auskunft kann regelmäßig erst nach zwei Jahren verlangt werden, es sei denn, der Auskunftsbegehrende macht glaubhaft, dass der Auskunftsverpflichtete nach der letzten Auskunftserteilung wesentlich höhere Einkünfte oder weiteres Vermögen erworben hat (§ 1605 Abs. 2 BGB).

Bei Leistungserbringung durch den Grundsicherungsträger geht auf ihn neben dem Unterhaltsanspruch auch der Auskunftsanspruch des Leistungsempfängers gegen den Unterhaltsverpflichteten über (§ 33 Abs. 1 S. 1 u. 4 SGB II; vgl auch →Anspruchsübergang). Der Anspruch verändert aber durch den Übergang seine zivilrechtliche Rechtsnatur nicht. Er kann demnach nicht etwa im Wege der Verwaltungsvollstreckung durchgesetzt werden, sondern muss im Wege der **Stufenklage** gemäß § 254 ZPO geltend gemacht werden.

Literaturhinweise:
GK-SGB II/*Schellhorn* § 33 Rn 105–106;
LPK-SGB II/*Münder* § 33 Rn 62 u. 64

Auskunftspflicht von Arbeitgebern

Definition: Bei der Auskunftspflicht von Arbeitgebern handelt es sich um eine eigenständige öffentlich-rechtliche Verpflichtung, die darauf abzielt, die Ermittlung des leistungsrelevanten Sachverhaltes durch die Jobcenter zu unterstützen.

Rechtsgrundlagen: §§ 57, 60 Abs. 3, 62 Nr. 2, 63 Abs. 1 Nr. 1 und Abs. 2 SGB II

Erläuterungen: Die Auskunftspflicht des Arbeitgebers besteht neben den Mitwirkungspflichten der Leistungsberechtigten und ist unabhängig davon durchsetzbar. Der Arbeitgeber als natürliche oder juristische Person ist verpflichtet, auf Verlangen der Jobcenter Auskünfte über leistungserhebliche Tatsachen zu erteilen

(§ 57 S. 1 SGB II). Voraussetzung für die Auskunftspflicht ist lediglich, dass ein Arbeitsverhältnis besteht und dass Leistungen nach dem SGB II von dem Arbeitnehmer beantragt wurden. Die Auskunft ist allerdings nur auf Verlangen des Jobcenters zu erteilen. Inhaltlich erstreckt sich die Auskunftspflicht auf alle für die Leistung erheblichen Tatsachen. Da die Ausstellung einer →**Einkommensbescheinigung** des Arbeitgebers gesondert in § 58 SGB II geregelt ist und danach bereits Art und Dauer der Beschäftigung sowie des Arbeitsentgelts zu bescheinigen ist, bleibt für die allgemeine Auskunftspflicht nur noch ein geringer Anwendungsbereich. In § 57 S. 2 SGB II werden beispielhaft die Angaben über das Ende und den Grund für die Beendigung des Beschäftigungsverhältnisses genannt. Da jedoch üblicherweise schon von der Arbeitsagentur bei einem Antrag auf Arbeitslosengeld I eine **Arbeitsbescheinigung** nach § 312 SGB III eingeholt wird, fehlt in vielen Fällen das Bedürfnis an einer gesonderten Auskunft. Nur wenn neue oder weitere Tatsachen ermittelt werden sollen, kommt eine weitere Auskunft des Arbeitgebers in Betracht. In § 57 SGB II wird die Möglichkeit vorgesehen, dass die Nutzung von **Vordrucken** verlangt werden kann. In der Praxis werden dazu vereinfachte Arbeitsbescheinigungen vorgesehen. Die Verpflichtung der Arbeitgeber darf nicht extensiv ausgelegt werden. Rechtliche Bewertungen können von den Arbeitgebern nicht verlangt werden. Ferner ist darauf zu achten, dass die geforderten Auskünfte tatsächlich erheblich sind. Erheblich sind die festzustellenden Tatsachen, wenn sie für Art, Höhe und Dauer der Leistung von Bedeutung sind. Neben der Auskunftspflicht betreffend der Leistungsberechtigten tritt auch eine **Auskunftspflicht des Arbeitgebers des Partners** des Leistungsberechtigten nach § 60 Abs. 3 SGB II. Damit wird sichergestellt, dass auch bei Bedarfsgemeinschaften mit nicht selbst hilfebedürftigen Partnern deren Leistungsfähigkeit ermittelt werden kann.

Erteilt der Arbeitgeber die Auskunft nicht oder nicht richtig und vollständig, liegt eine **Ordnungswidrigkeit** vor (§ 63 Abs. 1 Nr. 1 bzw Nr. 4 SGB II), die mit einem Bußgeld geahndet werden kann. Darüber hinaus ist der Arbeitgeber im Falle einer fehlerhaften oder unvollständigen Auskunft zu **Schadensersatz** (§ 62 Nr. 2 SGB II) verpflichtet, wenn er vorsätzlich oder fahrlässig gehandelt hat. Das Jobcenter kann die Auskunftspflicht durch **Verwaltungsakt** feststellen und im Wege der **Verwaltungsvollstreckung** durchsetzen. Der Leistungsberechtigte als Arbeitnehmer hat – wie bei der →**Einkommensbescheinigung** – als Nebenpflicht aus dem **Arbeitsvertrag** einen Anspruch gegen den Arbeitgeber auf Erteilung der Auskunft, den er vor dem Arbeitsgericht geltend machen kann.

Literaturhinweise:
Eicher/Spellbrink/*Blüggel*, SGB II Kommentar, 2. Aufl., § 57 Rn 5 ff; LPK-SGB II/*Birk*, 4. Aufl., § 57 Rn 1 ff

Ausländer

Definition: Ausländer ist jeder, der nicht Deutscher im Sinne des Art. 116 Abs. 1 GG ist.

Rechtsgrundlagen: § 2 Abs. 1 AufenthG; § 7 Abs. 1 S. 2 u. 3, § 8 Abs. 2 SGB II

Erläuterungen: Der Begriff des **Ausländers** wird in § 2 Abs. 1 Aufenthaltsgesetz (AufenthG) mit Bedeutung über die Regelungsmaterie des Aufenthaltsrechts hinaus negativ dahin gehend bestimmt, dass darunter jeder verstanden wird, der nicht **Deutscher** im Sinne des Art. 116 Abs. 1 GG ist. Danach ist Deutscher vorbehaltlich anderweitiger gesetzlicher Regelung, wer die deutsche Staatsangehörigkeit besitzt oder als Flüchtling oder Vertriebener deutscher Volkszugehörigkeit oder als dessen Ehegatte oder Abkömmling in dem Gebiete des Deutschen Reiches nach dem Stande vom 31.12.1937 Aufnahme gefunden hat. Auf der Grundlage des angesprochenen Gesetzesvorbehalts rechnet § 4 Abs. 3 BVFG Spätaussiedler den Statusdeutschen zu; bei diesen handelt es sich folglich nicht um Ausländer.

In der Grundsicherung für Arbeitsuchende sehen § 7 Abs. 1 S. 2 u. 3 sowie § 8 Abs. 2 SGB II **Sonderregelungen** für Ausländer in Bezug auf deren Leistungsberechtigung vor.

Die nach § 8 Abs. 2 SGB II bei Ausländern erforderliche gesonderte Prüfung der **Erwerbsfähigkeit in rechtlicher Hinsicht** stellt auf die Erlaubnis einer Beschäftigungsaufnahme oder doch zumindest auf

die Möglichkeit einer solchen Erlaubnis nach dem Aufenthaltsgesetz ab.

Die Bestimmungen des Aufenthaltsgesetzes gelten aber von vornherein nicht für Ausländer, deren Rechtsstellung in Gesetz über die allgemeine **Freizügigkeit von Unionsbürgern** (FreizügG/EU) geregelt ist (§ 1 Abs. 2 Nr. 1 AufenthG). Entsprechend finden insoweit auch nicht die aufenthaltsrechtlichen Regelungen zum Verbot der Erwerbstätigkeit Anwendung (beachte aber die Ausnahme in § 2 Abs. 2 Nr. 2 FreizügG/EU für niedergelassene selbstständige Erwerbstätige). Das FreizügG/EU berechtigt freizügigkeitsberechtigte Unionsbürger und ihre Familienangehörige bzw Lebenspartner (§§ 2, 3 FreizügG/EU), aber auch Staatsangehörige der EWR-Staaten (Island, Liechtenstein, Norwegen) und deren Familienangehörige. Übergangsrecht gilt gemäß § 13 FreizügG/EU iVm § 284 SGB III für Staatsangehörige der neuen Mitgliedstaaten der EU. Für Estland, Malta, Lettland, Litauen, Polen, Slowakei, Slowenien, Griechische Republik, Ungarn und Zypern endete diese Übergansphase am 30.4.2011; für Bulgarien und Rumänien dauert sie noch bis 31.12.2013 an.

Das Aufenthaltsgesetz sieht insofern ein **Beschäftigungsaufnahmeverbot mit Erlaubnisvorbehalt** vor (§ 4 Abs. 3 AufenthG). Danach dürfen Ausländer eine Erwerbstätigkeit nur ausüben, wenn der ihnen verliehene Aufenthaltstitel sie dazu berechtigt. Als Kehrseite dürfen Ausländer nur beschäftigt oder mit anderen entgeltlichen Dienst- oder Werkleistungen beauftragt werden, wenn sie einen solchen Aufenthaltstitel besitzen. Der Aufenthaltstitel berechtigt wiederum zur Ausübung einer Erwerbstätigkeit, sofern dies nach dem AufenthG bestimmt ist oder der Aufenthaltstitel die Ausübung der Erwerbstätigkeit ausdrücklich erlaubt. Insoweit muss jeder Aufenthaltstitel erkennen lassen, ob und inwieweit die Ausübung einer Erwerbstätigkeit erlaubt ist (§ 4 Abs. 2 S. 1 u. 2 AufenthG). Ist die Ausübung einer Erwerbstätigkeit gestattet, erfolgt dies durch Aufnahme eines entsprechenden Zusatzes in Form einer selbstständigen Nebenbestimmung zum Verwaltungsakt. Ist die Ausübung einer Erwerbstätigkeit dagegen nicht gestattet, ist zwar auch dies zu vermerken, der Vermerk kann als unselbstständiger Zusatz zum Verwaltungsakt jedoch nicht isoliert, sondern nur zusammen mit dem Verwaltungsakt (also dem Aufenthaltstitel) angefochten werden. Soll eine Aufenthaltserlaubnis zum Zwecke der betrieblichen Aus- und Weiterbildung bzw. zur Ausübung einer Beschäftigung gemäß §§ 17–19 AufenthG erteilt werden, ist für die Erteilung derselben grundsätzlich die Zustimmung der Bundesagentur für Arbeit nach § 39 AufenthG erforderlich, wenn es sich nicht um zustimmungsfreie Beschäftigungen nach §§ 2–16 BeschV bzw §§ 1–4 BeschVerfV handelt. Besitzt der Ausländer keine Aufenthaltserlaubnis zum Zwecke der Beschäftigung (vgl §§ 18–21 AufenthG), kann ihm die Ausübung einer Beschäftigung durch die Ausländerbehörde nur erlaubt werden, wenn die Bundesagentur für Arbeit zuvor zugestimmt hat oder durch Rechtsverordnung bestimmt ist, dass die Ausübung der Beschäftigung ohne Zustimmung der Bundesagentur für Arbeit zulässig ist. Etwaige Beschränkungen bei der Erteilung der Zustimmung durch die Bundesagentur für Arbeit sind in den Aufenthaltstitel seitens der Ausländerbehörde zu übernehmen (§ 4 Abs. 2 S. 3 u. 4 AufenthG).

Eine **Ausnahme** vom Erfordernis der konstitutiven Berechtigung durch den verliehenen Aufenthaltstitel (und damit grundsätzlich auch eine Ausnahme vom Erfordernis der Erteilung der Zustimmung durch die Bundesagentur für Arbeit) gilt, wenn dem Ausländer aufgrund einer zwischenstaatlichen Vereinbarung, eines Gesetzes oder einer Rechtsverordnung die Erwerbstätigkeit gestattet ist, ohne dass er hierzu durch einen Aufenthaltstitel berechtigt sein müsste (§ 4 Abs. 3 S. 3 AufenthG). Die dennoch vorzunehmende Aufnahme eines entsprechenden Berechtigungshinweises im Aufenthaltstitel ist dann lediglich deklaratorischer Natur. Als eine solche zwischenstaatliche Vereinbarung ist die Konvention über die Rechtsstellung der Flüchtlinge (Genfer Flüchtlingskonvention) zu erwähnen. Diese sieht entsprechende Vergünstigungen für die nichtselbstständige Arbeit (Art. 17 GFK), die selbstständige Tätigkeit (Art. 18 GFK) sowie die freiberufliche Tätigkeit (Art. 19 GFK) vor.

Die Berechtigung zur Ausübung einer Erwerbstätigkeit ergibt sich auch unmittelbar aus den nachfolgenden gesetzlichen Vorschriften:

Gesetzliche   Erwerbstätigkeitsberechtigung:

- Niederlassungserlaubnis (§ 9 Abs. 1 S. 2 AufenthG),

- Aufenthaltserlaubnis für die Aufnahme aus dem Ausland aus völkerrechtlichen oder dringenden humanitären Gründen zur Wahrung politischer Interessen der Bundesrepublik Deutschland (§ 22 S. 2 AufenthG),

- Aufenthaltserlaubnis aus humanitären Gründen für anerkannte Asylberechtigte und Flüchtlinge (§ 25 Abs. 1 S. 4 und Abs. 2 S. 2 AufenthG),

- Aufenthaltserlaubnis zum Zwecke des Familiennachzugs zu Deutschen (§ 28 Abs. 5 AufenthG),

- Aufenthaltserlaubnis zum Zwecke des Familiennachzugs zu Ausländern (§ 29 Abs. 5 AufenthG),

- eigenständiges Aufenthaltsrecht des Ehegatten (§ 31 Abs. 1 S. 3 AufenthG),

- Aufenthaltserlaubnis zur Wiederkehr (§ 37 Abs. 1 S. 2 AufenthG),

- Aufenthaltserlaubnis für ehemalige Deutsche (§ 38 Abs. 4 AufenthG),

- Aufenthalt für Staatsangehörige der EWR-Staaten (§ 12 FreizügG/EU).

Ausländer, die nach §§ 23–30 AufenthV vom Erfordernis eines Aufenthaltstitels befreit sind, dürfen im Rahmen dieser Vorgaben naturgemäß ohne entsprechenden Aufenthaltstitel und damit ohne einen dortigen Vermerk die in diesen Bestimmungen genannten Beschäftigungen in Deutschland ausüben, soweit ihr faktischer Aufenthalt hierauf überhaupt ausgelegt ist. Relevant sind von daher die folgenden Befreiungen:

- Befreiung für ziviles Flugpersonal (§ 23 AufenthV),

- Befreiung für Seeleute (§ 24 AufenthV),

- Befreiung in der internationalen zivilen Binnenschifffahrt (§ 25 AufenthV),

- Befreiung von Personen bei Vertretungen ausländischer Staaten (§ 27 AufenthV),

- Befreiung für freizügigkeitsberechtigte Schweizer (§ 28 AufenthV),

- Befreiung in Rettungsfällen (§ 29 AufenthV),

- Befreiung für die Durchreise und Durchbeförderung (§ 30 AufenthV).

Während die vorgenannten Regelungen des Aufenthaltsrechtes an den Begriff der **Erwerbstätigkeit** anknüpfen und damit sowohl die selbstständige Tätigkeit als auch die Beschäftigung iSd § 7 SGB IV erfassen (vgl § 2 Abs. 2 AufenthG), erwähnt § 8 Abs. 2 SGB II lediglich die Beschäftigung iSd nichtselbstständigen Erwerbstätigkeit. Wie DH-BA 8.14 zutreffend feststellt, muss allerdings aufgrund Aufgabe und Ziel des SGB II unter den Begriff der Beschäftigung neben der abhängigen Beschäftigung iSd § 7 Abs. 1 SGB IV alternativ auch die selbstständige Erwerbstätigkeit oder die Ausbildungstätigkeit von Erwerbsfähigen sowie ihren Angehörigen in einer Bedarfsgemeinschaft verstanden werden.

Aus dem Umstand, dass Erwerbsfähigkeit nach § 8 Abs. 2 SGB II bereits dann vorliegen soll, wenn die Aufnahme einer Beschäftigung „erlaubt werden könnte", wird deutlich, dass im Beurteilungszeitpunkt noch kein Aufenthaltstitel mit entsprechender Berechtigung vorliegen muss. Strittig war aber bislang, ob es im Rahmen der vorzunehmenden **Prognoseentscheidung** auf die abstrakt-generelle Möglichkeit oder aber die konkrete Aussicht auf Erteilung ankommen soll, die wiederum gegebenenfalls einer Einschätzungsprärogative bzw einem Beurteilungsspielraum der Verwaltung unterläge. Der Gesetzgeber hat nunmehr durch Einfügung des § 8 Abs. 2 S. 2 SGB II die Entscheidung dahin gehend getroffen, dass bereits die rechtliche Möglichkeit, eine Beschäftigung vorbehaltlich einer Zustimmung nach § 39 AufenthG aufzunehmen, ausreichend sein soll.

Neben den positiven Voraussetzungen der Leistungsberechtigung nach § 7 Abs. 1 S. 1 SGB II (Anspruch auf Leistung) normiert die Vorschrift in S. 2 u. 3 **Ausnahmen und Rückausnahmen von der Berechtigung** für bestimmte Gruppen von Ausländern. Diese Ausländer wird man (entgegen der Rechtsprechung zu den nach § 7 Abs. 4–6 SGB II von Leistungen des SGB II ausgeschlossenen Personengruppen) auch bei Vorliegen der entsprechenden Voraussetzungen des § 7 Abs. 3

SGB II nicht oder allenfalls unter modifizierten Bedingungen als Mitglieder einer Bedarfsgemeinschaft ansehen können. In der Bedarfermittlung nach der kombinierten vertikal-horizontalen Berechnungsmethode dürfte insoweit allenfalls überschießendes Einkommen und Vermögen des Ausländers für die Bedarfsdeckung der weiteren, nach dem SGB II leistungsberechtigten Bedarfsgemeinschaftsmitglieder zum Ansatz gebracht werden.

Ausgenommen von der Leistungsberechtigung sind zum ersten Ausländer, die weder in der Bundesrepublik Deutschland Arbeitnehmer oder Selbstständige noch aufgrund des § 2 Abs. 3 FreizügG/EU freizügigkeitsberechtigt sind, und ihre Familienangehörige, die kein eigenständiges Aufenthaltsrecht besitzen, sondern selbiges alleine aufgrund ihrer familiären Beziehung zu dem kurzfristig aufhältigen Ausländer herleiten, für die ersten drei Monate ihres Aufenthalts (**kurzfristig aufhältige Ausländer,** § 7 Abs. 1 S. 2 Nr. 1 SGB II).

Die Rückausnahme – und damit Leistungsberechtigung – für diejenigen, welche als Arbeitnehmer oder Selbstständige in Deutschland tätig sind, setzt eine aufenthaltsrechtlich erlaubte und tatsächlich ausgeübte Tätigkeit in diesem Sinne voraus. Insofern ist die Rechtsprechung des EuGH zu berücksichtigen, die davon ausgeht, dass auch geringfügig Beschäftigte (§ 8 SGB IV) Arbeitnehmer im europarechtlichen Sinne seien.

Da § 8 Abs. 2 SGB II im Rahmen der Voraussetzungen der Erwerbsfähigkeit in rechtlicher Hinsicht ohnehin auch im Rahmen dieses Drei-Monats-Zeitraumes voraussetzen würde, dass den Ausländern die Aufnahme einer Beschäftigung erlaubt ist oder erlaubt werden könnte (vgl oben), trifft der Ausschluss des § 7 Abs. 1 S. 2 Nr. 1 SGB II vor allen Dingen Unionsbürger bzw deren Familienangehörige, die nicht Unionsbürger sind. Für diese sieht § 2 Abs. 5 FreizügG/EU für einen Aufenthalt von bis zu drei Monaten keine weiteren Voraussetzungen vor, als im Besitz eines gültigen Personalausweises oder Reisepasses zu sein bzw im Falle der Familienangehörigen im Besitz eines anerkannten oder sonst zugelassenen Passes oder Passersatzes zu sein und den Unionsbürger zu begleiten oder ihm nachzuziehen. Die Regelung steht im Zusammenhang mit Art. 24 Abs. 2 RL 2004/38/EG (Freizügigkeitsrichtlinie – Freizüg-RL), nach welchem die Aufnahmemitgliedstaaten nicht verpflichtet sind, anderen Personen als Arbeitnehmern oder Selbstständigen, und Personen, denen dieser Status erhalten bleibt, sowie ihren Familienangehörigen während der ersten drei Monate des Aufenthalts oder ggf während des längeren Zeitraums nach Art. 14 Abs. 4 b Freizüg-RL einen Anspruch auf Sozialhilfe zu gewähren. Die beitragsunabhängige, weil Steuer finanzierte, Mindestsicherungsleistung des SGB II rechnet insoweit zu den sogenannten besonderen beitragsunabhängigen Geldleistungen iSd § 4 Abs. 2 a VO (EWG) Nr. 1408/71. Entsprechend sind die Leistungen zur Sicherung des Lebensunterhalts im Rahmen der Grundsicherung für Arbeitsuchende in deren Anhang IIa ausdrücklich aufgeführt. Als eine solche besondere beitragsunabhängige Geldleistung zählt die Grundsicherung für Arbeitsuchende nicht zu den Sozialhilfeleistungen iSd VO (EWG) Nr. 1408/71. Ob diese Einordnung im Rahmen des Regelungssystems dieser Verordnung etwa zur Wahrung der Rechtseinheit auch auf die Freizüg-RL zu übertragen ist, bedarf noch einer abschließenden Klärung. Zweifel könnten sich aus dem anders lautenden Regelungskontext dieser Richtlinie sowie dem Umstand ergeben, dass die SGB II-Leistungen zwar zunächst dem Arbeitslosenhilferecht, aber eben auch dem Sozialhilferecht entwachsen sind. Schließlich ergeben sich – durch den Europäischen Gerichtshof noch nicht geklärte – Zweifel an der Vereinbarkeit des § 24 Abs. 2 Freizüg-RL mit dem Recht der Unionsbürger auf Freizügigkeit nach Art. 21 AEUV, dem auch diesbezüglich geltenden Diskriminierungsverbot gemäß Art. 18 Abs. 1 AEUV sowie dem spezielleren aus Art. 45 AEUV abgeleiteten Diskriminierungsverbot gerade auch für Arbeitsuchende.

Nicht von dem Ausschluss betroffen sind dagegen diejenigen Unionsbürger, welche zwar aktuell ebenfalls nicht als Arbeitnehmer oder Selbstständige gelten können, sich zur Inanspruchnahme uneingeschränkter Freizügigkeit aber darauf berufen können, einen der Ausnahmetatbestände des § 2 Abs. 3 FreizügG/EU zu erfüllen. Dabei handelt es sich um solche Unionsbürger, die

- vorübergehend infolge Krankheit oder Unfall erwerbsgemindert sind,

- unfreiwillig arbeitslos sind bzw diese ständige Tätigkeit infolge von Umständen, auf die der Betroffene keinen Einfluss hatte, nach mehr als einem Jahr Tätigkeit eingestellt hat, oder

- eine Berufsausbildung aufgenommen haben, wenn entweder zwischen der Ausbildung und der früheren erwerbsfähigen Erwerbstätigkeit ein Zusammenhang besteht, oder sie ihren Arbeitsplatz unfreiwillig verloren haben.

Die Folge des Leistungsausschlusses nach § 7 Abs. 1 S. 2 Nr. 1 SGB II ist höchst umstritten. Geht man davon aus, dass er die Leistungsberechtigung dem Grunde nach unberührt lässt, stünde zwar der Wortlaut des § 5 Abs. 2 SGB II einer Leistungsberechtigung nach dem dritten Kapitel des SGB XII (das bedeutet einer Leistungsberechtigung auf Hilfe zum Lebensunterhalt) nicht entgegen, wohl aber die Vorschrift des § 21 SGB XII, nach welcher Personen, die nach dem SGB II als erwerbsfähige oder als Angehörige dem Grunde nach leistungsberechtigt sind, keine sozialhilferechtlichen Leistungen für den Lebensunterhalt erhalten. Interpretiert man dagegen die Ausschlusstatbestände wie hier als negative Merkmale der Berechtigung, fehlt es schon an einer solchen Leistungsberechtigung dem Grunde nach für SGB II-Leistungen. Dies hätte zur Folge, dass die betroffenen Ausländer bei Vorliegen der sozialhilferechtlichen Voraussetzungen (vgl namentlich die Vorschrift des § 23 SGB XII) in dem Zeitraum der ersten drei Monate nach der Einreise leistungsberechtigt nach dem SGB XII wären. Weil die von diesem Ausschlusstatbestand betroffenen Ausländer auch keinen Anspruch auf Leistungen nach dem Asylbewerberleistungsgesetz haben (andernfalls griffe bereits der Ausschlusstatbestand des § 7 Abs. 1 S. 2 Nr. 3 SGB II; vgl unten), müsste eine andere als die hier vertretene Auffassung rechtfertigen, weshalb die grundrechtlich nicht nur den Deutschen vorbehaltene Gewährleistung des Existenzminimums (Art. 1 Abs. 1 GG) dieser Personengruppe versagt sein soll. Zumindest im Hinblick auf Unionsbürger scheint dies vor dem Hintergrund des Diskriminierungsverbotes des Art. 18 AEUV allenfalls im Hinblick auf die Subsidiarität der Schutzpflichten Deutsch-

lands gegenüber denjenigen des Her-
kunftsstaates begründbar, wenn es dem
Ausländer zumutbar wäre, sich (wieder)
unter dessen Schutz zu stellen.

Eine Rückausnahme vom Leistungsausschluss macht § 7 Abs. 1 S. 3 SGB II für
Ausländer, die sich mit einem Aufenthaltstitel nach Kap. 2 Abschn. 5
AufenthG, dh mit einer Aufenthaltserlaubnis aus völkerrechtlichen, humanitären oder politischen Gründen (§§ 22–26
AufenthG), in der Bundesrepublik
Deutschland aufhalten. Damit erkennt
der Gesetzgeber an, dass ein solcher Aufenthalt nicht durch die Zielsetzung moti-
viert ist, Sozialleistungen in Anspruch zu
nehmen, sondern im Aufenthaltsrecht zu
berücksichtigende, persönliche Härten
maßgebend sind. Freilich ist für diese Personengruppe in vielen Fällen der weitere
Leistungsausschluss nach § 7 Abs. 1 S. 2
Nr. 3 SGB II wegen des Bezugs von Leistungen nach dem Asylbewerberleistungsgesetz bestimmend.

Eine zweite Berechtigungsausnahme betrifft Ausländer, deren Aufenthaltsrecht
sich allein aus dem Zweck der Arbeitsuche ergibt, und ihre Familienangehörigen
(**ausschließlich arbeitsuchende Ausländer**,
§ 7 Abs. 1 S. 2 Nr. 2 SGB II). Auch dieser
Ausschluss knüpft letztlich an Art. 24
Abs. 2 iVm Art. 14 Abs. 4 b Freizüg-
RL an. Danach kann der Ausschluss von
Sozialhilfe auch über einen Zeitraum der
ersten drei Monate nach der Einreise hinaus durch das nationale Recht angeordnet werden, wenn die Unionsbürger in
das Hoheitsgebiet des Aufnahmemitgliedstaats eingereist sind, um Arbeit zu suchen. Gegen die Rechtmäßigkeit dieses
Ausschlusses bestehen die zu § 7 Abs. 1
S. 2 Nr. 1 SGB II ausgeführten rechtlichen
Bedenken (vgl oben). Ebenso kann auf die
diesbezüglichen Ausführungen betreffend
die Rechtsfolgen des Berechtigungsaus-
schlusses namentlich im Hinblick auf einen dann zu gewährenden sozialhilferechtlichen Mindestsicherungsschutz verwiesen werden.

Im Hinblick auf die Förderinstrumente
des SGB II zur Integration des Arbeitsuchenden in den Arbeitsmarkt bedarf es
dagegen den darüber hinausgehenden
Hinweis auf die Rechtsprechung des
EuGH, der es nur für einen begrenzten
Zeitraum für zulässig erachtet, Unionsbürgern Leistungen zur Erleichterung der

Arbeitsuche vorzuenthalten. Wenn für
die Erfüllung der Anspruchsvoraussetzungen eine Mindestaufenthaltsdauer verlangt wird, so darf sie danach jedenfalls
nicht über das hinausgehen, was erforderlich ist, damit die nationalen Behörden
sich vergewissern können, dass die betreffende Person tatsächlich auf der Suche
nach einer Beschäftigung auf dem Arbeitsmarkt des Aufnahmemitgliedstaats
ist (EuGH InfAuslR 2004, 375–379). Darüber hinaus wird teilweise ein Verstoß
gegen das Europäische Fürsorgeabkom-
men geltend gemacht.

Schließlich lässt drittens auch die Leistungsberechtigung nach § 1 AsylbLG die
Leistungsberechtigung im Hinblick auf
Leistungen der Grundsicherung für Arbeitsuchende entfallen (**Asylbewerberleis-
tungsgesetz-Leistungsberechtigte**; § 7
Abs. 1 S. 2 Nr. 3 SGB II). Diesbezüglich
kann auf die Ausführungen zum **AsylbLG**
verwiesen werden.

Literaturhinweise:
Berlit AWR-Bulletin 2010, 247, 249 ff,
255 ff; *Devetzi* AWR-Bulletin 2010, 87 ff;
Eichenhofer AWR-Bulletin 2010, 93 ff;
Frings AWR-Bulletin 2010, 157 ff;
Frings, Sozialrecht für Zuwanderer 2008,
66 ff, 110 ff; *Fuchs* NZS 2007, 1–6; GK-
SGB II/*Loose* § 7 Rn 32.20; *Hailbronner*
ZFSH/SGb 2009, 195–203; *Heinig*
ZESAR 2008, 465–475; *Kunkel/Frey*
ZFSH/SGB 2008, 387–394; LPK-SGB II/
Thie/Schoch § 7 Rn 17–33; *Mangold/
Pattar* VSSR 2008, 243–268; *Schreiber*
info also 2009, 195–201; *Schreiber* info
also 2008, 3–9; *Strick* NJW 2005, 2182–
2187; *Sieveking* ZAR 2004, 283–287;
Tießler-Marenda NDV 2007, 237–240;
Trenk-Hinterberger info also 2007, 273–
274

Auszahlung von Geldleistungen

Definition: Geldleistungen sind grundsätzlich kostenfrei auf das Konto des
Leistungsberechtigten zu überweisen.

Rechtsgrundlagen: §§ 41 Abs. 2, 42
SGB II; §§ 17, 47 bis 49 SGB I

Erläuterungen: § 42 SGB II modifiziert in
rechtlich zulässiger Weise (§ 37 S. 1
SGB I) den in § 47 SGB I niedergelegten
Grundsatz, dass Geldleistungen kostenfrei
auf ein Geldkonto des Empfängers bei einem Geldinstitut überwiesen oder, wenn

der Leistungsberechtigte es verlangt, kostenfrei an seinen Wohnsitz übermittelt werden. Zwar werden auch Leistungen nach dem SGB II kostenlos überwiesen, eine kostenlose Übermittlung – beispielsweise durch die Deutsche Post – an den Wohnort des Leistungsberechtigten findet jedoch nur dann statt, wenn dieser nachweist, dass ihm die Einrichtung eines Kontos ohne eigenes Verschulden nicht möglich ist (§ 42 S. 2 SGB II). Liegen die Voraussetzungen für eine kostenlose Übermittlung nicht vor und wünscht der Leistungsberechtigte trotz Erläuterung der Rechtslage eine Übermittlung an seinen Wohnort, so werden die hierdurch entstehenden Kosten von den ihm zustehenden Grundsicherungsleistungen einbehalten.

Die Auszahlung von Geldleistungen hat umfassend und zügig zu erfolgen (§ 17 Abs. 1 Nr. 1 SGB I). Die Auszahlung der Sozialleistung hat vollständig an den Leistungsberechtigten zu erfolgen, sofern nicht ausnahmsweise die gesetzlichen Voraussetzungen für eine →Aufrechnung, Verrechnung, →Abzweigung oder Pfändung erfüllt sind oder eine andere Vorschrift erlaubt, die Auszahlungsrichtung zu verändern.

Auszug/Umzug von Hilfebedürftigen

Definition: Auszug bzw Umzug von Hilfebedürftigen ist das dauerhafte Verlassen bzw der ebenso dauerhafte Wechsel der bewohnten Unterkunft durch einen Grundsicherungsberechtigten.

Rechtsgrundlage: § 22 Abs. 1 S. 2, Abs. 4, 5, 6 SGB II

Erläuterungen: Um eine Kostensteigerung aufgrund eines nicht erforderlichen Umzugs zu vermeiden, fordert § 22 Abs. 4 SGB II, dass vor Abschluss eines Vertrags über eine neue Unterkunft die Zusicherung des für die Leistungserbringung bisher örtlich zuständigen kommunalen Trägers zu den Aufwendungen für die neue Unterkunft eingeholt werden sollte.

Funktion dieses Zusicherungsverfahrens ist es, den Betroffenen Rechtssicherheit hinsichtlich der künftigen Deckung der Kosten der Unterkunft zu gewähren. Denn die Rechtsfolgen eines Umzugs, zu der sich der Betroffene die vorherige Zu-

sicherung nicht eingeholt hat, gehen ausschließlich zu seinen Lasten. Die Regelung soll somit vermeiden helfen, dass Leistungsberechtigte in weitergehende finanzielle Schwierigkeiten geraten, indem sie sich aufgrund des Umzugs mit Unterkunftskosten belasten, die nicht durch entsprechend hohe Grundsicherungsleistungen gedeckt sind. Vor Leistungsbeginn bzw Erstantragstellung bedarf es einer Zusicherung nicht (beachte aber § 22 Abs. 5 S. 4 SGB II). Die Zusicherung stellt eine Zusage der gemäß § 22 Abs. 4 SGB II hierfür zuständigen Stelle dar, dass die Kosten der neuen Unterkunft als angemessene nach dem Umzug übernommen werden, ob ein entsprechender Leistungsverwaltungsakt zu diesem späteren Zeitpunkt erlassen wird. Die Zusicherung ist folglich eine solche nach § 34 SGB X, zu deren Wirksamkeit die schriftliche Form (§ 126 BGB) erforderlich ist. Der für den Ort der neuen Unterkunft örtlich zuständige kommunale Träger der Grundsicherung ist insoweit zu beteiligen.

Den kommunalen Träger trifft eine **Zusicherungspflicht** nur, wenn der Umzug erforderlich ist und die Aufwendungen für die neue Unterkunft angemessen sind (§ 22 Abs. 4 S. 2 SGB II). Es wird in diesem Zusammenhang diskutiert, ob das Zusicherungsverfahren eine Einschränkung des Grundrechts auf Freizügigkeit (Art. 11 Abs. 1 GG) darstellt. Danach genießen Deutsche Freizügigkeit im ganzen Bundesgebiet. Das hierdurch geschützte Recht, an jedem Ort innerhalb des Bundesgebiets Aufenthalt und Wohnsitz zu nehmen bzw diesen innerhalb des Bundesgebiets zu wechseln, wird nach den Maßstäben der Rechtsprechung des Bundesverfassungsgerichts (BVerfG NVwZ 2005, 797–800, zum Wohnortzuweisungsgesetz) zwar nicht unmittelbar beschränkt. Die Umzugsregelungen knüpfen an eine solche Wahl nur eine sozialrechtlich nachteilige Rechtsfolge. Grundrechte können aber auch durch mittelbare Maßnahmen beeinträchtigt sein. Das Grundgesetz bindet den Schutz vor Grundrechtsbeeinträchtigungen nicht an den Begriff des Eingriffs oder gibt diesen inhaltlich vor. Auch staatliche Maßnahmen, die eine mittelbare oder faktische Wirkung entfalten, können Grundrechte beeinträchtigen und müssen daher von Verfassungs wegen hinreichend gerechtfertigt sein. Solche Maßnahmen können in ihrer Zielsetzung und Wirkung einem normativen und direkten Eingriff gleichkommen und müssen dann wie dieser behandelt werden. Zielsetzung des Zusicherungsverfahrens ist es jedoch nicht, den Inhaber des Grundrechts an den Zuweisungsort zu binden. Anders als beispielsweise die Regelungen des Wohnortzuweisungsgesetzes hat die Zusicherungsregelung keine Lastenverteilungsfunktion. Auch hat die Vorschrift keine entsprechende faktische Wirkung, da der Grundsicherungsträger grundsätzlich zur Zustimmung verpflichtet ist, falls der Umzug erforderlich ist und die Aufwendungen für die neue Wohnung angemessen sind. Anderes anzunehmen, würde bedeuten, dem Art. 11 Abs. 1 GG den Bedeutungsgehalt eines Leistungsgrundrechts im Sinne einer Gewährleistung zuzumessen, jeglichen Freizügigkeitswunsch auf Kosten der Allgemeinheit zu finanzieren. Dies ist ersichtlich nicht die verfassungsrechtliche Intention. Auf die Frage einer Rechtfertigungsmöglichkeit über die Grundrechtsschranke des Art. 11 Abs. 2 GG kommt es deshalb nicht an. Allerdings gebieten diese Feststellungen eine grundrechtskonforme Auslegung der tatbestandlichen Voraussetzungen einer Zusicherung zum Umzug, nämlich der Merkmale der Erforderlichkeit und der Angemessenheit der nachfolgend entstehenden Unterkunftskosten. Erforderlich ist ein Umzug demnach immer dann, wenn eine Person, die nicht auf Sozialleistungen angewiesen ist und damit die entstehenden Kosten des Umzugs selbst übernehmen müsste, aus plausiblen Gründen ebenfalls umziehen würde. Nach hiesiger Auffassung ist folglich das Merkmal der Erforderlichkeit der Prüfungspunkt, aus dessen Anlass ein Vergleich der derzeitigen Kosten mit den künftigen Kosten anzustellen ist, wobei bei letzteren die Umzugskosten und die Wohnungsbeschaffungskosten einzurechnen sind. Angemessen sind die neu entstehenden Kosten der Unterkunft dann, wenn sie sich an den örtlichen Gegebenheiten des Zuzugsorts orientieren. Eines nochmaligen Vergleiches mit den vormaligen Unterkunftskosten unter Berücksichtigung der Umzugskosten bedarf es nach hiesiger Auffassung nicht.

Eine Sondervorschrift sieht § 22 Abs. 5 SGB II vor für **Personen, die das 25. Le-**bensjahr noch nicht vollendet haben. Wenn diese umziehen, werden ihnen Leistungen für die Zeit nach einem Umzug bis zur Vollendung des 25. Lebensjahres nur erbracht, wenn der kommunale Träger dies vor Abschluss des Vertrags über die Unterkunft zugesichert hat. Die Intention des Gesetzes wird aus der Vorschrift des § 22 Abs. 5 S. 4 SGB II deutlich, der den Willen des Gesetzgebers zum Ausdruck bringt, die missbräuchliche Schaffung der Voraussetzungen und Arbeitslosengeld II-Leistungen insbesondere beim Unterkunftsbedarf auf Kosten der Allgemeinheit zu vermeiden. Danach werden Bedarfe für Unterkunft und Heizung bei Personen, die das 25. Lebensjahr noch nicht vollendet haben, nicht anerkannt, wenn diese vor der Beantragung von Leistungen in eine Unterkunft in der Absicht umziehen, die Voraussetzung für die Gewährung der Leistungen herbeizuführen. Anders als bei der allgemeinen Umzugsregelung des § 22 Abs. 4 SGB II ist in Bezug auf die Sonderregelung des § 22 Abs. 5 SGB II in der Tat von einem Eingriff in den Schutzbereich des Art. 11 Abs. 1 GG auszugehen. Denn die Voraussetzungen, an welche die Zusicherungserteilung geknüpft ist, verdeutlichen, dass die Vorschrift gerade die Intention hat, den Inhaber des Grundrechts an den bisherigen Unterkunftsort zu binden. Darin liegt eine mittelbare zielgerichtete Beeinträchtigung des Grundrechts iSd Rechtsprechung des Bundesverfassungsgerichts (BVerfG NVwZ 2005, 797–800). Dieser ist allerdings grundsätzlich über die Grundrechtsschranke des Art. 11 Abs. 2 GG zu rechtfertigen, weil es sich bei § 22 Abs. 5 SGB II um eine gesetzliche Vorschrift zur Regelung eines Falles handelt, in dem eine ausreichende Lebensgrundlage nicht vorhanden ist und der Allgemeinheit durch die Ausübung des Freizügigkeitsrechts besondere Lasten entstehen würden. Allerdings ist der Anwendungsbereich der Vorschrift bei verfassungskonformer Auslegung auf die – auch aus § 22 Abs. 5 S. 4 SGB II erkennbare – Intention zu reduzieren, dass Mehrkosten vermieden werden sollen, die deshalb entstehen, weil eine Person unter 25 Jahren aus einer bestehenden Bedarfsgemeinschaft auszieht. Hierauf ist der Anwendungsbereich der Vorschrift zu reduzieren. Es ist kein legitimes Ziel erkennbar, den Betroffenen auch nach Erteilung einer Zusicherung für einen erstmaligen Umzug aus Anlass eines weiteren Umzugs noch einmal den besonderen Einschränkungen des § 22 Abs. 5 SGB II zu unterwerfen, falls sich die erstmalige Zusicherung auf die Übernahme der Unterkunftskosten als Alleinstehender bezog. Die Verhältnismäßigkeit des Grundrechtseingriffs in das Recht auf Freizügigkeit (Art. 11 Abs. 1 GG) wäre nicht mehr gewahrt. Gleichzeitig wäre eine sachlich nicht zu rechtfertigende Gleichheitswidrigkeit (Art. 3 Abs. 1 GG) anzunehmen. Zu einer Zusicherung ist der kommunale Träger verpflichtet, wenn der Betroffene aus schwerwiegenden sozialen Gründen nicht auf die Wohnung der Eltern oder eines Elternteils verwiesen werden kann, der Bezug der Unterkunft zur Eingliederung in den Arbeitsmarkt erforderlich ist oder ein sonstiger, ähnlich schwerwiegender Grund vorliegt. Vom Erfordernis der Zusicherung kann nach § 22 Abs. 5 S. 3 SGB II abgesehen werden, wenn es dem Betroffenen aus wichtigem Grund nicht zumutbar war, die Zusicherung einzuholen. Eine solche Unzumutbarkeit ist dann gegeben, wenn der Umzug aufgrund besonderer Umstände keinen Aufschub erlaubt und eine vorherige Zusicherung nicht oder nur unter erheblich erschwerten Bedingungen rechtzeitig einzuholen ist. In diesem Fall ist der Behörde ein Ermessen eingeräumt, ungeachtet des grundsätzlichen Zustimmungserfordernisses Leistung zu erbringen. Das Ermessen kann aufgrund der konkreten Umstände des Einzelfalls auf Null reduziert sein.

Folge einer fehlenden Zusicherung ist es im Regelfall, dass die Leistungen weiterhin nur in Höhe der bis dahin zu tragenden Aufwendungen erbracht werden, wenn sich nach einem nicht erforderlichen Umzug die angemessenen Aufwendungen für Unterkunft und Heizung erhöhen (vgl § 22 Abs. 1 S. 2 SGB II). Ziehen dagegen Personen vor der Vollendung des 25. Lebensjahres ohne erforderliche Zusicherung um, werden ihnen seitens des Grundsicherungsträgers keinerlei Leistungen erbracht. Gleichzeitig reduzieren sich die für sie zu gewährenden Regelleistungen auf 299 EUR (§ 20 Abs. 3 SGB II). Ferner werden in diesem Fall nach § 24 Abs. 6 SGB II keine Leistungen für die Erstausstattung für die

Wohnung gemäß 24 Abs. 3 S. 1 Nr. 1 SGB II erbracht.

§ 22 Abs. 6 SGB II regelt die **Übernahme umzugsbedingter Kosten** und deren Voraussetzung. Danach werden Wohnungsbeschaffungskosten und Umzugskosten bei vorheriger Zusicherung durch den bis zum Umzug örtlich zuständigen kommunalen Träger übernommen. Eine Mietkaution kann bei vorheriger Zusicherung durch den am Ort der neuen Unterkunft zuständigen kommunalen Träger übernommen werden. Wohnungsbeschaffungskosten sind alle Aufwendungen, die auf die Suche und Anmietung der künftigen Unterkunft zurückzuführen sind. Dies sind zB Annoncekosten, Maklergebühren, Abstandszahlungen an den Vormieter, Telefonkosten, Fahrtkosten. Umzugskosten sind diejenigen Aufwendungen, die nach Anmietung der künftigen Unterkunft aus unmittelbarem Anlass des Unterkunftwechsels anfallen. Darunter werden Transportkosten, Fahrtkosten, Mietwagenkosten, Transportbehältnisse und deren Entsorgung, Helferversorgung, Möbelpacker und Transporteur, das Stellen eines Nachsendeauftrags, Kosten der Ummeldung von Telefonanschlüssen sowie doppelte Mietaufwendungen gerechnet. Kosten der Einzugsrenovierung zählen nach der Rechtsprechung zu den Kosten der Unterkunft nach § 22 Abs. 1 SGB II, nicht zu den Umzugskosten nach § 22 Abs. 6 SGB II. Die Mietkaution (auch Mietsicherheit genannt) ist eine Leistung des Mieters zur Sicherung künftiger mietrechtlicher Ansprüche des Vermieters, die grundsätzlich auf verschiedene Weise gestellt werden kann (zB Bürgschaft, Bargeld, Treuhandkonto; vgl für Wohnraummietkaution § 551 BGB). Nach § 22 Abs. 6 S. 3 SGB II soll eine Mietkaution grundsätzlich als Darlehen erbracht werden. Das Darlehen ist zinsfrei. Seine Rückzahlung ist fällig mit Fälligkeit des Anspruchs auf Herausgabe der Mietkaution. Für die Tilgung trifft § 42 a Abs. 3 SGB III nunmehr die ausdrückliche Regelung, dass dieses Darlehen bei Rückzahlung durch den Vermieter sofort in Höhe des noch nicht getilgten Darlehensbetrags fällig wird. Deckt der mit der Rückzahlung (etwaig um Verwendungen des Vermieters reduziert) erlangte Betrag den noch nicht getilgten Darlehensbetrag nicht, soll eine Vereinbarung über die

Rückzahlung des ausstehenden Betrags unter Berücksichtigung der wirtschaftlichen Verhältnisse der Darlehensnehmer getroffen werden. Für alle drei umzugsbedingten Kosten steht die Übernahme derselben durch den Grundsicherungsträger grundsätzlich in dessen Ermessen. Zudem ist sie abhängig von einer zuvor erteilten Zusicherung iSd § 34 SGB X, dh einer von der zuständigen Behörde erteilten schriftlichen Zusage, die entsprechenden künftigen Kosten nach deren Anfall und Darlegung durch Verwaltungsakt zu übernehmen. Die Zusicherung soll erteilt werden (gebundenes Ermessen), wenn der Umzug durch den kommunalen Träger veranlasst oder aus anderen Gründen notwendig ist, oder wenn ohne die Zusicherung eine angemessene Unterkunft nicht gefunden werden kann. Diese Vorgabe für die Erteilung der Zusicherung bildet zugleich einen Maßstab für das behördlicherseits auszuübende Ermessen ab. Ein weiterer ergibt sich aus der allgemeinen Verpflichtung der Grundsicherungsleistungsempfänger, den eigenen Hilfebedarf zu minimieren (§ 2 Abs. 1 S. 1, Abs. 2 S. 1 SGB II). Kosten sind deshalb nur dann zu übernehmen, wenn und insoweit sie nicht vermieden oder reduziert werden können. Deshalb kann der Grundsicherungsträger (soweit vorhanden) grundsätzlich auf kostenfreie bzw kostengünstigere Angebote einschließlich der üblichen Verwandten- und Nachbarschaftshilfe etwa beim Umzug verweisen. Freilich darf hierdurch nicht etwa das Angebotsspektrum anmietbarer Wohnungen unzumutbar begrenzt werden.

Literaturhinweise:
Gagel/*Lauterbach* § 22 SGB II Rn 44, 66 ff u. 85 ff; GK-SGB II/*Frank*, § 22 Rn 45.1, 55–59.1, 60–63.1, 64–74.1; Kreikebohm/Spellbrink/Waltermann/ *Knickrehm*, Kommentar zum Sozialrecht, § 22 SGB II Rn 31–44; LPK-SGB II/*Berlit*, § 22 Rn 117–133; *Schafhausen* ASR 2008, 94; *Theesfeld* WUM 2010, 274– 276; *Zimmermann* NJ 2010, 400–407

BAföG-Berechtigte

Definition: BAföG-Berechtigte sind Auszubildende, die einen Anspruch auf individuelle Ausbildungsförderung für eine der Neigung, Eignung und Leistung entsprechende förderfähige Ausbildung ge-

mäß dem Bundesausbildungsförderungsgesetz (BAföG) haben, wenn ihnen die für den Lebensunterhalt und ihre Ausbildung erforderlichen Mittel anderweitig nicht zur Verfügung stehen.

Rechtsgrundlagen: §§ 1 ff BAföG; § 7 Abs. 5, 6 u. § 27 SGB II

Erläuterungen: Eine vergleichsweise differenzierte Behandlung haben im Grundsicherungsrecht förderungsfähige Auszubildende erfahren. Gemäß § 7 Abs. 5 SGB II haben Auszubildende, deren Ausbildung im Rahmen des Bundesausbildungsförderungsgesetzes oder der §§ 60–62 des SGB III dem Grunde nach förderungsfähig ist, keinen Anspruch auf Arbeitslosengeld II, Sozialgeld und Leistungen für Bildung und Teilhabe (**Regelausschluss**); dies gilt allerdings nunmehr ausdrücklich nur noch für die Leistungen, die über Leistungen nach § 27 SGB II hinausgehen. Diese Regelung wird im Sozialhilferecht durch § 22 Abs. 1 S. 1 SGB XII ergänzt, nach welchem der Leistungsausschluss grundsätzlich auch Leistungen der Hilfe zum Lebensunterhalt sowie der Grundsicherung im Alter und bei Erwerbsminderung erfasst. Damit soll eine Konzentration der Ausbildungsförderung auf das BAföG und das SGB III bewirkt werden. Der Leistungsausschluss ist nicht auf diejenigen Auszubildenden beschränkt, die an den vorgenannten Bestimmungen tatsächlich Ausbildungsförderung erhalten. Vielmehr genügt deren diesbezügliche Leistungsberechtigung dem Grunde nach. Maßgeblich ist folglich, ob die Ausbildung der betroffenen Personen die angegebenen Förderungskriterien erfüllen. Unmaßgeblich ist insofern die Erfüllung der weiteren, insbesondere der nicht nur personenbezogenen bzw individuellen Leistungsvoraussetzungen (zB das Überschreiten der Regelaltersgrenze oder der Höchststudiendauer, der Studiengangwechsel, etc.).

Mit dieser Grundentscheidung nimmt der Gesetzgeber **verfassungskonform** in Kauf, dass Personen, deren Ausbildung zwar dem Grunde nach förderungsfähig ist, jedoch wegen Nichterfüllung der weiteren Leistungsvoraussetzungen keine Leistung der Ausbildungsförderung erhalten, nur sehr eingeschränkt Mindestsicherungsleistungen beanspruchen können. Mit der Gewährleistung des grundrechtlich gesicherten Existenzminimums ist dies insoweit zu vereinbaren, als den Betroffenen zumindest nach der vormaligen sozialhilferechtlichen Rechtsprechung des Bundesverwaltungsgerichts zugemutet werde und auch zugemutet werden könne, im Zweifel die Ausbildung nicht aufzunehmen bzw vorübergehend oder endgültig abzubrechen und zunächst in Eigenverantwortung durch Ansparungen für die Sicherstellung des Lebensunterhalts für eine künftige Ausbildung Sorge zu tragen oder aber selbigen im Wege der Aufnahme einer Erwerbstätigkeit mit ausreichend hohem Einkommen zeitgleich zu finanzieren. Im Rahmen des Grundsicherungsrechts schließt sich das Bundessozialgericht im Ergebnis dieser Rechtsauffassung an, verweist jedoch für Härtefälle auf die Regelung des § 7 Abs. 5 S. 2 SGB II aF, die jetzt in § 27 Abs. 4 SGB II modifiziert Eingang gefunden hat.

Welche **Ausbildungen** nach dem Bundesausbildungsförderungsgesetzes förderungsfähig sind, wird in §§ 2–7 BAföG geregelt. Förderungsfähige Ausbildungsstätten sind die in § 2 BAföG genannten.

Anders als in § 7 Abs. 4, 4 a SGB II soll sich der Leistungsausschluss dem Wortlaut des Abs. 5 zufolge nicht generell auf „Leistungen nach diesem Buch" beziehen. Vielmehr bezieht sich der **Umfang des Leistungsausschlusses** lediglich auf Arbeitslosengeld II, Sozialgeld und Leistungen für Bildung und Teilhabe; die auch an Auszubildende nach § 27 SGB II unter den dortigen Voraussetzungen zu erbringenden Leistungen gelten ausdrücklich nicht als solche des Arbeitslosengeld II (§ 27 Abs. 1 S. 2 SGB II). Aufgrund der eindeutigen Differenzierung des SGB II zwischen den in Kap. 3 Abschn. 2 geregelten Leistungen zur Sicherung des Lebensunterhaltes und den im Kap. 3 Abschn. 1 geregelten Leistungen zur Eingliederung in Arbeit ist zwingend davon auszugehen, dass auf die entsprechenden Eingliederungsleistungen ein Anspruch besteht, der durch den Leistungsausschluss nicht berührt wird. Dies hat das Bundessozialgericht (BSG SozR 4-4200 § 7 Nr. 6) auch ausdrücklich anerkannt. Darüber hinaus übernimmt das Bundessozialgericht in dieser Entscheidung die vormalige Rechtsprechung des Bundesverwaltungsgerichts zur Beschränkung des Ausschlusses lediglich auf den ausbildungsbedingten Bedarf. Es bezieht sich insoweit ausdrücklich und

beispielhaft auf die Mehrbedarfsregelungen des § 21 Abs. 2, 3 und 5 SGB II sowie die Eingliederungsleistungen nach Abschn. 1 des Kap. 3 SGB II. Entsprechend hat der Gesetzgeber nunmehr in § 27 Abs. 2 SGB II ausdrücklich die Erbringung von Leistungen zur Deckung von Mehrbedarfen nach § 21 Abs. 2, 3, 5 und 6 sowie von Einmalbedarfen nach § 24 Abs. 3 Nr. 2 SGB II anerkannt. Aufgrund der eindeutigen gesetzlichen Beschränkung ist die Bewilligung von Leistungen namentlich für die weiteren Einmal- bzw Sonderbedarfe des § 24 Abs. 3 SGB II nicht möglich.

Wie bereits angesprochen, können für Auszubildende nach § 27 Abs. 4 SGB II in **besonderen Härtefällen** nachrangig (vgl S. 3) Leistungen als Darlehen für Regelbedarfe, Bedarfe für Unterkunft und Heizung und notwendige Beiträge zur Kranken- und Pflegeversicherung gewährt werden, sofern der Leistungsausschluss nach § 7 Abs. 5 SGB II eine besondere Härte bedeuten würde. Für den Monat der Aufnahme einer Ausbildung können Leistungen (ohne Vorliegen eines besonderen Härtegrundes) in Entsprechung des § 24 Abs. 4 SGB II in Erwartung der künftigen BAföG-Leistungen nachrangig als Darlehen erbracht werden (Startdarlehen, S. 2). Im Hinblick auf die oben bereits behandelte Problematik, gegebenenfalls bei Förderungsfähigkeit dem Grunde nach und gleichzeitig fehlendem konkreten Förderungsanspruch nach dem BAföG und dem SGB III überhaupt keine Mindestsicherungsleistung beziehen zu können und deshalb darauf verwiesen zu sein, die Ausbildung vorübergehend oder endgültig abzubrechen, sieht das Bundessozialgericht, aaO, in bestimmten Fallkonstellationen den Anwendungsbereich der Härtefallklausel als eröffnet an. Es nimmt einen besonderen Härtefall etwa auch dann an, wenn wegen einer Ausbildungssituation Hilfebedarf (Bedarf an Hilfe zur Sicherung des Lebensunterhalts) entstanden ist, der nicht durch BAföG oder Ausbildungsbeihilfe gedeckt werden kann, und wenn deswegen begründeter Anlass für die Annahme besteht, die vor dem Abschluss stehende Ausbildung werde nicht beendet und damit drohe das Risiko zukünftiger Erwerbslosigkeit, verbunden mit weiter bestehender Hilfebedürftigkeit. Unter diesen Voraussetzungen könne von einem besonderen Härtefall ausgegangen werden, wenn der Lebensunterhalt während der Ausbildung durch Förderung aufgrund von BAföG/SGB III-Leistungen oder anderen finanziellen Mittel – sei es Elternunterhalt, Einkommen aus eigener Erwerbstätigkeit oder möglicherweise bisher zu Unrecht gewährte Hilfe zur Sicherung des Lebensunterhalts (Vertrauensschutz) – gesichert gewesen sei, die nun kurz vor Abschluss der Ausbildung entfielen. Gleiches gelte für den Fall der Unterbrechung der bereits weit fortgeschrittenen und bisher kontinuierlich betriebenen Ausbildung aufgrund der konkreten Umstände des Einzelfalls wegen einer Behinderung oder Erkrankung. Denkbar sei auch, dass die nicht mehr nach den Vorschriften des BAföG oder der §§ 60–62 SGB III geförderte Ausbildung objektiv belegbar die einzige Zugangsmöglichkeit zum Arbeitsmarkt darstelle. Die Gewährung der Härtefallhilfe steht nach dem Wortlaut der Vorschrift formal im Ermessen der Behörde. Dieses wird im Hinblick auf die Gewährung dem Grunde nach regelmäßig bei Bejahung des Härtefalles „auf Null reduziert sein". Aber auch hinsichtlich der Art der Hilfegewährung ist das Ermessen des Grundsicherungsträgers insoweit eingeschränkt, als er nach § 27 Abs. 4 S. 1 SGB II Hilfen in Härtefällen nur als Darlehensleistungen erbringen darf.

Eine Ausnahme für die Anwendbarkeit des § 7 Abs. 5 SGB II und des dort geregelten Leistungsausschlusses für Auszubildende findet sich in § 7 Abs. 6 SGB II für die dort geregelten drei Konstellationen des Erhalts des sogenannten Null- und Mini-BAföGs bzw Berufsausbildungs- und Berufsvorbereitungsbeihilfe (Ausnahmeberechtigung).

Der Leistungsausschluss des § 7 Abs. 5 SGB II soll insofern gemäß § 7 Abs. 6 Nr. 1 SGB II nach allgemein in der Literatur vertretener Auffassung nicht gelten für Auszubildende, die entweder aufgrund von § 2 Abs. 1 a BAföG als Schüler einer der in § 2 Abs. 1 Nr. 1 BAföG genannten Schulen (dh weiterführenden allgemeinbildenden Schulen und Berufsfachschulen, einschließlich der Klassen aller Formen der beruflichen Grundbildung, ab Klasse 10 sowie von Fach- und Fachoberschulklassen, deren Besuch eine abgeschlossene Berufsausbildung nicht voraus-

setzt) keinen Anspruch auf Ausbildungsförderung oder aufgrund von § 64 Abs. 1 SGB III keinen Anspruch auf Berufsausbildungsbeihilfe haben (sog. Null-BAföG), weil sie noch bei ihren Eltern wohnen. Tatsächlich ist aber der Umstand, dass der Auszubildende nicht mehr bei den Eltern wohnt, nicht die einzige Voraussetzung in den genannten Konstellationen, die bei Nichterfüllung zum Ausschluss der ausbildungsbezogenen Leistung führt. So setzt § 2 Abs. 1 a BAföG neben dem Wohnen außerhalb des Elternhauses voraus, dass von der Wohnung der Eltern aus eine entsprechende zumutbare Ausbildungsstätte nicht erreichbar ist, der Auszubildende einen eigenen Haushalt führt und verheiratet ist oder war, oder er einen eigenen Haushalt führt und mit mindestens einem Kind zusammenlebt. Ist keine dieser zusätzlichen alternativen Voraussetzungen für den Bezug von Schüler-BAföG erfüllt, hat der Auszubildende ebenfalls gemäß der Diktion des § 7 Abs. 6 Nr. 1 SGB II „aufgrund von § 2 Abs. 1 a des Bundesausbildungsförderungsgesetzes keinen Anspruch auf Ausbildungsförderung", was dem Wortlaut der Vorschrift nach zur Nichtanwendung des Ausschlusstatbestandes des § 7 Abs. 5 SGB II führt mit der Folge, dass der Auszubildende bei Vorliegen der weiteren Voraussetzungen Berechtigter für den Erhalt von Grundsicherungsleistungen wäre. Ähnliches gilt für § 64 Abs. 1 SGB III. Wohnt der Schüler oder Auszubildende noch im elterlichen Haushalt, rechnet er bei Vorliegen der übrigen Voraussetzungen zur dortigen Bedarfsgemeinschaft und erhält Grundsicherungsleistungen. Hierauf hätte er aber (unter Beachtung des § 22 Abs. 5 SGB II) nach dem Wortlaut der Vorschrift des § 7 Abs. 6 Nr. 1 SGB II ebenfalls einen Anspruch, wenn er außerhalb des elterlichen Haushalts lebt ohne dass die in § 2 Abs. 1 a BAföG bzw § 64 Abs. 1 SGB III genannten weiteren Voraussetzungen vorliegen, und er erwerbsfähiger Hilfebedürftiger bzw Mitglied einer anderen als der elterlichen Bedarfsgemeinschaft ist (vgl auch Ziff. 7.81 DH-BA und dem dort gegebenen Beispiel).

Ebenso findet § 7 Abs. 5 SGB II keine Anwendung auf Auszubildende, deren Bedarf sich nach § 12 Abs. 1 Nr. 1 BAföG, nach § 66 Abs. 1 S. 1 SGB III oder § 106

Abs. 1 Nr. 1 SGB III bemisst (sog. **Mini-BAföG**; § 7 Abs. 6 Nr. 2 SGB II). Nach der Bestimmung des § 12 Abs. 1 Nr. 1 BAföG beträgt der monatliche Bedarf für Schüler von Berufsfachschulen und Fachschulklassen, deren Besuch eine abgeschlossene Berufsausbildung nicht voraussetzt, 212 EUR (vgl auch § 66 Abs. 1 SGB III). In diesem Fall erhalten die Auszubildenden Grundsicherungsleistungen. Bei deren Ermittlung sind die Ausbildungsförderungsleistungen als Einkommen bedarfsmindernd anzusetzen. Insoweit wird aber der anrechnungsfreie zweckbestimmte Teil (vgl § 11 Abs. 3 S. 1 SGB II) der Ausbildungsförderungsleistungen in Höhe von 20% (BSG v. 17.3.2009, B 14 AS 61/07 R n.V.), der Kinderbetreuungszuschlag nach § 14 b Abs. 1, 2 S. 1 BAföG, sowie Leistungen der Ausbildungsförderung, soweit sie für Fahrtkosten zur Ausbildung oder für Ausbildungsmaterial verwendet werden, nicht berücksichtigt; ist bereits mindestens ein Betrag nach § 11 b Abs. 3 SGB II von der Ausbildungsvergütung absetzbar, gilt letzteres nur für den darüber hinausgehenden Betrag (§ 1 Abs. 1 Nr. 10 Alg II-V).

Grundsicherungsleistungen werden in Abkehr von § 7 Abs. 5 SGB II schließlich auch denjenigen Auszubildenden gewährt, die eine Abendhauptschule, eine Abendrealschule oder ein Abendgymnasium besuchen, sofern sie aufgrund von § 10 Abs. 3 BAföG wegen der dort genannten Altersgrenze keinen Anspruch auf Ausbildungsförderung haben (sog. **Null-BAföG wegen Überschreitens der Altersgrenze**; § 7 Abs. 6 Nr. 3 SGB II).

Nach § 27 Abs. 3 SGB II wird in den dort genannten Fällen abweichend von § 7 Abs. 5 SGB II bestimmten Auszubildenden zudem ein **Zuschuss** zu deren ungedeckten angemessenen **Aufwendungen für Unterkunft und Heizung** (§ 22 Abs. 1 S. 1 SGB II) gewährt. Im Rahmen des BAföG sind dies die folgenden Personengruppen:

- Schüler von Abendhauptschulen, Berufsaufbauschulen, Abendrealschulen und von Fachoberschulklassen, deren Besuch eine abgeschlossene Berufsausbildung voraussetzt, und die noch bei den Eltern bzw dem Elternteil wohnen (§ 12 Abs. 1 Nr. 2 BAföG),

- Schüler von weiterführenden allgemeinbildenden Schulen und Berufs-

fachschulen sowie von Fach- und Fachoberschulklassen, deren Besuch eine abgeschlossene Berufsausbildung nicht voraussetzt, sowie Schüler von Abendhauptschulen, Berufsaufbauschulen, Abendrealschulen und von Fachoberschulklassen, deren Besuch eine abgeschlossene Berufsausbildung voraussetzt, wenn der Schüler jeweils nicht bei seinen Eltern wohnt (§ 12 Abs. 2 BAföG unter den weiteren dort genannten Voraussetzungen),

- Auszubildende in Fachschulklassen, deren Besuch eine abgeschlossene Berufsausbildung voraussetzt, Abendgymnasien und Kollegs sowie höheren Fachschulen, Akademien und Hochschulen, wenn sie jeweils noch bei ihren Eltern wohnen (§ 13 Abs. 1 iVm Abs. 2 Nr. 1 BAföG).

Damit wird – wenngleich systemwidrig – berücksichtigt, dass die Leistungen für Auszubildende nach dem BAföG (und dem SGB III) Kosten der Unterkunft nur unzureichend berücksichtigen. Systematisch wären die erhöhten Leistungen für die Unterkunftskosten unmittelbar im BAföG (bzw im SGB III) zu berücksichtigen gewesen. Ausdrücklich stellt der Gesetzgeber in voller Kenntnis dieser Systemwidrigkeit in § 27 Abs. 1 S. 2 SGB II klar, dass u.a. der Zuschuss nach § 22 Abs. 7 SGB II nicht als Arbeitslosengeld II gilt. Der Einbezug in eine Bedarfsgemeinschaft ist damit ebenso wenig verbunden wie eine über die Person des Auszubildenden erfolgende Weitervermittlung der Berechtigung nach § 7 Abs. 3 SGB II an Angehörige desselben. Es handelt sich lediglich um eine auf den Bereich der Kosten der Unterkunft beschränkte Berechtigung.

Literaturhinweise:
GK-SGB II/*Loose* § 7 Rn 112–142; *Groth/Luik/Siebel-Huffmann/Siebel-Huffmann*, Das neue Grundsicherungsrecht, 2011, Rn 492–494; Kreikebohm/Spellbrink/Waltermann/*Knickrehm*, Kommentar zum Sozialrecht, § 7 SGB II, Rn 35–44 u. § 27; LPK-SGB II/*Berlit* § 27; LPK-SGB II/*Thie/Schoch* § 7 Rn 116–121; *Ramsauer/Stallbaum/Sternal*, BAföG, 4. Aufl. 2005

Bedarfsdeckungsgrundsatz

Definition: Der Bedarfsdeckungsgrundsatz zählt zu den Strukturprinzipien des

Grundsicherungsrechts und umfasst mehrere, das Grundsicherungsrecht prägende Einzelgrundsätze.

Rechtsgrundlage: § 3 Abs. 3 S. 1 Hs 2 SGB II

Erläuterungen: Die verwaltungsgerichtliche Rechtsprechung hatte aus dem Sozialhilferecht des BSHG einige prägende Grundaussagen „extrahiert", die zum Teil unmittelbar aus dem Gesetz entnommen, zum Teil aus einer Gesamtschau verschiedener Vorschriften gedeutet wurden, zum Teil aber auch als Ergebnis einer „Wesensbestimmung" des Sozialhilferechts angesehen werden können. Hierzu zählte neben dem Grundsatz, dass Sozialhilfe keine rentengleiche Dauerleistung sei, dem Individualisierungsprinzip und anderen Grundsätzen mehr, auch das Bedarfsdeckungsprinzip. Dem Bedarfsdeckungsprinzip wurden verschiedene Einzelgrundsätze mit jeweils eigenem Inhalt untergeordnet, die auch ihrerseits Strukturprinzipien waren. Die Strukturprinzipien nahmen, obgleich nicht alle von ihnen unmittelbar aus dem Gesetz entnommen waren, eine immer größere Bedeutung ein und wurden sogar als Ermächtigungsgrundlage für Rechtseingriffe gedeutet. Soweit für Rechtseingriffe jedoch keine ausdrückliche gesetzliche Ermächtigungsgrundlage bestand, bestehen begründete Zweifel daran, ob sie im Einklang mit dem Gesetzesvorbehalt standen. Dies erkannte auch das BSG, nachdem es im Jahr 2005 für Sozialhilfeangelegenheiten zuständig wurde und warnte davor, nicht normierte Strukturprinzipien als „Supranorm" misszuverstehen, die Rechtseingriffe begründen könnten. Dies ist beim Verständnis der sozialhilferechtlichen Strukturprinzipien, soweit sie – wie im Falle des Bedarfsdeckungsgrundsatzes – auf das SGB II übertragen worden sind, zu beachten.

Das Bedarfsdeckungsprinzip umfasst das **Gegenwärtigkeitsprinzip**, nach dem alleine eine **gegenwärtige Notlage** einen Bedarf auslösen kann, jedoch nicht eine zukünftige und vor allem keine in der Vergangenheit liegende und damit bereits abgeschlossene bzw überwundene Notlage. Führte dieses Prinzip in seiner überkommenen Ausprägung „keine Hilfe für die Vergangenheit" unter Geltung des BSHG dazu, dass eine Anwendung des § 44 SGB X in sozialhilferechtlichen Angelegenheiten ausgeschlossen wurde, erscheint dies heute grundsätzlich (allerdings mit Ausnahmen) in SGB II und SGB XII möglich. Die Bedeutung des Gegenwärtigkeitsprinzips hat insbesondere deshalb abgenommen, weil Leistungen zum Lebensunterhalt nach SGB II und SGB XII dazu dienen, Ansparungen für zukünftige einmalige Bedarfe zu decken.

Zum Bedarfsdeckungsgrundsatz zählt auch der **Grundsatz der vollständigen Bedarfsdeckung.** Das soziokulturelle Existenzminimum würde durch eine nur teilweise Bedarfsdeckung nicht sichergestellt werden. Werden Sanktionen nach § 31 a SGB II verhängt, so wird der Bedarf zum notwendigen Lebensunterhalt nicht mehr vollständig gedeckt, was unter anderem mit der Selbsthilfeverpflichtung der Leistungsberechtigten gerechtfertigt wird.

Dass Leistung grundsätzlich als Beihilfe und **nur ausnahmsweise als Darlehen** erbracht werden, ist ebenfalls ein Grundsatz, der dem Bedarfsdeckungsgrundsatz zugeordnet wird. Wird ein Bedarf nur darlehensweise befriedigt, so wird er gegenwärtig nicht gedeckt, sondern die gegenwärtige Not in die Zukunft verschoben. Nur dann, wenn der Gesetzgeber den Leistungsträger ausdrücklich zur Darlehensgewährung ermächtigt, darf eine Pflichtleistung ausnahmsweise als Darlehen erbracht werden.

Zum Bedarfsdeckungsgrundsatz zählt auch das **Verbot aufgedrängter Hilfe.**

Bedarfsgemeinschaft

Definition: Durch den Gesetzgeber definierte Gruppe von Personen, die dadurch bestimmt ist, dass das Einkommen und Vermögen jedes einzelnen Mitglieds der Gruppe als Einkommen und Vermögen der Gesamtheit der Mitglieder der Gemeinschaft berücksichtigt wird und damit die Höhe jedes individuellen Leistungsanspruchs beeinflusst.

Rechtsgrundlagen: §§ 7 Abs. 3, 9 SGB II

Erläuterungen: Mit der Bedarfsgemeinschaft fasst der Gesetzgeber bestimmte, in einem gemeinsamen Haushalt lebende Menschen in ein künstliches Gebilde, das eine wechselseitige Unterstützung durch Einkommen und Vermögen unterstellt. Der dahinter stehende Gedanke ist, dass diejenigen, die in einem gemeinsamen

Haushalt leben und durch innere, familiäre oder familienähnliche Bindungen miteinander verwoben sind, in wirtschaftlicher Not zum notwendigen Lebensunterhalt des oder der anderen beitragen. Ob eine entsprechende Unterstützung tatsächlich geleistet wird, spielt für die Beurteilung, ob es sich um eine Bedarfsgemeinschaft handelt, keine Rolle, denn der Gesetzgeber hat – anders als bei der Haushaltsgemeinschaft im Sinne des § 7 Abs. 5 SGB II – nicht die Konstruktion einer gesetzlichen Vermutung, die widerlegt werden könnte, gewählt.

Der Summe des Einkommens und Vermögens sämtlicher Mitglieder der Bedarfsgemeinschaft wird die Summe der Einzelbedarfe dieser Personen gegenübergestellt (zu beachten ist jedoch die Sonderstellung von Kindern vor Vollendung des 25. Lebensjahres; hierzu unten). Ist das Gesamteinkommen dieser Personen höher als die Summe derer Bedarfe, so hat grundsätzlich kein Mitglied der Bedarfsgemeinschaft einen Anspruch auf Hilfen zum Lebensunterhalt nach dem SGB II. Ist das Gesamteinkommen niedriger als der Gesamtbedarf, so hat jedes Mitglied einen individuellen Anspruch auf Leistungen nach dem SGB II. Dies hat zur Folge, dass auch derjenige, der durch eigenes Einkommen und Vermögen in der Lage ist, seinen eigenen Bedarf zu decken, hilfebedürftig nach dem SGB II und damit Leistungsempfänger wird, wenn sein Einkommen und Vermögen zusammen mit dem Einkommen und Vermögen der anderen Mitglieder der Bedarfsgemeinschaft nicht ausreicht, um den Bedarf sämtlicher Mitglieder der Bedarfsgemeinschaft zu decken.

Gehören unverheiratete Kinder bis zur Vollendung des 25. Lebensjahres zur Bedarfsgemeinschaft, so wird ihr Einkommen und Vermögen nur ihrem eigenen Bedarf gegenübergestellt (Umkehrschluss aus § 9 Abs. 2 S. 2 SGB II). Verfügen sie über weniger Einkommen und Vermögen als sie zum Lebensunterhalt benötigen, so wird ihnen das Einkommen und Vermögen der weiteren Mitglieder der Bedarfsgemeinschaft anteilig angerechnet; verfügen sie über mehr als sie benötigen, so gehören sie nicht (mehr) zur Bedarfsgemeinschaft (§ 7 Abs. 3 Nr. 4 SGB II), so dass eine Berücksichtigung des über dem eigenen Lebensunterhalt liegenden Betrages

bei den anderen, mit ihnen in einem Haushalt lebenden Personen jedenfalls nach § 9 Abs. 2 SGB II ausscheidet. Liegt das Einkommen bzw Vermögen des Kindes weit über dessen Bedarf zum Lebensunterhalt, und lebt es in einer →**Haushaltsgemeinschaft** mit Verwandten, so wird vermutet, dass diese von dem Kind Leistungen erhalten, soweit dies nach dessen Einkommen und Vermögen erwartet werden kann (§ 9 Abs. 5 SGB II).

Betrachtet man die Zusammensetzung der Bedarfsgemeinschaft, so fällt auf, dass die Frage, ob zwischen den Mitgliedern gesetzliche Unterhaltsverpflichtungen bestehen (können), nicht im Vordergrund steht. So bilden beispielsweise die Partner einer eheähnlichen oder lebenspartnerschaftsähnlichen Gemeinschaft eine Bedarfsgemeinschaft, obwohl zwischen ihnen keine gesetzlichen Unterhaltspflichten bestehen. Gemeinsames Merkmal sämtlicher in § 7 Abs. 3 SGB II aufgeführter Gruppen, die eine Bedarfsgemeinschaft bilden, ist alleine das Zusammenleben in ein und demselben Haushalt und der Umstand, dass der Gesetzgeber sie zur Bedarfsgemeinschaft zählt.

Lebt eine Person alleine, so bildet sie alleine eine **Bedarfsgemeinschaft**.

Die Konstruktion „Bedarfsgemeinschaft" wird in Literatur und Praxis zu Recht kritisiert. Im Vordergrund steht hierbei, dass auch diejenigen, die selbst über ausreichendes Einkommen und Vermögen verfügen, um den eigenen Lebensunterhaltsbedarf zu gewährleisten, künstlich „arm gerechnet" werden und Ansprüche auf Grundsicherungsleistungen haben, die sie unter das Diktat des „Fördern und Fordern" stellen, so dass sie eine Eingliederungsvereinbarung zu schließen haben und bei einem „Fehlverhalten" Sanktionen auslösen, die nicht nur sie, sondern mittelbar auch die weiteren Mitglieder der Bedarfsgemeinschaft treffen. Eine verfassungsrechtliche Rechtfertigung ist sehr zweifelhaft, zumal der Gesetzgeber im Sozialhilferecht mit der Konstruktion der →**Einsatzgemeinschaft** eine Alternative geschaffen hat, die diese Probleme ausschließt. Dort wird der individuelle Lebensunterhaltsbedarf mit dem individuellen Einkommen und Vermögen verglichen, so dass derjenige, der seinen eigenen notwendigen Lebensunterhalt selbst bestreitet, keine Sozialhilfeansprüche hat.

Nur das, was über seinem eigenen Lebensunterhaltsbedarf zur Verfügung steht, wird den anderen Mitgliedern der Einsatzgemeinschaft als Einkommen und Vermögen angerechnet (**Einsatzgemeinschaft**).

Die Figur der Bedarfsgemeinschaft führt zu rechtlichen Problemen, die zum Teil noch nicht hinreichend aufgearbeitet sind. So stellt sich die Frage, wie zu verfahren ist, wenn ein Mitglied der Bedarfsgemeinschaft, dessen Einkommen und Vermögen einem anderen Mitglied angerechnet wird, ihm die erforderlichen Leistungen zum Lebensunterhalt nicht zur Verfügung stellt.

Rechtlich umstritten ist, ob eine Bedarfsgemeinschaft auch aus Mitgliedern von drei Generationen bestehen kann (sogenannte **überlappende Bedarfsgemeinschaft** oder **Drei-Generationen-Bedarfsgemeinschaft**). Dies ist aus systematischen und gesetzeshistorischen Gründen abzulehnen (so zu Recht LSG Baden-Württemberg 25.3.2011 – L 12 AS 910/10, Rn 22 ff). Ein Elternteil, das das 25. Lebensjahr noch nicht vollendet hat und sowohl mit den eigenen Eltern bzw einem Elternteil als auch mit einem eigenen unverheirateten Kind in demselben Haushalt lebt, bildet mit den Eltern bzw dem Elternteil keine Bedarfsgemeinschaft.

Von einer **gemischten Bedarfsgemeinschaft** spricht man, wenn einer Bedarfsgemeinschaft mindestens eine Person angehört, die von Leistungen nach dem SGB II ausgeschlossen ist und damit grundsätzlich unter ein anderes Sicherungssystem (zB SGB XII) fällt. Um zu verhindern, dass unterschiedliche Vorschriften über die Leistungsberechnung und die Einkommens- und Vermögensberücksichtigung innerhalb dieser unterschiedlichen Sicherungssysteme zu einer sachlich nicht zu rechtfertigenden Ungleichbehandlung führen oder Lücken im Schutz des soziokulturellen Existenzminimums entstehen, wendet das BSG § 9 Abs. 2 S. 3 SGB II nur auf Mitglieder der Bedarfsgemeinschaft an, die leistungsberechtigt nach dem SGB II sein können. Gehört ein SGB XII-Anspruchsberechtigter zur Bedarfsgemeinschaft, so wird dessen Hilfebedürftigkeit nach dem SGB XII beurteilt. Verfügt er über Einkommen oder Vermögen, das über seinen Lebensunterhaltsbedarf nach dem SGB XII hinaus geht, so ist nur dieser Teil des Einkommens oder Vermögens bei den im Sinne des SGB II leistungsberechtigten Mitglieder der Bedarfsgemeinschaft berücksichtigt, indem es entsprechend dem Anteil ihres individuellen Bedarfs am Gesamtbedarf verteilt wird (BSG 15.4.2008 – B 14/7 b AS 58/06 R, Rn 40 ff). Der SGB XII-Leistungsberechtigte wird also so behandelt, als lebte er in einer Einsatzgemeinschaft im Sinne des § 19 Abs. 1 oder 2 SGB XII.

Das BSG hat in einer Entscheidung vom 29.3.2007 – B 7 b AS 2/06 R verdeutlicht, dass es in Hinblick auf die Höhe der Leistungen keinen Unterschied machen darf, ob die Leistungsberechtigten aus ein und demselben Leistungssystem stammen – zB samt und sonders Berechtigte nach SGB II sind – oder ob sie in einer gemischten Bedarfsgemeinschaft leben.

Von einer **temporären Bedarfsgemeinschaft** (BSG 2.7.2009 – B 14 AS 36/08 R, NDV-RD 2009, 139, 142, 143) spricht man, wenn eine Bedarfsgemeinschaft nur für eine kurze Zeit besteht. Ein typisches Beispiel hierfür ist, dass ein Elternteil für wiederkehrende Zeitabschnitte – zum Beispiel Wochenenden – das Umgangsrecht mit einem oder mehreren minderjährigen Kindern wahrnimmt. Für die Zeit des Zusammenlebens wird das Kind der Bedarfsgemeinschaft mit dem das Umgangsrecht wahrnehmenden Elternteil zugerechnet. Die Berechnung der Leistungen erfolgt kalendertäglich. Voraussetzung für die Berücksichtigung für einen Kalendertag ist, dass der Aufenthalt des Kindes an diesem Tag mindestens 12 Stunden andauert (BSG 2.7.2009 – B 14 AS 75/08 R, NDV-RD 2009, 142, 143). Neben dem kalendertäglich zu berechnenden Regelbedarf kann nach dem Umständen des Einzelfalls auch ein erhöhter Heizkosten- und sogar – insbesondere, wenn das Kind während des regelmäßigen Aufenthaltes ein eigenes Zimmer zum Schlafen oder um ungestört Hausaufgaben machen zu können, benötigt – ein erhöhter Unterkunftskostenbedarf anfallen.

Literaturhinweise:

Berendes, Zur Höhe der Regelsätze und Regelleistungen bei volljährigen Mitgliedern sog. gemischter Bedarfsgemeinschaften, NZS 2008, 634 ff

Befristung von Leistungen

Definition: Laufende Leistungen zum Lebensunterhalt werden für einen durch Verwaltungsakt fest umrissenen, abgegrenzten Zeitraum von idR sechs Monaten gewährt.

Rechtsgrundlage: § 41 Abs. 1 S. 4 und 5 SGB II

Erläuterungen: Insbesondere aus Gründen der Verwaltungsvereinfachung sollen Leistungen in aller Regel für einen Zeitraum von sechs Monaten gewährt werden. Eine tägliche, wöchentliche oder monatliche Überprüfung der jeweils gegenwärtigen Hilfebedürftigkeit wäre sehr zeitintensiv und angesichts einer hohen Anzahl von Dauerarbeitslosen, bei denen keine zeitnahe Veränderung ihrer wirtschaftlichen Situation zu erwarten ist, ineffizient.

Die Gewährung für einen für sechs Monate im Vorhinein bestimmten Zeitraum setzt neben der Feststellung der gegenwärtigen auch eine Prognose über die zukünftige Hilfebedürftigkeit voraus. Ist absehbar, dass eine Veränderung bereits vor Ablauf von sechs Monaten eintreten wird, so muss der Bewilligungszeitraum kürzer festgelegt werden. Handelt es sich um einen atypischen Fall, so kann ein kürzerer oder ein längerer Bewilligungszeitraum geregelt werden. Ergibt die Prognose, dass eine Veränderung der Lebenssituation des Antragstellers nicht zu erwarten ist, kann der Bewilligungszeitraum bis zu zwölf Monate betragen (§ 41 Abs. 1 S. 5 SGB II).

Der Bewilligungszeitraum beginnt nach § 37 Abs. 2 S. 2 SGB II mit dem Ersten des Monats, an dem der Antrag auf Leistungen beim Grundsicherungsträger eingeht. § 16 Abs. 2 S. 2 SGB I ist zu beachten, so dass der Antragseingang bei einem anderen Sozialleistungsträger, bei einer nicht für die Leistung zuständigen Gemeinde oder bei einer amtlichen Vertretung der Bundesrepublik Deutschland im Ausland dem Antragseingang bei dem zuständigen Grundsicherungsträger gleichgestellt sind. Infolge eines →sozialrechtlichen Herstellungsanspruchs oder aufgrund § 28 SGB X kann sich ein früherer Zeitpunkt ergeben.

Ändern sich die tatsächlichen oder rechtlichen Verhältnisse, die zum Zeitpunkt der Bekanntgabe des Bewilligungsbescheides vorlagen, während des Bewilligungszeitraums wesentlich, so ist der Bewilligungsbescheid mit Wirkung für die Zukunft, bei Vorliegen der Voraussetzungen des § 48 Abs. 1 S. 2 SGB X auch mit Wirkung für die Vergangenheit seit dem Eintritt der Änderung aufzuheben (§ 48 SGB X iVm § 40 Abs. 1 SGB II iVm § 330 Abs. 3 SGB III).

Behinderte Menschen

Definition: Behinderte Menschen sind solche, deren körperliche Funktion, geistige Fähigkeit oder seelische Gesundheit mit hoher Wahrscheinlichkeit länger als sechs Monate von dem für das Lebensalter typischen Zustand abweichen, wenn daher ihre Teilhabe am Leben in der Gesellschaft beeinträchtigt ist (allgemeiner Begriff des behinderten Menschen) bzw solche Menschen, deren Aussichten, am Arbeitsleben teilzuhaben oder weiter teilzuhaben, wegen Art oder Schwere ihrer Behinderung im Sinne von § 2 Abs. 1 SGB IX nicht nur vorübergehend wesentlich gemindert sind und die deshalb Hilfen zur Teilhabe am Arbeitsleben benötigen, einschließlich lernbehinderter Menschen (arbeitsförderungsrechtlicher Behindertenbegriff).

Rechtsgrundlagen: § 2 Abs. 1 S. 1 SGB IX; § 19 Abs. 1 SGB III

Erläuterungen: Der Begriff der Behinderung bzw des behinderten Menschen ist in § 2 Abs. 1 S. 1 SGB IX in der oben dargestellten Fassung allgemein und in § 19 Abs. 1 SGB III speziell für den Bereich des Arbeitsförderungsrechts **legaldefiniert** (vgl zur Abgrenzung zu den Begriffen der Bedrohung mit von Behinderung, Schwerbehinderung und mit schwerbehinderten Menschen Gleichgestellten § 2 Abs. 1 S. 2, Abs. 2 u. 3 SGB IX bzw § 19 Abs. 2 SGB III).

Die **Feststellung** der Behinderung im allgemeinen Sinn erfolgt auf Antrag des behinderten Menschen durch die für die Durchführung des Bundesversorgungsgesetzes zuständigen Behörden unter Angabe des Grades der Behinderung (§ 69 Abs. 1 S. 1 SGB IX). Auf Antrag des behinderten Menschen stellen die zuständigen Behörden aufgrund einer Feststellung der Behinderung einen Ausweis über die Eigenschaft als Schwerbehinderter Mensch (§ 2 Abs. 2 SGB IX), den Grad der Behinderung sowie über etwaige weitere gesundheitliche Merkmale im Sinne des §§ 69 Abs. 4 SGB IX aus (§ 69 Abs. 5 S. 1 SGB IX iVm der Schwerbehindertenausweisverordnung – SchwbAwV).

Behinderte oder von Behinderung bedrohte Menschen erhalten **Leistungen** nach dem SGB IX und den für die Rehabilitationsträger (vgl § 6 SGB IX) geltenden Leistungsgesetzen, um ihre Selbstbestimmung und gleichberechtigte Teilhabe am Leben in der Gesellschaft zu fördern, Benachteiligungen zu vermeiden oder ihnen entgegenzuwirken (§ 1 S. 1 SGB IX). Insofern stellt das SGB IX einen allgemeinen Teil des Rehabilitationsrechts dar, in welchem namentlich die gemeinsamen Vorschriften zu den in den einzelnen Leistungsgesetzen begründeten **Teilhabeleistungen** zusammengefasst sind. Dies sind im Einzelnen:

- Leistungen zur medizinischen Rehabilitation (§§ 26–32 SGB IX),
- Leistungen zur Teilhabe am Arbeitsleben (§§ 33–43 SGB IX),
- unterhaltssichernde und andere ergänzende Leistungen (§§ 44–54 SGB IX),
- Leistungen zur Teilnahme am Leben in der Gemeinschaft (§§ 55–49 SGB IX).

Eine Behinderung, die nicht zugleich auch zu einer Erwerbsunfähigkeit iSd § 7 Abs. 1 S. 1 Nr. 2 iVm § 8 Abs. 1 SGB II führt, die den behinderten Menschen also nicht dauerhaft hindert, unter den üblichen Bedingungen des allgemeinen Arbeitsmarktes mindestens drei Stunden täglich erwerbstätig zu sein, steht der **Leistungsberechtigung** nicht entgegen. Insofern sollen die Leistungen der Grundsicherung gerade darauf ausgerichtet sein, dass behindertenspezifische Nachteile überwunden werden (§ 1 Abs. 1 S. 4 Nr. 5 SGB II).

Diese Ausrichtung der Leistungen ist zunächst im Bereich der **Leistungen zur Eingliederung in Arbeit** (§§ 14–18 a SGB II) zu berücksichtigen. Gemäß § 16 Abs. 1 S. 3 SGB II gelten diesbezüglich für Eingliederungsleistungen an erwerbsfähige behinderte Leistungsberechtigte nachfolgende Leistungsvorschriften des SGB III entsprechend:

- § 112 SGB III: Teilhabe am Arbeitsleben

- § 113 SGB III: Leistungen zur Teilhabe
- § 114 SGB III: Leistungsrahmen
- § 115 Nr. 1 SGB III: Leistungen zur Aktivierung und beruflichen Eingliederung
- § 115 Nr. 2 SGB III: Leistungen zur Förderung der Berufsvorbereitung und Berufsausbildung einschließlich der Berufsausbildungsbeihilfe
- § 115 Nr. 3 SGB III: Leistungen zur Förderung der beruflichen Weiterbildung
- § 116 Abs. 1 SGB III: Besonderheiten bei Leistungen zur Aktivierung und beruflichen Eingliederung
- § 116 Abs. 2 SGB III: Besonderheiten bei der Förderfähigkeit beruflicher Aus- und Weiterbildungen
- § 116 Abs. 5 SGB III: Besonderheiten bei der beruflichen Weiterbildung
- § 117 SGB III: Grundsätze zu den besonderen Leistungen
- § 118 Abs. 1 Nr. 3 und S. 2 SGB III: Übernahme der Teilnahmekosten für eine Maßnahme als besondere Leistung
- § 127 SGB III: Teilnahmekosten
- § 128 SGB III Sonderfälle der Unterbringung und Verpflegung

Aufgrund der Verweisung auch auf § 112 Abs. 1 SGB III gilt im Bereich der Teilhabeleistungen nach dem SGB II die spezielle arbeitsförderungsrechtliche Definition des behinderten Menschen des § 19 Abs. 1 SGB III. Voraussetzung der Erbringung von Teilleistungen ist weiter, dass diese erforderlich sind, die Erwerbsfähigkeit zu erhalten, zu bessern, herzustellen oder wiederherzustellen und die Teilhabe am Arbeitsleben zu sichern.

Daneben kann die Agentur für Arbeit nach pflichtgemäßen Ermessen die in § 16 Abs. 1 S. 2 SGB II aufgelisteten Leistungen nach dem SGB III erbringen und darunter namentlich die in den §§ 44 ff SGB III geregelten Leistungen zur Aktivierung und Eingliederung einschließlich entsprechender Maßnahmen (§ 45 SGB III) und der Probebeschäftigung und Arbeitshilfen für behinderte Menschen (§ 46 SGB III).

Insoweit diesbezüglich ein Bedarf für **Leistungen zu Teilhabe am Arbeitsleben** besteht, dessen Deckung nicht in den Zuständigkeitsbereich eines anderen Rehabilitationsträgers fällt (Nachrangigkeit der Rehabilitationszuständigkeit des Grundsicherungsträgers), bestimmt § 6 a S. 1 SGB IX die Bundesagentur für Arbeit als den zuständigen Rehabilitationsträger (vgl auch § 6 Abs. 1 Nr. 2 iVm § 5 Nr. 2 u. 3 SGB IX). Dadurch bleibt allerdings die Zuständigkeit der gemeinsamen Einrichtung oder des zugelassenen kommunalen Trägers für die Erbringung der Leistungen zur beruflichen Teilhabe behinderter Menschen nach § 16 Abs. 1 SGB II ausdrücklich unberührt (§ 6 a S. 2 SGB IX). Die Bundesagentur für Arbeit ist insoweit verpflichtet, die zuständige gemeinsame Einrichtung oder den zugelassenen kommunalen Träger und den Leistungsberechtigten schriftlich über den festgestellten Rehabilitationsbedarf und ihren Eingliederungsvorschlag zu unterrichten. Die gemeinsame Einrichtung und der zuständige kommunale Träger entscheiden sodann unter Berücksichtigung dieses Eingliederungsvorschlages innerhalb von drei Wochen über die Leistungen zur beruflichen Teilhabe (§ 6 a S. 3 u. 4 SGB IX).

Auch im Bereich der **Leistungen zur Sicherung des Lebensunterhalts** wird Behinderungen durch das Gesetz Rechnung getragen. **Erwerbsfähige behinderte Leistungsberechtigte**, denen Leistungen zur Teilhabe am Arbeitsleben nach § 33 SGB IX sowie sonstige Hilfen zur Erlangung eines geeigneten Platzes im Arbeitsleben oder Eingliederungshilfen nach § 54 Abs. 1 Nr. 1–3 SGB XII (Hilfen zu einer angemessenen Schulbildung, zur schulischen Ausbildung für einen angemessenen Beruf sowie zur Ausbildung für eine sonstige angemessene Tätigkeit) erbracht werden, erhalten einen **Mehrbedarf** von 35 % der für sie nach § 20 SGB II individuell geltenden Regelleistung (§ 21 Abs. 4 SGB II), falls der Behinderte nicht als BAföG-Berechtigter von der Leistungsberechtigung generell ausgeschlossen ist (§ 7 Abs. 5, 6 SGB II; vgl insoweit auch § 27 Abs. 2 SGB II). Der Mehrbedarf wird im Rahmen einer Ermessensentscheidung nach S. 2 der Vorschrift auch für eine angemessene Übergangszeit nach Beendigung der genannten Maßnahme, vor allem während einer Einarbeitungszeit, berücksichtigt. Die Mehrbedarfe lassen sich in Abhängigkeit von den individuellen

Höhe des Regelleistungsbetrags wie folgt darstellen (die Rundungsregelung in § 77 Abs. 5 SGB II waren nur übergangsweise anzuwenden):

- Regelleistungshöhe 374 EUR (§ 20 Abs. 2 S. 1 SGB II): 130,90 EUR Mehrbedarf;

- Regelleistungshöhe 337 EUR (§ 20 Abs. 4 SGB II): 117,95 EUR Mehrbedarf;

- Regelleistungshöhe 299 EUR (§ 20 Abs. 2 S. 2 Nr. 1 u. Abs. 3 SGB II): 104,65 EUR Mehrbedarf.

- Regelleistungshöhe 287 EUR (§ 20 Abs. 2 S. 2 Nr. 2 iVm § 77 Abs. 4 Nr. 1 SGB II): 100,45 EUR Mehrbedarf.

Für **voll erwerbsgeminderte behinderte Angehörige**, die mit erwerbsfähigen Hilfebedürftigen in Bedarfsgemeinschaft leben und deshalb →Sozialgeld erhalten (§ 19 Abs. 1 S. 2 SGB II), wird ein Mehrbedarf in modifizierter Form berücksichtigt (vgl § 23 Nr. 2 u. 3 SGB II). Hinsichtlich der Mehrbedarfsregelung des § 21 Abs. 4 SGB II betreffend behinderte Menschen in den dort genannten Maßnahmen erweitert § 23 Nr. 2 zunächst den Kreis der Berechtigten auf solche behinderte Menschen, die das 15. Lebensjahr vollendet haben, wenn Eingliederungshilfe nach § 54 Abs. 1 Nr. 1 u. 2 SGB XII in Form der Hilfen zu einer angemessenen Schulausbildung oder aber zur schulischen Ausbildung für einen angemessenen Beruf erbracht wird. Auch nach Beendigung der genannten Maßnahmen besteht die Möglichkeit fortlaufender Mehrbedarfsleistung während einer angemessenen Übergangszeit, vor allem einer Einarbeitungszeit (§ 23 Nr. 3 iVm § 21 Abs. 4 S. 2 SGB II). Zusätzlich wird hinsichtlich nichterwerbsfähiger Personen, die voll erwerbsgemindert iSd § 43 Abs. 2 SGB VI sind, ein Mehrbedarf von 17 % der nach § 20 SGB II jeweils individuell maßgeblichen Regelleistung anerkannt, wenn sie Inhaber eines Schwerbehindertenausweises nach § 69 Abs. 5 SGB IX mit dem Merkzeichen G („in der Bewegungsfähigkeit im Straßenverkehr erheblich beeinträchtigt", vgl § 146 Abs. 1 S. 1 SGB IX iVm § 3 Abs. 2 S. 1 Nr. 2 SchwbAwV) sind. Dies soll nur dann nicht gelten, wenn bereits ein Anspruch auf einen Mehrbedarf wegen Behinderung nach

§ 21 Abs. 4 oder § 23 Nr. 2 oder 3 SGB II besteht. Wie DH-BA Ziff. 28.7 zutreffend zur entsprechenden älteren Gesetzesfassung feststellt, setzt die Gewährung dieses Mehrbedarfes volle Erwerbsminderung voraus; er kann somit nicht gewährt werden für Kinder, die das 15. Lebensjahr noch nicht vollendet haben, da diese der allgemeinen Schulpflicht unterliegen und schon aufgrund ihres Alters dem Arbeitsmarkt nicht zur Verfügung stehen. Diese gesetzgeberische Intention lässt sich auch der Berechnungsbasis für den Mehrbedarf entnehmen, für den ausschließlich auf die Regelleistungssätze des § 20 SGB II, nicht aber auf diejenigen des § 23 Nr. 1 SGB II verwiesen wird.

Bei Prüfung der Angemessenheit der **Bedarfe für Unterkunft und Heizung** (→Unterkunftskosten) und der Betrachtung des diesbezüglich zugrunde liegenden Faktors einer angemessenen Wohnfläche ist ein besonderer behinderungsbedingter Raumbedarf (zB für einen Übernachtungs- oder Aufenthaltsraum einer Betreuungsperson) zu berücksichtigen. Dies kann auch zu Abweichungen von der grundsätzlich kopfanteilig vorzunehmenden Aufteilung der **Unterkunfts-** bzw →**Heizkosten** Anlass bieten. Auch können die für einen behinderten Menschen in ganz besonderer Weise mit einem Umzug verbundenen Belastungen im Einzelfall zur Unzumutbarkeit eines solchen und damit zur Anerkennungspflicht für **Unterkunfts-** bzw →**Heizkosten** führen, auch wenn diese die typisiert ermittelte Angemessenheitsgrenze überschreiten sollten.

Literaturhinweise:
Gagel/*Düring* § 21 SGB II Rn 24–30; GK-SGB II/*Loose* § 22 Rn 24–31; Kreikebohm/Spellbrink/Waltermann/*Knickrehm*, Kommentar zum Sozialrecht, § 22 Rn 27; Kreikebohm/Spellbrink/Walthermann/*Kothe*, Kommentar zum Sozialrecht, § 21 Rn 14, 15; Kreikebohm/Spellbrink/Waltermann/*Kothe*, Kommentar zum Sozialrecht, § 23 Rn 19–23; LPK-SGB II/*Berlit* § 22 Rn 38, 45, 79; LPK-SGB II/*Münder* § 21 Rn 18–23; LPK-SGB II/*Birk* § 28 Rn 16–18

Beitragsersatz

Definition: Beitragsersatz ist im Recht der Grundsicherung für Arbeitsuchende die Ausgleichszahlung an die Bundesagentur

für Arbeit für von dieser letztlich materiell zu Unrecht geleisteter Beiträge zur gesetzlichen Krankenversicherung, gesetzlichen Rentenversicherung und zur sozialen Pflegeversicherung (oder ein entsprechendes privates Versicherungsunternehmen) bei – im Unterschied zur Beitragserstattung – fortbestehendem, grundsicherungsrechtlich begründetem Versicherungsverhältnis.

Rechtsgrundlage: § 335 Abs. 1 S. 1 u. 5, Abs. 2 u. 5 SGB III iVm § 40 Abs. 2 Nr. 5 SGB II

Erläuterungen: § 40 Abs. 2 Nr. 5 SGB II sieht für das Recht der Grundsicherung für Arbeitsuchende die entsprechende Anwendbarkeit u.a. der Beitragsersatzregelungen des § 335 Abs. 1 S. 1 u. 5, Abs. 2 u. 5 SGB III vor. Damit wird dem Umstand Rechnung getragen, dass allein der Bezug von Grundsicherungsleistungen nach dem SGB II – unabhängig von dessen Rechtmäßigkeit – zur Kranken- (§ 5 Abs. 1 Nr. 2 a SGB V) und Pflegeversicherungspflicht (§ 20 Abs. 1 S. 1 Nr. 2 a SGB XI) führt (wenngleich die vormalige Rentenversicherungspflicht gemäß § 3 S. 1 Nr. 3 a Hs 1 SGB VI aF zwischenzeitlich abgeschafft wurde). Nach ausdrücklicher Regelung in § 5 Abs. 1 Nr. 2 a Hs 2 SGB V gilt dies zugunsten der **Aufrechterhaltung des Versicherungsschutzes** für das Krankenversicherungsrecht und über § 20 Abs. 1 S. 1 SGB XI somit (trotz des unterschiedlichen Wortlauts in § 20 Abs. 1 S. 2 Nr. 2 a SGB XI) auch für das Pflegeversicherungsrecht selbst im Fall der rückwirkenden Aufhebung der Leistungsbewilligung oder Rückforderung bzw Rückzahlung der Leistung. Demnach bleibt es bei der Beitragstragung durch den Bund und der Beitragszahlung durch die Bundesagentur (§ 251 Abs. 4 aE iVm § 252 Abs. 1 S. 2 SGB V; § 59 Abs. 1 S. 1 Hs 1 iVm § 60 Abs. 1 S. 2 SGB XI). Als Ausgleich für die dem Leistungsbezieher zugutekommende, die Bundesagentur aber belastende Aufrechterhaltung des Versicherungsschutzes wird der Bundesagentur **gegen den begünstigten Leistungsbezieher** ein Beitragsersatzanspruch in maximaler Höhe der rechtmäßig gezahlten Beiträge gewährt (§ 40 Abs. 2 Nr. 5 SGB II iVm § 335 Abs. 1 S. 1 SGB III). Die Beitragsersatzpflicht des Leistungsbeziehers entfällt im Fall einer →**Beitragserstattung** durch den Krankenversicherungsträger unter gleichzeitiger, ausnahmsweise aufgrund ausdrücklicher gesetzlicher Bestimmung rückwirkender Auflösung des Versicherungspflichtverhältnisses (§ 335 Abs. 1 S. 2 SGB III).

Ein weiterer Fall des Beitragsersatzes bei Fortbestehen des Versicherungspflichtverhältnisses, welches durch den Grundsicherungsleistungsbezug begründet wird, ist derjenige des § 40 Abs. 2 Nr. 5 SGB II iVm § 335 Abs. 2 SGB III. Danach sind der Bundesagentur von der **Rentenversicherung** oder vom **Rehabilitationsträger** die geleisteten Beiträge für die Grundsicherungsbezieher zu ersetzen, denen eine Rente aus der gesetzlichen Rentenversicherung oder Übergangsgeld von einem nach § 251 Abs. 1 SGB V beitragspflichtigen Rehabilitationsträger gewährt worden ist, wenn und soweit wegen der Gewährung von Arbeitslosengeld oder Unterhaltsgeld ein Erstattungsanspruch der Bundesagentur gegen den Träger der Rentenversicherung oder den Rehabilitationsträger besteht. Die Nachrangigkeit der Hauptleistungsverpflichtung des Grundsicherungsträgers gegenüber dem Rentenversicherungs- und Rehabilitationsträger soll sich hier im Ergebnis auch gegen das umgekehrte Vorrangverhältnis betreffend den Begründungstatbestand des Versicherungspflichtverhältnisses und die hieran gekoppelte Verpflichtung zur vorrangigen Beitragstragung durchsetzen. In Form eines Annexes folgt deshalb der Beitragsersatzanspruch dem Erstattungsanspruch bezüglich der Hauptleistung. Eine Regelung zur Höhe des Beitragsersatzanspruches sieht § 335 Abs. 2 S. 3 Nr. 1 SGB III gegenüber dem Rentenversicherungsträger und Nr. 2 gegenüber den Rehabilitationsträger, jeweils iVm S. 4 vor. Ein Anwendungsbereich § 345 Abs. 2 S. 2 SGB III ergibt sich bei entsprechender Anwendung der Vorschrift im Grundsicherungsbereich über § 40 Abs. 2 Nr. 5 SGB II nicht; § 145 Abs. 3 SGB II hat für den Grundsicherungsbereich keine Bedeutung. Einen Übergang von Ansprüchen des Arbeitslosen gegen Leistungsträger auf den Bund sieht § 33 Abs. 1 S. 1 SGB II gerade nicht vor.

Literaturhinweise:
Gagel/*Pilz* § 40 SGB II Rn 22–25; GK-SGB II/*Brönstrup* § 40 Rn 97–147; *Niesel/Düe* § 335 SGB III; Eicher/Spellbrink/*Eicher* § 40 Rn 79–102; LPK-SGB III/*Winkler* § 335; *Schwabe*, ZfF 2006, 145–154

Beitragserstattung

Definition: Beitragserstattung ist im Recht der Grundsicherung für Arbeitsuchende die Ausgleichszahlung eines anderen Leistungsträgers an die Bundesagentur für Arbeit für von dieser letztlich materiell zu Unrecht geleisteter Beiträge zur gesetzlichen Krankenversicherung und zur sozialen Pflegeversicherung bei – im Unterschied zum →**Beitragsersatz** – rückwirkender Vernichtung des grundsicherungsrechtlich begründeten Versicherungsverhältnisses im Fall einer Doppelversicherung.

Rechtsgrundlage: § 335 Abs. 1 S. 2–4, Abs. 5 SGB III iVm § 40 Abs. 2 Nr. 5 SGB II

Erläuterungen: § 40 Abs. 2 Nr. 5 SGB II sieht für das Recht der Grundsicherung für Arbeitsuchende die entsprechende Anwendbarkeit nicht nur der Regelungen zum →**Beitragsersatz**, sondern auch zur Beitragserstattung gem. § 335 Abs. 1 S. 2–4 u. Abs. 5 SGB III vor. Damit werden die Fallgestaltungen der „Doppelversicherung" erfasst und dahin gehend aufgelöst, dass der materiell vorrangig beitragspflichtige Leistungsträger gegenüber der Bundesagentur für Arbeit erstattungspflichtig wird, während das auf dem Grundsicherungsbezug beruhende Versicherungspflichtverhältnis rückwirkend entfällt.

Insofern hat diejenige Stelle, an welche die Beiträge aufgrund der Versicherungspflicht nach § 5 Abs. 1 Nr. 2 Hs 1 SGB V gezahlt wurde, der Bundesagentur die Beiträge, welche für einen Zeitraum, für den die Leistung zurückgefordert wurde und ein weiteres Kranken- oder Pflegeversicherungsverhältnis (bis 1.1.2011 auch: Rentenversicherungsverhältnis) bestand, zu erstatten. Für diesen Fall soll § 5 Abs. 1 Nr. 2 Hs 2 SGB V ausdrücklich nicht gelten, was die rückwirkende Vernichtung des auf Hs 1 derselben Vorschrift begründeten Versicherungspflichtverhältnisses bei Aufrechterhaltung des weiteren Versicherungsverhältnisses zur Folge hat. Der Beitragserstattungsanspruch gegenüber dem Leistungsträger lässt den Beitragsersatzanspruch gegen den Leistungsbezieher (§ 335 Abs. 1 S. 1

SGB III) entfallen (§ 335 Abs. 1 S. 2 Hs 2 SGB III).

Dagegen ist ein Erstattungsanspruch nicht gegeben, wenn die beiden Versicherungsverhältnisse bei verschiedenen Krankenkassen durchgeführt wurden und in dem Zeitraum, in dem die Versicherungsverhältnisse nebeneinander bestanden, Leistungen von derjenigen Krankenkasse erbracht worden sind, bei welcher der Bezieher auf der Grundlage des § 5 Abs. 1 Nr. 2 SGB V (auf der Grundlage des Grundsicherungsleistungsbezugs) versicherungspflichtig war (§ 335 Abs. 1 S. 3 SGB III). Infolgedessen verbleibt es bei dem Beitragsersatzanspruch gegenüber dem Leistungsbezieher gemäß § 335 Abs. 1 S. 1 SGB III.

Eine entsprechende Anwendung der Regeln zum Beitragserstattungsanspruch in Bezug auf private Versicherungsunternehmen ist ausweislich des auf den Beitragsersatzanspruch beschränkten Wortlauts des § 335 Abs. 1 S. 5 SGB III ausgeschlossen.

Literaturhinweise:
Gagel/*Pilz* § 40 SGB II Rn 22–25; GK-SGB II/*Brönstrup* § 40 Rn 97–147; Niesel/*Düe* § 335 SGB III; Eicher/Spellbrink/*Eicher* § 40 Rn 79–102; LPK-SGB III/*Winkler* § 335; *Schwabe*, ZfF 2006, 145–154

Beitragszuschuss

Definition: Der Beitragszuschuss ist eine Arbeitslosengeld II-Geldleistung zur Beteiligung der Agentur für Arbeit an der Beitragslast für bestimmte Bereiche privater Risikoabsicherung.

Rechtsgrundlage: § 26 SGB II

Erläuterungen: Bedeutender Teilaspekt der Grundsicherungsleistungen für Arbeitsuchende ist die Begründung der Versicherungspflicht in der gesetzlichen →Krankenversicherung (§ 5 Abs. 1 Nr. 2 a SGB V), der sozialen →Pflegeversicherung (§ 20 Abs. 1 S. 1 u. S. 2 Nr. 2 a SGB XI) sowie bis 1.1.2011 der gesetzlichen Rentenversicherung, (§ 3 S. 1 Nr. 3 a SGB VI aF; vgl zum Ganzen **Sozialversicherung**). Die Beiträge diesbezüglich trägt der Bund über die Bundesagentur für Arbeit (§ 251 Abs. 4 aE iVm § 252 Abs. 1 S. 2 SGB V; § 59 Abs. 1 S. 1 Hs 1 iVm § 60 Abs. 1 S. 2 SGB XI). Von dieser Ver-

sicherungspflicht sind bestimmte Personengruppen aufgrund sozialpolitischer Erwägungen ausgenommen (§ 5 Abs. 5, 5 a u. § 6 Abs. 1 u. 2 SGB V; § 22 Abs. 1 u. § 23 Abs. 1 SGB XI). Für diese sieht § 26 SGB II die Unterstützung durch Beitragszuschüsse zu bestimmten ersatzweise vorgenommenen Risikovorsorgemaßnahmen vor.

Für in der gesetzlichen **Krankenversicherung** nicht versicherungspflichtigen und nicht familienversicherten Bezieher von Arbeitslosengeld II oder Sozialgeld (§ 5 Abs. 5, 5 a u. § 6 Abs. 1 u. 2 SGB V), die bei einem privaten Versicherungsunternehmen versichert sind (vgl diesbezüglich auch die Versicherungspflicht nach § 193 Abs. 3 VVG), gilt § 12 Abs. 1 c S. 5 u. 6 VAG (Versicherungsaufsichtsgesetz) (§ 26 Abs. 1 S. 1 Nr. 1 SGB II). Besteht danach auch bei einem nach § 12 Abs. 1 c S. 4 VAG um die Hälfte verminderten Beitrag Hilfebedürftigkeit im Sinne des SGB II, beteiligt sich die Bundesagentur für Arbeit auf Antrag des Versicherten im erforderlichen Umfang, soweit dadurch Hilfebedürftigkeit vermieden wird. Besteht unabhängig von der Höhe des zu zahlenden Beitrags Hilfebedürftigkeit, gilt § 12 Abs. 1 c S. 4 VAG entsprechend; der zuständige Träger zahlt dann den Betrag, der auch für einen Bezieher von Arbeitslosengeld II in der gesetzlichen Krankenversicherung zu tragen ist. Hierdurch können größere Deckungslücken entstehen, die bei Nichtbedienung zwar nach § 193 Abs. 6 VVG den Versicherungsschutz während der Hilfebedürftigkeit unberührt lassen, nicht aber für einen Zeitraum danach (zu den diesbezüglichen verfassungsrechtlichen Bedenken LPK-SGB II/*Brünner*, 3. Aufl., § 26 Rn 21–23). Ist der nicht versicherungspflichtige und nicht familienversicherte Hilfeempfänger dagegen freiwillig in der gesetzlichen Krankenversicherung versichert (§ 9 SGB V) wird der Beitrag für die Dauer des Leistungsbezugs übernommen. Für Personen, die allein durch den Beitritt zur freiwilligen Versicherung hilfebedürftig werden, wird der Beitrag im notwendigen Umfang übernommen (§ 26 Abs. 1 S. 1 Nr. 2 SGB II). Vor diesem Hintergrund erkennt das BSG v. 18.1.2011, B 4 AS 108/10 R, nunmehr unter Berücksichtigung der Entstehungsgeschichte der Normen, des gesamten Regelungskonzepts nach den Gesetzesmaterialien und sonstigen Vorschriften zur Vermeidung von Hilfebedürftigkeit durch die Tragung von privaten Krankenversicherungsbeiträgen sowie verfassungsrechtlicher Gesichtspunkte auf eine gesetzesimmanente Unvollständigkeit der gesetzlichen Regelungen zu den Beitragszuschüssen für private Versicherte, die durch eine analoge Anwendung des § 26 Abs. 2 S. 1 Nr. 2 Hs 2 SGB II zu lösen sei. Darüber hinaus werden Beiträge auch für Versicherungspflichtige übernommen, die allein aufgrund des Krankenversicherungsbeitrags hilfebedürftig (§ 9 SGB II) würden (§ 46 Abs. 2 S. 2 SGB II). Schließlich kann unter den Voraussetzungen des § 26 Abs. 3 SGB II der Zusatzbeitrag zur gesetzlichen Krankenversicherung (§ 242 SGB V) im besonderen Härtefall übernommen werden.

Für nicht in der sozialen **Pflegeversicherung** versicherungspflichtige oder familienversicherte Bezieher von Arbeitslosengeld II oder Sozialgeld (vgl § 22 Abs. 1 u. § 23 Abs. 1 SGB XI) werden für die Dauer des Grundsicherungsleistungsbezugs die Aufwendungen für eine angemessene private Pflegeversicherung im notwendigen Umfang übernommen. Gleiches gilt, wenn Personen allein durch diese Aufwendungen hilfebedürftig werden. Für versicherungspflichtige Personen, die allein durch den Pflegeversicherungsbeitrag hilfebedürftig würden, wird ebenfalls der Beitrag im notwendigen Umfang übernommen (§ 26 Abs. 2 SGB II).

Bis zur Abschaffung der Rentenversicherungspflicht zum 1.1.2011 erhielten von der gesetzlichen **Rentenversicherung** Befreite (§ 6 Abs. 1 b SGB VI) einen Zuschuss zu den Beiträgen, die für die Dauer des Leistungsbezugs freiwillig an die gesetzliche Rentenversicherung, eine berufsständische Versorgungseinrichtung oder für eine private Alterssicherung oder wegen einer Pflichtversicherung an die Alterssicherung der Landwirte gezahlt wurden. Betroffen hiervon waren Bezieher von Arbeitslosengeld II, wenn sie im letzten Kalendermonat vor dem Grundsicherungsleistungsbezug nicht in der gesetzlichen Rentenversicherung versichert waren und

- weiterhin Mitglied einer berufsständischen Versorgungseinrichtung blieben,

- eine selbstständige Tätigkeit ausübten und mit einem öffentlichen oder privaten Versicherungsunternehmen einen Lebens- oder Rentenversicherungsvertrag abgeschlossen hatten, der so ausgestaltet war, dass Leistungen für den Fall der Invalidität und des Erlebens des 60. oder eines höheren Lebensjahres sowie im Todesfall Leistungen an Hinterbliebene erbracht wurden und für die Versicherung auch während des Bezugs von Arbeitslosengeld II monatlich mindestens ebenso viele Beiträge aufgewendet wurden, wie bei einer freiwilligen Versicherung in der Rentenversicherung zu zahlen waren oder

- weiterhin in der Alterssicherung der Landwirte versichert blieben.

Der Höhe nach war der Beitragszuschuss auf die Höhe desjenigen Beitrags begrenzt, welcher in der gesetzlichen Rentenversicherung zu zahlen gewesen wäre (§ 20 Abs. 1 SGB II aF).

Literaturhinweise:
Groth/Luik/Siebel-Huffmann/Groth, Das neue Grundsicherungsrecht, Rn 531; *Kreikebohm/Spellbrink/Waltermann/Kothe*, Kommentar zum Sozialrecht, § 26; *Lauterbach* ZFSH/SGB 2010, 403–408; LPK-SGB II/*Birk* § 26; *Radtke-Schwenzer/Schicke* ASR 2010, 61–66; *Spekker* ZFSH/SGB 2010, 212–220; *Welke* NDV 2005, 231–233

Bekleidung, Erstausstattung

Definition: Ein erstmalig vorhandener Bekleidungsbedarf ist nicht vom Regelbedarf umfasst, sondern wird durch eine einmalige Leistung gedeckt.

Rechtsgrundlage: § 24 Abs. 3 SGB II

Erläuterungen: Ausgaben für Bekleidung sind nach § 20 Abs. 1 SGB II vom →**Regelbedarf** umfasst. Dies betrifft die im Rahmen einer gewöhnlichen Lebensführung regelmäßig zu tätigenden Neuanschaffungen von Kleidungsstücken. Hierzu gehört auch der übliche wachstumsbedingte Kleidungsbedarf bei Kindern. Ein Bedarf im Sinne der Erstausstattungsregelung des § 24 Abs. 3 S. 1 Nr. 2 SGB II kommt demgegenüber in Betracht, wenn ein Bedarf für Bekleidung **erstmalig vorhanden** ist oder die konkrete Lebenssituation einem Totalverlust der Bekleidung gleichkommt, etwa nach langjähriger Wohnungslosigkeit, Haftentlassung sowie krankheits- oder unfallbedingt.

Ob die Erstausstattung für Bekleidung als Sachleistung oder als Geldleistung erbracht wird, stellt § 24 Abs. 3 S. 5 SGB II ins Ermessen der Behörde. Praxisüblich ist die Geldleistung als **Pauschalbetrag**, was § 24 Abs. 3 S. 5 SGB II ebenfalls zulässt. Der Pauschalbetrag muss nach § 24 Abs. 3 S. 6 SGB II hinreichend transparent sein. Dies ist schon deswegen notwendig, um überprüfen zu können, ob er zur Sicherung des soziokulturellen Existenzminimums nicht nur abstrakt, sondern auch im konkreten Einzelfall ausreicht. Soweit etwa im Pauschalbetrag lediglich Ausgaben für die Anschaffung eines gebrauchten Kleidungsstücks enthalten sind, muss die Möglichkeit des Ankaufs eines solchen Gegenstandes auch konkret bestanden haben. Für einen Kleidungsbedarf, der an sich dem Regelbedarf zuzuordnen ist, aktuell aber nicht aus der Regelleistung bestritten werden kann, ist die Inanspruchnahme eines **Darlehens** nach § 24 Abs. 1 SGB II möglich (so LSG München FEVS 61, 277: Bekleidung für Kommunionsfeier).

Vom gewöhnlichen Bekleidungsbedarf zu unterscheiden ist ein Bedarf für die Anschaffung **orthopädischer Schuhe**. Hierfür enthält § 24 Abs. 3 S. 1 Nr. 3 eine besondere Regelung.

Literaturhinweise:
Schütze, Rechtsprechung zu Mehr- und Sonderbedarfen in besonderen Not- und Sondersituationen, SozSich 2007, 113–118

Beratung

Definition: Beratung ist die anlassbezogene, individualisierte sowie unmissverständliche und umfassende Informationserteilung gegenüber dem in einem konkreten Rechtsverhältnis zur Behörde stehenden Beratungsbegehrenden durch die für die Leistung zuständige Behörde betreffend die Rechte und Pflichten des Beratungsbegehrenden gegenüber dem Leistungsträger selbst und Dritten.

Rechtsgrundlagen: § 14 SGB I; § 16 Abs. 1 SGB II iVm §§ 29 ff SGB III; § 16 a SGB II

Erläuterungen: Mit Geltungsanspruch und Vorrangwirkung für alle Teile des Sozialgesetzbuches (vgl § 37 S. 2 SGB I) stellt der allgemeine sozialrechtliche **Beratungsanspruch** einen Teilaspekt der in §§ 13–15 SGB I allgemein geregelten **Informationsrechte** dar. Dabei ist zu unterscheiden zwischen Aufklärung (§ 13 SGB I), Beratung (§ 14 SGB I) und **Auskunft** (§ 15 SGB I). Dem Einzelnen soll durch die Verpflichtung der Leistungsträger zur entsprechenden Informationserteilung der abstrakte Überblick über die rechtliche Situation, unter der Geltung des Sozialgesetzbuches, sowie Hilfe und Anleitung im Falle eines konkreten Rechtsanliegens verschafft werden.

Beratungsanspruchsinhaber sind alle natürlichen oder juristischen Personen, die nach dem Sozialgesetzbuch Rechte wahrnehmen oder Pflichten erfüllen können. Dabei entsteht die Beratungspflicht **anlassbezogen**, dh grundsätzlich aus Anlass eines Auskunftsbegehrens. Dieses Begehren kann sich ggf auch aus den Umständen ergeben. Ausnahmsweise besteht darüber hinaus eine Pflicht zur spontanen Beratung, wenn bereits ein enges und konkretes Verhältnis zwischen Bürger und Verwaltung besteht und die nicht unwahrscheinliche Möglichkeit eines Rechtsverlustes droht. **Inhaltlich** zielt die Beratungspflicht auf eine Rechtsberatung hinsichtlich der bestehenden Rechte und Pflichten gegenüber dem zuständigen Leistungsträger und Dritten ab, soweit diese jeweils betroffen sind. Die Beratung muss richtig, unmissverständlich und umfassend erfolgen. Die Form der Beratung steht im Ermessen (§ 39 SGB I) der Behörde. Auf die Beratung hat der Einzelne einen vor Gericht einklagbaren subjektiven **Anspruch**. Bei unterlassener oder ungenügender (unrichtiger oder unvollständiger) Beratung treten je nach Fallgestaltung verschiedene für den Betroffenen günstige **Rechtsfolgen** ein, die nachfolgend überblicksartig wie folgt zusammengefasst werden:

- Wiedereinsetzung (§ 27 SGB X),
- Rücknahme des Verwaltungsakts (§ 44 SGB X),
- Anfechtungsmöglichkeit (§ 119 BGB),
- sozialrechtlicher Herstellungsanspruch,
- ggf Umkehr der Beweislage.

Speziell im Grundsicherungsrecht wurde bei der Aufzählung der Leistungsarten, welche für Arbeitsuchende zu erbringen sind, im Rahmen des § 4 Abs. 1 Nr. 1 SGB II aF bei den Dienstleistungen auch Information und Beratung genannt. In Verbindung mit der umfassenden Unterstützungspflicht, welche sich aus dem Grundsatz des Förderns namentlich im Hinblick auf den persönlichen Ansprechpartner nach § 14 SGB II ergibt, wird eine im Vergleich zu §§ 14, 15 SGB I weitergehende Beratungs- und Aufklärungspflicht für die erwerbsfähigen Hilfebedürftigen angenommen, welche über den jeweiligen Beratungsanlass hinausreicht und den Charakter einer Querschnittsaufgabe trägt. § 16 Abs. 1 SGB II verweist für die seitens der Grundsicherungsträger zu erbringenden Eingliederungsleistungen auf zahlreiche Vorschriften des SGB III, darunter auch auf die im dortigen Dritten Kapitel in den §§ 29 ff SGB III vorgesehenen Beratungsangebote. Danach hat die Agentur für Arbeit Jugendlichen und Erwachsenen, die am Arbeitsleben teilnehmen oder teilnehmen wollen, **Berufsberatung** anzubieten (§ 29 Abs. 1 Alt. 1 SGB III). § 30 SGB III steckt den inhaltlichen Rahmen der Berufsberatung ab, während § 31 SGB III Grundsätze aufstellt. Berufsberatung umfasst danach die Erteilung von Auskunft und Rat

- zur Berufswahl, beruflichen Entwicklung und zum Berufswechsel,
- zur Lage und Entwicklung des Arbeitsmarktes und der Berufe,
- zu den Möglichkeiten der beruflichen Bildung,
- zur Ausbildungs- und Arbeitsplatzsuche,
- zu Leistungen der Arbeitsförderung,
- zu Fragen der schulischen Bildung und Ausbildungsförderung, soweit sie für die Berufswahl und die berufliche Bildung von Bedeutung sind.

Nach § 31 Abs. 1 SGB III sind bei der Berufsberatung Neigung, Eignung und Leistungsfähigkeit der Ratsuchenden sowie die Beschäftigungsmöglichkeiten zu berücksichtigen. Die Kriterien können im Hinblick auf bestimmte Leistungen durchaus im Widerspruch stehen. Zudem bedürfen sie der Einschätzung durch die Behörde, welcher ein Beurteilungsspielraum zugestanden wird. Dieser wird – mit der Folge der strikteren Beachtung der Neigungen des Arbeitslosen – geringer sein, wenn der Arbeitslose nicht im sonstigen Leistungsbezug der Agentur steht, dieser also nicht weiter zur Last fällt. Mit Einverständnis der Betroffenen ist die Agentur für Arbeit ermächtigt, durch ärztliche und psychologische Untersuchung und Begutachtung eine **Eignungsfeststellung** zu treffen (§ 32 SGB III). Neben der individuellen Berufsberatung steht die sich grundsätzlich an die Allgemeinheit richtende **Berufsorientierung** (Berufsaufklärung) nach § 33 SGB III, die insbesondere in Form der Herausgabe von Aufklärungsmaterial, Schulbesuchen, Referaten und Medienmitteilungen erfolgt. Davon zu unterscheiden sind die vertiefenden Berufsorientierungsmaßnahmen für einzelne Schüler bis zu einer Dauer von vier Wochen (§ 48 SGB III). Die **Arbeitsmarktberatung** des § 34 SGB III richtet sich dagegen an die Arbeitgeberseite. Soweit die Beratung im SGB III allerdings im Rahmen gebundener Verwaltung verbindlich vorgeschrieben ist, steht ihre Erbringung für den Bereich der Grundsicherung im Ermessen der Behörde (dh grundsätzlich der Agentur für Arbeit). Vgl zur Dauer der Förderung über den Zeitraum der Hilfebedürftigkeit hinaus § 16 g Abs. 2 SGB II.

Jenseits der aus dem SGB III übernommenen Beratungsleistungen sieht § 16 a SGB II im Rahmen behördlichen Ermessens u.a. das Erbringen von originär grundsicherungsrechtlichen Leistungen der →**Schuldnerberatung**, der →**psychosozialen Beratung** sowie der →**Suchtberatung** vor. Leistungsträger diesbezüglich sind die kommunalen Grundsicherungsträger.

Zur Erbringung von Leistungen zur Eingliederung in Arbeit und damit auch der Beratungsleistungen sollen die Grundsicherungsträger eigene Einrichtungen und Dienste nicht neu schaffen, soweit geeignete Einrichtungen und Dienste Dritter vorhanden sind, ausgebaut oder in Kürze geschaffen werden können. Ferner sollen sie die Träger der freien Wohlfahrtspflege in ihrer Tätigkeit auf dem Gebiet der Grundsicherung für Arbeitsuchende angemessen unterstützen (**Subsidiarität**, § 17 Abs. 1 SGB II). Nachdem in Bezug auf die Beratungsleistungen des SGB III Anforderungen geregelt sind, denen die Leistung entsprechen muss, sind die Grundsicherungsträger zur **Vergütung** für die Leistung verpflichtet, auch wenn mit dem Dritten oder seinem Verband eine entsprechende Vereinbarung mit den Vorgaben des § 17 Abs. 2 SGB II gerade nicht geschlossen wird. Freilich aber bedarf es für die Vergütung einer Rechtsgrundlage und des Umstandes, dass die freien Träger insoweit im Einvernehmen mit den Leistungsträgern Beratung erbracht haben. Das Finanzierungsmodell ist dagegen nicht verbindlich vorgegeben. Dagegen fehlt es an solchen im SGB III geregelten Anforderungen im Hinblick auf die in § 16 a SGB II aufgelisteten, in den Verantwortungsbereich der Kommunen fallenden Beratungsleistungen. Insoweit ist eine Vergütung der durch Dritte erbrachten Leistungen nach § 17 Abs. 2 SGB II nur auf der Grundlage einer Vereinbarung des Grundsicherungsträgers und des Dritten bzw dessen Verband möglich, welche Regelungen insbesondere enthält über

- Inhalt, Umfang und Qualität der Leistung,

- die Vergütung, die sich aus Pauschalen und Beträgen für einzelne Leistungsbereiche zusammensetzen kann, und

- die Prüfung der Wirtschaftlichkeit und Qualität der Leistungen.

Die Vereinbarungen müssen den Grundsätzen der Wirtschaftlichkeit, Sparsamkeit und Leistungsfähigkeit entsprechen.

Literaturhinweise:
LPK-SGB II/*Thie*, Anhang zu § 16 Rn 1–2, § 16 a Rn 1–15; *Zimmermann*, Das Hartz-IV-Mandat, 2. Aufl. 2011, § 1 Rn 115–122

Beratungshilfe

Definition: Beratungshilfe ist eine Möglichkeit für wirtschaftlich bedürftige Personen, eine anwaltliche Beratung und Vertretung außerhalb von gerichtlichen Verfahren gegen eine geringe Eigenbeteiligung zu erhalten.

Rechtsgrundlage: Beratungshilfegesetz

Erläuterungen: Für die anwaltliche Vertretung im außergerichtlichen Bereich (bei einem Leistungsantrag, während des Verwaltungsverfahrens oder im Widerspruchsverfahren) steht dem Leistungsberechtigten im Regelfall ein Beratungshilfeanspruch zu. Die Beratungshilfe ist eine Parallele zu dem Anspruch auf Prozess-

kostenhilfe bei gerichtlichen Verfahren. Voraussetzungen für den Beratungshilfeanspruch sind:

1. Dass der Rechtsuchende die erforderlichen Mittel für die anwaltliche Beratung nach seinen persönlichen und wirtschaftlichen Verhältnissen nicht aufbringen kann,

2. keine anderen Möglichkeiten für eine Hilfe zur Verfügung stehen, deren Inanspruchnahme dem Rechtsuchenden zuzumuten ist,

3. die Wahrnehmung der Rechte nicht mutwillig ist.

Die geforderte wirtschaftliche Bedürftigkeit (Ziff. 1) ist regelmäßig dann gegeben, wenn Leistungen zum Lebensunterhalt nach dem SGB II oder dem SGB XII bezogen werden. Liegt noch kein Bewilligungsbescheid vor, muss eine Einkommensprüfung durchgeführt werden. Hierfür gelten die Regelungen der Prozesskostenhilfe (§ 115 ZPO) entsprechend. Das Bruttoeinkommen ist hiernach etwas großzügigeren Regelungen als nach der Grundsicherung im SGB II und SGB XII zu bereinigen. Probleme können sich beim Vorhandensein von Schonvermögen ergeben. § 115 Abs. 3 ZPO sieht vor, dass Vermögen einzusetzen ist, soweit dies zumutbar ist. Als Zumutbarkeitsgrenze wird allein auf § 90 SGB XII und damit auf das Schonvermögen im Rahmen der Sozialhilfe verwiesen. Die Vermögensfreigrenzen im Rahmen des SGB II liegen jedoch deutlich höher.

In einigen Fällen ist umstritten, wann andere Möglichkeiten zu einer rechtlichen Beratung (vgl Ziff. 2) benutzt werden müssen. Grundsätzlich besteht ein Anspruch gegen das Jobcenter und das Sozialamt zur Auskunft und Beratung (§§ 14, 15 SGB I). Deswegen wird für eine Beratung im **Antragsverfahren** eine Verweisung auf die Anspruchnahme der Beratung beim Jobcenter als zulässig angesehen. Anders ist die Situation im **Widerspruchsverfahren**. Jedenfalls dann, wenn es sich um nicht ganz einfache Fragen tatsächlicher oder rechtlicher Art handelt, wird die Hinzuziehung eines Anwalts als notwendig angesehen. Maßstab dafür ist die Frage, ob auch ein Bürger, der wirtschaftlich dazu in der Lage wäre, für eine solche Fragestellung einen Anwalt einschalten würde. Das Bundesverfassungsgericht (11.5.2009 – 1 BvR 1517/08; 28.9.2010 – 1 BvR 623/10) hat festgestellt, dass es dem Leistungsberechtigten, der gegen einen Bescheid Widerspruch einlegen will, nicht zugemutet werden kann, den Rat bei derselben Behörde in Anspruch zu nehmen. Auch zur Wahrung der Waffengleichheit muss daher im Widerspruchsverfahren dem Leistungsberechtigten grundsätzlich Beratungshilfe gewährt werden.

Mutwillig (Ziff. 3) ist die Rechtsverfolgung nur dann, wenn die Angelegenheit ersichtlich nicht erfolgversprechend ist oder die Frage, die aufgeklärt werden soll, sich eindeutig bereits aus dem Gesetz beantworten lässt.

Kinder in der Bedarfsgemeinschaft haben grundsätzlich einen eigenen Anspruch auf Gewährung von Beratungshilfe. Nur ausnahmsweise – wenn die Parallelität der Fallgestaltungen offensichtlich ist und die in einem Fall erhaltene Beratung ohne wesentliche Änderungen auf andere Fälle übertragen werden kann, ist eine gesonderte Beratungshilfe in der Bedarfsgemeinschaft nicht erforderlich (BVerfG 8.2.2012 – BvR 1120/11).

Zuständig für die Entscheidung über die Gewährung von Beratungshilfe ist das Amtsgericht am Wohnort des Betroffenen. Der Antrag auf Beratungshilfe muss unter Verwendung der Antragsformulare gestellt werden. Bewilligt das Amtsgericht Beratungshilfe, erhält der Betroffene einen Berechtigungsschein. Damit kann er die anwaltliche Beratung in Anspruch nehmen; eine normale Gebührenrechnung des Anwalts an den Betroffenen ist dadurch ausgeschlossen. Beratungshilfe kann auch nachträglich durch den Anwalt selbst beantragt werden. Die Anwaltssuche gestaltet sich mitunter schwierig. Der Anwalt erhält für ein Antragsverfahren 80 EUR und für ein nachfolgendes Widerspruchsverfahren weitere 45 EUR. Wird ein Widerspruchsverfahren alleine durchgeführt, erhält der Anwalt dafür 80 EUR. Diese Gebühren sind für viele Anwälte nicht kostendeckend. In den genannten Beträgen sind je 10 EUR für Antrags- und Widerspruchsverfahren enthalten, die vom Rechtsuchenden selbst aufgewandt werden müssen. Diese Eigenbeteiligung kann vom Anwalt im Einzelfall erlassen werden. Es besteht allerdings die berufsrechtliche Verpflichtung für Anwäl-te, Beratungshilfemandate durchzuführen. Sinn macht die anwaltliche Vertretung allerdings nur dann, wenn der Anwalt im Bereich des Sozialrechts auch umfangreicher tätig ist.

Literaturhinweise:
Zimmermann, Das Hartz-IV-Mandat, 2. Aufl. 2011, S. 43 ff

Berechnung von Leistungen

Definition: Die Berechnung von Leistungen zum Lebensunterhalt nach dem SGB II vollzieht sich nach der horizontalen Berechnungsmethode, nach der für jede Person in einer Bedarfsgemeinschaft ein individueller Bedarf zu ermitteln ist. Hiervon wird jeweils ein Teil des in der Bedarfsgemeinschaft vorhandenen Einkommens und Vermögens abgezogen, wobei sich die Einkommensanteile nach dem Verhältnis des individuellen Bedarfs zum Gesamtbedarf in der Bedarfsgemeinschaft bestimmen.

Rechtsgrundlage: § 9 Abs. 2 S. 3 SGB II

Erläuterungen: Als soziale Hilfeleistungen unterliegen Leistungen zum Lebensunterhalt nach dem SGB II dem →**Nachranggrundsatz**, dh eine Hilfebedürftigkeit ist vorrangig aus eigenen Mitteln abzuwenden. Grundlage des Leistungsanspruchs ist daher eine Differenz aus dem Bedarf einer Person und den Mitteln – insbesondere →**Einkommen** und →**Vermögen** –, die zur Verfügung stehen, um diesen Bedarf zu decken. Aus § 9 Abs. 1 und Abs. 2 S. 3 SGB II folgt jedoch, dass es für die Frage der Hilfebedürftigkeit einer Person nicht nur auf den individuellen Bedarf ankommt, sondern auf den aller Mitglieder einer →**Bedarfsgemeinschaft**. Vor der Leistungsberechnung muss daher geklärt werden, welche Personen einer Bedarfsgemeinschaft im Sinne des § 7 Abs. 3 SGB II angehören.

Der Bedarf jeder Einzelperson setzt sich aus verschiedenen Bedarfspositionen zusammen, die sich den §§ 20 ff SGB II entnehmen lassen (Regelbedarf, Mehrbedarf, Unterkunfts- und Heizkosten, Sonderbedarf). Ebenfalls für jede Einzelperson muss das einsetzbare Einkommen (§ 11 SGB II) und Vermögen (§ 12 SGB II) unter Berücksichtigung aller Freibeträge ermittelt werden. Da nach § 9 Abs. 2 S. 2 SGB II Eltern innerhalb einer Bedarfsgemeinschaft ihre Mittel für den Bedarf ihrer Kinder einsetzen müssen, aber nicht umgekehrt, wird vor Anwendung der horizontalen Berechnungsmethode das Einkommen der Kinder mit deren jeweiligem individuellen Bedarf verrechnet. Kann ein Kind seinen Bedarf auf diese Weise decken, spielt es für die weitere Berechnung keine Rolle mehr; eventuell vorhandenes überschüssiges →Kindergeld wird dann aber als Einkommen der Eltern betrachtet.

Das nun noch in der Bedarfsgemeinschaft vorhandene Einkommen und Vermögen wird unter den verbleibenden Bedarfsgemeinschaftsmitgliedern horizontal aufgeteilt. Auf jedes Mitglied entfällt dabei ein Anteil, der dem Verhältnis seines individuellen Bedarfs zum Gesamtbedarf entspricht. Die Differenz des individuellen Bedarfs und dem auf die Einzelperson entfallenden Einkommens- und Vermögensanteil entspricht dem Leistungsanspruch. Diese horizontale Berechnungsmethode sieht sich in der Literatur (zB LPK-SGB II/*Brühl* § 9 Rn 46 ff; *Kievel* ZfF 2005, 217; *Gerenkamp* ZfF 2007, 106) aus verschiedenen Erwägungen heraus heftiger Kritik ausgesetzt. Sie entspricht jedoch sowohl dem Wortlaut des § 9 Abs. 2 S. 3 SGB II als auch der Praxis der sozialgerichtlichen Rechtsprechung bis hin zum Bundessozialgericht (BSGE 97, 217; BSG SGb 2009, 548).

Nicht in die Horizontalberechnung einbezogen wird gemäß § 9 Abs. 2 S. 3 SGB II der Bedarf für Bildung und Teilhabe nach § 28 SGB II. Liegt in einer Bedarfsgemeinschaft ausschließlich diesbezüglich Hilfebedürftigkeit vor, werden die Leistungen nach § 7 Abs. 2 S. 3 SGB II erbracht und gegebenenfalls nach der Horizontalberechnung noch vorhandenes Einkommen gemäß § 9 Abs. 2 S. 4 SGB II angerechnet.

Wegen des verwaltungsrechtlichen Bestimmtheitsgebots müssen Bescheide über Leistungen nach dem SGB II erkennen lassen, welche Person in einer Bedarfsgemeinschaft letztlich welchen individuellen Leistungsanspruch hat. Einen Anspruch der Bedarfsgemeinschaft als solcher gibt es nämlich nicht, Leistungsansprüche haben vielmehr nur Einzelpersonen. Praktisch wichtig ist dies, weil Individualansprüche ganz oder teilweise wegfallen können, etwa bei →Sanktionen nach § 31 SGB II oder Aufrechnungen nach Rückforderungen. Die Individualansprüche anderer Bedarfsgemeinschaftsmitglieder müssen hiervon unberührt bleiben.

Literaturhinweise:
LPK-SGB II/*Brühl, 3. Aufl.,* § 9; Gagel/*Hähnlein,* Stand: 06/2009, § 9

Bereite Mittel

Definition: Nur Einkünfte in Geld oder Geldeswert, die dem Antragsteller während des Bedarfszeitraums tatsächlich zur Verfügung stehen, können ihm als Einkommen angerechnet werden.

Rechtsgrundlage: § 11 SGB II

Erläuterungen: Grundsicherungsleistungen dienen der Sicherung des Lebensunterhalts und damit der Gewährleistung eines menschenwürdigen Lebens. Würden einem Antragsteller Mittel, über die er faktisch nicht verfügt und die er zur Sicherstellung seines Lebensunterhalts deshalb nicht einsetzen kann, als Einkommen angerechnet, so wäre er nicht in der Lage, ein menschenwürdiges Leben zu führen. Daher verbietet der sogenannte Faktizitätsgrundsatz die Berücksichtigung von Einkünften in Geld oder Geldeswert als Einkommen, die dem Betroffenen tatsächlich nicht zur Verfügung stehen. Allein „bereite Mittel" dürfen angerechnet werden oder, anders ausgedrückt: Es ist auf die aktuelle tatsächliche, nicht auf eine fiktive Einkommenssituation abzustellen (BSG 19.3.2008 – B 11 b AS 33/06 R, Rn 18).

Dem entsprechend darf ein Anspruch, der dem Leistungen nach dem SGB II nachfragenden Gläubiger das Recht verschafft, vom Schuldner Geld zu verlangen, nicht als Einkommen angerechnet werden, wenn und soweit der Schuldner den Anspruch nicht erfüllt (so zu Unterhaltsschulden BSG 2.7.2009 – B 14 AS 75/08, NDV-RD 2009, 142, 144). Ebenso wenig ist es möglich, fiktives Einkommen infolge ungenügender oder ungenutzter Selbsthilfemöglichkeiten (so zu Recht Kreikebohm/Spellbrink/Waltermann/*Spellbrink* § 11 SGB II, Rn 4) oder gepfändetes Erwerbseinkommen zu berücksichtigen (Gagel/*Hähnlein* § 11 SGB II Rn 19).

Der Faktizitätsgrundsatz verhindert jedoch nicht die Anrechnung von Vermögen. Verfügt der Antragsteller über verwertbares Vermögen, so beseitigt dieses die Bedürftigkeit zeitlich unmittelbar und nicht erst in dem Zeitpunkt, in dem ihm etwaige Erlöse aus der Verwertung zufließen (BSG 16.5.2007 – B 11 b AS 37/06 R, Rn 32).

Literaturhinweise:
Renn/Schoch/Löcher, Grundsicherung für Arbeitsuchende, 3. Aufl. 2011, 3. Abschnitt

Berufsausbildungsbeihilfe

Definition: Die Berufsausbildungsbeihilfe (BAB) ist eine Ausbildungsförderungsleistung, die den Lebensunterhalt und verschiedene ausbildungsgeprägte Bedarfe abdeckt. Während bei Schul- und Hochschulausbildungen Leistungen nach den BAföG gewährt werden, wird die Berufsausbildungsbeihilfe bei betrieblichen und außerbetrieblichen Berufsausbildungen sowie während berufsvorbereitender Bildungsmaßnahmen gewährt.

Rechtsgrundlagen: §§ 56–72 SGB III

Erläuterungen: Wer eine dem Grunde nach im Rahmen von BAB förderungsfähige betriebliche Ausbildung absolviert, ist gemäß § 7 Abs. 5 SGB II von **Leistungen zur Sicherung des Lebensunterhalts nach dem SGB II ausgeschlossen.** Es kommt für den Leistungsausschluss nicht darauf an, ob BAB tatsächlich beantragt wurde oder gewährt wird. Eine **betriebliche oder außerbetriebliche Ausbildung** in einem staatlich anerkannten Ausbildungsberuf mit einem entsprechenden Ausbildungsvertrag ist stets dem Grunde nach förderungsfähig (§ 57 SGB III). Anders als bei BAföG-Leistungen wird BAB stets in vollem Umfang als Zuschuss gewährt, hat also keinen Darlehensanteil. Ein Anspruch auf Förderung besteht während der ersten Berufsausbildung. Bei einer zweiten Berufsausbildung kann gefördert werden, wenn zu erwarten ist, dass eine berufliche Eingliederung dauerhaft auf andere Weise nicht erreicht werden kann und die Prognose gerechtfertigt ist, dass durch die zweite Berufsausbildung die berufliche Eingliederung erreicht wird. Auch nach Abbruch eines Berufsausbildungsverhältnisses kann erneut gefördert werden, wenn für die Lösung ein berechtigter Grund bestand (§ 57 Abs. 3 SGB III).

Keine BAB-Leistungen erhalten Auszubildende, die während des betrieblichen

Ausbildung **im Haushalt ihrer Eltern wohnen** oder deren Ausbildungsstelle von der Wohnung der Eltern aus nicht in angemessener Zeit erreicht werden kann (§ 60 Abs. 1 SGB III). Minderjährige Auszubildende können deshalb darauf verwiesen werden, bei ihren Eltern zu wohnen. Diese im Vergleich zum BAföG sehr viel strengere Regelung wird vom BSG noch als verfassungsgemäß angesehen (BSG 28.11.2007 – B 11 a AL 39/06 R). Die vom Leistungsausschluss betroffenen Auszubildenden, die bei ihren Eltern noch wohnen bzw auf ein Wohnen dort verwiesen werden, sind gemäß § 7 Abs. 6 SGB II jedoch nicht wie die anderen Auszubildenden von den Leistungen zum Lebensunterhalt nach dem SGB II ausgeschlossen.

Die Berufsausbildungsbeihilfe für die Teilnahme an **berufsvorbereitenden Bildungsmaßnahmen** erhalten Personen, die nicht mehr der Vollzeitschulpflicht unterliegen und zur Vorbereitung auf eine Berufsausbildung oder zur beruflichen Eingliederung auf entsprechende Maßnahmen angewiesen sind.

Als **Bedarf** wird bei der Berufsausbildungsbeihilfe berücksichtigt:

- Bedarf für den Lebensunterhalt (§§ 61, 62 SGB III)

- Fahrtkosten (§ 63 SGB III)

- Sonstige Aufwendungen (§ 64 SGB III), soweit Sie durch die Berufsausbildung oder die Teilnahme an der berufsvorbereitenden der Bildungsmaßnahme unvermeidbar entstehen, die Ausbildung andernfalls gefährdet ist oder eigentlich die Erziehungsberechtigten die Aufwendungen tragen müssten.

- Lehrgangskosten (bei Teilnahme an einer berufsvorbereitenden Bildungsmaßnahme).

Das **Einkommen** (vgl § 67 SGB III) des Auszubildenden wird regelmäßig in voller Höhe auf den Bedarf angerechnet. Falls der Auszubildende verheiratet ist, wird das Einkommen des nicht getrennt lebenden Ehegatten angerechnet, wenn es einen bestimmten Freibetrag übersteigt. Bei eheähnlicher Lebensgemeinschaft erfolgt keine Einkommensanrechnung. Auch das Elterneinkommen wird angerechnet, soweit es über einem bestimmten Freibetrag liegt.

Im Übrigen wird zur Anrechnung eines Einkommens weitgehend auf die Vorschriften des BAföG Bezug genommen. Anders als beim BAföG gibt es hier jedoch keine Anrechnung von Vermögen.

Wird Berufsausbildungsbeihilfe für die Dauer einer berufsvorbereitenden Bildungsmaßnahme gezahlt, erfolgt auch keine Einkommensanrechnung.

Sofern Einkommen der Eltern auf die BAB_Leistung anzurechnen ist, ist nach der gesetzlichen Regelung davon auszugehen, dass der Anrechnungsbetrag von den Eltern als Unterhalt zusätzlich zur BAB-Leistung gezahlt wird. Zahlen die Eltern jedoch tatsächlich keinen Unterhalt, besteht die Möglichkeit, eine Vorausleistung durch die Arbeitsagentur zu beantragen. In diesem Fall geht allerdings der Unterhaltsanspruch in Höhe der Zahlungen auf die Arbeitsagentur über; diese macht dann den Unterhaltsanspruch selbst gegen die Eltern geltend.

Literaturhinweise:
Kommentierungen zu §§ 56 ff SGB III (§§ 59 ff SGB III aF); *Stascheit/Winkler*, Leitfaden für Arbeitslose, 27. Aufl. 2010, S. 447 ff

Berufsberatung

Definition: Als Kernbestandteil ihrer Beratungsleistungen erbringt die Agentur für Arbeit die Berufsberatung. Es handelt sich um eine individualisierte Beratungsleistung, die den Klärungs- und Entscheidungsbedarf im Zusammenhang mit der Berufsfindung, einer beruflichen Neuorientierung oder einer berufsbezogenen Aus- bzw der Weiterbildung beinhaltet.

Rechtsgrundlagen: §§ 29–31 SGB III; § 16 Abs. 1 S. 2 Nr. 1 SGB II

Erläuterungen: Die möglichen Inhalte der Berufsberatung sind in § 30 S. 1 SGB III – nicht abschließende – aufgezählt:

- Berufswahl, berufliche Entwicklung und Berufswechsel;
- Lage und Entwicklung des Arbeitsmarkts und der Berufe;
- Möglichkeiten der beruflichen Bildung;
- Ausbildungs- und Arbeitsstellensuche;
- Leistungen der Arbeitsförderung;
- Fragen der Ausbildungsförderung und der schulischen Bildung, soweit sie für

die Berufswahl und die berufliche Bildung von Bedeutung sind.

Auf die Beratungsleistung besteht ein **Anspruch**; allerdings wird die nähere inhaltliche Ausgestaltung, wie die Beratung auszuführen ist, in das Ermessen der Arbeitsagentur gestellt. Grundsätzlich ist die Inanspruchnahme der Berufsberatung freiwillig. Die Beratung ist ein frei zugängliches, unentgeltliches Angebot. Eine faktische Verpflichtung, Kontakt mit der Bundesagentur aufzunehmen, ergibt sich jedoch aus den **Meldepflichten**, die im SGB III und dem SGB II geregelt sind. Zweck der Meldepflichten ist es häufig, die Kontaktaufnahme auch zu einer Beratungsleistung zu nutzen. Die Verpflichtung, eine Beratungsleistung in Anspruch zu nehmen, kann sich auch aus einer Eingliederungsvereinbarung ergeben.

Zwei **Formen der Beratung** werden unterschieden: Auskünfte über berufliche- und leistungsrechtliche Fragen sowie Ratschläge, die sich auf Handlungsalternativen bei unterschiedlichen beruflichen und leistungsrechtlichen Möglichkeiten beziehen. Die Beratung muss individualisiert unter Berücksichtigung von Neigung, Eignung, Leistungsfähigkeit und Beschäftigungsmöglichkeiten erfolgen (§ 31 Abs. 1 SGB III). Eine Verpflichtung zur Beachtung der Ratschläge ergibt sich regelmäßig nicht. Ausnahmen sind die Fälle, in denen durch weitergehende gesetzliche Regelungen oder **Eingliederungsvereinbarungen** Verpflichtungen zur **Mitwirkung** oder zu →**Eigenbemühungen** festgelegt werden. Die Beratungstätigkeit wird selbst als schlicht hoheitliches Verwaltungshandeln angesehen; die Ablehnung einer Berufsberatung stellt jedoch einen Verwaltungsakt dar, gegen den Widerspruch erhoben werden kann. Verletzt die Bundesagentur für Arbeit ihre Verpflichtungen im Zusammenhang mit der Beratung, zB durch eine fehlerhafte Beratung zu leistungsrechtlichen Fragen, kann sich daraus ein →**sozialrechtlicher Herstellungsanspruch** ergeben.

Literaturhinweise:
Hennig/Eicher, SGB III, Kommentar, §§ 29–31; *Gagel/Niewald*, SGB II/SGB III, §§ 29–31; Gesamtkommentar SGB III/ *Müller-Kohlenberg* §§ 29–31

Bestandskraft

Definition: Als Bestandskraft wird die Verbindlichkeit und die weitere Wirksamkeit einer behördlichen Entscheidungen in Form eines Bescheides (→**Verwaltungsakt**) bezeichnet.

Rechtliche Grundlagen: §§ 39, 44–48 SGB X, § 40 Abs. 1, 2 SGB II

Erläuterungen: Die Bestandskraft ist nicht davon abhängig, ob der Bescheid rechtmäßig oder rechtswidrig ist und ob alle Formvorschriften eingehalten sind. Der Bescheid wird wirksam, sobald er dem Adressaten bekannt gegeben wurde; er bleibt wirksam, solange er nicht zurückgenommen, widerrufen oder anderweitig aufgehoben (**Aufhebung von Verwaltungsakten**) wurde (§ 39 Abs. 2 SGB X). Die Bestandskraft steht der Rechtskraft gerichtlicher Entscheidungen gleich. Bestandskräftig wird aber nur der jeweilige **Verfügungssatz** des Bescheids, in dem die einzelfallbezogene Regelung benannt ist, einschließlich eventueller Nebenbestimmungen (zB Bedingungen, Befristungen, Auflagen). Nicht in Bestandskraft erwächst die weitere inhaltliche Begründung des Bescheids. In zeitlicher Hinsicht beginnt die Bestandskraft für die Behörde mit der Bekanntgabe des Bescheids. Für den Betroffenen (Adressaten des Verwaltungsakts) tritt die Bestandskraft erst mit dem Zeitpunkt der Unanfechtbarkeit (regelmäßig nach Ablauf der Rechtsbehelfsfrist für den Widerspruch) ein. Die Verbindlichkeit des bestandskräftigen Verwaltungsakts gilt für Behörde und Betroffenen gleichermaßen. Nur soweit die gesetzlichen Voraussetzungen für Rücknahme und Widerruf (§§ 44, 45 und 46, 47 SGB X) oder der →**Aufhebung** bei Änderung der Verhältnisse (§ 48 SGB X) vorliegen, kann die Bestandskraft nachträglich wieder durchbrochen werden. Bemerkt das Jobcenter beispielsweise, dass eine bewilligte Leistung in der Höhe teilweise rechtswidrig war, können vermeintliche Überzahlungen nicht einfach mit den laufenden Leistungen für künftige Zeiträume verrechnet werden. Zunächst müsste vielmehr der bestandskräftige Bewilligungsbescheid auf Grundlage der §§ 45 oder 48 SGB X teilweise aufgehoben (→**Aufhebung**) und abgeändert werden. Zusätzlich müsste eine Erstattungsforderung gemäß § 50 SGB X geltend gemacht werden. Erst danach – und nur im Rahmen des gesetzlich zulässigen Umfangs – käme eine **Aufrechnung** (§ 43 SGB II) mit laufenden Leistungsansprüchen in Betracht.

Literaturhinweise:
LPK-SGB X/*Waschull*, 3. Aufl., § 39 Rn 2 ff; Wulffen/*Roos*, SGB X, 7. Aufl., § 39 Rn 3 ff

Bevollmächtigte

Definition: Bevollmächtigte sind durch rechtsgeschäftliche Übertragung der Vertretungsmacht zur Abgabe und zum Empfang von Willenserklärungen mit Wirkung für und gegen den Vollmachtgeber Berufene bzw im verfahrensrechtlichen Kontext zur Vornahme von Verfahrenshandlungen Bestellte.

Rechtsgrundlagen: §§ 164–181 BGB; § 13 SGB X; § 38 SGB II

Erläuterungen: Die zivilrechtlichen Bestimmungen zur Vertretung und Vollmacht sind in den §§ 164–181 BGB verortet. Das Wesen der Vertretung bringt § 164 Abs. 1 u. 3 BGB insoweit zum Ausdruck, als er unter Vertretung rechtsgeschäftliches Handeln (dh die Abgabe einer Willenserklärung, bzw die Annahme einer solchen) im Namen des Vertretenen mit der Rechtswirkung verstanden wissen will, dass die Rechtsfolgen unmittelbar in der Person des Vertretenen eintreten. Der Vertretene handelt folglich für und anstelle des Vertretenen. Dieses stellvertretende Handeln muss erkennbar zutage treten. Tut es das nicht, wird der Vertreter so behandelt, als habe er eine Willenserklärung im eigenen Namen abgegeben (vgl § 164 Abs. 2 BGB). Dennoch gibt der Vertretene eine eigene Willenserklärung ab, handelt also selbst rechtsgeschäftlich. Darin unterscheidet er sich insofern vom Erklärungsboten, welcher lediglich die fremde Willenserklärung seines Auftraggebers übermittelt und deshalb nicht rechtsgeschäftlich sondern tatsächlich handelt. Bei Entgegennahme einer Willenserklärung unterscheidet sich der Vertreter vom Empfangsboten dadurch, dass die empfangene Willenserklärung beim Vertreter mit Zugang bei diesem, beim Empfangsboten aber erst zu dem Zeitpunkt wirksam wird, da mit der Weiterleitung derselben an den eigentlichen Empfänger zu rechnen ist.

Die für die Vertretung erforderliche Vertretungsmacht kann auf gesetzlicher Bestimmung (gesetzlicher Vertreter) oder rechtsgeschäftlicher Bestellung, dh Erklärung des künftig zu vertretenden Vollmachtgebers gegenüber dem zu Bevollmächtigenden (Vollmachtnehmer) oder dem Dritten, gegenüber dem die Vertretung stattfinden soll (**Vollmachtserteilung**, § 167 Abs. 1 BGB), beruhen. Die Vollmacht wird wirksam, sobald sie erteilt worden ist (Zeitpunkt des Zugangs der Vollmachtserklärung beim Vollmachtnehmer oder dem Dritten), wenn sie nicht unter einer aufschiebenden Bedingung steht. Die Wirksamkeitsdauer richtet sich gemäß § 167 Abs. 1 BGB grundsätzlich nach dem Grundverhältnis, welches der Erteilung der Vollmacht zugrunde liegt (zB Geschäftsbesorgungsvetrag). Sie kann aber jederzeit nach den Maßgaben der § 168 S. 2 u. 3 iVm § 167 Abs. 1 BGB einseitig durch den Vollmachtgeber widerrufen werden. Die Bevollmächtigung ist formlos möglich. Sie bedarf insbesondere nicht der Form, welche für das Rechtsgeschäft bestimmt ist, auf das sich die Vollmacht bezieht (§ 167 Abs. 2 BGB).

Auch im **Sozialverwaltungsverfahren** ist die Vertretung eines Beteiligten möglich. So ordnet § 13 Abs. 1 u. 2 SGB X an, dass sich ein Beteiligter durch einen Bevollmächtigten vertreten lassen kann. Der Bevollmächtigte ist also hier der durch den vertretenen Beteiligten gewillkürte Vertreter. Wie im zivilrechtsgeschäftlichen Handeln auch handelt der Bevollmächtigte für den Vertretenen, in dessen Namen Verwaltungshandlungen vorgenommen und für bzw gegen den aus dem Verwaltungsverfahren heraus Rechtswirkungen erzeugt werden. Auf die Bevollmächtigung finden die zivilrechtlichen Vorschriften der Vertretung und Vollmacht Anwendung, sofern diesen nicht die speziellere Bestimmung des § 13 SGB X vorgeht. Die Vollmacht ermächtigt zu allen das Verwaltungsverfahren betreffenden Verfahrenshandlungen, sofern sich aus ihrem Inhalt nicht etwas anderes ergibt. Wünscht der Vollmachtgeber insoweit Beschränkungen, hat er diese bei Vollmachtteilung zu erklären und zusätzlich der Behörde zur Kenntnis zu bringen. Insofern wird zugunsten der Behörde von einer Vermutung der Vollständigkeit ausgegangen. Überschreitet der Bevollmächtigte die nur im Innenverhältnis gesteckten Grenzen der Bevollmächtigung, kann er sich schadensersatzpflichtig machen. An die Qualifikation des Vertreters knüpft das Gesetz keine ausdrücklichen Anforderungen. Er muss aber jedenfalls geschäftsfähig sein, um im Innenverhältnis bevollmächtigt werden zu können sowie handlungsfähig iSd Verfahrensrechts (§ 11 SGB X). Es muss sich zudem um eine natürliche Person (keine juristische Person) handeln. Die Bevollmächtigung wird grundsätzlich mit Zugang beim Bevollmächtigten oder der Behörde wirksam. Der von der Behörde forderbare Nachweis der Vollmacht ist lediglich deklaratorischer Natur. Die Bevollmächtigung bleibt grundsätzlich bis zur Zweckerledigung wirksam, die in der Regel im Abschluss des konkreten Verwaltungsverfahrens zu erkennen sein wird. Die Bevollmächtigung kann jedoch auch jederzeit durch den Vertretenen widerrufen werden. Dieser Widerruf wird der Behörde gegenüber aber erst wirksam, wenn er dieser zugeht. Ist für das Verfahren ein Bevollmächtigter bestellt, muss sich die Behörde an ihn wenden. Sie kann sich an den Beteiligten selbst wenden, soweit er zur Mitwirkung verpflichtet ist. Wendet sich die Behörde an den Beteiligten, muss der Bevollmächtigte aber verständigt werden. Vorschriften über die Zustellung an Bevollmächtigte bleiben unberührt (§ 13 Abs. 3 SGB X). Eine Zurückweisung des Bevollmächtigten ist nach Maßgabe des § 13 Abs. 5, 6 SGB X möglich.

Speziell für den Bereich der **Grundsicherung für Arbeitsuchende** sieht § 38 Abs. 1 S. 1 u. 2 SGB II die gesetzliche Vermutung vor, dass der erwerbsfähige Leistungsberechtigte (§ 7 Abs. 1 S. 1 SGB II) bevollmächtigt ist, auch für die mit ihm in einer →**Bedarfsgemeinschaft** lebenden Personen (§ 7 Abs. 3, 3 a SGB II) Grundsicherungsleistungen zu beantragen und entgegenzunehmen. Leben mehrere erwerbsfähige Leistungsberechtigte in einer Bedarfsgemeinschaft, gilt diese Vermutung zugunsten desjenigen, der die Leistungen beantragt. Ohne dass hiervon der individuelle Anspruchscharakter der entsprechend zu individualisierenden Leistungen berührt würde, hat die Vermutung zur Folge, dass es nur eines Leistungsantrags durch den erwerbsfähigen Leistungsberechtigten für die gesamte →Bedarfsgemeinschaft bedarf, und über den Antrag ebenso im Rahmen nur eines Bescheids entschieden werden muss. Mit Bekanntgabe des Verwaltungsakts gegenüber diesem einen Adressaten entfaltet derselbe zum gleichen Zeitpunkt Wirksamkeit auch gegenüber den weiteren mutmaßlich vertretenen Mitgliedern der →Bedarfsgemeinschaft (vgl § 39 Abs. 1 iVm § 37 Abs. 1 S. 1 u. 2 SGB X). Nach dem Bundessozialgericht (BSG NZS 2007, 328) erstreckt sich die Vertretungsvermutung auch auf das Widerspruchsverfahren, nicht jedoch auf das Klage-, Erstattungs- und Rückforderungsverfahren. Voraussetzung für die Vermutung ist, dass Anhaltspunkte einer Bevollmächtigung nicht entgegenstehen (vgl § 38 S. 1 SGB II). Derartige Anhaltspunkte können der Vermutung von vornherein oder im Nachhinein mit Wirkung ex nunc entgegenstehen. Ein entgegenstehender Anhaltspunkt ist jedenfalls die Erklärung eines Bedarfsgemeinschaftsmitglieds, die eigenen Interessen selbst zu vertreten bzw sich nicht durch den erwerbsfähigen Hilfebedürftigen vertreten lassen zu wollen. Gleiches gilt für die der Behörde kundgetane Bevollmächtigung eines Dritten.

Diese Vertretungsregelung hat der Gesetzgeber nunmehr in § 38 Abs. 2 SGB II dahingehend ergänzt, dass für Leistungen an Kinder im Rahmen der Ausübung des Umgangsrechts auch die umgangsberechtigte Person die Befugnis hat, Leistungen nach dem SGB II zu beantragen und entgegenzunehmen, soweit das Kind dem Haushalt angehört.

Literaturhinweise:
Kreikebohm/Spellbrink/Waltermann/ *Spellbrink/Becker G.*, Kommentar zum Sozialrecht, Sammelkommentierung nach § 45 SGB II Rn 7–8 a ; LPK-SGB II/*Schoch* § 38; *Samartzis* ZfF 2009, 156–160; *Zimmermann*, Das Hartz-IV-Mandat, 2. Aufl. 2011, § 7 Rn 20–26

Beweise, Beweislast

Definition: Beweise sind Nachweise für tatsächliche Verhältnisse und Zustände, die im Zusammenhang mit der Feststellung der Anwendungsvoraussetzungen einer Norm erforderlich werden.

Rechtsgrundlagen: § 21 SGB X; § 60 Abs. 1 SGB I

Erläuterungen: Im Laufe des Verwaltungsverfahrens kann die Behörde insbesondere zum Nachweis der Leistungsvoraussetzungen Beweismittel einholen. Die Behörde muss nach pflichtgemäßem Ermessen darüber entscheiden, in welcher Art und in welchem Umfang Beweise herangezogen werden (freie Wahl der Beweismittel, § 21 Abs. 1 SGB X). Ermessensfehler können jedoch vorliegen, wenn die Behörde einen Beweis nicht erhebt, der sich bei vernünftiger Überlegung als entscheidungserheblich aufdrängen musste. Grundsätzlich ist die Behörde verpflichtet, den Sachverhalt selbst von Amts wegen zu ermitteln. Die Betroffenen sollen allerdings bei dieser Ermittlung mitwirken und insbesondere ihnen bekannte Tatsachen und Beweismittel angeben (§ 60 Abs. 1 S. 1 Nr. 1, 3 SGB I). Wie weit die **Mitwirkungspflichten** der Betroffenen reichen und welche Grenzen auch im Hinblick auf die Beweiserhebung einzuhalten sind, ergibt sich aus den gesetzlichen Regelungen (§ 65 SGB I). Als **Beweismittel** sind in § 21 Abs. 1 SGB X genannt: Einholung von Auskünften, Anhörung von Beteiligten, Zeugen und Sachverständigen, Beiziehung von Urkunden und Akten sowie die Einnahme des Augenscheins. Die Aufzählung ist nicht abschließend. Die Notwendigkeit der Beweiserhebung ist immer dann gegeben, wenn unklar ist, ob die tatsächlichen Voraussetzungen zur Anwendung der Norm vorliegen. Dies ist dann anzunehmen, wenn die eine Tatbestandsvoraussetzung betreffenden bekannten Informationen und Indizien widersprüchlich oder lückenhaft sind. Man spricht dann von einer **beweisbedürftigen Tatsache.** Beweisbedürftig kann eine Tatsache auch dann werden, wenn die Person, die Angaben dazu gemacht hat, entweder persönlich oder nach Art und Umfang der sachlichen Angaben nicht glaubwürdig ist. Praktische Probleme entstehen immer wieder, wenn die Vorlage von Unterlagen verlangt wird, die sensible Daten beinhalten (zB Kontoauszüge; vgl BSG 19.9.2008 – B 14 AS 45/07 R). Dabei ist stets der Grundsatz der Verhältnismäßigkeit zu beachten und der Eingriff durch die Beweiserhebung auf seine Geeignetheit, Erforderlichkeit und Angemessenheit im Hinblick auf die erwarteten Erkenntnisse hin zu überprüfen. In den §§ 57–61 SGB II sind eine ganze Reihe von Auskunftspflichten Dritter (→Einkommensbescheinigung, Auskunftspflicht der Arbeitgeber) vorgesehen. Darüber hinaus bestehen umfassende Möglichkeiten der **Datenübermittlung** und des **Datenabgleichs** (§§ 50–52 a SGB II) zum Zwecke der Verhinderung von →**Leistungsmissbrauch**. Die Behörde muss im Rahmen der pflichtgemäßen Ermessensausübung und unter Wahrung der Verhältnismäßigkeit darüber entscheiden, in welchem Umfang von diesen Möglichkeiten zur Beweiserhebung Gebrauch gemacht wird. Die Betroffenen können allerdings im Verwaltungsverfahren auch selbst aktiv werden und eigenständig Beweise anbieten und Beweismittel vorlegen.

Der Begriff der **Beweislast** nimmt Bezug auf die Wertungsentscheidung, die zu treffen ist, wenn eine beweisbedürftige Tatsache nicht bewiesen werden kann. Wer die Beweislast zu tragen hat, wird mit den Folgen belastet, die dadurch entstehen, dass nicht festgestellt werden kann, ob die Voraussetzungen der Norm in dem konkreten Fall vorliegen.

Nach dem **allgemeinen Beweislastgrundsatz** hat diejenige Person die tatsächlichen Umstände zu beweisen, die aus der Rechtsnorm für sich günstige Rechtsfolgen herleiten. Wird ein Anspruch auf Arbeitslosengeld II geltend gemacht, trägt der Antragsteller grundsätzlich die Beweislast dafür, dass die Leistungsvoraussetzungen (zB die Hilfebedürftigkeit) vorliegen. Will die Behörde beispielsweise einen bestehenden Verwaltungsakt nach § 45 SGB X aufheben, so trägt die Behörde die Beweislast dafür, dass die Aufhebungsvoraussetzungen vorliegen; also zB die vorangegangene Regelung tatsächlich rechtswidrig gewesen ist.

Die Beweislastverteilung führt nicht dazu, dass der Grundsatz der Amtsermittlung (→**Amtsermittlungsprinzip**) aufgehoben ist. Die Behörde ist auch in diesen Situationen dazu verpflichtet, den Sachverhalt von Amts wegen festzustellen. In diesem Zusammenhang ist die Behörde ausdrücklich dazu verpflichtet, auch die für die Beteiligten günstigen Umstände zu berücksichtigen (§ 20 Abs. 2 SGB X). Eine Beweislastentscheidung kann erst dann getroffen werden, wenn der Sachverhalt nicht mehr weiter aufklärbar ist.

In einigen Fällen hat sich der Gesetzgeber entschlossen eine **Beweislastumkehr** zu regeln: In Abweichung zu den allgemeinen Regeln hat hier ein nach der gesetzlichen Regelung vorgesehener Personenkreis die Beweislast zu tragen. Ein Beispiel dafür ist die Vermutungsregelung nach § 7 Abs. 3 a SGB II wird. Bei der für ihn günstigen Rechtsfolge – eheähnliche Gemeinschaft und damit das Vorliegen einer →**Bedarfsgemeinschaft** – hätte der SGB II-Träger stets die Beweislast zu tragen. Für den Fall, dass die Voraussetzungen der gesetzlichen Vermutungsregelung eingreifen, wird davon ausgegangen, dass eine eheähnliche Gemeinschaft besteht. Als Folge daraus muss nun der Betroffene selbst einen **Gegenbeweis** antreten, dass er nicht in einer eheähnlichen Gemeinschaft lebt.

Literaturhinweise:
LPK-SGB X/*Lang*, 3. Aufl., § 21 Rn 1 ff;
LPK-SGB II/*Armborst*, 4. Aufl., Anh. Verfahren Rn 13 ff

Bewerbungen

Definition: Bewerbungen sind Willensäußerungen des Leistungsberechtigten gegenüber einem möglichen Arbeitgeber, an dem Auswahlverfahren zur Besetzung einer Stelle teilnehmen zu wollen. Art, Inhalt und Form der Bewerbung hängen sehr stark vom Einzelfall ab. Bewerbungen sind maßgeblicher Bestandteil der Aktivierung (→**Aktivierungshilfen**) und der vom Leistungsberechtigten geforderten →**Eigenbemühungen** zur Beschäftigungssuche.

Rechtsgrundlagen: §§ 2 Abs. 1, 10, 15 Abs. 1 S. 2 SGB II; § 16 Abs. 1 SGB II iVm § 44 Abs. 1 SGB III

Erläuterungen: Regelmäßig soll Art und Umfang der Bewerbungen sowie ggf geforderte Nachweise in der →**Eingliederungsvereinbarung** geregelt werden. Welche Anzahl von Bewerbungen verlangt werden kann, ist zunächst von den Umständen des Einzelfalls abhängig. Pauschal festgelegte **Bewerbungszahlen** in den Eingliederungsvereinbarungen sind deswegen nicht unproblematisch. Aus der Rechtsprechung ergibt sich keine klare Obergrenze für die Anzahl von Bewerbungen, die zulässigerweise gefordert werden können. Zehn Bewerbungen im Monat werden überwiegend als zumutbar angesehen (LSG Nordrhein-Westfalen 21.11.2007 – L 20 B 10/07; LSG Berlin-Brandenburg 28.2.2008 – L 25 AS 522/06). Es kann nicht gefordert werden, dass sich ein Betroffener auf Stellen bewirbt, für die er aufgrund seine Qualifikation oder Leistungsfähigkeit gar nicht in Betracht kommt. Ebenso dürfen nur zumutbare Arbeitstätigkeiten (§ 10 SGB II) in die für Bewerbungen in Betracht kommenden Stellen einbezogen werden. **Bewerbungskosten** können nach § 16 Abs. 1 S. 2 SGB II iVm § 44 Abs. 1 SGB III übernommen werden. Hierüber ist nach pflichtgemäßem Ermessen zu entscheiden. Ist die Anzahl der Bewerbungsschreiben und deren Nachweis in der Eingliederungsvereinbarung geregelt, tritt jedoch eine Bindung der Ermessensausübung ein, denn die Mittel für Bewerbungsaktivitäten sind nicht im Regelbedarf enthalten. Die Höhe der Bewerbungskosten (idR Kosten für Foto, Mappe, Fotokopien, Porto und Umschläge) kann gemäß § 44 Abs. 3 S. 1 SGB III pauschaliert werden. Seitens der Bundesagentur war eine Pauschale von 5 EUR maßgeblich (bis 2008); eine Reihe von SGB II_Träger sehen eine niedrigere Pauschale von 4 bzw 3 EUR vor. Bei Fahrten zu Vorstellungsgesprächen bei weiter entfernten Arbeitgebern sind die Fahrtkosten sowie ggf auch die Kosten für eine Übernachtung und besondere Aufwendungen für Verpflegung zu übernehmen. Die Erstattung von Bewerbungskosten ist Teil der Eingliederungsleistungen. Diese müssen stets **gesondert beantragt** werden, bevor die Kosten entstanden sind. Die Antragstellung wirkt gemäß § 37 Abs. 2 SGB II nicht auf in der Vergangenheit bereits angefallene Kosten zurück. Hierauf muss der Betroffene allerdings hingewiesen werden. Entbehrlich ist die Antragstellung nur, wenn in der Eingliederungsvereinbarung bereits eine konkrete und verbindliche Regelung über die Übernahme der Bewerbungskosten getroffen wurde. Die Art des **Nachweises** für durchgeführte Bewerbungen soll regelmäßig ebenfalls in der →**Eingliederungsvereinbarung** vorgesehen werden. Hierzu kommen neben Kopien der Bewerbungsschreiben (in schriftlicher oder elektronischer Form) auch Eigendokumentationen über durchgeführte telefonische Bewerbungen und persönliche Vorsprachen in Betracht. Da die Arbeitgeber nicht zu einer schriftlichen Bestätigung einer durchgeführten Bewerbung verpflichten können, müssen Eigendokumentationen auch dann akzeptiert werden, wenn der Arbeitgeber keine schriftliche Bestätigung übersendet.

Literaturhinweise:

LPK-SGB II/*Berlit*, 4. Aufl., § 2 Rn 25 ff; *Geiger*, Leitfaden zum Arbeitslosengeld II, 8. Aufl. 2011, S. 490 ff

Bildung und Teilhabe

Definition: Bedarfe für Bildung und Teilhabe am sozialen und kulturellen Leben in der Gemeinschaft werden bei jungen Leistungsberechtigten neben dem Regelbedarf gesondert berücksichtigt.

Rechtsgrundlagen: §§ 28, 29 SGB II; § 5 a Alg II-V

Erläuterungen: Um den verfassungsrechtlichen Anforderungen zu genügen, müssen Leistungen zum Lebensunterhalt nach dem SGB II neben dem physischen Existenzminimum auch wenigstens ein Mindestmaß an Teilhabe am gesellschaftlichen, kulturellen und politischen Leben ermöglichen (BVerfG NJW 2010, 505, 508). Der Regelbedarf umfasst zwar nach § 20 Abs. 1 S. 2 SGB II auch eine Teilhabe am sozialen und kulturellen Leben in der Gemeinschaft in vertretbarem Umfang. Neben dem Regelbedarf sieht § 28 SGB II aber spezielle Bedarfe für Bildung und soziale und kulturelle Teilhabe junger Leistungsberechtigter vor.

Den personellen Anwendungsbereich begrenzt § 28 Abs. 1 SGB II hinsichtlich der Bedarfe für Bildung auf Schülerinnen und Schüler allgemein- oder berufsbildender Schulen ohne Ausbildungsvergütung bis zur Vollendung des 25. Lebensjahres. Im Einzelnen werden berücksichtigt:

- Aufwendungen in tatsächlicher Höhe für Schulausflüge, Klassenfahrten, sofern diese im Einklang mit schulrechtlichen Bestimmungen stehen, oder entsprechende Unternehmungen von Kindern in Kindertagesstätten (Abs. 2);

- Persönlicher Schulbedarf pauschal im Umfang von 70 EUR zum Schuljahresanfang und 30 EUR Schulhalbjahresanfang (Abs. 3);

- Erforderliche Kosten für die Beförderung zur nächstgelegenen Schule, soweit sie nicht auf andere Weise (etwa im Rahmen landesrechtlicher Bestimmungen) übernommen werden, wobei zu beachten ist, dass idR ein Teil der Fahrtkosten über den Regelbedarf abgedeckt wird (Abs. 4);

- Erforderliche Kosten für ergänzende angemessene Lernförderung, etwa Hausaufgabenhilfe oder Nachhilfe (Abs. 5);

- Mehraufwendungen für Mittagsverpflegung in schulischer Verantwortung, in Kindertageseinrichtungen und in Kindertagespflege (Abs. 6);

- für minderjährige Leistungsberechtigte Teilhabe am sozialen und kulturellen Leben in der Gemeinschaft, allerdings begrenzt auf einen Umfang von 10 EUR monatlich und nur für die in § 28 Abs. 7 aufgeführten Aktivitäten, dh Mitgliedsbeiträge, Unterricht in künstlerischen Fächern sowie Teilnahme an Freizeiten.

Leistungen für Bedarfe nach § 28 SGB II müssen gesondert beantragt werden (§ 37 Abs. 1 S. 2), mit Ausnahme der von Amts wegen zu berücksichtigenden Leistung nach § 28 Abs. 3 für den persönlichen Schulbedarf. Die Leistungserbringung regelt § 29 SGB II. Danach wird neben dem Schulbedarf auch die Schülerbeförderung als Geldleistung erbracht. Bei den übrigen Bildungs- und Teilhabeleistungen sind als Leistungsmodalitäten die Ausgabe befristeter personalisierter Gutscheine sowie die Direktzahlung an Anbieter möglich. Die Jobcenter haben zu gewährleisten, dass tatsächliche Möglichkeiten bestehen, die Gutscheine bei geeigneten Anbietern einzulösen. Notfalls müssen sie eigene Angebote schaffen. Einen Verwendungsnachweis dürfen die Jobcenter von den Leistungsberechtigten nur ausnahmsweise in begründeten Einzelfällen, dh wenn Tatsachen einen Anfangsverdacht der missbräuchlichen Verwendung begründen, verlangen.

Bei der Einbeziehung von Bildungs- und Teilhabeleistungen in die Berechnung des Hilfebedarfs ist ergänzend § 5 a Alg II-V zu beachten. Aus § 5 a Nr. 3 Alg II-V iVm § 9 RBEG folgt, dass bei den Leistungen für Mittagsverpflegung eine häusliche Ersparnis von 1 EUR als Eigenanteil abzuziehen ist. Abzugrenzen sind die Leistungen nach § 28 SGB II von entsprechenden Leistungen nach dem vorrangigen § 6 b

BKGG für Kinderzuschlagbezieher (vgl § 19 Abs. 2 SGB II) sowie nach § 34 SGB XII. Dabei ist insbesondere § 7 Abs. 2 S. 3 SGB II zu beachten, wonach § 28 SGB II auch Anwendung findet, wenn die Leistungsberechtigten mit Erwerbsfähigen (insb. erwerbsfähigen Eltern) in einem Haushalt leben und eine Bedarfsgemeinschaft nur wegen zu berücksichtigenden Einkommens oder Vermögens nicht besteht. Vorhandenes Einkommen oder Vermögen wird nach § 19 Abs. 3 SGB II erst nach Abdeckung der anderen Bedarfe zum Lebensunterhalt auf Bedarfe nach § 28 SGB II in der Reihenfolge der Absätze dieser Vorschrift angerechnet, bei mehreren Leistungsberechtigten werden die vorhandenen Mittel kopfteilig angerechnet (§ 9 Abs. 2 S. 4 SGB II).

Für einige der neuen Bildungs- und Teilhabeleistungen sind Übergangsregelungen in § 77 Abs. 7–11 enthalten.

Literaturhinweise:
Klerks, Leistungen für Bildung und Teilhabe gem. §§ 28, 29 SGB II, info also 2011, 147; *Klesse*, Leistungen für Bildung und Teilhabe – Erste Empfehlungen zur Auslegung der neuen Regelungen im SGB II und XII sowie im Bundeskindergeldgesetz, NDV 2012, 7

Bildungsgutschein

Definition: Durch den Bildungsgutschein wird zugunsten des Leistungsberechtigten verbindlich festgestellt, dass die Voraussetzungen für die Förderung einer Weiterbildung vorliegen. In rechtlicher Hinsicht handelt es sich um eine schriftliche Zusicherung (§ 34 SGB X)mit dem Inhalt, bei Beginn der Bildungsmaßnahme die berufliche Weiterbildung zu bewilligen und die anfallenden Kosten der Maßnahme zu übernehmen.

Rechtsgrundlagen: § 16 Abs. 1 S. 2 Nr. 4 SGB II; § 81 Abs. 4 SGB III

Erläuterungen: Der Bildungsgutschein ist ein Instrument, das bei der Gewährung von Eingliederungsleistungen in Form der beruflichen →**Weiterbildung** zum Einsatz kommt. Aufgrund der Verweisung in § 16 Abs. 1 S. 2 Nr. 4 SGB II gelten die Leistungen der beruflichen Weiterbildung aus dem SGB III auch für die Grundsicherung, allerdings mit der Einschränkung, dass die Leistungen stets **nur nach** pflichtgemäßem **Ermessen** zu gewähren sind. Die Ermessensausübung ist jedoch eingeschränkt. Bildungsgutscheine dürfen lediglich zeitlich befristet sowie auf bestimmte Bindungsziele beschränkt werden. Weiter ergibt sich noch die Möglichkeit zur Beschränkung auf Bildungsmaßnahmen in einer bestimmten Region. Damit kann verhindert werden, dass Betroffene Maßnahmen auswählen, für die sie nicht geeignet erscheinen. Nicht zulässig ist es allerdings, dass nur ein bestimmter Bildungsträger vorgesehen wird. Im Rahmen des festgestellten Bildungsziels besteht eine Auswahlmöglichkeit unter den zugelassenen Bildungsträgern. Probleme können entstehen, wenn nicht in ausreichendem Umfang unterschiedliche Bildungsträger und Plätze zur Verfügung stehen. Ein nicht eingelöster Bildungsgutschein verfällt mit Ablauf der bestimmten Gültigkeitsdauer. Wenn der Eingliederungsbedarf fortbesteht, kann jedoch ein neuer Bindungsgutschein beantragt werden.

Literaturhinweise:
GK-SGB III/*Lampe* § 77 Rn 59 f zu § 77 Abs. 4 SGB III aF; *Stascheit/Winkler*, Leitfaden für Arbeitslose, 27. Aufl. 2010, S. 496 ff

Bundesagentur für Arbeit

Definition: Die Bundesagentur für Arbeit (BA) ist eine juristische Person des öffentlichen Rechts auf Bundesebene mit Selbstverwaltung, die Aufgaben nach dem SGB III (Arbeitsförderung) sowie weitere ihr übertragene Aufgaben wahrnimmt. Im Rahmen der Grundsicherung für Arbeitsuchende ist die BA für alle Leistungen zuständig, die nicht den kommunalen Trägern zugewiesen sind.

Rechtsgrundlagen: § 367 SGB III, § 6 SGB II.

Erläuterungen: Die grundlegenden Strukturprinzipien der Bundesagentur für Arbeit finden sich in § 367 SGB III. Dort wird die BA als rechtsfähige bundesunmittelbare Körperschaft des öffentlichen Rechts mit Selbstverwaltung bezeichnet. Ungeachtet dieses Wortlauts ist in der rechtswissenschaftlichen Literatur umstritten, ob es sich bei der BA tatsächlich um eine Körperschaft handelt oder ob sie sich wegen ihrer körperschaftsuntypisch ausgestalteten Selbstverwaltungsstruktur

eher als Anstalt darstellt. Jedenfalls ist sie eine **juristische Person des öffentlichen Rechts auf Bundesebene** und damit rechtsfähig, dh sie kann Trägerin von Rechten und Pflichten sein und klagen sowie verklagt werden.

In ihrer Binnenorganisation ist die BA in drei Ebenen untergliedert: Die Zentrale, die Regionaldirektionen und die Agenturen für Arbeit. Letztere sind als örtliche Verwaltungsebene vorrangig für die Leistungsaufgaben zuständig, während die höheren Verwaltungsebenen vor allem Steuerungs- und Koordinierungsaufgaben erfüllen. Hinzu kommen besondere Dienststellen wie beispielsweise die Zentrale Auslands- und Fachvermittlung (ZAV). Alle diese Untergliederungen der BA sind zwar **Behörden im sozialverwaltungsrechtlichen Sinne.** Sie sind jedoch nur Teil der Körperschaft BA und jeweils für sich genommen keine rechtsfähigen juristischen Personen.

Vertreten wird die BA durch den **Vorstand** bestehend aus einem/einer Vorsitzenden und zwei weiteren Mitgliedern. Als **Selbstverwaltungsorgane** hat die BA einen Verwaltungsrat sowie Verwaltungsausschüsse bei den Agenturen für Arbeit. Die Verwaltungsratsmitglieder werden allerdings nicht gewählt, sondern vom zuständigen Bundesministerium berufen, wobei Gewerkschaften und Arbeitgeberverbände lediglich Vorschlagsrechte haben.

In der Grundsicherung für Arbeitsuchende ist die BA laut § 6 Abs. 1 S. 1 Nr. 1 SGB II →**Grundsicherungsträger** für alle Leistungen, die nicht den kommunalen Trägern zugewiesen sind. Zu den Aufgaben der BA gehören somit neben den Leistungen für den Regelbedarf und die Mehrbedarfe auch die Leistungen zur Eingliederung in Arbeit mit Ausnahme der kommunalen Eingliederungsleistungen. Zur Wahrnehmung dieser Aufgaben bilden Agenturen für Arbeit und kommunale Träger im Regelfall – außer in den Optionskommunen – →**Jobcenter** als gemeinsame Einrichtungen nach § 44 b SGB II.

Literaturhinweise:
Gagel/*Wendtland*, § 367 SGB III Rn. 6 ff; *Luthe*, Zur Kompetenz der Bundesagentur für Arbeit und das SGB II unter Einbeziehung bisheriger Modelle, SGb 2010, 121–130

Bußgeld

Definition: Das Bußgeld ist die Rechtsfolge eines Verstoßes gegen eine Rechtsvorschrift, wenn dieser Verstoß den Tatbestand einer Ordnungswidrigkeit erfüllt.

Rechtsgrundlagen: §§ 63, 64 SGB II; §§ 17, 18 OWiG

Erläuterungen: Mit § 63 enthält das SGB II eine spezielle Bußgeldvorschrift. Adressaten der darin enthaltenen Ordnungswidrigkeitstatbestände sind primär **Arbeitgeber** sowie **auskunftspflichtige Dritte**. Nach § 63 Abs. 1 Nr. 6 verhält sich allerdings auch der **Leistungsempfänger** selber ordnungswidrig, wenn er entgegen § 60 Abs. 1 S. 1 Nr. 2 SGB I eine Änderung in den Verhältnissen, die für einen Anspruch auf eine laufende Leistung erheblich ist, nicht, nicht richtig, nicht vollständig oder nicht rechtzeitig mitteilt. In Betracht kommen hierbei **leistungserhebliche Tatsachen**, über die im Zusammenhang mit der Leistung Erklärungen abgegeben werden, also zB Änderungen in den Einkommens- und Vermögensverhältnissen, aber auch in der Zusammensetzung der Bedarfsgemeinschaft.

Verletzt der Leistungsempfänger seine diesbezüglichen Mitteilungspflichten vorsätzlich oder fahrlässig, verhält er sich ordnungswidrig, wobei § 63 Abs. 2 SGB II hierfür eine Geldbuße bis zu 5.000 EUR vorsieht. Nach § 17 Abs. 2 OWiG kann ein fahrlässiger Verstoß mit höchstens 2.500 EUR Geldbuße geahndet werden. →**Fahrlässigkeit** ist das Außerachtlassen der objektiv erforderlichen Sorgfalt, die einem Leistungsempfänger bei der Wahrnehmung seiner **Mitwirkungspflichten** nach §§ 60 ff SGB I obliegt. Eine schuldhafte Ordnungswidrigkeit liegt jedoch nicht vor, wenn der Leistungsempfänger, etwa aufgrund verminderter geistiger Fähigkeiten, subjektiv nicht in der Lage war, diesen Anforderungen zu entsprechen. Je sorgfältiger der Leistungsempfänger über seine Mitwirkungspflichten belehrt worden ist, desto restriktiver wird man die Maßstäbe hierfür anlegen müssen.

Die Kriterien für die Bemessung des Bußgeldes im Einzelfall folgen aus § 17 Abs. 3, 4 OWiG, nach § 18 OWiG sind mit Rücksicht auf die **wirtschaftlichen Verhältnisse** des Betroffenen Zahlungserleichterungen möglich. Stellt die Verletzung der Mitteilungspflicht zugleich eine Straftat, etwa einen Betrug (§ 263 Abs. 1 StGB) dar, tritt § 63 SGB II dahinter zurück. Anders als eine Geldstrafe (§§ 40 ff StGB) wird das Bußgeld nicht in das Bundeszentralregister eingetragen und erscheint damit unabhängig von der Höhe auch nicht im **Führungszeugnis**. § 64 Abs. 2 SGB II regelt die →**Zuständigkeit** der Leistungsträger bzw der gemeinsamen Einrichtung als aufgabenwahrnehmender Behörde für die Verfolgung und Ahndung der Ordnungswidrigkeiten.

Literaturhinweise:
Wieser, Ordnungswidrigkeiten bei Bewilligung der Grundsicherung von Arbeitssuchenden und Sozialhilfe SGB II/XII, Augsburg 2007; *Gabbert*, Ordnungswidrigkeiten und Bußgeldstatbestände in der Sozialversicherung, Kompass/KBS 2007, Nr. 1/2, 22–27

Call-Center

Definition: Call-Center sind Dienstleistungseinrichtungen, die im Regelfall an einer zentralen Stelle zusammengefasst telefonische Anfrage vornehmen und/oder für Informationsanfragen und Mitteilungen zur Verfügung stehen. Die in den Call-Centern erhobenen Daten werden regelmäßig in Form elektronischer Datenverarbeitung an die Jobcenter weitergeleitet.

Rechtsgrundlagen: § 51 SGB II; §§ 67 ff SGB X

Erläuterungen: Eine Rechtsgrundlage für die Telefonabfrage mit Call-Centern ergibt sich aus § 51 SGB II. Danach dürfen in Abweichung zu den üblichen datenschutzrechtlichen Bestimmungen auch nichtöffentliche Stellen mit der Erhebung, Verarbeitung und Nutzung von Sozialdaten beauftragt werden. Trotzdem sind gegen den Einsatz von Call-Centern eine Reihe von datenschutzrechtlichen Bedenken erhoben worden. Problematisch ist insbesondere, dass zu Art und Umfang der Datenerhebung und Verarbeitung klare Vorgaben gemacht werden müssen, andernfalls ist die Aufgabenübertragung fehlerhaft. Zur **Mitwirkung bei Telefonabfragen** sind die Leistungsberechtigten **nicht verpflichtet**. Hierzu ergibt sich weder aus den §§ 60 ff SGB I noch aus dem SGB II eine entsprechende Mitwirkungspflicht. Die →**Erreichbarkeit** setzt nur die postalische Erreichbarkeit voraus. Eine Telefonnummer braucht nicht angegeben zu werden. Die Verweigerung, bei Telefonabfragen mitzuwirken, stellt damit keine Pflichtverletzung im Sinne des § 31 SGB II dar.

Literaturhinweise:
LPK-SGB II/*Lenze/Brünner*, 4. Aufl., § 51 Rn 4 ff; *Geiger*, Leitfaden zum SGB II, 8. Aufl. 2011, S. 712 f

Case-Management

Definition: Case Management (Fallmanagement) in der Beschäftigungsförderung ist ein kooperatives Verfahren mit dem Ziel der Überwindung der Hilfebedürftigkeit (insbesondere durch Eingliederung in Arbeit), in dem unter Beteiligung des Hilfebedürftigen dessen Fähigkeiten und oft komplexe individuelle Bedarfslage erhoben und erfasst werden, um hierauf abgestimmt gemeinsam die zielführenden Maßnahmen – notfalls unter Überschreitung professioneller und institutioneller Grenzen hinweg – zu vereinbaren bzw zu bestimmen, sie zu planen, in strukturierter und koordinierter Weise zu implementieren, zu überwachen, zu evaluieren und erforderlichenfalls anzupassen.

Rechtsgrundlage: § 14 iVm § 15 SGB II

Erläuterungen: Case Management (Fallmanagement) stellt eine v.a. aus dem angelsächsischen Raum stammende Methodik zur Reaktion auf komplexe ambulante Hilfebedarfslagen dar. Sie fand keinen ausdrücklichen Eingang in das SGB II, lag aber der gesetzgeberischen Vorstellung bei der Formulierung des § 14 SGB I zugrunde. In der **Gesetzesbegründung** (BT-Drucks. 15/1516) wird entsprechend das Verständnis klargestellt, dass die Vorschrift an die Aussagen zur Förderung des Erwerbsfähigen insbesondere zur Eigenverantwortung anknüpfen und klarstellen würden, dass der Erwerbsfähige von der Agentur für Arbeit umfassend zu unterstützen sei. Dies bedeute mehr als das Beraten und Vermitteln. Die Agentur für Arbeit habe alle Einflussfaktoren für die berufliche Eingliederung zu berücksichtigen und alle erforderlichen Unterstützungen zu geben, die sich mit den Grundsätzen der Sparsamkeit und Wirtschaftlichkeit vereinbaren ließen. Hierzu gehöre bei Bedarf auch intensive Betreuung. Na-

mentlich die Zuordnung nach Möglichkeit nur eines Ansprechpartners (→**persönlicher Ansprechpartner**) solle ein kompetentes Fallmanagement sicherstellen, ein Vertrauensverhältnis zwischen dem Erwerbsfähigen und dem Mitarbeiter der Agentur für Arbeit fördern und der Effizienz der Betreuung des Erwerbsfähigen dienen.

Unmittelbar wird das Konzept jedoch nicht in § 14 SGB II aufgeführt; lediglich der Begriff des →**persönlichen Ansprechpartners** wird textlich erwähnt. Insoweit wird zu Recht darauf hingewiesen, dass der letztere Begriff nach Rolle und Funktion noch nicht so festgelegt sei, das dem Leistungsträger durch dessen Verwendung und Gleichsetzung mit dem Begriff des Fallmanagers eine bestimmte konzeptionelle Gestaltung verbindlich vorgegeben wäre (LPK-SGB II/*Berlit* § 14 Rn 12). Andererseits weisen die Anordnung einer umfassenden Unterstützungs- und Leistungsobliegenheit (§ 14 S. 1 u. 3 SGB II) sowie die Regelverpflichtung, im Konsens mit dem Hilfebedürftigen eine →**Eingliederungsvereinbarung** abzuschließen, in welcher die wechselseitigen Leistungen und Bemühungen um Eingliederung in Arbeit sowie Deckung des Lebensunterhalts festgehalten und verbindlich vereinbart werden (§ 15 SGB II), deutliche Anknüpfungspunkte für den gesetzgeberischen Willen im Wortlaut des Gesetzestextes auf, die den Rückschluss zulassen, die Bundesagentur für Arbeit treffe – unter Berücksichtigung der Offenheit des Konzepts des Fallmanagements – **im Regelfall die Obliegenheit**, ein Case Management durchzuführen.

Gleichzeitig ist zu berücksichtigen, dass der einzelne Hilfeempfänger nach der Rechtsprechung keinen Anspruch auf einen persönlichen Ansprechpartner oder auch nur eine →**Eingliederungsvereinbarung** hat. Aus Entstehungsgeschichte, systematischem Zusammenhang sowie Sinn und Zweck von § 15 Abs. 1 S. 1 SGB II ergebe sich zunächst, dass dem Grundsicherungsträger entgegen der an ihn adressierten Regelobliegenheit, eine →**Eingliederungsvereinbarung** auszuhandeln und abzuschließen, die Alternative des Erlasses eines Verwaltungsaktes schon dann zustehe, wenn ihm dies als der besser geeignete Weg erscheine. Auch habe der Hilfebedürftige keinen Anspruch gegenüber der Agentur für Arbeit, ihm einen unbefangenen und qualifizierten →persönlichen Ansprechpartner zu benennen, weil § 14 S. 2 SGB II nur eine objektivrechtliche Aufgabenzuweisung enthalte. Die Zuordnung eines persönlichen Ansprechpartners solle allerdings ein kompetentes Fallmanagement sicherstellen, ein Vertrauensverhältnis zwischen dem erwerbsfähigen Hilfebedürftigen und dem Leistungsträger fördern sowie der Effizienz der Betreuung des erwerbsfähigen Hilfebedürftigen dienen. Der →persönliche Ansprechpartner sei damit ein Teil des Fallmanagements, bei dem es sich um die Idee eines anspruchsvollen beraterischen Ansatzes handele, der die besondere Lage des Hilfebedürftigen in einem kooperativ strukturierten Prozess feststellen und insbesondere dadurch verändern wolle, dass die individuellen Kompetenzen des Hilfebedürftigen, seine Lage zu verändern, gestärkt würden. Dies solle etwa durch die für eine kompetente Aufgabenerledigung notwendige Qualifizierung des Ansprechpartners erreicht werden (vgl zum Ganzen BSG SGb 2010, 612–615). Zusammengefasst wird dadurch das Fallmanagement im Rahmen einer Regelobliegenheit als im SGB II angelegtes Handlungskonzept anerkannt, dem **kein subjektiver Rechtsanspruch** auf Durchführung desselben gegenübersteht.

Inhaltliche Anforderungen an das Fallmanagement speziell im Bereich der Grundsicherung für Arbeitsuchende formulieren zwischenzeitlich zum einen ein Arbeitskreis aus Kommunen, der Bundesagentur für Arbeit, der Fachhochschule Frankfurt, und der Fachhochschule des Bundes (FB Arbeitsverwaltung) unter dem Titel Fachkonzept „Beschäftigungsorientiertes Fallmanagement im SGB II", sowie zum anderen der Deutsche Verein in seinen „Anforderungen an das Fallmanagement des SGB II". Letztlich hat sich die Umsetzung des Konzepts an den allgemeinen, jedoch an die Zielsetzung des Grundsicherungsrechts angepassten Bestimmungsmerkmalen des Case Management auszurichten, in einem kooperativen Verfahren mit dem Ziel der Überwindung der Hilfebedürftigkeit (insbesondere durch Eingliederung in Arbeit), unter Beteiligung des Hilfebedürftigen dessen Fähigkeiten und oft komplexe individuelle Bedarfslage zu erheben und zu erfassen, um hierauf abge-

stimmt gemeinsam die zielführenden Maßnahmen – notfalls unter Überschreitung professioneller und institutioneller Grenzen hinweg – zu vereinbaren bzw zu bestimmen, sie zu planen, in strukturierter und in koordinierter Weise zu implementieren, zu überwachen, zu evaluieren und erforderlichenfalls anzupassen. Der gesetzliche Rahmen hierzu ergibt sich insbesondere aus den Bestimmungen zur →**Eingliederungsvereinbarung** (§ 15 SGB II).

Literaturhinweise:
Baethge-Kinsky/Bartelheimer/Henke, WSI-Mitteilungen 2007, 70–76; *Bartelheimer* ZSR, 2008, 11–36; *Bohrke-Petrovic/Göckler*, Case Management 2005, 109–131; *Deutsche Gesellschaft für Care und Case Management*, Was ist Case Management, http://www.dgcc.de/wasistcm.html (Stand: 2.4.2012); *Deutscher Verein für öffentliche und private Fürsorge e.V.*, Anforderungen an das Fallmanagement des SGB II, NDV 2009, 271–277; *ders.*, Empfehlungen des Deutschen Vereins zu Qualitätsstandards für das Fallmanagement, NDV 2004, 149–153; *Gagel/Kohte*, § 14 SGB II Rn 23–24; *Galuske* SozArb 2007, 409–417; GK-SGB II/*Lahne* § 14 Rn 11–15; *Göckler*, (Hrsg.), Fachkonzept „Beschäftigungsorientiertes Fallmanagement im SGB II", http://www. arbeitsagentur.de/zentraler-Content/A03-Berufsberatung/A033-Erwerbspersonen/Publikationen/pdf/Fallmanagement-Fachkonzept.pdf (Stand: 2.4.2012); *Kemp* SozArb 2007, 448–450; *Genz/Werner*, Arbeitsmarktintegration 2005, 169–244; *Genz/Schwendy* TuP 2004, 8–13; *Klein/Langnickel* NDV 2004, 204–209; *Kolbe/Reis*, Die praktische Umsetzung des Fallmanagements nach dem SGB II, 1. Aufl. 2008; LPK-SGB II/*Berlit* § 14; *Netzwerk Case Management Schweiz*, Definition Case Management, http://www.netzwerk-cm.ch/fileadmin/user_upload/pdf/Mitglieder/Definition_und_Standards_30_03_2006.pdf (Stand 2.4.2012); *Reis*, WSI-Mitteilungen 2006, 194–199; *Reis/Kolbe*, Fallmanagement im SGB II, 1. Aufl. 2005; *Poetzsch/Schumacher*, Geschichte der Sozialen Arbeit 2, 5. Aufl. 2008, S. 326 ff; *Wenzel*, IAB-Forum 2008, Nr. 2, 54–59

Darlehen

Definition: Nach § 488 BGB wird der Darlehensgeber durch den Darlehensvertrag verpflichtet, dem Darlehensnehmer einen Geldbetrag in der vereinbarten Höhe zur Verfügung zu stellen. Der Darlehensnehmer ist verpflichtet, den geschuldeten Zins zu zahlen und bei Fälligkeit das zur Verfügung gestellte Darlehen zurückzuzahlen.

Rechtsgrundlagen: §§ 16 c, 16 g, 22 Abs. 2 S. 2, Abs. 6 S. 3 u. Abs. 8, 24 Abs. 1, Abs. 4 u. Abs. 5, 27 Abs. 4 SGB II

Erläuterungen: Die Rahmenvorgaben für alle Darlehen sind in § 42 a SGB II geregelt. Nach § 42 a Abs. 1 S. 1 darf ein Darlehen nur gewährt werden, wenn der Bedarf weder durch Vermögen nach § 12 Abs. 2 Nr. 1, 1 a, 4 SGB II noch auf andere Weise gedeckt werden kann. Sämtliche Darlehen dürfen also nur dann bewilligt werden, wenn der **Grundfreibetrag** sowie **der Freibetrag für Anschaffungen** vollständig **verbraucht** wurde.

Nach § 42 a Abs. 1 S. 2 SGB II kann ein Darlehen an **mehrere Mitglieder einer Bedarfsgemeinschaft** gemeinsam vergeben werden. Dementsprechend sind zur Rückzahlung nach der Gesetzesbegründung (BT-Drucks. 17/3404, 116) die Darlehensnehmer als **Gesamtschuldner** verpflichtet. Damit haftet für die Rückzahlung des Darlehens jede Person der Bedarfsgemeinschaft für den gesamten Betrag, zB auch Kinder für den Teil des Darlehens, den die Eltern erhalten haben.

Nach § 42 a Abs. 2 SGB II wird in der Regel ein Darlehen durch **monatliche Aufrechnung** in Höhe von 10 % des maßgebenden Regelbedarfs getilgt, solange Darlehensnehmer Leistungen zur Sicherung des Lebensunterhalts beziehen. Ausgenommen sind von dieser Regelung nur Darlehen nach § 24 Abs. 5 SGB II (keine sofortige Verwertung des Vermögens möglich) oder § 27 Abs. 4 SGB II (für Auszubildende). Die Aufrechnung ist schriftlich durch einen **Verwaltungsakt** zu erklären (Abs. 2 S. 2).

Gemäß § 42 a Abs. 4 SGB II ist nach Beendigung des Leistungsbezuges der noch nicht getilgte Darlehensbetrag sofort fällig. Über die Rückzahlung des ausstehenden Betrags soll eine Vereinbarung unter Berücksichtigung der wirtschaftlichen Verhältnisse der Darlehensnehmer getroffen werden. Eine **Zinszahlung** ist nicht möglich.

Literaturhinweise:
LPK-SGB II/*Conradis*, 4. Aufl., § 42 a Rn 1 ff

Datenabgleich

Definition: Der automatisierte Datenabgleich ist ein Verfahren zur vergleichenden Abstimmung von bestimmten Sozialdaten, die bei den Grundsicherungsträgern (bzw den Sozialhilfeträgern) gespeichert sind, mit dem Datenbestand anderer Stellen.

Rechtsgrundlagen: § 52 SGB II iVm GrSiDAV; §§ 118 SGB XII iVm SozHiDAV

Erläuterungen: Die in § 52 SGB II geregelte Befugnis zum automatisierten Datenabgleich dient der **Bekämpfung von Leistungsmissbrauch.** Sie findet ihre sozialhilferechtliche Entsprechung in § 118 SGB XII. Die verfassungsrechtliche Zulässigkeit des anlasslosen Routineabgleichs wird allerdings bezweifelt (LPK-SGB II/*Brünner* § 52 Rn 8 unter Verweis auf die Rechtsprechung des BVerfG, NJW 2007, 2464–2473, zur Abgabenordnung).

Der Datenabgleich erfolgt quartalsweise zum 1. Januar, 1. April, 1. Juni und 1. Oktober jeweils für das vorausgegangene Kalendervierteljahr (**Abgleichszeitraum**, § 1 Abs. 1 S. 1 GrSiDAV). Abgeglichen werden dürfen nur die in § 52 Abs. 2 SGB II abschließend aufgezählten vier Daten (zusammen mit Kunden- und Bedarfsgemeinschaftsnummer: **Anfragedatensatz**, § 1 Abs. 2 GrSiDAV) von Leistungsbeziehern (**Abgleichsfälle**, § 1 Abs. 1 S. 1 aE GrSiDAV):

1. Name und Vorname,

2. Geburtsdatum und -ort,

3. Anschrift,

4. Versicherungsnummer.

Zulässig ist der Abgleich dieser Datensätze ausschließlich im Hinblick auf die in § 52 Abs. 1 SGB II aufgelisteten sieben **Fragestellungen:**

1. ob, in welcher Höhe und für welche Zeiträume Leistungen der Unfall- oder Rentenversicherungsträger bezogen werden oder wurden,

2. ob und in welchem Umfang Zeiten des SGB II-Leistungsbezugs mit Zeiten einer Versicherungspflicht oder

Zeiten einer geringfügigen Beschäftigung zusammentreffen,

3. ob und welche Daten nach § 45 d Abs. 1 EStG (Steuerabzugsverpflichtete oder Sammelantragsteller für die Erstattung von Kapitalertragsteuer; Freistellungsaufträge) und § 45 e EStG (Informationen über Zinserträge) an das Bundeszentralamt für Steuern übermittelt worden sind,

4. ob und in welcher Höhe ein Kapital nach § 12 Abs. 2 Nr. 2 SGB II nicht mehr dem Zweck einer geförderten zusätzlichen Altersvorsorge im Sinne des § 10 a oder des Abschnitts XI EStG dient,

5. ob, in welcher Höhe und für welche Zeiträume Leistungen der Sozialhilfeträger bezogen werden oder wurden,

6. ob, in welcher Höhe und für welche Zeiträume Leistungen der Bundesagentur als Träger der Arbeitsförderung nach dem SGB III bezogen werden oder wurden,

7. ob, in welcher Höhe und für welche Zeiträume von ihnen Leistungen anderer Träger der Grundsicherung für Arbeitsuchende bezogen werden oder wurden.

Auskunftsstellen sind somit die folgenden Einrichtungen (vgl hierzu auch die Übersicht in Nr. 52.3 DH-BA SGB II):

■ Deutsche Post AG,

■ Bundesknappschaft, Deutsche Rentenversicherung Knappschaft-Bahn-See,

■ Datenstelle der Träger der Rentenversicherung (DSRV),

■ Bundeszentralamt für Steuern (BZSt),

■ Zentrale Zulagenstelle für Altersvermögen nach § 81 EStG (ZfA),

■ Bundesagentur für Arbeit.

Durchführende Stellen des Datenabgleichs sind die Bundesagentur für Arbeit und die zugelassenen kommunalen Träger. Diese übermitteln die Datensätze (zu den diesbezüglichen Anforderungen vgl § 3 GrSiDAV) jedoch nicht direkt an die sich aus den Fragestellungen ergebenden Auskunftsstellen, sondern vermitteln über die Datenstelle der Träger der Rentenversicherung als zentraler Vermittlungsstelle (**Kopfstelle**; vgl § 1 Abs. 2 iVm § 1 b Abs. 1 GrSiDAV). Die Kopfstelle ist auch für die Festlegung der Einzelheiten des Datenabgleichverfahrens, insbesondere des Aufbaus der Datensätze, der Übermittlung, der Prüfung und Berichtigung von Datensätzen verantwortlich (§ 4 GrSiDAV). Das Verfahren bei den Auskunftsstellen und der Kopfstelle regelt § 2 GrSiDAV. Nach dessen Durchführung übermitteln die Auskunftsstellen die Antwortdatensätze – abermals vermittelt über die Kopfstelle – an die Bundesagentur für Arbeit, welche sodann die leistungsbewilligenden Stellen über die Ergebnisse des Datenabgleichs unterrichtet (§ 1 b Abs. 2 GrSiDAV).

Den Umgang mit den betroffenen Daten **nach erfolgtem Abgleich** regelt § 52 Abs. 3 SGB II. Danach sind die den Auskunftsstellen überlassenen Daten und Datenträger nach Durchführung des Abgleichs unverzüglich zurückzugeben, zu löschen oder zu vernichten. Die Grundsicherungsträger wiederum dürfen die ihnen übermittelten Daten nur zum Zwecke des Datenabgleichs nutzen. Die übermittelten Daten der Personen, bei denen der Überprüfung zu keinen abweichenden Feststellungen führt, sind unverzüglich zu löschen.

Literaturhinweise:
Gagel/*Schmidt* § 52 SGB II; GK-SGB II/*Stähler* § 52; *Hammel* info also 2006, 201–205; *Kunkel* ZfF 2005, 172–174; LPK-SGB II/*Brünner* § 52 SGB II; *Schoch* ZfSH/SGB 2005, 67–75; *Wenner* SozSich 2007, 316–318; *ders.* SozSich 2005, 102–107

Datenschutz

Definition: Datenschutz ist der Schutz des Einzelnen davor, dass er durch den Umgang (Erhebung, Verarbeitung oder Nutzung) mit seinen personenbezogenen Daten (dh auch seinen Sozialdaten) in seinem Persönlichkeitsrecht beeinträchtigt wird.

Rechtsgrundlagen: § 35 SGB I iVm §§ 67–85 a SGB X; §§ 50–52 a SGB II; §§ 1 ff VOErhDSGBII; §§ 1 ff BDSG

Erläuterungen: Der Datenschutz hat seinen verfassungsrechtlichen Ausgangspunkt im **Recht auf informationelle Selbstbestimmung**, welches das Bundesverfassungsgericht aus dem allgemeinen Persönlichkeitsrecht in einer Zusammenschau aus Art. 2 Abs. 1 und Art. 1 Abs. 1

GG herausgelesen hat. Gemeinsames **Ziel** der Vielzahl datenschutzrechtlicher Bestimmungen auf den unterschiedlichsten Regelungsebenen ist der Schutz des Einzelnen davor, dass er durch den Umgang mit seinen personenbezogenen Daten in seinem Persönlichkeitsrecht beeinträchtigt wird (§ 1 Abs. 1 BDSG).

Die Grundsicherungsträger des SGB II (§ 6 Abs. 1 SGB II) unterliegen als Leistungsträger (§ 35 Abs. 1 S. 1 iVm § 12 S. 1 u. § 19 a Abs. 2 SGB I) nicht dem allgemeinen Datenschutzrecht des Bundes (BDSG) oder der Länder (L-DSG) sondern ausschließlich (§ 35 Abs. 2 SGB I) dem Sozialgeheimnisschutz/**Sozialdatenschutz** des § 35 SGB I iVm §§ 67-85 a SGB X. Ihnen gegenüber hat jeder Anspruch auf Wahrung des Sozialgeheimnisses, dh darauf, dass die ihn betreffenden Sozialdaten, aber auch Betriebs- und Geschäftsgeheimnisse (§ 35 Abs. 4 SGB I) nicht unbefugt erhoben (§ 67 Abs. 5 iVm § 67 a SGB X), verarbeitet (§ 67 Abs. 6 iVm §§ 67 b–78 SGB X) oder genutzt (§ 67 Abs. 7 iVm §§ 67 b u. 67 c SGB X) werden. **Sozialdaten** sind Einzelangaben über persönliche oder sachliche Verhältnisse einer bestimmten oder bestimmbaren natürlichen Person (Betroffener), die von einer der in § 35 Abs. 1 S. 1 u. 4 SGB I genannten Stellen im Hinblick auf ihre Aufgaben nach dem SGB erhoben, verarbeitet oder genutzt werden (§ 67 Abs. 1 S. 1 SGB X). **Betriebs- und Geschäftsgeheimnisse** sind dagegen alle betriebs- oder geschäftsbezogenen Daten, auch von juristischen Personen, die Geheimnischarakter haben. Die Grundsicherungsträger und ihre Bediensteten und Mitarbeiter haben insoweit keine Auskunftspflicht, keine Zeugnispflicht und keine Pflicht zur Vorlage oder Auslieferung von Schriftstücken, nicht automatisierten Dateien und automatisiert erhobenen, verarbeiteten oder genutzten Sozialdaten, soweit eine Übermittlung derselben nicht zulässig wäre (§ 35 Abs. 3 SGB I).

Soweit in die Leistungserbringung **andere öffentliche Stellen**, die ihrerseits nicht Leistungsträger iSd § 12 S. 1 SGB I oder Stellen iSd § 35 Abs. 1 S. 4 SGB I sind, einbezogen werden, unterliegen diese zwar grundsätzlich den Regeln entweder des BDSG (§ 1 Abs. 2, insbesondere iVm §§ 12–26 BDSG) oder den anzuwendenden L-DSG. Ebenso sind **nichtöffentliche**

Stellen nach der Maßgabe des § 1 Abs. 2 BDSG an die Vorgaben des BDSG (insbesondere §§ 27–38 a BDSG) gebunden, falls es sich bei ihnen nicht um kirchliche oder kirchenzugehörige Einrichtungen handelt, für die aufgrund des kirchlichen Selbstverwaltungsrechts (Art. 140 GG iVm Art. 137 Abs. 3 WRV) namentlich entweder als katholische Institution die Anordnung über den kirchlichen Datenschutz (KDO und diesbezügliche KDO-DVO) oder als evangelische Institution das Kirchengesetz über den Datenschutz der evangelischen Kirche in Deutschland (DSG-EKD und die diesbezüglichen landeskirchlichen Durchführungsbestimmungen) ausschließlich anzuwenden wäre. Werden diesen vorgenannten Stellen aber zur Aufgabenerfüllung seitens der Grundsicherungsträger Sozialdaten (§ 67 Abs. 1 S. 1 SGB X) übermittelt, dürfen diese nur zu dem Zweck verarbeitet (§ 67 Abs. 6 SGB X) oder genutzt (§ 67 Abs. 7 SGB X) werden, zu dem sie ihnen befugt übermittelt worden sind; zudem haben die Stellen die Daten in demselben Umfang geheim zu halten wie die in § 35 Abs. 1 S. 1 u. 4 SGB I genannten Stellen.

Wie in anderen besonderen Teilen des Sozialgesetzbuchs auch enthält das Grundsicherungsrecht in §§ 50–52 a SGB II **spezielle datenschutzrechtliche Bestimmungen**, welche aufgrund des § 37 S. 2 SGB I dem § 35 SGB I und über § 35 Abs. 2 SGB I damit eigentlich auch den §§ 67 ff SGB X nachgehen (vgl aber zum diesbezüglichen Anwendungsbereich der lex posterior-Regel LPK-SGB II/*Brünner* vor § 50 Rn 5–6).

So sind die Grundsicherungsträger nicht an die engen Beschränkungen des § 80 Abs. 5 SGB X betreffend die Erteilung von **Aufträgen an nichtöffentliche Stellen** zur Erhebung, Verarbeitung oder Nutzung von Sozialdaten gebunden. § 51 SBG II erweitert insoweit die Möglichkeiten der diesbezüglichen Auftragsvergabe zur Aufgabenerfüllung (einschließlich der Erbringung von Leistungen zur Eingliederung in Arbeit und der Bekämpfung von Leistungsmissbrauch) an nichtöffentliche Stellen betreffend die Erhebung, Verarbeitung und Nutzung von Sozialdaten (auch soweit die Speicherung der Daten den gesamten Datenbestand umfasst). Nach Wortlaut und Satzstellung ist unklar, ob die Befreiung generell gelten soll oder nur im Hinblick auf das Verbot einer Auftragsvergabe, soweit die Speicherung den gesamten Datenbestand erfasst. Bei systematischer Auslegung und unter dem Gesichtspunkt des Bestimmtheitsgebots wäre von letzterem auszugehen, weil andernfalls der Satzbestandteil „auch soweit…" keine eigenständige Bedeutung hätte, dh überflüssig wäre. Für eine weite Auslegung wird dagegen die Gesetzesbegründung (BT-Drucks. 15/1516, 64) angeführt (LPK-SGB II/*Brünner* § 51 SGB II Rn 5–7).

§ 51 a SGB II befasst sich mit der Vergabe von **Kunden-** (S. 1–5), **Bedarfsgemeinschafts-** (S. 6) und **Trägernummern** (S. 7). Kunden- und Bedarfsgemeinschaftsnummern dürfen ausschließlich als Identifikationsmerkmal und zu den Zwecken des § 51 b Abs. 3 SGB II (vgl sogleich) genutzt werden.

§ 51 b SGB II regelt die Zulässigkeit einer laufenden Datenerhebung durch den Grundsicherungsträger und diesbezüglichen Übermittlung an die Bundesagentur für Arbeit zu den in Abs. 3 der Vorschrift genannten Zwecken, nämlich:

- die zukünftige Gewährung von Leistungen nach dem SGB II und SGB III an die von den Erhebungen betroffenen Personen,
- Überprüfungen der Grundsicherungsträger auf korrekte und wirtschaftliche Leistungserbringung,
- die Erstellung von Statistiken, Kennzahlen für die Zwecke nach § 48 a Abs. 2 und § 48 b Abs. 5 SGB II, Eingliederungsbilanzen und Controllingberichten durch die Bundesagentur für Arbeit, der laufenden Berichterstattung und der Wirkungsforschung nach den §§ 53 bis 55 SGB II,
- die Durchführung des automatisierten →Datenabgleichs nach § 52 SGB II, sowie
- die Bekämpfung von Leistungsmissbrauch.

Die diesbezüglich erforderlichen Daten wurden gemäß § 51 b Abs. 1 S. 2 SGB II in § 1 der Verordnung zur Erhebung der Daten nach § 51 b des Zweiten Buches Sozialgesetzbuch (VOErhDSGBII) im Einzelnen bestimmt. Zur Bekämpfung von Leistungsmissbrauch darf die Agentur für Arbeit im Rahmen ihrer **Überprüfung von Daten** ferner Auskunft einholen

- über die in § 39 Abs. 1 Nr. 5 und 11 StVG angeführten Daten über ein Fahrzeug, für das ein Antragsteller oder (aktueller bzw ehemaliger) Leistungsbezieher als Halter eingetragen ist, bei dem Zentralen Fahrzeugregister
- sowie aus dem Melderegister und dem Ausländerzentralregister (§ 52 a Abs. 1 SGB II).

Die Übermittlungsbefugnis betreffend Daten an die Wohngeldstelle ist in § 52 a Abs. 2 SGB II geregelt.

Für Erläuterungen betreffend die Regelungen zur →Datenübermittlung (§ 50 SGB II) und dem automatisierten →Datenabgleich (§ 52 SGB II) kann auf die Ausführungen zu diesen Stichworten verwiesen werden.

Literaturhinweise:
Gagel/*Schmidt* § 50–52 a SGB II; GK-SGB II/*Stähler* § 50–52 a; *Gundermann/Koop* DuD 2007, 326; *Hammel* info also 2006, 201–205; *Kunkel* ZfF 2005, 172–175; LPK-SGB II/*Brünner* §§ 50–52 a SBG II; *Müller-Thele* NJW 2005, 1541–1545; *ders.* RDV 2005, 257–260; *Schoch* ZfSH/SGB 2005, 67–75; *Stahlmann* info also 2006, 10–17 u. 16–17; *Wenner* Soz-Sich 2007, 316–318; Wulffen/*Engelmann* § 35; Wulffen/*Bieresborn* §§ 67–85 a

Datenübermittlung

Definition: Datenübermittlung ist das Bekanntgeben gespeicherter oder nicht gespeicherter bzw durch Datenverarbeitung gewonnener Sozialdaten an einen Dritten in der Weise, dass die Daten an den Dritten weitergegeben werden oder der Dritte Daten, die zur Einsicht oder zum Abruf bereitgehalten werden, einsieht oder abruft.

Rechtsgrundlagen: § 67 Abs. 6 S. 1 Nr. 3 iVm §§ 67 d bis 78 SGB X; § 50 SGB II

Erläuterungen: Datenübermittlung ist eine Variante der Datenverarbeitung (§ 67 Abs. 6 S. 1 SGB X). Die Verarbeitung von Sozialdaten ist zum Schutz des Sozialgeheimnisses (§ 35 Abs. 1 S. 1 SGB I) und damit des (Sozial-) Datenschutzes nur unter der Voraussetzungen der §§ 67 ff SGB X zulässig (§ 35 Abs. 2 SGB I).

Insofern stellt § 67 d SGB X allgemeine **Übermittlungsgrundsätze** auf, welche sodann in den §§ 67 d–75 SGB X durch bestimmte zweckorientierte Übermittlungsbefugnisse konkretisiert werden. In einer solchen Konkretisierung des Verbots mit Erlaubnisvorbehalt aus § 67 b Abs. 1 SGB X bestimmt § 67 d Abs. 1 SGB X zunächst, dass eine Übermittlung von Sozialdaten nur zulässig sei, soweit eine gesetzliche Übermittlungsbefugnis nach den §§ 68–75 SGB X oder einer anderen Rechtsvorschrift des SGB vorliege. Gleichwertig steht folglich daneben über die Ableitung aus der allgemeineren Vorschrift des § 67 b Abs. 1 SGB X auch die aus einer Einwilligung des Betroffenen herrührende Befugnis. Damit die Einhaltung dieser Grundsatzbestimmung trotz der Beteiligung und der Einflussmöglichkeiten der verschiedenen beteiligten Stellen gewährleistet wird, sieht § 67 d Abs. 2 SGB X eine Abgrenzung der Verantwortungsbereiche der übermittelnden und der ersuchenden Stelle, an welche die Übermittlung erfolgt, vor. Danach trägt die übermittelnde Stelle die Verantwortung für die Zulässigkeit der Übermittlung. Erfolgt die Übermittlung auf Ersuchen des Dritten, an den die Daten übermittelt werden, trägt dieser die Verantwortung für die Richtigkeit der Angaben in seinem Ersuchen. Oftmals sind Sozialdaten, welche unter diesen Bedingungen an einen Dritten übermittelt werden dürfen, dergestalt mit weiteren personenbezogenen Daten des Betroffenen oder eines Dritten verbunden, dass eine Trennung nicht oder nur mit unvertretbarem Aufwand möglich ist (Verbunddaten). Dies kann zum Beispiel bei umfassenderen Dateien oder Akten der Fall sein. Dann soll eine Übermittlung eines solchen Gesamtdatenbestands nicht gänzlich ausgeschlossen sein. Die Übermittlung auch dieser überschießenden Daten darf allerdings nur erfolgen, wenn schutzwürdige Interessen des Betroffenen oder eines Dritten an deren Geheimhaltung nicht überwiegen. Auch im Fall zulässiger Übermittlung wäre dann aber eine Veränderung oder Nutzung dieser überschießenden Daten unzulässig.

Übermittlungsbefugnisse und die jeweiligen Voraussetzungen der Zulässigkeit einer diesbezüglichen Übermittlung sehen §§ 67 e–75 SGB X für folgende Zwecke vor:

- zur Bekämpfung von Leistungsmissbrauch und illegaler Ausländerbeschäftigung (§ 67 e SGB X),
- für Aufgaben der Polizeibehörden, der Staatsanwaltschaften und Gerichte, der Behörden der Gefahrenabwehr oder zur Durchsetzung öffentlichrechtlicher Ansprüche (§ 68 SGB X),
- für die Erfüllung sozialer Aufgaben (§ 69 SGB X),
- für die Erfüllung besonderer gesetzlicher Pflichten und Mitteilungsbefugnisse (§ 71 SGB X),
- für den Schutz der inneren und äußeren Sicherheit (§ 72 SGB X),
- für die Durchführung eines Strafverfahrens (§ 73 SGB X),
- bei Verletzung der Unterhaltspflicht und beim Versorgungsausgleich (§ 74 SGB X),
- für die Forschung und Planung (§ 75 SGB X).

Besonderen Voraussetzungen unterliegt die Übermittlung besonders schutzwürdiger Sozialdaten. Das sind solche Sozialdaten, welche eine in § 35 SGB I genannten Stelle von einem Arzt oder einer anderen in § 203 Abs. 1 und 3 StGB genannten Person zugänglich gemacht worden sind. Deren Übermittlung soll grundsätzlich nur unter den Voraussetzungen zulässig sein, unter denen diese Person selbst übermittlungsbefugt wäre (§ 76 Abs. 1 SGB X). Die Ausnahmen von diesem Grundsatz ergeben sich aus § 76 Abs. 2 SGB X, eine Rückausnahme aus § 76 Abs. 3 u. 2 Nr. 2 SGB X. Für Übermittlungen von Sozialdaten in das Ausland gelten die Voraussetzungen des § 77 SGB X.

Personen oder Stellen, die nicht in § 35 SGB I genannt und denen Sozialdaten übermittelt worden sind, dürfen diese nur zu dem konkreten Zweck verarbeiten oder nutzen, zu dem sie ihnen befugt übermittelt worden sind (**Zweckbindung**). Diese Dritten haben die Daten in demselben Umfang geheim zu halten wie die in § 35 SGB I genannten Stellen (vgl hierzu § 78 Abs. 1 S. 1 u. 2 SGB X). Unbefugt übermittelte Sozialdaten sowie Geschäfts- und Betriebsgeheimnisse dürfen überhaupt nicht verwertet werden. Eine Befugnis zur Weitervermittlung besteht nach zutreffender Auffassung nur, wenn diese bereits vom Zweck der Übermittlung an den Dritten gedeckt ist. Will der Dritte die Daten zu einem anderen Zweck verwenden, als demjenigen, zu welchem ihm die Daten ursprünglich übermittelt wurden, bedarf es einer erneuten Überprüfung seitens der übermittelnden Stelle, ob die Übermittlung der Daten zu diesem Zweck zulässig wäre oder eine Einwilligung des Betroffenen auch diesbezüglich vorliegt. Werden Daten an eine nichtöffentliche Stelle übermittelt, so sind die dort beschäftigten Personen, welche diese Daten verarbeiten oder nutzen, von dieser Stelle vor, spätestens bei der Übermittlung auf die Einhaltung der dargestellten Pflichten hinzuweisen (§ 78 Abs. 2 SGB X).

Bereichsspezifisch sieht das Recht der Grundsicherung für Arbeitsuchende in § 50 SGB II eine Vorschrift zur Datenübermittlung vor. Danach sollen sich die Bundesagentur, die kommunalen Träger, die zugelassenen kommunalen Träger, die für die Bekämpfung von Leistungsmissbrauch und illegaler Beschäftigung zuständigen Stellen (v.a. die Zollverwaltung) und mit der Wahrnehmung von Aufgaben beauftragte Dritte gegenseitig Sozialdaten (§ 67 Abs. 1 S. 1 SGB X) übermitteln, soweit dies zur Erfüllung ihrer Aufgaben nach dem SGB II oder dem SGB III erforderlich ist (§ 50 Abs. 1 SGB II). Dies stellt eine gesetzliche Übermittlungsbefugnis iSd § 67 d Abs. 1 Alt. 2 SGB X dar. Allerdings steht die Übermittlungsbefugnis unter dem Vorbehalt der Erforderlichkeit, der zur Bedingung macht, dass ohne die Kenntnis der zur Übermittlung anstehenden Daten die anfragende Stelle eine ihr übertragene Aufgabe nicht ordnungsgemäß (dh nicht, nicht vollständig, nicht rechtmäßig oder nicht in angemessener Zeit) erfüllen könnte (vgl Gola/Schomerus/*Gola* § 13 BDSG Rn 3). Kritisch ist der Einbezug beauftragter Dritter (vgl § 6 Abs. 1 S. 2 und § 17 SGB II) im Rahmen der Verpflichtung zur Datenübermittlung (gebundenes Ermessen: „soll") zu sehen, insoweit sie dem Selbstverständnis der freien Träger oder gar der Schweigepflicht bestimmter Geheimnisträger (§ 203 StGB) widerspräche. In diesen Fällen wird man jedoch bei verfassungskonformer Auslegung der Vorschrift eine atypische Fallgestaltung annehmen können, welche die grundsätz-

liche Übermittlungspflicht aufhebt. In Bezug auf kirchliche und kirchenzugehörige freie Träger wäre zudem zunächst zu prüfen, ob aufgrund des kirchlichen Selbstbestimmungsrechts die Vorschriften des Sozialdatenschutzes überhaupt Anwendung finden (etwa über § 78 Abs. 1 S. 2 SGB X; vgl zu dieser Problematik die Ausführungen zum Stichwort →**Datenschutz**). Soweit **Gemeinsame Einrichtungen** die Aufgaben der Agenturen für Arbeit wahrnehmen (§ 44 b Abs. 1 S. 2 SGB II), ist die Bundesagentur verantwortliche Stelle nach § 67 Abs. 9 SGB X (§ 50 Abs. 2 SGB II).

Literaturhinweise:
Franzen NJ 2009, 347–348; Gagel/Schmidt § 50 SGB II; GK-SGB II/*Stähler* § 50; *Gundermann/Koop* DuD 2007, 326; LPK-SGB II/*Brünner* § 50; *Müller-Thele* NJW 2005, 1541–1545; *Stahlmann* info also 2006, 10–17 u. 61–65

Dauer der Bewilligung

Definition: Die Bewilligungsdauer ist der Zeitraum, für den ein bestimmter begünstigender Verwaltungsakt oder Bescheid gewährt wird.

Rechtsgrundlage: § 41 Abs. 1 S. 4 SGB II

Erläuterungen: Gemäß obiger Norm sollen die Leistungen jeweils für sechs Monate bewilligt und monatlich im Voraus erbracht werden. Wenn der Bewilligungszeitraum innerhalb eines Kalendermonats beginnt, ist gemäß § 41 Abs. 1 S. 3 SGB II für sechs Kalendermonate zuzüglich des entsprechenden Teils des Monats zu bewilligen.

Gemäß § 41 Abs. 1 S. 5 SGB II kann der Bewilligungszeitraum auf bis zu zwölf Monate bei Leistungsberechtigten verlängert werden, bei denen eine Veränderung der Verhältnisse in diesem Zeitraum nicht zu erwarten ist. Dies kann zB bei einer Alleinerziehenden der Fall sein, die für die Dauer des Bezugs des Elterngeldes nicht erwerbstätig ist

Es handelt sich bei einem Bewilligungsbescheid um einen **Verwaltungsakt mit Dauerwirkung,** der für die Dauer der Bewilligung gilt. Außer durch eine vorläufige Zahlungseinstellung nach § 40 Abs. 2 Nr. 4 SGB II kann die Bewilligung nur durch Rücknahme nach den §§ 45, 48 SGB X beendet werden.

Literaturhinweise:
LPK-SGB II/*Conradis*, 4. Aufl., § 41
Rn 1 ff

Delegationsgemeinden

Definition: Delegationsgemeinden sind Gemeinden, auf welche die kommunalen Träger aufgrund landesrechtlicher Regelung einzelne Aufgaben nach dem SGB II delegiert haben.

Rechtsgrundlage: § 6 Abs. 2 SGB II

Erläuterungen: Soweit das SGB II vorschreibt, dass für bestimmte Aufgaben **kommunale Träger** zuständig sind, sind damit im Regelfall die Landkreise sowie die kreisfreien Städte gemeint. Das folgt bereits aus der Legaldefinition des § 6 Abs. 1 S. 1 Nr. 2 SGB II. Die Rechtsgrundlage für die Delegation von Aufgaben der kommunalen Träger auf einzelne Gemeinden oder Gemeindeverbände findet sich in § 6 Abs. 2 SGB II. Diese Vorschrift lässt die **Aufgabendelegation auf Gemeinden** grundsätzlich zu, überlässt es aber den Ländern, zu entscheiden, ob sie tatsächlich diese Möglichkeit eröffnen und entsprechende landesrechtliche Vorschriften erlassen.

Auch die Einzelheiten bzgl des Umfangs und der Form der Aufgabendelegation sind bundesgesetzlich nicht vorgegeben, sondern jedes Bundesland kann sie eigenständig gestalten. Zwingend vorgegeben ist nur, dass die Delegationsgemeinden den Weisungen des kommunalen Trägers unterliegen.

Sinnvoll ist es jedenfalls, zu regeln, in welcher Form die Delegationsgemeinde ihre Aufgabenerfüllung in die gemeinsame Einrichtung mit der Agentur für Arbeit nach § 44 b einbringt. Die Aufgabendelegation entbindet den kommunalen Träger nämlich nicht von der grundsätzlichen Verpflichtung, mit der Agentur für Arbeit eine gemeinsame Einrichtung nach § 44 b zur Wahrnehmung aller Leistungsaufgaben nach dem SGB II zu bilden. Das mit den Aufgaben betraute Personal der Delegationsgemeinde wird dann also im organisatorischen Rahmen und im Namen des **Jobcenters** tätig. Auch der Geschäftsführer einer gemeinsamen Einrichtung kann Beamter oder Angestellter einer Delegationsgemeinde sein, wie aus § 44 d Abs. 3 S. 2 SGB II deutlich wird.

Wie aus § 6 Abs. 2 S. 3 SGB II folgt, kann es auch im Bereich von Optionskommunen Delegationsgemeinden geben. Ihnen können dann auch solche Aufgaben übertragen werden, die im Regelfall nach § 6 Abs. 1 S. 1 Nr. 1 SGB II der Agentur für Arbeit zukommen. Für die Leistungsberechtigten ist Folgendes zu beachten: **Delegationsgemeinden in Optionskommunen** erlassen Bescheide in eigenem Namen, für Widerspruchsbescheide ist nach § 6 Abs. 2 S. 1 SGB II der Kreis zuständig.

Wird dagegen eine Delegationsgemeinde im Rahmen der Aufgabenerfüllung in einer gemeinsamen Einrichtung tätig, ergeht der Bescheid und nach § 6 Abs. 2 S. 2 SGB II auch der Widerspruchsbescheid im Namen der gemeinsamen Einrichtung. Nur wenn die gemeinsame Einrichtung nach § 44 b Abs. 4 SGB II Aufgaben an den kommunalen Träger und dieser wiederum nach § 6 Abs. 2 S. 1 SGB II an eine Gemeinde delegiert hat, wird diese in eigenem Namen tätig, Widerspruchsbescheide erlässt dann nach § 6 Abs. 2 S. 1 SGB II der Kreis.

Literaturhinweise:
Eicher/Spellbrink/*Rixen*   § 6 SGB II
Rn 11 ff

Dienstleistungen

Definition: Eine Dienstleistung ist insbesondere die Information, Beratung und Unterstützung einer leistungsberechtigten Person.

Rechtsgrundlage: § 4 Abs. 1 Nr. 1 SGB II

Erläuterungen: Gemäß § 4 Abs. 1 Nr. 1 SGB II werden die Leistungen der Grundsicherung für Arbeitsuchende neben Geldleistungen und Sachleistungen als **Dienstleistungen** erbracht.

Eine **Information** als Dienstleistung sind die Auskünfte zu bestimmten Fragestellungen und Problemen. **Beratung** geht über eine bloße Information hinaus. Beratung enthält mehr oder weniger deutliche Hinweise und Beurteilungen von Alternativen. Die **Unterstützung** geht über Information und Beratung hinaus, sie geschieht häufig in Form der persönlichen Hilfe.

Von besonderer Bedeutung sind die Dienstleistungen bei den Leistungen zur **Eingliederung in Arbeit** nach §§ 16, 16 a SGB II.

Literaturhinweise:
LPK-SGB II/*Münder*, 4. Aufl., § 4 Rn 1 ff

Doppelte Haushaltsführung

Definition: Eine aus beruflichem Anlass begründete doppelte Haushaltsführung mindert das einzusetzende Einkommen um diejenigen Mehraufwendungen, die für die doppelte Haushaltsführung notwendig sind.

Rechtsgrundlagen: § 11 b Abs. 1 S. 1 Nr. 5 SGB II, § 9 Abs. 1 S. 3 Nr. 5 EstG.

Erläuterungen: Leistungsberechtigte, die ein →**Einkommen** erzielen, müssen dieses bedarfsmindernd anrechnen lassen. Vom Einkommen abzusetzen sind jedoch die in § 11 b Abs. 1 SGB II aufgeführten Beträge. Dazu gehören nach § 11 b Abs. 1 S. 1 Nr. 5 SGB II die für die Erzielung des Einkommens **notwendigen Ausgaben**. Hat der Leistungsberechtigte aus beruflichem Anlass einen doppelten Haushalt begründet, werden bei entsprechendem Nachweis die tatsächlichen Kosten hierfür vom einzusetzenden Einkommen abgezogen. Voraussetzung ist aber, dass das Einkommen 400 EUR übersteigt, bei einem geringeren Einkommen sind die Kosten für eine doppelte Haushaltsführung nämlich vom Pauschalbetrag von 100 EUR nach § 11 Abs. 2 S. 1 SGB II umfasst.

Begrifflich setzt eine doppelte Haushaltsführung voraus, dass der Leistungsberechtigte am Beschäftigungsort wohnt und noch einen **eigenen Hausstand außerhalb des Beschäftigungsortes** unterhält (§ 9 Abs. 1 S. 3 Nr. 5 EStG), und dass ihm weder ein Umzug noch eine tägliche Heimfahrt zuzumuten ist. Voraussetzung dafür ist wiederum, dass der Hilfeempfänger seinen Lebensmittelpunkt, dh den **Schwerpunkt seiner sozialen Beziehungen**, nach wie vor nicht zum Beschäftigungsort hin verlegt hat. Unproblematisch zu bejahen ist dies, wenn am Ort des eigenen Hausstandes der Ehegatte/ Lebenspartner des Leistungsberechtigten wohnt. Eine doppelte Haushaltsführung kommt jedoch auch bei Nichtverheirateten in Betracht, nur dürfte sie mit zunehmender Dauer strenger hinterfragt werden (vgl BFHE 218, 380).

Liegen diese Voraussetzungen vor, umfasst die doppelte Haushaltsführung alle notwendigen Ausgaben in voller Höhe.

Eine Begrenzung auf 130 EUR sieht das SGB II im Gegensatz zum SGB XII (vgl § 3 Abs. 7 S. 1 DV, § 82 SGB XII) nicht vor. In Betracht kommen insbesondere Unterkunfts- und Heizkosten für eine angemessene **Zweitwohnung**. Im Übrigen legt die BA in ständiger Praxis (Fachliche Hinweise zu § 11 SGB II Rn 11.79) einen pauschalen **Mehraufwand** zugrunde, welcher der Differenz zwischen dem Regelsatz für einen Alleinstehenden und dem für Partner in einer Bedarfsgemeinschaft entspricht (37 EUR). Höhere Ausgaben können aber bei Nachweis im Einzelfall geltend gemacht werden.

Hinzu kommen die **Kosten für Fahrten** zwischen Beschäftigungs- und Hauptwohnort. Hierfür sind nach der sozialgerichtlichen Rechtsprechung (LSG NRW 12.10.2009 – L 13 AS 242/09 B ER) die in § 6 Abs. 1 Nr. 2 b EStG enthaltenen 0,20 EUR pro Entfernungskilometer für die kürzeste Straßenverbindung anzusetzen, sofern nicht höhere notwendige Ausgaben nachgewiesen werden. Dies können etwa Kosten für die Nutzung öffentlicher Verkehrsmittel in der zweiten Wagenklasse unter Nutzung des günstigsten verfügbaren Tarifs sein. Für eine Begrenzung der erforderlichen Heimfahrten auf zwei pro Monat (so die Fachlichen Hinweise der BA zu § 11 SGB II Rn 11.80) gibt es keine Grundlage.

Literaturhinweise:
Eicher/Spellbrink/*Mecke* § 11 SGB II Rn 118; *Bundesagentur für Arbeit*, Fachliche Hinweise zu § 11 SGB II Rn 11.77–11.80

Drittstaatsangehörige

Definition: Drittstaatsangehörige sind →**Ausländer**, die nicht Unionsbürger iSd Art. 20 Abs. 1 S. 2 AEUV sind, dh nicht die Staatsangehörigkeit eines Mitgliedstaats der Europäischen Union besitzen.

Rechtsgrundlagen: Art. 2 lit. a RL 2003/109/EG; § 1 FreizügG/EU e contrario

Erläuterungen: Der Begriff des Drittstaatsangehörigen wird negativ über die Definition des Unionsbürgers bestimmt. Der **Begriff** ist gemeinschaftsrechtlich angelegt und ergibt sich etwa aus Art. 2 lit. a RL 2003/109/EG des Rates betreffend die Rechtsstellung der langfristig aufenthaltsberechtigten Drittstaatsangehörigen vom 25.11.2003 iVm Art. 20 Abs. 1 S. 2 AEUV, der zum Unionsbürger bestimmt, wer die Staatsangehörigkeit eines Mitgliedstaats besitzt. Während sich das Aufenthaltsrecht der Unionsbürger in der Bundesrepublik in privilegierter Form im Wesentlichen aus dem Gemeinschaftsrecht und dem FreizügG/EU ergibt, gelten für Drittstaatsangehörige die Regelungen des Aufenthaltsgesetzes (AufenthG).

Die aufenthaltsrechtliche Privilegierung der Unionsbürger gegenüber den Drittstaatsangehörigen setzt sich sozialrechtlich aufgrund unmittelbarer oder mittelbarer (über das Kriterium des Arbeitsmarktzugangs) Differenzierung fort. Anders als freizügigkeitsberechtigte Unionsbürger und deren Familienangehörige sind sonstige Drittstaatsangehörige und ihre Familienangehörige für die ersten drei Monate ihres Aufenthalts in der Bundesrepublik Deutschland von der Berechtigung im Hinblick auf Grundsicherungsleistungen ausgenommen, wenn sie dort weder Arbeitnehmer noch Selbstständige sind (§ 7 Abs. 1 S. 2 Nr. 1 SGB II). Im Weiteren kann auf die allgemeinen Darlegungen zum Begriff des **Ausländers** verwiesen werden.

Literaturhinweise:
Berlit AWR-Bulletin 2010, 247, 249 ff, 255 ff; *Devetzi* AWR-Bulletin 2010, 87 ff; *Eichenhofer* AWR-Bulletin 2010, 93 ff; *Frings* AWR-Bulletin 2010, 157 ff; *Frings*, Sozialrecht für Zuwanderer, 2008, S. 66 ff, 110 ff; *Fuchs* NZS 2007, 1–6; *Hailbronne*, ZFSH/SGb 2009, 195–203; *Heinig* ZESAR 2008, 465–475; *Kunkel/Frey* ZFSH/SGB 2008, 387–394; LPK-SGB II/*Thie/Schoch* § 7 Rn 17 ff; *Mangold/Pattar* VSSR 2008, 243–268; *Schreiber* info also 2009, 195–201; *Schreiber* info also 2008, 3–9; *Strick* NJW 2005, 2182–2187; *Sieveking* ZAR 2004, 283–287; *Tießler-Marenda* NDV 2007, 237–240; *Trenk-Hinterberger* info also 2007, 273–274

Eheähnliche Gemeinschaft

Definition: Nach der Rechtsprechung des Bundesverfassungsgerichts ist eine eheähnliche Gemeinschaft eine auf Dauer angelegte Lebensgemeinschaft zwischen Frau und Mann, die keine weitere Lebensgemeinschaft gleicher Art zulässt, sich durch innere Bindungen auszeichnet, die ein gegenseitiges Einstehen der Partner füreinander begründet, also über die Beziehung in einer Haushalts- und Wirtschaftsgemeinschaft hinausgeht (BVerfGE 17.11.1992 – 1 BvL 8/87).

Rechtsgrundlage: § 7 Abs. 3 a SGB II

Erläuterungen: Unter Bezugnahme auf diese Rechtsprechung hat der Gesetzgeber in § 7 Abs. 3 Nr. 3 c SGB II eine eheähnliche Gemeinschaft definiert als das Zusammenleben von Partnern verschiedenen Geschlechtes in einem gemeinsamen Haushalt in einer Art und Weise, dass nach verständiger Würdigung der wechselseitige Wille anzunehmen ist, Verantwortung füreinander zu tragen und füreinander einzustehen. Gemäß § 7 Abs. 3 a SGB II wird eine eheähnliche Gemeinschaft vermutet, wenn Partner länger als ein Jahr zusammenleben und nicht nur in einer Wohnung zusammen wohnen. Eine eheähnliche Gemeinschaft wird auch vermutet, wenn die Partner mit einem gemeinsamen Kind zusammenleben oder gemeinsam Kinder oder Angehörige im Haushalt versorgen oder befugt sind, über Einkommen oder Vermögen des anderen zu verfügen.

Liegt eine eheähnliche Gemeinschaft vor, bildet diese nach § 7 Abs. 3 Nr. 3 c SGB II eine **Bedarfsgemeinschaft**. Dies bedeutet insbesondere, dass bei der Ermittlung der **Hilfebedürftigkeit** eines Lebenspartners nach § 9 Abs. 2 S. 1 SGB II auch das **Einkommen** und **Vermögen** des anderen Partners mit zu berücksichtigen ist.

Literaturhinweise:
LPK-SGB II/*Thie/Schoch*, 4. Aufl., § 7 Rn 67 ff

Ehegatten

Definition: Ehegatte ist eine Person männlichen bzw weiblichen Geschlechtes, die mit einer anderen Person weiblichen bzw männlichen Geschlechtes durch eine wirksame Ehe miteinander verbunden ist.

Rechtsgrundlagen: § 7 Abs. 3 Nr. 3 a SGB II; §§ 1361, 1569 ff BGB

Erläuterungen: Nach § 7 Abs. 3 Nr. 3 a SGB II bilden Ehegatten, die nicht dauernd getrennt leben, eine **Bedarfsgemeinschaft.** Die Zugehörigkeit zu einer Bedarfsgemeinschaft hat anspruchs- und pflichtbegründende Funktion für ihre

Mitglieder. Dies bedeutet insbesondere, dass bei der Ermittlung der **Hilfebedürftigkeit** eines Ehegatten nach § 9 Abs. 2 S. 1 SGB II auch das **Einkommen** und **Vermögen** des anderen Ehegatten mit zu berücksichtigen ist. Ehegatten können nach den §§ 1361, 1569 ff BGB bei Getrenntleben und Scheidung wechselseitig zum Unterhalt verpflichtet sein. Diese Unterhaltsansprüche sind nach §§ 9 Abs. 1, 11 Abs. 1 S. 1 SGB II bei der Überprüfung der Hilfebedürftigkeit als Einkommen anzusetzen.

Literaturhinweise:
LPK-SGB II/*Thie*/*Schoch*, 4. Aufl., § 7 Rn 65 ff

Eigenbemühungen

Definition: Eigenbemühungen sind alle für den Arbeitsuchenden geeignete Maßnahmen, um durch Erwerbstätigkeit den eigenen und den Lebensunterhalt der in der Bedarfsgemeinschaft lebenden Personen in Teilen oder vollständig selbst sicherzustellen. Wichtigstes Element sind dabei im Regelfall aktive Maßnahmen der Beschäftigungssuche (→**Bewerbungen**).

Rechtsgrundlagen: §§ 2 Abs. 1 S. 2, 10, 15 Abs. 1, 31 Abs. 1 S. 1 Nr. 1 SGB II

Erläuterungen: Nach dem Grundsatz des Forderns muss eine erwerbsfähige leistungsberechtigte Person aktiv an allen Maßnahmen zu ihrer Eingliederung in Arbeit mitwirken (§ 2 Abs. 1 S. 2 SGB II). Die Eigenbemühungen sind also das Kernelement der geforderten Aktivität zur Eingliederung. Die denkbaren Maßnahmen sind im Gesetz nicht näher festgelegt, sondern bedürfen der Konkretisierung durch die →**Eingliederungsvereinbarung.** Dabei muss auch den Interessen der Leistungsberechtigten Rechnung getragen werden. Es dürfen Eigenbemühungen nur bezogen auf Tätigkeiten verlangt werden, die den individuellen Grenzen der Zumutbarkeit (§ 10 SGB II) entsprechen (BSG 20.10.2005 – B 7 a AL 18/05 R). Zu den Eigenbemühungen zu rechnen sind regelmäßig →**Bewerbungen** auf Stellenangebote in unterschiedlicher Art und Gestaltung (zB Stellenanzeigen in Internetportalen, Stellangebote in Zeitungen, Initiativbewerbungen, persönliche Vorstellung bei möglichen Arbeitgebern, eigene Stellengesuche). Bestandteil der Eigenbemühungen kann es auch sein, Vermittlungsmöglichkeiten durch private Vermittler zu nutzen, sich regelmäßig über das SIS-System der Agentur für Arbeit zu informieren (→**Vermittlung**) oder Arbeitsmarktbörsen zu besuchen. Gemäß § 15 Abs. 1 Nr. 2 SGB II soll die Eingliederungsvereinbarung insbesondere bestimmen, welche Bemühungen der Leistungsberechtigte in welcher Häufigkeit zu seiner Eingliederung unternimmt und wie er diese Bemühungen nachzuweisen hat. Ohne Konkretisierung durch die Eingliederungsvereinbarung können regelmäßig **Nachweise** für Art und Häufigkeit der Eigenbemühungen nicht verlangt werden. Wer die vorgesehenen Eigenbemühungen aus der Eingliederungsvereinbarung oder dem Eingliederungsverwaltungsakt nicht unternimmt, hat mit Leistungskürzungen (→**Sanktionen** §§ 31 Abs. 1 S. 1 Nr. 1, 31 a SGB II) zu rechnen.

Die **Kosten** für die von dem Arbeitslosen geforderten Eigenbemühungen mit größerem Aufwand (insb. Fahrt- und Bewerbungskosten) müssen regelmäßig übernommen werden. Grundsätzlich wird nach Ermessen über die Erstattung dieser Kosten entschieden. Jedoch tritt eine Ermessenbindung ein, wenn entsprechende Eigenbemühungen für den Betroffenen verbindlich werden. In dem Regelbedarfssatz sind Aufwendungen für →**Bewerbungen** sowie für Fahrkosten zu Bewerbungsgesprächen nicht enthalten. Es ist deshalb in der Regel nicht zumutbar, dass diese Kosten aus den Mitteln zu Lebensunterhalt selbst getragen werden. Bereits in der →**Eingliederungsvereinbarung** soll eine Regelung über die Kostenerstattung enthalten sein (DA zu § 15 Nr. 16).

Literaturhinweise:
LPK-SGB II/*Berlit*, 4. Aufl. 2011, Rn 22 ff; LPK-SGB II/*Berlit* § 15 Rn 25 f; Eicher/Spellbrink, SGB II Kommentar, 2. Aufl., § 15 Rn 24 ff

Eigentumswohnung/Eigenheim

Definition: Eine Eigentumswohnung oder ein Eigenheim ist eine Immobilie, die durch Eintragung in das Grundbuch begründet wird und die im Eigentum von (einer) natürlichen oder juristischen Person(en) steht.

Rechtsgrundlage: § 12 Abs. 1, Abs. 3 Nr. 4 SGB II

Erläuterungen: Gemäß § 12 Abs. 1 SGB II sind eine **Eigentumswohnung** oder ein **Eigenheim** zu berücksichtigendes Vermögen, es sei denn, es handelt sich um ein **Schonvermögen** nach § 12 Abs. 3 Nr. 4 SGB II. Dies ist der Fall, wenn die Eigentumswohnung oder das Eigenheim **selbst genutzt** wird und eine **angemessene Größe** nicht überschreitet.

Selbst genutzt ist eine **Eigentumswohnung** oder ein **Eigenheim**, wenn es vom erwerbsfähigen Leistungsberechtigten allein oder zusammen mit Angehörigen bewohnt wird.

Bei der Angemessenheit der **Haus/ Wohnungsgröße** ist nach der Anzahl der im Haus lebenden Personen zu differenzieren. Dementsprechend hält das BSG (7.11.2006 – B 7 b AS 2/05 R) bei einer **Eigentumswohnung** für vier Personen eine Wohnfläche von 120 qm für angemessen, die um 20 qm für jede weitere Person zu erhöhen und bei weniger als vier Personen um 20 qm zu reduzieren ist. Eine angemessene **Grundstücksgröße** ist in der Regel im städtischen Bereich bis 500 qm und im ländlichen Bereich bis 800 qm gegeben.

Ist eine Immobilie unangemessen groß, muss sie als Vermögen verkauft oder beliehen werden, es sei denn, ihre Verwertung wäre gemäß § 12 Abs. 3 Nr. 6 SGB II offensichtlich unwirtschaftlich. Ein Verkauf unter dem Kauf- bzw Herstellungspreis wegen veränderter Marktbedingungen ist aber zumutbar (BSG 16.5.2007, NZS 2008, 263).

Literaturhinweise:
LPK-SGB II/*Geiger*, 4. Aufl., § 41 Rn 49 ff

Eignungsfeststellung

Definition: Die Eignungsfeststellung dient der Feststellung der Berufseignung und der Vermittlungsfähigkeit. Die Eignungsfeststellung steht im Zusammenhang mit den Beratungs- und Vermittlungsleistungen sowie der Eingliederungsvereinbarung und weiteren Eingliederungsleistungen des Jobcenters und der Bundesagentur für Arbeit.

Rechtsgrundlagen: §§ 31 Abs. 1, 32, 37 Abs. 1 SGB III, §§ 3 Abs. 1 S. 2 Nr. 1, 16 Abs. 1 S. 2 Nr. 1 SGB II

Erläuterungen: Die Eignungsfeststellung ist ein zentrales Element der **Beratungs- und Vermittlungstätigkeit**. Zugleich ist sie zur Feststellung des Bedarfs von →**Eingliederungsleistungen** einzusetzen. Nach den Grundsätzen der →**Berufsberatung** sind Neigung, Eignung und Leistungsfähigkeit der Ratsuchenden zu berücksichtigen. Ziel ist damit nicht nur die Absicherung der Beratungsqualität, sondern auch die Individualisierung der Beratungsleistung und die Feststellung der Ressourcen der Arbeitslosen. Es sind eine Vielzahl unterschiedlicher Verfahren zur Eignungsfeststellung denkbar. Im Zusammenhang mit der Vermittlungstätigkeit und vor dem Abschluss einer →**Eingliederungsvereinbarung** sieht § 37 Abs. 1 SGB III eine Eignungsfeststellung in Form einer sogenannten **Potenzialanalyse** vor. Damit sollen berufliche Kenntnisse und Fähigkeiten (zB Bildungsabschlüsse, Aus- und Weiterbildung, bisher ausgeübte Berufstätigkeiten, Auslandserfahrungen und Sprachkenntnisse) festgestellt werden, aber auch persönliche Gegebenheiten (zB psychische und physische Belastbarkeit, Gesundheitseinschränkungen, familiären Bindungen, Mobilität) und etwaige Vermittlungshemmnisse (zB fehlende Schulabschlüsse, fehlende Berufspraxis, Einschränkung der Erwerbsfähigkeit, Einschränkungen der Verfügbarkeit durch Kinder oder Sorge für pflegebedürftige Angehörige). In der sozialwissenschaftlichen Literatur werden im Zusammenhang mit dem Konzept des **Fallmanagements** unterschiedliche Begriffe für die Phase der Eignungsfeststellung genannt (zB **Assessment, Screening, Profiling**). Voraussetzung für die Anwendung einer solchen Methode ist, dass sie anerkannten wissenschaftlichen Standards folgt. Hier sind in der Praxis einige Defizite festzustellen.

Besondere Bedeutung hat die Durchführung einer Eignungsfeststellung in Form von **ärztlichen und psychologischen Untersuchungen** und Gutachten. Hierfür ergibt sich eine gesonderte Rechtsgrundlage in § 32 SGB III, die auch gem. 16 Abs. 1 S. 2 Nr. 1 SGB II für die Grundsicherung für Arbeitsuchende gilt. Ihrer Struktur nach handelt es sich dabei jedoch um eine Leistung zugunsten der Arbeitsuchenden. Die Untersuchungsmaßnahme setzt die vorherige Zustimmung der Betroffenen voraus. Ebenso die Erforderlichkeit der

Untersuchungs- oder Begutachtungsmaß-
nahme zur Feststellung der Berufseignung
und der Vermittlungsfähigkeit. Eine
Pflicht zur Mitwirkung und zum Erscheinen bei einem Untersuchungstermin kann
nur über die allgemeinen →Mitwirkungs-
pflichten (§ 62 SGB I) herbeigeführt werden. Die Eignungsfeststellung dient nicht
der Feststellung der Verfügbarkeit. Sie
dient auch nicht der Feststellung der vollen Erwerbsminderung im Rahmen der
Grundsicherung für Arbeitsuchende.
Hierfür ist ein eigenständiges Verfahren
in § 44 a SGB II vorgesehen.

Literaturhinweise:
GK-SGB III/*Rademacher* § 37 Rn 7 ff; Ga-
gel/*Peters-Lange* § 37 Rn 3 f

Eilfall

Definition: Eilfall ist eine Situation, in
welcher nach den Umständen des Einzelfalls sofort geholfen werden muss, wenn
und solange eine Unterrichtung des zuständigen Trägers der Sozialhilfe bzw des
Grundsicherungsträgers und das Abwarten dessen Entschließung und Hilfegewährung nicht möglich oder nicht zumutbar ist.

Rechtsgrundlagen: § 25 SGB XII; § 37
SGB II

Erläuterungen: Im **Sozialhilferecht** hat der
Gesetzgeber die Nothilfe in § 25 SGB XII
dahingehend geregelt, dass jemandem,
der im Eilfall einem anderen Leistungen
erbringt, die bei rechtzeitigem Einsetzen
von Sozialhilfe nicht zu erbringen gewesen wären, die Aufwendungen im gebotenen Umfang zu erstatten sind, wenn er sie
nicht aufgrund rechtlicher oder sittlicher
Pflicht selbst zu tragen hat. Dies gilt allerdings nur, wenn er die Erstattung innerhalb angemessener Frist beim zuständigen
Sozialhilfeträger beantragt. Voraussetzung der Annahme eines Eilfalles ist eine
Situation, in welcher nach den Umständen des Einzelfalls sofort geholfen werden
muss, wenn und solange eine Unterrichtung des zuständigen Trägers der Sozialhilfe und das Abwarten dessen Entschließung und Hilfegewährung nicht möglich
oder nicht zumutbar ist. Es sind dies Fälle, in denen Leistungen des Sozialhilfeträgers zu spät kämen oder wegen Zeitablaufs ins Leere gingen, so dass nach den
Umständen sofort geholfen werden muss.
Der Erstattungsanspruch des Nothelfers

ist auch im gebotenen Umfang begrenzt,
setzt also eine Leistungspflicht oder eine
auf Leistungsgewährung gerichtete Ermessensentscheidung des Sozialhilfeträgers voraus, kann maximal den Betrag
der Höhe der Nothilfeleistungen annehmen und ist zudem auf das sozialhilferechtlich Notwendige beschränkt. Letzteres ist aber nach zutreffender Auffassung
nicht gleichzusetzen mit den ersparten
Kostenaufwendungen des Sozialhilfeträgers, sondern bei Bejahung der sozialhilferechtlichen Notwendigkeit am Kosten-
aufwand des Nothelfers zu bemessen.

Im Recht der **Grundsicherung für Arbeitssuchende** fehlt − ebenso wie im Asylbe-
werberleistungsrecht − eine entsprechende
Vorschrift. Die Literatur neigt in Anleh-
nung an die Rechtsprechung zum Asylbewerberleistungsgesetz unter Annahme einer Regelungslücke zu einer analogen Anwendung des § 25 SGB XII auch für das
SGB II. Die Rechtsprechung hat sich − soweit veröffentlicht − bislang nur mit Teil-
aspekten der Problematik auseinanderset-
zen müssen.

Immerhin hatte das Bundessozialgericht
über den in der Praxis wichtigen Anwendungsfall zu befinden, in dem ein nicht
krankenversicherter, dem Grunde nach
Grundsicherungsleistungsberechtigter, der
noch keinen Leistungsantrag gemäß § 37
SGB II gestellt hatte, im Rahmen eines
Eilfalles durch ein Krankenhaus behandelt wurde (BSG SGb 2010, 418−420). Es
kam zu dem Ergebnis, dass in einem solchen Fall **§ 25 S. 1 SGB XII unmittelbar
anwendbar** sei, ohne dass es hierfür auf
eine Analogiebildung zurückgriff. Zutreffend weist es darauf hin, dass die einschlägigen Hilfen zur Gesundheit nach
den §§ 48 S. 1, 52 Abs. 1 S. 1 SGB XII
nicht durch die Vorschriften des § 5
Abs. 2 SGB II oder des § 21 SGB XII ausgeschlossen seien. Die dortige Konkur-
renzregelung bezieht sich eben nur auf die
Hilfen zum Lebensunterhalt, nicht aber
auf die Hilfen zur Gesundheit. Es musste
demnach nicht der Frage nachgehen, ob
Leistungen für den Lebensunterhalt auch
dann ausgeschlossen wären, wenn ein erwerbsfähiger Hilfebedürftige (noch) nicht
den nach § 37 SGB II für die Leistung von
Arbeitslosengeld II bzw Sozialgeld erforderlichen Antrag gestellt hat, ob er also
dann dem Grunde nach Leistungsberechtigter nach dem SGB II wäre. Dieses Er-

gebnis entspreche auch Sinn und Zweck der Regelung des § 25 SGB XII, die das Ziel verfolge, die Hilfsbereitschaft Dritter im Interesse der in Not geratenen Menschen durch Gewährleistung eines leistungsfähigen Schuldners zu erhalten und zu stärken, sowie Hilfe in Fällen sicherzustellen, in denen Leistungen des Sozialhilfeträgers zu spät kämen oder wegen Zeitablaufs ins Leere gingen.

In dem Berufungsurteil, welches dieser Revision des Bundessozialgerichts zugrunde lag, hatte das Landessozialgericht Nordrhein-Westfalen noch die Ansicht vertreten, dass die Rechtsprechung zu § 121 BSHG auf § 25 SGB XII übertragbar sei, da die Parallele zum Asylbewerberleistungsgesetz offensichtlich sei. Es lägen vergleichbare Interessenlagen vor, die es rechtfertigten, die in § 25 SGB XII getroffene Regelung auf den für potenzielle Leistungsempfänger nach dem SGB II nicht geregelten Sachverhalt zu übertragen (**Analogieschluss**). Ohne dass es im konkreten Fall entsprechend der zutreffenden Rechtsprechung des Bundessozialgerichts auf diese Erwägungen ankam, können diese doch Aufschluss für den nicht entschiedenen Fall geben, in welchem das Konkurrenzverhältnis zwischen SGB XII und SGB II gemäß § 5 Abs. 2 SGB II iVm § 21 SGB XII ein ausschließliches ist.

Ein anderer Weg, einem Eilfall iwS zu begegnen, ist die **Selbstbeschaffung der Leistung** durch den Hilfebedürftigen. Das Bundessozialgericht stellt in BSG NZS 2011, 672, zunächst noch einmal klar, dass Darlehen unter Verwandten nicht als zu berücksichtigendes Einkommen iSd § 11 SGB II anzusehen seien, wenn es sich (zivil-)rechtlich um Darlehen handele und der Darlehensnehmer einer ernsthaften Rückforderungsverpflichtung ausgesetzt sei. Bei einer faktischen Beschaffung der Einrichtungsgegenstände sei allerdings die Ausübung des in § 23 Abs. 3 S. 5 SGB II aF (§ 24 Abs. 3 S. 5 SGB II nF) grundgelegten Auswahlermessens durch den Grundsicherungsleistungsträger, ob die Leistung als Geld- oder Sachleistung erbracht werden soll, nicht mehr möglich. Deshalb scheitere ein Anspruch auf eine Geldleistung dann, wenn keine Gesichtspunkte vorlägen, die das Ermessen des Trägers im Sinne einer „Ermessensreduktion auf Null" einschränken würden. Ist

dies aber der Fall, sei ein Kostenerstattungsanspruch zu prüfen. Denn die Erstattung von Kosten bei Selbstbeschaffung unaufschiebbarer Sozialleistungen (also in Eil- und Notfällen) sowie im Falle rechtswidriger Leistungsablehnung sei Ausdruck eines allgemeinen Rechtsgedankens im Sozialrecht. Lägen die entsprechenden Voraussetzungen vor, wandele sich auch im Anwendungsbereich des SGB II ein Sachleistungsanspruch in einen auf Geld gerichteten Kostenerstattungsanspruch um. Ein solcher setze allerdings in den Fällen des § 23 Abs. 3 S. 1 Nr. 1 SGB II aF (§ 24 Abs. 3 S. 1 Nr. 1 SGB II nF) im Grundsatz voraus, dass der Träger der Grundsicherung vor Inanspruchnahme einer vom Hilfebedürftigen selbst beschafften Leistung bei Entstehen des konkreten Bedarfs mit dem Leistungsbegehren in der Sache befasst worden sei. Nur dann sei es dem Träger möglich, sein Auswahlermessen pflichtgemäß auszuüben. Eine Kostenerstattung komme damit grundsätzlich erst bei Selbstbeschaffung einer Leistung nach einer rechtswidrigen Leistungsablehnung in Betracht.

Soweit das Sächsische Landessozialgericht (Sächsisches LSG v. 17.4.2008, L 3 AS 107/07 n.V.) darauf hinweist, dass ein Eilfall im Rahmen des Grundsicherungsrechts für Arbeitsuchende aufgrund der Regelung des § 37 SGB II nur bei **rechtzeitiger Antragstellung** angenommen werden könne, stellt das Bundessozialgericht in seiner Revisionsentscheidung (BSG SozR 4-4200 § 23 Nr. 10) klar, dass der Antrag, soweit er zum Ausdruck bringe, Leistungen vom Träger der Grundsicherung für Arbeitsuchende zu begehren, so auszulegen sei, dass das Begehren des Antragstellers möglichst weitgehend zum Tragen komme. Als beantragt seien alle Leistungen anzusehen, die nach Lage des Falls ernsthaft in Betracht kämen (Grundsatz der Meistbegünstigung). Werde mit einem Antrag ein Hilfebedarf nach dem SGB II geltend gemacht, so seien damit alle Leistungen umfasst, die der Sicherung des Lebensunterhalts in Form des Arbeitslosengeldes II dienten (also nach damaliger Gesetzeslage regelmäßig alle im 1. und 2. Unterabschnitt – dies entspräche nunmehr allen im 1.–4. Unterabschnitt des 2. Abschnitts des 3. Kapitels SGB II genannten Leistungen). Dem stehe der

Charakter einer Leistung als Sonderbedarf nicht entgegen.

Literaturhinweise:
Bernzen/Grube SGb 2010, 420–422; Fichtner/Wenzel/*Schaefer* § 25 SGB XII Rn 1; Grube/Wahrendorf/*Schoenfeld*, § 25 SGB XII, Kreikebohm/Spellbrink/Waltermann/*Coseriu*, Kommentar zum Sozialrecht, § 25 SGB XII; LPK-SGB II/*Schoch*, 3. Aufl., § 37 Rn 4; LPK-SGB XII/*Schoch* § 25; Schellhorn/Schellhorn/Hohm/*Hohm* § 25 SGB XII

Ein- und Auszugsrenovierung

Definition: Angemessene Kosten für eine mietvertraglich vereinbarte Renovierung beim Ein- oder Auszug gehören zu den Kosten der Unterkunft nach § 22 Abs. 1 S. 1 SGB II.

Rechtsgrundlage: § 22 Abs. 1 S. 1 SGB II

Erläuterungen: Zu den vertraglichen Pflichten des Vermieters gehört es, die Mietsache in einem zum vertragsgemäßen Gebrauch geeigneten Zustand überlassen und zu erhalten (§ 535 Abs. 1 S. 2 BGB). Eine **mietvertragliche Übertragung** der Pflicht zur Vornahme von Renovierungen auf den Mieter ist grundsätzlich zulässig. Allerdings hat sich zur **Wirksamkeit** solcher Klauseln eine umfangreiche Kasuistik der Zivilgerichte entwickelt (vgl die Nachweise bei *Frank-Schinke/Geiler* ZfF 2009, 193).

Ist der Mieter zur Vornahme von Renovierungen als Schönheitsreparaturen wirksam verpflichtet, handelt es sich dabei nach gefestigter Rechtsprechung des Bundessozialgerichts um Kosten der Unterkunft im Sinne des § 22 Abs. 1 S. 1 SGB II (BSGE 102, 194; BSG NZM 2009, 249). Sie sind **nicht** bereits vom Regelbedarf nach § 20 Abs. 1 SGB II **umfasst**. Ebenso wenig sind sie – auch wenn sie zeitlich oder ursächlich mit einem Wohnungswechsel zusammenfallen – § 22 Abs. 6 zuzuordnen. Die Übernahme von Kosten für Ein- und Auszugsrenovierungen ist daher nicht von einer vorherigen Zusicherung des kommunalen Trägers abhängig (LSG NRW 23.2.2010 – L 1 AS 42/08). Sie sind lediglich der Höhe nach durch das Kriterium der **Angemessenheit** begrenzt, dh die zu übernehmenden Aufwendungen müssen ausreichen, um die Herstellung eines im unteren Wohnungs-

segment üblichen Standards zu gewährleisten.

Unterschiedliche Auffassungen in der Rechtsprechung gibt es über die Frage, inwieweit die Übernahme von Renovierungskosten von der Wirksamkeit der diesbezüglichen Klausel im Mietvertrag abhängt. Das LSG Mecklenburg-Vorpommern lässt es wegen der schwer überschaubaren zivilrechtlichen Rechtslage ausreichen, dass der Mieter ernsthaft von der Wirksamkeit seiner Verpflichtung zur Renovierung ausgeht und dass die Klausel nicht auf den ersten Blick unwirksam ist (LSG Mecklenburg-Vorpommern 27.5.2010 – L 8 AS 71/08; dagegen das SG Bremen 7.8.2009 – S 23 AS 1415/09 ER: Konsequentes Abstellen auf die Kriterien des BGH zur Wirksamkeit von Fristenplänen für Renovierungen).

Literaturhinweise:
Frank-Schinke/Geiler, Schönheitsreparaturen und Renovierungskosten als Kosten der Unterkunft nach § 22 Abs. 1 S. 1 SGB II unter besonderer Berücksichtigung mietrechtlicher Grundlagen, ZfF 2009, 193–202

Ein-Euro-Job
→Arbeitsgelegenheit

Eingliederungsleistungen

Definition: Die Eingliederungsleistungen sind spezifische Leistungen des Jobcenters oder der Bundesagentur für Arbeit, die erwerbsfähige Hilfebedürftige bei der Aufnahme oder Beibehaltung einer Erwerbstätigkeit unterstützen sollen. Im Rahmen der gesetzgeberischen Konzeption werden die Eingliederungsleistungen als wesentliches Element des Förderns der Leistungsberechtigten verstanden.

Rechtsgrundlagen: §§ 1 Abs. 1 S. 2, 3, 14 bis 18 SGB II

Erläuterungen: Neben dem Aspekt des **Förderns** ist mit den Eingliederungsleistungen auch der Aspekt des **Forderns** verbunden. Dies ergibt sich einmal daraus, dass die Leistungsberechtigten aktiv an alle Maßnahmen zu Ihrer Eingliederung mitwirken müssen (§ 2 Abs. 1 S. 2 SGB II). In diesem Zusammenhang steht die Verpflichtung, die in einer →**Eingliederungsvereinbarung** vorgesehenen Maßnahmen durchzuführen. Wenn eine zumutbare Eingliederungsmaßnahme abgelehnt oder abgebrochen wird, führt dies zu einer **Sanktion** (§ 31 Abs. 1 S. 1 Nr. 3 SGB II).

Grundsätzlich hat die Eingliederung in Arbeit Vorrang vor den Leistungen zur Sicherung des Lebensunterhalts (§ 1 Abs. 1 SGB II). Bei der Entscheidung über die Gewährung von Eingliederungsleistungen wird den Grundsicherungsträgern ein weiter **Ermessensspielraum** eingeräumt. Sowohl die Frage, ob Leistungsberechtigten überhaupt Eingliederungsleistungen zu gewähren sind, wie auch die Frage nach der Auswahl einer Eingliederungsleistung steht im Ermessen des Jobcenters. Die verfügbaren Haushaltsmittel für Eingliederungsleistungen sind in den letzten Jahren deutlich gekürzt worden, was zu einer restriktiven Bewilligungspraxis geführt hat.

Als Eingliederungsleistungen können unter anderem erbracht werden:

- Beratungsleistungen (§ 16 Abs. 1 SGB II, §§ 29 ff SGB III);

- Vermittlungsleistungen (§ 16 Abs. 1 SGB II, §§ 35 ff SGB III);

- Leistungen zur Aktivierung und beruflichen Eingliederung, insbesondere Förderung aus dem Vermittlungsbudget (§ 16 Abs. 1 SGB II, §§ 44 ff SGB III);

- Leistungen zur Unterstützung der Berufsausbildung (§ 16 Abs. 1 SGB II, §§ 73 ff SGB III);

- Eingliederungszuschüsse für ältere Arbeitnehmerinnen und Arbeitnehmer (§ 16 Abs. 1 SGB II, § 131 SGB III);

- Leistungen zur beruflichen Weiterbildung (§§ 16 Abs. 1 SGB II, §§ 81 ff SGB III);

- Eingliederungszuschüsse zu sozialversicherungspflichtigen Beschäftigungen (§ 16 Abs. 1 SGB II, §§ 88 ff SGB III);

- Kommunale Eingliederungsleistungen (Betreuung minderjähriger oder behinderte Kinder oder pflegebedürftiger Angehöriger im Haushalt, Schuldnerberatung, psychosoziale Betreuung, Suchtberatung, § 16 a SGB II);

- Arbeitsgelegenheiten im normalen Arbeitsverhältnis oder mit Mehraufwandsentschädigung (§ 16 d SGB II);

- Einstiegsgeld für Leistungsberechtigte, die eine sozialversicherungspflichtige Erwerbstätigkeit oder eine selbstständige Tätigkeit aufnehmen (§ 16 b SGB II);

- weitergehende Förderung von Selbständigen durch Darlehen und Zuschüsse (§ 16 c SGB II);

- Leistungen zur Beschäftigungsförderung an Arbeitgeber bei Leistungsberechtigten mit der Vermittlungshemmnissen (§ 16 e SGB II);

- Freie Förderung (§ 16 f SGB II), bei der neue Instrumente und Projekte im Zusammenhang mit der Eingliederung Leistungsberechtigter unterstützt werden können.

Eingliederungsleistungen müssen gesondert beantragt werden, Der →**Antrag** auf Arbeitslosengeld II wirkt nicht automatisch als Antrag auf Eingliederungsleistungen (Eicher/Spellbrink/*Link*, SGB II Kommentar, 2. Aufl., § 37 Rn 21 b). Ein Rechtsanspruch auf Eingliederungsleistungen ergibt sich nur ausnahmsweise; etwa bei einer Konkretisierung durch eine Regelung in der →**Eingliederungsvereinbarung**. In allen anderen Fällen besteht nur ein **Anspruch auf ermessensfehlerfreie Entscheidung** (→**Klageverfahren**) über den Antrag, eine bestimmte Eingliederungsleistung zu gewähren.

Literaturhinweise:
LPK-SGB II/*Thie*, 4. Aufl., Anh zu § 16 Rn 1 ff; *Geiger*, Leitfaden zum Arbeitslosengeld II, 8. Aufl. 2011, S. 483 ff; Spellbrink/Eicher, SGB II-Kommentar, 2. Aufl., § 16 Rn 11 ff

Eingliederungsvereinbarung

Definition: Zwischen dem Leistungsberechtigten und dem Jobcenter soll eine möglichst konkrete Vereinbarung geschlossen werden, in der die individuellen Rechte und Pflichten (insb. →**Eigenbemühungen**) des Leistungsberechtigten im Zusammenhang mit seiner Eingliederung in den für ihn in Betracht kommenden Arbeitsmarkt und die ggf dazu notwendigen Eingliederungsleistungen geregelt werden. Überwiegend wird die Eingliederungsvereinbarung juristisch als ein öffentlich-rechtlicher Vertrag angesehen.

Rechtsgrundlagen: §§ 2 Abs. 1 S. 2, 15, 31 Abs. 1 S. 1 Nr. 1 SGB II; 53 ff SGB X

Erläuterungen: Die Eingliederungsvereinbarung ist ein **wesentliches Steuerungselement**, mit dem die programmatische Vorstellung des Gesetzgebers vom Fördern und Fordern in der Grundsicherung für Arbeitsuchende umgesetzt werden soll. In der Praxis kann sie der ihr zugedachten Rolle aber häufig nicht gerecht werden, weil die Eingliederungsvereinbarungen nicht hinreichend individualisiert ausgehandelt werden oder teilweise ganz fehlen. Die Eingliederungsvereinbarung ist **keine Voraussetzung für die Leistungen** nach dem SGB II. Sowohl die Leistungen zum Lebensunterhalt wie auch die Eingliederungsleistungen können auch ohne Eingliederungsvereinbarung beantragt und gewährt werden. Allerdings „soll" die Eingliederungsvereinbarung im Regelfall getroffen werden (§ 15 Abs. 1 S. 1 SGB II). Kommt keine Eingliederungsvereinbarung zustande, sollen die gleichen Regelungen durch einen →**Verwaltungsakt** ersetzt werden. Verstößt der Leistungsberechtigte gegen eine Regelung aus der Eingliederungsvereinbarung oder des Verwaltungsaktes, der die Eingliederungsvereinbarung ersetzt, führt dies zu →**Sanktionen** (§ 31 Abs. 1 S. 1 Nr. 1 SGB II).

Nach ganz überwiegender Auffassung stellt die Eingliederungsvereinbarung einen **öffentlich-rechtlichen Vertrag** dar. Vertragsparteien sind das Jobcenter und der Leistungsberechtigte. Die Schriftform ist einzuhalten; ohne Unterschrift ist die Eingliederungsvereinbarung nicht wirksam. Hinsichtlich der in der Eingliederungsvereinbarung geregelten Rechte und Pflichten entsteht eine **Bindungswirkung**. Der Leistungsberechtigte kann eine in der Eingliederungsvereinbarung zugesagte →**Eingliederungsleistung** einfordern. Rechtlich handelt es sich dabei um eine Zusicherung (§ 34 SGB X). Das grundsätzlich bei der Gewährung von Eingliederungsleistungen dem Jobcenter zustehende Ermessen wird dadurch gebunden. Die in der Eingliederungsvereinbarung für den Leistungsberechtigten vorgesehenen Pflichten können vom Jobcenter nicht unmittelbar geltend gemacht werden. Nur über den Weg von Sanktionen kann bei Nichterfüllung der Pflichten eine Reaktion erfolgen, die zu Einschränkungen der Leistungen zum Lebensunterhalt führt.

Der Eingliederungsvereinbarung soll eine →**Eignungsfeststellung** vorausgehen. Die individuellen Kenntnisse und Fähigkeiten des Leistungsberechtigten (zB Ausbildung, berufliche Erfahrungen, gesundheitliche Leistungsfähigkeit, persönliche und familiäre Verhältnisse, Mobilität) müssen berücksichtigt werden. Aus § 15 Abs. 1 SGB II ergeben sich drei Aspekte, die in der Eingliederungsvereinbarung typischerweise geregelt werden sollen: Eingliederungsleistungen, Festlegung der Eigenbemühungen, Beantragung vorrangiger Sozialleistungen. Vielfach werden auch zu Fragen der →**Erreichbarkeit** und zur Häufigkeit von Terminen zur Vorsprache (**Meldepflichten**) beim Jobcenter Vereinbarungen getroffen. Der Inhalt der Eingliederungsvereinbarung muss hinreichend bestimmt sein. Es muss unmissverständlich zu erkennen sein, welche Pflichten der Leistungsberechtigte einzuhalten hat. Werden zB Bewerbungsaktivitäten verlangt, muss auch eine Mindestzahl von →**Bewerbungen** angegeben werden. Werden Nachweise für die Bewerbungen verlangt, muss auch konkret beschrieben werden, wie der Nachweis zu führen ist. Im Gegenzug sollte auch eine Regelung zur Erstattung der Bewerbungskosten aufgenommen werden. **Pauschale Formulierungen** und aneinandergereihte Textbausteine genügen den Anforderungen an eine individualisierte Vereinbarung nicht. Derartig formulierte Pflichten können nicht als Grundlage für Sanktionen herangezogen werden. Pflichtleistungen – wie die Leistungen zum Lebensunterhalt – können nicht zum Gegenstand der Eingliederungsvereinbarung gemacht werden. Die gesetzlich geregelten Anspruchsvoraussetzungen können nicht verändert werden. Auch dürfen die vorgesehenen Pflichten nicht widersprüchlich sein. So muss der Umfang der verlangten →**Eigenbemühungen** zeitlich mit einer parallel vorgesehenen Eingliederungsmaßnahme vereinbar sein.

Literaturhinweise:
Eicher/Spellbrink, SGB II Kommentar, § 15 Rn 22 ff; LPK-SGB II/*Berlit*, 4. Aufl., § 15 Rn 7 ff; *Geiger*, Leitfaden zum Arbeitslosengeld II, 8. Aufl. 2011, S. 556 ff

Eingliederungszuschuss

→**Lohnkostenzuschuss**

Einheitliche Entscheidung

Definition: Die einheitliche Entscheidung umschreibt das grundsätzlich verbindliche Ergebnis eines Entscheidungsprozesses zur Feststellung der Erwerbsfähigkeit und Hilfebedürftigkeit eines Arbeitsuchenden im Primärverantwortungsbereich der Agentur für Arbeit unter Beteiligung der in § 44 a Abs. 1 S. 2 SGB II benannten weiteren Stellen, die im Streitfall in medizinischer Hinsicht auf einer seitens des Rentenversicherungsträgers eingeholten gutachterlichen Stellungnahme aufbaut.

Rechtsgrundlage: § 44 a SGB II

Erläuterungen: Durch das Gesetz zur Weiterentwicklung der Organisation der Grundsicherung für Arbeitsuchende vom 3.8.2010 wurde mit Wirkung zum 1.1.2011 das bisher in §§ 44 a u. 45 SGB II aF geregelte Einigungsstellenverfahren geändert und die **Einigungsstelle abgeschafft**. Bis dahin hatte die Einigungsstelle die Funktion, im Falle eines Widerspruchs eines hierzu berechtigten Trägers (kommunaler Träger, anderer bei voller Erwerbsminderung zuständiger Leistungsträger oder Krankenkasse) gegen eine Entscheidung der Agentur für Arbeit hinsichtlich der Erwerbsfähigkeit und Hilfebedürftigkeit eines Arbeitsuchenden als öffentlich-rechtliche Schiedsstelle zu entscheiden.

Die Neufassung des § 44 a SGB II belässt es zunächst dabei, dass die entscheidungsbefugte Agentur für Arbeit die Feststellung zu treffen hat, ob ein Arbeitsuchender **erwerbsfähig** ist. Auch verbleibt es beim Widerspruchsrecht des kommunalen Trägers, anderer Träger, die bei voller Erwerbsminderung zuständig wären, aber auch der Krankenkassen, die bei Erwerbsfähigkeit Leistungen der Krankenversicherung zu erbringen hätten. Im **Widerspruchsfall** entscheidet aber nun nicht mehr eine Einigungsstelle, sondern die Agentur für Arbeit. Sie tut dies auf der Grundlage einer durch sie einzuholenden gutachterlichen Stellungnahme (vgl zur Ausnahme Abs. 1 a), welche wiederum von dem nach § 109 a Abs. 2 SGB VI zuständigen Träger der Rentenversicherung zu erstellen ist. An diese gutachterliche Stellungnahme ist die Agentur für Arbeit nun bei der Entscheidung über den Widerspruch gebunden. Ebenso ist sie für alle gesetzlichen Leistungsträger nach dem SGB II, SGB III, SGB VI und SGB XII bindend. Änderungen in den bei der Entscheidung bestehenden tatsächlichen und rechtlichen Verhältnisse können allerdings im Rahmen der Aufhebungsvorschrift des § 48 SGB X berücksichtigt werden. Bis zur Entscheidung über den Widerspruch erbringen die Agentur für Arbeit und der kommunale Träger bei Vorliegen der übrigen Voraussetzungen Leistungen der Grundsicherung für Arbeitsuchende. Die Nahtlosigkeit der Sozialleistungen soll dadurch gewährleistet werden, dass die Grundsicherungsträger bis zur Entscheidung über den Widerspruch bei Vorliegen der übrigen Voraussetzungen Leistungen der Grundsicherung für Arbeitsuchende erbringen. Erstattungsansprüche der Träger der Grundsicherung regelt § 44 a Abs. 3 SGB II iVm § 103 SGB X.

In § 44 a Abs. 4 SGB II wird nach der Gesetzesbegründung weitergehend klargestellt, dass die Agentur für Arbeit in Konfliktfällen letztverantwortlich nicht nur über **Bestehen und Umfang der Hilfebedürftigkeit** aller Mitglieder der Bedarfsgemeinschaft, sondern auch über deren Leistungsberechtigung (§ 7 SGB II) entscheidet. Dabei besteht allerdings nach § 44 a Abs. 5 SGB II eine Bindung an die Entscheidung über die in der Zuständigkeit des kommunalen Trägers zu erbringenden Leistungen nach §§ 16 a, 22, 24 Abs. 3 S. 1 Nr. 1 u. 2, 27 Abs. 3 sowie 28 SGB II (vgl § 6 Abs. 1 S. 1 Nr. 2 SGB II). Diese bleiben dem kommunalen Träger vorbehalten, wobei er allerdings wiederum die Feststellungen der Bundesagentur zugrundezulegen hat. Kommt er aufgrund dieser Feststellungen nach seiner Ansicht zu einer zu hohen Bemessung der in seiner Zuständigkeit zu erbringenden Leistungen, steht ihm innerhalb eines Monats ein befristetes **Widerspruchsrecht** zu. Die Letztentscheidung verbleibt allerdings bei der Agentur für Arbeit, kann aber vom kommunalen Träger gerichtlich angefochten werden.

Literaturhinweise:
Blüggel SGb 2011, 9–20; *Chojetzki* NZS 2010, 662–668; *DV NDV* 2010, 301–303; *Wendt* RdLH 2010, 53–55

Einkommen

Definition: Zum Einkommen gehören Einkünfte in Geld oder in Geldeswert, die jemand nach Antragstellung wertmäßig dazu erhält (BSG 30.9.2008 – B 4 AS 29/07 R, Rn 18). Auszugehen ist vom tatsächlichen Zufluss, es sei denn, der Gesetzgeber bestimmt einen anderen Zufluss als maßgebend (modifiziertes Zuflussprinzip).

Rechtsgrundlagen: § 11 SGB II; §§ 2 ff Alg II-V

Erläuterungen: „Einkommen" ist ein zentraler Begriff im SGB II. Verfügt ein Antragsteller über mehr Einkommen als er zur Sicherstellung des notwendigen Lebensunterhaltes benötigt, so ist er nicht hilfebedürftig im Sinne des § 7 Abs. 1 S. 1 Nr. 3 SGB II iVm § 9 SGB II und hat deshalb – grundsätzlich – keinen Anspruch auf Leistungen zum Lebensunterhalt.

Ob Geld oder Geldwerte zufließen, die als Einkommen zu berücksichtigen sind, ist von Amts wegen zu prüfen (§ 20 Abs. 1 SGB X). Antragsteller sind verpflichtet, alle hierzu erforderlichen, leistungserheblichen Tatsachen anzugeben, Beweismittel zu bezeichnen und auf Verlangen des Leistungsträgers vorzulegen oder ihrer Vorlage durch Dritte zuzustimmen (§ 60 Abs. 1 S. 1 Nr. 1 SGB I), soweit dies nicht die durch § 65 SGB I gezeichneten Grenzen überschreitet.

Ob es sich bei Einkünften um Einkommen handelt, bestimmt sich in erster Linie danach, ob sie nach Antragstellung – und vor Ende eines Bewilligungszeitraums – zufließen. Sind Einkünfte bereits vor Antragstellung vorhanden, so handelt es sich nicht um Einkommen, sondern um Vermögen.

Der Rechtsgrund für den Zufluss spielt grundsätzlich ebenso wenig eine Rolle wie dessen Höhe oder ob es sich um einmalige oder dauerhafte Einkünfte handelt. Auch das weitere Schicksal der Einkünfte, dh ob und ggf wofür die Einkünfte verwendet werden, ist für die Frage, ob es sich um Einkommen handelt, unerheblich. Anders ist dies jedoch dann, wenn der Gesetzgeber – wie in § 11 a SGB II sowie § 1 Abs. 1 Alg II sowie weiteren Vorschriften – geregelt hat, dass bestimmte Einkünfte bei der Einkommensberücksichtigung außer Betracht bleiben.

Steht fest, dass es sich bei Einkünften um Einkommen handelt, so ist es in einem weiteren Schritt zu „bereinigen", dh um bestimmte, in § 11 b SGB II sowie §§ 2, 3 und 6 Alg II-V aufgeführte Positionen zu reduzieren. Zum Teil sind diese Absetzungsbeträge dem Faktizitätsgrundsatz (→bereite Mittel) geschuldet – so ist beispielsweise das Bruttoeinkommen nach § 11 Abs. 1 S. 1 Nr. 1 und 2 SGB II um die auf das Einkommen entrichteten Steuern und die Pflichtbeiträge zur Sozialversicherung einschließlich der Arbeitsförderung zu reduzieren, da die nachfragende Person diese Beträge niemals „in Händen" hält und deshalb durch sie auch seinen notwendigen Lebensunterhalt nicht bestreiten kann –, zum Teil handelt es sich um sozialpolitisch motivierte Abzüge.

Dem Einkommensteuerrecht folgend unterscheiden §§ 2 bis 4 Alg II-V die Einkunftsarten Einkommen aus nicht selbstständiger Tätigkeit, Einkommen aus selbstständiger Tätigkeit, Gewerbebetrieb oder Land- und Forstwirtschaft sowie Einkommen in sonstigen Fällen. Den Besonderheiten der jeweiligen Einkunftsart entsprechend finden sich Regelungen über Einkommensschätzung, Bereinigung, laufende und →einmalige Einnahmen und anderes.

Einkommen wird grundsätzlich demjenigen zugerechnet, dem es zufließt. Ist diese Person Mitglied einer Bedarfsgemeinschaft, so wird es gemeinsam mit dem Einkommen der anderen Mitglieder der Bedarfsgemeinschaft als Gesamteinkommen der Bedarfseinkommen berücksichtigt. Anders ist dies bei unverheirateten Kindern vor Vollendung des 25. Lebensjahres, die in Bedarfsgemeinschaft mit ihren Eltern leben. Ihr Einkommen wird ihnen selbst zugerechnet und ihrem individuellen Bedarf gegenübergestellt (Umkehrschluss aus § 9 Abs. 2 S. 2 SGB II). Liegt ihr Einkommen über ihrem eigenen Bedarf, so sind sie nicht hilfebedürftig und gehören nicht zur Bedarfsgemeinschaft (§ 7 Abs. 3 Nr. 4 SGB II).

Literaturhinweise:
Renn/Schoch/Löcher, Grundsicherung für Arbeitsuchende, 3. Aufl. 2011, S. 60–85

Einkommens- und Verbrauchsstichprobe

Definition: Die Einkommens- und Verbrauchsstichprobe ist eine Sammlung von Daten über Verbrauchsausgaben von Haushalten, welche der Bemessung und Weiterentwicklung der Höhe des Regelbedarfs zugrunde liegt.

Rechtsgrundlagen: § 20 Abs. 5 S. 2 SGB II, § 28 SGB XII

Erläuterungen: Der in § 20 Abs. 2 S. 1 SGB II betragsmäßig festgeschriebene →Regelbedarf beruht auf einer Einkommens- und Verbrauchsstichprobe (EVS). Die EVS ist eine Erhebung zur Einkommenssituation und zu den Verbrauchsverhältnissen der Bevölkerung. Durchgeführt wird sie vom **Statistischen Bundesamt und den Statistischen Landesämtern** auf der Grundlage des Gesetzes über die Statistik der Wirtschaftsrechnungen privater Haushalte. Befragt werden etwa 0,2 % aller privaten Haushalte, die nach vorgegebenen Quotierungskriterien ausgewählt werden, um ein repräsentatives Bild abzugeben.

Zur Ermittlung des Regelbedarfs auf der Grundlage der Daten einer EVS enthält das SGB II keine normativen Vorgaben. Für die Regelsätze im SGB XII hingegen bestimmt § 28 Abs. 2 S. 2 SGB XII, dass die **Verbrauchsausgaben der Haushalte in unteren Einkommensgruppen** maßgeblich sind. Wie genau die Haushalte der unteren Einkommensgruppen definiert und abgegrenzt werden, bleibt dem jeweiligen Gesetz zur Ermittlung der Regelbedarfe vorbehalten.

Im RBEG 2011 wird auf die unteren 15 % der Einpersonenhaushalte sowie 20 % der Familienhaushalte Bezug genommen. Dabei dürfen diejenigen Haushalte nicht eingerechnet werden, die im Erhebungszeitraum Leistungen zum Lebensunterhalt nach dem SGB II oder SGB XII bezogen haben. Diese Maßgabe wird im RBEG 2011 insofern nicht konsequent durchgehalten, als etwa Bezieher des Zuschlags nach § 24 SGB II aF, des Elterngeldes oder eines nicht bedarfsmindernd berücksichtigten Erwerbseinkommens einbezogen werden. Der Bedarf Hilfebedürftiger wird somit am Lebensstandard von Haushalten bemessen, in denen selber Hilfebedürftigkeit vorliegt. Ob dies den Vorgaben genügt, die das BVerfG an die Gewährleistung eines soziokulturellen **Existenzminimums** gestellt hat (BVerfG NJW 2010, 505, 510 ff), bleibt fraglich.

In § 28 Abs. 3 SGB XII ist ferner vorgesehen, dass das Statistische Bundesamt innerhalb der EVS Sonderauswertungen zu Einpersonen- und Familienhaushalten vornimmt. Auf dieser Grundlage werden auch die altersspezifischen Regelbedarfe für minderjährige Bezieher des Arbeitslosengeldes II und des Sozialgeldes festgesetzt. Welche Verbrauchsausgaben im Einzelnen regelbedarfsrelevant sind, bestimmt wiederum das jeweilige Regelbedarfsermittlungsgesetz. Dabei muss, um Art. 20 Abs. 1 iVm Art. 1 Abs. 1 GG gerecht zu werden, **methodisch stringent und nachvollziehbar** vorgegangen werden (BVerfG NJW 2010, 505, 510 ff), was etwa hinsichtlich der Herausrechnung alkoholhaltiger Getränke und deren Substitution durch Kosten für Mineralwasser fraglich erscheint.

Literaturhinweie:

Schwabe, Die Zusammensetzung des Regelsatzes im SGB XII bzw Regelleistung im SGB II in Höhe von 359 EUR ab dem 1.7.2009, ZfF 2009, 145–153; *Gagel/ Hannes* § 20 SGB II Rn 30 ff

Einkommensbescheinigung

Definition: Die Einkommensbescheinigung ist eine Erklärung des Arbeitgebers auf dem dafür vorgesehenen Formular, in der Art und Dauer der Beschäftigung sowie die Höhe des Arbeitsentgeltes für den Leistungsempfänger anzugeben sind.

Rechtsgrundlagen: §§ 58, 62, 63 Abs. 1 Nr. 2, 3 SGB II

Erläuterungen: Als Nachweis des Einkommens aus einer Arbeitnehmertätigkeit ist vorgesehen, dass der Arbeitgeber eine Einkommensbescheinigung ausstellt. Dazu ist der Arbeitgeber gesetzlich verpflichtet nach § 58 SGB II; es handelt sich um eine öffentlich-rechtliche Verpflichtung. Die **Bescheinigungspflicht** entsteht kraft Gesetzes, sobald der Antrag auf Arbeitslosengeld II gestellt worden ist, wenn zugleich ein Arbeitsverhältnis mit laufenden Vergütungszahlungen besteht. Nicht erfasst sind Auftraggeber, die eine Vergütung für **selbständige Tätigkeiten** der Leistungsberechtigten zahlen; dann gilt jedoch die Auskunftspflicht gemäß § 60

Abs. 2 SGB II. Verwendung findet ein **Formular** der Bundesagentur für Arbeit. Darin sind insbesondere Angaben zu machen zur Art der Tätigkeit des Arbeitnehmers, dem Beginn, Ende, Unterbrechungen und Grund für eine eventuelle Beendigung des Beschäftigungsverhältnisses sowie dem Bruttoarbeitsentgelt. Wer Arbeitslosengeld II beantragt, ist **selbst verpflichtet**, dem Arbeitgeber den für die Bescheinigung des Arbeitsentgelts vorgesehenen Vordruck unverzüglich **vorzulegen** (§ 58 Abs. 2 SGB II). Die Einkommensbescheinigung ist dem Arbeitnehmer wieder auszuhändigen. Dieser leitet die Bescheinigung – zusammen mit den weiteren Antragsunterlagen – dem Jobcenter zu. Dabei kann er überprüfen, ob die Angaben korrekt sind. Der Arbeitnehmer darf jedoch die Angaben nicht selbst korrigieren, sondern kann allein auf mögliche Fehler hinweisen.

Es besteht seitens des Leistungsberechtigten auch ein Anspruch aus dem **Arbeitsvertrag**, die Ausstellung der Bescheinigung verlangen zu dürfen. Dies folgt aus einer Nebenpflicht des Arbeitgebers, den Arbeitnehmern, bei der Verwirklichung sozialrechtlicher Leistungsansprüche zu unterstützen. Wird diese Pflicht verletzt, hat der Leistungsberechtigte Anspruch auf Schadensersatz gegen den Arbeitgeber. Das Jobcenter kann die Auskunftsverpflichtung gegenüber dem Arbeitgeber unmittelbar mit einem Verwaltungsakt durchsetzen.

Legt der Leistungsberechtigte die Einkommensbescheinigung des Arbeitgebers nicht vor, verletzt er seine besondere Mitwirkungspflicht (§ 58 Abs. 2 SGB II). Bei Verletzung der →**Mitwirkungspflicht** kommt in letzter Konsequenz unter den in § 66 SGB I genannten Voraussetzungen auch eine Versagung oder ein Entziehen der Leistung in Betracht. Stellt der **Arbeitgeber** die Bescheinigung nicht oder nicht richtig aus, kann einerseits ein **Bußgeldbescheid** erlassen werden (§ 63 Abs. 1 Nr. 2 SGB II); andererseits macht sich der Arbeitgeber gem. § 62 Nr. 1 SGB II **schadensersatzpflichtig.** Wenn die Arbeitsbescheinigung fehlt, darf die weitere Bearbeitung des Leistungsantrags nicht einfach unterbrochen werden. Es ist vielmehr im Wege der Amtsermittlung weitere Erkenntnisquellen, wie zB und Gehaltsabrechnungen, Meldungen bei der

Einzugsstelle (Krankenkasse) oder dem Rentenversicherungsträger, zu berücksichtigen.

Neben der Einkommensbescheinigung kann das Jobcenter vom Arbeitgeber eine allgemeine Auskunft (→**Auskunftspflicht von Arbeitgebern**) über leistungserhebliche Tatsachen, insbesondere Arbeitsbescheinigung, nach § 57 SGB II verlangen. Eine Auskunftspflicht der **Arbeitgeber von Partnern** der Leistungsberechtigten ergibt sich aus § 60 Abs. 3 SGB II.

Literaturhinweise:
Geiger, Leitfaden zum Arbeitslosengeld II, 8. Aufl., 2011, S. 318; Eicher/Spellbrink/*Blüggel*, SGB II Kommentar, 2. Aufl., § 58 Rn 1 ff

Einmalige Leistungen

Definition: Zur Sicherung des Lebensunterhalts sieht das SGB II laufende Leistungen zur Deckung wiederkehrender Bedarfe vor. Darüber hinaus gehende einmalige Leistungen sind nur möglich, soweit hierfür spezielle Anspruchsgrundlagen bestehen.

Rechtsgrundlage: § 24 SGB II

Erläuterungen: Im Bereich der Leistungen zur Eingliederung in Arbeit sind einmalige Leistungen nach dem SGB II nicht ungewöhnlich. Dabei kann es sich um Leistungen der Bundesagentur für Arbeit nach § 16 Abs. 1 S. 1 SGB II iVm dem SGB III handeln oder auch um kommunale →**Eingliederungsleistungen** nach § 16 a SGB II. Leistungen zur Sicherung des Lebensunterhalts dagegen werden regelmäßig als laufende Leistungen zur Deckung wiederkehrender Bedarfe – **Regelbedarf, Mehrbedarf, Unterkunftskosten** – erbracht. Nach der Vorstellung des Gesetzgebers sind die Regelbedarfe ausreichend bemessen, um Ansparungen für den Fall zu ermöglichen, dass einmalig größere Ausgaben zu tätigen sind, zB für Anschaffung von Möbeln, Haushaltsgeräten oder Bekleidungsstücken.

Einmalige Beihilfen für derartige, dem Lebensunterhalt zuzuordnende Ausgaben sind daher – anders als noch bis 31.12.2004 im BSHG – nicht vorgesehen. Abweichend hiervon enthält § 24 Abs. 3 SGB II **einzelne einmalig auftretende Bedarfssituationen**, die nicht durch laufende Leistungen abgedeckt sind, sondern gesondert berücksichtigt werden:

- **Erstausstattungen** für die Wohnung einschließlich Haushaltsgeräte, →**Bekleidung**, Schwangerschaft und Geburt, wobei der Begriff der Erstausstattung voraussetzt, dass der Bedarf erstmalig vorhanden ist, während Neubeschaffungen zum Regelbedarf gehören; die Kosten hierfür dürfen auf der Grundlage nachvollziehbarer Erfahrungswerte pauschalisiert werden, was Leistungsberechtigten aber nicht die Möglichkeit nimmt, im Einzelfall geltend zu machen, dass die Pauschalen unzureichend sind (LSG Sachsen-Anhalt 21.1.2009 – L 5 B 345/07 AS) sowie

- Anschaffung (auch Neubeschaffung) **orthopädischer Schuhe**, Reparatur- und Mietkosten für **therapeutische Geräte**.

Treten andere als die dort genannten Bedarfe zum Lebensunterhalt einmalig auf und können diese nicht aus der Regelleistung finanziert werden, bietet das SGB II als Leistungsgrundlage nur die Darlehensbestimmung des § 24 Abs. 1 SGB II. Wegen der in § 42 a SGB II darin enthaltenen Rückzahlungs- und Aufrechnungsregelung ist die Darlehensvorschrift nicht geeignet, alle atypischen Härtefälle angemessen zu lösen. Gerade bei einem größeren Darlehensumfang wäre der Hilfeempfänger bis zur Tilgung des **Darlehens** darauf angewiesen, das Niveau des soziokulturellen Existenzminimums für einen erheblichen Zeitraum zu unterschreiten. Auf Hilfskonstruktionen wie die Gewährung – gesetzlich nicht vorgesehener – tilgungsfreier Darlehen (SG Lüneburg info also 2005, 225) oder den Umweg über § 73 SGB XII (BSGE 97, 242; LSG Niedersachsen-Bremen info also 2008, 227) hat die Praxis bislang eher bei laufenden Bedarfen zurückgegriffen.

Daran hat auch die als Reaktion auf die BVerfG-Entscheidung zur Verfassungsmäßigkeit der Regelleistung eingeführte Härtefallregelung des § 21 Abs. 6 SGB II nichts geändert, weil sie nur für laufende Bedarfe gilt. Bei einmaligen Bedarfen bleibt dem Leistungsberechtigten lediglich die Möglichkeit, den Erlass der Darlehensrückzahlung nach § 44 SGB II zu beantragen (*Münder* NZS 2008, 169, 170).

Im Rahmen der Kosten der Unterkunft enthält § 22 Abs. 6 SGB II einige einmalige Ermessensleistungen für Bedarfe, die bedingt durch eine neue Unterkunft entstehen. Ausnahmsweise ermöglicht § 22 Abs. 8 SGB II in den dort aufgeführten Notsituationen die Übernahme von **Schulden** als einmalige Leistung.

Leistungen für einmalige Bedarfe sind ferner im Bereich der **Bildung und Teilhabe** vorgesehen, etwa in § 28 Abs. 2 SGB II (Schulausflüge und Klassenfahrten). Anders als die zuvor genannten einmaligen Leistungen ist die Leistung für persönlichen Schulbedarf nach § 28 Abs. 3 SGB II nicht an das Auftreten eines besonders festzustellenden Bedarfs gebunden.

Literaturhinweise:

Münder, Das Leistungsrecht des SGB II – Erfahrungen mit pauschalierten Leistungen, NZS 2008, 169

Einmalige Einnahmen

Definition: Einmalige Einnahmen liegen vor, wenn Einkünfte nicht dauerhaft und auf demselben Rechtsgrund beruhend erbracht werden, sondern sich das Geschehen in einer einzigen Leistung erschöpft (BSG 21.12.2009 – B 14 AS 46/08 R, Rn 14).

Rechtsgrundlagen: § 11 SGB II; § 2 Abs. 4 Alg II-V

Erläuterungen: Einmalige Einnahmen sind grundsätzlich in dem Monat ihres Zuflusses zu berücksichtigen (§ 11 Abs. 3 S. 1 SGB II). Wurden für den Zuflussmonat bereits Grundsicherungsleistungen erbracht, so erfolgt die Berücksichtigung im folgenden Kalendermonat.

Ist die einmalige Einnahme jedoch so hoch, dass der Leistungsanspruch im Monat der Berücksichtigung wegfiele, so ist der zufließende Betrag über sechs Monate hinweg in Höhe jeweils eines Sechstels anzurechnen (§ 11 Abs. 3 S. 3 SGB II).

Zweck der Aufteilung auf einen sechsmonatigen Zeitraum ist, einen kurzzeitigen Wegfall des gesetzlichen Kranken- und Pflegeversicherungsschutzes zu verhindern. Übersteigt die einmalige Einnahme den sicherzustellenden Lebensunterhaltsbedarf nur geringfügig, so müsste der Grundsicherungsträger den Leistungsberechtigten von der gesetzlichen Kranken- versicherung und Pflegeversicherung abmelden und nach Verbrauch der Einnahme und infolgedessen wieder eintretender Hilfebedürftigkeit wieder anmelden. Der hierfür erforderliche Verwaltungsaufwand ist aus Sicht des Gesetzgebers unverhältnismäßig hoch. Eine Streckung auf sechs Monate bewirkt, dass einmalige Einnahmen, die den Lebensunterhaltsbedarf eines Monats nicht wesentlich übersteigen, nicht zu einem Wegfall der Kranken- und Pflegeversicherungspflicht des Leistungsberechtigten führen.

Die Aufteilung auf sechs Monate durchbricht den Faktizitätsgrundsatz, da sie zur Anrechnung von fiktivem Einkommen führt. Dem Leistungsberechtigten wird über den Zuflussmonat (bzw den darauf folgenden Monat) hinaus für weitere fünf Monate Einkommen sozialleistungsmindernd angerechnet, über das er nur einmal verfügt. Dem liegt die Erwartung zugrunde, der Leistungsberechtigte werde die einmaligen Einnahmen durch sechs teilen und monatlich einen jeweiligen Teilbetrag verbrauchen, der gemeinsam mit der reduzierten Grundsicherungsleistung seinen Lebensunterhalt sichere. Die Gefahr, dass eine nicht geringe Anzahl von Leistungsempfängern zu einem derart verantwortungsvollen Umgang mit Geld nicht in der Lage sind, so dass die Gefahr eines der Menschenwürde nicht entsprechenden Lebens entsteht, ordnet der Gesetzgeber dem Ziel der Verringerung von Verwaltungsaufwand unter.

Literaturhinweise:
Renn/Schoch/Löcher, Grundsicherung für Arbeitsuchende, 3. Aufl. 201, Rn 61 f

Einrichtung

Definition: Stationäre Einrichtung iSd § 7 Abs. 4 SGB II ist jede Institution zur standortgebundenen Unterbringung, die es den dort Untergebrachten nach ihrer objektiven Struktur und Art unmöglich macht, aus der Einrichtung heraus eine Erwerbstätigkeit auszuüben, die den zeitlichen Kriterien zur Bestimmung der Erwerbsfähigkeit (§ 8 Abs. 1 SGB II) entspräche.

Rechtsgrundlage: § 7 Abs. 4 S. 1 u. 2 SGB II

Erläuterungen: Leistungen der Grundsicherung für Arbeitsuchende erhält nach § 7 Abs. 4 S. 1 u. 2 SGB II nicht, wer in einer stationären oder freiheitsentziehenden Einrichtung untergebracht ist (**Leistungsausschluss**). Der Ausschluss gilt umfänglich, bezieht sich also sowohl auf die Leistungen zur Eingliederung in Arbeit (§§ 14–16 g SGB II) als auch auf die Leistungen zur Sicherung des Lebensunterhalts (§§ 19–29 SGB II).

Im Hinblick auf den **Begriff der stationären Einrichtung** knüpft die Rechtsprechung des Bundessozialgerichts (BSG NZS 2008, 536–538) nicht an die gesetzliche Bestimmung desselben in § 13 SGB XII an. Vielmehr legt es für das SGB II eine eigenständige Begriffsbestimmung zugrunde. Es käme insoweit ausschließlich auf die objektive Struktur und Art der Einrichtung an. Sei die Einrichtung so strukturiert und gestaltet, dass es dem dort Untergebrachten objektiv eigentlich nicht möglich wäre, aus der Einrichtung heraus eine Erwerbstätigkeit auszuüben, die den zeitlichen Kriterien des § 8 Abs. 1 SGB II genüge, so sei der Hilfebedürftige dem SGB XII zugewiesen. Tragender Gesichtspunkt für eine solche Systementscheidung ist nach dem BSG damit die Annahme, dass der in einer Einrichtung Verweilende aufgrund der Vollversorgung und seiner Einbindung in die Tagesabläufe der Einrichtung räumlich und zeitlich so weitgehend fremdbestimmt sei, dass er für die Integrationsbemühungen zur Eingliederung in Arbeit (§§ 14 ff SGB II), die für das SGB II im Vordergrund stünden, nicht oder nicht ausreichend zur Verfügung stehe.

Literaturhinweise:
Gagel/*Hänlein* § 7 SGB II Rn 75–79; GK-SGB II/*Loose* § 7 Rn 80–84.1; *Hammel* ZFSH/SGB 2006, 707–718; *Hannes* SGb 2008, 666–669; Kreikebohm/Spellbrink/Waltermann/*Knickrehm*, Kommentar zum Sozialrecht, § 7 SGB II Rn 22–26; LPK-SGB II/*Thie/Schoch* § 7 Rn 91–108; *Mrozynski* ZFSH/SGB 2008, 328–337; *Münder/Geiger* SGb 2008, 1–8

Einstellung von Leistungen

Definition: Eine Einstellung von Leistungen meint deren Nichtweitergewährung.

Rechtsgrundlage: § 40 Abs. 2 Nr. 4 SGB II iVm § 331 SGB III

Erläuterungen: Gemäß § 40 Abs. 2 Nr. 4 SGB II in Verbindung mit § 331 SGB III kann der Grundsicherungsträger die Zahlung einer laufenden Leistung ohne Erteilung eines Bescheides vorläufig vollständig oder teilweise einstellen, wenn er von Tatsachen Kenntnis erhält, die kraft Gesetzes zum Wegfall des Anspruchs führen und wenn der Bescheid, aus dem sich der Anspruch ergibt, deshalb mit Wirkung für die Vergangenheit aufzuheben ist. Dies ist in der Regel der Fall, wenn die Voraussetzungen der §§ 45, 48 SGB X, zB wegen nicht vorhandener Hilfebedürftigkeit, vorliegen. Hiermit soll für Leistungsempfänger und Verwaltung der Aufwand vermieden werden, der dadurch entstehen kann, dass die laufende Leistung weiter gezahlt werden muss, bis der Bescheid aufgehoben worden ist. Dem erwerbsfähigen Leistungsberechtigten ist unverzüglich die vorläufige Einstellung der Leistung sowie die dafür maßgeblichen Gründe mitzuteilen und es ist ihm Gelegenheit zu geben, sich zu äußern. Der Grundsicherungsträger hat eine vorläufig eingestellte laufende Leistung unverzüglich nachzuzahlen, soweit der Bescheid, aus dem sich der Anspruch ergibt, zwei Monate nach der vorläufigen Einstellung der Zahlung nicht mit Wirkung für die Vergangenheit aufgehoben ist.

Literaturhinweise:
LPK-SGB II/*Conradis*, 4. Aufl., § 40 Rn 1 ff

Einstiegsgeld

Definition: Zur Überwindung der Hilfebedürftigkeit kann Empfängern von Arbeitslosengeld II bei Aufnahme einer sozialversicherungspflichtigen Beschäftigung oder einer selbständigen Erwerbstätigkeit Einstiegsgeld erbracht werden. Einstiegsgeld ist eine →**Eingliederungsleistung**, auf die kein Rechtsanspruch besteht; vielmehr muss das Jobcenter nach pflichtgemäßem Ermessen (→**Ermessensleistung**) über die Leistungsgewährung entscheiden.

Rechtsgrundlagen: § 16 b SGB II; Einstiegsgeld-Verordnung (ESGV)

Erläuterungen: Das Einstiegsgeld soll neben den Erwerbstätigenfreibeträgen (§ 11 b Abs. 3 SGB II) einen zusätzlichen Anreiz zur Aufnahme einer sozialversicherungspflichtigen Beschäftigung oder einer hauptberuflich selbständigen Tätigkeit bieten. Einstiegsgeld kann nur gewährt werden, wenn eine Arbeitstätigkeit aufgenommen wird, die mindestens einen Umfang von 15 Stunden wöchentlich erreicht. Damit wird zugleich die Arbeitslosigkeit im Sinne des Arbeitsförderungsrechts (§ 138 Abs. 3 SGB III) beendet. Bei einer **abhängigen Beschäftigung** muss das sozialversicherungspflichtige Einkommen über 400 EUR monatlich liegen. Auch bei befristeten Beschäftigungsverhältnissen kommt grundsätzlich Einstiegsgeld in Betracht. Ob eine Förderung erfolgt, entscheidet jedoch das Jobcenter nach Ermessen. Maßgebend dafür sind nicht allein die verfügbaren Haushaltmittel, sondern auch eine individualisierte Prognose der Erfolgsaussichten einer Eingliederung mit und ohne das Einstiegsgeld. Auch bei der Aufnahme einer **selbständigen Tätigkeit** muss der Arbeitsumfang bei 15 Stunden und mehr in der Woche liegen. Die **Tragfähigkeit der Existenzgründung** muss von einer neutralen fachkundigen Stelle (zB Industrie- und Handelskammer, Handwerkskammer oder einer anderen berufsständischen Organisation bzw einem Kreditinstitut) bestätigt werden. Die Kosten für eine solche fachliche Stellungnahme sind regelmäßig vom Jobcenter zu übernehmen. Der Leistungsempfänger selbst muss noch Folgendes darlegen (vgl Durchführungsanweisung Bundesagentur für Arbeit Ziff. 9 zu § 16 b):

- Eine aussagefähige Beschreibung des Existenzgründungsvorhabens (insbesondere Geschäftsidee und Marktsituation);

- Finanzierungsplanung und Kapitalbedarf;

- Rentabilitätsberechnung (erwarteter Umsatz, Kosten und Gewinn);

- Liquiditätsplanung.

Einstiegsgeld wird nur dann gewährt, wenn es nach Einschätzung des Jobcenters für die Eingliederung in den allgemeinen Arbeitsmarkt erforderlich ist. Es kann maximal für die Dauer von 24 Monaten gewährt werden (§ 16 b Abs. 2 S. 1 SGB II). Im Regelfall wird die Gewährung in zwei oder mehr **Phasen** aufgeteilt. Üblicherweise beträgt die erste Förderungsphase zwischen sechs und zwölf Monaten. Hinsichtlich der Höhe des Einstiegsgeldes sieht die Einstiegsgeld-Verordnung (ESGV) zwei Varianten vor: Einmal kann die **Bemessung einzelfallbezogen** erfolgen. Dabei wird ein Grundbetrag für den erwerbsfähigen Leistungsberechtigten in Höhe von maximal 50% des maßgebenden Regelbedarfs berücksichtigt. Hinzu kommen kann ein Ergänzungsbetrag für jede weitere Personen in der Bedarfsgemeinschaft (in Höhe von jeweils 10% der maßgeblichen Regelleistung) oder bei längerer Arbeitslosigkeit (ab zwei Jahre Arbeitslosigkeit vor Beginn der Erwerbstätigkeit in Höhe von 20% der maßgebenden Regelleistungen). Insgesamt dürfen Grund- und Ergänzungsbetrag den vollen maßgeblichen Regelbedarf jedoch nicht übersteigen. Als zweite Variante ist nach § 2 Einstiegsgeld-Verordnung eine **pauschale Bemessung** möglich. Der dann festzulegende Pauschalbetrag darf 75% des maßgeblichen Regelbedarfs nicht übersteigen.

Denkbar ist es, dass neben dem Einstiegsgeld auch ein **Eingliederungszuschuss** (→**Lohnkostenzuschuss**) an den Arbeitgeber gezahlt wird. Für die Bezieher von Arbeitslosengeld I ist zur Förderung einer selbständigen Tätigkeit der Gründungszuschuss als Ermessensleistung der Bundesagentur für Arbeit vorgesehen. Bei Aufstockern kommt allerdings auch eine Gewährung von →**Gründungszuschuss** und Einstiegsgeld parallel in Betracht.

Literaturhinweise:
LPK-SGB II/*Thie*, 4. Aufl., § 16 b Rn 3 ff; *Geiger*, Leitfaden zum Arbeitslosengeld II, 8. Aufl. 2011, S. 548 ff

Einstweiliger Rechtsschutz – Eilverfahren

Definition: Durch den einstweiligen Rechtsschutz wird eine vorläufige Regelung herbeigeführt, wenn durch die Eilbedürftigkeit eine abschließende Entscheidung im Verwaltungsverfahren oder im Sozialgerichtsverfahren nicht abgewartet werden kann.

Rechtsgrundlagen: §§ 86 a, 86 b SGG; § 39 SGB II

Erläuterungen: Wenn es um existenzsichernde Grundsicherungsleistungen geht, kann häufig nicht abgewartet werden, bis in Monaten oder Jahren im Rahmen von Widerspruchs- oder Gerichtsverfahren abschließende Entscheidungen getroffen werden. **Vorläufig bis zur abschließenden Sachentscheidung** muss ebenfalls eine Regelung getroffen werden. Für den Hilfebe-

dürftigen bedeutet dies, dass er die Möglichkeit haben muss, in einem Eilverfahren zumindest vorläufig (bis zur abschließenden Sachentscheidung) eine Leistung zu erhalten, sonst wäre ein effektiver Rechtsschutz (Art. 19 Abs. 4 GG) nicht gewährleistet. Ist auf der Ebene der Verwaltung keine →**vorläufige Bewilligung** bzw eine vorläufige Weiterzahlung zu erhalten, muss einstweiliger Rechtsschutz durch ein Eilverfahren vor dem **Sozialgericht** in Betracht gezogen werden.

Beim einstweiligen Rechtsschutz sind zwei Fälle zu unterscheiden: Handelt es sich um einen **belastenden Bescheid** (→**Verwaltungsakt**), durch den eine bereits bewilligte **Leistung gekürzt oder entzogen** wird, so hat ein dagegen erhobener Widerspruch bzw eine gegen den Widerspruchsbescheid erhobe Klage nach den allgemeinen Regelungen →**aufschiebende Wirkung** (§ 86 a SGG). Das bedeutet, dass der belastende Bescheid solange nicht vollzogen werden kann, bis abschließend über den Widerspruch oder die Klage entschieden worden ist. Dadurch bleibt die bisherige Rechtsposition einstweilen erhalten; zB muss eine längerfristig bewilligte Leistung auch bis zum Abschluss des Widerspruchsverfahrens weiter gewährt werden. Im Rahmen der Grundsicherung für Arbeitsuchende ist jedoch für die meisten praxisrelevanten Fälle eine →**sofortige Vollziehung** (dh der Wegfall der aufschiebenden Wirkung) durch § 39 SGB II vorgesehen. Entfällt die aufschiebende Wirkung oder hat die Verwaltung die sofortige Vollziehung angeordnet, besteht für den Leistungsberechtigten allerdings die Möglichkeit, durch einen Antrag auf Rechtsschutz beim Sozialgericht die **aufschiebende Wirkung anordnen oder wiederherstellen** zu lassen (§ 86 b Abs. 1 SGG). Hierbei muss dargelegt werden, dass die Entscheidung der Verwaltung, die Leistung einzustellen oder zu kürzen, fehlerhaft ist.

Der zweite – in der Praxis häufigere – Fall einstweiligen Rechtsschutz zu erlangen, besteht darin, beim Sozialgericht eine **einstweilige Anordnung** (§ 86 b Abs. 2 SGG) zu beantragen. Die Ausgangssituation dafür ist, dass das Jobcenter entweder nicht über einen gestellten Leistungsantrag (oder Folgeantrag) entscheidet, obwohl der Betroffene dringend auf Leistungen angewiesen ist, oder die Leistung abgelehnt wird bzw zu gering ausfällt. Durch die einstweilige Anordnung soll erreicht werden, dass das Sozialgericht eine **vorläufige Regelung** in Bezug auf den Streitgegenstand trifft. Wichtig ist es allerdings zu berücksichtigen, dass der Antrag auf eine vorläufige Regelung beim Sozialgericht die notwendigen rechtlichen Schritte im eigentlichen (**Hauptsache-)Verfahren** nicht ersetzt: Innerhalb der Rechtsbehelfsfristen muss zusätzlich Widerspruch eingelegt und nach einem Widerspruchsbescheid auch Klage erhoben werden. In zeitlicher Hinsicht ist ein Antrag auf einstweilige Anordnung beim Sozialgericht nahezu jederzeit möglich. Voraussetzung ist allerdings, dass die Leistung zunächst bei der zuständigen Behörde beantragt wurde und die Behörde ausreichend Zeit hatte, auf den Antrag zu reagieren. Eine einstweilige Anordnung ist in eilbedürftigen Angelegenheiten deutlich effektiver als eine →**Untätigkeitsklage** vor dem Sozialgericht zu erheben. Möglich ist eine einstweilige Anordnung auch **nach** einem **Ablehnungsbescheid,** nach einem **Widerspruchsbescheid** oder **im Laufe eines Klageverfahrens** vor dem Sozialgericht. Voraussetzung für eine einstweilige Anordnung durch das Sozialgericht ist, dass ein Anordnungsanspruch und ein Anordnungsgrund besteht. Ein **Anordnungsanspruch** liegt immer dann vor, wenn der Rechtsanspruch auf die beantragte Leistung nachgewiesen ist. Für alle Anspruchsvoraussetzungen (zB für die Hilfebedürftigkeit wegen nicht ausreichendem Einkommen und Vermögen) müssen **Tatsachen dargelegt** und →**Beweise** vorgelegt werden. Ist dies aufgrund der verfügbaren Zeit nicht vollständig möglich, muss zumindest glaubhaft gemacht werden, dass die Leistungsvoraussetzungen tatsächlich vorliegen. Die **Glaubhaftmachung** bedeutet, dass zumindest mit überwiegender Wahrscheinlichkeit davon auszugehen ist, dass der Leistungsanspruch besteht. Dazu kann auch eine eidesstattlichen Versicherung des Betroffenen selbst oder anderer Personen vorgelegt werden; allerdings haben objektive Beweise eine deutlich stärke Überzeugungskraft. Das Gericht hat hier eine Abwägungsentscheidung zu treffen, die wesentlich auch dadurch bestimmt wird, wie wahrscheinlich die Leistungsvoraussetzungen vorliegen. Deswegen ist es der wesentliche Bestandteil des Antrages an das Gericht, die Leistungsvoraussetzungen überzeugend darzulegen. Der zusätzlich erforderliche **Anordnungsgrund** ergibt sich aus der besonderen Eilbedürftigkeit der Angelegenheit. Dazu muss regelmäßig eine existenzielle oder vergleichbare Notlage dargelegt werden können. Dies kann einmal darin bestehen, dass die Mittel für den laufenden Bedarf des Lebensunterhaltes oder bestimmte Sonderfälle nicht zur Verfügung stehen. Ein Anordnungsgrund ist aber durchaus auch dann denkbar, wenn eine dringend notwendige wesentliche Eingliederungsleistung nicht gewährt wurde. Auch dazu sollten – soweit als möglich – Nachweise vorgelegt werden.

In den meisten Fällen trifft das Sozialgericht eine **Entscheidung** nach schriftlicher Anhörung der Beteiligten, aber ohne mündliche Verhandlung. Im Rahmen der **Abwägung** muss das Gericht berücksichtigen, welche schwerwiegenden Nachteile dem Hilfesuchenden drohen (zB Verlust der Wohnung), wenn der Leistungsanspruch nicht erfüllt wird. Ergeht zugunsten des Hilfebedürftigen eine einstweilige Anordnung, wirkt sie zurück bis auf den Zeitpunkt, in dem der Antrag auf Eilrechtsschutz beim Gericht eingegangen ist. In der Regel wird die Anordnung des Gerichts **zeitlich befristet,** und zwar bis zu einer Entscheidung über den Widerspruch oder die Klage. Das Gericht kann die angeordnete vorläufige Leistung auch einschränken oder mit Auflagen versehen. Allerdings steht die einstweilige gewährte Leistung ohnehin unter dem **Vorbehalt der Rückforderung,** falls sich im Hauptsacheverfahren bei genauerer Prüfung herausstellen sollte, dass die Voraussetzungen für die Leistungen tatsächlich doch nicht vorliegen. Eine Beschränkung auf eine darlehensweise Leistung ist deshalb regelmäßig nicht gerechtfertigt. Leistungen zum Lebensunterhalt sind auch im Eilverfahren grundsätzlich in voller Höhe vorzusehen, da eine längerfristige Unterschreitung des Existenzminimumms nicht hingenommen werden kann. Bei einer **ablehnenden Entscheidung** über den Antrag auf einstweilige Anordnung ist mit relativ hoher Wahrscheinlichkeit davon auszugehen, dass das Sozialgericht auch eine in der gleichen Angelegenheit erhobene Klage abweisen wird. Anders ist die Ausgangssituation dann zu bewerten, wenn die einstweilige Anordnung nur mangels Eilbedürftigkeit abgelehnt wurde. Eine Vorentscheidung in der Sache liegt dann noch nicht vor. Gegen die Entscheidung des Sozialgerichts betreffend den Antrag auf Eilrechtsschutz kann innerhalb von einem Monat nach Zugang **Beschwerde** eingelegt werden, über die das Landessozialgericht entscheidet.

Literaturhinweise:
Geiger, Leitfaden zum Arbeitslosengeld II, 8. Aufl., S. 745 ff; *Zimmermann*, Das Hartz-IV-Mandat, 2. Aufl., S. 269 ff; LPK-SGB II/*Conradis*, 4. Aufl., Anh. Verfahren R 119 ff

Elterngeld

Definition: Elterngeld ist eine antragsbezogene Familienleistung mit sozialpolitisch (keineswegs nur familienpolitisch) mehrfacher Lenkungsfunktion, die einerseits eine Anerkennung der Kleinkindbetreuungs- und Erziehungsleistung darstellt, darüberhinausgehend aber auch den dadurch bedingten Entgeltausfall zumindest teilweise kompensieren soll.

Rechtsgrundlagen: §§ 1 ff, v.a. § 10 Abs. 5 BEEG; § 1 Abs. 5 Alg II–V

Erläuterungen: Anspruch auf Elterngeld hat, wer unter der grundsätzlichen Voraussetzung eines Wohnsitzes oder gewöhnlichen Aufenthalts in Deutschland (§ 1 Abs. 1 Nr. 1 BEEG; Ausnahmen: Abs. 2), mit seinem (Ausnahme: § 1 Abs. 4 BEEG) Kind in einem Haushalt lebt (§ 1 Abs. 1 Nr. 2 BEEG; Ausnahmen: Abs. 3), dieses Kind selbst betreut und erzieht (§ 1 Abs. 1 Nr. 3 BEEG) und keine oder keine volle Erwerbstätigkeit ausübt (§ 1 Abs. 1 Nr. 4, Abs. 6 BEEG). Eine Person ist in diesem Sinn nicht voll erwerbstätig, wenn ihre wöchentliche Arbeitszeit im Monatsdurchschnitt 30 Stunden nicht übersteigt, sie eine Beschäftigung zur Berufsbildung ausübt oder sie eine geeignete Tagespflegeperson im Sinne des § 23 SGB VIII ist und nicht mehr als fünf Kinder in Tagespflege betreut.

Elterngeld wird grundsätzlich in **Höhe** von 67 Prozent des in den zwölf Kalendermonaten vor dem Monat der Geburt des Kindes durchschnittlich erzielten monatlichen Einkommens aus Erwerbstätigkeit bis zu einem Höchstbetrag von 1.800 EUR monatlich für volle Monate

gezahlt, in denen die berechtigte Person kein Einkommen aus Erwerbstätigkeit erzielt (§ 2 Abs. 1 S. 1 BEEG). In den Fällen, in denen das durchschnittlich erzielte monatliche Einkommen aus Erwerbstätigkeit vor der Geburt geringer als 1.000 EUR war, erhöht sich der Prozentsatz von 67 Prozent um 0,1 Prozentpunkte für je 2 EUR, um die das maßgebliche Einkommen den Betrag von 1.000 EUR unterschreitet, auf bis zu 100 Prozent (§ 2 Abs. 2 BEEG). Elterngeld wird andererseits jedenfalls – und hier zeigt sich der polyteleologische Charakter der Leistung – unabhängig davon, ob eine Einkommenseinbuße hinzunehmen ist oder vorgeburtlich überhaupt Einkommen erzielt wurde, mindestens in Höhe von 300 EUR gezahlt (§ 2 Abs. 5 S. 1 u. 2 BEEG).

Die maximale **Bezugsdauer** des Elterngelds erstreckt sich grundsätzlich vom Tag der Geburt bis zur Vollendung des 14. Lebensmonats des Kindes (§ 4 Abs. 1 BEEG; vgl zur antragsbezogenen Halbierung des Auszahlungsbetrags und damit Verdoppelung des Bezugszeitraums § 6 S. 2 BEEG). Dabei wird das Elterngeld in Monatsbeträgen für Lebensmonate des Kindes gezahlt. Die Eltern haben insgesamt Anspruch auf zwölf Monatsbeträge. Sie haben Anspruch auf zwei weitere Monatsbeträge, wenn für zwei Monate eine Minderung des Einkommens aus Erwerbstätigkeit erfolgt (§ 4 Abs. 2 BEEG). Ein Elternteil kann aber nur mindestens für zwei und höchstens für zwölf Monate Elterngeld beziehen (§ 4 Abs. 3 S. 1 BEEG). Ein Bezugszeitraum von 14 Monaten ist folglich in der Regel (vgl zu den Ausnahmen § 4 Abs. 3 S. 3 u. 4 BEEG) nur dann möglich, wenn auch der zweite Elternteil bis zur Vollendung des 14. Lebensmonats des Kindes mindestens zwei Monate keine oder keine volle Erwerbstätigkeit ausübt. Die Eltern können die jeweiligen Monatsbeträge abwechselnd oder gleichzeitig beziehen (§ 4 Abs. 2 S. 4 BEEG).

Nach § 10 Abs. 1 BEEG bleibt das Elterngeld bei Sozialleistungen, deren Zahlungen von anderen Einkommen abhängig ist, bis zu einer Höhe von insgesamt 300 EUR (in den Fällen des § 6 S. 2 BEEG in Höhe von 150 EUR) im Monat **als Einkommen unberücksichtigt**. Korrespondierend erklärte § 11 Abs. 3 a SGB II aF den entsprechenden Teil des Elterngelds als bei der Ermittlung der Hilfebedürftigkeit (und damit Leistungsberechtigung; vgl § 7 Abs. 1 S. 1 Nr. 3 iVm § 9 Abs. 1 u. § 19 Abs. 3 SGB II) nicht zu berücksichtigen. Elterngeldbezug, der diesen anrechnungsfreien Betrag überstieg, stellte dagegen eine nicht privilegierte Einnahme in Geld und damit **zu berücksichtigendes** (dh leistungsminderndes) Einkommen dar.

Durch das Haushaltsbegleitgesetz 2011 vom 9.12.2010 (BGBl. 2010 I, 1885) wurde diese Teilprivilegierung des Elterngelds mit Wirkung zum 1.1.2011 **modifiziert**. In § 10 Abs. 5 BEEG ist nunmehr ausdrücklich angeordnet, dass die Teilfreistellung von der Anrechnung als Einkommen gemäß § 10 Abs. 1–4 SGB II nicht bei Leistungen u.a. nach dem SGB II gelten. Stattdessen bleibt dort Elterngeld nur noch in Höhe des nach § 2 Abs. 1 BEEG berücksichtigten durchschnittlich erzielten Einkommens aus Erwerbstätigkeit vor der Geburt bis zu 300 EUR im Monat als Einkommen unberücksichtigt. In den Fällen verlängerter Auszahlung nach § 6 S. 2 SGB II verringern sich die diesbezüglichen Beträge um die Hälfte.

Das Grundsicherungsrecht und insbesondere die §§ 11–11 b SGB II enthalten nunmehr keine eigene Sonderregelung mehr, so dass Elterngeld iÜ voll berücksichtigungsfähig ist, allerdings die Beträge des § 11 b SGB II abgesetzt werden können. Zu beachten ist ferner die **Übergangsregelung** des § 1 Abs. 5 Alg II–V. Um unbillige Nachteile für diejenigen Eltern abzumildern, welche einen verlängerten Auszahlungszeitraum nach § 6 Abs. 2 BEEG gewählt haben, lässt diese Übergangsregelung Elterngeld in Höhe von 150 EUR je Lebensmonat eines Kindes, der vor dem 1.1.2011 begonnen hat, als Einkommen unberücksichtigt, soweit es aufgrund einer vor dem 1.1.2011 widerrufenen Verlängerungsmöglichkeit nach eben diesem § 6 Abs. 2 SGB II nachgezahlt wird.

Literaturhinweise:
Groth/Luik/Siebel-Huffmann/Groth, Das neue Grundsicherungsrecht, Rn 516 ff; Hk-MuSchG/BEEG/*Lenz* §§ 1–14; Kreikebohm/Spellbrink/Waltermann/*Koppenfels-Spies*, Kommentar zum Sozialrecht, §§ 1–14 BEEG; Kreikebohm/Spellbrink/Waltermann/*Spellbrink*, Kommentar zum Sozialrecht, 1. Aufl., § 11 SGB II Rn 25; *Lenze* info also 2011, 3 ff; LPK-SGB II/

Brühl, 3. Aufl. § 11 Rn 72; LPK-SGB II/*Geiger*, 4. Aufl., § 11 a Rn 10

Energiekosten

Definition: Kosten für Haushaltsenergie sind im Regelbedarf enthalten, lediglich die Aufwendungen für Heizung und Warmwassererzeugung werden in tatsächlicher Höhe gesondert übernommen, soweit sie angemessen sind; bei dezentraler Warmwassererzeugung wird hierfür ein Mehrbedarf berücksichtigt.

Rechtsgrundlagen: §§ 20 Abs. 1, 22 Abs. 1 S. 1 SGB II

Erläuterungen: Soweit ein Leistungsberechtigter einen Bedarf hat, der aus Energiekosten herrührt, stellt sich die Frage, ob er diese Kosten aus der Leistung für den →**Regelbedarf** finanzieren muss oder sie als →**Unterkunftskosten** gesondert übernommen werden. Hierzu stellt § 20 Abs. 1 klar, dass Kosten für Haushaltsenergie vom Regelbedarf abgedeckt werden. Davon ausgenommen sind lediglich die Anteile an den Haushaltsenergiekosten, die auf die Heizung und Warmwassererzeugung entfallen.

Die Handhabung der Kosten für **Warmwasseraufbereitung** sorgte bislang für Kontroversen bei Haushalten, bei denen sich Warmwasseraufbereitungs- und Heizkosten nicht getrennt ausweisen lassen. Das Bundessozialgericht hielt es in diesen Fällen für rechtmäßig, von den nach § 22 Abs. 1 S. 1 SGB II gesondert zu übernehmenden Heizkosten einen Anteil für Warmwasseraufbereitung abzuziehen. Der Höhe nach war dieser Abzug auf den Betrag begrenzt, der in der Regelleistung für Warmwasseraufbereitung vorgesehen war (BSGE 100, 94). Ließen sich dagegen die Warmwasserkosten separat erfassen, war dieser Betrag in voller Höhe von den Heizkosten zu trennen (BSGE 102, 274).

Mit der Änderung des SGB II zum 1.1.2011 wurde § 20 Abs. 1 dahin gehend geändert, dass nunmehr die Warmwassererzeugungskosten nicht mehr im Regelbedarf enthalten, sondern gesondert zu übernehmen sind. Im Regelfall erfolgt dies im Rahmen der Unterkunftskosten nach § 22 Abs. 1 S. 1 SGB II, dh Warmwassererzeugungskosten sind in **tatsächlicher Höhe** als Bedarf zu berücksichtigen, soweit sie angemessen sind. Soweit sie unangemessen sind, treten nach § 22 Abs. 1 S. 2 die gleichen Rechtsfolgen ein wie auch sonst bei unangemessenen Unterkunftskosten.

Für Haushalte, deren Warmwassererzeugungskosten ganz oder teilweise nicht gesondert als Unterkunftskosten ausgewiesen werden können – etwa weil die Warmwassererzeugung **dezentral** mit Strom erfolgt – sieht § 21 Abs. 7 einen **Mehrbedarf** vor. Dieser wird der Höhe nach für jede leistungsberechtigte Person im Haushalt prozentual am Regelbedarf bemessen. Im Einzelfall kann jedoch geltend gemacht werden, dass ein hiervon abweichender Bedarf für Warmwassererzeugung besteht.

Literaturhinweise:
Groth/Siebel-Huffmann, Das neue SGB II, NJW 2011, 1105

Entziehung von Leistungen

Definition: Eine **Entziehung von Leistungen** ist die Rücknahme eines begünstigenden Bewilligungsbescheides wegen Rechtswidrigkeit.

Rechtsgrundlagen: § 40 Abs. 2 Nr. 3 SGB II; § 330 Abs. 2 SGB III; 45 Abs. 4 S. 1, Abs. 2 S. 3 Nr. 3 SGB X

Erläuterungen: Die Gewährung von Leistungen der Grundsicherung nach dem SGB II erfolgt auf Grundlage eines Bewilligungsbescheids des Grundsicherungsträgers. Das Verfahren unterliegt den Bestimmungen des SGB X, wie § 40 Abs. 1 S. 1 SGB II besagt. Weiterhin werden gemäß § 40 Abs. 2 SGB II bestimmte Vorschriften des SGB III für entsprechend anwendbar erklärt.

Zu einer **Entziehung von Leistungen** kommt es, wenn der begünstigende Bewilligungsbescheid wegen Rechtwidrigkeit nach § 45 SGB X zurückgenommen wird. Der Bescheid muss u.a. nach den §§ 40 Abs. 2 Nr. 3 SGB II, 330 Abs. 2 SGB III, 45 Abs. 4 S. 1, Abs. 2 S. 3 Nr. 3 SGB X für die **Vergangenheit** zurückgenommen werden, wenn er auf Angaben beruht, die der erwerbsfähige Leistungsberechtigte vorsätzlich oder grob fahrlässig unrichtig oder unvollständig gemacht hat (zB Verschweigen von Einkommen und Vermögen, Schwarzarbeit, Verschweigen einer eheähnlichen Gemeinschaft usw). Die Rücknahme ist nach § 45

Abs. 4 S. 2 SGB X nur innerhalb eines Jahres zulässig, seit der Grundsicherungsträger Kenntnis von den Umständen hat, die eine Rücknahme rechtfertigen.

Soweit der Bewilligungsbescheid nach § 45 SGB X zurückgenommen worden ist, sind die zu viel gezahlten Leistungen nach § 50 Abs. 1 S. 1 SGB X zu **erstatten.** Der Grundsicherungsträger kann nach § 43 Abs. 1, Abs. 2 SGB II bei Sozialbetrug den Erstattungsanspruch gegen Ansprüche von Leistungsberechtigten auf Geldleistungen bis in Höhe von 30 % des maßgebenden Regelbedarfs **aufrechnen.**

Literaturhinweise:
LPK-SGB II/*Conradis*, 4. Aufl., § 40 Rn 1 ff

Erbenhaftung

Definition: Erbenhaftung meint den Ersatz von Leistungen, die eine Person durch den Grundsicherungträger erhalten hat, im Falle seines Todes durch dessen Erben.

Rechtsgrundlage: § 35 SGB II

Erläuterungen: Die Vorschrift dient der Wiederherstellung der Nachrangigkeit bei Vorliegen von Schonvermögen. Durch das im Zeitraum der Leistungsgewährung geschützte Vermögen sollen nicht noch die Erben privilegiert werden. Deshalb wird von den Erben der Ersatz der an den Verstorbenen erbrachten Leistungen aus dem Nachlass verlangt.

Ersatzpflichtig sind nach § 35 Abs. 1 S. 1 SGB II die **Erben** des Leistungsberechtigten (§ 1922 BGB, § 10 LPartG).

Die Haftung beschränkt sich nach § 35 Abs. 1 S. 2 SGB II auf den **Nachlass.** Als Wert des Nachlasses ist das den Erben angefallene Aktivvermögen abzüglich der Nachlassverbindlichkeiten (§ 1967 Abs. 2 BGB) zu verstehen.

Grundsätzlich müssen nach § 35 Abs. 1 SGB II sämtliche Leistungen des SGB II sowie die Beiträge zur Sozialversicherung, die in den letzten zehn Jahren vor dem Tod des Leistungsberechtigten erbracht wurden, bis auf einen Freibetrag von 1.700 EUR erstattet werden.

Ein besonderer **Freibetrag** vom Nachlass in Höhe von 15.500 EUR wird nach § 35 Abs. 2 Nr. 1 SGB II dem Ehegatten oder Lebenspartner oder Verwandten des Verstorbenen eingeräumt, sofern sie mit dem

Verstorbenen in häuslicher Gemeinschaft gelebt und ihn mindestens sechs Monate gepflegt haben.

Stellt die Heranziehung der Erben eine besondere Härte dar, kann gemäß § 35 Abs. 2 Nr. 2 SGB II kein Ersatzanspruch geltend gemacht werden

Der Anspruch erlischt gemäß § 35 Abs. 3 SGB II drei Jahre nach dem Tod des Leistungsberechtigten.

Literaturhinweise:
LPK-SGB II/*Conradis*, 4. Aufl., § 35 Rn 1 ff

Erlass von Forderungen

Definition: Der Erlass einer Forderung stellt den endgültigen Verzicht auf die Geltendmachung des Anspruchs für die Zukunft dar. Gegenstand des Erlasses können Forderungen jeglicher Art sein, die der Sozialleistungsträger (Jobcenter) gegen den Leistungsberechtigten (zB Rückforderungsansprüche für zu Unrecht erbrachter Leistungen gemäß §§ 45, 48, 50 SGB X) oder gegen Dritte (zB Unterhaltsverpflichtete gemäß § 33 SGB II) bzw Erben (§ 35 SGB II) hat.

Rechtsgrundlage: § 44 SGB II

Erläuterungen: Grundsätzlich hat das Jobcenter die ihm zustehenden Ansprüche durchzusetzen. Der Erlass einer Forderung ist deswegen nur als Ausnahme möglich, wenn die Durchsetzung im Einzelfall unbillig wäre. Über den Erlass entscheidet das Jobcenter nach **pflichtgemäßem Ermessen**. Die Prüfung wird strenger ausfallen als bei einer Stundung oder einer Ratenzahlungsvereinbarung, weil der Erlass letztlich einen Verzicht auf den eigentlich vorgesehenen Anspruch bedeutet.

In Betracht kommt der (vollständige oder teilweise) Erlass nur in den Fällen, in denen die Geltendmachung der Forderung unbillig wäre. Die **Unbilligkeit** kann sich dabei aus **persönlichen Gründen** desjenigen ergeben, der die Forderung ausgleichen muss. Hier kommen eigentlich nur existenzielle Notlagen in Betracht, durch die der Betroffene selbst erstmalig oder erneut hilfebedürftig im Rahmen der Grundsicherung wird. Allerdings muss die Notlage so dauerhaft sein, dass eine vorrangig zu prüfende Stundung nicht mehr erfolgversprechend ist. Weiter kann sich die Unbilligkeit auch aus **sachlichen**

Gründen ergeben, wenn die Einziehung der Forderung zu erheblichen Wertungswidersprüchen führen würde. Beispiel hierfür ist die Situation, dass ein Rückforderungsanspruch ganz maßgeblich erst durch das Verhalten der Mitarbeiter des Jobcenters entstanden ist.

Über den Erlass von Forderungen kann von Amts wegen oder auf Antrag des Betroffenen entschieden werden. Durch die **Kombination** von Ermessensentscheidung und unbestimmtem Rechtsbegriff (Unbilligkeit) ist die Rechtsposition der Betroffenen schwach. Gegen einen abgelehnten Forderungserlass kann zwar im Rechtsbehelfsverfahren (Widerspruch und Klage) vorgegangen werden. Erreicht werden kann bei einem gerichtlichen Verfahren (→**Klageverfahren**) jedoch allenfalls die Aufhebung der Ablehnungsentscheidung verbunden mit der Verpflichtung, dass die Verwaltung eine Neubescheidung unter Beachtung der Rechtsauffassung des Gerichts vornimmt. Möglich ist es jedoch auch, neben einem normalen Rechtsbehelfsverfahren (zB Widerspruch gegen einen Rückforderungsbescheid) zugleich einen gesonderten Antrag auf Erlass der Rückforderung zu stellen.

Literaturhinweise:
Eicher/Spellbrink, SGB II-Kommentar, 2. Aufl., § 44 Rn 5 ff; LPK-SGB II/*Conradis*, 4. Aufl., § 44 Rn 1 ff

Ermessensleistungen

Definition: Stellt der Gesetzgeber ein Verwaltungshandeln in das Ermessen einer Behörde, so hat diese ihre Entscheidung über das „Ob" und/oder „Wie" des Verwaltungshandelns unter Heranziehung des Zwecks der zur Ermessensbetätigung ermächtigenden Vorschrift zu treffen, ohne gegen das Grundgesetz oder einfachgesetzliche Vorschriften zu verstoßen.

Rechtsgrundlagen: §§ 39, 2 Abs. 2, 33 SGB I

Erläuterungen: In aller Regel verpflichtet der Gesetzgeber Sozialleistungsträger dazu, bei Vorliegen bestimmter Tatbestandsvoraussetzungen ein bestimmtes Verwaltungshandeln vorzunehmen, zB einen Verwaltungsakt über eine Leistung zu erlassen, eine Leistung zu entziehen oder einen früher erlassenen Verwaltungsakt aufzuheben (sog. gebundene Verwaltung).

Soll aber nicht jeder Sachverhalt mit derselben Rechtsfolge geregelt werden oder erkennt der Gesetzgeber, dass es nicht seiner Absicht entspräche, jeden Sachverhalt, der die Tatbestandsvoraussetzungen erfüllt, mit einer oder mit ein und derselben Rechtsfolge zu überziehen, so überlässt er die Entscheidung über das „Ob" und/oder das „Wie" der Rechtsfolge der Behörde. Indem der Gesetzgeber die Begriffe „darf", „kann", „ist berechtigt" oder „ist befugt" verwendet (zum Begriff „soll" s.u.), stellt er die Entscheidung über das „Ob" und/oder das „Wie" in das Ermessen der Behörde.

Die Behörde kann sich nun **nicht frei entscheiden**, ob oder wie sie tätig wird bzw welche Rechtsfolge sie setzt. Sie hat vielmehr zu gewärtigen, dass der Gesetzgeber ihr das Ermessen eingeräumt hat, um – stellvertretend für den Gesetzgeber und daher in seinem Sinne – in einem konkreten Einzelfall eine sachgerechte Entscheidung zu treffen, die er selbst nicht hat pauschal treffen können oder wollen. Es ist daher ihre Aufgabe zu prüfen, ob überhaupt und ggf welche Rechtsfolge geregelt werden muss, **damit der Zweck** der die Behörde zur Ermessensausübung ermächtigenden Vorschrift **erfüllt wird**. Bei ihrer Entscheidung hat sie also ihr **Ermessen entsprechend dem Zweck der Ermächtigungsvorschrift** auszuüben.

So ist es beispielsweise der Zweck von Eingliederungszuschüssen, die nach § 16 Abs. 1 SGB II iVm §§ 217, 221 Abs. 1 SGB III an Arbeitgeber zur Eingliederung erwerbsfähiger Leistungsberechtigter erbracht werden können, mutmaßliche Minderleistungen des jeweiligen Leistungsberechtigten auszugleichen (BT-Drucks. 13/4941, 192). Der Grundsicherungsträger hat also in jedem Einzelfall entsprechende Minderleistungen oder andere Vermittlungshemmnisse zu ermitteln, zu gewichten und anschließend eine Prognose anzustellen, ob diese voraussichtlich überwunden werden, wenn – ggf in welcher Höhe und für welchen Zeitraum – Eingliederungszuschüsse erbracht werden. Erhebt sie bei ihrer Entscheidung andere Umstände – zB einen Haushaltsplan (BSG 25.10.1990 – 7 RAr 14/90, Rn 34) – zum Maßstab, so übt sie ihr Ermessen nicht pflichtgemäß aus, begeht also einen Ermessensfehler.

Ermessensfehler sind zudem der sogenannte **Ermessensnichtgebrauch** – der insbesondere dann vorliegt, wenn die Behörde nicht erkannt hat, dass ihr Ermessen eröffnet ist – und die **Ermessensüberschreitung**, bei der eine Rechtsfolge gesetzt wurde, die vom Gesetzgeber nicht vorgesehen war. Darüber hinaus darf die Behörde bei ihrer Ermessensentscheidung nicht gegen das Grundgesetz (zB wenn sie gegen den Grundsatz der Selbstbindung der Verwaltung, Art. 3 Abs. 1 GG, oder bei Eingriffen in die Rechte eines Beteiligten gegen das Verhältnismäßigkeitsprinzip) oder ein anderes Gesetz verstoßen.

Dem entsprechend regelt § 39 Abs. 1 S. 1 SGB I, dass Leistungsträger ihr Ermessen entsprechend dem Zweck der Ermächtigung auszuüben haben und die gesetzlichen Grenzen des Ermessens einzuhalten haben.

Steht eine rechtliche Begünstigung im Ermessen der Behörde, so hat derjenige, der die gesetzlichen Voraussetzungen der zum Ermessen ermächtigenden Vorschrift erfüllt, keinen Anspruch auf die jeweilige Begünstigung. Er hat jedoch „mehr als Nichts", denn § 39 Abs. 1 S. 2 SGB I gewährt ihm einen **Anspruch auf pflichtgemäße Ermessensausübung**.

Einen Anspruch auf eine Ermessensleistung hat er allerdings dann, wenn eine **Ermessensreduzierung auf Null** („Ermessensschrumpfung") vorliegt. In diesem Fall erweisen sich – bis auf eine – sämtliche denkbaren Ermessensentscheidungen als rechtswidrig, weil sie entweder den Zweck der Ermächtigungsvorschrift nicht erfüllen oder gegen eine (grund-)gesetzliche Regelung verstoßen. In diesem Fall hat der Leistungsberechtigte einen Anspruch auf das verbleibende – einzig rechtmäßige – Verwaltungshandeln.

Bei einem Ermessensfehler ist die Ermessensentscheidung rechtswidrig. Sie wird auf die Klage des Beteiligten hin aufgehoben. Da der Gesetzgeber alleine der Exekutive, nicht aber der Judikative die Ermächtigung erteilt hat, eine Ermessensentscheidung zu treffen, ist das Gericht nicht berechtigt, „seine" Ermessenserwägungen anstelle derjenigen des Sozialleistungsträgers zu setzen und eine eigene Ermessensentscheidung zu treffen (Gewaltenteilungsgrundsatz). Anders ist dies nur bei einer Ermessensreduzierung auf Null, da es hier nur eine einzige rechtmäßige Entscheidung gibt und es deshalb keiner Konkretisierung der Rechtsfolge durch Ermessensausübung des Leistungsträgers bedarf.

Von **„gebundenem Ermessen"** spricht man, wenn der Gesetzgeber im Zusammenhang mit einer behördlichen Handlung den Begriff „soll" verwendet. In typischen Fällen – das sind diejenigen Fälle, die sich der Gesetzgeber bei der Schaffung des Gesetzes vorgestellt hat –, hat die Behörde die Handlung vorzunehmen. In atypischen Fällen ist ihr Ermessen eingeräumt, das pflichtgemäß ohne Gesetzes- oder Verfassungsverstoß unter Berücksichtigung des Gesetzeszwecks auszuüben ist.

Bei der Ausübung von Ermessen im Sozialrecht sind zudem § 2 Abs. 2 SGB I sowie § 33 SGB I sowie Regelungen der besonderen Teile des SGB zu beachten. Nach § 2 Abs. 2 SGB I sind die nach § 2 SGB I folgenden sozialen Rechte bei der Ausübung von Ermessen zu beachten und dabei sicherzustellen, dass sie möglichst weitgehend verwirklicht werden. § 33 SGB I bestimmt, dass dann, wenn der Inhalt von Rechten und Pflichten nach Art oder Umfang nicht im Einzelnen bestimmt ist, bei ihrer Ausgestaltung die persönlichen Verhältnisse des Berechtigten oder Verpflichteten, sein Bedarf und seine Leistungsfähigkeit sowie die örtlichern Verhältnisse zu berücksichtigen sind, wobei den Wünschen des Beteiligten entsprochen werden soll, soweit sie angemessen sind. In den besonderen Teilen des SGB finden sich ebenfalls Regelungen, die auf die Ausübung von Ermessen Einfluss nehmen, so zB § 3 Abs. 1 S. 4 SGB II sowie § 14 S. 3 SGB II, die die Erbringung von (Eingliederungs-)Leistungen unter das Gebot von Wirtschaftlichkeit und Sparsamkeit stellt. Diese Regelungen dürfen Pflichtleistungen jedoch nicht schmälern.

Ermessen kann nur einer Behörde, nicht aber einem Bürger eingeräumt werden. Wenn beispielsweise § 61 SGB I bestimmt, dass derjenige, der Sozialleistungen beantragt oder erhält, auf Verlangen des zuständigen Leistungsträgers zur mündlichen Erörterung eines Antrags persönlich erscheinen soll, so steht das Erscheinen nicht etwa im gebundenen Ermessen des Beteiligten; vielmehr trifft ihn die Obliegenheit zum Erscheinen.

Erreichbarkeit

Definition: Ein Leistungsberechtigter, der sich ohne Zustimmung des zuständigen Trägers außerhalb des zeit- und ortsnahen Bereichs aufhält, ist nicht erreichbar, wenn er dadurch für die Vermittlungs-Beratungstätigkeit sowie für etwaige Eingliederungsmaßnahmen nicht zur Verfügung steht. Die Erreichbarkeit soll so eine jederzeit mögliche Eingliederung in Arbeit sicherstellen.

Rechtsgrundlagen: §§ 7 Abs. 4 a, 13 Abs. 3 SGB II; Erreichbarkeitsanordnung

Erläuterungen: Als einschneidenden Leistungsausschluss sieht § 7 Abs. 4 a SGB II vor, dass derjenige, der sich ohne Zustimmung außerhalb des **zeit- und ortsnahen Bereichs** (Nahbereich) aufhält und deshalb für die Eingliederung in Arbeit nicht zur Verfügung steht, keine SGB II-Leistungen erhält. Die Folgen fehlender Erreichbarkeit sind damit deutlich **schärfer als die Sanktionsfolgen** nach § 31 SGB II. Zum Nahbereich gehören alle Orte in der Umgebung des Job-Centers, von denen der Betroffene in der Lage wäre, das Jobcenter täglich ohne unzumutbaren Aufwand zu erreichen, auch als Tagespendelbereich bezeichnet. Eine konkrete räumliche Festlegung findet sich in der gesetzlichen Regelung nicht. Der räumliche Zuständigkeitsbereich des Jobcenters oder der Arbeitsagentur ist nicht maßgeblich. In grenznahen Regionen kommt auch ein Aufenthalt im grenznahen Ausland in Betracht. Gemäß § 13 Abs. 3 SGB II ist das Bundesministerium für Arbeit und Soziales ermächtigt, durch Rechtsverordnung nähere Bestimmungen zum zeit- und ortsnahen Bereich vorzunehmen. Bis eine solche Verordnung ergangen ist, kann auf die Erreichbarkeitsanordnung der Bundesagentur für Arbeit zurückgegriffen werden. Die Bundesagentur geht von Fahrzeiten (Hin- und Rückweg) von bis zu 2,5 Stunden als zumutbarer Tagespendelbereich aus. Entfernt sich der Leistungsberechtigte aus diesem Bereich, bleibt der Leistungsanspruch nur dann erhalten, wenn die Zustimmung des Jobcenters dazu vorliegt. Die Zustimmung ist zu erteilen, wenn für den Aufenthalt außerhalb des Nahbereichs ein **wichtiger**

Grund vorliegt. In § 7 Abs. 4 a S. 3 SGB II sind beispielhaft drei Fälle von wichtigen Gründen genannt: Teilnahme an einer Rehabilitationsmaßnahme; Teilnahme an einer staatspolitischen, kirchlichen oder gewerkschaftlichen Zwecken dienenden Veranstaltung, ehrenamtliche Tätigkeiten. Nach Ermessen kann die Zustimmung auch dann erteilt werden, wenn kein wichtiger Grund vorliegt, aber die Eingliederung in Arbeit nicht beeinträchtigt wird. Zweck der Verpflichtung, sich im zeit- und ortsnahen Bereich aufzuhalten, ist es, dass der Leistungsberechtigte für Arbeitsangebote und für mögliche Eingliederungsmaßnahmen schnell zu erreichen ist.

Umstritten ist, ob neben der Verpflichtung, sich im zeit- und ortsnahen Bereich aufzuhalten, auch die Verpflichtung aus der Erreichbarkeitsanordnung gilt, **werktäglich postalisch erreichbar** zu sein. Auf die zuletzt genannt Voraussetzung stellt die Neuregelung § 7 Abs. 4 a SGB II nun gerade nicht ausdrücklich ab und eine Regelung durch Rechtsverordnung fehlt bisher; deswegen kann die postalische Erreichbarkeit nicht wie beim Arbeitslosengeld I ohne Weiteres verlangt werden. Eine mangelnde Verfügbarkeit zur Eingliederung muss vielmehr nach dem Gesetzeswortlaut in Verbindung mit der Entfernung von zeit- und ortsnahem Bereich entstehen. Fehlende Erreichbarkeit per Briefpost kann dafür allerdings ein Indiz sein. Werden in einer →**Eingliederungsvereinbarung** erweitere Pflichten zur Erreichbarkeit (zB Vorsprachen oder Meldetermine) vereinbart, kann ein Pflichtverstoß nur →**Sanktionen**, nicht aber einen zeitweiligen Anspruchsverlust wie bei der fehlenden Erreichbarkeit auslösen.

Für einen Zeitraum von drei Wochen im Kalenderjahr besteht die Möglichkeit in →**Urlaub** zu gehen, wenn vorher die Zustimmung des Job-Centers eingeholt worden ist. Für diesen Zeitraum ist die Verpflichtung zur Erreichbarkeit aufgehoben.

Literaturhinweise:
LPK-SGB II/*Thie/Schoch*, 4. Aufl., § 7 Rn 109 ff; Eicher/Spellbrink, SGB II-Kommentar, 2. Aufl. 2008, § 7 Rn 76 ff; *Geiger*, Leitfaden zum Arbeitslosengeld II, 8. Aufl. 2011, S. 90 ff

Ersatzanspruch

Definition: Ersatzanspruch ist im Recht der Grundsicherung für Arbeitsuchende das Recht der Grundsicherungsträger, unter bestimmten Voraussetzungen von anderen einen Ausgleich für die ihnen entstandenen Aufwendungen zu fordern.

Rechtsgrundlagen: §§ 34–34 b SGB II

Erläuterungen: In Abkehr von der grundsätzlichen Irrelevanz des Grundes der Hilfebedürftigkeit und der Leistungserbringung in Form von verlorenen Zuschüssen ordnen §§ 34 u. 34 a SGB II für die dort abschließend aufgezählten **Konstellationen** eine Ersatzpflicht für die von den Grundsicherungsträgern erbrachten Leistungen an. Trotz der in § 34 SGB II missverständlichen, auf „Zahlung" abstellenden Begrifflichkeit sind damit alle Leistungsarten des § 4 Abs. 1 SGB II erfasst. Nach dem Willen des Gesetzgebers soll sich der Ersatzanspruch damit zumindest künftig nicht nur auf die passiven Leistungen beziehen, sondern auf das gesamte Leistungsspektrum des SGB II. Dies sei sachgerecht, da durch ein sozialwidriges Herbeiführen der Voraussetzungen der Leistungsgewährung sämtliche Leistungen (nicht nur Leistungen zum Lebensunterhalt) des SGB II eröffnet werden. Die Neuregelung bleibe jedoch weiterhin flexibel, um in Härtefällen von der Heranziehung des Ersatzanspruchs absehen zu können (BR-Drucks. 661/10, 182).

Anknüpfungspunkt für den Ersatzanspruch ist der Umstand, dass jemand vorsätzlich (dh mit Wissen und Wollen) oder grob fahrlässig (dh unter Verletzung der erforderlichen Sorgfalt in besonders schwerem Maße; vgl § 45 Abs. 2. S. 3 Nr. 3 Hs 2 SGB X)

- die Voraussetzungen für die Gewährung von SGB II-Leistungen an sich oder an Personen, die mit ihm in einer Bedarfsgemeinschaft leben, ohne wichtigen Grund (§ 34 Abs. 1 SGB II), oder

- von SGB II-Leistungen an Dritte (§ 34 a Abs. 1 SGB II),

herbeigeführt hat.

Die Regelung des § 34 Abs. 1 SGB II setzt die Voraussetzungen der Leistungsgewährung und damit die **rechtmäßige Leistungserbringung** voraus. Bereits zum alten Recht sah die wohl herrschende Auffassung den Anwendungsbereich des § 34 Abs. 1 S. 1 Nr. 2 SGB II aF (jetzt in modifizierter Form § 34 a Abs. 1 SGB II) bei **rechtswidriger Leistungserbringung** (Eicher/Spellbrink/*Link* § 34 SGB II Rn 11; Kreikebohm/Spellbrink/Waltermann/*Knickrehm*, Kommentar zum Sozialrecht, 1. Aufl., § 34 SGB II Rn 5); anders als der allein gegen den Leistungsempfänger gerichtete Erstattungsanspruch nach Rücknahme der rechtswidrigen Leistungsbewilligung (§§ 45 u. 50 SGB X) wird nach zwischenzeitlicher Gesetzesänderung über § 34 a Abs. 1 SGB II unzweideutig gerade derjenige ersatzpflichtig, der die rechtswidrige Leistung zwar nicht erhalten, aber zu verantworten hat. Dies gilt unabhängig davon, ob dieser Bedarfsgemeinschaftsangehöriger ist. Die vormals abweichende Meinung (LPK-SGB II/*Conradis*, 3. Aufl., § 34 Rn 3, 9, 10; vgl nunmehr LPK-SGB II/*Schwitzky* § 34 Rn 11) lässt sich nach der ändernden Klarstellung durch den Gesetzgeber nicht mehr vertreten.

Die Voraussetzung des Fehlens eines **wichtigen Grundes** in § 34 Abs. 1 SGB II – nicht mehr in der Konstellation des § 34 a Abs. 1 SGB II – führt eine Rechtfertigungsmöglichkeit und damit eine Wertungsebene ein. Allgemein wird aber angenommen, die frühere sozialhilferechtliche Rechtsprechung des Bundesverwaltungsgerichts sei zu übernehmen, nach der zur Begründung der Ersatzpflicht ein **sozialwidriges Verhalten** des Erstattungspflichtigen zu fordern sei (BVerwG NDV 1977, 198; vgl zur Kasuistik LPK-SGB II/*Conradis*, 3. Aufl., § 34 Rn 18–25; LPK-SGB II/*Schwitzky* § 34 Rn 8 f) und werde durch das weitere Tatbestandsmerkmal des wichtigen Grundes nunmehr verstärkt (so ausdrücklich LPK-SGB II/*Conradis*, 3. Aufl., § 34 Rn 8). Auch wenn dem Merkmal des Fehlens eines wichtigen Grundes damit kaum ein eigenständiger Anwendungsbereich zukommen dürfte, ist dieser Auslegung unter Verweis auf die parallele Struktur in § 144 Abs. 1 SGB III (dort: „versicherungswidriges Verhalten" und „wichtiger Grund") zuzustimmen.

Der Kreis der **Ersatzpflichtigen** wird für die Konstellation des § 34 Abs. 1 SGB II unter offensichtlich typisierenden Zurechenbarkeits- und Verantwortlichkeitserwägungen des Gesetzgebers auf Personen beschränkt, die das 18. Lebensjahr vollendet haben. Dies bestätigt auch, dass neben einer naturwissenschaftlichen Kausalität iSe conditio sine qua non auch wertungsgeprägte Zurechenbarkeit erforderlich ist. Für den Regelungsbereich des § 34 a Abs. 1 SGB II ist diese Beschränkung auf Volljährige nicht mehr vorgesehen, wie sich auch der Gesetzesbegründung ausdrücklich entnehmen lässt (BR-Drucks. 661/10, 183).

Der **Ersatzanspruch** besteht in Höhe derjenigen Leistungen bzw desjenigen Leistungsanteils, die bzw der zurechenbar auf das sozialwidrige Verhalten zurückzuführen ist. Leistung in diesem Sinne sind alle SGB II-Leistungen (nunmehr einschließlich der Eingliederungsleistungen). Eine Beschränkung auf die Leistungen, die zum Arbeitslosengeld II zählen, ist im Gesetz ebenso wenig angelegt wie eine Eingrenzung auf Geldleistungen dem Wortlaut geschuldet wäre (aA LPK-SGB II/*Conradis*, 3. Aufl. § 34 Rn 14 u. 15).

Der Ersatzanspruch des § 34 Abs. 1 SGB II **erlischt** drei Jahre nach Ablauf des Jahres, in dem die Leistung erbracht worden ist (vgl zu den Einzelheiten § 34 Abs. 3 SGB II). Dagegen **verjährt** der Ersatzanspruch des § 34 a SGB II grundsätzlich innerhalb von vier Jahren nach Ablauf des Kalenderjahres, in dem der Verwaltungsakt, mit dem die Erstattung nach § 50 SGB X festgesetzt worden ist, unanfechtbar geworden ist. In beiden Konstellationen geht die Ersatzpflicht auch auf den Erben des Ersatzpflichtigen über, ist aber von vornherein auf den Nachlasswert im Zeitpunkt des Erbfalls begrenzt (§§ 34 Abs. 2, 34 a Abs. 3 S. 1 SGB II).

Eine **Härtefallregelung** sieht § 34 Abs. 1 S. 3 SGB II nur noch für die Ersatzpflicht nach § 34 Abs. 1 SGB II – nicht mehr auch für die Ersatzpflicht nach § 34 a Abs. 1 SGB II – vor. Danach ist zwingend von der Geltendmachung des Ersatzanspruchs abzusehen (gebundene Verwaltung), soweit sie eine Härte bedeuten würde. Eine Einschränkung auf den vormals in § 34 Abs. 1 S. 2 SGB II aF geregelten Fall, dass der Ersatzpflichtige künftig von Leistungen zur Sicherung des Lebensunterhalts nach dem SGB II oder Leistungen nach dem SGB XII abhängig würde, sieht das Gesetz nun nicht mehr vor.

§ 34 b SGB II nimmt dagegen die Situation in den Blick, da ein Leistungsempfänger Ansprüche gegen einen Dritten hat, die er aufgrund des Nachranggrundsatzes vorrangig einzusetzen hätte. Diese würden durch die Grundsicherung nicht berührt (§ 5 Abs. 1 SGB II). Solange sie nicht realisiert werden konnten, sind die Grundsicherungsträger dennoch zur Leistung verpflichtet. Soweit er seiner Leistungspflicht nachkommt und dadurch hinsichtlich seiner Aufwendungen einen Ersatzanspruch erhält, die dem § 33 SGB II vorgehen, wäre dieser Anspruch eigentlich auf die Höhe der Aufwendungen begrenzt, die für den konkreten Leistungsempfänger geleistet wurden, wodurch der Charakter der Bedarfsgemeinschaft als Einsatzgemeinschaft für die Überwindung der Hilfebedürftigkeit (§ 9 Abs. 2 SGB II) vernachlässigt würde. Solche dem § 33 SGB II vorgehende Ansprüche ergeben sich zB aus § 33 Abs. 5 SGB II iVm §§ 115 u. 116 SGB X, aber auch aus §§ 102–115 SGB X. § 34 b SGB II wahrt den Nachranggrundsatz auch in dieser Situation, indem er zu den ersatzpflichtigen Aufwendungen auch solche Leistungen zur Sicherung des Lebensunterhalts zählt, die an den nicht getrennt lebenden Ehegatten sowie an dessen unverheiratete Kinder, die das 25. Lebensjahr noch nicht vollendet hatten, erbracht wurden.

Literaturhinweise:
Gerlach ZfF 2006, 241–251; Kreikebohm/Spellbrink/Waltermann/*Knickrehm*, Kommentar zum Sozialrecht, § 34 u. § 34 a SGB II; LPK-SGB II/*Conradis*, 3. Aufl., § 34; LPK-SGB II/*Schwitzky* § 34; LPK-SGB II/*Schoch* § 34 a; *Maul-Sartori* BB 2010, 3021–3026

Erstattungsanspruch

Definition: Erstattungsanspruch iSd Sozialverwaltungsrechts ist ein Anspruch des mit oder ohne Rechtsgrund eine Sozialleistung bewirkenden Leistungsträgers gegen einen vorrangig oder eigentlich verpflichteten Leistungsträger oder Dritten auf Ausgleich bzw gegen den Empfänger einer ohne Rechtsgrund bewirkten Leistung auf deren Rückgewähr.

Rechtsgrundlagen: § 40 Abs. 3 u. 4 SGB II iVm § 50 SGB X; § 40 Abs. 2 Nr. 5 SGB II iVm § 335 Abs. 1 S. 2–4, Abs. 5 SGB III; § 44 a Abs. 3 SGB II iVm § 103 SGB X;

§§ 102–114, 115 u. 116 SGB X; § 34 b SGB II

Erläuterungen: Erstattungsansprüche sind im SGB II nur ansatzweise angesprochen. Sie ergeben sich aus den o.g. allgemeinen Erstattungsvorschriften des SGB X (§ 37 S. 1 SGB I, § 1 Abs. 1 S. 1 u. 2 SGB X iVm § 40 Abs. 1 S. 1 SGB II) bzw modifizierenden Verweisen hierauf.

Erstattungsansprüche gegen den Leistungsberechtigten selbst können sich nur auf der Grundlage der § 40 Abs. 3 SGB II iVm § 50 SGB X ergeben. § 50 SGB X sieht die Erstattung bereits erbrachter Leistungen bei Aufhebung des zugrundeliegenden Verwaltungsaktes (Abs. 1) bzw bei unrechtmäßiger Leistungserbringung ohne einen solchen Verwaltungsakt (Abs. 2) vor. Für ersteren Fall regelt § 40 Abs. 3 SGB II ergänzend, dass Gutscheine in Geld zu erstatten sind; daneben wird die Erstattungspflicht auch durch Rückgabe des nicht in Anspruch genommenen Gutscheins erfüllt. Eine Erstattung der Leistungen auf Bedarfe für Bildung und Teilhabe (§ 28 SGB II) soll darüber hinaus gänzlich ausgeschlossen sein, soweit eine Aufhebungsentscheidung allein wegen dieser Leistungen zu treffen wäre. Als Kompensation für den Wegfall des Wohngeldanspruchs soll sich die Erstattungspflicht des Leistungsberechtigten zudem nicht auf den Teil der Unterkunftskosten erstrecken, die bei pauschalierender Betrachtung der durchschnittlichen Leistung des Wohngelds entsprach (vgl LPK-SGB II/*Conradis* § 40 Rn 25; vgl zu den Ausnahmen: § 40 Abs. 4 S. 2 SGB II). Dies sind 56 Prozent der bei der Berechnung des Arbeitslosengeld II und des Sozialgeldes berücksichtigten Bedarfe für Unterkunft (§ 40 Abs. 4 S. 1 SGB II).

Erstattungsansprüche gegen andere Leistungsträger folgen grundsätzlich den allgemeinen Bestimmungen der §§ 102–114 SGB X, die für den Bereich des Grundsicherungsrechts nur geringfügig modifiziert werden. Es sind dies die folgenden:

- Erstattungsanspruch des vorläufig (§ 43 SGB I) leistenden Leistungsträgers gegen den zur Leistung verpflichteten Leistungsträger (§ 102 SGB X).

- Erstattungsanspruch des Leistungsträgers, dessen Leistungsverpflichtung nachträglich entfallen ist (§ 103 SGB X); insoweit wird die modifizierende (vgl § 44 a Abs. 3 S. 2 SGB II) Anwendbarkeit dieser Vorschrift auf den Fall einer Ablehnung des Grundsicherungsleistungsanspruchs durch die Agentur für Arbeit im Rahmen der einheitlichen Entscheidung bei vorheriger Leistungserbringung (§ 44 a Abs. 1 S. 7 SGB II) ausdrücklich angeordnet, nachdem dies zuvor umstritten war.

■ Erstattungsanspruch des nachrangig verpflichteten Leistungsträgers gegen den vorrangig verpflichteten Leistungsträger (§ 104 SGB II).

■ Erstattungsanspruch des unzuständigen, aber leistenden Leistungsträgers gegen den zuständigen bzw zuständig gewesenen Leistungsträger (§ 105 SGB II).

Die diesbezüglichen Modalitäten folgen den §§ 106–114 SGB X. Diese Erstattungsansprüche gehen der Regelung zum →Anspruchsübergang vor, die gerade nicht für Ansprüche gegenüber Leistungsträgern gelten sollen (vgl § 33 Abs. 1 S. 1 SGB II).

Daneben stehen Ansprüche auf →Beitragserstattung gemäß § 40 Abs. 2 Nr. 5 SGB II iVm § 335 Abs. 1 S. 2–4, Abs. 5 SGB III.

Erstattungsansprüche gegen Dritte (dh Personen und Stellen, die keine Leistungsträger sind) ergeben sich wie folgt:

■ Erstattungsanspruch gegen den Arbeitgeber bei Nichterfüllung des Entgeltanspruchs, wenn der Grundsicherungsträger sich deshalb zur Leistung veranlasst sah (§ 115 SGB II).

■ Erstattungsanspruch gegen den Geschädigten oder seine Hinterbliebenen, die von dem zum Schadenersatz Verpflichteten auf einen übergegangenen Anspruch mit befreiender Wirkung gegenüber dem Grundsicherungsträger Leistung erhalten haben (§ 116 Abs. 7 S. 1 u. Abs. 10 SGB X).

Eine **Ergänzung und Erweiterung** der dem § 33 SGB II vorgehenden Erstattungsansprüche stellt § 34 b SGB II dar, welcher den Erstattungsanspruch, der grundsätzlich durch die Leistung beschränkt ist, die dem Leistungsberechtigten gewährt worden sind, auf Aufwendungen zur Sicherung des Lebensunterhalts ausdehnt, die an nicht getrennt lebende Ehegatten oder Lebenspartner des Leistungsberech-

tigten erbracht wurden sowie an dessen unverheiratete Kinder, die das 25. Lebensjahr noch nicht vollendet hatten.

Literaturhinweise:
LPK-SGB II/*Korte* § 44 a Rn 28 ff; *Chojetzki* NZS 2010, 662–668; LPK-SGB II/ *Conradis* § 40 Rn 25 ff; *Heinz* WzS 2008, 105–117; *Gerlach* ZfF 2006, 241–251; *Schoch* ZfF 2008, 241–250; *Schwabe* FPR 2007, 359–364; *Spindler* info also 2010, 132–133; *Udsching/Link* SGb 2007, 513–521

Erstausstattung

Definition: Für eine Erstausstattung gibt es keinen Mehrbedarf. Es werden aber zusätzlich zum Regelbedarf als nicht rückzahlbare Beihilfe eine Erstausstattung für die Wohnung einschließlich Haushaltsgeräten, eine Erstausstattung für Bekleidung und eine Erstausstattung bei Schwangerschaft und Geburt finanziert.

Rechtsgrundlage: § 24 Abs. 3 Nr. 1, 2 SGB II

Erläuterungen: Bei einer Erstausstattung muss sich der Leistungsberechtigte auch auf gut erhaltene **Gebrauchsgüter im unteren Kostenbereich** (Ausnahme Unterwäsche) verweisen lassen. Eine **Erstausstattung für die Wohnung** kommt zB nach einem Wohnungsbrand, bei **Erstanmietung** einer Wohnung nach einer Haft, bei Trennung oder Scheidung, bei Auszug eines Kindes aus dem Haushalt der Eltern, bei Erstanmietung einer Wohnung durch einen Wohnungslosen oder durch eine Frau, die ein Frauenhaus verlässt, im Falle eines neu gegründeten Haushalts wegen Heirat, nach Zuzug aus dem Ausland oder bei einem Wohnungswechsel, der aus Gründen der Kostensenkung notwendig geworden ist, in Betracht.

Erstausstattung bedeutet nicht, dass eine komplette Ausstattung benötigt wird, sondern Erstausstattung können auch einzelne Gegenstände sein (BSG 19.9.2008 – B 14 AS 64/07 R, FEVS 60 [2009], 513 ff).

Zur Erstausstattung einer Wohnung zählen alle Einrichtungsgegenstände, die für eine geordnete Haushaltsführung notwendig sind und die dem Leistungsberechtigten ein an den **herrschenden Lebensgewohnheiten orientiertes Wohnen** ermöglichen (BSG 19.9.2008 – B 14 AS 64/ 07 R,

BSGE 101, 268 ff). Danach zählen zum notwendigen Wohnungsbedarf zB Möbel, Kücheneinrichtung, Öfen, Lampen, Gardinen oder Rollos, Bettzeug, Tapeten, Teppich oder Teppichboden, Geschirr, Kühlschrank, **Waschmaschine**, Haushaltsgeräte wie Staubsauger oder Bügeleisen, ein Rundfunkgerät und ein Fernsehgerät.

Die **Erstausstattung für Bekleidung** kommt zB in Betracht bei Totalverlust (zB durch Wohnungsbrand), bei einer erheblichen Gewichtszunahme oder Abnahme oder einer unzureichenden Bekleidungsausstattung nach einer Haft oder Wohnungslosigkeit.

Der Deutsche Verein für öffentliche und private Fürsorge e.V. hat zum notwendigen Bekleidungsbedarf einen Katalog erstellt (DV 1990, 12). Danach umfasst der notwendige Bekleidungsbedarf Mäntel, Jacken/Sakko, Kleider, für Frauen mindestens sechs Röcke/Hosen und für Männer vier Hosen, Hemden oder Blusen, Pullover/Strickjacken, Leibwäsche (Unterwäsche, Büstenhalter, Strumpfhosen, Nachthemden/Schlafanzug), insbesondere für Kinder Turnkleidung (Turnhose, Turnhemd, Turnschuhe), Badezeug (Badeanzug/Badehose, Bademütze) sowie Schuhe (Halbschuhe, Sandalen, Winterschuhe, Hausschuhe und Gummistiefel).

Als Erstausstattung bei Schwangerschaft kommt die notwendige Umstandskleidung und nach Geburt eine Säuglingserstausstattung in Betracht.

Literaturhinweise:
LPK-SGB II/*Münder*, 4. Aufl., § 24 Rn 26 ff

Erwerbstätigkeitsfreibetrag

Definition: Erwerbstätigkeitsfreibetrag ist ein im Rahmen der Ermittlung des zu berücksichtigenden Einkommens pauschalierter, teilweise als gestaffelter Prozentsatz des Erwerbseinkommens berechneter und sich aus einem Grundfreibetrag sowie einem weiteren Freibetrag zusammensetzender Absetzbetrag mit dem Ziel der Schaffung eines finanziellen Anreizes zur Aufnahme oder Fortführung einer Erwerbstätigkeit.

Rechtsgrundlage: § 11 b Abs. 2 u. 3 SGB II

Erläuterungen: Der Erwerbstätigkeitsfreibetrag des § 11 b Abs. 3 SGB II stellt einen **finanziellen Anreiz** zur Aufnahme bzw Fortführung einer Erwerbstätigkeit dar, indem das hieraus erzielte Einkommen nur um den entsprechenden Freibetrag verringert als zu berücksichtigendes Einkommen angesehen wird, zur vorrangigen Deckung des Bedarfs einzusetzen ist und damit den Anspruch auf lebensunterhaltssichernde Leistungen nach dem SGB II mindert.

Bei erwerbsfähigen Leistungsberechtigten, die tatsächlich auch erwerbstätig sind, ist nach § 11 b Abs. 3 S. 1 SGB II von dem monatlichen Einkommen aus dieser Erwerbstätigkeit (und nur aus dieser) der **Erwerbstätigkeitsfreibetrag abzusetzen**. Dieser beläuft sich für den Teil des monatlichen Einkommens aus dieser Erwerbstätigkeit,

- das 100 EUR übersteigt und nicht mehr als 1.000 EUR beträgt, auf 20 Prozent und

- das 1.000 EUR übersteigt und nicht mehr als 1.200 EUR beträgt, auf 10 Prozent.

Anstelle des Betrages von 1.200 EUR tritt für erwerbsfähige Leistungsberechtigte, die entweder mit mindestens einem minderjährigen Kind in Bedarfsgemeinschaft leben oder die mindestens ein minderjähriges Kind haben, ein Betrag von 1.500 EUR (§ 11 b Abs. 3 S. 2 SGB II).

Erwerbseinkommen ist unter Einsatz und Verwertung der Arbeitskraft erzieltes Einkommen iSd. § 2 Nr. 1-4 EStG, dh Einkünfte aus

- Land- und Forstwirtschaft (§§ 13 ff EStG),

- Gewerbebetrieb (§§ 15 ff EStG),

- selbstständiger Arbeit (§ 18 EStG),

- nichtselbstständiger Arbeit (§ 14 SGB IV, §§ 19 f EStG).

Nicht hierzu zählen die Einkünfte gemäß § 2 Abs. 1 Nr. 5–7 EStG aus Kapitalvermögen (§ 20 EStG), Vermietung und Verpachtung (§ 21 EStG) und sonstige Einkünfte iSd § 22 EStG.

Der **Einkommensbegriff** ist in § 2 Abs. 1 Alg II-V für die nichtselbständige Arbeit durch das Bruttoeinkommen bestimmt, in § 3 Abs. 1 u. 2 Alg II-V (vgl zu Einzelheiten die weiteren dortigen Regelungen) für Einkommen aus selbstständiger Arbeit, Gewerbebetrieb oder Land- und Forstwirtschaft durch die Differenz aus Betriebseinnahmen und Betriebsausgaben (unter Außerachtlassung der in § 11 b SGB II abzusetzenden Beträge, steuerrechtlicher Vorschriften und im auffälligen Missverhältnis zu den jeweiligen Erträgen stehender Ausgaben).

Im Rahmen der **Berechnung** wird zunächst berücksichtigt, dass bereits über § 11 b Abs. 2 S. 1 SGB II bei erwerbstätigen Leistungsberechtigten die Absetzbeträge nach § 11 b Abs. 1 S. 1 Nr. 3-5 SGB II (Versicherungsbeiträge o.Ä., geförderte Altersvorsorgebeiträge, Werbungskosten) mittels eines Grundfreibetrags grundsätzlich pauschalierend mit 100 EUR abgegolten werden (**einfacher Grundfreibetrag**). Ein **erhöhter Grundfreibetrag** von 175 EUR kommt zur Absetzung, wenn eine leistungsberechtigte Person mindestens aus einer Tätigkeit Bezüge oder Einnahmen erhält, die nach § 3 Nr. 12, 26, 26 a oder 26 b EStG steuerfrei sind (§ 11 b Abs. 2 S. 3 SGB II). Dagegen werden anstelle des (einfachen oder erhöhten) Grundfreibetrags die konkreten Absetzbeträge des § 11 b Abs. 1 S. 1 Nr. 3-5 SGB II herangezogen, falls das Erwerbseinkommen monatlich mehr als 400 EUR beträgt und die Summe dieser Absetzbeträge 100 EUR übersteigt (§ 11 b Abs. 2 S. 2 SGB II).

Diese Grundfreibetragsregelung berücksichtigend setzt der **weitere Freibetrag** des § 11 b Abs. 3 SGB II, der daneben zur Anwendung kommt (§ 11 b Abs. 2 S. 4 SGB II), erst bei dem Einkommen an, welches 100 EUR übersteigt.

Beispiel 1: Erwerbseinkommen eines Alleinstehenden: 1.100 EUR, konkret nachgewiesene Absetzbeträge: 50 EUR. Einfacher Grundfreibetrag: 100 EUR. Weiterer Freibetrag: 1. Stufe: 180 EUR, 2. Stufe: 10 EUR. Erwerbstätigkeitsfreibetrag: 290 EUR.

Beispiel 2: Erwerbseinkommen eines Elternteils mit einem minderjährigen Kind 1.700 EUR, konkret nachgewiesene Absetzbeträge 200 EUR. Kein Grundfreibetrag, sondern Abzug der konkreten Absetzbeträge: 200 EUR. Weiterer Freibetrag: 1. Stufe: 180 EUR, 2. Stufe: 50 EUR. Erwerbstätigkeitsfreibetrag: 230 EUR. Gesamtabsetzung für konkrete Absetzbeträge und Erwerbstätigkeitsfreibetrag: 430 EUR.

Literaturhinweise:
LPK-SGB II/*Geiger* § 11 Rn 33 ff; Gagel/*Schmidt* § 52 SGB II; GK-SGB II/*Loose* § 30 (insbesondere zur auch hier verwendeten Bezeichnung: Rn 3); *Martens* Soz-Sich 2010, 103–109

Existenzgründung

Definition: Die Existenzgründung bedeutet die Aufnahme einer selbständigen Tätigkeit, um Einkommen zur Deckung des Lebensunterhalts zu erzielen.

Rechtsgrundlage: §§ 16 b, 16 c SGB II; § 93 ff SGB III

Erläuterung: Leistungen zur Unterstützung von Existenzgründungen durch Aufnahme einer selbständigen Tätigkeit können bei Bezug von Arbeitslosengeld II in Form von →Einstiegsgeld (§ 16 b SGB II) in einem Zeitraum von bis zu 24 Monaten gewährt werden. Gemäß § 16 c SGB II kommen Darlehen und Zuschüsse sowie die Beratung oder die Vermittlung von Kenntnissen und Fertigkeiten für hauptberuflichen Selbständige in Betracht. Daneben können auch noch weitere →Eingliederungsleistungen zur fachlichen Vorbereitung auf die notwendigen Kenntnisse und Fähigkeiten für die selbständige Tätigkeit gewährt werden. Für Leistungsberechtigte, die einen Anspruch auf Arbeitslosengeld I haben, kommt auch die Gewährung eines →Gründungszuschusses (§§ 93 ff SGB III) in Betracht.

Auf sämtliche Leistungen zur Unterstützung von Existenzgründung besteht kein Rechtsanspruch; es handelt sich um →Ermessensleistungen.

Existenzminimum, verfassungsrechtlich garantiertes

Definition: Jeder Bürger hat ein verfassungsrechtlich garantiertes, unverfügbares und durch den Staat einzulösendes Gewährleistungsrecht auf Gewährleistung eines menschenwürdigen Existenzminimums, das diejenigen materiellen Voraussetzungen umfasst, die für seine physische Existenz sowie ein Mindestmaß an Teilhabe am gesellschaftlichen, kulturellen und politischen Leben unerlässlich sind.

Rechtsgrundlagen: Art. 1 Abs. 1, Art. 20 Abs. 1 GG (Sozialstaatsprinzip)

Erläuterungen: Zwar sind die Grundrechte in erster Linie Abwehrrechte, gleichwohl wird ihnen mit zunehmendem Maße leistungsrechtlicher Charakter zuerkannt, insbesondere die Verpflichtung des Staates, die Menschenwürde auch positiv zu schützen (vgl BVerfGE 107, 275, 284; 109, 279, 310). In Bezug auf das sozialrechtliche Existenzminimum wurde zunächst aus Art. 1 Abs. 1 GG iVm dem Sozialstaatsprinzip abgeleitet, der Staat habe die Mindestvoraussetzungen für ein menschenwürdiges Dasein seiner Bürger und damit ein Existenzminimum zu schaffen, anders ausgedrückt dem mittellosen Bürger die Existenz sozialrechtlich durch staatliche Fürsorge zu sichern (BVerfGE 45, 187, 228; 82, 60, 80). Der zu einem menschenwürdigen Leben erforderliche Bedarf sei, so stellte das BVerwG fest, nicht auf das physiologisch Notwendige beschränkt (BVerwGE 35, 178 180; 92, 6, 7). Es sei darüber hinaus Aufgabe des Staates, der sozialen Ausgrenzung des Einzelnen zu begegnen, die dann drohe, wenn es diesem nicht möglich sei, in der Umgebung von Nichthilfeempfängern ähnlich wie diese zu leben. Dabei seien die herrschenden Lebensgewohnheiten und Erfahrungen zu berücksichtigen (BVerwGE 69, 146, 154; 92, 6, 7; 97, 376–380). Inzwischen geht das BVerfG so weit, dieser Verpflichtung des Staates ein **unverfügbares, einzulösendes Gewährleistungsrecht des Bürgers** gegenüberzustellen (BVerfG 9.2.2010 – 1 BvL 1/09, 3/09 sowie 4/09, insbesondere Absätze 133 ff).

Dieses eigenständige **Grundrecht auf Gewährleistung eines menschenwürdigen Existenzminimums** sichert jedem Menschen in der Bundesrepublik Deutschland diejenigen materiellen Voraussetzungen zu, die für seine **physische Existenz** und für ein **Mindestmaß an Teilhabe am gesellschaftlichen, kulturellen und politischen Leben** unerlässlich sind. Nicht nur die materiellen Voraussetzungen für die physische Existenz (Nahrung, Kleidung, Hausrat, Unterkunft, Heizung, Hygiene und Gesundheit, BVerfGE 120, 125, 155 f), sondern auch das soziokulturelle Existenzminimum – dh ein Mindestmaß an Teilhabe am gesellschaftlichen, kulturellen und politischen Leben, denn der Mensch als Person existiert notwendig in

sozialen Bezügen (vgl BVerfGE 80, 367, 374; 109, 279, 319; auch BVerwGE 87, 212, 214) – gehören also zu dem durch Art. 1 Abs. 1 GG iVm dem Sozialstaatsprinzip umfassten Anspruch des Bürgers. Der 1. Senat formulierte in einer Entscheidung aus dem Jahr 2010: „Wenn einem Menschen die zur Gewährleistung eines menschenwürdigen Daseins notwendigen materiellen Mittel fehlen, weil er sie weder aus seiner Erwerbstätigkeit, noch aus eigenem Vermögen noch durch Zuwendungen Dritter erhalten kann, ist der Staat im Rahmen seines Auftrages zum Schutz der Menschenwürde und in Ausfüllung seines sozialstaatlichen Gestaltungsauftrages verpflichtet, dafür Sorge zu tragen, dass die materiellen Voraussetzungen dafür dem Leistungsberechtigten zur Verfügung stehen. Dieser objektiven Verpflichtung aus Art. 1 Abs. 1 GG korrespondiert ein Leistungsanspruch des Grundrechtsträgers, da das Grundrecht die Würde jedes individuellen Menschen schützt (vgl BVerfGE 87, 209, 228) und sie in solchen Notlagen nur durch materielle Unterstützung gesichert werden kann" (BVerfG 9.2.2010 – 1 BvL 1/09, 3/09 sowie 4/09, insbesondere Absätze 133 ff).

Eine quantitative, betragsmäßige Bemessung einer Mindesthöhe dessen, was der Staat dem mittellosen Bürger zur Verfügung zu stellen habe, wurde durch das BVerfG niemals vorgenommen. Der Umfang dieses Anspruchs könne im Hinblick auf die Arten des Bedarfs und die dafür erforderlichen Mittel nicht unmittelbar aus der Verfassung abgeleitet werden (vgl BVerfGE 91, 93, 111 f). Er hänge vor den gesellschaftlichen Anschauungen über das für ein menschenwürdiges Dasein Erforderliche, die konkrete Lebenssituation des Leistungsberechtigten sowie die jeweiligen wirtschaftlichen und technischen Gegebenheiten ab und sei daher vom Gesetzgeber konkret zu bestimmen (vgl BVerfGE 115, 118, 153). Allein dem Gesetzgeber obliegt es also, anhand des jeweiligen Entwicklungsstandes des Gemeinwesens, den bestehenden Lebensbedingungen, den allgemeinen wirtschaftlichen Verhältnissen und den in der Rechtsgemeinschaft anerkannten – an den gesellschaftlichen Anschauungen entsprechenden – Mindestbedarf zu konkretisieren. Dabei steht ihm ein Gestaltungsspielraum zu, der umso geringer ist, desto näher er sich dem existentiell Unabdingbaren, dem zur physischen Existenz Erforderlichen (ausreichende Nahrung, Kleidung, Obdach sowie medizinische Versorgung) nähert. Auch, ob er das Existenzminimum durch Geld-, Sachoder Dienstleistungen sichert, bleibt grundsätzlich dem Gesetzgeber überlassen, so das BVerfG.

Literaturhinweise:
Bieritz-Harder, Menschenwürdig leben, 2001; *Könemann*, Der verfassungsunmittelbare Anspruch auf das Existenzminimum, 2005

Fachaufsicht

Definition: Fachaufsicht ist die Kontrolle des Verwaltungshandelns auf seine Recht- und Zweckmäßigkeit hin durch eine Aufsichtsbehörde.

Rechtsgrundlagen: §§ 44 b Abs. 3, 47 SGB II

Erläuterungen: Im Gegensatz zur →Rechtsaufsicht beschränkt sich die Fachaufsicht nicht auf eine reine Rechtmäßigkeitskontrolle des Verwaltungshandelns. Die Fachaufsicht kann somit insbesondere die Zweckmäßigkeit von Ermessensentscheidungen nachprüfen. Im SGB II unterliegen die gemeinsamen Einrichtungen nach § 44 b. Abs. 3 S. 2 SGB II den **rechtlichen und fachlichen Weisungen** des für die jeweilige Aufgabe **zuständigen Trägers**, dh der Agentur für Arbeit oder der Kommune. Nur bei Aufgaben, die in die Zuständigkeit der Trägerversammlung nach § 44 c SGB II fallen, existiert nach § 47 Abs. 3 SGB II eine bloße Rechtsaufsicht des Bundesministeriums für Arbeit und Soziales.

Über die →**Bundesagentur für Arbeit** als Leistungsträgerin übt nach § 47 Abs. 1 S. 1 SGB II das zuständige Bundesministerium die Fachaufsicht aus. Für die **kommunalen Träger** regelt das SGB II nur, dass sie unter der Aufsicht der zuständigen Landesbehörden stehen, nicht aber, welche Behörden dies sind und ob ihnen nur eine Rechts- oder auch eine Fachaufsicht zusteht. Da die Kommunen staatsorganisationsrechtlich dem Bereich der Länder zuzuordnen sind, bleibt die Regelung der Verwaltungs- und auch der Aufsichtsorganisation insoweit dem Landesrecht

vorbehalten. Dies gilt auch für die Aufsicht über die zugelassenen kommunalen Träger, die als **Optionskommunen** für solche Aufgaben zuständig sind, die sonst in den Aufgabenbereich der Agentur für Arbeit fallen.

Auch der einzelne Leistungsberechtigte kann sich, wenn er ein unzweckmäßiges oder rechtswidriges Handeln einer Behörde beanstanden will, unabhängig vom Widerspruchs- bzw Klageverfahren auch im Wege der **Fachaufsichtsbeschwerde** an die Fachaufsichtsbehörde wenden.

Literaturhinweise:
Nakielski, Bleiben Hartz-IV-Berechtigte auf der Strecke? – Die Neuorganisation der Grundsicherungs-Verwaltung, SozSich 2010, 165

Fahrlässigkeit, grobe

Definition: Grob fahrlässig handelt, wer die im Verkehr erforderliche Sorgfalt in besonderem Maß verletzt.

Rechtsgrundlagen: §§ 34, 43 SGB II; § 45 SGB X

Erläuterungen: Der Begriff besondere Fahrlässigkeit umschreibt einen individuellen Schuldvorwurf. Dem Einzelnen wird vorgeworfen, die im Verkehr erforderliche Sorgfalt in besonderem Maße verletzt zu haben. Mit dieser Legaldefinition (s. § 45 Abs. 2 S. 3 Nr. 3 Hs 2 SGB X) ist jedoch für die praktische Arbeit wenig gewonnen. Hilfreicher sind die Erläuterungen, die die Rechtsprechung gibt. Demnach liegt grobe Fahrlässigkeit vor, wenn der Betroffene schon einfachste, ganz nahe liegende Überlegungen nicht angestellt und das nicht beachtet hat, was im gegebenen Fall jedem hätte einleuchten müssen (BVerwG 30.6.2010 – 5 C 3/09, NVwZ 2010, 926, 937). Andererseits wird darauf abgestellt, ob der Beteiligte ohne Anspannung einer außergewöhnlichen Einsichts- oder Urteilsfähigkeit in der Lage gewesen ist erkennen zu können, was für jeden erkennbar gewesen ist (BSG 6.5.1999 – B 10 LW 13/98 R).

Da es sich um einen individuellen Schuldvorwurf handelt, ist kein objektiver Maßstab anzulegen, sondern auf die persönliche Urteils- und Kritikfähigkeit, das Einsichtsvermögen und das Verhalten des Betroffenen sowie die besonderen Umstände des Einzelfalls abzustellen (LSG Rheinland-Pfalz 26.1.1999 – L 1 Ar 163/97). Das Verhalten eines Akademikers ist mit dem zu erwartenden Verhalten eines Akademikers zu vergleichen, das Verhalten eines geistig behinderten Menschen mit dem Verhalten anderer geistig behinderter Menschen mit ähnlichen Einschränkungen.

In der Praxis häufig übersehen wird, dass dem Beteiligten nicht irgendein Verhalten vorgeworfen werden darf, sondern nur ein Verhalten, das den gesetzlichen Tatbestand erfüllt. So kann einem SGB II-Leistungsempfänger keineswegs der Vertrauensausschlussgrund „grob fahrlässige Unkenntnis der Rechtswidrigkeit" eines Bewilligungsbescheids (§ 45 Abs. 2 S. 3 Nr. 3 SGB X) mit der Begründung vorgeworfen werden, er habe das Jobcenter nicht über von ihm bemerkte Unstimmigkeiten in der Begründung des Bescheids informiert. Vorgeworfen werden kann ihm alleine – wenn er über die entsprechenden intellektuellen Fähigkeiten verfügt –, dass er sich nicht beim Jobcenter informiert hat.

Fahrtkosten

Definition: Fahrtkosten sind Mobilitätskosten, die entstehen, um von einem Punkt an einen anderen Punkt zB mit öffentlichen Verkehrsmitteln oder mit einem PKW zu gelangen.

Rechtsgrundlagen: §§ 5, 6 RBEG, 11 b Abs. 1 Nr. 5; § 21 Abs. 6 SGB II

Erläuterungen: Fahrtkosten sind grundsätzlich nach den §§ 5, 6 des RBEG Teil des **Regelbedarfs** (Abteilung 7 Verkehr), gehören zu den persönlichen Bedürfnissen des täglichen Lebens und sind mit dem monatlichen Pauschalbetrag von zur Zeit 374 EUR (2012) abgegolten.

Im Einzelfall können Fahrtkosten aber nach § 21 Abs. 6 SGB II als unabweisbarer, laufender, nicht nur einmaliger besonderer Bedarf anerkannt werden. Hierzu zählen insbesondere **Fahrtkosten**, die bei Ausübung des **Umgangsrechts** zwischen dem Kind und dem von ihm getrennt lebenden Elternteil entstehen (grundlegend BSG 7.11.2006, FEVS 58, 289 ff) und Fahrtkosten des Besuches von inhaftierten Familienangehörigen.

Fahrtkosten können nach § 11 b Abs. 1 Nr. 5 SGB II aber auch **Werbungskosten**

bei nicht selbstständiger Arbeit und **Betriebsausgaben** bei selbstständiger Arbeit sein, die vom Einkommen abzusetzen sind, sofern der erwerbsfähige Leistungsberechtigte bei einem monatlichen Einkommen von mehr als 400 EUR nachweist, dass die Werbungskosten bzw Betriebsausgaben zusammen mit den Beiträgen zu öffentlichen oder privaten Versicherungen und den geförderten Altersvorsorgebeiträgen die Summe von 100 EUR übersteigen (§ 11 b Abs. 2 S. 2 SGB II). Nach §§ 3 Abs. 7, 6 Abs. 1 Nr. 3 b der ALG II-VO sind bei der Benutzung eines Kraftfahrzeuges für die Fahrt zwischen Wohnung und Arbeitsstätte 0,20 EUR für jeden Entfernungskilometer der kürzesten Straßenverbindung anzusetzen.

Literaturhinweise:
LPK-SGB II/*Münder*, 4. Aufl., § 21 Rn 36 ff; LKK-SGB II/*Geiger*, 4. Aufl., § 11 b Rn 14 ff

Fälligkeit

Definition: Fälligkeit ist der Zeitpunkt, zu dem der Gläubiger der Sozialleistung die sofortige Leistung verlangen kann resp. der Sozialleistungsträger sie zu erbringen hat.

Rechtsgrundlagen: § 41 SGB I, §§ 37 Abs. 2, 41 Abs. 1 S. 3 SGB II

Erläuterungen: Sozialleistungen werden grundsätzlich mit ihrem Entstehen fällig (§ 41 SGB I). Ansprüche auf Pflichtleistungen entstehen, sobald sämtliche Anspruchsvoraussetzungen erfüllt sind (§ 40 Abs. 1 SGB I), bezogen auf Lebensunterhaltsleistungen nach dem SGB II also die Voraussetzungen der §§ 7 ff, 19 ff SGB II. Nach § 37 Abs. 2 S. 1 SGB II werden Leistungen jedoch nicht für Zeiten vor der Antragstellung erbracht, können vor Antragstellung also auch nicht fällig sein.

Leistungen zur Sicherung des Lebensunterhaltes werden für einen Bewilligungszeitraum von in der Regel sechs bis zwölf Monaten erbracht (§ 41 Abs. 1 S. 4 und 5 SGB II). Diese sind nach § 41 Abs. 1 S. 4 SGB II monatlich im Voraus zu erbringen, werden also zum Ende des jeweils vorangegangenen Kalendermonats fällig.

Ansprüche auf Ermessensleistungen werden erst in dem Zeitpunkt fällig, in dem sämtliche Anspruchsvoraussetzungen erfüllt sind, ein Antrag gestellt wurde und der Verwaltungsakt über die Bewilligung der Leistung dem Leistungsberechtigten bekannt gegeben wurde. Handelt es sich um eine Ermessensleistung, die über mehrere Monate hinweg bewilligt wird, so sind nach der erstmaligen Leistungserbringung zu erbringenden Folgeleistungen ebenfalls nach § 41 Abs. 1 S. 4 SGB II zum Ende des jeweils vorangegangenen Kalendermonats fällig.

Das Entstehen bzw die Fälligkeit von Ansprüchen ist eine Voraussetzung für die Verzinsungspflicht (§ 44 SGB I), den Eintritt der Verjährung von Ansprüchen (§ 45 SGB I) und eine mögliche Sonderrechtsnachfolge (§ 56 SGB I).

Familiengerechte Hilfe

Definition: Bei der Anwendung des SGB II ist die familiäre Lebenssituation der erwerbsfähigen Hilfebedürftigen, insbesondere derer, die Kinder erziehen oder pflegebedürftige Angehörige betreuen, zu berücksichtigen.

Rechtsgrundlagen: § 1 Abs. 2 S. 4 Nr. 4, § 3 Abs. 1 S. 2 Nr. 2 SGB II; § 1 Abs. 1 S. 2 SGB I

Erläuterungen: Aus verschiedenen Vorschriften mit Grundsatz- und Zielbestimmungscharakter folgt, dass bei der Anwendung des SGB II **stets eine Betrachtung der individuellen familiären Situation erforderlich** ist. § 1 Abs. 2 S. 4 Nr. 4 SGB II verlangt, dass Leistungen der Grundsicherung für Arbeitsuchende auf die familienspezifischen Lebensverhältnisse der erwerbsfähigen Hilfebedürftigen auszurichten sind. Explizit genannt werden dort die Situationen der Erziehung von Kindern und der Betreuung pflegebedürftiger Angehöriger. Speziell für die Leistungen zur Eingliederung in Arbeit schreibt § 3 Abs. 1 S. 2 Nr. 2 SGB II die Berücksichtigung der familiären Situation der erwerbsfähigen Hilfebedürftigen vor. Als Sozialleistungen sind Leistungen nach dem SGB II weiterhin an die Grundsatzvorschriften im Allgemeinen Teil des Sozialgesetzbuchs gebunden, wo § 1 Abs. 1 S. 2 SGB I den Schutz und die Förderung der Familie als Ziel vorgibt.

Alle diese familienbezogenen Vorschriften sind wiederum im Lichte der in Art. 6 GG enthaltenen Verfassungsgüter zu sehen, dh des **Schutzes von Ehe und Familie** (Art. 6 Abs. 1 GG) und des Elternrechts (Art. 6 Abs. 2 S. 1 GG). Bedeutsam werden die genannten Vorschriften zum einen dann, wenn es um die Interpretation **unbestimmter Rechtsbegriffe** geht, etwa bei der Auslegung des „wichtigen Grundes" nach § 10 Abs. 1 Nr. 5 SGB II, wenn einem Arbeitsuchenden aus familiären Gründen heraus eine ansonsten zumutbare Arbeit nicht zuzumuten ist (Eicher/Spellbrink/*Rixen* § 10 Rn 126 a). Hierbei folgt allerdings aus dem spezielleren § 10 Abs. 1 Nr. 3 SGB II, dass die Erziehung eines mindestens dreijährigen Kindes grundsätzlich kein Grund für die Ablehnung einer Arbeitsaufnahme ist, soweit dessen Betreuung gesichert ist.

Zum anderen müssen familienbezogene Ziel- und Grundsatzbestimmungen bei der Ausübung von Spielräumen bei **Ermessensleistungen** als ermessenserhebliche Belange einfließen (Eicher/Spellbrink/ *Spellbrink* § 1 Rn 12). Dies betrifft vor allem die Leistungen zur Eingliederung in Arbeit, bei denen den Leistungsträgern breite Ermessensspielräume bis hin zur Gestaltung von Eingliederungsvereinbarungen offen stehen. Generell ist der **Familienbegriff** im Zusammenhang mit familiengerechten Hilfen im SGB II weit zu verstehen, so dass es bereits genügt, dass eine erziehungsberechtigte Person mit einem Kind zusammen lebt (Gagel/*Bieback* § 1 SGB II Rn 22).

Literaturhinweise:
Eicher/Spellbrink/*Spellbrink* § 1 Rn 12 ff

Feststellungsklage

→Klageverfahren

Finanzierung

Definition: Die Verteilung der Finanzierungsverantwortung für die Grundsicherung für Arbeitsuchende folgt weitgehend der Aufgabenverteilung zwischen Bund und Kommunen, allerdings ergänzt um eine zusätzliche Bundesbeteiligung an den Kosten der Unterkunft.

Rechtsgrundlage: § 46 SGB II

Erläuterungen: Gemäß § 6 Abs. 1 SGB II ist für einige Aufgaben nach dem SGB II die Agentur für Arbeit zuständig, andere Aufgaben fallen nach § 6 Abs. 1 S. 1 Nr. 2 SGB II in die Zuständigkeit der kommunalen Träger. Nach dem in Art. 104 a Abs. 1 GG enthaltenen **Konnexitätsprinzip** müsste sich dieses Verhältnis eigentlich auch in der Kostenverteilung zwischen Bund und Ländern (denen die Kommunen finanzverfassungsrechtlich zuzuordnen sind) wiederspiegeln. Abweichend hiervon sieht § 46 Abs. 5 eine finanzielle Beteiligung des Bundes an den Kosten der Leistungen für Unterkunft und Heizung vor, obwohl diese in die Zuständigkeit der Kommunen fallen. Eine solche Mischfinanzierung ist nach Art. 104 a Abs. 3 S. 1 GG zulässig.

Die **Bundesbeteiligung an den Kosten für Unterkunft und Heizung** wird durch einen in § 46 Abs. 5 gesetzlich festgelegten Prozentwert ausgedrückt. Hinzu kommt ein Prozentwert nach § 46 Abs. 6, der den Anteil der Ausgaben für Bildung und Teilhabe an den Gesamtausgaben der kommunalen Träger wiederspiegelt. Dieser zusätzliche Prozentwert wird ab 2013 jährlich angepasst und durch Rechtsverordnung des BMAS mit Zustimmung des Bundesrates festgeschrieben. Insgesamt darf die Bundesbeteiligung an den Kosten der kommunalen Träger 49 % nicht überschreiten, damit nicht nach § 104 a Abs. 3 S. 2 GG automatisch ein Fall der Auftragsverwaltung eintritt.

Die Finanzierung der Leistungen, die in den Zuständigkeitsbereich der →**Bundesagentur für Arbeit** fallen, aus Bundesmitteln folgt den in § 46 Abs. 1 bis 3 SGB II niedergelegten Regelungen. Vereinfacht wird diese Bundesfinanzierung durch Pauschalisierung der Leistungs- und Verwaltungskosten und durch die Veranschlagung in einem Gesamtbudget, das nach den Bestimmungen der Eingliederungsmittelverordnung an die einzelnen Agenturen für Arbeit verteilt wird. § 46 Abs. 4 SGB II sieht des Weiteren einen Finanzstrom von der Bundesagentur für Arbeit an den Bundeshaushalt vor, nämlich den vielfach kritisierten (zB bei Hase SozSich 2008, 25) **Eingliederungsbeitrag**, mit dem die Bundesagentur für Arbeit hälftig an den Kosten für Eingliederungsleistungen und Verwaltung beteiligt wird. Im Falle der **Optionskommunen** ergibt sich die Besonderheit, dass nach § 6 b Abs. 2 der Bund die Aufwendungen einschließlich Verwaltungskosten für solche Leistungen trägt, die ansonsten in den Zu-

ständigkeitsbereich der Bundesagentur für Arbeit fallen würden.

Literaturhinweise:
Hase, Der neue Eingliederungsbeitrag, SozSich 2008, 25; Gagel/*Wendtland* § 46 SGB II Rn 12 ff

Fördern und Fordern

Definition: Fördern und Fordern ist eine zentrale programmatische Aussage des Gesetzgebers im Zusammenhang mit einem aktivierenden Sozialstaat. Die Betonung der Eigenverantwortung, Anreize zur Arbeitsaufnahme und Sanktionen sind die wesentlichen Elemente, die der Konzeption von Fördern und Fordern zugrunde liegen.

Rechtsgrundlagen: §§ 1 Abs. 2 S. 1, 2, 14 SGB II

Erläuterungen: Leistungsansprüche der Grundsicherung für Arbeitsuchende sind nicht allein von der Bedürftigkeit des Leistungsberechtigten abhängig. Über die allgemeinen **Mitwirkungspflichten** hinausgehend werden aktive Bemühungen verlangt, um von den Leistungen zum Lebensunterhalt unabhängig zu werden. Dem **Fordern** zuzuordnen ist die grundsätzliche Verpflichtung, jede zumutbare Arbeit (→**Zumutbarkeit**) anzunehmen, damit der Lebensunterhalt aus eigenen Mitteln finanziert werden kann (§§ 2 Abs. 2, 10 Abs. 1 SGB II). Hinzu tritt die Verpflichtung zu →**Eigenbemühungen**, um die Arbeitslosigkeit zu überwinden; deren Inhalt soll regelmäßig in einer →**Eingliederungsvereinbarung** erfasst werden. Wird die Zusammenarbeit verweigert oder werden andere Pflichten verletzt, setzen umfangreiche →**Sanktionen** ein (§§ 31, 31 a SGB II), die in Stufen bis zum völligen Wegfall von Arbeitslosengeld II führen können.

Dem **Fördern** zuzurechnen ist zunächst die individualisierte Betreuung durch Fallmanager oder persönlichen Ansprechpartner. Weiter bestehen sehr viele unterschiedliche Möglichkeiten, →**Eingliederungsleistungen** vorzusehen. Ein Rechtsanspruch auf Eingliederungsleistungen ist jedoch nicht vorgesehen. Vielmehr können diese durchweg nur als →**Ermessensleistungen** gewährt werden.

Zwischen Fördern und Fordern ergibt sich so ein strukturelles **Ungleichgewicht** dadurch, dass die dem Fordern zuzurechnenden Regelungen verbindlich sind und die Rechtsbeziehungen zwischen Leistungsempfänger und Jobcenter maßgeblich prägen. Demgegenüber sind gesetzlich vorgesehene Förderungen regelmäßig nicht als zwingende Leistungsansprüche ausgestaltet oder es sind wie bei dem individualisierten Fallmanagement in der Praxis ganz erhebliche Umsetzungsdefizite vorhanden.

Literaturhinweise:
Streck/Kossens, Arbeitslosengeld II, 2. Aufl. 2008, S. 7 ff; Eicher/Spellbrink/ *Spellbrink*, SGB II-Kommentar, § 1 Rn 5 ff

Frauenhaus

Definition: Ein Frauenhaus ist eine Einrichtung zur vorübergehenden Aufnahme, Schutzgewährung und Beratung von Frauen (ggf auch ihrer Kinder), die bereits Opfer häuslicher Gewalt physischer, psychischer oder sexueller Art sind oder von ihr bedroht werden.

Rechtsgrundlage: § 36 a SGB II

Erläuterungen: Der Aufenthalt in einem Frauenhaus schließt regelmäßig nicht die Leistungsberechtigung nach dem SGB II aus. Voraussetzung ist allerdings, dass es sich bei dem Frauenhaus unter Berücksichtigung aller Umstände des Einzelfalls nicht um eine stationäre →Einrichtung im Sinne des § 7 Abs. 4 S. 1 SGB II handelt.

Dass dies jedenfalls nicht generell angenommen werden kann, zeigt die Kostenerstattungsvorschrift des § 36 a SGB II. Danach ist der kommunale Träger am bisherigen gewöhnlichen Aufenthaltsort verpflichtet, den durch die Aufnahme einer Person im Frauenhaus zuständigen kommunalen Träger am Ort des Frauenhauses die Kosten für die Zeit des Aufenthaltes im Frauenhaus zu erstatten. Damit trägt die Vorschrift dem Wechsel der örtlichen Zuständigkeit nach § 36 SGB II Rechnung, der durch die Zufluchtssuche im Frauenhaus oftmals – in Abhängigkeit von den Umständen des Einzelfalls – durch dortige Begründung eines neuen gewöhnlichen Aufenthalts oder dadurch ausgelöst wird, dass ein gewöhnlicher Aufenthaltsort nicht feststellbar ist (§ 36 SGB II). Diesen gewöhnlichen Aufenthalt hat jemand dort, wo er sich unter Umständen aufhält, die erkennen lassen, dass er an diesem Ort oder in diesem Gebiet nicht nur vorübergehend verweilt (§ 30 Abs. 3 S. 2 SGB I)..

Gesetzgeberische Intention für den § 36 a SGB II war es, die Bereitschaft von Kommunen zur Einrichtung von Frauenhäusern nicht durch die dadurch ausgelöste Belastung mit den Grundsicherungskosten zu hemmen. Entsprechend diesem Gedankens war der Kostenerstattungsanspruch auch nur dem **kommunalen Träger** der Grundsicherung einzuräumen. Die Erstattung beschränkt sich folglich regelmäßig auf die Kosten der in § 6 Abs. 1 S. 1 Nr. 2 SGB II aufgezählten Leistungen, die vom kommunalen Träger zu erbringen sind. Dies sind im Einzelnen:

- kommunale Eingliederungsleistungen (§ 16 a SGB II; vgl zur psychosoziale Betreuung Aachen 20.7.2007 – S 8 AS 17/07 n.V., sowie LSG NRW 23.2.2010 – L 1 AS 36/09 n.V.),
- Leistungen für Unterkunft und Heizung (§ 22 SGB II),
- Leistungen für die Erstausstattung für Wohnung, Kleidung, Schwangerschaft und Geburt (§ 24 Abs. 3 Nr. 1 u. 2 SGB II; vgl zur Erstausstattung der Wohnung Aachen 20.7.2007 – S 8 AS 17/07 n.V.),
- Zuschuss zu Aufwendungen für Unterkunft und Heizung für Auszubildende (§ 27 Abs. 3 SGB II),
- Leistungen für Bildung und Teilhabe (§ 28 SGB II).

Dagegen sind den zugelassenen kommunalen Trägern des § 6 a SGB II sämtliche Kosten zu erstatten, weil diese nach § 6 b Abs. 1 SGB II (mit den dort genannten Ausnahmen) anstelle der Bundesagentur im Rahmen ihrer örtlichen Zuständigkeit auch Träger der Aufgaben nach § 6 Abs. 1 S. 1 Nr. 1 SGB II sind.

Aus der beschriebenen gesetzgeberischen Intention lässt sich auch entnehmen, dass der Ort des bisherigen gewöhnlichen Aufenthalts im Sinne der Regelung der letzte gewöhnliche Aufenthaltsort vor dem Aufsuchen eines Frauenhauses auch dann ist, wenn später die Hilfebedürftigen aus diesem Frauenhaus unmittelbar in ein anderes Frauenhaus wechseln (SG Karlsruhe EuG 2009, 20–33).

Für den Erstattungsanspruch gelten die allgemeinen Erstattungsvorschriften insbesondere der §§ 108-114 SGB X (vgl auch →Erstattungsanspruch).

Literaturhinweise:
GK-SGB II/*Groth* § 36 a; LPK-SGB II/*Schoch* § 36 Rn 13 u. § 36 a

Freie Wohlfahrtspflege

Definition: Die freie Wohlfahrtspflege ist ein Sammelbegriff für gemeinnützige Organisationen als Träger sozialer Dienste und Einrichtungen, insbesondere die in der BAGFW zusammengeschlossenen Verbände (AWO, Deutscher Caritasverband, Deutscher Paritätischer Wohlfahrtsverband, DRK, Diakonisches Werk, Zentralwohlfahrtsstelle der Juden in Deutschland).

Rechtsgrundlagen: §§ 17 Abs. 1, 18 Abs. 1 S. 1 SGB II

Erläuterungen: Die im SGB II enthaltenen Ansprüche der Leistungsberechtigten richten sich gegen die →Grundsicherungsträger, dh nach § 6 Abs. 1 SGB II gegen die Bundesagentur für Arbeit und die kommunalen Träger. Sie tragen also die Verantwortung dafür, dass die Leistungen erbracht werden, müssen sie aber nicht selber erbringen (Bieback NZS 2007, 505, 505). Für die Leistungen zur Eingliederung in Arbeit bestimmt § 17 Abs. 1 S. 1 SGB II sogar ausdrücklich, dass vorrangig auf vorhandene geeignete Dienste und Einrichtungen Dritter zurückgegriffen werden soll. Dabei kann es sich um Dienste und Einrichtungen eines Trägers der freien Wohlfahrtspflege handeln, aber auch gewerbsorientierte Anbieter sind hiervon umfasst.

Speziell zugunsten der freien Wohlfahrtspflege enthält § 17 Abs. 1 S. 2 SGB II ein **Unterstützungsgebot**, das sich an die Leistungsträger richtet. Sie haben somit einen gesetzlichen Auftrag, die Träger der freien Wohlfahrtspflege zu unterstützen, ein einklagbarer Rechtsanspruch eines Trägers auf Förderung ergibt sich daraus alleine aber noch nicht (*Münder* Sozialrecht Aktuell 2007, 208, 211).

Den Trägern der freien Wohlfahrtspflege eröffnen sich damit zwei verschiedene Einnahmequellen: Einerseits die abstrakte Förderung nach § 17 Abs. 1 S. 2 SGB II, andererseits eine **Vergütung** für die Erbringung einer konkreten Leistung durch den Träger der freien Wohlfahrtspflege.

Voraussetzung für eine solche Vergütung ist, dass sich die Leistungserbringung auf der Grundlage einer Vereinbarung nach § 17 Abs. 2 SGB II vollzieht. In der Vereinbarung muss neben Leistungsinhalten und Qualitätsstandards auch die Vergütung geregelt sein. Daneben verpflichtet § 18 SGB II die Leistungsträger zur **Kooperation** mit den Trägern der freien Wohlfahrtspflege. Damit ist aber weniger die Zusammenarbeit bei der Erbringung konkreter Leistungen gemeint, sondern eher die Schaffung eines Netzwerks der Akteure einer sozialen Infrastruktur.

Erhalten Leistungsberechtigte →Zuwendungen der freien Wohlfahrtspflege, werden diese nur unter den Voraussetzungen des § 11 a Abs. 4 SGB II als Einkommen berücksichtigt. Sie dürfen die Hilfebedürftigkeit also nicht erheblich vermindern, was im Gesetz allerdings nicht näher definiert wird. Nicht als Zuwendung anzusehen ist ein Taschengeld, das ein Träger der freien Wohlfahrtspflege im Rahmen eines freiwilligen sozialen Jahres gewährt (LSG Sachsen 5.4.2007 – L 3 AS 22/06).

Literaturhinweise:
Bieback, Leistungserbringungsrecht im SGB II sowie SGB III und XII, NZS 2007, 505; *Münder*, Stellung der freien Wohlfahrtspflege im SGB III und SGB II, Sozialrecht Aktuell 2007, 208

Freigänger

Definition: Freigänger sind Gefangene, für die als Lockerung des Vollzugs angeordnet wurde, dass sie außerhalb der Anstalt regelmäßig einer Beschäftigung ohne Aufsicht eines Vollzugsbediensteten nachgehen dürfen (§ 11 Abs. 1 Nr. 1 Alt. 2 StVollzG).

Rechtsgrundlage: § 7 Abs. 4 S. 2 SGB II

Erläuterungen: Das Recht der Grundsicherung für Arbeitsuchende sieht für Vollzugsinsassen grundsätzlich in § 7 Abs. 4 S. 2 SGB II einen Berechtigungsausschluss vor. Für sie gilt die **Rückausnahme** des § 7 Abs. 4 S. 3 SGB II aufgrund dessen klarer Wortlautbeschränkung auf S. 1 der Vorschrift nicht. Sie sind folglich auch dann von der Leistung ausgeschlossen, wenn sie trotz Vollzugsunterbringung unter den Bedingungen des allgemeinen Arbeitsmarktes mindestens 15 Stunden wöchentlich erwerbstätig sind.

Freigänger dagegen will eine weit verbreitete Auffassung bereits nicht dem Ausschlusstatbestand zuordnen, da die Zulässigkeit des Freigangs letztlich unter Zugrundelegung eines objektiven Einrichtungsbegriffs belege, dass die →Einrichtung gerade nicht so strukturiert und gestaltet ist, dass es dem dort Untergebrachten nicht möglich wäre, aus der Einrichtung heraus eine Erwerbstätigkeit auszuüben, die den zeitlichen Kriterien des § 8 Abs. 1 SGB II genüge. Systematisch ist diese Auslegung jedoch fraglich, knüpft sie doch weniger an die allgemeinen Eigenschaften der Einrichtung an, als vielmehr an die für den individuellen Insassen geltende Vollzugsausgestaltung. Dessen Situation wäre eher vergleichbar mit derjenigen eines **stationär Untergebrachten**, dem es dennoch möglich ist, unter den üblichen Bedingungen des allgemeinen Arbeitsmarktes mindestens 15 Stunden wöchentlich erwerbstätig zu sein. Für diesen sieht § 7 Abs. 4 S. 3 SGB II aber eine ausdrückliche Rückausnahme vor, die auf Vollzugsinsassen aber ja gerade nicht anzuwenden sein soll.

Literaturhinweise:
Groth info also 2006, 243–245; *Hammel* ZFSH/SGB 2006, 707–718; *Hannes* SGb 2008, 666–669; Kreikebohm/Spellbrink/Waltermann/*Knickrehm*, Kommentar zum Sozialrecht, § 7 SGB II Rn 24; LPK-SGB II/*Brühl/Schoch*, 3. Aufl., § 7 Rn 97, 104; LPK-SGB II/*Thie/Schoch*, § 7 Rn 106; *Mrozynski* ZFSH/SGB 2008, 328–337; *Münder/Geiger* SGb 2008, 1–8

Geburt

Definition: Nach der Geburt eines Kindes gibt es keinen Mehrbedarf nach § 21 SGB II. Es werden aber zusätzlich zum Regelbedarf nach § 20 SGB II für das neu geborene Kind eine Säuglingserstausstattung als nicht rückzahlbare Beihilfe finanziert.

Rechtsgrundlage: § 24 Abs. 3 Nr. 2 SGB II

Erläuterungen: Die notwendige **Säuglingserstausstattung** umfasst neben der Babykleidung zB einen Laufstall, Kinderhochstuhl, Kinderwagen mit Zubehör, Matratze, Badewanne eine Babytragetasche und einen Windeleimer (weitere Nachweise bei LPK-SGB II/*Münder*, 4. Aufl., § 24 Rn 34).

Literaturhinweise:
LPK-SGB II/*Münder*, 4. Aufl., § 24 Rn 32

Grundsatz der Wirtschaftlichkeit und Sparsamkeit

Definition: Wirtschaftlichkeit und Sparsamkeit gehören zu den Grundsätzen im SGB II, die bei der Leistungserbringung beachtet und insbesondere bei Ermessensentscheidungen gegen andere Belange abgewogen werden müssen; dabei gebieten Wirtschaftlichkeit und Sparsamkeit die Erreichung einen möglichst großen Erfolges unter Einsatz möglichst geringer Mittel.

Rechtsgrundlagen: §§ 3 Abs. 1 S. 4, 14 Abs. 1 S. 3 SGB II

Erläuterungen: Der Grundsatz der Wirtschaftlichkeit und Sparsamkeit findet sich in § 3 Abs. 1 S. 4 SGB II im Kontext der **Leistungsgrundsätze**. Die Vorschrift richtet sich an die Bundesagentur für Arbeit und die kommunalen Träger als Leistungsträger. Sie müssen dafür sorgen, dass Leistungen nach dem SGB II unter Beachtung des Grundsatzes der Wirtschaftlichkeit und Sparsamkeit erbracht werden, unabhängig davon, ob sie die Leistungen selbst erbringen oder Dritte als Leistungserbringer einschalten. Eine Leistung, auf die ein Rechtsanspruch besteht, darf jedoch nicht unter Hinweis auf den Grundsatz der Wirtschaftlichkeit und Sparsamkeit abgelehnt werden.

Wirtschaftlichkeits- und Sparsamkeitsgesichtspunkte können bei der Interpretation **unbestimmter Rechtsbegriffe** ausschlaggebend sein (zB LSG Sachsen 19.9.2007 – L 3 B 411/06 AS-ER zur Angemessenheit von Umzugskosten). Seine hauptsächliche Bedeutung erlangt der Grundsatz aber dann, wenn den Leistungsträgern **Ermessensspielräume** zustehen. Dann müssen sie eine Abwägung zwischen Wirtschaftlichkeit und Sparsamkeit auf der einen sowie entgegenstehenden Belangen – etwa dem Ziel der Eingliederung in Arbeit – auf der anderen Seite anstellen.

Solche Spielräume haben die Leistungsträger vor allem im Bereich der →**Ermessensleistungen** zur Eingliederung in Arbeit. Hier wird im Kontext des Grundsatzes des Förderns noch einmal explizit auf Wirtschaftlichkeits- und Sparsamkeitsgesichtspunkte Bezug genommen (§ 14 Abs. 1 S. 3 SGB II). Auch hier gilt aber, dass dem Grundsatz der Wirtschaftlichkeit und Sparsamkeit kein prinzipieller Vorrang vor anderen ermessenserheblichen Belangen zukommt (Gagel/*Kohte* § 14 SGB II Rn 26). Die Ablehnung einer Leistung allein aus Haushaltsgesichtspunkten wäre daher ermessensfehlerhaft (Eicher/Spellbrink/*Spellbrink* § 3 SGB II Rn 9). Wirtschaftlichkeits- und Sparsamkeitsgesichtspunkte betreffen somit weniger das „ob", sondern eher das „wie" der Erbringung einer Leistung (*Krahmer* NDV 2006, 380).

Soweit **Dritte** in die Leistungserbringung eingeschaltet werden, müssen die Leistungsträger darauf achten, dass auch jene die Leistungen wirtschaftlich erbringen. Dies wird mit **Vereinbarungen** nach § 17 Abs. 2 SGB II gewährleistet.

Die Kontrolle, ob die Leistungsträger sich an den Grundsatz der Wirtschaftlichkeit und Sparsamkeit halten, ist Sache der →**Aufsicht**. Zudem wird auch im Rahmen der →**Innenrevision** nach § 49 Abs. 1 S. 1 die Wirtschaftlichkeit der Leistungserbringung geprüft.

Literaturhinweise:
Krahmer, Perspektiven der Schuldnerberatung nach SGB II, NDV 2006, 380

Grundsicherung für Arbeitsuchende

Definition: Die Grundsicherung für Arbeitsuchende ist ein Hilfesystem für erwerbsfähige hilfsbedürftige Menschen, das ihnen zur Eingliederung in Arbeit verhelfen sowie ihnen und den mit ihnen in einer Bedarfsgemeinschaft lebenden Personen ein Leben, das der Würde des Menschen entspricht, sicherstellen soll.

Rechtsgrundlagen: §§ 1 ff SGB II, §§ 1 ff. Alg II-V

Erläuterungen: Mit Wirkung ab 1.1.2005 wurde für erwerbsfähige hilfebedürftige Menschen und bestimmte, mit ihnen zusammen lebende Personen (→**Bedarfsgemeinschaft**) ein eigenes Sozialleistungsrecht geschaffen: Das Sozialgesetzbuch (SGB) Zweites Buch (II) – Grundsicherung für Arbeitsuchende (**Viertes Gesetz für moderne Dienstleistungen am Arbeitsmarkt vom 24.12.2003 (BGBl. I, 2954, 2955). Grundlage war der Vorschlag ei-

ner durch **Peter Hartz** geleiteten Kommission, nach dem – neben anderem – das Recht der Arbeitslosenhilfe durch ein neues, dem Sozialhilferecht ähnliches Fürsorgerecht ersetzt werden sollte, dessen Aufgabe insbesondere die Eingliederung erwerbsfähiger Hilfebedürftiger in Arbeit sein sollte. In dieses neue Hilfesystem sollten auch diejenigen fallen, die keinen Anspruch auf Arbeitslosenhilfe, sondern als Erwerbsfähige einen Anspruch auf Sozialhilfe in Form der Hilfe zum Lebensunterhalt nach dem BSG hatten. Die Boulevardmedien entwickelten hieraus die Bezeichnung „Hartz IV", die heute in der Öffentlichkeit als Synonym sowohl für das SGB II als auch für seine Leistungen verwendet wird.

Die Einführung des SGB II war von erheblicher Kritik begleitet. Einerseits beklagten ehemalige Bezieher von Arbeitslosenhilfe – einer nach dem SGB III gewährten Sozialleistung für bedürftige Arbeitslose, die im Anschluss an das Ende des Arbeitslosengeldbezugs durch die Träger der Arbeitsförderung aus Steuermitteln erbracht wurde und die sich insbesondere an dem vor der Arbeitslosigkeit bezogenen Arbeitsentgelt orientierte – finanzielle Einbußen, andererseits kritisierte die rechtswissenschaftliche Literatur eine Vielzahl handwerklicher Fehler des Gesetzgebers. Früh wurde die Auffassung vertreten, Teile des SGB II seien verfassungswidrig (vgl nur *Zuck*, Hartz IV : Alg II = GG Null?, NJW 2005, 649 ff). Einige Regelungen waren inhaltlich widersprüchlich, andere in ihren rechtlichen und tatsächlichen Auswirkungen nicht bedacht, wiederum andere für die Praxis nicht umsetzbar.

Der Gesetzgeber versuchte daraufhin durch mehr als 40 Änderungsgesetze, die mehr als 250 Mal auf Einzelregelungen zugriffen bzw Neuregelungen schufen, ein widerspruchsfreies und praktisch umsetzbares Leistungsgesetz zu schaffen, einzelne Vorschriften des SGB II wurden hierbei acht Mal und mehr geändert. Aber auch die ungeheure Dichte und Vielzahl von Änderungen vermochte nicht zu verhindern, dass das BVerfG zum Ergebnis kam, dass Teile des SGB II mit dem Grundgesetz nicht vereinbar waren. In einer Entscheidung vom 20.12.2007 (2 BvR 2433/04 sowie 2 BvR 2434/04) stellte es fest, dass die in § 44 b SGB II geregelte Pflicht der Arbeitsagenturen und der kommunalen Träger zur Bildung von Arbeitsgemeinschaften dem Grundsatz eigenverantwortlicher Aufgabenwahrnehmung widersprach. Etwas mehr als zwei Jahre später stellte es in einer Entscheidung vom 9.2.2010 (1 BvL 1/09, 3/09 sowie 4/09, insbesondere Absätze 133 ff) fest, dass unter anderem die Bemessung der Regelleistungen, das Fehlen einer Härtefallregelung und die an die Rentenanpassung geknüpfte Anpassung der Regelleistung gegen die Verpflichtung des Staates nach Art. 1 Abs. 1 GG iVm Art. 20 Abs. 1 GG (Sozialstaatsprinzip) auf Gewährleistung eines menschenwürdigen Existenzminimums verstieß. Die Bemessung der Regelleistungen bei Kindern und beim Zusammenleben zweier Partner sei „ins Blaue hinein" erfolgt.

Inzwischen beseitigte der Gesetzgeber den zuerst gerügten Verfassungsverstoß durch eine Grundgesetzänderung (Art. 91 e GG). Die gesetzgeberische Reaktion auf das zweite Urteil des BVerfG war das Gesetz zur Ermittlung von Regelbedarfen und zur Änderung des Zweiten und Zwölften Buches Sozialgesetzbuch, das alleine mehr als 80 Vorschriften des SGB II änderte.

Das Recht der Grundsicherung für Arbeitsuchende verfolgt zwei Ziele: Die Eingliederung in Arbeit sowie die Sicherung des Lebensunterhaltes (§ 1 Abs. 3 SGB II). Leistungen zur Eingliederung in Arbeit stehen überwiegend im Ermessen des Grundsicherungsträgers und können an Erwerbsfähige, Arbeitgeber und Maßnahmeträger erbracht werden, um die Aufnahme einer Schul- oder Berufsausbildung bzw einer Erwerbstätigkeit zu ermöglichen. Leistungen zur Sicherung des Lebensunterhaltes zielen darauf ab, dem Einzelnen ein Leben zu ermöglichen, das der Würde des Menschen entspricht (§ 1 Abs. 1 SGB II). Die wichtigsten Leistungen sind Arbeitslosengeld II und Sozialgeld einschließlich der angemessenen Kosten für Unterkunft und Heizung. Es handelt sich hierbei um Pflichtleistungen.

Im Februar 2011 erhielten dem Monatsbericht der Bundesagentur für Arbeit entsprechend 4.763.000 erwerbsfähige Personen Arbeitslosengeld II. Daneben erhielten 1,77 Millionen nicht erwerbsfähige Leistungsberechtigte – in erster Linie Kinder unter 15 Jahren und nicht dauerhaft Erwerbsgeminderte –, die mit ihnen in einer von 3.510.000 Bedarfsgemeinschaften lebten, Sozialgeld, so dass die Gesamtanzahl der SGB II-Leistungsempfänger 6.533.000 betrug. Dies waren 10,1 % der Bevölkerung Deutschlands unter 65 Jahren. Diese Zahl lässt sich nochmals untergliedern: 8,8 % der Bevölkerung im Alter zwischen 15 und 64 Jahren war im Februar 2011 SGB II-Leistungsempfänger, 15,5 % der Kinder unter 15 Jahren erhielt Leistungen nach dem SGB II. Die durchschnittlichen Leistungen beliefen sich bei einem Einpersonenhaushalt im Oktober 2010 auf 719 EUR, in einer Bedarfsgemeinschaft mit fünf oder mehr Personen 1.394 EUR.

Literaturhinweise:
Hauck/Noftz/*Vorlzke*, SGB II, E 010, Rn 2 ff, 70 ff, 84 ff; LPK-SGB II/*Münder*, Einleitung Rn 22 ff

Grundsicherungsträger

Definition: Träger der Leistungen der Grundsicherung für Arbeit und damit verantwortlich dafür, dass Leistungsansprüche nach dem SGB II erfüllt werden, sind die Bundesagentur für Arbeit und die kommunalen Träger.

Rechtsgrundlagen: §§ 6, 6 a, 6 b SGB II

Erläuterungen: Im ursprünglichen Entwurf zum SGB II war noch eine alleinige Zuständigkeit der →**Bundesagentur für Arbeit** für sämtliche Leistungen der Grundsicherung für Arbeitsuchende vorgesehen. Im Gesetzgebungsverfahren durchgesetzt hat sich aber ein Nebeneinander zweier Arten von Trägern, die jeweils für einen abgegrenzten Aufgabenbereich zuständig sind. Die Abgrenzung sieht so aus, dass die kommunalen Träger im Regelfall nur die in § 6 Abs. 1 S. 1 Nr. 2 SGB II aufgeführten Leistungen tragen. Für alle anderen Leistungen ist nach § 6 Abs. 1 S. 1 Nr. 1 SGB II die Bundesagentur für Arbeit Leistungsträgerin.

Am Nebeneinander zweier Leistungsträger ändert sich auch dann nichts, wenn sie die Aufgaben durch eine **gemeinsame Einrichtung** wahrnehmen lassen, wie in § 44 b SGB II vorgesehen. Die gemeinsame Einrichtung ist dann nur für die Aufgabenwahrnehmung zuständig, die Verantwortung dafür, dass die Leistungen erbracht werden, bleibt aber bei den Leistungsträgern. Bedeutsam ist dies vor allem deswegen, weil die Leistungsträger jeweils von einer für sie zuständigen →Aufsicht kontrolliert werden. Aus der Sicht der Leistungsberechtigten dagegen ist ausschließlich die gemeinsame Einrichtung als Behörde zuständig, gegen sie müssen im Streitfall auch Widersprüche und Klagen gerichtet werden (*Breitkreuz* SGb 2005, 141, 142).

Eine Ausnahme vom Nebeneinander zweier Leistungsträger enthalten §§ 6 a und 6 b SGB II. Danach ist es möglich, dass einzelne Kommunen (**Optionskommunen**) Leistungsträger für sämtliche Aufgaben nach dem SGB II sind, dh auch für solche, die nach § 6 Abs. 1 S. 1 Nr. 1 SGB II eigentlich der BA zugeordnet sind. Voraussetzung ist, dass der **kommunale Träger zur alleinigen Leistungsträgerschaft zugelassen** ist.

Literaturhinweise:
Breitkreuz, Die Leistungsträger nach dem SGB II im System des Sozialverwaltungsrechts, SGb 2005, 141

Gründungszuschuss

Definition: Der Gründungszuschuss ist eine Leistung an Bezieher von Arbeitslosengeld I, die sich selbständig machen möchten. Für einen Zeitabschnitt von sechs Monaten wird damit der Lebensunterhalt unterstützt. Insoweit handelt es sich um eine Entgeltersatzleistung. Für einen weiteren Zeitraum von neun Monaten kann ein verringerter Zuschuss gewährt werden, der dazu dient, die soziale Absicherung des SSelbständigen in der Anlaufphase aufrecht zu erhalten.

Rechtsgrundlagen: §§ 93, 94 SGB III

Erläuterungen: Den Gründungszuschuss können Arbeitnehmerinnen und Arbeitnehmer erhalten, die ihrer Arbeitslosigkeit dadurch beenden, dass sie sich selbständig machen. Auf den Gründungszuschuss besteht allerdings **kein Rechtsanspruch** mehr; die Leistung wird nur noch nach Ermessen durch die Bundesagentur für Arbeit gewährt. Voraussetzung für den Gründungszuschuss ist, dass ein Anspruch auf Arbeitslosengeld I unmittelbar vor Aufnahme der selbständigen Tätigkeit besteht. Andere Entgeltersatzleistungen wie Übergangsgeld, Kurzarbeitergeld oder Insolvenzgeld reichen nach der Neurege-

lung nicht mehr aus. Der Anspruch auf **Arbeitslosengeld I** muss zu diesem Zeitpunkt **noch für mindestens 150 Tage** bestehen.

Die vorgesehene selbständige Tätigkeit muss einen Umfang von mindestens 15 Wochenstunden erreichen; sie darf also nicht lediglich eine Zusatz- der Nebentätigkeit darstellen. Der Gründungszuschuss setzt eine ausdrückliche **Antragstellung** voraus. Formell endet damit auch die Arbeitslosigkeit.

Weitere Voraussetzung ist der **Nachweis über die Tragfähigkeit der Existenzgründung**. Der Nachweis muss durch eine Bescheinigung von einer fachkundigen Stelle geführt werden. In Betracht kommen hierzu Stellungnahmen der Industrie- und Handelskammern, Handwerkskammern oder sonstigen berufsständischen Kammern bzw Fachverbänden sowie seitens der Kreditinstitute. Schließlich muss der Arbeitslose selbst noch darlegen, welche Kenntnisse und Fähigkeiten er zur Ausübung der selbständigen Tätigkeit hat.

Der Gründungszuschuss wird nicht geleistet, solange Arbeitslosengeld I wegen eines Ruhenstatbestands (zB eine Sperrzeit nach § 159 SGB III) nicht gezahlt wird.

Der Gründungszuschuss kann als **Ermessensleistung** in einer ersten **Phase** für sechs Monate in Höhe des Anspruchs auf Arbeitslosengeld I zuzüglich eines Betrages von 300 EUR (Pauschale für die soziale Absicherung) gewährt werden. In einer zweiten Phase kann der Gründungszuschuss über einen Zeitraum von weiteren neun Monaten nach Ermessen erbracht werden; dann jedoch unabhängig von der Höhe des früheren Arbeitslosengeld I lediglich im Umfang von 300 EUR (Pauschale für die soziale Absicherung).

Bezieher von **Arbeitslosengeld II** können keinen Gründungszuschuss erhalten. Zur Förderung der Aufnahme einer selbständigen Tätigkeit kann Ihnen nur das Einstiegsgeld gemäß § 16 b SGB II gewährt werden. Aufstocker, also Personen, die neben Arbeitslosengeld I noch Arbeitslosengeld II erhalten, weil sie den eigenen Lebensbedarf und den Lebensbedarf der Familie aufgrund der geringen Höhe des Arbeitslosengeld I nicht decken können, können den Gründungszuschuss erhalten. Bei ihnen wird allerdings der Gründungszuschuss als Einkommen im Rahmen des

Arbeitslosengeldes II angerechnet. Da die Empfänger von Arbeitslosengeld II neben dem Leistungsbezug auch eine Absicherung in den meisten Bereichen der Sozialversicherung erhalten, sind nur freiwillig gezahlte Beiträge zur Arbeitslosenversicherung bzw eventuell auch zur gesetzlichen Rentenversicherung vom Einkommen absetzbar (vgl BSG 1.6.2010 – B 4 AS 67/09 R).

Literaturhinweise:
Kommentierungen zu §§ 93, 94 SGB III (bzw §§ 57 ff SGB III aF); *Stascheit/Winkler*, Leitfaden für Arbeitslose, 27. Aufl. 2010, S. 592 ff

Gutschein

Definition: Ein Gutschein beinhaltet das Versprechen des Grundsicherungsträgers, für die Erbringung der im Gutschein genannten Leistungen durch einen Dritten, die im Gutschein genannte oder in Rahmenverträgen vereinbarte Vergütung zu zahlen (BT-Drucks. 17/4304, 149).

Rechtsgrundlage: § 4 Abs. 1 Nr. 3 SGB II

Erläuterungen: Nach obiger Norm werden neben Dienstleistungen und Geldleistungen auch **Sachleistungen** wie **Gutscheine** erbracht.

Eine Sonderform eines Gutscheins ist ein **personalisierter Gutschein**, der auf den Namen der leistungsberechtigten Person ausgestellt ist. Damit soll verhindert werden, dass die Gutscheine gehandelt werden.

Im SGB II ist eine Gutscheinvergabe nur dort zulässig, wo es **gesetzlich ausdrücklich** bestimmt ist.

So werden gemäß § 29 Abs. 1 SGB II Leistungen zur Bildung und Teilhabe wie die Kosten bei Schulausflügen und mehrtägigen Klassenfahrten, die Lernförderung, die gemeinschaftliche Mittagsverpflegung sowie die Teilhabe am sozialen und kulturellen Leben in der Gemeinschaft insbesondere in Form von **personalisierten Gutscheinen** erbracht. § 29 Abs. 2 SGB II behandelt in diesen Fällen die Grundsätze des Gutscheinverfahrens wie die Gewährleistungspflicht nach Abs. 2 S. 2 SGB II, die Bewilligungszeiträume nach Abs. 2 S. 3 SGB II, die Befristung nach Abs. 2 S. 4 SGB II und das Verfahren bei Verlust nach Abs. 2 S. 5 SGB II.

Auch bei einer **abweichenden Erbringung von Leistungen** nach § 24 Abs. 1 S. 1, Abs. 2, Abs. 3 S. 5 SGB II und bei den **Sanktionen** nach § 31 a Abs. 3 S. 1 und 2 SGB II ist es möglich, dass als Sachleistung Gutscheine ausgegeben werden.

Literaturhinweise:
LPK-SGB II/*Münder*, 4. Aufl., § 4 Rn 7

Haftung

Definition: Das SGB II sieht eine Haftung der Leistungsberechtigten sowie Dritter in Form von Ersatzansprüchen der Grundsicherungsträger sowie durch Übergang von Ansprüchen auf die Grundsicherungsträger vor.

Rechtsgrundlagen: §§ 34, 34 a, 35 SGB II

Erläuterungen: In bestimmten Situationen sind Leistungsempfänger oder Dritte verpflichtet, den Träger der Grundsicherung für Arbeitsuchende **Ersatz für Kosten**, die ihnen durch Leistungen entstehen, zu entrichten. Nach § 34 SGB II sind Volljährige ersatzpflichtig, die ohne wichtigen Grund **vorsätzlich oder grob fahrlässig** die Voraussetzungen – insbesondere die Hilfebedürftigkeit – dafür schaffen, dass Leistungen an sie selber oder an Bedarfsgemeinschaftsmitglieder erbracht werden müssen. Nach der Rechtsprechung muss das Verhalten nicht nur schuldhaft, sondern auch sozialwidrig sein, was etwa bejaht wurde bei kurzfristigem Verbrauch einer umfangreichen Erbschaft (SG Braunschweig 23.2.2010 – S 25 AS 1128/08).

Die Ersatzpflicht nach § 34 a SGB II trifft Personen – nicht nur Volljährige –, die vorsätzlich oder grob fahrlässig **unberechtigte Leistungen** an Dritte herbeiführen, insbesondere durch vorsätzlich oder grob fahrlässig falsche oder unvollständige Angaben. Dabei muss der Grundsicherungsträger die in § 34 a Abs. 1 SGB II enthaltenen Fristen wahren. Parallel zu diesem Ersatzanspruch kann ein **Rückforderungsanspruch** gegen den Leistungsempfänger nach § 50 SGB X bestehen; in diesem Fall haften Verursacher und Leistungsempfänger als Gesamtschuldner, dh der Grundsicherungsträger darf nach Solvenzgesichtspunkten entscheiden, gegen wen er inwieweit vorgeht. Wer unrechtmäßige Leistungen an sich selber herbeiführt, haftet nach §§ 45 ff SGB X.

Für Leistungen in den letzten zehn Jahren vor dem Tod eines Leistungsberechtigten haften gemäß § 35 SGB II die **Erben**. Den Grundsicherungsträgern soll damit ein Ausgleich für Leistungen an Personen mit einem →**Vermögen** geboten werden, welches zu Lebzeiten als **Schonvermögen** nach § 12 Abs. 2, 3 SGB II nicht auf den Bedarf angerechnet werden konnte. Die →**Erbenhaftung** ist allerdings begrenzt auf den Wert des Nachlasses und verbunden mit einem Freibetrag, der deutlich großzügiger ausgestaltet ist, wenn der Erbe den Verstorbenen in häuslicher Gemeinschaft gepflegt hat. Mit dem vollen Nachlass ohne Freibeträge haften demgegenüber die Erben Kostenersatzpflichtiger nach § 34 SGB II.

Hat der Leistungsempfänger Ansprüche gegen Dritte (etwa →**Unterhaltsansprüche** gegen Angehörige), haften diese in der Weise, dass der Anspruch kraft Gesetzes auf die Träger der Grundsicherung für Arbeitsuchende übergeht. Neben der allgemeinen Übergangsvorschrift des § 33 SGB II betrifft § 115 SGB X speziell den Übergang von Arbeitsentgeltansprüchen gegen den Arbeitgeber und § 116 SGB X den von Schadensersatzansprüchen gegen den Schädiger.

Literaturhinweise:
Doering/Striening, Der „Zugriff" des Staates – sozialrechtliche Grundlagen, ErbR 2009, 362; *Schwabe*, Rückzahlung von „Hartz IV"? – Die rechtlichen Rahmenbedingungen zur Rückforderung von Leistungen nach dem SGB II, ZfF 2006, 145–154

Härte, besondere

Definition: Eine besondere Härte setzt voraus, dass Umstände vorliegen, die über übliche, typische Folgen einer Härte hinausgehen und vom Betroffenen ein besonderes Opfer verlangen.

Rechtsgrundlagen: §§ 9 Abs. 4, 12 Abs. 3 S. 1 Nr. 6, 24 Abs. 5, 35 Abs. 2 Nr. 2 SGB II

Erläuterungen: Bei dem Begriff der besonderen Härte handelt es sich um einen unbestimmten Rechtsbegriff, der nur in seiner Grundstruktur allgemein definiert werden kann. Der Begriff findet sich mehrfach im SGB II und muss jeweils im Kontext der jeweiligen Vorschrift interpretiert werden.

Im Zusammenhang mit der besonderen Härte der Verwertung von Vermögen hat das BSG herausgestellt, dass Umstände vorliegen müssen, die bei anderen Leistungsberechtigten regelmäßig nicht anzufinden sind, also atypisch sind (BSG 16.5.2007 – B 11 b AS 37/06 R, Rn 35 f) und von dem Betroffenen ein deutlich größeres Opfer abverlangen als eine „einfache" Härte und erst recht als die mit einer geforderten Vermögensverwertung stets verbundenen Einschnitte (BSG 15.4.2008 – B 14/7 b AS 68/06, Rn 32).

Maßgebend hierfür sind nur außergewöhnliche Umstände, die nicht bereits durch die ausdrücklichen Freistellungen über das Schonvermögen und die Absetzungsbeträge (§ 12 Abs. 2 und 3 SGB II) erfasst sind (BSG 16.5.2007 – B 11 b AS 37/06 R, Rn 34). So liegt eine besondere Härte der Verwertung einer Lebensversicherung vor, wenn der Leistungsberechtigte beabsichtige, diese nach dem Eintritt in den Ruhestand für den Lebensunterhalt zu verwenden und eine dieser Bestimmung entsprechende Vermögensdisposition getroffen habe (BSG 15.4.2008 – B 14 AS 52/06 R, Rn 33).

Hausbesuch

Definition: Persönlicher Besuch eines Antragstellers oder Leistungsberechtigten in dessen Unterkunft/Wohnung zur Sachverhaltsaufklärung durch Mitarbeiter eines Grundsicherungsträgers.

Rechtsgrundlage: § 20 SGB X

Erläuterungen: Die Behörde ermittelt den Sachverhalt von Amts wegen und bestimmt Art und Umfang der Ermittlungen (Untersuchungsgrundsatz, § 20 Abs. 1 SGB X). Sie ist berechtigt, jede Ermittlungsform (und damit auch die Augenscheinnahme im Rahmen eines Hausbesuchs) zu wählen, soweit und solange sie damit nicht gegen ein gesetzliches bzw verfassungsrechtliches Verbot verstößt. Ob und ggf unter welchen Voraussetzungen ein Grundsicherungsträger berechtigt ist, einen Hausbesuch durchzuführen und – dies ist von der ersten Frage streng zu unterscheiden – welche Rechtsfolgen sie aus ermittelten Tatsachen und aus dem Umstand, dass ein Antragsteller oder Leistungsberechtigter den Zugang zu seiner Unterkunft verweigert, ziehen darf, ist umstritten.

Um sich den Antworten zu nähern, sollte man sich zunächst verschiedene rechtliche Grenzen vor Augen halten. Art. 13 Abs. 1 GG regelt die Unverletzlichkeit der Wohnung, so dass in die räumliche Lebenssphäre des Einzelnen nicht gegen seinen Willen eingedrungen werden darf. Die Voraussetzungen des Art. 13 Abs. 2 bis 7 GG, bei deren Vorliegen ganz ausnahmsweise ein entsprechender Eingriff – in der Regel nach richterlicher Anordnung oder aufgrund eines Gesetzes – erlaubt wäre, sind im Falle des Hausbesuches durch Grundsicherungsträger nicht erfüllt. Es gehört auch nicht zu den nach §§ 60 ff SGB I geregelten Obliegenheiten eines Antragstellers, einen Hausbesuch zu dulden, so dass ein Leistungsträger keinesfalls ermächtigt ist, auf der Grundlage des § 66 SGB I Sozialleistungen einzustellen oder zu versagen, wenn ein Hausbesuch verweigert wird. Dabei macht es keinen Unterschied, ob der Hausbesuchswunsch angekündigt war oder nicht.

Dringt ein Mitarbeiter eines Grundsicherungsträgers gegen den Willen des Antragstellers bzw Leistungsberechtigten in dessen Unterkunft ein, so begeht er einen strafbaren Hausfriedensbruch (§ 123 StGB). Nichts anderes kann gelten, wenn er das Einverständnis zur Duldung des Eintritts in die Unterkunft durch eine vorsätzliche Täuschung herbeiführt, indem er beispielsweise wider besseres Wissen vorspiegelt, der Betroffene sei gesetzlich zur Duldung des Eintritts verpflichtet.

Beweise, die durch einen Hausfriedensbruch erlangt worden sind, können einem Beweisverwertungsverbot unterliegen. Die Frage der Verwertbarkeit hängt wie im Strafprozessrecht von einer umfassenden Abwägung der beteiligten Interessen, vom Schutzzweck der verletzten Norm sowie davon ab, ob das Beweismittel auch auf rechtmäßige Weise hätte erlangt werden können und ob ein bewusster Verstoß gegen die Unverletzlichkeit der Wohnung begangen wurde.

§ 20 SGB X erlaubt die Erforschung des Sachverhaltes in der Wohnung des Beteiligten nur dann, wenn der Beteiligte hiermit einverstanden ist.

§ 20 SGB X rechtfertigt eine bestimmte Form der Amtsermittlung zudem nur, wenn sie zur Sachverhaltsaufklärung erforderlich ist. Ein regelmäßiger, wöchent-

licher Besuch, der zum Zweck erfolgt zu verhindern, dass der Beteiligte „schwarz arbeitet", ist durch § 20 SGB X beispielsweise nicht gedeckt und verstößt gegen den Verhältnismäßigkeitsgrundsatz. Auch wenn der Betroffene den Eintritt in die Wohnung erlaubt, so ist damit weder die Erlaubnis zur Begehung der gesamten Wohnung noch zur Durchsuchung von Schränken, Kommoden, Betten usw enthalten.

Von der Frage, ob und unter welchen Voraussetzungen die Unterkunft des Beteiligten besucht werden darf, ist die Frage abzugrenzen, welche Rechtsfolgen sich aus einer Weigerung ergeben. Ist infolge der Weigerung des Beteiligten nicht aufklärbar, ob ein gesetzliches Tatbestandsmerkmal einer anspruchsbegründenden Vorschrift erfüllt ist, so trägt er die Folgen der Nichterweislichkeit. Kann beispielsweise infolge seiner Weigerung die Frage, ob er einen Wohnungserstausstattungsbedarf im Sinne des § 24 Abs. 3 S. 1 Nr. 1 SGB II hat, nicht geklärt werden, so hat der Antragsteller den Beweis für das Bestehen des Bedarfs nicht erbracht, so dass sein Antrag abzulehnen ist. Außer dieser Rechtsfolge, die sich aus den Grundsätzen zur objektiven Beweislast ergeben, dürfen keine Rechtsfolgen aus seiner Weigerung, Mitarbeitern des Grundsicherungsträgers Eintritt in seine Unterkunft zu gewähren, abgeleitet werden.

Haushaltsgemeinschaft

Definition: Eine Haushaltsgemeinschaft ist das Zusammenleben einer erwerbsfähigen Person mit (einer) anderen erwerbsfähigen oder nicht erwerbsfähigen Person(en) als Lebens- und Wirtschaftsgemeinschaft zu verstehen. Entscheidend ist, dass „aus einem Topf" gewirtschaftet wird (so BSG 13.11.2008 – B 14 AS 2/08 R).

Rechtsgrundlage: § 7 Abs. 3 SGB II

Erläuterungen: Nach § 7 Abs. 3 SGB II bilden Personen, die in einer bestimmten familienrechtlichen Struktur (zB Ehegatten, Lebenspartner, Eltern mit Kindern) zusammen in einer Haushaltsgemeinschaft leben, eine **Bedarfsgemeinschaft**. Die Zugehörigkeit zu einer Bedarfsgemeinschaft hat anspruchs- und pflichtenbegründende Funktion für ihre Mitglieder und bedeutet insbesondere, dass bei der

Ermittlung der **Hilfebedürftigkeit** eines Lebenspartners nach § 9 Abs. 2 S. 1 SGB II auch das **Einkommen** und **Vermögen** des anderen Partners mit zu berücksichtigen ist.

Leben Verwandte oder Verschwägerte in einer Haushaltsgemeinschaft, ohne dass sie eine Bedarfsgemeinschaft bilden, so wird gemäß § 9 Abs. 5 SGB II vermutet, dass sie von ihnen Leistungen erhalten, soweit dies nach deren Einkommen und Vermögen erwartet werden kann.

Literaturhinweise:
LPK-SGB II/*Thie/Schoch*, 4. Aufl., § 7 Rn 51 ff

Hausrat

Definition: Zum Hausrat zählen die typischerweise zu einem Haushalt gehörenden Gegenstände.

Rechtsgrundlage: § 12 Abs. 3 S. 1 Nr. 1 SGB II

Erläuterungen: Nach der Definition *Spellbrinks* zählen zum Hausrat alle Sachen, die der Hauswirtschaft und dem familiären Zusammenleben dienen (Kreikebohm/Spellbrink/Waltermann/*Spellenbrink* § 12 SGB II Rn 20). Als Hausrat können aber auch die typischerweise zu einem Haushalt gehörenden Gegenstände gezählt werden.

Gleich, welcher Definition man folgt, gehören zum Hausrat in jedem Fall Möbel, Haushaltsgeräte, Geschirr, Besteck, Wäsche, Bekleidung, Teppiche, Lampen und Bücher, Fernsehgerät, Radio, DVD-Spieler und HiFi-Anlage. Nicht zum Hausrat zählt ein Pkw, da er nicht zum Haushalt im engeren Sinne gehört, zudem regelt § 12 Abs. 3 S. 1 Nr. 2 SGB II die Frage der Verwertbarkeit separat. Auch das BVerwG hat einen Pkw – bezogen auf das BAföG – nicht als Haushaltsgegenstand angesehen (BVerwG 30.6.2010 – 5 C 3/09, Rn 31 ff) und hierbei insbesondere die familienrechtliche Definition des Hausstands als nicht zielführend für die Beantwortung der Frage angesehen, was zum Hausrat gehört.

Hausrat, der bereits zum Zeitpunkt der Antragstellung im Eigentum des Antragstellers steht, zählt zu dessen Vermögen im Sinne des § 12 Abs. 1 SGB II, so dass der Antragsteller den Hausrat „zu versilbern" und den Erlös zum Lebensunterhalt

einzusetzen hat, bevor er Leistungen der Grundsicherung für Arbeitsuchende erhalten kann. Allerdings ist ein **angemessener** Hausrat nicht als Vermögen zu berücksichtigen (§ 12 Abs. 3 S. 1 Nr. 1 SGB II).

Angemessen ist ein unbestimmter Rechtsbegriff, der nicht durch einen fest umschriebenen Sachverhalt ausgefüllt wird, sondern im Einzelfall bei der Rechtsanwendung präzisiert werden muss. Der Gesetzgeber hat in Bezug auf die Angemessenheit von Hausrat selbst eine Präzisierung vorgenommen, indem er – anders als bei dem ansonsten gleich lautenden § 90 Abs. 2 Nr. 4 SGB XII – nicht auf die vor dem Eintritt der Bedürftigkeit bestandenen Verhältnisse des Antragstellers abstellt, sondern auf die Lebensumstände während des Bezugs der Leistungen zur Grundsicherung für Arbeitsuchende (§ 90 Abs. 3 S. 2 SGB XII). Ob Hausrat angemessen ist, richtet sich also danach, ob die Güte und Ausstattung des beim Einzelnen vorhandenen Hausrats einem **bescheidenen Lebensstandard** entspricht.

Heizkosten

Definition: Heizkosten sind nicht durch die Regelleistung abgedeckt, sondern werden in Höhe der tatsächlichen Aufwendungen erbracht, soweit diese angemessen sind.

Rechtsgrundlage: § 22 SGB II

Erläuterungen: § 19 Abs. 1 S. 3 SGB II stellt klar, dass das Arbeitslosengeld II auch Heizkosten abdeckt. Für das Sozialgeld gilt nach § 19 Abs. 1 S. 2 SGB II dasselbe. Zugleich macht § 20 Abs. 1 S. 1 SGB II aber deutlich, dass die Heizkosten – anders als etwa Stromkosten – nicht vom Regelbedarf umfasst sind. Sie werden vielmehr nach § 22 Abs. 1 S. 1 SGB II **in Höhe der tatsächlichen Aufwendungen** als Bedarf berücksichtigt.

Zu den Heizkosten zählen idR die laufend zu leistenden Abschlagszahlungen zuzüglich eventuell anfallender Nachzahlungen (zu Rückzahlungen und Guthaben siehe dagegen § 22 Abs. 3 SGB II), je nach Art und Weise der Beheizung ggf aber auch die Beschaffung von Heizmaterial. Als Obergrenze verwendet die Vorschrift lediglich den unbestimmten Rechtsbegriff der **Angemessenheit**. Zur Anwendung auf den Einzelfall ist es erforderlich, alle für die Heizkosten objektiv maßgeblichen Faktoren zu berücksichtigen wie die baulichen Umstände, die Beschaffenheit der Heizungsanlage etc.

Soweit ein →Heizkostenspiegel vorhanden ist, kann dieser als Orientierungsmaßstab für die objektive Angemessenheit dienen (BSG 20.8.2009 – B 14 AS 41/08 R). Aber auch subjektive Besonderheiten können dazu führen, dass im Einzelfall höhere Heizkosten noch als angemessen anzusehen sind, etwa krankheitsbedingt (LSG Baden-Württemberg 23.10.2009 – L 12 AS 4179/08). Die für die Heizkosten zuständigen kommunalen Träger operieren hierbei oft mit Richtwerten aus Verwaltungsvorschriften, die jedoch gerichtlich voll darauf hin überprüfbar sind, ob sie den Notwendigkeiten des Einzelfalles entsprechen (BSG 22.9.2009 – B 4 AS 70/08 R).

Hiervon zu unterscheiden ist die Bestimmung der Angemessenheitsgrenze durch **kommunale Satzungen** nach § 22 a SGB II; dabei muss die Satzung den inhaltlichen und methodischen Vorgaben der §§ 22 b und 22 c entsprechen. Möglich ist ferner die Ermächtigung der kommunalen Träger zur Abgeltung der Heizkosten durch eine **Pauschale** nach § 22 a Abs. 2 SGB II, die allerdings den örtlichen Gegebenheiten entsprechen und auch Spielraum für atypische Einzelfälle enthalten muss.

Übersteigen die tatsächlich anfallenden Heizkosten nach alledem die Grenze der Angemessenheit, müssen sie in Anwendung des § 22 Abs. 1 S. 3 trotzdem vorläufig weiterhin als Bedarf berücksichtigt werden, damit der Leistungsberechtigte sie auf ein angemessenes Maß senken kann, sofern ihm dies auf zumutbare Art und Weise möglich ist. Dabei können nach neuerer Rechtsprechung des BSG unangemessen hohe Heizkosten nicht durch im Übrigen niedrigere Unterkunftskosten ausgeglichen werden (BSGE 104, 41). Auch an sich angemessene Heizkosten müssen nach § 22 Abs. 1 S. 2 nicht berücksichtigt werden, sofern sie nach einem nicht erforderlichen Umzug die bisherigen Heizkosten übersteigen. Dies gilt jedoch nicht für Umzüge über die nähere Umgebung hinaus, weil der Hilfeempfänger ansonsten in seinem Grundrecht auf Freizügigkeit beeinträchtigt würde (BSG 1.6.2010 – B 4 AS 60/09 R).

Als Bestandteil des Arbeitslosengeldes II werden die Leistungen für Heizkosten an die Leistungsberechtigten ausgezahlt, nur auf Antrag des Leistungsberechtigten oder bei mangelnder Sicherstellung der zweckentsprechenden Verwendung ist nach § 22 Abs. 7 SGB II die Auszahlung an den Empfangsberechtigten, dh den Vermieter oder das Versorgungsunternehmen, zulässig. § 22 Abs. 8 ermöglicht die Übernahme von **Schulden**, die wegen nicht gezahlter Heizkosten aufgelaufen sind. Dabei gilt, dass ein drohender Verlust der Heizung eine der Wohnungslosigkeit vergleichbare Notlage ist. Allerdings ist hierbei vorrangig auf vorhandenes **Schonvermögen** zurückzugreifen.

Literaturhinweise:
Kofner, Angemessene Heizkosten im SGB II, WuM 2007, 310; *Groth*, Hartz IV und Heizkosten, SozSich 2009, 393

Heizkostenspiegel

Definition: Vergleichswerte aus kommunalen oder bundesweiten Heizspiegeln können als Anhaltspunkte zur Beurteilung der Angemessenheit von Heizkosten dienen.

Rechtsgrundlage: § 22 Abs. 1 S. 1 SGB II

Erläuterungen: Der Heizkostenbedarf ist für die Berechnung des Arbeitslosengeldes II und des Sozialgeldes nicht betragsmäßig vorgegeben. Nach § 22 Abs. 1 S. 1 SGB II werden Heizkosten vielmehr in tatsächlicher Höhe berücksichtigt, soweit sie **angemessen** sind. Bei der Anwendung des **unbestimmten Rechtsbegriffs** der Angemessenheit können nach der Rechtsprechung des BSG Heizspiegel als Anhaltspunkte dienen.

Heizspiegel werden von der co2online GmbH in Zusammenarbeit mit dem Deutschen Mieterbund sowie gefördert durch das Bundesumweltministerium erstellt. Datengrundlage sind die Heizdaten einer repräsentativen Anzahl von zentral beheizten Wohngebäuden, wobei die Darstellung zum einen nach Art der Heizung und zum anderen nach Heizenergieverbrauch – von „optimal" bis „extrem hoch" – differenziert. Sofern ein einschlägiger **kommunaler** Heizspiegel existiert, ist dieser vorrangig vor dem **bundeswei-**

ten Heizspiegel anzuwenden. Das BSG hält es für zulässig, den Wert aus der Spalte „extrem hoch" mit der für die im Haushalt lebende Personenzahl angemessenen Quadratmeterzahl zu multiplizieren.

Eine **Überschreitung** des so ermittelten Wertes würde somit auf unangemesse hohe Heizkosten hindeuten (BSGE 104, 41). Die Darlegungslast dafür, dass Gründe vorliegen, nach denen die Heizkosten dennoch angemessen sind, geht dann auf den Hilfeempfänger über (BSG NDV-RD 2010, 3). Dies können in erster Linie Gründe sein, die **in der Person** des Hilfeempfängers liegen, zB Bettlägerigkeit oder kleine Kinder im Haushalt (BSG 20.8.2009 – B 14 AS 65/08 R). In einer späteren Entscheidung hat das BSG daneben auch Gründe anerkannt, die nicht mit der Person des Hilfeempfängers, sondern **der Wohnung als solcher** zusammen hängen, insbesondere die klimatischen Gegebenheiten, was besonders bei der Anwendung des bundesweiten Heizspiegels bedeutsam sein kann (BSG 22.9.2009 – B 4 AS 70/08 R).

Heizspiegel sind ferner von Bedeutung, soweit Kommunen nach Landesrecht dazu ermächtigt sind, **Satzungen** über die Angemessenheit von Heizkosten zu erlassen. Derartige Satzungen müssen nach § 22 c Abs. 1 S. 1 Nr. 2 SGB II auf zuverlässigem Datenmaterial beruhen, wofür insbesondere Heizspiegel in Betracht kommen. Diese müssen hinreichend aktuell sein, zumal § 22 c SGB II eine jährliche Überprüfung und gegebenenfalls Neufestsetzung der Angemessenheitsgrenze verlangt.

Literaturhinweise:
Groth, Hartz IV und Heizkosten, SozSich 2009, 393

Hilfe Anderer

Definition: Vorrangig vor Leistungen der Grundsicherung für Arbeitsuchende sind Hilfen Anderer in Anspruch zu nehmen; Andere in diesem Sinne können sowohl Private (insbesondere unterhaltspflichtige Angehörige) als auch Sozialleistungsträger (insbesondere Sozialversicherungsträger) sein.

Rechtsgrundlage: § 9 Abs. 1 SGB II

Erläuterungen: Der Begriff der Hilfen Anderer ist im Zusammenhang mit der Sub-

sidiarität (**Nachrangigkeit**) der Leistungen der Grundsicherung für Arbeitsuchende zu sehen. Nach § 9 Abs. 1 SGB II gilt nicht als hilfebedürftig, wer seinen Hilfebedarf durch Hilfen Anderer, insbesondere von Angehörigen oder von Trägern anderer Sozialleistungen, decken kann. Damit wird allerdings nur ein allgemeiner Grundsatz statuiert, der hinsichtlich einzelner Arten von Hilfeleistungen näher präzisiert werden muss.

Zunächst setzen „Hilfen Anderer" voraus, dass sie tatsächlich geleistet werden und vom Leistungsberechtigten **bedarfsmindernd** genutzt werden können (nach SG Dresden 7.1.2008 – S 5 AS 5410/08 ER genügt die abstrakte Möglichkeit, Wohngeld oder Kinderzuschlag zu beantragen, hierfür nicht). Wenn ein Leistungsberechtigter beispielsweise einen privatrechtlichen **Unterhaltsanspruch** gegen einen unterhaltspflichtigen Angehörigen hat, diesen jedoch nicht sofort durchsetzen kann, mindert dieser Anspruch als solcher seine Hilfebedürftigkeit nicht, weil er kein unmittelbar verwertbares Vermögen nach § 12 SGB II darstellt. Stattdessen tritt die speziell in § 33 SGB II geregelte Rechtsfolge des Anspruchsübergangs ein (BeckOKSozR-*Fahlbusch* § 9 SGB II Rn 3).

Fließen tatsächlich Leistungen privater oder öffentlicher „Anderer" an den Leistungsberechtigten, mindern sie seine Hilfebedürftigkeit nur insoweit, als sie nach §§ 11 ff SGB II iVm der Alg II-V als →**Einkommen** bei der Anspruchsberechnung zu berücksichtigen sind (Gagel/*Hänlein* § 9 SGB II Rn 31). Die Frage, ob Leistungsberechtigte gegen ihren Willen dazu verpflichtet werden können, **vorrangige** Sozialleistungen in Anspruch zu nehmen und so Leistungsansprüche nach dem SGB II zu verlieren, ist nunmehr in § 12 a SGB II speziell geregelt. Dabei geht es insbesondere um die Beantragung einer vorzeitigen Altersrente unter Inkaufnahme der damit verbundenen Einbußen in der Rentenhöhe. Dies wird Leistungsberechtigten erst mit Vollendung des 63. Lebensjahres zugemutet. § 5 Abs. 3 S. 1 SGB II gibt den Leistungsträgern nach dem SGB II die Möglichkeit, nach Ermessen (vgl LSG NRW 1.2.2010 – L 19 B 371/09 AS ER) solche Anträge mit Wirkung für den Leistungsberechtigten zu stellen. Nach § 15 Abs. 1 S. 2 Nr. 3 SGB II kann die Inanspruchnahme von Hilfen Anderer auch zum Inhalt einer →**Eingliederungsvereinbarung** gemacht werden.

Literaturhinweise:
Rixen, Tafeln, Suppenküchen, Kleiderkammern – Niedrigschwellige existenzsichernde Hilfen im Fokus des SGB II, SGb 2008, 501; *Knickrehm*, Der Zwang zur Rente mit 63 gilt nicht für alle älteren ALG-II-Empfänger, SozSich 2008, 192

Hilfebedürftigkeit

Definition: Hilfebedürftig ist, wer seinen Lebensunterhalt und den Lebensunterhalt der mit ihm in einer Bedarfsgemeinschaft lebenden Personen nicht oder nicht ausreichend aus eigenen Mitteln, Mitteln der Mitglieder der Bedarfsgemeinschaft oder mithilfe Leistungen Dritter sicherstellen kann.

Rechtsgrundlagen: §§ 7 Abs. 1 S. 1 Nr. 3, 9 SGB II

Erläuterungen: Ein Anspruch auf Leistungen nach dem SGB II setzt – neben anderem – Hilfebedürftigkeit voraus (§ 7 Abs. 1 S. 1 Nr. 3 SGB II). § 9 Abs. 1 SGB II definiert den Begriff der Hilfebedürftigkeit für eine Person, die für sich selbst eine →**Bedarfsgemeinschaft** bildet, weil sie nicht mit Personen, die in § 7 Abs. 3 SGB II aufgeführt sind, zusammen in einem gemeinsamen Haushalt lebt. Demnach ist hilfebedürftig, wer seinen Lebensunterhalt nicht aus dem zu berücksichtigenden Einkommen und Vermögen sichern kann und die erforderliche Hilfe nicht von anderen, insbesondere von Angehörigen oder von Sozialleistungsträgern erhält.

Lebt eine Person mit anderen Personen in einer Bedarfsgemeinschaft, so genügt diese Definition nicht, um Hilfebedürftigkeit zu definieren, denn § 9 Abs. 2 S. 3 SGB II bestimmt, dass sämtliche Mitglieder einer Bedarfsgemeinschaft dann hilfebedürftig sind, wenn die Summe des zu berücksichtigenden Einkommens und Vermögens der Mitglieder der Bedarfsgemeinschaft nicht ausreicht, um die Summe der Bedarfe aller zu decken. Bei der Frage der Hilfebedürftigkeit eines Mitglieds einer Bedarfsgemeinschaft kommt es also – anders als im Fall des § 9 Abs. 1 SGB II – nicht darauf an, ob dessen eigener Lebensunterhaltsbedarf durch zu berück-

sichtigendes Einkommen und Vermögen gedeckt ist. Derjenige, der in der Lage ist, seinen eigenen Lebensunterhalt sicherzustellen, ist gleichwohl hilfebedürftig, wenn die Summe der Mittel der Bedarfsgemeinschaft nicht ausreicht, die Summe der Bedarfe aller Mitglieder zu decken.

Eine Besonderheit ist in Hinsicht auf unverheiratete Kinder vor Vollendung des 25. Lebensjahres geregelt, die Mitglied einer Bedarfsgemeinschaft sind. Reichen Einkommen und Vermögen des Kindes aus, um den eigenen Lebensunterhaltsbedarf sicherzustellen, so scheiden sie aus der Bedarfsgemeinschaft aus (§ 9 Abs. 2 S. 2 SGB II iVm § 7 Abs. 3 Nr. 4 SGB II). Sie werden also so behandelt, als bildeten sie für sich selbst eine Bedarfsgemeinschaft.

Eine weitere Besonderheit findet sich in § 9 Abs. 3 SGB II. Demnach wird bei einem Kind, das in einer Bedarfsgemeinschaft mit dessen Eltern oder einem Elternteil lebt, deren Einkommen und Vermögen nicht auf den Lebensunterhaltsbedarf angerechnet, wenn das Kind selbst schwanger ist oder ein eigenes Kind bis zur Vollendung des sechsten Lebensjahres betreut.

Die Frage, ob ein Mitglied der Bedarfsgemeinschaft in der Lage ist, eine ihm angebotene Erwerbstätigkeit aufzunehmen, spielt für die Frage der Hilfebedürftigkeit keine Rolle. Leistungen sind auch dann zu erbringen, wenn eine zumutbare Erwerbstätigkeit nicht aufgenommen wird und der Lebensunterhaltsbedarf nicht oder nicht vollständig gedeckt ist. In diesem Fall wird der Regelbedarf allerdings in einer ersten Stufe um 30 v.H. abgesenkt (§ 31 a Abs. 1 S. 1 SGB II).

Hilfebedürftig ist auch derjenige, dem der sofortige Verbrauch oder die sofortige Verwertung von zu berücksichtigendem Vermögen nicht möglich ist oder für den dies eine besondere Härte bedeuten würde (§ 9 Abs. 4 SGB II).

Literaturhinweise:
Kreikebohm/Spellbrink/Waltermann/ *Spellbrink*, Kommentar zum Sozialrecht, § 9 SGB II

Innenrevision

Definition: Die Innenrevision ist eine interne Prüfung der rechtmäßigen, zweckmäßigen und wirtschaftlichen Aufgabenerfüllung durch Personal, das nicht der zu überprüfenden Dienststelle angehört.

Rechtsgrundlage: § 49 SGB II

Erläuterungen: Die Innenrevision nach § 49 SGB II ist ein internes Prüfverfahren innerhalb der →**Bundesagentur für Arbeit**. Sie läuft parallel zur externen Kontrolle der BA durch die →**Aufsicht** und den Bundesrechnungshof. Geprüft wird bei der Innenrevision, ob die Leistungen nach dem SGB II im Verantwortungsbereich der BA rechtmäßig, zweckmäßig und wirtschaftlich erbracht werden. Geprüft werden kann also beispielsweise, ob Leistungen erbracht worden sind, die nicht hätten erbracht werden dürfen.

Überprüft werden kann weiter die Ermessenspraxis, etwa darauf hin, ob bei →**Ermessensleistungen** der →**Grundsatz der Wirtschaftlichkeit und Sparsamkeit** nicht angemessen beachtet worden ist oder ob die Erfolgsaussichten einzelner Maßnahmen unzutreffend eingeschätzt wurden. Aber auch aktuelle Probleme wie die Rechtmäßigkeit und Zweckmäßigkeit des Einsatzes von **Arbeitsgelegenheiten** bieten sich als Prüfungsgegenstand an. Auch dann, wenn – wie im gesetzlichen Regelfall – Aufgaben nach dem SGB II nicht durch eigene Dienststellen der BA wahrgenommen werden, sondern durch gemeinsame Einrichtungen nach § 44 b, findet dort eine Innenrevision statt.

Zuständig für die Innenrevision ist die BA selbst. Sie setzt hierfür im Regelfall **eigenes Personal** ein, das allerdings **nicht der zu überprüfenden Dienststelle angehören** darf. Das Prüfpersonal wird für die Zeit seiner Prüftätigkeit unmittelbar seiner Dienststellenleitung, dh im Regelfall dem Geschäftsführungsvorsitzenden der Regionaldirektion, unterstellt. Fakultativ ist die Aufgabenübertragung auf externe Prüfer möglich.

Im Übrigen darf die BA die Organisation der Innenrevision selbstständig gestalten. Hierzu hat der Vorstand der BA seine **Richtlinien über die Interne Revision der Bundesagentur für Arbeit** erlassen. Die Ergebnisse der Innenrevision werden in Prüfberichten festgehalten, die an den Vorstand und an das Ministerium weitergeleitet werden.

Für die Prüfung der **kommunalen Träger** gilt § 49 SGB II nicht, sie unterliegen vielmehr den landesrechtlichen Vorschriften über die kommunale Rechnungsprüfung, auch soweit sie an gemeinsamen Einrichtungen nach § 44 b beteiligt sind. **Zugelassene kommunale Träger** nach §§ 6 a, 6 b haben darüber hinaus in eigener Verantwortung eine Innenrevision zu gewährleisten. In den Blick der Öffentlichkeit geraten ist die Innenrevision der damaligen Bundesanstalt für Arbeit im Zusammenhang mit den Auseinandersetzungen um die Validität der Vermittlungszahlen, die schließlich zum Ausgangspunkt der nachfolgenden weitreichenden Umstrukturierungen bis hin zu den „Hartz"-Reformen wurden.

Literaturhinweise:
Bundesagentur für Arbeit, Richtlinien des Vorstands über die Interne Revision der BA, 2010

Jobcenter

Definition: Jobcenter ist die Bezeichnung der Behörden, die für die Wahrnehmung von Leistungsaufgaben nach dem SGB II zuständig sind.

Rechtsgrundlage: § 6 d SGB II

Erläuterungen: Der Begriff „Job-Center" bezeichnete ursprünglich eine Anlaufstelle innerhalb der Agenturen für Arbeit für alle Arbeits- und Ausbildungsuchenden (so der mittlerweile gestrichene § 9 Abs. 1 a SGB III). In der ursprünglichen Fassung des SGB II (§ 44 b Abs. 1 S. 1 SGB II in der bis 31.7.2006 geltenden Fassung) fand der Begriff auch im Zusammenhang mit den **Arbeitsgemeinschaften** aus Agenturen für Arbeit und kommunalen Trägern Anwendung. Der Gesetzgeber ging davon aus, dass im Regelfall die „Job-Center" den organisatorischen Rahmen für die Zusammenarbeit in den Arbeitsgemeinschaften bieten würden.

Später wurde der Begriff „Job-Center" aus § 9 SGB III ebenso wie aus § 44 b SGB II entfernt, da sich die einheitliche Verpflichtung zur Einrichtung dieses Organisationsmodells in der Praxis nicht bewährt habe (so BT-Drucks. 16/1410, 31). Dennoch firmierten zahlreiche Arbeitsgemeinschaften weiter als Job-Center. Mit der Organisationsreform durch das Gesetz zur Weiterentwicklung der Organisation der Grundsicherung für Arbeitsuchende wurde die Bezeichnung „Jobcenter" (nunmehr ohne Bindestrich) wieder **verbindlich** eingeführt. Sie gilt gemäß § 6 d SGB II nicht nur für die gemeinsamen Einrichtungen nach § 44 b SGB II, sondern **auch für zugelassene kommunale Träger** nach §§ 6 a, 6 b SGB II.

Das Jobcenter ist eine **Behörde** im Sinne des § 1 Abs. 2 SGB X, weil es im Rechtsverhältnis zum Leistungsberechtigten Aufgaben der öffentlichen Verwaltung wahrnimmt. **Klagen** können unabhängig von seiner Organisationsform unmittelbar gegen das Jobcenter gerichtet werden (§ 92 Abs. 1 S. 2 SGG).

Literaturhinweise:
Gagel/*Wendtland*, Kommentar Arbeitsförderung und Grundsicherung für Arbeitsuchende, § 44 b Rn 15

Kindergeld als Einkommen

Definition: Kindergeld ist Einkommen dessen, dem es zufließt, soweit der Gesetzgeber nicht eine andere Zuordnung vorgenommen hat.

Rechtsgrundlagen: § 74 EStG; §§ 1 ff BKGG; § 11 Abs. 1 SGB II; § 1 Nr. 8 Alg II-V

Erläuterungen: Das Kindergeld ist Einkommen dessen, dem es zufließt, dh in der Regel Einkommen des kindergeldberechtigten Elternteils. Fließt es ausnahmsweise dem Kind zu, weil eine Abzweigung (§ 74 EStG, § 48 SGB I) zugunsten des Kindes erfolgt ist oder weil das Kind Vollwaise ist oder den Aufenthaltsort der Eltern nicht kennt und nicht bereits bei einem Dritten kindergeldrechtlich berücksichtigt wird, so handelt es sich um Einkommen des Kindes. Ebenfalls um Einkommen des Kindes und nicht um Einkommen des Kindergeldberechtigten handelt es sich dann, wenn der Kindergeldberechtigte das Kindergeld zeitnah an das **nicht im Haushalt** des Kindergeldberechtigten lebende Kind weiterleitet (§ 1 Abs. 1 Nr. 8 Alg II-V).

Obwohl das Kindergeld in der Regel Einkommen des Kindergeldberechtigten ist, wird es nach § 11 Abs. 1 S. 3 SGB II dem Einkommen des Kindes **zugerechnet**, sofern das Kind zur Bedarfsgemeinschaft des Kindergeldberechtigten gehört und soweit es das Kindergeld zum eigenen Lebensunterhalt benötigt. Bei der Ermittlung des Lebensunterhaltsbedarfs werden die Bedarfe für Bildung und Teilhabe nicht berücksichtigt.

Verfügt das Kind weder über Einkommen noch über Vermögen, so ist ihm das Kindergeld in voller Höhe anzurechnen. Kann es den Lebensunterhaltsbedarf teilweise durch Einkommen und Vermögen sicherstellen, so wird das Kindergeld als Einkommen angerechnet, soweit es zur Bedarfsdeckung benötigt wird. Der darüber hinausgehende Anteil wird dem Kindergeldberechtigten als Einkommen angerechnet.

§ 11 Abs. 1 S. 3 SGB II unterscheidet sich von seinem sozialhilferechtlichen Pendant § 82 Abs. 1 S. 3 SGB XII darin, dass er die Anrechnung des Kindergeldes beim Kind im Falle dessen Hilfebedürftigkeit auch dann vorschreibt, wenn das Kind volljährig ist. § 11 Abs. 1 S. 3 SGB II fordert anders als § 82 Abs. 1 S. 3 SGB XII nicht die Minderjährigkeit des Kindes, sondern, dass das Kind in Bedarfsgemeinschaft mit dem Kindergeldberechtigten lebt. Dies ist bis zur Vollendung des 25. Lebensjahres möglich. Für die Zeit des Zusammenlebens mit einem nicht kindergeldberechtigten Elternteil in einer temporären →**Bedarfsgemeinschaft** findet § 11 Abs. 1 S. 3 SGB II keine Anwendung, dh, das Kindergeld wird dem Kind während dieser Zeit nicht angerechnet (BSG 2.7.2009 – B 14 AS 75/08 R, S. 142, 144).

Leitet der Kindergeldberechtigte das Kindergeld unmittelbar nach dessen Erhalt an das Kind weiter, so ist es nicht als Einkommen des Kindergeldberechtigten anzusehen, wenn das Kind außerhalb dessen Haushalts lebt (§ 1 Abs. 1 Nr. 8 Alg II-V). Lebt das Kind allerdings im Haushalt des Kindergeldberechtigten, so beeinflusst die Weiterleitung des Kindergeldes die Einkommensberücksichtigung bei dem Kindergeldberechtigten nicht (BSG 23.11.2006 – B 11 b AS 1/06 R, Rn 34), außer, es liegen die Voraussetzungen für eine Abzweigung vor. In diesem Fall könnte das Kind von der Familienkasse aufgrund der Unterhaltspflichtverletzung des kindergeldberechtigten Elternteils die Auszahlung des Kindergeldes an sich selbst verlangen. Das Kind wird von dem Antrag auf Abzweigung aber gerade absehen, weil der Kindergeldberechtigte das Kindergeld freiwillig weiterleitet. Verlangte man in diesem Fall einen Abzweigungsantrag, so stellte dies eine „reine

Förmelei" dar (ähnlich zum Sozialhilfe-recht BSG 11.12.2007 – B 8/9 b SO 23/06 R, Rn 18).

Literaturhinweise:
Renn/Schoch/Löcher, Grundsicherungs-recht, 3. Aufl. 2011, Rn 117 f

Kinderzuschlag

Definition: Kinderzuschlag ist eine Geld-leistung für Personen, deren Einkommen zwar den eigenen Bedarf zur Sicherung des Lebensunterhalts, nicht aber denjeni-gen der in ihrem Haushalt lebenden Kin-der deckt, mit der Zielsetzung, die Not-wendigkeit eines existenzsichernden Be-zugs von Leistungen der Grundsicherung für Arbeitsuchende und die damit verbun-denen Belastungen zu vermeiden.

Rechtsgrundlagen: §§ 6 a u. 6 b BKGG

Erläuterungen: Der Kinderzuschlag wur-de im Rahmen der Einführung des SGB II in das Bundeskindergeldgesetz integriert. Er soll seiner sozialpolitischen **Zweckset-zung** entsprechend vermeiden helfen, dass junge Familien und ihre Kinder alleine deshalb dem strikten Regime und ggf der stigmatisierenden Wirkung des Grundsi-cherungsrechts für Arbeitsuchende unter-fallen, weil der Bedarf der Kinder zur Le-bensunterhaltssicherung die finanzielle Leistungsfähigkeit übersteigt.

Personen haben demnach für in ihrem Haushalt lebenden unverheirateten Kin-der, die noch nicht das 25. Lebensjahr vollendet haben, einen **Anspruch auf Kin-derzuschlag,** wenn

- sie für diese Kinder Anspruch auf Kin-dergeld oder auf kindergeldaus-schließende andere Leistungen iSd § 4 BKGG haben,

- sie (mit Ausnahme des Wohngeldes und des Kindergeldes) mindestens über Einkommen iSd § 11 Abs. 1 S. 1 SGB II iHv 900 EUR oder, wenn sie alleinerziehend sind, iHv 600

- EUR verfügen (Mindesteinkommens-grenze),

- sie (mit Ausnahme des Wohngeldes) über Einkommen oder Vermögen im Sinne der §§ 11–12 SGB II verfügen, das höchstens dem nach § 6 a Abs. 4 S. 1 BKGG für sie maßgebenden Be-trag (Bemessungsgrenze) zzgl dem Ge-samtkinderzuschlag nach § 6 a Abs. 2

BKGG entspricht (Höchsteinkom-mensgrenze), und

- durch den Kinderzuschlag (unter Au-ßerachtlassung der Teilhabebedarfe des § 28 SGB II und ggf Verzicht auf Mehrbedarfe nach §§ 21 u. 23 Nr. 2– 4 SGB II) Hilfebedürftigkeit nach § 9 SGB II vermieden wird.

Die **Höhe** des Kinderzuschlags beträgt für jedes zu berücksichtigende Kind maximal 140 EUR monatlich. Die Summe der Kin-derzuschläge bildet den Gesamtkinderzu-schlag. Der Anspruch mindert sich um das nach den §§ 11 bis 12 SGB II (mit Ausnahme des Wohngeldes und des Kin-dergeldes) zu berücksichtigende Einkom-men und Vermögen des Kindes bzw ent-fällt für Zeiträume, in denen zumutbare Anstrengungen unterlassen wurden, Ein-kommen des Kindes zu erzielen oder für die der Berechtigte auf ihn nach Maßgabe des § 6 a Abs. 5 BKGG verzichtet. Der Anspruch mindert sich weiter, wenn das zu berücksichtigende Einkommen und Vermögen der „Eltern" (vgl § 6 a Abs. 4 S. 4 BKGG) deren Arbeitslosengeld II- und Sozialgeldbedarfe übersteigt. Die Minderung beläuft sich auf 5 EUR mo-natlich für je 10 EUR, um welche die mo-natlichen „Erwerbseinkünfte" (vgl § 6 a Abs. 4 S. 5 BKGG) den maßgebenden Be-trag übersteigen, bzw auf den vollen Be-trag, um den „anderes Einkommen und Vermögen" diesen Betrag übersteigt.

Der Kinderzuschlag soll jeweils für einen **Zeitraum** von sechs Monaten bewilligt werden. Er wird nicht für Zeiten vor der Antragstellung erbracht; freilich gelten in-soweit die Grundsätze der wiederholten Antragstellung nach § 28 SGB X – modi-fiziert aber um die Maßgabe, dass der Antrag unverzüglich nach Ablauf des Monats, in dem die Ablehnung oder Er-stattung der anderen Leistungen bindend geworden ist, nachzuholen ist.

Personen können für Kinder, für die sie einen Kinderzuschlag beziehen, mit Wir-kung ab dem 1.1.2011 (§ 20 Abs. 8 BKGG) **Leistungen für Bildung und Teil-habe** beanspruchen. Diese entsprechen den Leistungen zur Deckung der Bedarfe für Bildung und Teilhabe nach § 28 Abs. 2-7 SGB II (vgl zu den Einzelheiten § 6 b Abs. 2 u. 3 BKGG).

Eine Verpflichtung zur vorrangigen Inan-spruchnahme des Kinderzuschlags besteht nur noch, wenn dadurch die Hilfebedürftigkeit aller Mitglieder der Bedarfsgemeinschaft für einen zusammenhängenden Zeitraum von mindestens drei Monaten beseitigt würde (§ 12 a S. 2 Nr. 2 Alt. 2 SGB II).

Literaturhinweise:
Dern DjbZ 2009, 120–122; *Marburger*, Kindergeld und Kinderzuschlag, 8. Aufl. 2009; *Groth* jurisPR-SozR 8/2011 Anm 1; *Groth/Luik/Siebel-Huffmann/Groth* bzw *Siebel-Huffmann*, Das neue Grundsicherungsrecht, 2011, Rn 287, 508–509; *Krutzki* ASR 2006, 116–119; *Schnell* SGb 2009, 649–655; *Schwitzky*, Kinderzuschlag oder Arbeitslosengeld II, 2. Aufl. 2008; *Seiler* NZS 2008, 505–510; *Staiger* info also 2010, 152–155; *Winkel* SozSich 2008, 424–429; *Zimmermann*, Das Hartz-IV-Mandat, 2. Aufl. 2011, § 4 Rn 76–77

Klageverfahren vor dem Sozialgericht

Definition: Die vor einem Gericht erhobene Klage ist ein Rechtsbehelf, mit dem eine von der Verwaltung unabhängige Überprüfung der strittigen Verwaltungsentscheidung herbeigeführt wird. In Angelegenheiten der Grundsicherung für Arbeitsuchende ist Klage vor dem Sozialgericht zu erheben (§ 51 Abs. Nr. 4 a SGG).

Rechtsgrundlagen: §§ 51 ff, 87 ff SGG

Erläuterungen: Für die Einleitung eines Klageverfahrens muss ein Schreiben (Klageschrift) dem →Sozialgericht übersandt werden. Ebenso möglich ist eine Klageerhebung durch Vorsprache des Leistungsberechtigten und Niederschrift bei der Rechtsantragsstelle im Sozialgericht. Örtlich zuständig ist das Sozialgericht, in dessen Bezirk der Kläger bzw die Klägerin (also regelmäßig der Leistungsempfänger) den Wohnsitz, Aufenthalts- oder Beschäftigungsort hat (§ 57 Abs. 1 SGG).

Inhalt der Klageschrift (§§ 90, 92 SGG): Es müssen **Kläger und Beklagter** mit korrekter Anschrift sowie der Streitgegenstand angegeben werden. Bei Ansprüchen auf Arbeitslosengeld II hat jede Person einen Einzelanspruch. Bei mehreren Personen in der Bedarfsgemeinschaft müssen alle Personen als Kläger angeführt werden, deren Leistungsansprüche geltend gemacht werden. Als Bezeichnung für den Beklagten reicht die Benennung der Behörde aus, die die angegriffene Entscheidung erlassen hat. **Streitgegenstand** ist die streitige behördliche Entscheidung, im Regelfall betreffend den jeweiligen Sozialleistungsanspruch. Wenn über die Rechtmäßigkeit von Bescheiden gestritten wird, müssen auch die jeweiligen Bescheide dem Gericht (jedenfalls in Kopie) vorgelegt werden. Die Klage braucht noch nicht sofort begründet zu werden. Die Klagebegründung kann auch später nachgeholt werden. Das Ziel der Klage muss mit dem sogenannten **Klageantrag** zusammenfassend in einem Satz genau formuliert werden. Auch hier kann die exakte Formulierung des Klageantrages im Laufe des Verfahrens nachgeholt werden. Das Gericht muss dazu auch eine Hilfestellung geben (§ 106 SGG).

Es werden verschiedene **Klagearten** unterschieden: Anfechtungsklage, Verpflichtungsklage, Leistungsklage und Feststellungsklage. Mit der Anfechtungsklage (§ 54 Abs. 1 SGG) wendet sich der Leistungsberechtigte gegen einen für ihn negativen Bescheid; damit wird allein die Aufhebung einer belastenden Regelung (zB ein Aufhebungs- und Erstattungsbescheid) begehrt. Die Verpflichtungsklage (§ 54 Abs. 1 SGG) hat zum Ziel, dass das Gericht die Behörde verpflichtet, einen für den Leistungsberechtigten positiven Bescheid zu erlassen. Besteht kein Rechtsanspruch auf die begehrte Leistung, zB bei →Eingliederungsleistungen, die im Ermessen (→Ermessensleistungen) der Behörde stehen, kann im Regelfall lediglich eine Neubescheidung, verbunden mit der Korrektur von Ermessensfehlern, erreicht werden (§ 54 Abs. 2 S. 2 SGG). Nur in Ausnahmefällen (Ermessensreduktion auf Null) kann hier das Gericht direkt die Verpflichtung zum Erlass eines Bewilligungsbescheides aussprechen. Die Leistungsklage (§ 54 Abs. 4, 5 SGG) soll die Verurteilung des Jobcenters herbeiführen, eine bestimmte Leistung zu gewähren bzw auszuzahlen. Mit der Feststellungsklage (§ 55 SGG) kann in allgemeiner Form das Bestehen oder Nichtbestehen eines Rechtsverhältnisses und daraus resultierender Rechte und Pflichten festgestellt werden. In der Praxis tritt neben dem Fall einer reinen Anfechtungsklage regelmäßig der Fall einer kombinierten Anfechtungs- und Leistungsklage (§ 54 Abs. 2 SGG) auf. Dabei wird neben der Aufhebung eines ablehnenden negativen Bescheides die Gewährung einer Leistung begehrt. Eine Kombination von Anfechtungs- und Verpflichtungsklage kommt regelmäßig in Betracht, wenn neben der Aufhebung der ablehnenden Entscheidung ein die Leistung bewilligender Bescheid erst noch erlassen werden muss. In der Praxis hat die Unterscheidung der Klagearten allerdings keine herausragende Bedeutung, weil das Sozialgericht ohnehin verpflichtet ist, Hinweise zu einer sachdienlichen Fassung des Klageantrages zu geben.

Bei Anfechtungs- und Verpflichtungsklagen ist Voraussetzung, dass ein **Widerspruchsbescheid** (→**Widerspruch**) vorliegt. Gegenstand der Klage ist dabei der Ausgangsbescheid des Jobcenters sowie etwaige Änderungen, die im Lauf des Widerspruchsverfahrens von der Behörde durch eine Abänderung des Bescheids vorgenommen wurden. Die **Klagefrist** (§ 87 SGG) beträgt einen Monat ab dem Tag, an dem der Widerspruchsbescheid zugestellt wurde. Die Klagefrist ist damit genauso lang wie die Frist zur Erhebung des Widerspruchs. Enthält der Widerspruchsbescheid keine oder keine korrekte Rechtsbehelfsbelehrung, gilt die Monatsfrist nicht und es kann ein Jahr lang Klage erhoben werden.

Ist noch kein Bescheid der Behörde ergangen, kann lediglich durch eine →**Untätigkeitsklage** der Erlass des Bescheids bzw Widerspruchsbescheids und in der Folge die Voraussetzung zur Klageerhebung herbeigeführt werden.

Das Verfahren vor dem Sozialgericht ist regelmäßig kostenfrei für Sozialleistungsempfänger. **Kosten** entstehen aber, wenn eine anwaltliche Vertretung erfolgen soll. Eine anwaltliche Vertretung (→**Anwaltsgebühren**) ist zur Klageerhebung nicht erforderlich, aber zumindest bei rechtlich schwierigeren Fällen sachdienlich. Die Anwältin/der Anwalt kann allerdings die Gewährung von →**Prozesskostenhilfe** beantragen. Ein Anwaltszwang besteht erst vor dem Bundessozialgericht (→**Sozialgericht**).

In den meisten Fällen ist es wichtig, vor Begründung der Klage die Verwaltungsakte der Behörden (im Regelfall des Jobcenters) eingesehen zu haben. Die →**Akteneinsicht** können die Betroffenen selbst beim Sozialgericht durchführen. Besteht eine anwaltliche Vertretung, bekommt der Anwalt bzw die Anwältin auf Antrag auch die Verwaltungsakte zur Einsicht in die Kanzlei übersandt. Nachdem die Klage begründet wurde, wird die Gegenseite zu einer Stellungnahme aufgefordert. Dazu kann der Kläger wieder selbst Stellung nehmen. Wenn es Unklarheit hinsichtlich der zugrunde liegenden Tatsachen gibt, kann das Gericht →**Beweise** erheben, zB Akten und Unterlagen anfordern oder einen Erörterungstermin vorsehen, bei dem die Beteiligten und Zeugen befragt werden. Geht es um medizinische Fragestellungen, zB um die Frage, ob eine volle Erwerbsminderung vorliegt, werden häufig medizinische Gutachten dazu eingeholt. Wird eine mündliche Verhandlung durchgeführt, erfolgt in der Regel sogleich danach der Urteilsspruch.

Sozialgerichtliche **Klageverfahren dauern** oft mehr als 1 ½ bis 2 Jahre; in schwierigen Fällen (insbesondere wenn viele Beweise erhoben werden müssen) sogar noch länger. Da insbesondere bei existenzsichernden Leistungen nicht abgewartet werden kann, bis eine Entscheidung vorliegt, muss neben der Klage häufig noch ein Verfahren zum →**einstweiligen Rechtsschutz (Eilverfahren)** vor dem Sozialgericht durchgeführt werden.

Literaturhinweise:
Zimmermann, Das Hartz-IV-Mandat, 2. Aufl. 2011, S. 236 ff; *Geiger*, Leitfaden zum Arbeitslosengeld II, 8. Aufl. 2011, S. 735 ff; LPK-SGB II/*Armborst*, 2. Aufl., Anh. Verfahren Rn 64 ff

Klassenfahrt

Definition: Klassenfahrten sind durch eine Schule zu pädagogischen Zwecken organisierte außerunterrichtliche Schulveranstaltungen, deren Teilnahme für die Schüler in der Regel obligatorisch ist.

Rechtsgrundlage: § 28 Abs. 2 S. 1 Nr. 2 SGB II

Erläuterungen: Das jeweilige Landesschulrecht bestimmt, unter welchen Voraussetzungen schulische Veranstaltungen außerhalb des regulären Unterrichts stattfinden dürfen. Die hierbei verwendeten Begriffe lauten Klassenfahrten, Schulausflüge, Wandertage, Schullandheimaufenthalte, Studienfahrten oder Schülerfahrten.

Gemeinsame Voraussetzung ist eine pädagogische Zielsetzung der jeweiligen Veranstaltung und die Organisation und Leitung durch die Schule. In aller Regel ist die Teilnahme der Schüler obligatorisch.

§ 28 Abs. 2 S. 1 Nr. 2 SGB II bestimmt, dass Leistungen für **mehrtägige** Klassenfahrten, die im Rahmen der jeweiligen schulrechtlichen Bestimmungen stattfinden, zu den Bedarfen für Bildung und Teilhabe zählen, so dass hilfebedürftige Kinder einen Anspruch auf Bewilligung der durch eine mehrtägige Klassenfahrt entstehenden Kosten haben.

Der Grundsicherungsträger hat weder die Befugnis, die pädagogische Eignung der Veranstaltung noch ihren Zeitpunkt oder das geographische Ziel in Zweifel zu ziehen, da die Beurteilung hierüber allein der Schule obliegt (BVerwG 9.2.1995 – C 2/93, Rn 10). Das Prüfungsrecht des Grundsicherungsträgers beschränkt sich auf die Frage, ob die schulrechtlichen Voraussetzungen für die Klassenfahrt erfüllt sind.

Die Aufwendungen für die mehrtägige Klassenfahrt sind in der tatsächlichen Höhe zu gewähren. Die Möglichkeit einer **Pauschalierung** sieht das Gesetz nicht vor. Die insoweit gelegentlich vorzufindende Praxis, die Höhe der zu gewährenden Leistungen von der Dauer der Klassenfahrt oder ihrem Ziel (Inland/Ausland) abhängig zu machen bzw nur bis zu einer **Höchstgrenze** zu berücksichtigen, ist rechtswidrig (BSG 13.11.2008 – B 14 AS 36/07 R, NDV-RD 2009, S. 67 ff).

Ein Anspruch auf Übernahme der Kosten einer **eintägigen Klassenfahrt** besteht erst seit 2011 (§ 28 Abs. 2 S. 1 Nr. 1 SGB II: „Schulausflüge"). Hinsichtlich der Pflicht zur Berücksichtigung der tatsächlich anfallenden Kosten und des Verbots der Pauschalierung sowie der sehr beschränkten Prüfungsmöglichkeiten durch den Grundsicherungsträger gilt dasselbe wie bei mehrtägigen Klassenfahrten.

Korrektur von Verwaltungsakten

Definition: Als Korrektur eines Verwaltungsaktes ist jede nach der Bekanntgabe des Verwaltungsakts erfolgende Veränderung der Verfügungssätze anzusehen.

Rechtsgrundlagen: § 40 Abs. 1 u. 2 SGB II; §§ 44 ff SGB X; § 330 Abs. 1, 2, 3 S. 1 u. 4 SGB III

Erläuterungen: Sobald ein Verwaltungsakt bekannt gegeben wurde, darf er nur noch korrigiert werden, wenn die Tatbestandsmerkmale einer Vorschrift erfüllt sind, die zur Korrektur ermächtigt (Gesetzesvorbehalt, § 31 SGB I).

Korrekturvorschriften finden sich in §§ 44 bis 49 SGB X, die auch im SGB II grundsätzlich anwendbar sind (§ 40 Abs. 1 S. 1 SGB II). Die dort unter den Begriffen Rücknahme, Widerruf und Aufhebung geregelten Korrekturmöglichkeiten werden durch § 40 Abs. 1 S. 2 SGB II sowie die durch § 40 Abs. 2 SGB II in Bezug genommenen Absätze 1, 2 sowie 3 S. 1 und 4 des § 330 SGB III modifiziert.

Eine Korrektur eines Verwaltungsaktes nach §§ 44 ff SGB X hat durch Verwaltungsakt zu erfolgen.

Versteht man den Begriff der Korrektur in einem weit gefassten Sinn, so zählt auch die Berichtigung von Schreib- und Rechenfehlern sowie ähnlichen offenbaren Unrichtigkeiten nach § 38 SGB X, die auf eine Klarstellung des durch den Sozialleistungsträger wirklich Gewollten abzielt, hierzu.

Literaturhinweise: von Wulffen/*Engelmann*/*Schütze*, SGB X, 7. Aufl. 2010, § 38 SGB X, §§ 44 bis 49 SGB X

Kosten im sozialgerichtlichen Verfahren

→Sozialgericht

Kostensenkungsaufforderung

Definition: Eine Kostensenkungsaufforderung ist eine Information des Grundsicherungsträgers an den Leistungsberechtigten über die Unangemessenheit dessen Aufwendungen für Unterkunft und Heizung.

Rechtsgrundlage: § 22 Abs. 1 S. 3 SGB II

Erläuterungen: Übersteigen die Aufwendungen für Unterkunft und Heizung den angemessenen Umfang, sind sie als Bedarf so lange anzuerkennen, wie es dem alleinstehenden Leistungsberechtigten oder der Bedarfsgemeinschaft nicht möglich oder nicht zuzumuten ist, durch einen Wohnungswechsel, durch Vermieten oder auf andere Weise die Aufwendungen zu senken (§ 22 Abs. 1 S. 3 SGB II). In der Regel, so die Vorschrift, erfolgt die Anerkennung der nicht angemessenen Aufwendungen für längstens sechs Monate.

Ist eine Absenkung der unangemessenen Aufwendungen auf einen angemessenen Betrag zumutbar und möglich, trifft den Leistungsberechtigten die Obliegenheit hierzu. Kommt er dieser nicht nach, so berücksichtigt der Grundsicherungsträger nach Ablauf der zu einer möglichen Absenkung notwendigen Zeit die Aufwendungen für Unterkunft und Heizung nur noch in angemessener Höhe.

In der Praxis übermittelt der Grundsicherungsträger dem Leistungsberechtigten nach der Feststellung unangemessener Unterkunfts- und Heizungsaufwendungen eine Kostensenkungsaufforderung. Eine Pflicht hierzu regelt das SGB II nicht, so dass das BSG sie nicht zu den Voraussetzungen einer wirksamen Absenkung zählt (BSG 19.3.2008 – B 11 b AS 41/06 R, Rn 20 sowie AS 43/06 R, Rn 15). Ebenso wenig besteht eine Verpflichtung, Leistungsberechtigte darüber aufzuklären, wie und in welcher Weise die Kosten auf einen angemessenen Betrag gesenkt werden könnten (BSG 27.2.2008 – B 14/7 b AS 70/06 R, Rn 15).

Unterlässt der Grundsicherungsträger jedoch eine sinnvollverständliche Kostensenkungsaufforderung und ist dem Leistungsberechtigten auch nicht auf andere Weise bekannt geworden, dass die Aufwendungen für Unterkunft und Heizung unangemessen sind, so dass ihn die Obliegenheit trifft, diese auf eine angemessene Höhe zu reduzieren, so kann von ihm nicht erwartet werden, dass er Kostensenkungsmaßnahmen einleiten wird. Es fehlt ihm dann die subjektive Möglichkeit zur Kostensenkung (BSG 17.12.2009 – B 4 AS 19/09 R, NDV-RD 2010, S. 32, 33), die aber nach § 22 Abs. 1 S. 3 SGB II Voraussetzung dafür ist, nur noch die angemessenen Aufwendungen als Bedarf zu berücksichtigen. Kostensenkungsmaßnahmen können ebenso wenig erwartet werden, wenn dem Betroffenen infolge eines widersprüchlichen Verhaltens des Grundsicherungsträgers die Kenntnis von seiner Kostensenkungsobliegenheit fehlt (BSG 7.5.2009 – B 14 AS 14/08 R).

Ein Absenken der durch den Grundsicherungsträger übernommenen Unterkunfts- oder Heizungsaufwendungen nach Ablauf der Sechsmonatsfrist des § 22 Abs. 1 S. 3 SGB II auf ein angemessenes Niveau setzt also voraus, dass eine Kostensenkungsaufforderung des Grundsicherungsträgers erfolgt ist oder er auf andere Weise Kenntnis von der Unangemessenheit der Aufwendungen hat, und ihm eine Kostensenkung möglich und zumutbar gewesen ist (BSG 17.12.2009 – B 4 AS 27/09 R, NDV-RD 2010, S. 35, 38).

Bei einer Kostensenkungsaufforderung handelt es sich nicht um einen Verwaltungsakt, an den die in §§ 31 ff SGB X normierten Anforderungen – wie zB das Erfordernis der Bestimmtheit – gestellt werden könnten (BSG 27.2.2008 – B 14/7 b AS 70/06 R, Rn 13), sondern alleine um ein Informationsschreiben mit Aufklärungs- und Warnfunktion (BSG 7.11.2006 – B 7 b AS 10/06 R, Rn 29).

Literaturhinweise:

Knickrehm, Dogmatische Konstruktion von § 22 Abs. 1 S. 1 u. 3 SGB II, in: Spellbrink, Das SGB II in der Praxis der Sozialgerichte – Bilanz und Perspektiven, 2010

Krankenhausaufenthalt

Definition: Der Krankenhausaufenthalt ist eine Sonderform der stationären Unterbringung in einer in § 107 Abs. 1 SGB V aufgeführten →Einrichtung.

Rechtsgrundlagen: § 107 Abs. 1 SGB V; § 7 Abs. 4 S. 1 u. 3 SGB II

Erläuterungen: Als **Krankenhaus** bezeichnet § 107 Abs. 1 SGB V Einrichtungen, die

- der Krankenhausbehandlung oder Geburtshilfe dienen,

- sachlich-medizinisch unter ständiger ärztlicher Leitung stehen, über ausreichende, ihrem Versorgungsauftrag entsprechende diagnostische und therapeutische Möglichkeiten verfügen und nach wissenschaftlich anerkannten Methoden arbeiten,

- mithilfe von jederzeit verfügbaren ärztlichen, Pflege-, Funktions- und medizinisch-technischem Personal darauf eingerichtet sind, vorwiegend durch ärztliche oder pflegerische Hilfeleistungen Krankheiten der Patienten zu erkennen, zu heilen, ihre Verschlimmerung zu verhüten, Krankheitsbeschwerden zu lindern oder Geburtshilfe zu leisten,

und in denen

■ die Patienten untergebracht und verpflegt werden können.

Der Krankenhausaufenthalt stellt (wie sich bereits aus § 7 Abs. 4 S. 3 SGB II ergibt) eine Sonderform der stationären Unterbringung iSd § 7 Abs. 4 S. 1 SGB II dar. Insoweit kann auf die Ausführungen zum **stationär Untergebrachten** verwiesen werden (vgl dort auch die Auseinandersetzung mit der Frage, inwieweit Vorsorge- oder Rehabilitationseinrichtungen iSd § 107 Abs. 2 SGB V iSd § 7 Abs. 4 S. 3 SGB II ebenfalls als Krankenhaus angesehen werden können).

Literaturhinweise:
Becker/Kingreen/*Becker*, SGB V, § 107 Rn 1–21; *Hammel* ZFSH/SGB 2006, 707–718; *Hannes* SGb 2008, 666–669; Kreikebohm/Spellbrink/Waltermann/ *Knickrehm*, Kommentar zum Sozialrecht, § 7 SGB II Rn 22–26; LPK-SGB II/*Berlit* § 22 Rn 24; LPK-SGB II/*Thie/Schoch* § 7 Rn 93 ff; *Mrozynski* ZFSH/SGB 2008, 328–337; *Münder/Geiger* SGb 2008, 1–8

Krankenversicherung

Definition: Krankenversicherung ist die Absicherung des Risikos der Krankheit (iS eines regelwidrigen Körper- oder Geisteszustand, der die Notwendigkeit ärztlicher Heilbehandlung oder – zugleich oder allein – Arbeitsunfähigkeit zur Folge hat; BSGE 90, 289, 290) als Versicherter der gesetzlichen Krankenversicherung (vgl §§ 5–10 SGB XI) oder über einen Versicherungsvertrag mit einem privaten Versicherungsunternehmen, der Vertragsleistungen gemäß § 193 Abs. 1–3 VVG (Krankheitskostenversicherung) vorsieht.

Rechtsgrundlagen: §§ 5–10 (v.a. § 5 Abs. 1 Nr. 2 a) SGB V; §§ 192–208 VVG; § 26 Abs. 1 u. 3 SGB II

Erläuterungen: Unter den Begriff der Krankenversicherung rechnet man zum einen die gesetzliche Krankenversicherung nach dem SGB V, zum anderen die mit privaten Versicherungsunternehmen vertraglich begründete Absicherung des **Risikos der Krankheit**. Unter Krankheit versteht die Rechtsprechung einen regelwidrigen Körper- oder Geisteszustand, der die Notwendigkeit ärztlicher Heilbehand-

lung oder – zugleich oder allein – Arbeitsunfähigkeit zur Folge hat (BSGE 90, 289, 290).

Der Kreis der Versicherten in der **gesetzlichen Krankenversicherung** lässt sich den §§ 5–10 SGB V entnehmen. Darunter fallen gemäß § 5 Abs. 1 Nr. 2 a SGB V auch Arbeitslosengeld II-Bezieher, soweit sie in der gesetzlichen Krankenversicherung nicht familienversichert sind, es sei denn, dass diese Leistung nur darlehensweise gewährt wird oder nur Leistungen nach § 24 Abs. 3 S. 1 SGB II bezogen werden. Die Versicherungspflicht besteht auch, wenn die Entscheidung, die zum Bezug der Leistung geführt hat, rückwirkend aufgehoben oder die Leistung zurückgefordert oder zurückgezahlt worden ist (vgl zu diesbezüglichen Schadloshaltung der Bundesagentur die Stichworte →**Beitragsersatz** und →**Beitragserstattung**). Eine Ausnahme macht hiervon § 5 Abs. 5 a SGB V, nach welchem Arbeitslosengeld II-Bezieher in der gesetzlichen Krankenversicherung nicht versicherungspflichtig sind, wenn sie unmittelbar vor dem Bezug von Arbeitslosengeld II privat krankenversichert waren oder weder gesetzlich noch privat krankenversichert waren und zu den in § 5 Abs. 5 SGB V genannten hauptberuflich Selbstständigen, zu den in § 6 Abs. 1 oder 2 SGB V genannten versicherungsfreien Personen gehört oder bei Ausübung ihrer beruflichen Tätigkeit im Inland gehört hätten (vgl zum Übergangsrecht: § 5 Abs. 5 a S. 2 SGB V). Da die Versicherungspflicht nach § 5 Abs. 1 Nr. 2 a SGB V ausdrücklich auf Bezieher von →**Arbeitslosengeld II** (§ 19 Abs. 1 S. 1 SGB II) beschränkt ist, sind Bezieher von →**Sozialgeld** (§ 19 Abs. 1 S. 2 iVm § 23 SGB II) hiervon nicht erfasst, jedoch regelmäßig über die Familienversicherung mitversichert (§ 10 SGB V). Die **Beitragslast** trägt der Bund (§ 251 Abs. 4 SGB V); die Zahlung erfolgt über die Bundesagentur für Arbeit bzw den zugelassenen kommunalen Träger (§ 252 Abs. 1 S. 2 SGB V). Der kassenindividuelle Zusatzbeitrag (§ 242 SGB V) wäre allerdings alleine vom Versicherten zu tragen (§ 250 Abs. 1 aE, § 251 Abs. 6 S. 1 SGB V) und zu zahlen (§ 252 Abs. 1 S. 1 SGB V). Für Mitglieder nach § 5 Abs. 1 Nr. 2 a SGB V sowie für Mitglieder, die Leistungen zur Sicherung des Lebensunterhalts nach dem SGB II erhalten und nach § 5 Abs. 1

Nr. 13 SGB II oder freiwillig versichert sind, wird der Zusatzbeitrag nach § 242 Abs. 1 S. 1 SGB V, höchstens jedoch in Höhe des Zusatzbeitrags nach § 242 a erhoben; dies gilt auchdann, wenn sie weitere beitragspflichtige Einnahmen haben. Wäre der kassenindividuelle Zusatzbeitrag eigentlich höher als der Zusatzbeitrag nach § 242 a SGB V, kann die Krankenkasse in ihrer Satzung regeln, dass die Differenz von den in S. 1 genannten Mitgliedern zu zahlen ist.

Der versicherte Leistungsberechtigte kann sich dem Zusatzbeitrag allerdings anlässlich dessen Einführung durch Ausübung seines **Sonderkündigungsrechts** und Beitritts zu einer Krankenkasse, die keinen Zusatzbeitrag erhebt, entziehen (§ 175 Abs. 4 S. 5 SGB V). Deshalb und wegen der nunmehrigen krankenversicherungsrechtlichen Lösung der Problematik im SGB V sieht das SGB II grundsätzlich keine Beitragsübernahme durch die Grundsicherungsträger mehr vor. Anderes gilt gem. § 26 Abs. 3 SGB II nur für Personen, die allein durch diese Aufwendungen hilfebedürftig würden; für diesen Fall zahlt die Bundesagentur für Arbeit den Zusatzbeitrag in der erforderlichen Höhe. An dieser Erforderlichkeit dürfte es nach wie vor fehlen, wenn der Zusatzbeitrag durch zumutbaren Wechsel zu einer anderen gesetzlichen Krankenkasse vermieden werden könnte, auch wenn sich dies nun nicht mehr ausdrücklich dem Wortlaut entnehmen lässt.

Nicht in der gesetzlichen Krankenversicherung pflichtversicherte Personen können sich gegen das Risiko der Krankheit entweder unter den Bedingungen des § 9 SGB V als **freiwillig Versicherte** oder durch Vertragsschluss mit einem Unternehmen der **privaten Krankenversicherung** absichern, wenn sie nicht ohnehin hierzu gesetzlich verpflichtet sind. Denn nach § 193 Abs. 3 VVG ist jede Person mit Wohnsitz im Inland verpflichtet, bei einem in Deutschland zum Geschäftsbetrieb zugelassenen Versicherungsunternehmen für sich selbst und für die von ihr gesetzlich vertretenen Personen, soweit diese nicht selbst Verträge abschließen können, eine Krankheitskostenversicherung abzuschließen und aufrechtzuerhalten. Diese muss mindestens eine Kostenerstattung für ambulante und stationäre Heilbehandlung umfassen und die für ta-

riflich vorgesehene Leistungen vereinbarten absoluten und prozentualen Selbstbehalte für ambulante und stationäre Heilbehandlung für jede zu versichernde Person auf eine betragsmäßige Auswirkung von kalenderjährlich 5.000 EUR begrenzen. **Ausnahmen von der Versicherungspflicht** gelten für Personen, die

- in der gesetzlichen Krankenversicherung versichert oder versicherungspflichtig sind oder

- Anspruch auf freie Heilfürsorge haben, beihilfeberechtigt sind oder vergleichbare Ansprüche haben im Umfang der jeweiligen Berechtigung oder

- Anspruch auf Leistungen nach dem Asylbewerberleistungsgesetz haben oder

- Empfänger laufender Leistungen nach dem Dritten, Vierten, Sechsten und Siebten Kapitel des SGB XII sind für die Dauer dieses Leistungsbezugs und während Zeiten einer Unterbrechung des Leistungsbezugs von weniger als einem Monat, wenn der Leistungsbezug vor dem 1.1.2009 begonnen hat.

Eine verspätete Antragstellung zum Abschluss eines solchen Vertrages wird mit Prämienzuschlägen sanktioniert (vgl § 193 Abs. 4 VVG). Der Versicherer wird zudem verpflichtet, den in § 193 Abs. 5 VVG genannten Personengruppen eine substitutive Krankenversicherung im Basistarif nach § 12 Abs. 1 a VAG zu gewähren (vgl dort zu den Einzelheiten und Ausnahmen). Zwar trägt der Grundsicherungsträger nicht die vom privat Versicherten zu zahlenden Beiträge. Er übernimmt aber nach Maßgabe des § 26 Abs. 1 u. 3 SGB II einen →**Beitragszuschuss.**

Literaturhinweise:
Bastians-Osthaus NDV 2010, 154–157; *Becker/Kingreen/Lang* § 5 SGB V Rn 15–18; *Groth/Luik/Siebel-Huffmann/Groth,* Das neue Grundsicherungsrecht, Rn 526 ff; *Grüger* KrV 2005, 16–18; *Kreikebohm/Spellbrink/Berchthold,* Kommentar zum Sozialrecht, § 5 SGB V Rn 18; *Klerks* info also 2009, 153–158; *Lauterbach* NJ 2010, 43–44; LPK-SGB II/ *Birk,* 3. Aufl., § 28 Rn 22; LPK-SGB II/ *Birk* § 26 Rn 4 ff, 14-25; *Liessem/Vogt* SozSich 2010, 337–341; *Marburger* Behindertenrecht 2010, 66–70; *Radtke-Schwenzer/Schicker* ASR 2010, 61–66;

Specker ZFSH/SGB 2010, 212–220; *Strömer* SGb 2010, 64–67; *Wrackmeyer-Schoene* info also 2010, 156–158; *Wunder* SGb 2009, 79–84

Lebenspartner

Definition: Lebenspartner sind zwei Personen gleichen Geschlechts, die nach § 1 LPartG ihre Lebenspartnerschaft auf Lebenszeit standesamtlich (in Bayern notariell, § 23 LPartG) haben eintragen lassen.

Rechtsgrundlagen: § 7 Abs. 3 Nr. 3 b SGB II; § 1 LPartG

Erläuterungen: Im SGB II werden Lebenspartner wie **Ehegatten** behandelt, dh sie bilden nach § 7 Abs. 3 Nr. 3 b SGB II wie Ehegatten eine Bedarfsgemeinschaft. Die Zugehörigkeit zu einer Bedarfsgemeinschaft hat anspruchs- und pflichtenbegründende Funktion für ihre Mitglieder. Dies bedeutet insbesondere, dass bei der Ermittlung der **Hilfebedürftigkeit** eines Lebenspartners nach § 9 Abs. 2 S. 1 SGB II auch das **Einkommen** und **Vermögen** des anderen Partners mit zu berücksichtigen ist. Lebenspartner sind nach den §§ 12, 16 LPartG bei Getrenntleben und Aufhebung der Lebenspartnerschaft wechselseitig wie Ehegatten zum Unterhalt verpflichtet. Diese Unterhaltsansprüche sind nach §§ 9 Abs. 1, 11 Abs. 1 S. 1 SGB II bei der Überprüfung der Hilfebedürftigkeit als Einkommen anzusetzen.

Literaturhinweise:
LPK-SGB II/*Thie/Schoch*, 4. Aufl.,§ 7 Rn 64

Lebensunterhalt

Definition: Leistungen zur Sicherung des Lebensunterhalts sind Leistungen des Grundsicherungsträgers als Arbeitslosengeld II, als Sozialgeld und als Leistungen für Bildung und Teilhabe.

Rechtsgrundlagen: § 1 Abs. 3 Nr. 2, 3 Abs. 3, 19 SGB II

Erläuterungen: Diese Leistungen zur Sicherung des Lebensunterhalts dürfen nur erbracht werden, soweit die **Hilfebedürftigkeit** nicht anderweitig beseitigt werden kann.

Die Leistungen zur Sicherung des Lebensunterhalts in Form des Arbeitslosengeldes II und des Sozialgeldes setzt sich zusammen aus dem **Regelbedarf zur Sicherung** des Lebensunterhalts nach § 20 SGB II, den **Mehrbedarfen** nach § 21 SGB II und den **Bedarfen für Unterkunft und Heizung** nach § 22 SGB II.

Literaturhinweise:
LPK-SGB II/*Lenze/Brünner*, 4. Aufl., § 19 Rn 1 ff.

Leiharbeit

Definition: Im Rahmen der Leiharbeit (Arbeitnehmerüberlassung, Zeitarbeit) stellt der Arbeitgeber den Arbeitnehmer für eine bestimmte Zeit eine Dritten zur Arbeitsleistung zur Verfügung. Der Arbeitgeber ist dabei der Verleiher (Zeitarbeitsunternehmen), der Dritte ist der Entleiher, der Arbeitnehmer ist der Leiharbeitnehmer.

Rechtsgrundlagen: Arbeitnehmerüberlassungsgesetz (AÜG), § 10 SGB II

Erläuterungen: Bei der Leiharbeit besteht ein **normales Arbeitsverhältnis**. Die Arbeitnehmerüberlassung ist nur mit Zustimmung des Arbeitnehmers zulässig. Die **Arbeitgeberfunktion** ist bei der Arbeitnehmerüberlassung aufgeteilt: Der Verleiher bleibt dem Arbeitnehmer zur Lohnzahlung verpflichtet, das Recht den Inhalt der Arbeitsleistungen zu bestimmen (Weisungsrecht) und die Schutzpflichten gegenüber dem Arbeitnehmer gehen auf den Entleiher über. Ein häufiges Problem ist eine leistungsgerechte Entlohnung des Leiharbeitnehmers. Für die im Arbeitgeberverband organisierten Zeitarbeitsunternehmen existiert ein Tarifvertrag mit dem DGB Einzelgewerkschaften, der Entgeltgruppen je nach Qualifikationsprofil der Tätigkeiten vorsieht. Wenn keine abweichenden tarifvertraglichen Regelungen existieren, muss gemäß §§ 3 Abs. 1, 9 Nr. 2 AÜG der Verleiher dem Leiharbeitnehmern für die Zeit der Überlassung im Wesentlichen die gleichen Arbeitsbedingungen und das gleiche Arbeitsentgelt wie im Betrieb des Entleihers gewähren.

Im Rahmen des Bezugs von Leistungen nach dem SGB II wird die Leiharbeit grundsätzlich als **zumutbare Erwerbsarbeit** angesehen (→**Zumutbarkeit**). Voraussetzung ist, dass die gesetzlichen Regelungen des AÜG sowie etwaige tarifvertragliche Bestimmungen eingehalten werden. Für die Unzumutbarkeit (§ 10 Abs. 1

SGB II) einer Tätigkeit gelten die gleichen Kriterien wie bei sonstiger Erwerbsarbeit.

Literaturhinweise:
Eicher/Spellbrink/*Rixen* § 10 Rn 79 ff; LPK-SGB II/*Armborst*, 4. Aufl., § 10 Rn 43; *Geiger*, Leitfaden zum Arbeitslosengeld II, 8. Aufl. 2011, S. 160 f

Leistungen (Sozial-)

Definition: Unter Sozialleistungen sind die im Sozialgesetzbuch vorgesehenen Dienst-, Sach- und Geldleistungen zu verstehen.

Rechtsgrundlage: § 11 S. 1 SGB I

Erläuterungen: § 11 S. 1 SGB I enthält eine Legaldefinition des Begriffs Sozialleistung, die für sämtliche Sozialgesetzbücher verbindlich ist und durch die besonderen Teile des Sozialgesetzbuchs nicht abgeändert werden kann (§ 37 S. 2 SGB I). Demnach gehören hierzu alle im Sozialgesetzbuch – SGB I bis SGB XII einschließlich der in § 68 SGB I aufgeführten Gesetze – vorgesehenen Dienst-, Sach- und Geldleistungen zu den Sozialleistungen.

Das SGB II verwendet neben dem Begriff der Sozialleistungen (§§ 5, 9, 11, 12 a, 15 und 44 b SGB II) auch den Begriff „Leistungen" (zB in § 1 Abs. 3 SGB II, § 3 Abs. 1 SGB II sowie § 4 Abs. 1 SGB II). § 4 Abs. 1 SGB II, der Dienst-, Geld- und Sachleistungen als Leistungen nach dem SGB II definiert und damit dieselbe Aufgliederung wie § 11 SGB I vornimmt, zeigt, dass es sich bei der Leistung im Sinne des SGB II um nichts anderes als um Sozialleistungen im Sinne des § 11 SGB I handelt.

Literaturhinweise:
LPK-SGB I/*Richter* § 11 SGB I

Leistungsgrundsätze

Definition: Leistungsgrundsätze in der Grundsicherung für Arbeitsuchende sind die in §§ 2, 3 u. 14 SGB II allgemeinen Prinzipien, welche für die Ausführung des Gesetzes maßgebend bzw ermessenslenkend sein sollen oder aber denen der Gesetzgeber eine derart erhebliche Bedeutung zugemessen hat, dass sie als zwar spezielle, aber dennoch tragendes Handlungsprinzip den Detailregelungen vorangestellt wurden.

Rechtsgrundlagen: §§ 2, 3 u. 14 SGB II

Erläuterungen: Das Gesetz überschreibt die Bestimmungen des § 3 SGB II ausdrücklich mit dem Begriff **Leistungsgrundsätze**. Dennoch wird man auch die Grundsätze des **Förderns und Forderns** (§§ 14 u. 2 SGB II) als solche bezeichnen können – vielleicht sogar mit herausragender Bedeutung.

§ 3 SGB II formuliert allgemeine Grundsätze für die Erbringung von Grundsicherungsleistungen. Diese beziehen sich in den Abs. 1–2 b auf Leistungen zur Eingliederung in Arbeit bzw die Förderung der Vermittlungsfähigkeit (vgl hierzu §§ 14 ff SGB II), und in Abs. 3 auf die Leistungen zur Sicherung des Lebensunterhalts (vgl insoweit §§ 19 ff SGB II).

Zunächst legt § 3 Abs. 1 S. 1 SGB II die Bedingungen der Erbringung von Leistungen zur Eingliederung in Arbeit nach den §§ 14 ff SGB II im Allgemeinen fest. Entscheidend ist als Ausprägung der Nachrangigkeit der Grundsatz der **Erforderlichkeit** im Hinblick auf die Vermeidung oder Beseitigung, Verkürzung oder Verminderung der Hilfebedürftigkeit. Dies alleine soll aber regelmäßig nicht zu einem Rechtsanspruch auf Eingliederungsleistung führen; vielmehr wird mit der Formulierung der Grundsatz des weitgehenden **Ermessens** hervorgehoben. Für die Ausübung desselben gibt § 3 Abs. 1 S. 2–3 SGB II ermessensleitende Gesichtspunkte vor:

- Berücksichtigung von
  - Eignung,
  - individueller Lebenssituation, v.a. familiärer Situation,
  - voraussichtliche Dauer der Hilfebedürftigkeit,
  - Dauerhaftigkeit der Eingliederung;
- Vorrang der Förderung der unmittelbaren Aufnahme einer Erwerbstätigkeit;
- Wahrung der Grundsätze von Wirtschaftlichkeit und Sparsamkeit (→**Grundsatz der Sparsamkeit und Wirtschaftlichkeit**).

§ 3 Abs. 2 u. 2 a SGB II sieht – unberührt der Verpflichtung zur Unterbreitung eines Sofortangebots nach § 15 a SGB II – aus sozialpolitischen Erwägungen die Verpflichtung zur **unverzüglichen Vermittlung** einerseits für Leistungsberechtigte, die das 25. Lebensjahr noch nicht vollendet haben, andererseits für Leistungsberechtigte, die das 58. Lebensjahr vollendet haben, vor. Bei beiden, als sozialpolitisch und beruflich als besonders gefährdet angesehenen Personengruppen, sollen die Zeiten der Erwerbslosigkeit auf ein Minimum reduziert werden und die Bereitschaft zur Entfaltung von Eigenbemühungen in besonders ausgeprägter Weise getestet werden, um den (Wieder-)Einstieg in das Erwerbsleben nicht durch längeren Transferleistungsbezug zu erschweren. Die Vermittlungsbemühungen beziehen sich für unter 25-jährige Leistungsberechtigte auf eine Arbeit, Ausbildung oder Arbeitsgelegenheit (bei Hilfebedürftigen ohne Berufsabschluss unter Beachtung des Vorrangs der Ausbildung, hilfsweise der Verbesserung ihrer beruflichen Kenntnisse und Fähigkeiten), bei Leistungsberechtigten, die das 58. Lebensjahr vollendet haben, auf eine Arbeit oder Arbeitsgelegenheit. Wird einem Angehörigen der letzteren Personengruppe dennoch für die Dauer von zwölf Monaten keine sozialversicherungspflichtige Beschäftigung angeboten, gilt dieser nicht mehr als arbeitslos (§ 53 a Abs. 2 SGB II) und wird damit in der Arbeitslosenstatistik (in verfälschender Weise) nicht mehr erfasst.

Darüber hinaus hat die Bundesagentur für Arbeit bei hierzu Berechtigten oder Verpflichteten (§§ 44, 44 a AufenthG, § 9 Abs. 1 S. 1 BVFG) auf eine **Teilnahme an Integrationskursen** hinzuwirken, falls diese nur über mangelnde Kenntnisse der deutschen Sprache verfügen (§ 3 Abs. 2 b AufenthG). Dies kann durch Aufnahme einer entsprechenden Verpflichtung in die Integrationsvereinbarung (§ 15 I S. 2 Nr. 2 SGB II) geschehen.

§ 3 Abs. 3 SGB II stellt dagegen Grundsätze für die **Leistungen zur Sicherung des Lebensunterhalts** auf. Danach dürfen solche nur erbracht werden, soweit die Hilfebedürftigkeit nicht anderweitig beseitigt werden kann (**Grundsatz der Nachrangigkeit**); dieser Grundsatz wird insbesondere durch die Bestimmung der Hilfebedürftigkeit (§ 9 Abs. 1 u. 2 SGB II) konkretisiert. Zudem wird der **Grundsatz der Bedarfsdeckung** mittels der (weitgehend pauschalierenden) Leistungen der §§ 19 ff SGB II aufgestellt. Der zwischenzeitlich eingeführte § 3 Abs. 3 S. 2 SGB II sah ausdrücklich die Feststellung vor, eine davon abweichende Festlegung der Bedarfe sei ausgeschlossen. Aufgrund der Entscheidung BVerfGE 125, 175 zur Verfassungswidrigkeit des Fehlens einer Härteklausel wurde dieser Satz wieder aus dem Gesetz gestrichen und zugleich eine neue Mehrbedarfsregelung für einen im Einzelfall unabweisbaren, laufenden, nicht nur einmaligen besonderen Bedarf eingeführt (§ 21 Abs. 6 SGB II).

Literaturhinweise:
Eicher/Spellbrink/*Spellbrink* § 3 SGB II; GK-SGB II/*Groth* § 3; LPK-SGB II/ *Münder* § 3; *Wendt* RdLH 2010, 53–55

Leistungs-Gutschein

Definition: Der Gutschein ist die schriftliche Verkörperung des Versprechens eines Leistungsträgers, bei Erbringung der im Gutschein genannten Leistungen durch einen Dritten die im Gutschein genannte oder in Rahmenverträgen vereinbarte Vergütung zu zahlen (vgl BR-Drucks. 661/10, 146).

Rechtsgrundlagen: § 4 Abs. 1 SGB II; § 11 S. 1 SGB I; § 29 Abs. 1 S. 1 u. 2, Abs. 2 SGB II

Erläuterungen: Als neue eigenständige Leistungsform sollte nach dem Entwurf eines Gesetzes zur Ermittlung von Regelbedarfen und zur Änderung des Zweiten und Zwölften Buches Sozialgesetzbuch in die Auflistung der Leistungsformen in § 4 Abs. 1 SGB II der Gutschein aufgenommen werden. Auch wenn dies letztlich wegen des Sach- bzw Dienstleistungscharakters der Gutscheine zu Recht nicht realisiert wurde, erlangten die Gutscheine durch das Regelbedarfsermittlungsgesetz eine neue Bedeutung.

Neu sind insoweit die zur Erbringung der **Leistungen für Bildung und Teilhabe** vorgesehenen Gutscheingewährungen im Bereich der Leistungen für Schulausflüge und Klassenfahrten (§ 28 Abs. 2 SGB II), für angemessene Lernförderung (§ 28 Abs. 5 SGB II) und zur Teilhabe am sozialen und kulturellen Leben (§ 28 Abs. 7 SGB II), die nach Wahl der kommunalen Träger als eine von mehreren Formen anstatt anderer Arten von Sach- und Dienstleistungen (insbesondere anstelle von Direktzahlungen an die Leistungserbringer) erbracht werden können (§ 29 Abs. 1 S. 1 u. 2 SGB II).

Die Rechtswirkungen und Modalitäten regelt § 29 Abs. 2 SGB I. Werden die Bedarfe durch solche Gutscheine gedeckt, gelten die Leistungen mit Ausgabe des jeweiligen Gutscheins als erbracht. Die kommunalen Träger gewährleisten, dass Gutscheine bei geeigneten vorhandenen Anbietern oder zur Wahrnehmung ihrer eigenen Angebote eingelöst werden können. Gutscheine können für den gesamten Bewilligungszeitraum im Voraus ausgegeben werden. Die Gültigkeit von Gutscheinen ist angemessen zu befristen. Im Fall des Verlustes soll ein Gutschein erneut in dem Umfang ausgestellt werden, in dem er noch nicht in Anspruch genommen wurde.

Gutscheingewährung könnte zudem das Mittel der Wahl sein, wenn bei einer **Minderung** des Arbeitslosengelds II bzw des Sozialgelds um mindestens 60 Prozent des maßgeblichen Regelbedarfes in angemessenem Umfang ergänzende Sachleistungen oder geldwerte Leistungen zu erbringen sind. Gleiches gilt, wenn Leistungsberechtigten (insbesondere bei Drogen- oder Alkoholabhängigkeit sowie im Falle unwirtschaftlichen Verhaltens) wegen **erwiesener Ungeeignetheit**, mit den Leistungen für den Regelbedarf ihren Bedarf zu decken, in voller Höhe oder anteilig Sachleistungen erbracht werden (§ 24 Abs. 2 SGB II). Schließlich kommen Gutscheine auch im Rahmen der Sachleistungserbringung für die **Erstausstattungsbedarfe** für die Wohnung einschließlich Haushaltsgeräte bzw für Bekleidung und bei Schwangerschaft und Geburt in Betracht (§ 24 Abs. 3 S. 1 Nr. 1 u. 2, S. 5 SGB II).

Literaturhinweise:
Armborst ArchsozArb 2011, Nr. 1, 4–11; *Groth/Luik/Siebel-Huffmann/Groth*, Das neue Grundsicherungsrecht, 2011, Rn 330–334; *Groth/Siebel-Huffmann* NJW 2011, 1105–1110; *Keller/Wiesner* ArchsozArb 2011, Nr. 1, 64–76; *Sell* ArchsozArb 2011, Nr. 1, 24–36; *Wunder/ Diem* SozSich 2006, 195–199

Leistungsklage
→**Klageverfahren**

Leistungsmissbrauch

Definition: Leistungsmissbrauch ist ein rechtlich unscharfer und schwer abgrenzbarer plakativer Begriff. Der klassische Ausgangsfall ist die Situation, dass Sozialleistungen bezogen werden, ohne dass dafür die Leistungsvoraussetzungen vorliegen. Eine weitere, ebenfalls unter den Begriff zu fassende Konstellation ist, dass Leistungen zwar rechtmäßig ausgezahlt werden, jedoch in einer Weise genutzt werden, die den Zwecken der Sozialleistung ersichtlich zuwider läuft. Dies kommt z.B bei der Herbeiführung der Hilfegewährung durch Dritte (→**Ersatzanspruch**) aber auch bei **Lohnzuschüssen** in Betracht, die zu Subventionierung von Unternehmen instrumentalisiert werden.

Rechtsgrundlagen: §§ 34, 34 a, 50, 52, 52 a, 64 SGB II iVm § 319 SGB III

Erläuterung: Zu Unrecht erbrachte Grundsicherungsleistungen sind zurück zu zahlen. Voraussetzung dafür ist, dass nach den verfahrensrechtlichen Regelungen die Leistungsbewilligung zuvor nach § 45 bzw 48 SGB X aufgehoben (**Aufhebung von Verwaltungsakten**) und ein →**Erstattungsanspruch** nach § 50 SGB X geltend gemacht wurde. Der Rückzahlungsanspruch kann sich nur gegen diejenigen Personen richten, die die Sozialleistung erhalten haben. Daneben werden in einigen Fällen **Strafanzeigen** wegen Betrugs erstattet, wenn die Vermutung besteht, dass die Zahlungen in der nicht zustehenden Höhe bewusst herbeigeführt wurden. Hat ein **Dritter** vorsätzlich oder grob fahrlässig die rechtswidrige Leistungsgewährung herbeigeführt, kann eine Korrektur über §§ 45, 48, 50 SGB X häufig nicht erfolgen (zB Verschweigen von Einkommen in der Bedarfsgemeinschaft mit dem Ergebnis, dass eine andere Person rechtswidrig begünstigt wird). Die gleiche Problematik kann sich, bei einem nicht zurechenbaren Verschulden eines gesetzlichen Vertreters (→**Vertretung der Bedarfsgemeinschaft**) ergeben. Für diese Fälle ist in § 34 a SGB II ein →**Ersatzanspruch** des Grundsicherungsträgers vorgesehen, der sich direkt gegen den schuldhaft handelnden Dritten richtet. Auch wer die Voraussetzungen der Gewährung von – rechtmäßigen – Leistungen nach dem SGB II an sich selbst oder andere Personen in der Bedarfsgemeinschaft **schuldhaft** (vorsätzlich oder grob fahrlässig) herbeigeführt hat, haftet dem Grundsicherungsträger für die entstandenen Kosten ebenfalls im Wege eines →**Ersatzanspruchs** nach § 34 SGB II. Weitere Voraussetzung ist allerdings, dass das Verhalten zusätzlich als **sozialwidrig** einzustufen ist. Hierzu existieren viele Einzelentscheidungen der Sozialgerichte (zB in Folge von Strafhaft nicht gezahlte Unterhaltsleistungen, Verletzung von Pflichten aus dem Ausbildungsvertrag und Auflösung des Ausbildungsverhältnisses, eigene Hilfebedürftigkeit als Folge einer Trunkenheitsfahrt).

Leistungsmissbrauch wird auch als Rechtfertigung für **Datenübermittlungen** (§ 50 SGB II) und für die Durchführung eines automatisierten **Datenabgleichs** (§ 52 SGB II) angesehen. Dieser erfolgt mit anderen Grundsicherungsträgern, Sozialhilfeträgern, Trägern der gesetzlichen Unfall- und Rentenversicherung und der Bundesagentur für Arbeit als Träger der Arbeitsförderungsleistungen, um einen Bezug von Doppelleistungen zu verhindern. Mit der Datenstelle der Rentenversicherung wird ein Datenabgleich betreffend Zeiten einer versicherungspflichtigen Beschäftigung und Zeiten einer geringfügigen (sozialversicherungsfreien) Beschäftigung durchgeführt. Vom Bundeszentralamt für Steuern werden Daten übermittelt, die Freistellungsaufträge für Kapitalerträge beinhalten; auch Zinserträge aus dem EU-Ausland können erfasst werden. Der Abgleich mit der zentralen Zulagenstelle für Altersvermögen (Riesterrentenverträge) findet ebenfalls statt. Zusätzlich können die Grundsicherungsträger nach § 93 Abs. 8 Abgabenordnung (AO) auch auf die Daten der Bundesagentur für Finanzdienstleistungsaufsicht zugreifen. Hier sind alle Kontenstammdaten (u.a. Namen der Verfügungsberechtigten) der Konten bei deutschen Kreditinstituten verzeichnet. Eine Überprüfung von Daten ist auch bei den Wohngeldstellen zulässig (§ 52 a Abs. 2 SGB II). Regelmäßig wird in der Praxis eine Überprüfung von Daten bei dem Zentralen Fahrzeugregister hinsichtlich der dort eingetragenen Daten über ein Fahrzeug und der Person des Halters durchgeführt (§ 52 a Abs. 1 Nr. 1 SGB II). Ebenso zulässig sind Anfragen bei den Melderegistern und dem Ausländerzentralregister (§ 52 a Abs. 1 Nr. 2 SGB II). In allgemeiner Form ergeben sich weitere Mitwirkungs- und Duldungspflichten bei der Sachverhaltsermittlung (Einsicht in Lohn- Meldeunterlagen, Geschäftsbücher und andere Unterlagen)

und Datenübermittlungspflichten auch für die Leistungsberechtigten selbst und die Arbeitgeber nach § 64 Abs. 1 SGB II iVm § 319 SGB III.

Literaturhinweise:
Eicher/Spellbrink/*Link*, SGB II-Kommentar, 2. Aufl., § 34 Rn 23 ff; LPK-SGB II/*Schwitzky*, 4. Aufl., § 34 a Rn 2 ff; LPK-SGB II, 4. Aufl. Kommentierungen zu §§ 50–52 a, 64

Leistungsträger (Sozial-)

Definition: Leistungsträger sind die in den §§ 18 bis 29 SGB I genannten Körperschaften, Anstalten und Behörden.

Rechtsgrundlage: § 12 SGB I

Erläuterungen: § 12 SGB I enthält die Legaldefinition des Begriffs Leistungsträger. Demnach sind die in den §§ 18 bis 29 SGB I sowie die in den Gesetzen des Katalogs des § 68 SGB I aufgezählten Körperschaften, Anstalten und Behörden Leistungsträger. Der Begriff des Leistungsträgers findet sich in §§ 5, 33, 44 a sowie § 65 d SGB II.

Literaturhinweise:
LPK-SGB I/*Richter* § 12 SGB I

Lohnkostenzuschuss

Definition: Lohnkostenzuschüsse (Förderung von Arbeitsverhältnissen, Eingliederungszuschuss) sind Leistungen an Arbeitgeber, um Anreize zu schaffen, Personen mit besonderen Leistungseinschränkungen oder Vermittlungshemmnissen ein reguläres Arbeitsverhältnis anzubieten. Lohnkostenzuschüsse sind Teil der Eingliederungsleistungen und werden nur im Rahmen von Ermessensentscheidungen gewährt.

Rechtsgrundlagen: §§ 16 Abs. 1 S. 2, 16 e SGB II; 88–92 SGB III

Erläuterungen: Die **Förderung von Arbeitsverhältnissen** (§ 16 e SGB II) hat zum Ziel, für „arbeitsmarktferne Menschen mit mehreren Vermittlungshemmnissen eine sozialversicherungspflichtige Beschäftigung zu fördern" (BT-Drucks. 16/5715, 7). Damit sollen nur jene Personen erfasst werden, die ohne die Förderung keinen Zugang zum Arbeitsmarkt hätten. Die zum 1.4.2012 in Kraft getretene Regelung stellt eine Zusammenführung des früheren Beschäftigungszuschusses und der →**Arbeitsgelegenheit** in Form der Entgeltvariante dar.

Antragsberechtigt ist allein der Arbeitgeber, der ein gefördertes Arbeitsverhältnis anbieten will. Voraussetzung ist weiter eine positive Zuweisungsentscheidung durch das Jobcenter, die für eine bestimmte erwerbsfähige, leistungsberechtigte Person ergehen muss. Darüber hinaus müssen noch eine Reihe personenbezogener Förderungsvoraussetzungen erfüllt sein:

- Langzeitarbeitslosigkeit (Arbeitslosigkeit über mindestens ein Jahr und länger, § 18 SGB III);
- Erwerbsmöglichkeiten durch mindestens zwei weitere in der Person liegende Vermittlungshemmnisse besonders schwer beeinträchtigt;
- Mindestens über sechs Monate verstärkte vermittlerische Unterstützung nach § 16 Abs. 1 S. 1 SGB II (Aktivierungsphase) unter Einbeziehung weiterer Eingliederungsleistungen;
- Prognose, dass eine Erwerbstätigkeit auf dem allgemeinen Arbeitsmarkt für die Dauer der Zuweisung ohne die Förderung voraussichtlich nicht möglich ist.

Der unbestimmte Rechtsbegriff der **Vermittlungshemmnisse** (→**Vermittlung**, →**Vermittlungsgutschein**) wird im Gesetz nicht näher konkretisiert. Darunter können verschiedene Aspekte verstanden werden (zB Lebensalter, Migrationshintergrund, fehlende schulische oder berufliche Qualifikation, gesundheitliche Einschränkungen, Sucht- oder Schuldenproblematik; BT-Drucks. 16/5715, 7). Nach einer Arbeitshilfe der Bundesagentur können darunter auch fallen: besonders lange Dauer der Arbeitslosigkeit, Analphabetismus, Wohnungslosigkeit. Entscheidend ist allerdings nicht, ob ein Merkmal abstrakt vorliegt, sondern das Zusammenwirken für den einzelnen Betroffenen und seine daraus resultierenden Zugangschancen auf dem Arbeitsmarkt.

Der Zuschuss kann im **Umfang** von bis zu 75% des berücksichtigungsfähigen **Arbeitsentgelts** (laufendes Arbeitsentgelt und der pauschalierte Anteil des Arbeitgebers am Gesamtsozialversicherungsbeitrag) gewährt werden. Die Bemessung des Zuschusses richtet sich nach der Leistungsfähigkeit des erwerbsfähigen Arbeit-

suchenden. Eine Besonderheit liegt darin, dass trotz der Sozialversicherungspflicht Beiträge in der Arbeitslosenversicherung nicht zu entrichten sind (§ 27 Abs. 3 Nr. 5 SGB III). Damit können durch eine geförderte Beschäftigung **keine Ansprüche gegen die Arbeitslosenversicherung** begründet werden. Die **Dauer der Förderung** ist ferner dadurch eingeschränkt, dass innerhalb eines Zeitraums von fünf Jahren Zuschüsse an Arbeitgeber höchstens für die Dauer von 24 Monaten erbracht werden (§ 16 e Abs. 3 Nr. 4 SGB II).

Nach den auch in der Grundsicherung anwendbaren Eingliederungsleistungen aus dem SGB III (§§ 16 Abs. 1 S. 2 SGB II, 88–92 SGB III) können Arbeitgeber einen **Eingliederungszuschuss** erhalten, wenn Sie Arbeitnehmer einstellen, deren Vermittlung wegen in ihrer Person liegenden Gründen erschwert ist und eine zu erwartende Minderleistung ausgeglichen werden soll. Die Voraussetzungen für den Eingliederungszuschuss sind weniger streng als die Kriterien für die Förderung von Arbeitsverhältnissen nach § 16 e SGB II. Es genügt eine Vermittlungserschwernis (zB geringe Qualifizierung, Berufseinstieg nach eine außerbetrieblichen Ausbildung oder Berufsrückkehr). Der Eingliederungszuschuss ist allerdings geringer und wird über einen kürzeren Zeitraum bewilligt. Er kann bis zu 50% des zu berücksichtigenden Arbeitsentgelts betragen und über eine Dauer von bis zu zwölf Monaten gewährt werden. Für **behinderte und →schwerbehinderte Menschen** kann der Eingliederungszuschuss jedoch 70% des zu berücksichtigenden Arbeitsentgeltes betragen und über eine Förderungsdauer bis zu 24 Monaten gewährt werden (§ 90 Abs. 1 SGB III). Bei besonders betroffenen schwerbehinderten Menschen kann die Förderungsdauer auf bis zu 60 Monate, ab einem Alter von 55 Jahren auf bis zu 96 Monate erweitert werden (§ 90 Abs. 2 SGB III). Nach zwölf Monaten sinkt der Eingliederungszuschuss für behinderte und schwerbehinderte Menschen um jährlich 10%, bei besonders betroffenen schwerbehinderten Menschen erst nach Ablauf von 24 Monaten. Der Eingliederungszuschuss ist eine →**Ermessensleistung**, die an den Arbeitgeber gezahlt wird. Der Eingliederungszuschuss ist teilweise zurückzuzahlen, wenn das Beschäftigungsverhältnis während der Förderungszeit und einer nach Beendigung der Förderung weiter laufenden Beschäftigungszeit (Nachbeschäftigungszeit) beendet wird (vgl dazu § 92 Abs. 2 SGB III).

Literaturhinweise:
LPK-SGB II/*Thie*, 4. Aufl., § 16 e Rn 1 ff; *Geiger*, Leitfaden zum Arbeitslosengeld II, 8. Aufl., S. 535 ff

Mehraufwandsentschädigung

→Arbeitsgelegenheit

Mehrbedarfe

Definition: Mehrbedarfe über die Regelleistung hinaus werden nur in speziellen, im SGB II abschließend geregelten Situationen abgedeckt.

Rechtsgrundlagen: §§ 21, 23 Nr. 2–4 SGB II

Erläuterungen: Der Bedarf zum Lebensunterhalt für Leistungsberechtigte im SGB II wird durch einen pauschal betragsmäßig festgeschriebenen →Regelbedarf abgedeckt. Abweichungen von diesem Betrag in individuell atypischen Bedarfssituationen sind grundsätzlich weder nach oben noch nach unten vorgesehen. Nur in einigen, im SGB II abschließend aufgeführten Situationen kann ein über den Regelbedarf hinaus gehender Mehrbedarf geltend gemacht werden. § 21 enthält folgende Mehrbedarfe:

- einen Mehrbedarf für **Schwangere** nach der 12. Schwangerschaftswoche (17%),

- einen Mehrbedarf für **Alleinerziehende**, dessen Umfang sich nach Anzahl und Alter der Kinder richtet (36% bzw 12% pro Kind),

- einen Mehrbedarf für Leistungsberechtigte, die bestimmte **Leistungen der Rehabilitation und Teilhabe für behinderte Menschen** erhalten, nach Ermessen auch noch nach deren Abschluss, (35%)

- einen Mehrbedarf für **krankheitsbedingte kostenaufwändige Ernährung**, wobei sich die Praxis an den einschlägigen Empfehlungen des Deutschen Vereins für öffentliche und private Fürsorge orientiert,

- einen Mehrbedarf für **unabweisbare, laufende atypische Bedarfssituationen;**

dieser Mehrbedarf wurde als Reaktion auf die Entscheidung des BVerfG zur Verfassungskonformität der Regelleistungen in § 21 SGB II eingefügt, einmalig auftretende Bedarfssituationen sind davon allerdings nicht umfasst. Die Bundesagentur für Arbeit hat in ihren Fachlichen Hinweisen zu § 21 präzisiert, wann ein solcher Mehrbedarf anzuerkennen sein soll. Dabei handelt es sich allerdings nur um eine Verwaltungsvorschrift, die nicht ausschließt, dass Hilfeempfängern auch in anderen, dort nicht genannten Situationen ein Mehrbedarf zusteht.

Die Summe der Mehrbedarfe darf den maßgebenden Regelbedarf nicht überschreiten, wobei allerdings die in § 21 Abs. 6 SGB II neu geregelten unabweisbaren, laufenden atypischen Bedarfe nicht mitgerechnet werden. Gleiches gilt für den ebenfalls neu eingefügten Abs. 7, der einen **Mehrbedarf für dezentrale Warmwassererzeugung** für Haushalte vorsieht, in denen Kosten hierfür nicht gesondert ausgewiesen und somit nicht im Rahmen der Unterkunftskosten nach § 22 SGB II berücksichtigt werden können. Die Höhe dieses Mehrbedarfs bemisst sich prozentual an einem jeweils bestimmten Regelbedarf, wobei in begründeten Einzelfällen Abweichungen möglich sind.

Für Sozialgeldempfänger enthält § 23 Nr. 2–4 SGB II einige abweichende Mehrbedarfsregelungen, insbesondere einen zusätzlichen Mehrbedarf für **voll Erwerbsgeminderte mit Merkzeichen G** im Schwerbehindertenausweis. Treten unabweisbare Bedarfssituationen auf, die sich keiner der Mehrbedarfsregelungen zuordnen lassen, etwa weil es sich bloß um einmalige und nicht um laufende Bedarfe handelt, bleibt als Auffangmechanismus nur das →**Darlehen** nach § 23 Abs. 1 SGB II.

Literaturhinweise:
Klerks, Die neue „Härtefallregelung" des Bundesverfassungsgerichts zum SGB II – Inhalt und Konsequenzen, info also 2010, 56; *Bundesagentur für Arbeit*, Fachliche Hinweise zu § 21 SGB II, Rn 21.37 ff

Meldepflicht

Definition: Die Meldepflicht ist eine besondere Mitwirkungspflicht des erwerbsfähigen Leistungsberechtigten, die dem

Ziel der Prüfung der Leistungsvoraussetzungen für Arbeitslosengeld II oder Eingliederungsleistungen dient.

Rechtsgrundlagen: §§ 32, 59 SGB II; §§ 309, 310 SGB III

Erläuterungen: Die Meldepflicht erfüllt zunächst den Zweck, im Rahmen einer Besprechung mit dem Berechtigten die Voraussetzungen der Leistungsgewährung möglichst schnell aufklären zu können. Entsprechendes gilt, wenn die Erbringung von →**Eingliederungsleistungen** in Betracht kommt oder ein Untersuchungstermin bei einem Arzt oder Psychologen durchzuführen ist. Die insgesamt in Betracht kommenden **Meldezwecke** sind in § 309 SGB III aufgezählt. Diese Regelung ist im Rahmen der Grundsicherung für Arbeitsuchende nach § 59 SGB II entsprechend anzuwenden. Daraus ergibt sich eine Pflicht zum **persönlichen Erscheinen**; jedoch keine über das bloße Erscheinen hinausgehende Mitwirkungsobliegenheit (Eicher/Spellbrink/*Blüggel* § 59 Rn 13). Allgemeine **Mitwirkungspflichten** (§§ 60 ff SGB I) bleiben daneben ergänzend anwendbar.

Die Meldepflicht ist zu erfüllen, sobald das Jobcenter zum persönlichen Erscheinen auffordert. Darüber, ob und wann eine **Meldeaufforderung** erfolgt, muss das Jobcenter nach pflichtgemäßem Ermessen entscheiden. Grenzen für die Verpflichtung, einer Meldeaufforderung nachzukommen, ergeben sich aus den allgemeinen Regelungen zu Grenzen der **Mitwirkungspflichten** (vgl § 65 SGB I) insbesondere bei Unverhältnismäßigkeit oder beim Vorliegen eines **wichtigen Grundes** (zB Vorstellungstermin bei einem Arbeitgeber, dringende unaufschiebbare persönliche Angelegenheit wie eine Trauerfeier oder ein Gerichtstermin, Erkrankung, die zur Reiseunfähigkeit führt).

Die Meldeaufforderung stellt regelmäßig einen Verwaltungsakt dar. Mit dem **Aufforderungsschreiben** muss auch der Meldezweck mitgeteilt werden (BSG 9.11.2010 – B 4 AS 27/10 R). Jedenfalls muss zumindest stichwortartig benannt werden, worum es bei dem vorgesehenen Meldetermin gehen wird. Zeitpunkt und Ort, an die die Meldung zu erfolgen hat, müssen konkret angegeben sein.

Auf gesondertem Antrag hin können notwendige **Reisekosten**, die aus Anlass der Meldung entstehen, übernommen werden (§ 309 Abs. 4 SGB III). Hierüber entscheidet der SGB II-Träger nach pflichtgemäßem Ermessen.

Wird die Meldepflicht nicht erfüllt, so **mindert** sich gemäß § 32 SGB II der Leistungsanspruch auf Arbeitslosengeld II um 10 % des maßgebenden Regelbedarfs für drei Monate. Voraussetzung für die Minderung ist eine schriftliche →**Rechtsfolgenbelehrung** oder die bereits bestehende dem gleichzusetzende Kenntnis über die Rechtsfolgen eines Meldeversäumnisses. Bei Meldepflichtversäumnissen kann die Leistung grundsätzlich nicht nach § 66 SGB I versagt werden. Wird lediglich der vorbestimmte Zeitpunkt versäumt und erfolgt die Meldung **noch am gleichen Tag**, so wird regelmäßig der Meldezweck noch erfüllt werden können. In diesem Falle tritt keine Sanktion ein (§ 309 Abs. 3 S. 2 SGB III).

Bei einem →**Umzug** ändert sich die örtliche Zuständigkeit des Jobcenters (§ 36 SGB II). Der Leistungsberechtigte muss sich unverzüglich bei dem nunmehr örtlich zuständigen Träger melden (§ 59 SGB II, § 310 SGB III). Die Meldepflicht gilt hier unabhängig von einer sprechenden Aufforderung des Jobcenters. Wird die Meldung unterlassen, droht der vollständige Verlust des Leistungsanspruchs. Die Leistungsvoraussetzungen liegen nicht mehr vor, wenn sich der Berechtigte durch den Umzug nicht mehr innerhalb des maßgeblichen zeit- und ortsnahen Bereichs aufhält (→**Erreichbarkeit**).

Literaturhinweise:
Eicher/Spellbrink/*Blüggel*, SGB II-Kommentar, § 59 Rn 3 ff; LPK-SGB II/*Birk* § 59 Rn 2 ff; *Geiger*, Leitfaden zum Arbeitslosengeld II, 8. Aufl. 2011, S. 645 ff

Menschen mit Behinderungen

→**Teilhabe am Arbeitsleben**

Mietschulden

Definition: Mietschulden sind trotz Fälligkeit und dem Fehlen von Einwendungen oder Einreden nicht erfüllte Ansprüche auf Miete aus einem wirksamen Mietvertrag.

Rechtsgrundlagen: §§ 535, 543 Abs. 2 S. 1 Nr. 3, S. 2 BGB; § 22 Abs. 7 und 8 SGB II

Erläuterungen: Gerät der Mieter einer Wohnung für zwei aufeinander folgende Termine mit der Entrichtung der Miete oder eines nicht unerheblichen Teils der Miete in Verzug oder erreichen die Mietschulden in einem Zeitraum, der sich über zwei Termine hinaus erstreckt, mit einem Betrag in Verzug, der die Miete für zwei Monate erreicht, so ist der Vermieter zur fristlosen Kündigung berechtigt (§ 543 Abs. 2 S. 1 Nr. 3, S. 2 BGB). Die Kündigung wird allerdings unwirksam, wenn der Vermieter spätestens bis zum Ablauf von zwei Monaten nach Eintritt der Rechtshängigkeit des Räumungsanspruchs – dh des Tages der Zustellung der Räumungsklage beim Beklagten – befriedigt wird oder sich eine öffentliche Stelle – zB ein Grundsicherungs- oder Sozialhilfeträger – zur Befriedigung verpflichtet (§ 569 Abs. 3 BGB).

§ 22 Abs. 8 SGB II ermächtigt den Grundsicherungsträger dazu, eine Ermessensentscheidung darüber zu treffen, diese Schulden zu übernehmen, sofern Arbeitslosengeld II für den Bedarf für Unterkunft und Heizung erbracht wird und die Übernahme der Schulden zur Sicherung der Unterkunft gerechtfertigt ist. Ist die Übernahme der Miete gerechtfertigt und notwendig und droht sonst Wohnungslosigkeit, so steht die Übernahme im gebundenen Ermessen („soll"), so dass sie in typischen Fällen (im „Regelfall") zu übernehmen ist. Wird die Miete übernommen, so soll (gebundenes Ermessen, dh in typischen Fällen) dies in Form eines Darlehens geschehen (§ 22 Abs. 8 S. 4 SGB II).

Verfügt der Leistungsberechtigte über Vermögen, das innerhalb des Vermögensgrundfreibetrags des § 12 Abs. 2 S. 1 Nr. 1 SGB II liegt (150 EUR pro Lebensjahr, mindestens aber 3.100 EUR für jedes Mitglied der Bedarfsgemeinschaft, 3.100 EUR für jedes leistungsberechtigte minderjährige Kind), so hat er dieses vorrangig zur Schuldentilgung einzusetzen (§ 22 Abs. 8 S. 3 SGB II).

Erklärt der Vermieter aufgrund von Mietschulden die Kündigung und erhebt er, da der Mieter den Wohnraum nicht verlässt, Räumungsklage, so ist das Gericht verpflichtet, den Grundsicherungsträger bzw Sozialhilfeträger über den Tag des Eingangs der Klage, Namen und Anschriften der Parteien, die Höhe der monatlich zu entrichtenden Miete, die Höhe des geltend gemachten Mietrückstandes und der geltend gemachten Entschädigung sowie den Termin zur mündlichen Verhandlung zu informieren, damit der Grundsicherungsträger ermitteln kann, ob die Voraussetzungen für eine Übernahme der Mietschulden erfüllt sind und insbesondere, ob der Vermieter bei einer Schuldenübernahme bereit ist, die Unterkunft dem Mieter weiterhin zu überlassen. Es steht im Ermessen des Gerichts, auch über den Zeitpunkt der Rechtshängigkeit zu informieren, was insbesondere zur Beurteilung, ob es möglich ist, die Kündigung durch Verpflichtung zur Übernahme der Mietschulden unwirksam werden zu lassen, wichtig ist.

Eine Information über die in § 22 Abs. 9 S. 1 und 2 SGB II aufgeführten Umstände erfolgt nur dann nicht durch das Gericht, wenn offensichtlich ist, dass die Nichtzahlung der Miete auf anderen Gründen als einer Zahlungsunfähigkeit des Mieters beruht (§ 22 Abs. 9 S. 3 SGB II).

Entstehen Mietschulden oder Heizkostenschulden während des laufenden Bezugs von Grundsicherungsleistungen, so ist dies ein Anhaltspunkt dafür, dass die zweckentsprechende Verwendung der Grundsicherungsleistungen für Unterkunft und Heizung nicht sichergestellt ist. Dies berechtigt den Grundsicherungsträger in aller Regel dazu, die Leistungen für Unterkunft bzw für Heizung zukünftig unmittelbar an den Vermieter oder einen anderen Leistungsberechtigten zu zahlen (§ 22 Abs. 7 S. 2 und 3 SGB II).

Eine Übernahme von **Heizenergiekostenschulden** erfolgt unter denselben Voraussetzungen.

Literaturhinweise:
Kreikebohm/Spellbrink/Waltermann/*Knickrehm*, Kommentar zum Sozialrecht, 2009, § 22 SGB II

Mietspiegel

Definition: Mietspiegel sind Übersichten über ortsübliche Vergleichsmieten auf Gemeindeebene, die im SGB II als Anhaltspunkt für die Angemessenheit der Unterkunftskosten dienen können.

Rechtsgrundlagen: § 558 c BGB, § 22 c Abs. 1 S. 1 Nr. 1 SGB II

Erläuterungen: Der Bedarf für Unterkunftskosten als Bestandteil des Arbeitslosengeldes II ist im SGB II anders als die Regelleistung nicht betragsmäßig vorgegeben. Unterkunftskosten werden nach § 22 Abs. 1 S. 1 SGB II stattdessen in Höhe der tatsächlichen Aufwendungen berücksichtigt, soweit sie angemessen sind. Zur Konkretisierung des unbestimmten Rechtsbegriffs der Angemessenheit greift die Praxis (st. Rspr des BSG seit BSGE 97, 254) auf die →Produkttheorie zurück: Die Angemessenheitsgrenze entspricht demnach dem Produkt aus angemessener Wohnfläche und angemessenem Quadratmeterpreis.

Während für die Angemessenheit der Wohnfläche neben regionalen Besonderheiten vor allem die Bewohnerzahl maßgeblich ist, kommt es für die Beurteilung der Angemessenheit des Quadratmeterpreises auf die Gegebenheiten des örtlichen Wohnungsmarkts an. Diese müssen im Einzelfall sorgfältig anhand konkreter Erkenntnisse ermittelt werden. Als Erkenntnisquelle kommen hierfür örtliche Mietspiegel in Betracht. Diese können nach § 558 c BGB entweder von den Gemeinden oder von Mieter- und Vermieterverbänden gemeinsam erstellt oder anerkannt werden.

Ihre ursprüngliche mietrechtliche Funktion liegt in der Beurteilung der Rechtmäßigkeit einer Mieterhöhung. Da sie zu diesem Zweck aber eine Übersicht über ortsübliche Vergleichsmieten ermöglichen, bieten sie sich auch als Erkenntnisquelle für die Angemessenheit der Unterkunftskosten im SGB II an. Gesetzeszweck des § 22 SGB II ist es nämlich, das soziokulturelle Existenzminimum hinsichtlich der Wohnung zu sichern, wobei der Lebensstandard der Nichthilfeempfänger mit geringem Einkommen den Orientierungsmaßstab bildet. Daher ist es nach ständiger Rechtsprechung des BSG geboten, auf das untere Mietpreisniveau für Wohnungen mit bescheidenem Standard abzustellen (BSGE 102, 263).

Ist der Mietspiegel nach anerkannten wissenschaftlichen Grundsätzen erstellt worden, spricht § 558 d BGB von einem qualifizierten Mietspiegel. Nach der Rechtsprechung des BSG muss der zugrunde gelegte Mietspiegel nicht zwangsläufig ein qualifizierter Mietspiegel sein (NDV-RD 2010, 3), er muss aber Mindeststandards der systematischen Ermittlung und Bewertung genereller Tatsachen im maßgeb-

lichen Vergleichsraum genügen (BSG, NDV-RD 2010, 35) Nur wenn weder ein einfacher noch ein qualifizierter Mietspiegel zur Verfügung steht, ist ein Rückgriff auf andere Erkenntnisquellen zulässig. Das können Mietdatenbanken oder eigene Datensammlungen der kommunalen Träger sein, vorausgesetzt, sie genügen den erwähnten konzeptionellen Mindeststandards, oder als letzte Möglichkeit die Wohngeldtabelle zuzüglich eines „Sicherheitszuschlags" (so BSG 17.12.2009 – B 4 AS 50/09 R).

Ferner sind Mietspiegel von Bedeutung, wenn Kommunen auf landesrechtlicher Grundlage Satzungen über die Angemessenheit von Unterkunftskosten nach § 22 a SGB II erlassen. Hierbei sollen – dh regelmäßig müssen – Erkenntnisse aus Mietspiegeln, ggf in Kombination mit anderen Erkenntnisquellen, berücksichtigt werden (§ 22 c Abs. 1 S. 1 SGB II).

Literaturhinweise:
Butzer/Keller, „Grundsicherungsrelevante Mietspiegel" als Maßstab der Angemessenheitsprüfung nach § 22 SGB 2, NZS 2009, 65

Mitwirkungspflicht

Definition: Obliegenheit eines Antragstellers oder Leistungsberechtigten, an der Aufklärung des Sachverhaltes oder einer anderen, das Sozialrechtsverhältnis betreffenden Maßnahme mitzuwirken.

Rechtsgrundlagen: §§ 60 ff SGB I; § 21 Abs. 2 SGB X; §§ 2, 5 Abs. 3, 31 bis 32 SGB II

Erläuterungen: Der Erbringung von Sozialleistungen korrespondieren Mitwirkungsobliegenheiten der Antragsteller oder Leistungsempfänger. Der Gesetzgeber verlangt die Mitwirkung insbesondere dann, wenn sich ohne eine Mitwirkungshandlung der Sachverhalt nicht oder nur schwer aufklären lässt oder wenn Aufgabe, Ziel und Zweck eines Gesetzes ohne eine Mitwirkung des Betroffenen nicht erreicht werden können. Der Begriff „Obliegenheit" statt „Pflicht" kennzeichnet, dass die geforderten Handlungen im Falle einer Weigerung des Betroffenen nicht – zB im Wege der Vollstreckung – durch den Leistungsträger eingeklagt oder zwangsweise durchgesetzt werden können. Stattdessen knüpft der Gesetzgeber andere Rechtsfolgen (zB eine Leistungskürzung oder Leistungsversagung) an eine Verletzung. Unzutreffend verwendet der Gesetzgeber gleichwohl den Begriff „Pflicht" (vgl § 65 Abs. 1 SGB I).

Mitwirkungsobliegenheiten sind gleichzeitig Nebenpflichten aus dem Sozialrechtsverhältnis. Das Sozialrechtsverhältnis ist ein öffentlich-rechtliches (Dauer-) Schuldverhältnis (*Waltermann* Sozialrecht, Rn 22) zwischen Bürger und Leistungsträger, das infolge eines Beratungsbegehrens des Bürgers, der Antragstellung oder der Erbringung einer Sozialleistung entsteht (BSG 23.3.1972 – 5 RJ 63/70, BSGE 34, 124). Es verpflichtet beide Partner wechselseitig dazu, den jeweils anderen vor dem Eintritt eines vermeidbaren sozialrechtlichen Schadens zu bewahren. Auf Seiten des Bürgers zählen die Mitwirkungsobliegenheiten zu den Nebenpflichten aus dem Sozialrechtsverhältnis. Den Sozialleistungsträger trifft insbesondere eine umfassende Betreuungspflicht, welche u.a. die Pflicht zur Belehrung, Auskunft, verständnisvollen Förderung und zum Hinweis auf zweckdienliche Gestaltungsmöglichkeiten umfasst (BSG 14.11.1978 – 7 RAr 5/78). Der Sozialleistungsträger hat die ihm anvertrauten Interessen des Berechtigten behutsam zu wahren und ihm zu allen sozialen Rechten, insbesondere zu den Sozialleistungen, zu verhelfen, die ihm nach den Gesetzen zustehen (GK-SGB I/*Kretschmer* § 16 Rn 39 mwN). Im Falle einer Verletzung kann ein →**sozialrechtlicher Herstellungsanspruch** entstehen.

In den besonderen Teilen des Sozialgesetzbuchs sind Mitwirkungspflichten in unterschiedlichem Umfang geregelt. Die umfangreichsten Mitwirkungspflichten kennt das Grundsicherungsrecht für Arbeitsuchende (SGB II), dessen Zweck nicht nur das Fördern, sondern auch das Fordern ist (vgl §§ 1, 2 SGB II). Hier werden auch geringfügige Verstöße gegen Mitwirkungspflichten nach Maßgabe des § 31 a SGB II mit einer Leistungskürzung oder sogar mit einem Wegfall des Arbeitslosengeldes II sanktioniert. Den Jobcentern steht kein Ermessen zu, ob sie die Sanktionen des § 31 a SGB II setzen. Hierin zeigt sich eine deutliche Ausprägung des „aktivierenden Sozialstaats", der eigene Aktivität dessen verlangt, der Lebens-unterhaltsleistungen in Anspruch nehmen möchte.

Der allgemeine Teil des Sozialgesetzbuchs normiert Mitwirkungspflichten von Antragstellern und Leistungsempfängern in §§ 60 bis 64 SGB I, § 65 SGB I benennt – als Konkretisierung des Verhältnismäßigkeitsprinzips – Grenzen der Mitwirkung. So bestehen die Mitwirkungsobliegenheiten beispielsweise nicht, wenn ihre Erfüllung dem Betroffenen aus einem wichtigen Grund nicht zugemutet werden kann (§ 65 Abs. 1 Nr. 1 SGB I). Mitwirkungsobliegenheiten sind häufig höchstpersönliche Verfahrenshandlungen, die nur in eigener Person erfüllt werden können.

Die Folgen einer Verletzung von gesetzlich bestimmten Mitwirkungsobliegenheit regeln § 31 a SGB II, § 31 b SGB II und § 66 SGB I. Verstößt ein Antragsteller oder Leistungsberechtigter gegen eine durch §§ 60 bis 64 SGB I bestimmte Obliegenheit und liegt kein Fall des § 65 SGB I vor, so darf (Ermessen) der Leistungsträger nach Maßgabe des § 66 SGB I eine beantragte Leistung versagen bzw eine zu erbringende Leistung entziehen. Kommt der Betroffene nunmehr der von ihm verlangten Handlung nach, so erledigt sich der Verwaltungsakt über die Entziehung oder Versagung mit Wirkung für die Zukunft. Ob die für die Vergangenheit versagten oder entzogenen Leistungen rückwirkend erbracht werden, steht im pflichtgemäßen Ermessen des Leistungsträgers (§ 67 SGB I).

Verstößt der SGB II-Leistungsberechtigte gegen eine Obliegenheiten des § 31 SGB II, so erfolgt eine Sanktion in Gestalt einer Kürzung des Regelbedarfs (§ 31 a SGB II). Er kann die Sanktion grundsätzlich nicht abwenden oder mildern, indem er nach Erlass des Sanktionsverwaltungsaktes der Obliegenheit nachkommt. Nur bei einer wiederholten Verletzung der Mitwirkungsobliegenheit, die zum vollständigen Wegfall des Regelbedarfs geführt hat, darf (Ermessen) der Leistungsträger dem Leistungsberechtigten, die das 25. Lebensjahr noch nicht vollendet haben, ab diesem Zeitpunkt Leistungen für Unterkunft und Heizung erbringen (§ 31 a Abs. 2 S. 4 SGB II). Meldeversäumnisse im Sinne des § 32 SGB II führen ebenfalls zu einer Minderung des Regelbedarfs.

Literaturhinweise:
vom Rath WzS 2009, 321 ff

Mobilitätshilfen

Definition: Mobilitätshilfen sind zusätzliche Leistungen zur Unterstützung der Eingliederung und der Erwerbstätigkeit, insbesondere bei Fahrtkosten für die Wegstrecke zwischen Wohnung und Ausbildungs- oder Arbeitsstelle bzw dem Ort eines Vorstellungsgesprächs. Ausnahmsweise können auch weitere Kosten zB für Übernachtungen oder einen Umzug als Mobilitätshilfen gewährt werden.

Rechtsgrundlagen: § 16 Abs. 1 S. 2 SGB II iVm § 44 SGB III

Erläuterungen: Mobilitätshilfen sind Bestandteil der →**Eingliederungsleistungen**. Sie sind Teil der Leistungen aus dem Vermittlungsbudget (§ 44 SGB III), die auch bei der Grundsicherung für Arbeitsuchende gemäß § 16 Abs. 1 S. 2 SGB II entsprechend zu gewähren sind. Die Einbeziehung in die Generalklausel des § 44 SGB III führt zu dem Problem, dass eine Konkretisierung für die Leistungsgewährung aus dem Gesetz nicht mehr ohne Weiteres erkennbar ist. Nach der Durchführungsanweisung der Bundesagentur für Arbeit kommt die Gewährung von **Fahrtkosten** in folgenden Situationen in Betracht: Reisekosten zum Vorstellungsgespräch, Fahrtkosten für Pendelfahrten, Fahrtkosten zum Antritt einer Arbeits- oder Ausbildungsstelle. Wie bei allen Leistungen aus dem Vermittlungsbudget steht die Gewährung der Mobilitätshilfen grundsätzlich im pflichtgemäßen **Ermessen** (→**Ermessensleistung**) des Jobcenters. Ergeht jedoch die Aufforderung zu Aktivitäten im Rahmen von Eigenbemühungen oder Eingliederungsmaßnahmen, die mit Kosten verbunden sind, entweder innerhalb oder außerhalb von →**Eingliederungsvereinbarungen**, so reduziert sich das Ermessen. Von den Regelbedarfssätzen können die Aufwendungen regelmäßig nicht finanziert werden. Die Verletzung von Pflichten im Rahmen der Aktivierung kann daher nur dann sanktioniert werden, wenn die für die Erfüllung der Pflichten notwendigen Mobilitätshilfen gewährt worden sind. Die Gewährung von **Umzugskosten** kommt jedenfalls dann in Betracht, wenn sich die neue Arbeitsstelle außerhalb des Tagespendelbereichs befindet. Da Umzugskosten (→**Umzug**) allerdings bereits nach § 22 Abs. 3 SGB II zu gewähren sind, kommt eine Leistung im Rahmen des Vermittlungsbudgets als Mobilitätshilfe wohl nur im Zusammenhang mit Eingliederungsmaßnahmen in Betracht.

Literaturhinweise:
Stascheit/Winkler, Leitfaden für Arbeitslose, 27. Aufl. 2010, S. 49 ff; *Gagel/Bieback*, SGB II/ SGB III, § 45 Rn 104 ff, Kommentierungen zu § 45 SGB III aF

Nachranggrundsatz

Definition: Leistungen nach dem SGB II erhält grundsätzlich nur derjenige, der nicht aus eigener Kraft oder mithilfe Dritter in der Lage ist, seinen Lebensunterhalt sicherzustellen.

Rechtsgrundlagen: §§ 1 Abs. 2 S. 2, 2, 3 Abs. 3, 7 Abs. 1 S. 1 Nr. 3, 9, 12 a SGB II

Erläuterungen: Steuerfinanzierte Fürsorgeleistungen des SGB II soll nur erhalten, wer bedürftig ist, dh wer sich nicht selbst helfen kann und die erforderliche Hilfe auch nicht durch Dritte erhält. Grundsicherungsleistungen sind – wie übrigens auch Sozialhilfeleistungen – nachrangig gegenüber der Selbsthilfe und der Hilfe Dritter. Der Nachranggrundsatz zählt zu den Strukturprinzipien des Grundsicherungsrechtes.

Der Gesetzgeber hat den Nachranggrundsatz nicht nur in §§ 1 Abs. 2 S. 2, 2, 3 Abs. 3 SGB II, sondern insbesondere in § 7 Abs. 1 Nr. 3 SGB II iVm § 9 Abs. 1 SGB II manifestiert. Hier wird die →**Hilfebedürftigkeit** als Anspruchsvoraussetzung für Leistungen nach dem SGB II festgelegt und folgendermaßen definiert: „Hilfebedürftig ist, wer seinen Lebensunterhalt nicht oder nicht ausreichend aus dem zu berücksichtigenden Einkommen und Vermögen sichern kann und die erforderlich Hilfe nicht von anderen, insbesondere von Angehörigen oder von Trägern anderer Sozialleistungen, erhält."

Dass das Nachrangprinzip nicht absolut wirkt, zeigt sich an einer Vielzahl von Regelungen, die verfügbares Einkommen und Vermögen von einer Berücksichtigung ausnehmen, Freibeträge schaffen oder Arbeitsanreize schaffen. Insoweit wäre der Einzelne durchaus in der Lage, seinen Lebensunterhalt zu decken; insbesondere aus sozialpolitischen Gründen hat der Gesetzgeber jedoch auf eine Verwertung bzw auf einen Einsatz verzichtet.

Das Nachrangprinzip umschließt nicht nur die eigene Person, sondern auch diejenigen, die in familienhaften Beziehungen mit dem Antragsteller leben. Zwar begründet das SGB II keine gegenseitigen Unterhaltsverpflichtungen, auch gelten in Bezug auf das gegenseitige Einstehen der Mitglieder der Bedarfsgemeinschaften nicht die Kriterien des Unterhaltsrechts, gleichwohl behandelt das SGB II diejenigen, die in Bedarfsgemeinschaft leben, so, als ob sie gegenseitig einstandspflichtig bzw unterhaltspflichtig wären und – über den unterhaltsrechtlichen Selbstbehalt hinaus – alles, was sie nicht selbst für ein menschenwürdiges Leben benötigen, an die anderen Mitglieder weiterleiten müssten (BSG 15.4.2008 – B 14/7 b AS 58/06 R, Rn 39).

Dem Nachrangprinzip dient auch § 12 a SGB II, der die Leistungsberechtigten verpflichtet, Sozialleistungen anderer Träger zu beantragen und in Anspruch zu nehmen (→Aufforderung zur Antragstellung). Eine vorzeitige Inanspruchnahme von Renten aus der gesetzlichen Rentenversicherung vor Vollendung des 63. Lebensjahres – welche Rentenabschläge zur Folge hätte – mutet der Gesetzgeber den Leistungsberechtigten jedoch nicht zu. Dasselbe gilt in Hinblick auf die Geltendmachung von Wohngeldansprüchen oder des Kinderzuschlags nach dem BKGG, wenn dadurch die Hilfebedürftigkeit aller Mitglieder der Bedarfsgemeinschaft für einen zusammenhängenden Zeitraum von mindestens drei Monaten nicht beseitigt würde. § 12 a SGB II enthält jedoch keine Ermächtigung des Grundsicherungsträgers, Leistungen zu versagen oder zu kürzen, wenn der Antrag nicht gestellt wird. Der Grundsicherungsträger ist lediglich ermächtigt, den Antrag selbst zu stellen (§ 5 Abs. 3 SGB II).

Nahtlosigkeitsregelung

Definition: Die Nahtlosigkeitsregelung ist eine Sonderregelung des Arbeitsförderungsrechts, nach der ausnahmsweise von der Verfügbarkeit für Erwerbstätigkeiten als Leistungsvoraussetzung von Arbeitslosengeld I abgesehen wird. Sind Arbeitslose voraussichtlich mehr als sechs Monate gesundheitlich so stark beeinträchtigt, dass sie über kein Leistungsvermögen für eine mindestens 15 Wochenstunden umfassende Tätigkeit unter den üblichen Bedingungen des Arbeitsmarkts verfügen, kommt die Gewährung von Arbeitslosengeld I ausnahmsweise dennoch in Betracht. Die Nahtlosigkeitsregelung soll die Lücke nach dem auslaufenden Bezug von Krankengeld schließen; vor einer evtl Inanspruchnahme von Arbeitslosengeld II kann damit noch der Anspruch auf Arbeitslosengeld I ausgeschöpft werden.

Rechtsgrundlagen: § 145 SGB III

Erläuterungen: Verfügt der Leistungsberechtigte noch über **Ansprüche auf Arbeitslosengeld I** und ist er jedoch von **gesundheitlichen Einschränkungen** betroffen, besteht die Gefahr, dass dieser Anspruch verloren geht, wenn der Betroffene aufgrund seiner Einschränkungen der Arbeitsvermittlung nicht in ausreichendem Umfang zur Verfügung steht. Probleme entstehen dabei insbesondere, wenn ein **Antrag auf Erwerbsminderungsrente** beim Rentenversicherungsträger gestellt wurde. Der Leistungsberechtigte muss grundsätzlich eine versicherungspflichtige, mindestens 15 Stunden wöchentlich umfassende Tätigkeit auf dem für ihn in Betracht kommenden Arbeitsmarkt ausüben können. Häufig verweisen die Arbeitsagenturen auf Leistungen der Gesetzlichen Krankenversicherung (Krankengeld, §§ 44 ff SGB V) oder der Gesetzlichen Rentenversicherung (Erwerbsminderungsrente, § 43 SGB VI), die im Regelfall aber nicht nahtlos ineinander übergehen. Um Lücken zulasten der Leistungsberechtigten möglichst zu vermeiden, ist die **Nahtlosigkeitsregelung des § 145 SGB III** geschaffen worden. Von einem ausreichenden Leistungsvermögen wird ausgegangen, wenn folgende Voraussetzungen vorliegen:

(1) Der Anspruch auf Krankengeld bei Arbeitsunfähigkeit muss zuvor ausgeschöpft sein.

(2) Es muss nach Ansicht der Arbeitsagentur das Leistungsvermögen für mindestens sechs Monate unter 15 Stunden wöchentlich liegen; zusätzlich muss der Betroffene formell erklären, dass er arbeiten will, soweit er tatsächlich dazu in der Lage ist.

(3) Die Erwerbsminderung im Sinne der gesetzlichen Rentenversicherung darf

noch nicht bindend festgestellt worden sein.

Gemäß § 145 Abs. 2 SGB III hat die Arbeitsagentur den Betroffenen aufzufordern, innerhalb eines Monats einen **Antrag auf Leistungen zur** medizinischen **Rehabilitation** oder zur Teilhabe am Arbeitsleben zu stellen. Wenn der Betroffene nicht bei der Antragstellung mitwirkt, ruht der Anspruch auf Arbeitslosengeld I. Gleiches gilt, wenn bei der Feststellung einer in Betracht kommenden Erwerbsminderung nicht mitgewirkt wird. Allerdings wird in der Praxis auf die Verpflichtung zu einem Antrag häufiger verzichtet, wenn die Feststellungen des Rentenversicherungsträgers im laufenden **Erwerbsminderungsrentenverfahren** noch ausstehen. Bei einer ablehnenden Entscheidung des Rentenversicherungsträgers über den Rentenantrag bleibt § 145 SGB III weiter anwendbar. Dies gilt auch, wenn eine zeitlich befristete Erwerbsminderungsrente ausläuft und der Rentenversicherungsträger die Verlängerung der Rente ablehnt. Die **Sperrwirkung des** § 145 **SGB III** entfällt nur, wenn der Rentenversicherungsträger die Erwerbsminderung positiv festgestellt hat. Dann kann die Arbeitsagentur eigenständig ermitteln, ob der Betroffenetrotz Einschränkungen noch verfügbar ist – was bei teilweiser Erwerbsminderung auch in Betracht kommt. Ist eine **Erwerbsminderungsrente ausgeschlossen**, weil der Betroffene die versicherungsrechtlichen Voraussetzungen für die Erwerbsminderungsrente nach § 43 Abs. 1 SGB VI (allgemeinen Wartezeit von 60 Monaten und Zeiten der Versicherungspflicht in der Rentenversicherung in den letzten fünf Jahren mindestens 36 Monate) nicht erfüllt, kann die Nahtlosigkeitsregelung nicht eingreifen. Mangels Verfügbarkeit kann dann der Arbeitslosengeld I-Anspruch nicht ausgeschöpft werden und der Betroffene ist auf bei Bedürftigkeit auf Grundsicherung angewiesen. Dann muss im Rahmen der Grundsicherung geklärt werden, ob eine dauerhaft volle →**Erwerbsminderung** besteht.

Literaturhinweise:
Gagel/*Winkler*, SGB II/SGB III, § 125 SGB III Rn 8 ff; *Stascheit/Winkler*, Leitfaden für Arbeitslose, 27. Aufl. 2010, S. 100 ff

Nebenkosten (Miet-)

Definition: Mietnebenkosten, die der Mieter dem Vermieter mietvertraglich schuldet oder die vom Vermieter auf die Mieter umgelegt werden, zählen zu den Kosten der Unterkunft, soweit sie nicht durch den Regelbedarf abgedeckt sind.

Rechtsgrundlage: § 22 Abs. 1 SGB II

Erläuterungen: Leistungsberechtigte, die zur Miete wohnen, müssen als →**Unterkunftskosten** typischerweise neben der Kaltmiete laufende Zahlungen zur Abdeckung der Nebenkosten leisten. Diese Zahlungen zählen zu den Kosten der Unterkunft und müssen daher in tatsächlicher Höhe durch Leistungen nach § 22 Abs. 1 S. 1 SGB II abgedeckt werden, soweit sie angemessen sind. Voraussetzung dafür ist erstens, dass der Mieter dem Vermieter die Nebenkostenzahlungen tatsächlich schuldet, dh dass die entsprechenden Klauseln im Mietvertrag rechtmäßig sind. Maßgeblich ist hier auf § 556 Abs. 1 BGB iVm § 2 BetrKV abzustellen (BSGE 102, 274).

Zweitens muss es sich um Kosten handeln, die nicht durch den →**Regelbedarf** nach § 20 abgedeckt sind. Kosten der Unterkunft sind demnach zB Müll- und Schornsteinfegergebühren, Versicherungskosten sowie auch Ein- und Auszugsrenovierungskosten (Eicher/Spellbrink/*Lang/Link* § 22 Rn 22). →**Heizkosten** und →**Warmwasserbereitungskosten** werden in § 22 Abs. 1 S. 1 SGB II gesondert erwähnt. Demgegenüber werden andere Haushaltsenergiekosten, also insbesondere für Strom, vom Regelbedarf abgedeckt und fallen daher nicht unter § 22 Abs. 1 S. 1 SGB II.

Abgesehen davon gibt es zahlreiche **Abgrenzungsschwierigkeiten**, etwa bei Reinigungskosten oder Kabelfernsehgebühren. Eine Zuordnung solcher Kosten zu § 22 Abs. 1 S. 1 SGB II liegt im Einzelfall besonders dann nahe, wenn der Mieter nach dem Mietvertrag nicht die Möglichkeit hat, diesen Kosten zu entgehen, beispielsweise durch eigenhändige Ausführung der Treppenhausreinigung oder durch Verzicht auf die Empfangsmöglichkeit (so BSGE 102, 274 zu den Kosten für einen Breitbandkabelanschluss).

Werden Nebenkosten wie im Regelfall laufend durch Umlagen entrichtet, zählen auch gegebenenfalls zu leistende einmalige Nachzahlungen zu den Unterkunftskosten. Für **Rückzahlungen und Guthaben**, die eigentlich dem Begriff nach ein Einkommen im Sinne des § 11 Abs. 1 SGB II darstellen, enthält § 22 Abs. 3 SGB II eine Sonderregelung. Leistungen für Mietnebenkosten werden wie alle Leistungen für Unterkunftskosten grundsätzlich an die Leistungsberechtigten erbracht. Eine unmittelbare Zahlung an den Vermieter oder andere Empfangsberechtigte ist nur in den Fällen des § 22 Abs. 7 – also auf Antrag oder bei mangelnder Sicherstellung der zweckentsprechenden Verwendung durch den Mieter – zulässig. Bei der Beurteilung der Angemessenheit der Nebenkosten ist zu berücksichtigen, dass leicht überhöhte Nebenkosten durch eine entsprechend günstigere Kaltmiete ausgeglichen werden können. Für die Heizkosten soll diese „erweiterte Produkttheorie" nach der Rspr des BSG jedoch nicht gelten, ihre Angemessenheit ist vielmehr gesondert zu beurteilen, etwa unter Zugrundelegung einschlägiger →Heizkostenspiegel (BSGE 104, 41).

Literaturhinweise:
Eicher/Spellbrink/*Lang/Link* § 22 Rn 22 ff

Neufeststellungsantrag

→Überprüfungsantrag

Ombudspersonen

Definition: Ombudspersonen erfüllen die Aufgabe unparteiischer Schiedsleute zur Konfliktlösung außerhalb von Widerspruchs- und Klageverfahren.

Rechtsgrundlage: keine

Erläuterungen: Die Einrichtung von Ombudspersonen bei den für die Grundsicherung für Arbeitsuchende zuständigen Behörden ist im SGB II **nicht vorgeschrieben**. Die Träger der gemeinsamen Einrichtungen nach § 44 b SGB II sowie die zugelassenen kommunalen Träger nach §§ 6 a, 6 b SGB II können jedoch bei der Ausgestaltung ihrer Organisationsstrukturen entsprechende Stellen vorsehen. Sie dienen als Ansprechpartner für die Leistungsberechtigten im Konfliktfall mit den **Grundsicherungsträgern** zur Herbeiführung einer gütlichen Einigung. Im Idealfall sollen also bereits im Vorfeld der Inanspruchnahme von Rechtsmitteln Wege zu deren Vermeidung ausgelotet werden.

Die Möglichkeit zur Anrufung einer Ombudsperson steht förmlichen Rechtsschutzmöglichkeiten, seien es ein →Widerspruch, eine **Klage** oder ein Antrag auf →einstweiligen Rechtsschutz, nicht entgegen. Es kann gegebenenfalls notwendig sein, parallel zum Ombudsverfahren den Rechtsweg zu beschreiten, um Fristversäumnisse zu vermeiden. Möglich ist aber, dass ein bereits eingelegter Widerspruch im Einvernehmen der Parteien ruhend gestellt wird, um den Ausgang eines Ombudsverfahrens abzuwarten.

Literaturhinweise:
Bossong, Sozialverwaltung, 2010, Kap. 4.3.1

Persönlicher Ansprechpartner

Definition: Der Persönliche Ansprechpartner setzt den Grundsatz des Förderns um, indem er dem Leistungsberechtigten selber Dienstleistungen in Form von Beratung und Unterstützung erbringt und im Übrigen die Leistungen der Grundsicherung für Arbeitsuchende koordiniert und steuert.

Rechtsgrundlage: § 14 S. 1 SGB II

Erläuterungen: Mit dem **Grundsatz des Förderns** (§ 14 SGB II) verbindet der Gesetzgeber die Erwartung, dass das Ziel der Eingliederung in Arbeit im Wege eines **Fallmanagements**, dh methodisch mittels einer einzelfallorientierten Prozesssteuerung verfolgt wird (BT-Drucks. 15/1516, 54). Innerhalb dieses Prozesses ist der Fallmanager auf Behördenseite der zentrale Akteur, der die individuelle Situation der Leistungsberechtigten bewertet, auf dieser Grundlage erfolgversprechende Leistungsinstrumente auswählt und deren Einsatz koordiniert. § 14 Abs. 2 SGB II stellt klar, dass damit auch die Aufgabe verbunden ist, dem erwerbsfähigen Hilfebedürftigen und den Angehörigen seiner Bedarfsgemeinschaft als Ansprechpartner in Person gegenüberzutreten. Hierfür soll (dh im Regelfall muss) ein persönlicher Ansprechpartner benannt werden.

§ 14 S. 2 SGB II richtet sich an die Agentur für Arbeit, praktisch wird diese Aufgabe allerdings im Regelfall der gemeinsamen Einrichtung nach § 44 b SGB II, ansonsten dem zugelassenen kommunalen Träger nach §§ 6 a, 6 b SGB II zufallen.

Damit hat der persönliche Ansprechpartner zwei verschiedene Leistungsfunktionen: Einerseits erbringt er unmittelbar →**Dienstleistungen**, insbesondere Beratungs- und Unterstützungsleistungen, die nach der Rechtsprechung des BSG über die allgemeinen Informationspflichten aus §§ 14, 15 SGB I hinausgehen (BSG SozR 4-1200 § 14 Nr. 10). Zweitens bestimmt er maßgeblich, mit welchen →**Eingliederungsleistungen** nach §§ 16 ff SGB II das Ziel der Eingliederung in Arbeit (vgl § 14 S. 1 SGB II) erreicht werden soll und inwieweit diese gegebenenfalls zum Inhalt einer →**Eingliederungsvereinbarung** nach § 15 SGB II gemacht werden. Insbesondere obliegt ihm die Ausfüllung der damit verbundenen umfangreichen Ermessensspielräume.

Der Leistungsträger trägt die Verantwortung dafür, dass der von ihm benannte persönliche Ansprechpartner über die hierfür nötige **fachliche Qualifikation** verfügt (dazu BeckOKSozR-*Fahlbusch* § 14 SGB II Rn 4). Allerdings hat der Leistungsberechtigte keinen subjektiv-rechtlichen Anspruch darauf, dass ein bestimmter oder mit bestimmten Qualifikationen ausgestatteter persönlicher Ansprechpartner für ihn benannt wird (BSGE 104, 185). Der Leistungsträger kann aber objektiv-rechtlich gehalten sein, den persönlichen Ansprechpartner auszutauschen, etwa bei **Befangenheit** (§ 17 SGB X) oder wenn ein personeller Wechsel das Erreichen der Ziele nach § 14 S. 1 SGB II als aussichtsreicher erscheinen lässt.

Literaturhinweise:
Hebeler, Der persönliche Ansprechpartner nach dem SGB II – Organisatorische und personelle Anforderungen, DÖD 2005, 241; *Deutscher Verein*, Anforderungen an das Fallmanagement im SGB II, NDV 2009, 271

Pflegebedürftige

Definition: Pflegebedürftige im Sinne des Grundsicherungsrechts sind Personen, die wegen einer körperlichen, geistigen oder seelischen Krankheit oder Behinderung für wiederkehrende Verrichtungen im Ablauf des täglichen Lebens Hilfe bedürfen.

Rechtsgrundlagen: §§ 14 u. 15 SGB XI; § 61 SGB XII; § 1 Abs. 1 S. 4 Nr. 4 Alt. 2, § 10 Abs. 1 Nr. 4; § 16 a Nr. 1 Alt. 3 SGB II

Erläuterungen: Der Begriff der Pflegebedürftigkeit ist im Grundsicherungsrecht für Arbeitsuchende nicht definiert; vielmehr wird er in § 1 Abs. 1 S. 4 Nr. 4 Alt. 2 SGB II als bekannt vorausgesetzt. Dabei kann es sich auf die Begriffsbestimmungen im Pflegeversicherungsrecht und im Sozialhilferecht stützen.

Die Pflegebedürftigkeit ist insofern für die soziale →**Pflegeversicherung** zunächst grundlegend in § 14 SGB XI bestimmt. Danach sind Personen pflegebedürftig, die wegen einer körperlichen, geistigen oder seelischen Krankheit oder Behinderung iSd § 14 Abs. 2 SGB II für die gewöhnlichen und regelmäßig wiederkehrenden Verrichtungen im Ablauf des täglichen Lebens iSd § 14 Abs. 4 SGB XI auf Dauer, voraussichtlich für mindestens sechs Monate, in erheblichem oder höherem Maße iSd § 15 SGB XI der Hilfe iSd § 14 Abs. 3 SGB XI bedürfen. Aufgrund seiner Beschränkungen betreffend die Dauerhaftigkeit des Hilfebedarfs, des Grades des Hilfebedarfs iSd Zuordnungsfähigkeit zu einer der drei Pflegestufen des § 15 SGB XI sowie der Beschränkung der Verrichtungen, die den Hilfebedarf auslösen können, auf die Körperpflege, Ernährung, Mobilität und hauswirtschaftliche Versorgung, kann diese pflegeversicherungsrechtliche Definition auch als **enger Pflegebedürftigkeitsbegriff** bezeichnet werden. Die Restriktionen verdeutlichen, dass das Pflegeversicherungsrecht bewusst keinen vollständigen Ausgleich des Risikos der Pflegebedürftigkeit beabsichtigt, sondern aus sozialpolitischen – insbesondere ökonomischen Erwägungen – lediglich eine Teilabsicherung. Nicht zuletzt deshalb ist die ausdrückliche gesetzliche Beschränkung des Geltungsanspruchs der Begriffsdefinition auf das Recht der sozialen →**Pflegeversicherung** zu beachten (vgl § 14 Abs. 1 S. 1 SGB XI: „Pflegebedürftig im Sinne dieses Buches...").

Das Sozialhilferecht übernimmt zwar in § 61 Abs. 1 S. 1 SGB XII diesen engen Pflegebedürftigkeitsbegriff wörtlich, erweitert diesen aber in S. 2 dreifach dahin gehend (**erweiterter Pflegebedürftigkeitsbegriff**), dass Hilfe zur Pflege auch kranken und behinderten Menschen zu leisten ist,

- die voraussichtlich für weniger als sechs Monate Pflege bedürfen oder

- einen geringeren Bedarf haben oder

- die der Hilfe für andere Verrichtungen bedürfen.

Hieraus lässt sich der in obiger Definition vorgeschlagene Pflegebedürftigkeitsbegriff ableiten. Damit wird der Natur des Grundsicherungsrechts als zwar nachrangiges, aber umfassendes soziales Schutzsystem mit Auffangcharakter Rechnung getragen.

Bei Bestimmung des **Pflegebedürftigkeitsbegriffs iSd Grundsicherungsrechts für Arbeitsuchende** muss gleichermaßen auf die gesetzgeberische Intention abgestellt werden, um nicht unreflektiert vorgefundene Definitionen anderer Regelungsbereiche zu übernehmen. Die Verwendung des Begriffs in § 1 Abs. 1 S. 4 Nr. 3 Alt. 2 SGB II steht im Zusammenhang mit der Ausrichtung der Grundsicherungsleistungen, welche die familienspezifischen Lebensverhältnisse von erwerbsfähigen Hilfebedürftigen, die pflegebedürftige Angehörige betreuen, berücksichtigen müssen. Bedeutung erlangt dieses Ausrichtungsgebot v.a. in der Pflicht zur Rücksichtnahme, um die fortgesetzte Pflege möglichst nicht zu gefährden. Entsprechend wird diese Maßgabe bei der Bestimmung dessen aufgegriffen, was dem Hilfebedürftigen an Arbeit zumutbar ist (→**Zumutbarkeit**). § 10 Abs. 1 Nr. 4 SGB II bestimmt insoweit, dass dem erwerbsfähigen Hilfebedürftigen jede Arbeit zumutbar sei, es sei denn, dass u.a. die Ausübung der Arbeit mit der Pflege eines Angehörigen nicht vereinbar sei und die Pflege nicht auf andere Weise sichergestellt werden könne. Das Gesetz hat insoweit sowohl den auf die Pflege angewiesenen Pflegebedürftigen wie auch den pflegenden Angehörigen und dessen Konflikt im Blick, aufgrund der eigenen Hilfebedürftigkeit iSd Grundsicherungsrechts die verwandtschaftliche Solidarverpflichtung zur Pflege hintanzustellen. Diesen Interessen wird durch den erweiterten Pflegebedürftigkeitsbegriff besser Rechnung getragen als durch den engen (vgl im Ergebnis ebenso SG Berlin info also 2010, 271–272). Der erweiterte Pflegebedürftigkeitsbegriff entspricht zugleich dem sozialstaatlichen, auch ökonomischen Interesse an der Förderung der ambulanten vor der meist teu-

reren stationären oder teilstationären Pflege, die bei Nichtberücksichtigung unausweichlich wäre (so auch LPK-SGB II/*Münder* § 1 Rn 15 SGB II). Zugleich ermöglichen es die bestimmungsbedürftigen Begriffe der „Berücksichtigung" in § 1 Abs. 1 S. 4 Nr. 3 Alt. 2 SGB II und der „Zumutbarkeit" in § 10 Abs. 1 Nr. 4 SGB II, alle Umstände des Einzelfalls in eine Abwägung einzubeziehen; dabei kann dem konkreten Pflegebedarf einschließlich der Dauer, Erheblichkeit und der Art der Hilfeverrichtungen in individueller Weise Rechnung getragen werden.

Im Rahmen einer Ermessensleistung können zudem die **kommunalen Träger** der Grundsicherung (§ 6 Abs. 1 S. 1 Nr. 2 Alt. 1 SGB II) zu Verwirklichung einer ganzheitlichen umfassenden Betreuung und Unterstützung bei der Eingliederung in Arbeit als **Eingliederungsleistung** die häusliche Pflege von Angehörigen übernehmen, soweit dies für die Eingliederung des erwerbsfähigen Hilfebedürftigen in das Erwerbsleben erforderlich ist (§ 16 a Nr. 1 Alt. 3 SGB II). Angesichts der grundsätzlichen Subsidiarität des Grundsicherungsrechts gegenüber dem Pflegeversicherungsrecht (§ 5 Abs. 1 S. 1 SGB II) ist gerade hier der erweiterte Pflegebedürftigkeitsbegriff von Relevanz. Nachdem es sich ohnehin um eine Ermessensleistung handelt, die zudem am Maßstab der Erforderlichkeit zu messen ist, dürften auch seitens des **kommunalen Trägers** keine durchgreifenden Bedenken gegen die Übernahme dieses Begriffs auch insoweit bestehen.

Literaturhinweise:
Fichtner/Wenzel/*Lachwitz* § 61 SGB XII Rn 10–43; Grube/Wahrendorf/*Grube* § 61 SGB XII Rn 14–32; LPK-SGB II/*Münder* § 1 Rn 15; LPK-SGB II/*Thie* § 16 a Rn 7; LPK-SGB XII/*Krahmer* § 61 Rn 2–9; *Mrozynski* SGb 2009, 450–457; Schellhorn/Schellhorn/Hohm/*Schellhorn* § 61 SGB XII Rn 10–36; Udsching/*Udsching* § 14 u. 15 SGB XI

Pflegeversicherung

Definition: Pflegeversicherung ist die Absicherung des Risikos der Pflegebedürftigkeit im Sinne der §§ 14, 15 SGB XI als Versicherter der sozialen Pflegeversicherung (vgl §§ 20–27 SGB XI) oder über einen Versicherungsvertrag mit einem privaten Versicherungsunternehmen, der Vertragsleistungen vorsieht, die nach Art und Umfang – unter Geltung des Kostenerstattungs- statt des Sachleistungsprinzips – den Leistungen der sozialen Pflegeversicherung (§§ 28–45 SGB XI) gleichwertig sind (§ 23 Abs. 1 SGB XI).

Rechtsgrundlagen: §§ 20–27 (v.a. § 20 Abs. 1 S. 1 Nr. 2 a), §§ 1 Abs. 2, 23, 110 f SGB XI; § 26 Abs. 2 SGB II

Erläuterungen: Unter den Begriff der Pflegeversicherung rechnet man zum einen die soziale Pflegeversicherung nach dem SGB XI, zum anderen die mit privaten Versicherungsunternehmen vertraglich begründete Absicherung des **Risikos der Pflegebedürftigkeit** (vgl hierzu →**Pflegebedürftige**). Kennzeichnend ist die nach § 1 Abs. 2 SGB XI im Grundsatz für jeden angeordnete Vorsorgeverpflichtung für den Eintritt der Pflegebedürftigkeit, wobei die vertraglich vereinbarten Leistungen denjenigen der sozialen Pflegeversicherung nach Art und Umfang gleichwertig sein müssen (§ 23 Abs. 1 S. 2 SGB XI). Der Versichertenkreis der sozialen Pflegeversicherung ergibt sich insoweit aus die §§ 20–27 SGB XI; derjenige der privaten Pflegeversicherung aus § 1 Abs. 2 S. 2 iVm § 23 Abs. 1 S. 1 SGB XI.

Versicherungspflichtig in der **sozialen Pflegeversicherung** sind die versicherungspflichtigen Mitglieder der gesetzlichen Krankenversicherung (§ 20 Abs. 1 S. 1 SGB XI). Darunter fallen gemäß § 5 Abs. 1 Nr. 2 a SGB V auch Arbeitslosengeld II-Bezieher, soweit sie in der gesetzlichen Krankenversicherung nicht familienversichert sind, es sei denn, dass Arbeitslosengeld II nur darlehensweise gewährt wird oder nur Leistungen nach § 24 Abs. 3 S. 1 SGB II erbracht werden. Insoweit wiederholt § 20 Abs. 1 S. 2 Nr. 2 a SGB XI nach richtigem Verständnis (vgl hierzu Kreikebohm/Spellbrink/Waltermann/*Berchthold*, Kommentar zum Sozialrecht, § 20 SGB XI Rn 6) lediglich deklaratorisch den Wortlaut des § 5 Abs. 1 Nr. 2 a SGB V. Wegen der allein konstitutiven Bestimmung in § 20 Abs. 1 S. 1 SGB XI gilt der Zusatz in § 5 Abs. 1 Nr. 2 a aE SGB V, nach welchem die Versicherungspflicht fortbesteht, auch wenn die Entscheidung, die zum Bezug der Leistung geführt hat, rückwirkend aufgehoben oder die Leistung zurückgefordert oder zurückgezahlt worden ist, auch für

das Pflegeversicherungsrecht, obwohl er in § 20 Abs. 1 S. 2 Nr. 2 a SGB XI nicht ausdrücklich erwähnt wird (vgl zur diesbezüglichen Schadloshaltung der Bundesagentur →**Beitragsersatz** und →**Beitragserstattung**). Nach der gleichen Überlegung ist die Diskrepanz aufzulösen, die dem Fehlen einer dem Ausnahmetatbestand des § 5 Abs. 5 a SGB V entsprechenden Bestimmung des Pflegeversicherungsrechts geschuldet ist. Demnach sind Arbeitslosengeld II-Bezieher in der sozialen Pflegeversicherung nicht versicherungspflichtig, wenn sie unmittelbar vor dem Bezug von Arbeitslosengeld II privat krankenversichert waren oder weder gesetzlich noch privat krankenversichert waren und zu den in § 5 Abs. 5 SGB V genannten hauptberuflich Selbstständigen bzw zu den in § 6 Abs. 1 oder 2 SGB V genannten versicherungsfreien Personen gehören oder bei Ausübung ihrer beruflichen Tätigkeit im Inland gehört hätten (vgl zum Übergangsrecht: § 5 Abs. 5 a S. 2 SGB V). Da die Versicherungspflicht nach § 5 Abs. 1 Nr. 2 a SGB V iVm § 20 Abs. 1 S. 1 und S. 2 Nr. 2 a SGB XI ausdrücklich auf Bezieher von →**Arbeitslosengeld II** (§ 19 Abs. 1 S. 1 SGB II) beschränkt ist, sind Bezieher von →**Sozialgeld** (§ 19 Abs. 1 S. 2 SGB II) hiervon nicht erfasst, jedoch regelmäßig über die Familienversicherung mitversichert (§ 10 SGB V und § 25 SGB XI). Die **Beitragslast** trägt der Bund (§ 59 Abs. 1 S. 1 Hs 1 SGB XI iVm § 251 Abs. 4 SGB V); die Zahlung erfolgt über die Bundesagentur für Arbeit bzw den zugelassenen kommunalen Träger (§ 60 Abs. 1 S. 2 SGB XI iVm § 252 Abs. 1 S. 2 SGB V).

Nicht in der sozialen Pflegeversicherung versichert sind somit jedenfalls diejenigen Personen, die bei einem privaten Krankenversicherungsunternehmen versichert sind (§ 20 Abs. 1. S. 1 SGB XI e contrario). Diese müssen nach § 1 Abs. 2 S. 2 iVm § 23 Abs. 1 SGB XI eine **private Pflegeversicherung** abschließen, welche ab Eintritt der Versicherungspflicht Vertragsleistungen vorsieht, die nach Art und Umfang der Leistung der sozialen Pflegeversicherung gemäß §§ 28–45 SGB XI entsprechen (vgl zu den Ausnahmen § 23 Abs. 5 SGB XI). Weitere Gruppen von Abschlussverpflichteten nennt § 23 Abs. 2–4 SGB XI. Nähere Regelungen zur privaten Pflegeversicherung enthalten

§ 23 Abs. 6 sowie §§ 110 u. 111 SGB XI. Zwar trägt der Grundsicherungsträger nicht die vom privat Versicherten zu zahlenden Beiträge. Er übernimmt aber nach Maßgabe des § 26 Abs. 2 SGB II einen →Beitragszuschuss.

Literaturhinweise:
Grüger KrV 2005, 16–18; Kreikebohm/Spellbrink/Waltermann/*Berchthold*, Kommentar zum Sozialrecht, § 20 SGB XI Rn 6; LPK-SGB II/*Birk*, 3. Aufl., § 28 Rn 22; LPK-SGB II/*Birk* § 26 Rn 41–42; Udsching/*Udsching* § 20 Rn 2–4, 18

Produkttheorie

Definition: Nach der Produkttheorie ist das Produkt aus einer abstrakt angemessenen Quadratmeteranzahl und einem abstrakt angemessenen Quadratmeterpreis für bescheidenen Wohnraum im räumlichen Vergleichsraum Maßstab für die Angemessenheit von Unterkunftskosten.

Rechtsgrundlage: § 22 Abs. 1 SGB II

Erläuterungen: Ansprüche auf Grundsicherungsleistungen bestehen, wenn ein Antragsteller – ggf gemeinsam mit der Bedarfsgemeinschaft – nicht in der Lage ist, den Bedarf zum Lebensunterhalt durch eigene Mittel – einschließlich der durch Dritte überlassene Mittel – sicherzustellen. Zu dem Lebensunterhaltsbedarf gehören nach § 22 Abs. 1 SGB II neben anderen Bedarfspositionen die tatsächlichen Unterkunftskosten, soweit sie angemessen sind (§ 22 Abs. 1 S. 1 SGB II).

Zur Ermittlung der Angemessenheit von Unterkunftskosten wendet das BSG ein Mehrstufenschema an (BSG 23.3.2010 – B 8 SO 24/08 R, NDV-RR 2010, S. 127, 129). Zunächst wird die abstrakt angemessene Unterkunftsgröße festgestellt (zB für einen Alleinstehenden in Hessen 45 Quadratmeter). Im nächsten Schritt ist zu ermitteln, was für eine abstrakt als angemessen eingestufte Wohnung (zB 45 Quadratmeter) auf dem für den Antragsteller maßgeblichen Wohnungsmarkt (in der Regel ist insoweit der Wohnort des Antragstellers maßgebend) für Wohnungen, die nach Ausstattung, Lage und Bausubstanz einfachen und grundlegenden Bedürfnissen genügen, keinen gehobenen Wohnstandard aufweisen und damit ein einfaches und bescheidenes Leben ermöglichen, durchschnittlich aufzuwenden ist.

Der dritte Schritt – von dem sich der Begriff Produkttheorie ableitet – besteht aus der Multiplikation der abstrakt angemessenen Unterkunftsgröße mit dem Quadratmeterpreis für eine bescheidene Unterkunft. Das Produkt aus diesen Faktoren bestimmt die abstrakt angemessene Unterkunftskostenhöhe. Bis zu dieser Höhe sind die tatsächlichen Unterkunftskosten eines Antragstellers bzw der Bedarfsgemeinschaft in jedem Fall angemessen. Hierin unterscheidet sich die Produkttheorie von der früher vertretenen Kombinationstheorie, nach der eine Unterkunft bereits dann unangemessen sein sollte, wenn einer der Faktoren (Anzahl der Quadratmeter oder Quadratmeterpreis) unangemessen hoch war.

Sind die Unterkunftskosten im Einzelfall höher als die abstrakt angemessenen Unterkunftskosten, so ist eine Berücksichtigung des unangemessenen Anteils nicht ausgeschlossen. Ist eine bedarfsgerechte, kostengünstigere Unterkunft konkret nicht verfügbar (sog. konkrete Angemessenheit), dem Leistungsberechtigten nicht zugänglich oder ein Umzug aus subjektiven Gründen unzumutbar, so ist auch der unangemessene Unterkunftsanteil zu berücksichtigen. Zwar bestimmt § 22 Abs. 1 S. 3 SGB II, dass unangemessene Unterkunftskosten in der Regel längstens für sechs Monate übernommen werden; ist eine Absenkung der Unterkunftskosten jedoch im Laufe dieser Zeit nicht möglich oder unzumutbar, so sind die Unterkunftskosten weiterhin in tatsächlicher Höhe zu berücksichtigen.

Hat der Leistungsberechtigte jedoch die Möglichkeit, seine Unterkunftskosten auf eine angemessene Höhe zu senken – durch Untervermietung, Umzug oder auf andere Weise – und nimmt er diese nicht wahr, obwohl dies zumutbar wäre, so werden nur noch die angemessenen Unterkunftskosten berücksichtigt.

Literaturhinweise:
Kreikebohm/Spellbrink/Waltermann/*Knickrehm*, Kommentar zum Sozialrecht, § 22 SGB II, Rn 10 ff, 16

Prozesskostenhilfe

Definition: Die Prozesskostenhilfe ist eine staatliche Unterstützungsleistung, die sicherstellen soll, dass trotz wirtschaftlicher Bedürftigkeit Ansprüche gerichtlich geltend gemacht werden können und eine Verteidigung vor Gericht ordnungsgemäß erfolgen kann.

Rechtsgrundlagen: §§ 114–127 ZPO

Erläuterungen: Prozesskostenhilfe wird nur für ein **gerichtliches Verfahren** gewährt. Für den außergerichtlichen Bereich gibt es die Möglichkeit, →**Beratungshilfe** zu beantragen. Die Prozesskostenhilfe muss gesondert beantragt werden. Der **Antrag** setzt voraus, dass der Betroffene **wirtschaftlich bedürftig** ist. Davon kann bei Grundsicherungsberechtigten regelmäßig ausgegangen werden. Probleme können sich beim Vorhandensein von Schonvermögen ergeben. § 115 Abs. 3 ZPO sieht vor, dass →**Vermögen** einzusetzen ist, soweit dies zumutbar ist. Als Zumutbarkeitsgrenze wird allein auf § 90 SGB XII und damit auf die Grenzen verwiesen, die beim Bezug von Sozialhilfeleistungen gelten (zB 2.600 EUR Barvermögen für Alleinstehende). Wer höheres →**Vermögen** hat, kann Probleme bekommen. Die Vermögensfreigrenzen im Rahmen des SGB II liegen jedoch deutlich höher. Zur Darlegung der persönlichen und wirtschaftlichen Verhältnisse muss ein Formular ausgefüllt werden. Als weitere Voraussetzung muss für die gerichtliche Rechtsverfolgung **hinreichende Erfolgsaussicht** bestehen. Hierfür darf aber kein zu strenger Maßstab angelegt werden. Jedenfalls dann, wenn das Sozialgericht nach dem Vortrag im Zusammenhang mit der Klage weitere Ermittlung des Sachverhalts durchführen muss und das Ergebnis damit offen erscheint, kann von hinreichender Erfolgsaussicht ausgegangen werden. In der Praxis ist allerdings zu bemerken, dass einzelne Sozialgerichte dennoch strengere Maßstäbe zugrunde legen und die Prozesskostenhilfe erst gewähren, wenn eine überwiegende Erfolgswahrscheinlichkeit gegeben ist. Wenn eine Rechtsfrage erkennbar eindeutig zu Ungunsten des Betroffenen zu entscheiden ist, bestehen keine hinreichenden Erfolgsaussichten. Dann wird die Bewilligung von Prozesskostenhilfe abgelehnt. Gegen eine **ablehnende Entscheidung** kann Beschwerde zum Landessozialgericht erhoben werden. Das Verfahren über die Bewilligung von Prozesskostenhilfe wie auch ein etwaiges Beschwerdeverfahren ist für den Betroffenen kostenfrei. Bei Ablehnung der Prozesskostenhilfe wegen mangelnder Erfolgsaussichten kann das eigentliche gerichtliche Verfahren weiterbetrieben werden. Allerdings ist davon auszugehen, dass das Gericht gegenwärtig nicht positiv entscheiden wird. Erfolgversprechend ist daher das weitere Vorgehen regelmäßig nur dann, wenn neue Tatsachen und Beweismittel vorgebracht werden können. Bei anwaltlicher Vertretung ohne Bewilligung von Prozesskostenhilfe fallen Rechtsanwaltsgebühren an, die nur im Falle des Erfolgs am Ende des Verfahrens erstattet werden. Die Bewilligung von Prozesskostenhilfe umfasst nur die Freistellung von eigenen Anwaltskosten und von Gerichtskosten. Gerichtskosten fallen bei sozialgerichtlichen Verfahren ohnehin nicht an. Die Kosten der Gegenseite müssen auch bei Gewährung von Prozesskostenhilfe getragen werden, sofern das Verfahren an Ende nicht gewonnen wird. Allerdings können bei sozialgerichtlichen Verfahren öffentliche Träger auch dann keine eigenen Kosten geltend machen, wenn sie das Verfahren gewinnen (→**Sozialgericht**).

Literaturhinweise:
Zimmermann, Das Hartz-IV-Mandat, 2. Aufl. 2011, S. 262 ff; LPK-SGB II/*Conradis,* 4. Aufl. 2011, Rn 108 ff; *Geiger,* Leitfaden zum Arbeitslosengeld II, 8. Aufl. 2011, S. 754 ff

Psychosoziale Betreuung/ Beratung

Definition: Psychosoziale Betreuung gehört zu den kommunalen Eingliederungsleistungen, die erwerbsfähigen Hilfebedürftigen als Leistungen zur Eingliederung in Arbeit erbracht werden können.

Rechtsgrundlage: § 16 a Nr. 3 SGB II

Erläuterungen: Psychosoziale Betreuung ist ein Sammelbegriff für **Maßnahmen, die der psychischen und sozialen Stabilisierung des Betroffenen dienen** (LSG NRW 23.2.2010 – L 1 AS 36/09). Als kommunale Eingliederungsleistung setzt psychosoziale Betreuung nach § 16 a SGB II voraus, dass der Leistungsempfänger erwerbsfähig und hilfebedürftig ist. Psychosoziale Betreuungsmaßnahmen mit dem Ziel, die **Erwerbsfähigkeit** erst herzustellen, kommen in diesem Zusammenhang schon deswegen nicht in Betracht. Weiter setzt § 16 a SGB II voraus, dass die psychosoziale Betreuung für die Eingliederung in das Erwerbsleben erforderlich ist.

Der Anwendungsbereich ist damit enger als der der **Hilfen zur Überwindung besonderer sozialer Schwierigkeiten** nach dem 8. Kap. SGB XII, die einerseits auch nicht Erwerbsfähigen offen stehen und andererseits auf die gesellschaftliche Teilhabe insgesamt abzielen. In ihrem engen Anwendungsbereich gehen Leistungen nach § 16 a SGB II aber den Leistungen nach dem 8. Kap. SGB XII und auch nach § 73 SGB XII vor (so zB bei der psychosozialen Betreuung erwerbsfähiger Frauen in einem Frauenhaus, s. Gagel/*Kothe* § 16 a SGB II Rn 18).

Auch wenn diese Voraussetzungen vorliegen, stellt es § 16 a SGB II ins **Ermessen** der zuständigen Behörde, ob und welche psychosozialen Betreuungsleistungen im Einzelfall erbracht werden. Bei der Ermessensausübung ist das in § 16 a SGB II ausdrücklich formulierte Ziel der ganzheitlichen und umfassenden Unterstützung bei der Eingliederung in Arbeit zu beachten, insbesondere auch mit Hinblick auf die Erfolgswahrscheinlichkeit (*Fahlbusch* NDV 2010, 140).

Zuständig ist nach § 6 Abs. 1 S. 1 Nr. 2 SGB II der **kommunale Träger**. Im gesetzlichen Regelfall wird allerdings auch die Aufgabe der psychosozialen Betreuungsleistungen von der gemeinsamen Einrichtung nach § 44 b SGB II wahrgenommen; die Kommune selbst nimmt die Aufgabe nur dann wahr, wenn sie als Optionskommune nach §§ 6 a, 6 b zugelassen worden ist oder wenn ihr die Aufgabenerfüllung nach § 44 b Abs. 4 SGB II rückübertragen worden ist. Aus § 17 Abs. 1 S. 1 SGB II folgt, dass vorrangig existierende Beratungsangebote als Leistungserbringer eingeschaltet werden sollen. Psychosoziale Betreuung nach § 16 a Nr. 3 SGB II bietet daher auch den Trägern der →freien **Wohlfahrtspflege** umfangreiche Betätigungsmöglichkeiten.

Literaturhinweise:
Fahlbusch, Gutachten vom 26. Juni 2009 – G 01/09: Eingliederungsleistungen nach § 16 a SGB II, NDV 2010, 93 und 140

Rechtsaufsicht

Definition: Rechtsaufsicht ist die Kontrolle des Verwaltungshandelns auf seine Rechtmäßigkeit hin durch eine Aufsichtsbehörde.

Rechtsgrundlagen: §§ 47, 48 SGB II

Erläuterungen: Im Gegensatz zur Fachaufsicht beschränkt sich die Rechtsaufsicht auf eine reine Rechtmäßigkeitskontrolle des Verwaltungshandelns. Die Rechtsaufsicht kann somit insbesondere nicht die Zweckmäßigkeit von Ermessensentscheidungen nachprüfen, sondern nur, ob der **rechtliche Rahmen** eingehalten worden ist. Eine reine Rechtsaufsicht ist im SGB II an zwei Stellen vorgesehen:

Erstens ist die Aufsicht über die gemeinsamen Einrichtungen nach § 44 b SGB II betroffen. Die gemeinsamen Einrichtungen unterliegen bei ihrer Aufgabenerfüllung eigentlich den rechtlichen und fachlichen Weisungen des für die jeweilige Aufgabe zuständigen **Grundsicherungsträgers**, dh der Agentur für Arbeit oder der Kommune. Nur bei Aufgaben, die in die **Zuständigkeit der Trägerversammlung** nach § 44 c SGB II fallen, existiert nach § 47 Abs. 3 SGB II eine reine Rechtsaufsicht des Bundesministeriums für Arbeit und Soziales. Dieses muss jedoch bei allen Rechtsaufsichtsmaßnahmen versuchen, ein Einvernehmen mit der zuständigen obersten Landesbehörde herzustellen. Kommt ein solches Einvernehmen nicht zustande, gibt der Kooperationsausschuss nach § 18 b SGB II eine Empfehlung ab, über die sich das Bundesministerium nur aus wichtigem Grund hinwegsetzen darf. Zweitens sieht § 48 Abs. 2 S. 1 SGB II eine **Rechtsaufsicht der Bundesregierung** über die zuständigen obersten Landesbehörden vor, soweit diese wiederum ihre Aufsicht über die Optionskommunen ausüben.

Welche Maßnahmen der Rechtsaufsicht im Einzelnen zur Verfügung stehen, wird im SGB II nur punktuell genauer geregelt, zB in § 48 Abs. 2 S. 1 SGB II der Erlass allgemeiner Verwaltungsvorschriften zu grundsätzlichen Rechtsfragen. Vor allem kommt aber die **Weisung** als Handlungsinstrument der Rechtsaufsicht in Betracht. Weisungen der Rechtsaufsichtsbehörde können sich auf einen konkreten Einzelfall beziehen oder auch vom Einzelfall unabhängig grundsätzliche Rechtsfragen betreffen. Auch einzelne Leistungsberechtigte können sich, wenn sie ein rechtswidriges Handeln einer Behörde beanstanden wollen, unabhängig vom Widerspruchs- bzw Klageverfahren auch im Wege der **Rechtsaufsichtsbeschwerde** an die Rechtsaufsichtsbehörde wenden.

Literaturhinweise:
Nakielski, Bleiben Hartz-IV-Berechtigte auf der Strecke? – Die Neuorganisation der Grundsicherungs-Verwaltung, SozSich 2010, 165

Rechtsbegriff, unbestimmter

Definition: Unbestimmte Rechtsbegriffe sind Merkmale abstrakter, nicht aus sich heraus eindeutiger tatsächlicher oder normativer (auch wertausfüllender) Gehalte auf der Tatbestands- oder Rechtsfolgenseite (str.) einer Rechtsvorschrift, deren Bedeutung sich erst mittels Auslegung und oftmals nur für die konkrete Verwendung inhaltlich fixieren lässt.

Rechtsgrundlage: Art. 20 Abs. 3 Hs 2 GG

Erläuterungen: Rechtsprechung und vollziehende Gewalt sind an Gesetz und Recht gebunden (Art. 20 Abs. 3 Hs 2 GG). Hieraus lassen sich der Gesetzesvorrang ebenso ableiten wie das Bestimmtheitsgebot, nach welchem die bindenden gesetzlichen Vorgaben inhaltlich hinreichend eindeutig sein müssen, um u.a. von der gesetzesgebundenen Verwaltung verstanden und daher angewandt bzw eingehalten werden zu können. Um dennoch der Vielgestaltigkeit der Lebenssachverhalte gerecht werden zu können, darf sich der Gesetzgeber einerseits der bewussten Einräumung von Wahlmöglichkeiten iS eines behördlichen **Ermessens** (vgl § 39 SGB X) und andererseits unter Wahrung des Gebots der Rechtsklarheit der **Abstrahierung** bedienen. Der Rechtsinhalt abstrakter Begrifflichkeiten erschließt sich aber auch dem Rechtskundigen oftmals erst durch Auslegung unter Berücksichtigung der Verwendung des Begriffs im konkreten Einzelfall. Dabei ist der Übergang vom bestimmten zum unbestimmten Rechtsbegriff nicht selten fließend. Soweit selbst durch Auslegung eine eindeutige Fixierung der Bedeutung nicht möglich ist, bedarf die Zuschreibung eines der alternativen Gehalte einer Entscheidung. Der unbestimmte Rechtsbegriff wirft folglich nicht nur die materielle Frage der Bestimmung seiner selbst, sondern auch die formelle Frage der (Letzt-)Bestimmungsbefugnis der Verwaltung und damit die Fra-

ge des Maßes gerichtlicher Überprüfbarkeit bzw eines gerichtlich nicht überprüfbaren **Beurteilungsspielraums** auf.

Ohne dass die Unterscheidung tatsächlich trennscharf wäre, wird ein behördlicher Beurteilungsspielraum (mit entsprechend reduzierter gerichtlicher Kontrolle) zunächst von vornherein nur eingeräumt, wo aus rechtlichen Gründen verschiedene Bedeutungsalternativen rechtmäßig sein könnten. Im Hinblick auf die Rechtsweggarantie des Art. 19 Abs. 4 GG vertritt die Rechtsprechung den **Grundsatz voller gerichtlicher Überprüfbarkeit** bei Zulassung begründeter **Ausnahmen**. Diese werden systematisch vielfach wie folgt oder ähnlich kategorisiert:

- Prüfungs- und prüfungsähnliche Entscheidungen,

- beamtenrechtliche Eignungs- und Leistungsbeurteilungen,

- höchstpersönliche Akte wertender Erkenntnisse/weisungsfreie, mit Sachverständigen bzw Interessenvertretern besetzte Gremien,

- Prognose- und Risikoentscheidungen.

Bei der **Auslegung** der unbestimmten Rechtsbegriffe (wie auch bei der Ausübung behördlichen Ermessens) kommt den positivierten Grundsätzen und Zielsetzungen eines Gesetzes erkenntnisleitende Funktion zu. Für den Bereich der Grundsicherung für Arbeitsuchende kann dies nicht nur für die ausdrücklich als →**Leistungsgrundsätze** überschriebenen Inhalte des § 3 SGB II und die Grundsätze des **Förderns und Forderns** (§§ 14 u. 2 SGB II) gelten. Auch die Bestimmung des § 1 SGB II zu Aufgabe und Ziel des Gesetzes dient u.a. dieser Funktion. In diesem Zusammenhang ist der Umstand nicht unmaßgeblich, dass sich der Gesetzgeber veranlasst sah, nunmehr dem Grundsatz der Eigenverantwortlichkeit und deren Stärkung die Zielsetzung der Ermöglichung eines der **Menschenwürde** (Art. 1 Abs. 1 GG) entsprechenden Lebens voranzustellen.

Literaturhinweise:
Detterbeck, Allgemeines Verwaltungsrecht mit Verwaltungsprozessrecht, § 8 Rn 348 ff; Hauck/*Just* § 39 SGB I Rn 10; *Maurer*, Verwaltungsrecht, § 7 Rn 26–46; LPK-SGB II/*Münder* § 1 Rn 2.

Rechtsbehelfsbelehrung

Definition: Eine Rechtsbehelfsbelehrung ist die aus rechtsstaatlichen Gründen erforderliche Belehrung des Adressaten eines Verwaltungsakts über den gegen Verwaltungsakt statthaften Rechtsbehelf sowie die einzuhaltenden Zulässigkeitsvoraussetzungen.

Rechtsgrundlagen: § 36 SGB X; § 66 SGG

Erläuterungen: Das Rechtsstaatsprinzip (konkret: der Fairnessgrundsatz) gebietet, den Adressaten eines Verwaltungsaktes über den gegen diesen Verwaltungsakt statthaften Rechtsbehelf sowie die durch den Adressaten zu beachtenden Zulässigkeitsanforderungen zu informieren. Die Belehrung befördert zudem die durch Art. 19 Abs. 4 S. 1 GG niedergelegte Rechtsweggarantie, so dass die Rechtsbehelfsbelehrungen anordnenden Vorschriften auch unter dem Stichwort „Grundrechtsschutz durch Verwaltungsverfahren" Bedeutung haben. Dies gilt in Hinblick auf Regelungen, die eine Rechtsbehelfsbelehrung beim Erlass von Verwaltungsakten anordnen ebenso wie bei Vorschriften, die sie bei anderen staatlichen Handlungen regeln.

§ 36 SGB X bestimmt, dass der durch einen schriftlichen oder schriftlich bestätigten Verwaltungsakt beschwerte Beteiligte eines sozialen Verwaltungsverfahrens über den Rechtsbehelf und die Behörde oder das Gericht, bei denen der Rechtsbehelf anzubringen ist, deren Sitz, die einzuhaltende Frist und die Form schriftlich zu belehren sind. Hierdurch erhält der Beteiligte einerseits Kenntnis darüber, dass er eine Überprüfung des ihn belastenden Verwaltungsakts verlangen kann und andererseits, was er zu beachten hat, damit der Rechtsbehelf zulässig ist. § 36 SGB X regelt nicht die Notwendigkeit einer Rechtsbehelfsbelehrung beim Erlass mündlicher Verwaltungsakte und setzt das Fairnessprinzip infolgedessen nur unvollkommen um.

Beim Erlass eines Widerspruchsbescheids ordnet § 85 Abs. 3 S. 4 SGG eine **Rechtsmittelbelehrung** an, so dass die Beteiligten über die Zulässigkeit der Klage, die einzuhaltende Frist und den Sitz des zuständigen Gerichts zu belehren ist.

Fehlt eine Rechtsbehelfsbelehrung oder ist sie fehlerhaft, so regelt § 84 Abs. 2 S. 3 SGG iVm § 66 SGG die Fehlerfolge: Die Widerspruchsfrist beginnt nicht zu laufen. Stattdessen beginnt eine Ausschlussfrist von einem Jahr nach Bekanntgabe des Verwaltungsakts.

Literaturhinweise:
v. Wulffen/*Engelmann*, SGB X, § 36

Rechtsfolgenbelehrung

Definition: Die Rechtsfolgenbelehrung ist eine regelmäßig schriftlich dokumentierte, konkrete Information an den Leistungsberechtigen, dass im Falle eines bestimmten Verhaltens (Tun oder Unterlassen) eine bestehende Pflicht im Sozialleistungsverhältnis verletzt wird und deswegen die Leistung eingeschränkt wird oder ganz entfällt.

Rechtsgrundlagen: § 66 Abs. 3 SGB I; §§ 31 Abs. 1 S. 1 Nr. 1–3, 31 Abs. 2 Nr. 2, 32 SGB II

Erläuterungen: Die Rechtsfolgenbelehrung erfüllt die Funktion, den Leistungsberechtigten vorab darüber zu informieren, dass bei einem bestimmten Verhalten negative Rechtsfolgen für seinen Leistungsanspruch eintreten werden. Rechtsfolgenbelehrungen sind immer dann erforderlich, wenn ein an sich bestehender Leistungsanspruch aufgrund konkret feststellbarer Handlungen oder Unterlassungen eingeschränkt wird oder ganz entfällt. Die wichtigsten Fallkonstellationen sind:

Einschränkung von Leistungen bei der Verletzung von **Mitwirkungspflichten** (§ 66 Abs. 3 SGB I);

Sanktionsbestimmungen bei Pflichtverletzungen (§ 31 Abs. 1 S. 1 Nr. 1–3 SGB II);

fortgesetztes →**unwirtschaftliches Verhalten** (§ 31 Abs. 2 Nr. 2 SGB II);

Verletzung von **Meldepflichten** (§ 32 SGB II).

Da die Leistungseinschränkungen strafrechtsähnlichen Charakter haben und ein erheblicher Eingriff in das grundrechtlich geschützte Existenzminimum erfolgt, gelten strenge Anforderungen an die **Bestimmtheit** der Rechtsfolgenbelehrungen. Der Betroffene muss stets genau wissen, welches Verhalten in welcher konkreten Situation die Sanktion auslösen wird. Allgemeine Informationen für eine denkbare Vielzahl von Fällen sind nicht ausreichend.

Den **Nachweis** dafür, dass eine korrekte Rechtsfolgenbelehrung erfolgt ist, muss stets der SGB II-Träger führen. In den Fällen des § 66 Abs. 3 SGB I sowie nach § 31 Abs. 1 S. 1 Nr. 1–3 und § 32 SGB II muss die Rechtsfolgenbelehrung auch schriftlich erfolgen. Neu eingeführt wurde, dass in den Fällen der §§ 31, 32 SGB II auch bereits eine **Kenntnis** der drohenden Rechtsfolgen ausreichend ist. Dann würde auch eine mündliche zutreffende und vollständige Belehrung genügen. Die mündliche Belehrung muss jedoch für die Akten dokumentiert werden. Auch für diese leistungseinschränkende Tatsache trägt der SGB II-Träger grundsätzlich die Beweislast.

Inhaltlich muss die Rechtsfolgenbelehrung konkret, richtig, vollständig und verständlich sein (BSG 16.12.2008 – B 4 AS 60/07 R). Die Wiederholung des Gesetzeswortlautes ist nicht hinreichend konkret (BSG 17.12.2009 – B 4 AS 30/09 R). Ebenso wenig ausreichend ist die Verwendung eines Merkblatts zur allgemeinen Information oder eine Aufzählung verschiedener möglicherweise eintretender Rechtsfolgen. Die Belehrung muss sich nach dem Verständnishorizont des Leistungsberechtigten richten (BSG 16.12.2008 – B 4 AS 60/07 R). Sie muss aus sich heraus verständlich sein; wenn ergänzend Gesetzestexte herangezogen werden müssen, um sie zu verstehen, ist dies nicht mehr der Fall (LSG Hamburg 18.8.2010 – L 5 AS 78/09). Auch eine unvollständige Rechtsfolgenbelehrung führt zur Unwirksamkeit der Belehrung insgesamt. Neben der einzuhaltenden Verhaltenspflicht müssen in der Rechtsfolgenbelehrung auch **Art und Umfang der eintretenden Sanktion** konkret bezeichnet werden. Art und Umfang der zu erwartenden Rechtsfolge müssen deswegen vorab bestimmt werden; sie können nicht offen gelassen werden. Zu unbestimmt ist bspw eine Rechtsfolgenbelehrung, in der zwar konkrete Pflichten bezeichnet werden, hinsichtlich der Rechtsfolge jedoch auf eine „wiederholte" und „gleichartige" Pflichtverletzung Bezug genommen wird. Dem Betroffenen kann eine Subsumtion von unbestimmten Rechtsbegriffen nicht abverlangt werden (LSG Sachsen-Anhalt 5.1.2011 – L 2 AS 428/10 B ER). Es muss auch darauf hingewiesen werden, dass für die Zeit der Sanktion die Einschränkungen nicht mit den Mitteln der Sozialhilfe gedeckt werden können. Wenn die Leistungen vollständig eingestellt werden, muss auch darauf hingewiesen werden, dass damit der Versicherungsschutz in der Krankenversicherung endet. Für jeden neuen Pflichtverstoß und jede erneute Sanktion muss auch eine **erneute Rechtsfolgenbelehrung** erfolgen. In der Praxis erfolgen Rechtsfolgenbelehrungen in vielen Fällen nicht oder **fehlerhaft**. Der Gesetzgeber hat aber gerde die Möglichkeit, Pflichtverletzungen der Leistungsberechtigten zu sanktionieren, erweitert und der Rechtsfolgenbelehrung die Kenntnis der Rechtsfolgen gleichgestellt. Eine **Kenntnis** liegt jedoch nur dann vor, wenn sie sich auf eine konkret zu identifizierende Pflicht und eine konkret erkennbare Rechtsfolge bezieht. Die positive Kenntnis der eintretenden Rechtsfolgen muss vor der möglichen Pflichtverletzung bereits bestehen; selbst eine grob fahrlässige Unkenntnis dürfte nicht genügen (*Geiger*, Leitfaden zum Arbeitslosengeld II 2011, S. 613). Den Beweis für die vorliegende Kenntnis des Leistungsberechtigten müsste ebenfalls der SGB II-Träger erbringen. Die praktische Bedeutung der Kenntnis von den Rechtsfolgen durch die Betroffenen dürfte wegen der strengen Anforderungen nicht sehr hoch sein.

Literaturhinweise:
Eicher/Spellbrink, SGB II-Kommentar, 2. Aufl., § 31 Rn 43 ff; *Geiger*, Leitfaden zum Arbeitslosengeld II, 8. Aufl. 2011, S. 611 ff; *Zimmermann*, Das Hartz-IV-Mandat, 2. Aufl. 2011, S. 196 f

Regelbedarf

Definition: Abgesehen von gesondert geregelten Bedarfspositionen wie Unterkunftskosten und Mehrbedarfen wird der gesamte laufende Bedarf zum Lebensunterhalt mit einem pauschalen Regelbedarf erfasst.

Rechtsgrundlage: §§ 20, 23 SGB II

Erläuterungen: Aus § 19 SGB II lässt sich schließen, dass im Rahmen des Arbeitslosengeldes II und des Sozialgeldes →**Mehrbedarfe** nach § 21 SGB II sowie →**Unterkunftskosten** und →**Heizkosten** einschließlich →**Warmwasserbereitungskosten** nach § 22 SGB II nicht zum Regelbedarf gehören, sondern gesondert abgedeckt werden. Der Regelbedarf umfasst hingegen die in § 20 Abs. 1 SGB II aufgeführten Ausgaben, dh insbesondere Ernährung, Kleidung, Körperpflege, Hausrat, Haushaltsenergie ohne die auf die Heizung und Erzeugung von Warmwasser entfallenden Anteile sowie persönliche Bedürfnisse des täglichen Lebens, einschließlich Teilhabe am sozialen und kulturellen Leben in der Gemeinschaft.

Die Höhe des Regelbedarfs bestimmt sich nicht nach den tatsächlichen Aufwendungen der Leistungsberechtigten, sondern wird durch einen **pauschalen Betrag** wiedergegeben. Dieser monatliche Regelbedarf ist in §§ 20, 23 SGB II gesetzlich festgeschrieben, wobei sich die Höhe im Einzelnen nach **Alter und Lebenssituation** richtet:

- 374 EUR für Alleinstehende und Alleinerziehende oder Personen mit minderjährigem Partner,

- 287 EUR für minderjährige erwerbsfähige Angehörige einer Bedarfsgemeinschaft sowie für U25, die ohne Zusicherung des zuständigen kommunalen Trägers umziehen, bis zur Vollendung des 25. Lebensjahres,

- 299 EUR für andere erwerbsfähige Angehörige einer Bedarfsgemeinschaft,

- 337 EUR für volljährige Partner in Bedarfsgemeinschaften,

- 219 EUR für Sozialgeldempfänger bis zur Vollendung des 6. Lebensjahres,

- 251 EUR für Sozialgeldempfänger bis zur Vollendung des 14. Lebensjahres,

- 287 EUR für Sozialgeldempfänger im 15. Lebensjahr.

Grundlage der Regelbedarfsgrößen ist eine →**Einkommens- und Verbrauchsstichprobe** (EVS), die das Statistische Bundesamt durchführt. Wenn eine neue Einkommens- und Verbrauchsstichprobe vorliegt, ist nach § 20 Abs. 5 S. 2 SGB II iVm § 28 SGB XII ggf eine Neufestlegung vorzunehmen. In Jahren, in denen keine Neuermittlung der Regelbedarfe aufgrund einer neuen Einkommens- und Verbrauchsstichprobe erfolgt, kommt automatisch der in § 20 Abs. 5 S. 1 SGB II iVm § 28 a SGB XII enthaltene **Anpassungsmechanismus** zur Anwendung. Die Anpassung folgt demnach einem **Mischindex**, der zu 70 % die Preisentwicklung bei regelbedarfsrelevanten Gütern und zu 30 % die Nettolohnentwicklung wiedergibt.

Eine im Einzelfall **abweichende Bedarfsfestlegung**, wie sie in § 27 a Abs. 4 S. 1 SGB XII vorgesehen ist, lässt § 20 SGB II nicht zu. Unabweisbare laufende atypische Bedarfe können daher nur durch die Mehrbedarfsregelung des § 21 Abs. 6 SGB II aufgefangen werden. Leistungen für einmalige Bedarfe sind in § 24 Abs. 3 SGB II abschließend geregelt, alle dort nicht enthaltenen Ausgaben – insbesondere Neubeschaffungen zuvor bereits vorhanden gewesener Gegenstände – sind aus den Regelbedarfsleistungen zu finanzieren. Treten hierbei anderweitig nicht zu deckende Bedarfe auf, bietet das →**Darlehen** nach § 24 Abs. 1 SGB II eine – für den Leistungsberechtigten wegen der Rückzahlungspflicht allerdings unbefriedigende – Auffangmöglichkeit. Neben dem Regelbedarf enthält § 28 SGB II gesonderte Bedarfe für Bildung und Teilhabe.

Literaturhinweise:
Fahlbusch, Regelsatz und Regelsatzbemessung – Das Urteil des Bundesverfassungsgerichts vom 9. Februar 2010, NDV 2010, 101

Rundfunkgebührenbefreiung

Definition: Empfänger von Arbeitslosengeld II oder Sozialgeld werden auf Antrag von der Rundfunkgebührenpflicht im privaten Bereich befreit.

Rechtsgrundlage: § 6 Abs. 1 S. 1 Nr. 3 RGebStV

Erläuterungen: Die Rechtsgrundlage für die Befreiung Leistungsberechtigter von den Rundfunkgebühren findet sich im **Rundfunkgebührenstaatsvertrag** (RGebStV). In formeller Hinsicht setzt die Befreiung voraus, dass ein **Antrag** gestellt wird. Dieser ist nach § 6 Abs. 4 RGebStV entweder an die zuständige Landesrundfunkanstalt zu richten oder an die GEZ, welche von allen Landesrundfunkanstalten mit der Durchführung des Befreiungsverfahrens einschließlich Entgegennahme der Anträge beauftragt worden ist. Eine besondere Form ist aber nicht vorgeschrieben, dh der Antrag ist auch gültig, wenn nicht das hierfür vorgesehen Formular verwendet wird.

Erforderlich ist nach § 6 Abs. 2 RGebStV der **Nachweis der Befreiungsvoraussetzungen** durch Vorlage des Bescheids über die Bewilligung der Leistungen im Original oder in beglaubigter Kopie. Materielle Voraussetzung ist der tatsächliche Bezug von →**Arbeitslosengeld II** oder →**Sozialgeld**. Dabei genügt es, wie § 6 Abs. 1 S. 1 Nr. 3 RGebStV klarstellt, wenn nur Leistungen für →**Unterkunftskosten** nach § 22 SGB II fließen, etwa weil der Regelbedarf durch Einkommen oder Vermögen gedeckt ist. Es genügt demgegenüber nicht, wenn die Leistungsvoraussetzungen zwar abstrakt vorliegen, die Leistung aber tatsächlich nicht bezogen wird, etwa wegen Verletzung der **Mitwirkungspflichten** (VG Augsburg 2.9.2008 – Au 7 K 08.87).

Die Befreiung bezieht sich ausschließlich auf die Rundfunkgebühren im privaten Bereich. Ihre **Wirkung** beginnt erst zum Anfang des auf die Antragstellung folgenden Monats (§ 6 Abs. 5 RGebStV). Wegen § 6 Abs. 6 S. 1 RGebStG iVm § 41 Abs. 1 S. 4 SGB II wird die Befreiung nur befristet für idR sechs Monate erteilt. Um Befreiungslücken zu vermeiden, empfiehlt es sich, noch vor Ablauf eines Befreiungsbescheides einen **Neuantrag** zu stellen, sofern die Befreiungsvoraussetzungen auch danach noch vorliegen werden. Vorzeitig endet die Befreiung nach § 6 Abs. 6 S. 3 RGebStV, wenn der Bewilligungsbescheid über das Arbeitslosengeld II oder Sozialgeld unwirksam, zurückgenommen oder widerrufen wird, auch dann, wenn der Betroffene es pflichtwidrig unterlässt, dies mitzuteilen.

Die Befreiung wirkt nach § 6 Abs. 1 S. 1 RGebStV automatisch **auch für den Ehegatten**. Aus § 6 Abs. 1 S. 2 Nr. 1 und 2 RGebStV folgt weiter, dass dies auch gilt, wenn nur einer von beiden die Befreiungsvoraussetzungen erfüllt. Auf nichteheliche Lebensgemeinschaften ist diese Vorschrift nicht anwendbar. Innerhalb einer →**Bedarfsgemeinschaft** kann aber jeder Lebensgefährte für sich die Befreiung beantragen, auch dann, wenn sein individuelles Einkommen den individuellen Bedarf übersteigt, weil es für die Hilfebedürftigkeit nach § 9 Abs. 1 SGB II auf den Bedarf aller Bedarfsgemeinschaftsmitglieder ankommt (dies verkennt VGH München 10.3.2008 –7 ZB 07.790).

Literaturhinweise:
Hahn/Vesting,   Rundfunkrecht,   § 6 RGebStV Rn 9 ff

Sanktionen

Definition: Sanktionen sind im Grundsicherungsrecht für Arbeitsuchende solche negativer Art, dh Reaktionen auf normabweichendes Verhalten von Hilfebedürftigen, die entweder entstandenen Schaden ausgleichen sollen oder aber den Hilfebedürftigen künftig zu normgemäßem Handeln anhalten sollen.

Rechtsgrundlagen: §§ 31–32, § 22 Abs. 5, §§ 34–35 SGB II; § 66 SGB I

Erläuterungen: Nach dem hiesigen Verständnis von Sanktionen im Grundsicherungsrecht zählen zu diesen die Minderung bzw der Wegfall des **Arbeitslosengelds II** (§§ 31, 31 a Abs. 1–3 u. § 32 SGB II) bzw des **Sozialgeldes** (§§ 31, 31 a Abs. 4 iVm Abs. 1 u. 3 sowie § 32 SGB II), die Nichtanerkennung von Bedarfen für →**Unterkunftskosten** und Heizkosten für Personen, die das 25. Lebensjahr noch nicht vollendet haben und ohne →**Zusicherung** des kommunalen Trägers umziehen (§ 22 Abs. 5 SGB II), →**Ersatzansprüche** (§§ 34, 34 a u. 35 SGB II) und die Versagung bzw der Entzug der Leistungen bis zur Erfüllung von **Mitwirkungspflichten** (§ 66 SGB I).

Nicht hingegen zählen zu ihnen etwa die Umwandlung der Geld- in Sachleistungen (§ 24 Abs. 2 SGB II) oder die Direktzahlung von Leistungen der →**Unterkunftskosten** an den Vermieter oder andere Empfangsberechtigte (§ 22 Abs. 7 SGB II), weil diese Reaktionen lediglich Anpassungsmaßnahmen zur sachgerechten Verwendung der Leistungen und damit zur Sicherung des Lebensunterhalts darstellen, und sie keine unmittelbare erzieherische Intention verfolgen.

Für die Erläuterung der aufgelisteten Sanktionen kann weitgehend auf die angegebenen weiteren Stichworte verwiesen werden, so dass an dieser Stelle lediglich auf die Minderung und den Wegfall des Arbeitslosengelds II bzw des Sozialgelds (§§ 31–32 SGB II) eingegangen werden muss.

Der Reformgesetzgeber hat die Minderungsregelungen nunmehr nach übersichtlicherer **Systematik** wie folgt neu geordnet:

- Pflichtverletzungen: § 31 SGB II
- Rechtsfolgen bei
  Pflichtverletzungen: § 31 a SGB II
- Beginn und Dauer der
  Minderung: § 31 b SGB II
- Sondertatbestand:
  Meldeversäumnisse: § 32 SGB II

Danach befasst sich § 31 SGB II mit folgenden **Pflichtverletzungen:**

- wenn erwerbsfähige Leistungsberechtigte trotz schriftlicher Belehrung über die Rechtsfolgen oder deren Kenntnis,
  - sich weigern, in der Eingliederungsvereinbarung oder in dem diese ersetzenden Verwaltungsakt nach § 15 Abs. 1 S. 6 SGB II festgelegte Pflichten zu erfüllen, insbesondere in ausreichendem Umfang Eigenbemühungen nachzuweisen,
  - sich weigern, eine zumutbare Arbeit, Ausbildung, Arbeitsgelegenheit, ein zumutbares Angebot nach § 16 d SGB II oder eine mit einem Beschäftigungszuschuss nach § 16 e SGB II geförderte Arbeit aufzunehmen, fortzuführen oder deren Anbahnung durch ihr Verhalten verhindern,
  - eine zumutbare Maßnahme zur Eingliederung in Arbeit nicht antreten, abbrechen oder Anlass für den Abbruch gegeben haben,

  es sei denn, die erwerbsfähigen Leistungsberechtigten können einen wichtigen Grund für ihr Verhalten darlegen und beweisen;
- wenn erwerbsfähige Leistungsberechtigte nach Vollendung des 18. Lebensjahres ihr Einkommen oder Vermögen in der Absicht vermindert haben, die Voraussetzungen für die Gewährung oder Erhöhung des Arbeitslosengeldes II herbeizuführen;
- wenn erwerbsfähige Leistungsberechtigte trotz Belehrung über die Rechtsfolgen ihr unwirtschaftliches Verhalten fortsetzen;
- wenn der Anspruch auf Arbeitslosengeld ruht oder erloschen ist, weil die Agentur für Arbeit das Eintreten einer Sperrzeit oder das Erlöschen des Anspruchs nach den Vorschriften des SGB III festgestellt hat oder

- wenn die erwerbsfähigen Leistungsberechtigten die im SGB III genannten Voraussetzungen für den Eintritt einer Sperrzeit erfüllen, die das Ruhen oder Erlöschen eines Anspruchs auf Arbeitslosengeld begründen.

Die **Rechtsfolgen** sind in § 31 a SGB II bestimmt. Die dort vorgesehene Minderung stellt zwingendes Recht dar. Der Behörde kommt insoweit kein Ermessen zu. Die Regelungen gelten für die nichterwerbsfähigen Leistungsberechtigten entsprechend (§ 31 a Abs. 4 SGB II).

So mindert sich das Arbeitslosengeld II bei der ersten Pflichtverletzung nach § 31 SGB II in einer ersten Stufe um 30 Prozent des für die erwerbsfähige leistungsberechtigte Person individuell nach § 20 SGB II maßgebenden Regelbedarfs. Für die erste wiederholte Pflichtverletzungen (vgl zum Begriff § 31 a Abs. 1 S. 4–5 SGB II) sieht die Vorschrift eine Minderungen um 60 Prozent und bei jeder weiteren Minderung ein vollständiges Entfallen des Arbeitslosengeldes II vor. Bei nachträglicher Bereitschaft zur Pflichterfüllung kann die Minderung auf 60 Prozent begrenzt werden.

Der zuständige Träger kann bei einer Minderung des Arbeitslosengelds II um mehr als 30 Prozent auf Antrag in angemessenem Umfang **ergänzende Sachleistungen oder geldwerte Leistungen** erbringen. Wenn der betroffene Leistungsberechtigte mit minderjährigen Kindern in Bedarfsgemeinschaft lebt, hat er dies tun (vgl § 31 a Abs. 3 S. 1 und 2 SGB II).

Bei einer Pflichtverletzung durch einen erwerbsfähigen Hilfebedürftigen, der das 15. Lebensjahr, jedoch **noch nicht das 25. Lebensjahr vollendet** hat, ist das Arbeitslosengeld II bei der ersten Pflichtverletzung auf die Bedarfe für Unterkunft und Heizung zu beschränken; bei wiederholter Pflichtverletzung entfällt das Arbeitslosengeld II vollständig. Bei nachträglicher Bereitschaft zur Pflichterfüllung können die Bedarfe für Unterkunft und Heizung wieder erbracht werden (vgl zum Ganzen § 31 a Abs. 2 SGB II).

Beginn und Dauer der Minderung richten sich nach § 31 b SGB II. Der Minderungszeitraum beträgt grundsätzlich drei Monate, beginnend mit dem Kalendermonat, der auf das Wirksamwerden des Verwaltungsakts folgt, der die Pflichtverletzung und den Umfang der Minderung der Leistung feststellt (vgl zur Ausnahme § 31 b Abs. 1 S. 2 SGB II). Diese Feststellung ist nur innerhalb von sechs Monaten ab dem Zeitpunkt der Pflichtwidrigkeit an zulässig. Der Träger kann den Minderungszeitraum bei erwerbsfähigen Leistungsberechtigten, die das 25. Lebensjahr noch nicht vollendet haben, in Höhe der Regel- und Mehrbedarfe unter Berücksichtigung der Einzelfallumstände auf sechs Wochen verkürzen.

Für **Melde- und Untersuchungsversäumnisse** sieht § 32 SGB II eine eigenständige Regelung mit der Rechtsfolge einer Minderung des Arbeitslosengeld II und des Sozialgelds um jeweils 10 Prozent der sich nach § 20 SGB II individuell maßgebenden Regelleistung vor. Positive Voraussetzung ist neben einer vorherigen Aufforderung des zuständigen Trägers, sich bei ihm zu melden oder bei einem ärztlichen oder psychologischen Untersuchungstermin zu erscheinen, dass der Leistungsberechtigte schriftlich über die Rechtsfolgen eines Versäumnisses belehrt wurde oder positive Kenntnis von ebendiesen Rechtsfolgen hatte. Negative Voraussetzung ist, dass der Leistungsberechtigte keinen wichtigen Grund für sein Verhalten anführen kann. Die Handhabung als eine neben der Sanktion nach § 31 a SGB II zusätzlich geltende Minderung regelt § 32 Abs. 2 SGB II.

Literaturhinweise:
Ames NDV 2010, 111–117; *Berlit* ZFSH/SGB 2008, 3–20; *Berlit* SozSich 2010, 124; *Breitkreuz/Wolff-Dellen* SGb 2006, 206–212; *Davilla* SGb 2010, 557–564; *Groth/Luik/Siebel-Huffmann/Groth*, Das neue Grundsicherungsrecht, 2011, Rn 393–428; *Göckler*, Sozialer Fortschritt 2010, 264, 272; *Hammel* Sozialrecht aktuell 2008, 92–100; *Hannes* SozSich 2009, 314–317; *Koppenfels-Spies* SGb 2010, 666–669; *Krahmer* SGb 2009, 748–750; *Kreikebohm/Spellbrink/Waltermann/Knickrehm*, Kommentar zum Sozialrecht §§ 31–32 SGB II; LPK-SGB II/*Berlit* §§ 31–32; *Lauterbach* NJ 2008, 241–248; *Loose* ZFSH/SGB 2010, 340–348; *Spindler* info also 2010, 229–230; *Stascheid* info also 2007, 259–260; *Weth* info also 2008, 177–178

Schadensersatz

Definition: Schadensersatz ist ein Ausgleich für Verluste an rechtlich geschützten Gütern.

Rechtsgrundlage: § 62 SGB II

Erläuterungen: Im SGB II sind Anspruchsgrundlagen für Schadensersatzansprüche nur in § 62 enthalten. Anspruchsgläubiger der Vorschrift sind die →**Grundsicherungsträger**. Werden die Aufgaben der Grundsicherung für Arbeitsuchende durch eine gemeinsame Einrichtung nach § 44 b SGB II wahrgenommen, steht dieser der Schadensersatzanspruch zu. Anspruchsschuldner sind im Falle des § 62 nicht die Leistungsberechtigten selber, sondern Arbeitgeber oder sonstige **auskunftspflichtige** Dritte, zB Partner eines Antragstellers (LSG Berlin-Brandenburg 14.6.2007 –L 28 B 769/07 AS ER).

Voraussetzung ist eine schuldhafte, dh vorsätzliche oder fahrlässige Verletzung der aus §§ 57, 58 und 60 für Arbeitgeber und sonstige Dritte geltenden Auskunftspflichten. Fahrlässig ist das Außerachtlassen der erforderlichen Sorgfalt, allerdings unter Zugrundelegung subjektiver Maßstäbe (Eicher/Spellbrink/*Blüggel* § 62 Rn 10), wobei sich Arbeitgeber auch die →**Fahrlässigkeit** ihres Personals zurechnen lassen müssen (Eicher/Spellbrink/ *Blüggel* § 62 Rn 12).

Für den **Anspruchsumfang** gelten die zivilrechtlichen Prinzipien der Naturalrestitution, dh, der Schädiger hat den Geschädigten vermögensmäßig so zu stellen, als sei das Schadensereignis nicht eingetreten. Das bedeutet idR, dass unberechtigte Leistungen zu ersetzen sind, allerdings nur, wenn sie zumindest mitursächlich auf die Nicht- oder Falschinformation zurückgehen. War neben der Nicht- oder Falschinformation auch ein Versäumnis der Behörde kausal für den Schaden, mindert sich der Anspruch um den Anteil des **Mitverschuldens**.

Anspruchsgrundlagen für Schadensersatzansprüche gegen den Leistungsberechtigten sind im SGB II nicht enthalten. Möglich ist aber, dass der Leistungsträger den auf die unrichtige Auskunft hin ergangenen Leistungsbescheid ganz oder teilweise aufhebt und Leistungen nach § 50 SGB X zurückfordert. Soweit eine solche **Rückforderung** tatsächlich gelingt, mindert sie den Schaden und somit die Höhe des Anspruchs nach § 62 SGB II. Die Behörde ist jedoch nicht verpflichtet, vorrangig den Leistungsberechtigten selber in Anspruch zu nehmen, sondern sie kann stattdessen auch Schadensersatz nach § 62 SGB II fordern und dem Auskunftspflichtigen im Gegenzug den Erstattungsanspruch gegen den Leistungsempfänger abtreten (Eicher/Spellbrink/*Blüggel* § 62 Rn 23 f). Ansprüche nach § 62 SGB II sind durch **Leistungsklage**, nicht durch Leistungsbescheid geltend zu machen (BeckOKSozR/*Fahlbusch* § 62 SGB II).

Keine Anspruchsgrundlage für Schadensersatzansprüche gegen den Leistungsberechtigten ist § 15 Abs. 3 SGB II. Diese Vorschrift ermöglicht vielmehr die Schaffung vertraglicher Schadensersatzansprüche im Rahmen einer →**Eingliederungsvereinbarung**. Dabei kommt es aber maßgeblich darauf an, ob durch den Abbruch einer Bildungsmaßnahme tatsächlich ein Schaden entstanden ist (ausführlich dazu Gagel/*Fuchsloch* § 15 SGB II Rn 100 ff).

§ 34 SGB II schließlich regelt schadensersatzähnliche Ansprüche der Grundsicherungsträger gegen Personen, die Hilfebedürftigkeit oder Leistungsauszahlung vorsätzlich oder fahrlässig herbeigeführt haben. Ob diese →**Haftung** nach § 43 SGB II gegen laufende Leistungen **aufgerechnet** werden darf, ist in der Kommentarliteratur umstritten (dafür Eicher/Spellbrink/*Eicher* § 43 Rn 18 sowie BeckOKSozR/*Kapp* § 43 SGB II Rn 14, dagegen Gagel/*Pilz* § 43 SGB II Rn 11).

Literaturhinweise:
Eicher/Spellbrink/*Blüggel* § 62 Rn 3 ff

Schenkung, Rückforderung einer

Definition: Rückforderung einer Schenkung ist die Geltendmachung des Herausgabeanspruchs eines Schenkers gegen den Beschenkten hinsichtlich der Schenkung, soweit ersterer nach Vollzug derselben außerstande ist, seinen angemessenen Unterhalt zu bestreiten und die ihm seinen Verwandten, seinem Ehegatten, seinem Lebenspartner oder seinem früherem Ehegatten oder Lebenspartner gegenüber gesetzlich obliegende Unterhalspflicht zu erfüllen.

Rechtsgrundlagen: §§ 528 u. 529 BGB; § 33 SGB II

Erläuterungen: Die Schenkung führt zum Eigentumswechsel und damit zum Verlust

desselben zulasten des Schenkers. **Zweck** der Möglichkeit der Rückforderung einer Schenkung ist es, dem Schenker innerhalb einer Frist zu ermöglichen, den gefährdeten eigenen Unterhalt und bestimmter, ihm nahestehender Personen nach Rückübertragung des Eigentums zu sichern. Soweit der Anspruch verwertbar ist, zählt er zum Vermögen iSd § 12 Abs. 1 SGB II, welches bei der Ermittlung etwaiger Hilfebedürftigkeit iSd Grundsicherungsrechts (§ 9 Abs. 1 u. 2 SGB II) vorrangig zur Lebensunterhaltssicherung einzusetzen ist.

Schenkung idS ist jede Zuwendung, durch die jemand aus seinem Vermögen einen anderen bereichert, wenn beide Teile darüber einig sind, dass die Zuwendung unentgeltlich erfolgt (§ 516 Abs. 1 BGB). Die Schenkung muss bereits vollzogen worden sein.

Inhaber des Rückforderungsanspruchs ist zunächst der Schenker. Allerdings geht die Inhaberschaft bis zur Höhe der seinerseits geleisteten Aufwendungen auf den Grundsicherungsträger über (→**Anspruchsübergang**), wenn bei rechtzeitiger Herausgabe des Geschenkes durch den Beschenkten Leistungen zur Sicherung des Lebensunterhalts nicht geleistet worden wären (§ 33 Abs. 1 S. 1 SGB II). Dies wäre nicht der Fall, würde der Schenkungsgegenstand in Natur herauszugeben sein und dann bei leistungsberechtigten Schenkern nach § 12 SGB II nicht als Vermögen zu berücksichtigen sein. Strittig ist der Übergang allerdings, falls statt der Naturalrückgabe Wertersatz zu leisten ist (vgl unten), der für sich genommen berücksichtigungsfähiges Einkommen darstellen würde; hier dürfte nach zutreffender Ansicht eine Privilegierung nicht zu rechtfertigen sein, da der Schenker von vornherein nicht mehr das Eigentum an dem privilegierten Vermögensgegenstand zurückerhalten kann (aA LPK-SGB II/*Münder* § 33 Rn 29).

Bei der Prüfung der **Unmöglichkeit der Unterhaltsbestreitung bzw -erfüllung** ist auf den Maßstab der Angemessenheit abzustellen, wie er sich für den eigenen Unterhalt der Lebensstellung entsprechend ergibt (analog § 1610 Abs. 1 u. 2 BGB) bzw für den Unterhalt der anderen an den jeweils einschlägigen gesetzlichen Bestimmungen zur Unterhaltspflicht im Rahmen des

- Familienunterhalts (= Ehegattenunterhalts): § 1360 BGB

- Trennungsunterhalts: §§ 1361 ff BGB

- Scheidungsunterhalt: §§ 1569 ff BGB

- Verwandtenunterhalt: §§ 1601 ff BGB.

Der **Herausgabeanspruch** richtet sich unter Anwendung des Bereicherungsrechts (§ 528 Abs. 1 S. 1 aE ivm §§ 812 ff BGB) auf den Schenkungsgegenstand selbst (Naturalrückgabe, § 812 Abs. 1 S. 1 BGB). Da er dem Umfang nach jedoch auf das zur Bestreitung des Unterhalts bzw der Unterhaltsverpflichtung Erforderliche beschränkt ist (vgl Wortlaut: „soweit"), wandelt sich der Herausgabeanspruch bei unteilbaren Schenkungsgegenständen in einen Zahlungsanspruch nach den Grundsätzen des Wertersatzes (§ 818 Abs. 2 BGB) unter Zugrundelegung des Werts der Schenkung im Zeitpunkt der Entstehung des Herausgabeanspruchs. Unabhängig hiervon kann der Beschenkte zudem die Herausgabe durch Zahlung des für den Unterhalt erforderlichen Betrags abwenden (§ 528 Abs. 1 S. 2 BGB).

Der Beschenkte kann die Einrede der Ent**reicherung** erheben, wenn er nicht mehr bereichert ist (§ 818 Abs. 3 BGB). Daneben steht ihm unter bestimmten Voraussetzungen die Einrede des Ausschlusses des Rückforderungsanspruchs zu (§ 529 BGB), wenn

- der Schenker seine Bedürftigkeit vorsätzlich oder durch grobe Fahrlässigkeit herbeigeführt hat,

- zur Zeit des Eintritts seiner Bedürftigkeit seit der Leistung des geschenkten Gegenstandes zehn Jahre verstrichen sind, oder

- soweit der Beschenkte bei Berücksichtigung seiner sonstigen Verpflichtungen außerstande ist, das Geschenk herauszugeben, ohne dass sein standesmäßiger Unterhalt oder die Erfüllung der ihm kraft Gesetzes obliegenden Unterhaltpflichten gefährdet wird.

Literaturhinweise:
Doering-Striening ASR 2008, 179–194; *Krauß*, Überlassungsverträge in der Praxis, 2006; *Mensch* BWNotZ 2009, 162–171; *Müller*, Der Rückgriff gegen Angehörige von Sozialleistungsempfängern,

2008; LPK-SGB II/*Münder* § 33 Rn 17, 29; Palandt/*Weidenkaff* §§ 528 u. 529 BGB; *Vaupel* RNotZ 2009, 497–528

Schmerzensgeld

Definition: Schmerzensgeld ist eine billige Entschädigung in Geld wegen eines immateriellen Schadens, infolge einer Verletzung des Körpers, der Gesundheit, der Freiheit oder der sexuellen Selbstbestimmung. Schmerzensgeld ist weder als Einkommen noch als Vermögen zu berücksichtigen.

Rechtsgrundlagen: § 253 Abs. 2 BGB; §§ 11 a Abs. 2, 12 Abs. 3 S. 1 Nr. 6 SGB II

Erläuterungen: Schmerzensgeld im Sinne des § 253 Abs. 2 BGB ist sozialhilferechtlich weder als Einkommen (§ 11 a Abs. 2 SGB II) noch als Vermögen (§ 12 Abs. 3 S. 1 Nr. 6 SGB II) zu berücksichtigen. Ob das Schmerzensgeld als Dauerleistung oder einmalige Leistung erbracht wird, spielt bei der Beurteilung keine Rolle.

Damit der besondere Zweck des Schmerzensgeldes nicht ausgehöhlt wird, sind auch Zinsen oder andere Erträgnisse aus Schmerzensgeld von der Berücksichtigung ausgenommen.

Verfolgt Schmerzensgeld zum Teil einen anderen Zweck als Ausgleich immaterieller Nachteile und Genugtuung für erlittene Verletzungen, so ist es als Einkommen bzw Vermögen anzusehen, soweit der Zweck des Schmerzensgeldes dem Zweck der jeweiligen Sozialhilfeleistung entspricht.

Schuldnerberatung

Definition: Schuldnerberatung ist in der Grundsicherung für Arbeitsuchende eine Ermessensleistung des kommunalen Trägers zur Unterstützung der Eingliederung in Arbeit.

Rechtsgrundlage: § 16 a Nr. 2 SGB II

Erläuterungen: Die Schuldnerberatung als Leistung der Grundsicherung für Arbeitsuchende hat ihren systematischen Standort innerhalb der kommunalen →Eingliederungsleistungen nach § 16 a SGB II. Diese wiederum gehören zum Gesamtspektrum der Leistungen zur Eingliederung in Arbeit. Um das Ziel der Eingliederung in Arbeit zu verwirklichen, setzt der Grundsatz des Förderns (§ 14 S. 1

SGB II) eine umfassende Unterstützung durch die Leistungsträger voraus. Hierzu kann es notwendig sein, auch auf solche **Vermittlungshemmnisse** einzugehen, auf die das gewöhnliche Instrumentarium der Arbeitsförderung (vgl § 16 Abs. 1 SGB II iVm dem SGB III) nur unzureichend abgestimmt ist.

Überschuldung ist ein solches Vermittlungshemmnis, weil sie nicht nur die Beschäftigungschancen (zB bei fehlendem Girokonto oder laufenden Pfändungen), sondern auch die Motivation zur Beschäftigungsaufnahme beeinträchtigt. Zu einer, wie es in § 16 a SGB II formuliert ist, ganzheitlichen und umfassenden Betreuung und Unterstützung bedarf es daher einer speziellen Eingliederungsleistung für überschuldete Hilfebedürftige. § 16 a Nr. 2 SGB II ist eine Rechtsgrundlage für Schuldnerberatung als Eingliederungsleistung, stellt diese allerdings in das **Ermessen** der Behörde. Das Ermessen bezieht sich sowohl auf die Entscheidung, ob Schuldnerberatung geleistet wird, als auch auf die Art und Weise der Leistungserbringung.

Aus § 17 Abs. 1 S. 1 SGB II folgt, dass die Leistungsträger in der Regel keine eigenen Schuldnerberatungsdienste schaffen, sondern sich primär existierender **Dienste gemeinnütziger oder gewerblicher Anbieter** bedienen sollen. Als Eingliederungsleistung könnte die Schuldnerberatung prinzipiell auch Gegenstand einer →**Eingliederungsvereinbarung** nach § 15 SGB II bzw eines Verwaltungsakts nach § 15 Abs. 1 S. 6 SGB II sein. Ob es aber praktisch sachgerecht ist, ein Beratungsangebot, dessen Erfolg maßgeblich von der freiwilligen Mitwirkung des Hilfebedürftigen abhängt, unter Androhung von →**Sanktionen** zu verordnen, erscheint zweifelhaft (Gagel/*Kohte* § 16 a SGB II Rn 13 mwN).

Zuständig für die Schuldnerberatung als Eingliederungsleistung sind nach § 6 Abs. 1 S. 1 Nr. 2 SGB II die **kommunalen Träger**, dh Ansprechpartner für den Hilfebedürftigen ist im gesetzlichen Regelfall die gemeinsame Einrichtung nach § 44 b SGB II oder im Falle der Option nach §§ 6 a, 6 b SGB II der zugelassene kommunale Träger. Die Ermessensentscheidungen darüber, ob und wie Schuldnerberatung geleistet wird, trifft der **per**sönliche Ansprechpartner nach § 14 S. 2 SGB II.

Gegenüber der Schuldnerberatung nach § 11 Abs. 5 SGB XII hat die kommunale Eingliederungsleistung nach § 16 a Nr. 2 SGB II den Vorrang. Allerdings ist nach § 11 Abs. 5 SGB XII auch eine präventive Schuldnerberatung möglich, während § 16 a Nr. 2 SGB II voraussetzt, dass die **Hilfebedürftigkeit bereits eingetreten** ist (BSG 13.7.2010 – B 8 SO 14/09 R).

Literaturhinweise:

Fahlbusch, Gutachten vom 26. Juni 2009 – G 01/09: Eingliederungsleistungen nach § 16 a SGB II, NDV 2010, 93 und 140

Schwerbehindert

Definition: Nach § 2 Abs. 1, Abs. 2 SGB IX sind Menschen schwerbehindert, wenn ihre körperliche Funktion, geistige Fähigkeit oder seelische Gesundheit mit hoher Wahrscheinlichkeit länger als sechs Monate von dem für das Lebensalter typischen Zustand abweichen und daher ihre Teilhabe am Leben in der Gesellschaft beeinträchtigt ist und ihr Grad der Behinderung mindestens 50 % beträgt.

Rechtsgrundlagen: §§ 1 Abs. 2 S. 4 Nr. 5, 8 Abs. 1, 12 Abs. 3 Nr. 5, 16 a Nr. 1, 21 Abs. 4 S. 1, 23 Nr. 2, bzw Nr. 3 SGB II

Erläuterungen: Das SGB II geht an verschiedenen Stellen auf die besondere Situation behinderter Menschen ein.

Gemäß § 1 Abs. 2 S. 4 Nr. 5 SGB II sollen die Leistungen der Grundsicherung darauf ausgerichtet sein, dass **behindertenspezifische Nachteile** überwunden werden.

Nach § 8 Abs. 1 SGB II ist nur erwerbsfähig, wer nicht wegen einer **Behinderung** auf absehbare Zeit außerstande ist, unter den üblichen Bedingungen des allgemeinen Arbeitsmarktes mindestens drei Stunden täglich erwerbstätig zu sein.

Nach § 12 Abs. 3 Nr. 5 SGB II ist ein Vermögen nicht zu berücksichtigen, solange es nachweislich zur baldigen Beschaffung oder Erhaltung eines **behindertengerechten Hauses oder Eigentumswohnung** von angemessener Größe benötigt und dieser Zweck durch den Einsatz oder die Verwertung des Vermögens gefährdet würde.

Gemäß § 16 a Nr. 1 SGB II kann zum Zwecke der Eingliederung in Arbeit die

Betreuung behinderter Kinder finanziert werden.

Nach §§ 21 Abs. 4 S. 1, 23 Nr. 2 SGB II wird bei erwerbsfähigen behinderten Leistungsberechtigten unter gewissen Voraussetzungen ein Mehrbedarf von 35 % des maßgebenden Regelbedarfs anerkannt.

Nach § 23 Nr. 2 bzw Nr. 3 SGB II erhalten **behinderte Sozialgeldbezieher ab 15 Jahren** den Mehrbedarf nach § 21 Abs. 4 auch dann, wenn sie eine **Schule, Berufsschule** bzw **Hochschule** besuchen oder nach deren Beendigung für eine angemessene **Übergangszeit**.

Literaturhinweise:
LPK-SGB II, 4. Aufl., §§ 1, 8, 12, 21, 23

Schwerbehinderte Menschen

Definition: Schwerbehinderte Menschen sind solche, bei denen ein Grad der Behinderung (GdB; § 69 Abs. 1 S. 4 u. 5 iVm § 2 Abs. 1 S. 1 SGB IX) von mindestens 50 Prozent vorliegt und die ihren Wohnsitz (§ 30 Abs. 3 S. 1 SGB I), ihren gewöhnlichen Aufenthalt (§ 30 Abs. 3 S. 2 SGB I) oder ihre Beschäftigung auf einem Arbeitsplatz im Sinne des § 73 SGB IX in der Bundesrepublik Deutschland haben.

Rechtsgrundlage: § 2 Abs. 2 SGB IX

Erläuterungen: der Begriff des Schwerbehinderten Menschen setzt denjenigen des **behinderten Menschen** (§ 2 Abs. 1 S. 1 SGB IX; § 19 Abs. 1 SGB III) voraus und verknüpft diesen mit der Schwelle eines **Grades der Behinderung** von mindestens 50 v.H.

Dieser Grad der Behinderung wird auf Antrag von den Behörden, die für die Durchführung des Bundesversorgungsgesetzes zuständig sind, **festgestellt** (§ 69 Abs. 1 S. 1 SGB IX). Dabei bringt der Grad der Behinderung die nach Zehnergraden abgestuften Auswirkungen auf die Teilhabe am Leben in der Gemeinschaft zum Ausdruck (§ 69 Abs. 1 S. 4 SGB IX). Nach Ablösung der „Anhaltspunkte für die ärztliche Gutachtertätigkeit im sozialen Entschädigungsrecht und nach dem Schwerbehindertengesetz" (AHP) durch die auch im Schwerbehindertenrecht maßgebende Versorgungsmedizin-Verordnung (§ 69 Abs. 1 S. 5 SGB IX iVm § 30 Abs. 1 BVersG) werden der Bemessung des Grades der Behinderung die als Anlage zu § 2 dieser Verordnung erlasse-nen Versorgungsmedizinischen Grundsätze zugrundegelegt. Schwerbehinderte Menschen haben auf Antrag einen Anspruch auf Ausstellung eines **Schwerbehindertenausweises** mit Angabe des Grades der Behinderung sowie, im Falle des Vorliegens weiterer gesundheitlicher Merkmale, zur Inanspruchnahme von Nachteilsausgleichen die entsprechenden Merkzeichen (§ 69 Abs. 5 S. 1 SGB IX; vgl diesbezüglich auch die SchwbAwV).

Für die Beschreibung der den Schwerbehinderten zustehenden **Leistungen** nach dem SGB IX, SGB III und SGB II kann auf die Darstellung zum Stichwort →**behinderte Menschen** verwiesen werden. Darüber hinaus bleiben ihnen die besonderen Regelungen zur Teilhabe schwerbehinderter Menschen (**Schwerbehindertenrecht**) nach den §§ 71 ff SGB IX grundsätzlich alleine vorbehalten. Es handelt sich insoweit um Regelungen zu folgenden Themenkomplexen:

- Beschäftigungspflicht der Arbeitgeber (§§ 71–79 SGB IX);
- Sonstige Pflichten der Arbeitgeber; Rechte des schwerbehinderten Menschen (§§ 80–84 SGB IX);
- Kündigungsschutz (§§ 85–92 SGB IX);
- Betriebs-, Personal-, Richter-, Staatsanwalts- und Präsidialrat, Schwerbehindertenvertretung, Beauftragter des Arbeitgebers (§§ 93–100 SGB IX);
- Durchführung der besonderen Regelungen zur Teilhabe schwerbehinderter Menschen (§§ 101–108 SGB IX);
- Integrationsfachdienste (§§ 109–115 SGB IX);
- Beendigung der Anwendung der besonderen Regelungen zur Teilhabe schwerbehinderter und gleichgestellter behinderter Menschen (§§ 116 u. 117 SGB IX);
- Sonstige Vorschriften (§§ 122–131 SGB IX);
- Integrationsprojekte (§ 132–135 SGB IX);
- Werkstätten für behinderte Menschen (§§ 136–144 SGB IX);
- Unentgeltliche Beförderung schwerbehinderter Menschen im öffentlichen Personenverkehr (§§ 145–154 SGB IX);
- Straf-, Bußgeld- und Schlussvorschriften (§§ 155–160 SGB IX).

Schwerbehinderten Menschen gleichgestellt werden sollen behinderte Menschen mit einem Grad der Behinderung von weniger als 50 Prozent, aber wenigstens 30 Prozent, bei denen die übrigen Voraussetzungen der Schwerbehinderteneigenschaft vorliegen, wenn sie infolge ihrer Behinderung ohne die Gleichstellung einen geeigneten Arbeitsplatz iSd § 73 SGB IX nicht erlangen (Vermittlungshemmnis) oder nicht behalten (Sicherungshemmnis) können (**gleichgestellte behinderte Menschen;** § 2 Abs. 3 SGB IX). Die Gleichstellung erfolgt aufgrund einer **Feststellung** nach § 69 SGB IX auf Antrag des behinderten Menschen durch die Bundesagentur für Arbeit. Die Gleichstellung wird mit dem Tag des Eingangs des Antrags wirksam. Sie kann befristet werden (§ 68 Abs. 2 SGB II). Auf diese Gruppe gleichgestellter behinderter Menschen werden die besonderen Regelungen für schwerbehinderte Menschen mit Ausnahme der Regelungen zum Zusatzurlaub (§ 125 SGB IX) und des Kapitels über die unentgeltliche Beförderung schwerbehinderter Menschen im öffentlichen Personenverkehr (§§ 145–154 SGB IX) angewendet (§ 68 Abs. 3 SGB IX).

Darüber hinaus sind schwerbehinderten Menschen behinderte (§ 2 Abs. 1 S. 1 SGB IX) Jugendliche und junge Erwachsene während der Zeit einer Berufsausbildung in Betrieben und Dienststellen gleichgestellt, auch wenn der Grad der Behinderung weniger als 30 Prozent beträgt oder ein Grad der Behinderung nicht festgestellt ist. Der Nachweis der Behinderung wird durch eine Stellungnahme der Agentur für Arbeit oder durch einen Bescheid über Leistungen zur Teilhabe am Arbeitsleben erbracht. Die besonderen Regelungen für schwerbehinderte Menschen werden aber auf diese Gruppe gleichgestellter behinderter Menschen – mit Ausnahme der Möglichkeit des Integrationsamts an Arbeitgeber für Prämien und Zuschüsse zu den Kosten der Berufsausbildung behinderter Jugendlicher und junger Erwachsener Geldleistungen zu erbringen (§ 102 Abs. 3 Nr. 2 lit. c SGB IX) – nicht angewendet.

Literaturhinweise:
Kreikebohm/Spellbrink/Waltermann/ *Knickrehm*, Kommentar zum Sozialrecht, § 22 Rn 27; Kreikebohm/Spellbrink/ Waltermann/*Kothe*, Kommentar zum Sozialrecht, § 21 Rn 14, 15; Kreikebohm/ Spellbrink/Waltermann/*Kothe*, Kommentar zum Sozialrecht, § 23 Rn 19–23; LPK-SGB II/*Berlit* § 22 Rn 38, 45, 79; LPK-SGB II/*Münder* § 21 Rn 18–23; LPK-SGB II/*Birk* § 28 Rn 16–18

Selbsthilfe

Definition: Selbsthilfe ist das Ausschöpfen der eigenen Möglichkeiten, um Hilfebedürftigkeit zu beenden oder zu verringern.

Rechtsgrundlagen: §§ 2, 9 SGB II

Erläuterungen: Als existenzsicherndes, durch die Allgemeinheit über Steuern finanziertes letztes soziales Netz für erwerbsfähige Leistungsberechtigte und deren Bedarfsgemeinschaft ist die Grundsicherung für Arbeitsuchende ebenso wie andere Mindestsicherungssysteme vom Grundsatz des Nachrangs (Subsidiarität) geprägt. Im Licht des Menschenwürdesatzes (Art. 1 Abs. 1 GG) erscheint es nur schlüssig, wenn nicht gar geboten, vorrangig die Eigenverantwortung des einzelnen Menschen für sein Leben und das seiner engsten Angehörigen abzurufen und zu unterstützen. Dieser Ansatz fand Eingang in das Leitbild des **Förderns und Forderns** (§§ 14 u. 2 SGB II), welches das Grundsicherungsrecht nachhaltig prägt.

Ein Ausfluss dieser Betrachtungsweise ist der **Grundsatz der Selbsthilfe**, der ebenfalls im Gesetz an verschiedenen Stellen seinen Niederschlag gefunden hat. So prägt er die Ausformulierung des Grundsatzes des Forderns in § 2 Abs. 1 SGB II dahin gehend, dass der erwerbsfähige Leistungsberechtigte und die mit ihnen in einer Bedarfsgemeinschaft lebenden Personen alle Möglichkeiten zur Beendigung oder Verringerung ihrer Hilfebedürftigkeit auszuschöpfen hätten. Neben den daraus erwachsenden **erwerbsbezogenen Selbsthilfeobliegenheiten** wie der Mitwirkung an der Eingliederung (§§ 14 ff SGB II, § 60 SGB I), dem Abschluss einer Eingliederungsvereinbarung (§ 15 SGB II), der Annahme zumutbarer Arbeit (§ 10 SGB II), etc., besteht die Obliegenheit, die Hilfebedürftigkeit auch auf jede andere rechtmäßige und zumutbare Weise zu verringern bzw gar zu überwinden.

Zu diesen **allgemeinen Selbsthilfeobliegenheiten** zählt u.a.:

- die Ordnung des Ausgabenverhaltens,

- der Einsatz von anderem berücksichtigungsfähigen Einkommen und Vermögen,

- die Geltendmachung und ggf Durchsetzung vorrangiger zivilrechtlicher oder öffentlich-rechtlicher Ansprüche gegen Dritter,

- die Beantragung und Inanspruchnahme von Sozialleistungen anderer Träger mit den in § 12 a S. 2 SGB II genannten Ausnahmen,

- die Senkung der Unterkunftskosten auf das angemessene Maß (§ 22 Abs. 1 SGB II),

- die Vermeidung nicht erforderlicher Umzüge, die zu (unangemessenen) Mehrkosten führen (§ 22 I 2, IV SGB II),

- die Verpflichtung auf angemessenes Heizverhalten (§ 22 I SGB II).

Der Umstand, dass der **Hilfebedürftigkeitsbegriff** des § 9 Abs. 1 SGB II anders als nach der alten Wortfassung nun nicht mehr darauf abstellt, dass der Leistungsberechtigte seinen Bedarf allgemein „nicht oder nicht ausreichend aus eigenen Kräften und Mitteln", „vor allem nicht durch Aufnahme einer zumutbaren Arbeit" sichern kann und auch „nicht von anderen, insbesondere von Angehörigen oder von Trägern anderer Sozialleistungen erhält", darf nicht zu dem Trugschluss verleiten, der Gesetzgeber habe insoweit eine Reduktion der Selbsthilfeobliegenheiten beabsichtigt. Ausdrücklich hält er insofern fest: „Mit der Streichung ist keine weitere inhaltliche Änderung verbunden. Es bleibt bei dem in § 2 SGB II verankerten Grundsatz, wonach Hilfebedürftige alle Möglichkeiten zur Verringerung oder Beendigung ihrer Hilfebedürftigkeit, insbesondere durch eine schnellstmögliche Aufnahme einer Erwerbstätigkeit, auszuschöpfen haben."

In behördlichen **Ermessensentscheidungen** kann die Behörde als einen unter mehreren Ermessensgesichtspunkten einstellen, inwieweit der Leistungsberechtigte die ihm individuell zumutbaren Selbsthilfepotentiale ausschöpft; dagegen ist der Nachweis hierüber kein negatives Tatbestandsmerkmal des **Leistungsanpruchs** (LPK-SGB II/*Berlit* § 2 Rn 12).

Literaturhinweise:
LPK-SGB II/*Berlit* § 2 Rn 9 ff, § 22 Rn 127; *Berlit* info also 2007, 195–198; LPK-SGB II/ *Thie/Schoch* § 9 Rn 11 f; *Davilla*, Die Eigenverantwortung im SGB III und SGB II, 2010

Sofortangebot

Definition: Das Sofortangebot ist eine objektiv rechtliche Verpflichtung der Jobcenter, einem bestimmten Personenkreis frühzeitig ein Angebot für eine Eingliederungsmaßnahme zu unterbreiten. Es dient in erster Linie dazu, bei erwerbsfähigen Personen die Bereitschaft zur Arbeitsaufnahme zu überprüfen.

Rechtsgrundlagen: §§ 15 a, 31 Abs. 1 S. 1 Nr. 3 SGB II

Erläuterungen: Voraussetzung für das Sofortangebot ist zunächst nur, dass eine erwerbsfähige Person einen **Leistungsantrag** stellt. Es muss noch nicht feststehen, ob Hilfebedürftigkeit und damit ein Anspruch auf Arbeitslosengeld II gegeben ist. Als Folge der Regelung können damit auch nicht hilfebedürftige Personen →**Eingliederungsleistungen** erhalten. Weitere Voraussetzung ist, dass die betreffende Person in den letzten zwei Jahren vor der Antragstellung **keine** laufenden **Geldleistungen** zur Deckung des Lebensunterhalts nach dem SGB II (Arbeitslosengeld II, Sozialgeld oder Einstiegsgeld) oder dem SGB III (zB Arbeitslosengeld I, Übergangsgeld, Kurzarbeitergeld, Insolvenzgeld oder Winterausfallgeld) erhalten hat. In der Praxis handelt es sich dabei um sehr unterschiedliche **Personenkreise**, zB nicht anderweitig abgesicherte Selbständige, Studierende nach Abschluss des Studiums, bisher nicht erwerbstätige Ehepartner, Jugendliche mit oder ohne Schulabschluss. Auch Leistungsberechtigten unter 25 Jahren, die gemäß § 3 Abs. 2 S. 1 SGB II sofort zu vermitteln sind, können nach § 15 a SGB II Eingliederungsmaßnahmen sofort angeboten werden. Das Angebot soll unverzüglich gemacht werden, was im Regelfall dem Jobcenter nur einen Zeitraum von einer Woche gewährt. Eine →**Eingliederungsvereinbarung** muss zu diesem Zeitpunkt noch nicht geschlossen sein. Anders als es der Wortlaut von § 15 a SGB II nahe legt, ergibt sich im Rahmen des Sofortangebotes kein eigenständiger Anspruch auf Eingliederungsleistungen oder auf eine intendierte Ermessensausübung dahin gehend, dass derartige Leistungen in Regelfall zu gewähren sind. Es handelt sich um ein objektiv rechtliches Handlungsgebot, das an die Verwaltungen gerichtet ist und von den Betroffenen nicht unmittelbar geltend gemacht werden kann. Das Jobcenter entscheidet auch bei einem Sofortangebot grundsätzlich nach pflichtgemäßem **Ermessen** darüber, ob eine Eingliederungsleistung gewährt werden soll und, wenn eine solche vorgesehen ist, wie die Maßnahme ausgestaltet ist (Eicher/Spellbrink/ *Spellbrink* § 15 a Rn 12). Das Sofortangebot selbst ist kein Verwaltungsakt. Erst die Bewilligungsentscheidung über eine Eingliederungsmaßnahme oder die Entscheidung über eine Sanktion bei Ablehnung einer Eingliederungsmaßnahme hat konkreten Regelungsgehalt. Hiergegen kann der Betroffene im Rechtsbehelfsverfahren vorgehen.

Die Ablehnung eines zumutbaren Angebotes nach § 15 a SGB II wird nicht mehr als eigenständiger Sanktionstatbestand in § 31 Abs. 1 SGB II aufgeführt. Allerdings stellt es eine **Pflichtverletzung** dar, wenn der erwerbsfähige Leistungsberechtigte trotz schriftlicher Belehrung über die Rechtsfolgen bzw in Kenntnis der Rechtsfolgen eine zumutbare Maßnahmen zur Eingliederung in Arbeit nicht antritt (§ 31 Abs. 1 S. 1 Nr. 3 SGB II). Unter diesen Voraussetzungen kann die Ablehnung des Sofortangebotes also nach wie vor unmittelbar sanktioniert werden.

Literaturhinweise:
LPK-SGB II/*Thie* § 15 a Rn 2 ff; Eicher/ Spellbrink/*Spellbrink* § 15 a Rn 7 ff

Sofortige Vollziehung

Definition: Die sofortige Vollziehung ist eine gesetzliche oder von Verwaltungsseite vorgenommene Anordnung, die bereits während eines Rechtsbehelfsverfahrens (Widerspruch oder Klage) die rechtliche Durchsetzbarkeit der in einem Bescheid vorgesehenen Regelung herbeiführt. Die sofortige Vollziehung steht in Verbindung mit dem Regelungskonzept des →**einstweiligen Rechtsschutzes.**

Rechtsgrundlagen: §§ 86 a, 86 b SGG; § 39 SGB II

Erläuterungen: Wird in eine bestehende Rechtsposition des Leistungsberechtigten eingegriffen, zB durch Aufhebung (Aufhebung von Verwaltungsakten) einer bestehenden Leistungsbewilligung oder durch Kürzung der Leistung, kann der Betroffene zwar →**Widerspruch** gegen einen entsprechenden Bescheid einlegen. Im Rahmen der Grundsicherung für Arbeitsuchende hat jedoch der Widerspruch nur ausnahmsweise →**aufschiebende Wirkung.** Eine Kürzung oder Entziehung der Leistung kann im Regelfall sofort umgesetzt (vollzogen) werden.

Die sofortige Vollziehbarkeit ist für die meisten praxisrelevanten Fälle bereits gesetzlich angeordnet (§ 39 SGB II):

- Aufhebung, Rücknahme oder Widerruf der Leistungsgewährung,

- Feststellung einer Pflichtverletzung und Minderung des Auszahlungsanspruchs,

- Regelung von Leistungen oder Pflichten bei der Eingliederung in Arbeitsuchende,

- Bewirkung des Übergangs von Ansprüchen des Leistungsempfängers gegen Dritte,

- Aufforderung vorrangige Leistungen zu beantragen,

- Aufforderung zur persönlichen Meldung (§ 59 SGB II).

Nur in Ausnahmefällen (wichtigster Fall: Erstattungsbescheide nach § 50 SGB X) kommt es im Rahmen der Grundsicherung zur →**aufschiebenden Wirkung** von Widerspruch oder Klage.

Auch in diesen Fällen bleibt dem Jobcenter noch nach § 86 a Abs. 2 Nr. 5 SGG die Möglichkeit, durch eine **Anordnung der sofortigen Vollziehung** die durch den Widerspruch aufgehobene Möglichkeit zur Vollziehung des Verwaltungsakts wieder in Gang zu setzen. Die Anordnung der sofortigen Vollziehung ist allerdings davon abhängig, dass **gesondertes öffentliches Interesse** hieran **schriftlich** begründet wird. Dabei kann ein gesondertes öffentliches Interesse nicht schon darin liegen, dass die Rückzahlung eventuell zu hoher Leistungen nicht vollständig gesichert erscheint. Nur wenn der Leistungsempfänger die aufschiebende Wirkung absichtlich ausnutzt und Indizien vorliegen, dass zu Unrecht gewährte Leistungen nicht zurückgezahlt werden, erscheint ein solches öffentliches Interesse hinreichend begründet. Ein gesondertes öffentliches Interesse liegt weiter nur dann vor, wenn der streitige Bescheid mit hoher Wahrscheinlichkeit rechtmäßig ist. Gegen die Anordnung der sofortigen Vollziehung durch die Behörde kann gemäß § 86 b Abs. 1 Nr. 3 SGG die Wiederherstellung der aufschiebenden Wirkung beim →Sozialgericht als eine Form des Eilrechtsschutzes beantragt werden. In diesem Verfahren muss die Behörde sowohl nachweisen, dass der zugrunde liegende Bescheid mit hoher Wahrscheinlichkeit rechtmäßig ist wie auch das gesonderte öffentliche Interesse an der sofortigen Vollziehung darlegen.

Vollzieht die Behörde einen Bescheid, gegen den Widerspruch eingelegt worden ist, obwohl dem Widerspruch – für die Grundsicherung ausnahmsweise – aufschiebende Wirkung zukommt, spricht man von einem sogenannten **faktischen Vollzug**. Ein solches Vorgehen ist rechtswidrig. In diesem Fall kann analog § 86 b Abs. 1 SGG beim Sozialgericht die Feststellung der bestehenden aufschiebenden Wirkung des Widerspruchs beantragt werden.

Literaturhinweise:
LPK-SGB II/*Conradis*, 4. Aufl., § 39 Rn 4 ff; *Geiger*, Leitfaden zum Arbeitslosengeld II, 8. Aufl. 2011, S. 733 ff; *Zimmermann*, Das Hartz-IV-Mandat, 2. Aufl., S. 270

Sozialgeld

Definition: Sozialgeld ist eine nachrangige Sozialleistung zur Sicherung des Lebensunterhaltes nicht erwerbsfähiger Leistungsberechtigter, die mit erwerbsfähigen Leistungsberechtigten in einer Bedarfsgemeinschaft leben.

Rechtsgrundlagen: §§ 7 Abs. 2, 19, 23 SGB II

Erläuterungen: Kann der notwendige Lebensunterhalt (Regelbedarf, Mehrbedarfe sowie der Bedarf für Unterkunft und Heizung) nicht durch das Einkommen und Vermögen eines nicht erwerbsfähigen Leistungsberechtigten sowie der mit ihm gemeinsam in einer Bedarfsgemeinschaft im Sinne des § 7 Abs. 3 SGB II lebenden Personen gedeckt werden, so hat der Nichterwerbsfähige einen Anspruch auf Sozialgeld (§ 7 Abs. 2 SGB II iVm §§ 19, 23 SGB II.) Als Nichterwerbsfähige sind einerseits diejenigen zu verstehen, die voll erwerbsgemindert sind und andererseits diejenigen, die das 15. Lebensjahr noch nicht vollendet haben. Da der Anspruch auf Sozialgeld nachrangig gegenüber Ansprüchen auf Grundsicherungsleistungen nach § 19 Abs. 2 SGB XII iVm §§ 41 ff SGB XII ist (§ 19 Abs. 2 S. 1 SGB II), haben diejenigen, die die Altersgrenze des § 7 a SGB II bzw § 41 Abs. 2 SGB XII erreicht haben oder dauerhaft voll erwerbsgemindert sind, keinen Anspruch auf Sozialgeld, sondern auf Leistungen der Grundsicherung im Alter und bei Erwerbsminderung nach dem SGB II. Besteht eine Erwerbsminderung nur auf Zeit, so kommen Leistungen nach §§ 41 ff SGB XII nicht in Betracht, stattdessen kann ein Anspruch auf Sozialgeld bestehen (LSG Baden-Württemberg 25.3.2011 – L 12 AS 910/10, Rn 21).

Ein Anspruch auf Sozialgeld besteht nur, wenn die nachfragende Person in einer Bedarfsgemeinschaft im Sinne des § 7 Abs. 3 SGB II lebt. Hierzu muss sie zumindest mit einer erwerbsfähigen Person, die das 15. Lebensjahr vollendet, aber die Altersgrenze nach § 7 a SGB II noch nicht erreicht hat, in demselben Haushalt zusammen leben. Ist dies nicht der Fall, so hat sie im Falle der Hilfebedürftigkeit einen sozialhilferechtlichen Anspruch auf Grundsicherungsleistungen im Alter und bei Erwerbsminderung (§ 19 Abs. 2 SGB XII iVm §§ 41 ff SGB XII) oder auf Hilfe zum Lebensunterhalt (§ 19 Abs. 1 SGB XII iVm §§ 27 ff SGB XII). Für das Entstehen des Sozialgeldanspruchs ist nicht erforderlich, dass der Erwerbsfähige einen Anspruch auf Alg II hat. Daher haben auch die unter 15-jährigen Kinder eines nach § 7 Abs. 4, 4 a oder 5 SGB II von Arbeitslosengeld II ausgeschlossenen Erwerbsfähigen einen Anspruch auf Sozialgeld, wenn sie hilfebedürftig sind.

Der Regelbedarf eines Nichterwerbsfähigen beträgt nach § 23 Nr. 1 SGB II bis zur Vollendung des sechsen Lebensjahres 213 EUR, bis zur Vollendung des 14. Lebensjahres 242 EUR und im 15. Lebensjahr 275 EUR. Mehrbedarfe werden neben den in § 21 SGB II genannten Voraussetzungen (Schwangerschaft ab der 13. Woche, Alleinerziehung, Teilhabeleistungen im Sinne des § 23 Abs. 4 SGB II, krankheitsbedingter Ernährungsmehrbedarf, dezentrale Warmwassererzeugung) auch bei Eingliederungshilfeleistungen nach § 54 Abs. 1 Nr. 1 und 23 SGB XII sowie bei voller Erwerbsminderung mit Schwerbehindertenausweis nach § 69 Abs. 5 SGB IX mit Merkzeichen G erbracht.

Der Unterkunfts- und Heizungsbedarf richtet sich nach den für Alg II-Leistungen geltenden Vorschriften (§ 22 SGB II).

Für Schülerinnen und Schüler, die das 25. Lebensjahr noch nicht vollendet haben, kommen des Weiteren zusätzliche Leistungen für die Schule nach § 25 SGB II in Betracht. Darüber hinaus können Leistungsansprüche für Bildung und Teilhabe bestehen (§ 28 SGB II).

Literaturhinweise:
Zimmermann, Das Hartz-IV-Mandat, 2. Aufl. 2011; *Groth/Luik/Siebel-Huffmann*, Das neue Grundsicherungsrecht, 2011

Sozialgericht

Definition: Die Sozialgerichte sind ein eigenständiger Zweig der Gerichtsbarkeit, denen verschiedene Angelegenheiten des Sozialrechts – so auch die Angelegenheiten der Grundsicherung für Arbeitsuchende – zur Rechtsprechung zugewiesen sind (§ 51 SGG). Sozial- und Landessozialgerichte sind Justizbehörden des jeweiligen Bundeslandes.

Rechtsgrundlage: Sozialgerichtsgesetz (SGG)

Erläuterungen: Für →**Klageverfahren** und in Eilverfahren (→**Einstweiliger Rechtsschutz**) in Angelegenheiten der Grundsicherung für Arbeitsuchende sind die Sozialgerichte gemäß § 51 Abs. 1 Nr. 4 a SGG zuständig.

In erster Instanz entscheidet das Sozialgericht durch sogenannte **Fachkammern** für die Grundsicherung für Arbeitsuchende, die durch einen hauptamtlichen Richter und zwei ehrenamtliche Richter besetzt sind. Die ehrenamtlichen Richter sind keine Juristen, sondern werden nach Vorschlagslisten aus dem Kreis der Sozialversicherten, von den Gewerkschaften und anderen Arbeitnehmervereinigungen, von Arbeitgeberverbänden sowie von Bundes- und Landesbehörden ernannt (§§ 14, 16 SGG). Gegen Entscheidungen der Sozial-

gerichte kann regelmäßig das Rechtsmittel der **Berufung** eingelegt werden, wenn der Wert des Beschwerdegegenstandes 750 EUR übersteigt. Bei niedrigerem Wert muss die Berufung durch gesonderte Entscheidung zugelassen werden (§ 144 Abs. 1, 2 SGG). Berufungsinstanz sind die Landessozialgerichte, in denen die Entscheidungen durch Fachsenate getroffen werden. Die Senate sind mit drei hauptamtlichen Richtern und zwei ehrenamtlichen Richtern besetzt. Das Bundessozialgericht entscheidet als Revisionsinstanz ebenfalls in Fachsenaten, die in gleicher Weise wie die Landessozialgerichte besetzt sind.

Die **Revision** gegen Entscheidungen der Landessozialgerichte ist nur in wenigen Fällen zulässig: Grundsätzliche Bedeutung der Rechtssache, Abweichung von einer anderen höchstrichterlichen Entscheidung und Verfahrensmängel. Wird die Revision nicht vom Landessozialgericht zugelassen, muss eine Nichtzulassungsbeschwerde (§ 160 a SGG) beim Bundessozialgericht eingelegt werden. **Anwaltszwang** gibt es nur beim Bundessozialgericht; vor dem Sozialgericht und dem Landessozialgericht können sich die Betroffenen selbst vertreten. Verfahren vor den Sozialgerichten in Grundsicherungsangelegenheiten sind für die Hilfesuchende, grundsätzlich **gerichtsgebührenfrei**. Nur in besonderen Ausnahmefällen können die Sozialgerichte eine sogenannte Missbrauchsgebühr (§ 192 SGG) verhängen. Voraussetzung dafür ist, dass die Klage mutwillig erhoben wurde und keinerlei Aussicht auf Erfolg hat. Hierauf muss der Betroffene aber vorab hingewiesen werden. Ein Kostenrisiko entsteht im Übrigen nur dann, wenn sich der Betroffene anwaltlich vertreten lässt (→**Anwaltsgebühren**) oder auf seinen Antrag hin gemäß § 109 SGG ein Arzt seiner Wahl mit einem medizinischen Sachverständigengutachten beauftragt wird. Wenn eine anwaltliche Vertretung erfolgt, ist die Beantragung von →**Prozesskostenhilfe** möglich. Mit dem Urteil in der Hauptsache wird auch über die Erstattung der Verfahrenskosten des Klägers und des Beklagten entschieden. Ist das gerichtliche Verfahren erfolgreich, wird der SGB II-Träger regelmäßig verpflichtet, die notwendigen außergerichtlichen Kosten des Leistungsberechtigten zu erstatten. Dazu zählen die Anwaltskosten sowie weitere unmittelbar verfahrensbezoge Kosten wie Fahrtkosten zu einem Termin und zur mündlichen Verhandlung. Ist das Klageverfahren nicht erfolgreich, wird das Sozialgericht im Regelfall die Entscheidung treffen, dass der Kläger und der Beklagte einander keine Kosten zu erstatten haben.

Gerichtsgebühren werden in Angelegenheiten der Grundsicherung für Arbeitsuchende nicht erhoben.

Literaturhinweise:
LPK-SGB II/*Armborst*, 4. Aufl., Anhang Verfahren; *Zimmermann*, Das Hartz-IV-Mandat, 2. Aufl. 2011, S. 236 ff

Sozialrechlicher Herstellungsanspruch

Definition: Der sozialrechtliche Herstellungsanspruch ist ein von der Rechtsprechung entwickeltes Rechtsinstitut, das bei Pflichtverletzungen (insb. Auskunfts- und Beratungspflichten) durch die Sozialleistungsträger einen Ausgleich schafft, der im Wege von Schadensersatzansprüchen oder Amtshaftung nicht hinreichend erfolgen könnte. Auch für den Bereich der Grundsicherung für Arbeitsuchende ist der sozialrechtliche Herstellungsanspruch anerkannt (BSG 18.1.2011 – B 4 AS 29/10 R).

Rechtsgrundlagen: Aus der Rechtsprechung der Sozialgerichte entwickelter Grundsatz iVm §§ 14, 15 SGB I

Erläuterungen: Die folgenden vier **Voraussetzungen** müssen vorliegen:

1. Pflichtverletzung des Sozialleistungsträgers; dies ist regelmäßig die **Verletzung von Beratungs- oder Auskunftspflichten** (§§ 14, 15 SGB I; vgl BSG 31.10.2007 – B 14/11 b AS 63/06 R) durch die Jobcenter als Sozialleistungsträger. Die Pflichtverletzung muss dem Sozialleistungsträger auch objektiv zurechenbar sein. Wie weit die Beratungspflicht reicht, hängt regelmäßig von den Umständen des Einzelfalls ab; zB, ob der Betroffene konkret eine Beratung nachgesucht hat. Eine Pflicht zur Beratung von Amts wegen (Spontanberatung) besteht nur in seltenen Fällen, wenn der Beratungs- und Unterstützungsbedarf für den Sozialleistungsträger auch hinreichend deutlich erkennbar ist. Die Beratungspflicht umfasst jedenfalls Fragestellungen und Gestaltungsmöglichkeiten (zB

Zeitpunkt der Stellung oder Rücknahme von Leistungsanträgen), die so zweckmäßig sind, dass sie ein vernünftiger Leistungsberechtigter nutzen würde.

2. Bei dem Leistungsberechtigten müssen **rechtliche Nachteile oder ein Schaden** entstanden (zB Verlust von Ansprüchen, späterer Leistungsbeginn oder niedrigere Anwartschaft) sein.

3. Zwischen der Pflichtverletzung der Sozialleistungsträger und dem Nachteil des Betroffenen muss ein **ursächlicher Zusammenhang (Kausalität)** bestehen.

4. Der durch das pflichtwidrige Verwaltungshandeln eingetretene Nachteil muss **durch eine zulässige Amtshandlung wieder beseitigt** werden können.

Auch wenn ein behördlicher Fehler unbestritten ist, kann der Betroffene zB bei einem Beratungsfehler nur das verlangen, was er im Rahmen einer zulässigen Disposition auf gesetzlicher Grundlage hätte erreichen können. Durch den Herstellungsanspruch soll ein Zustand wieder hergestellt werden, der bestehen würde, wenn der Sozialleistungsträger seine Verpflichtungen nicht verletzt hätte. Auf ein Verschulden der handelnden Mitarbeiter des Sozialleistungsträgers kommt es nicht an. Problematisch ist in der Praxis häufig, ob ein **Fehler**, der im Rahmen der Auskunft oder Beratung bei **einer anderen Behörde** entstanden ist, zugerechnet werden kann. So hat die Rechtsprechung Beratungsfehler der Arbeitsagentur als zurechenbar angesehen, wenn dadurch eine Rentenanwartschaft verloren gegangen ist (BSG 25.8.1993 – 13 RJ 27/92). Entscheidend ist, ob zwei Sozialleistungen so miteinander verknüpft sind, dass sich auch für die andere Behörde eine Fürsorge- und Beratungspflicht hinsichtlich der betreffenden Sozialleistungen ergibt, wenn bspw die Sozialleistungen so eng miteinander verzahnt sind, dass Leistungshöhe oder grundlegende Leistungsvoraussetzungen voneinander abhängig sind. So muss auch das Jobcenter oder der Sozialhilfeträger auf mögliche Leistung hinweisen, wenn ihm grundlegende Informationen für die Berechtigung zu einer solchen vorrangigen Leistung bekannt sind (BSG 26.6.2007 – B 4 R 19/07 R). Hingegen muss die Ausländerbehörde nicht auf mögliche Ansprüche auf Elterngeld hinweisen, weil hier keine leistungsrechtliche Verknüpfung besteht.

Literaturhinweise:
Brandts, in: Richter/Doering-Striening (Hrsg), Grundlagen des Sozialrechts, S. 122 ff; *Sauer,* in: Handbuch Sozialrechtsberatung, 3. Aufl., S. 777 f; LPK-SGB II/*Münder,* 4. Aufl., § 4 Rn 4 f

Sozialrechtliches Leistungsdreieck

Definition: Das sozialrechtliche Leistungsdreieck bezeichnet die Konstellation, in der ein Dritter (Sozialer Dienst oder Einrichtung mit einem privat-gemeinnützigen oder privat-gewerblichen Träger) in die Erbringung von Sozialleistungen an den Berechtigen einbezogen ist. Der Dritte erbringt die Leistung eigenständig (in der Regel eine Dienstleistung,zB Durchführung einer Weiterbildungsmaßnahme) an den Leistungsberechtigten. Der Sozialleistungsträger (Jobcenter) hingegen finanziert die Sozialleistung (Maßnahme) durch die Zahlung von Entgelten an den Dritten (Dienst oder Einrichtung).

Rechtsgrundlagen: §§ 17, 16 Abs. 1 SGB II iVm mit den jeweiligen leistungsrechtlichen Bestimmungen des SGB III

Erläuterungen: Immer dann, wenn ein Sozialleistungsträger (hier das Jobcenter) die Sozialleistungen an den betroffenen Leistungsberechtigten **nicht selbst erbringt**, sondern einen Dritten, den Leistungserbringer, einschaltet, kann ein sozialrechtliches Leistungsdreieck entstehen. Häufig werden bei →**Eingliederungsleistungen** Dritte als Leistungserbringer einbezogen.

In dem Leistungsdreieck bestehen jeweils drei wechselseitige Rechtsbeziehungen:

1. Die eigentliche sozialrechtliche Leistungsbeziehung zwischen dem Sozialleistungsträger (Jobcenter) und den Leistungsberechtigten. Grundlage ist der **sozialrechtliche Leistungsanspruch,** hier zB die Gewährung von Leistungen zur Eingliederung in Arbeit nach §§ 16 ff SGB II und die in Bezug genommenen Eingliederungsleistungen des SGB III.

2. Die Rechtsbeziehung zwischen dem Sozialleistungsträger (Jobcenter) und dem Leistungserbringer (zB Maßnahmeträger). Nach diesen Regelungen erhält der Leistungserbringer das **Entgelt** für die tatsächlich an den Berechtigten erbrachte Leistung. Es wird geregelt, mit welchem Inhalt und mit welchem Umfang die Leistungen zu erbringen sind, welche Voraussetzungen dabei vom Leistungserbringer eingehalten werden müssen und wie die Qualität der Leistung gesichert wird. Andererseits wird die Höhe der Vergütung geregelt, die der soziale Dienst oder die Einrichtung für die Leistungserbringung erhält. Die Vereinbarungen zwischen dem Jobcenter und der Maßnahmeträger sind öffentlich-rechtlicher Natur.

3. Die Rechtsbeziehung zwischen dem Leistungserbringer (Maßnahmeträger) und dem Leistungsberechtigten. Hier wird geregelt, welche Rechte und Pflichten im Verhältnis zwischen dem Maßnahmeträger und dem Leistungsberechtigten entstehen, wenn die Leistung tatsächlich erbracht wird. Die Rechtsbeziehung ist regelmäßig privatrechtlicher Natur; zB ein privatrechtlicher Dienstvertrag bei einer Weiterbildungsmaßnahme. Einen Sonderfall stellen die →**Arbeitsgelegenheiten** gegen Mehraufwandsentschädigung dar. Die gesetzlich vorgesehene Zuweisung des Leistungsberechtigten führt hier zu einem öffentlich-rechtlich geprägten Rechtsverhältnis auch in der Beziehung zum Maßnahmeträger.

Alternativ zu dem Dreiecksverhältnis kann das Jobcenter bei einem Maßnahmeträger auch die Dienstleistung unmittelbar „einkaufen" und auf Grundlage eines Austauschvertrages eine Vergütung für die im Einzelfall erbrachte Leistung zahlen. Dann muss in vielen Fällen eine Ausschreibung betreffend die Leistungserbringung und ein **Vergabeverfahren** durchgeführt werden. In welchem Umfang von dieser Möglichkeit im Rahmen des SGB II Gebrauch gemacht werden kann, ist teilweise umstritten (vgl LPK-SGB II/*Münder* § 17 Rn 20). Bei einigen aus dem SGB III anwendbaren Eingliederungsleistungen (zB Leistungen zur Aktivierungen) ist das Vergabeverfahren ausdrücklich vorgesehen. Das Jobcenter entscheidet dabei mit der Ausschreibung über die Ausgestaltung der Leistung und die Zahl der verfügbaren Plätze. Es entsteht kaum Gestaltungsspielraum bei der Ausführung der Leistung. Der Maßnahmeträger führt die Leistung im Auftrag des Jobcenters durch. Eine vertragliche Beziehung zwischen dem Maßnahmeträger und dem Leistungsberechtigten entsteht dann nicht.

Literaturhinweise:
LPK-SGB II/*Münder*, 4. Aufl., § 17 Rn 19 ff

Sozialstaat, aktivierender

→Fördern und Fordern

Sozialstaatsprinzip

Definition: Das Sozialstaatsprinzip ist neben dem Rechtsstaatsprinzip und dem Demokratieprinzip elementare Staatszielbestimmung. Es ist zuerst als Auftrag an den Gesetzgeber zu verstehen: Durch die Gesetzgebungstätigkeit sollen die sozialstaatlichen Ziele, einen sozialen Ausgleich herbeizuführen und soziale Sicherheit zu schaffen, verwirklicht werden.

Rechtsgrundlagen: Das in Art. 20 Abs. 1, Art. 28 Abs. 1 GG verankerte Sozialstaatsprinzip ist gemäß Art. 79 Abs. 3 GG unabänderlich.

Erläuterungen: Das Bundesverfassungsgericht betont allerdings den weiten **Gestaltungsspielraum des Gesetzgebers** (BVerfGE 103, 197, 221 ff). Das Sozialstaatsprinzip wird darüber hinaus vom BVerfG als Interpretationsmaßstab für die grundgesetzlichen Regelungen, insbesondere die Grundrechte, verstanden. Dabei befindet sich das Sozialstaatsprinzip in einer Wechselbeziehung zu den Grundrechten. Wesentliche Aufgabe ist es, eine **effektive Nutzung von Grundrechten** erst zu ermöglichen. Die Stärkung der Chancengleichheit und die Möglichkeit zur Realisierung von Freiheitsgrundrechten ist die eine Dimension des Grundrechtsbezugs. Die andere Dimension ist der Eingriff und die Einschränkung von Freiheiten, um beispielsweise die wirtschaftlichen Mittel zur Finanzierung sozialstaatlicher Leistungen zu erhalten. Das Sozialstaatsprinzip muss immer im Spannungsverhältnis zwischen der Gewährleistung effektive Grundrechtsnutzung einerseits und der dazu notwendigen Einschränkungen von Freiheitsgrundrechte andererseits operieren.

Für die Praxis ist die **Verknüpfung mit dem allgemeinen Gleichheitsgrundsatz** (Art. 3 Abs. 1 GG) von herausragender Bedeutung. Soziale Gerechtigkeit kann nur geschaffen werden, wenn besonders schutzbedürftige Personenkreise nicht sachwidrig aus dem Empfängerkreis staatlicher Leistungen ausgeschlossen werden (BVerfGE 78, 104, 117 f). Daraus können im Einzelfall auch ausnahmsweise Leistungsansprüche abgeleitet werden. Seine Grenze findet der Gestaltungsspielraum des Gesetzgebers dort, wo der Kerngehalt des Sozialstaatsprinzips berührt wird. Materielle sozialstaatliche Mindeststandards gibt es allerdings nur in Ausnahmefällen. In der Entscheidung des Bundesverfassungsgerichts zur Grundsicherung für Arbeitsuchende (BVerfG 9.2.2010, NJW 2010, 505–518) wird zwar einerseits die verfassungsrechtliche Pflicht des Gesetzgebers zur Sicherung eines menschenwürdigen Existenzminimums aus Art. 1 Abs. 1 GG in Verbindung mit dem Sozialstaatsprinzip abgeleitet; eine bestimmte materielle Grenze wird jedoch nicht vorgegeben. Es wird zwar festgestellt, dass das →**Existenzminimum** sowohl eine physische wie eine sozio-kulturelle Komponente beinhaltet. Die Verfassungswidrigkeit des gesetzgeberischen Handelns beruhte jedoch nach Auffassung des Bundesverfassungsgerichts im Verstoß gegen ein sachgerechtes Verfahren bei der Ermittlung des Existenzminimums. Die eingesetzten Methoden und Berechnungsschritte müssen schlüssig und folgerichtig sein. Das Bundesverfassungsgericht sieht vor, dass alle existenznotwendigen Aufwendungen in einem transparenten und sachgerechten Verfahren nach dem tatsächlichen Bedarf, also realitätsgerecht zu bemessen sind (BVerfG aaO, 508).

Literaturhinweise:
Papier, in: von Maydell/Ruland/Becker, Sozialrechtshandbuch, S. 100 ff

Sozialversicherungspflicht

Definition: Sozialversicherungspflicht ist die gesetzlich angeordnete Zwangszugehörigkeit zu den gesetzlichen Sozialversicherungssystemen der Kranken-, Unfall- und Rentenversicherung einschließlich der Alterssicherung der Landwirte sowie der sozialen Pflegeversicherung und bei erweitertem Begriffsverständnis auch der

Versicherungsinstrumente der Arbeitsförderung.

Rechtsgrundlagen: § 4 SGB I; § 1 Abs. 1 SGB IV

Erläuterungen: Das SGB IV trägt den Titel „Gemeinsame Vorschriften für die Sozialversicherung". In § 1 Abs. 1 S. 1 SGB IV definiert es die einzelnen **Sozialversicherungszweige**. Dies sind

- die gesetzliche Krankenversicherung (SGB V),
- die gesetzliche Unfallversicherung (SGB VII),
- die gesetzliche Rentenversicherung (SGB VI) einschließlich der Alterssicherung der Landwirte,
- die soziale Pflegeversicherung (SGB XI).

Das zugrunde liegende Begriffsverständnis entspricht dem bereits bei der Aufgabenzuweisung nach § 4 SGB I zum Ausdruck kommenden engen Sozialversicherungsbegriff. Ferner ordnet das SGB IV in § 1 Abs. 1 S. 2 mit den dort genannten Ausnahmen seine Geltung aber auch für die Arbeitsförderung (SGB III; vgl auch § 3 SGB I) an, so dass auch diese bei erweitertem verfassungsrechtlichen Begriffsverständnis (vgl Art. 74 Abs. 1 Nr. 12 aE GG) zu den Sozialversicherungszweigen gezählt werden kann (für ein strikt formales Verständnis Hauck/*Rolfs* § 4 SGB I Rn 5). Kennzeichnend für die Sozialversicherung sind (vgl so noch Hauck/*Hauck* § 4 SGB I Rn 3 idF v. V/00)

- die Ordnungsprinzipien der Solidarität und Subsidiarität;
- das durch den Gedanken des sozialen Ausgleichs modifizierte Versicherungsprinzip;
- die grundsätzlich beitragsgetragene Finanzierung;
- die mitglieder- oder zumindest versichertenbezogene Leistungsexklusivität.

Ein prägendes Merkmal der Sozialversicherungszweige ist, dass die dort Versicherten weitgehend durch unmittelbare gesetzliche Anordnung, dh zwangsweise, antrags- und willensunabhängig, unter den Versicherungsschutz gezogen werden (**Versicherungspflicht**). Grund hierfür ist bei typisierender Betrachtung und unter weitgehender Außerachtlassung der individuellen Verhältnisse die vom Gestaltungsspielraum gedeckte gesetzgeberische Vermutung einer entsprechenden Schutzbedürftigkeit.

Für **Leistungsempfänger der Grundsicherung für Arbeitsuchende,** die nicht ohnehin bereits als Beschäftigte versicherungspflichtig sind, besteht grundsätzlich Versicherungspflicht wie folgt

- gesetzliche Krankenversicherung: § 5 Abs. 1 Nr. 2 a SGB V (vgl →**Krankenversicherung**),
- soziale Pflegeversicherung: § 20 Abs. 1 S. 2 Nr. 2 a SGB XI (vgl →**Pflegeversicherung**).

Die vormalige Sozialversicherungspflicht auch in der gesetzlichen Rentenversicherung (§ 3 S. 1 Nr. 3 a SGB VI aF; vgl **Rentenversicherungspflicht**) wurde dagegen mit dem Haushaltsbegleitgesetz 2011 vom 9.12.2010 (BGBl. 2010 I, 1885) zum 1.1.2011 abgeschafft. Allerdings werden die Arbeitslosengeld II-Bezugszeiträume nach dem 31.12.2010 nunmehr als Anrechnungszeiträume angesehen (§ 58 Abs. 1 Nr. 6 SGB VI; vgl dort auch zu den Ausnahmen).

Für Einzelheiten wird auf die Darstellung zu den einzelnen Versicherungszweigen verwiesen.

Literaturhinweise:
Becker/Kingreen/*Just* § 5 SGB V Rn 1–2, 15–22; Brackmann/Löcher/*vom Rath* § 1 SGB VI Rn 11; *Groth/Luik/Siebel-Huffmann/Groth,* Das neue Grundsicherungsrecht, Rn 523 ff; Kreickebohm/Spellbrink/Waltermann/*Berchtold* § 5 SGB V Rn 4–6, 15, § 1 SGB VI Rn 3–4, § 3 SGB VI Rn 12–14; Udsching/*Udsching* § 20 SGB XI Rn 3, 4 u. 18

Sperrzeit

Definition: Eine Sperrzeit ist eine Sanktion für ein von dem Leistungsberechtigten zu verantwortendes versicherungswidriges, den Grundsätzen des Arbeitsförderungsrechts widersprechendes Verhalten. Ein bestehender Leistungsanspruch ruht für einen bestimmten Zeitraum. Zugleich vermindert sich die Anspruchsdauer; es kommt so im Ergebnis zu einem Verlust von Leistungsansprüchen.

Rechtsgrundlagen: §§ 148 Abs. 1 Nr. 3, 4, Abs. 2, 159 SGB III; § 31 Abs. 2 Nr. 3, 4 SGB II

Erläuterungen: Der Anspruch auf Arbeitslosengeld I ruht für die Dauer einer Sperrzeit, wenn der Arbeitslose sich versicherungswidrig verhalten hat (§ 159 SGB III), ohne dass dafür ein →**wichtiger Grund** besteht. Die Dauer der Sperrzeit beträgt regelmäßig zwölf Wochen, verkürzt sich jedoch ein verschiedenen Fällen (§ 159 Abs. 3). Die Sperrzeit führt auch zu einer **Minderung der Anspruchsdauer** beim Arbeitslosengeld I (§ 148 SGB III), die der Anzahl der Tage entspricht, für die der Anspruch auf Arbeitslosengeld I ruht; bei einer Sperrzeit wegen Arbeitsablehnung jedoch mindestens um ein Viertel der gesamten Anspruchsdauer. Gleichzeitig führt das Vorliegen einer Sperrzeit nach § 31 Abs. 2 Nr. 3 SGB II zu einer **Pflichtverletzung** im Rahmen der Grundsicherung für Arbeitsuchende. Auch allein das Vorliegen der Sperrzeitvoraussetzungen erfüllt nach dem § 31 Abs. 2 Nr. 4 SGB II einen Sanktionstatbestand (→**Sanktionen**).

Es gibt sieben unterschiedliche Sperrzeittatbestände (§ 144 Abs. S. 2 Nr. 1–7 SGB III):

1. Die **Sperrzeit bei Arbeitsaufgabe.** Dies kommt bei einer Lösung des Beschäftigungsverhältnisses oder bei arbeitsvertragswidrigem Verhalten mit der Konsequenz einer Kündigung in Betracht. Die Lösung des Beschäftigungsverhältnisses setzt immer ein aktives Handeln des Arbeitnehmers voraus. Dies kann eine Eigenkündigung, aber auch der Abschluss eines Aufhebungsvertrages sein. Die Hinnahme einer Kündigung – auch wenn sie rechtswidrig ist – reicht nicht aus, um einen Sperrzeit-Tatbestand auszulösen (BSG 25.4.2002 – B 1 l AL 89/01 R). Auch dann nicht, wenn eine Abfindung im gesetzlich vorgesehenen Rahmen (§ 1 a KSchG: bis 0,5 Bruttomonatsgehalt pro Beschäftigungsjahr) vom Arbeitgeber gezahlt wird. Wird allerdings noch vor Ablauf der Frist zur Erhebung einer Kündigungsschutzklage gegen Zahlung einer Abfindung auf die Klageerhebung verzichtet (sogenannter Abwicklungsvertrag), so kann dies wie ein Aufhebungsvertrag bewertet werden und eine Sperrzeit auslösen (BSG 18.12.2003 – B 11 AL 35/03 R). Bei einem vor dem Arbeitsgericht geschlossenen Vergleich im Rahmen eines Kündigungsschutzverfahrens auf Empfehlung des Gerichts ist regelmäßig keine Sperrzeit anzunehmen, auch wenn eine Abfindung im gesetzlich vorgesehenen Rahmen gezahlt wird (BSG 17.10.2007 – B 11 a AL 51/06 R). Bei **arbeitsvertragswidrigen Verhalten** muss eine Verletzung einer Haupt- oder Nebenpflicht aus dem Arbeitsvertrag vorliegen. Nicht maßgeblich ist es, ob diese Pflichtverletzung als Kündigungsgrund vom Arbeitgeber auch benannt wird. Die Pflichtverletzung muss allerdings eine Kündigung objektiv rechtfertigen. Sowohl bei der Lösung des Beschäftigungsverhältnisses als auch bei einem arbeitsvertragswidrigen Verhalten muss der Arbeitnehmer die Arbeitslosigkeit zumindest **grob fahrlässig oder vorsätzlich** herbeigeführt haben. Weiter muss das Verhalten des Arbeitnehmers **kausal** für den Eintritt der Arbeitslosigkeit gewesen seien. Es darf schließlich **kein wichtiger Grund** vorliegen, der das Verhalten des Arbeitnehmers rechtfertigen könnte. Ein wichtiger Grund für die Lösung des Beschäftigungsverhältnisses kann beispielsweise die konkrete Aussicht auf ein neues Beschäftigungsverhältnis sein. Ein wichtiger Grund liegt auch dann vor, wenn besonderer psychischer Druck die Fortsetzung des Arbeitsverhältnisses unzumutbar macht. Ebenso wenig kann verlangt werden, dass Arbeitstätigkeiten ausgeführt werden, die gegen die guten Sitten, Arbeitsschutzvorschriften oder tarifvertragliche Bestimmungen verstoßen. Ein wichtiger Grund kann auch im privaten Lebensbereiche des Arbeitnehmers liegen, wie zB ein Umzug zur Herstellung der ehelichen oder familiären Lebensgemeinschaft (BSG 17.11.2005 – B 11a/11 AL 49/04 R).

2. Die **Sperrzeit bei Arbeitsablehnung.** Voraussetzung ist, dass die Agentur für Arbeit (nicht bei privater Arbeitsvermittlung) ein konkretes und zumutbares Beschäftigungsangebot gemacht hat. Zur Zumutbarkeit ergeben sich Konkretisierungen aus § 140 SGB III. Zusätzlich muss eine →**Rechtsfolgenbelehrung** für den Fall der Weigerung vorliegen. Die Arbeits-

agentur trägt die →**Beweislast** für den Zugang des Arbeitsangebots und für eine ordnungsgemäße Rechtsfolgenbelehrung. Drei Verhaltensweisen führen zu der Sperrzeit bei Arbeitsablehnung: Die Ablehnung eines Arbeitsangebotes kann ausdrücklich oder durch ein vorwerfbar negatives Verhalten erfolgen. Wird ein Bewerbungsschreiben bewusst und erkennbar schlecht erstellt, damit eine Berücksichtigung nicht in Betracht kommt, steht dies einer Arbeitsablehnung gleich. Weist der Arbeitslose jedoch wahrheitsgemäß nur auf ein Qualifikationsdefizit hin, löst dies noch keine Sanktion aus (BSG 9.12.2003 – B 7 AL 106/02 R). Einer Arbeitsablehnung steht schließlich noch die Vereitelung eines Vorstellungsgespräch oder der Nichtantritt der Arbeit gleich (§ 159 Abs. 1 S. 2 Nr. 2 SGB III).

3. Die **Sperrzeit bei unzureichenden Eigenbemühungen.** Gemäß § 138 Abs. 4 SGB III hat der Arbeitslose alle Möglichkeiten zur beruflichen Eingliederung zu nutzen (insbesondere Wahrnehmung der Verpflichtung aus der Eingliederungsvereinbarung, Mitwirkung bei der Vermittlung durch Dritte und Inanspruchnahme der Selbstinformationseinrichtungen der Arbeitsagentur). § 159 Abs. 1 S. 2 Nr. 3 SGB III stellt allerdings nicht auf die fehlenden Eigenbemühungen selbst, sondern auf den fehlenden Nachweis ab. Dessen Voraussetzungen sind daher ein konkretes Nachweisverlangen der Arbeitsagentur und eine ordnungsgemäße Rechtsfolgenbelehrung.

4. Die **Sperrzeit bei Ablehnung einer beruflichen Eingliederung** zu Maßnahmen. Nach § 159 Abs. 1 S. 2 Nr. 4 SGB III tritt eine Sperrzeit dann ein, wenn eine berufliche Eingliederungsmaßnahmen abgelehnt wird. Auch in diesen Fällen muss dem Arbeitslosen ein hinreichend bestimmtes Eingliederungsangebot gemacht worden sein und eine ordnungsgemäße Rechtsfolgenbelehrung erfolgt sein.

5. Die **Sperrzeit bei Abbruch einer beruflichen Eingliederungsmaßnahme** (§ 159 Abs. 1 S. 2 Nr. 5 SGB III). Die gleiche Rechtsfolge tritt ein, wenn die Eingliederung abgebrochen wird bzw der Arbeitslose durch maßnahmewid-

riges Verhalten von der Maßnahme ausgeschlossen wird.

6. Die **Sperrzeit bei Meldeversäumnis.** Eine Sperrzeit nach § 159 Abs. 1 S. 2 Nr. 6 SGB III von einer Woche tritt dann ein, wenn der Arbeitslose eine Aufforderung der Agentur für Arbeit gem. § 309 SGB III, sich zu melden oder zu einem ärztlichen bzw psychologischen Untersuchungstermin zu erscheinen, nicht einhält. Ist der Arbeitslose zu dem vorgegebenen Termin arbeitsunfähig erkrankt, liegt ein wichtiger Grund vor, dem Termin nicht nachzukommen. Allerdings muss der Betroffene am ersten Tag nach der Arbeitsunfähigkeit erscheinen, falls die Agentur für Arbeit dies so bestimmt hat.

7. Die **Sperrzeit bei verspäteter Arbeitssuchendmeldung.** Gemäß § 159 Abs. 1 S. 2 Nr. 7 SGB III tritt eine Sperrzeit von einer Woche ein, wenn der Arbeitslose seiner Meldepflicht (§ 38 Abs. 1 SGB III) zur frühzeitigen Arbeitssuchendmeldungen nicht nachkommt. Ein Arbeitnehmer muss sich spätestens drei Monate vor Beendigung des Arbeitsverhältnisses persönlich bei der Agentur für Arbeit arbeitsuchend melden. Wenn zwischen der Kenntnis des Beendigungszeitpunktes und dem tatsächlichen Ende des Beschäftigungsverhältnisses weniger als drei Monate liegen (zB bei einer Kündigung), so muss die Meldung innerhalb von drei Tagen nach Kenntnis erfolgen. Nach der Rechtsprechung (BSG 20.10.2005 – B 7 a AL 50/05 R) ist allerdings zu fordern, dass der Arbeitnehmer seine Meldepflicht zumindest fahrlässig nicht gekannt hat.

Literaturhinweise:
Gagel/*Winkler*, SGB II/SGB III, § 144 SGB III Rn 11 ff, Kommtierungen zu § 144 SGB III a.F.; LPK SGB II/*Berlit*, 4. Aufl., § 31 Rn 95 ff

Stationär Untergebrachte

Definition: Stationär Untergebrachte sind Personen, welche in einer stationären →**Einrichtung** Aufnahme gefunden haben.

Rechtsgrundlage: § 7 Abs. 4 S. 1 u. 3 SGB II

Erläuterungen: Leistungen der Grundsicherung für Arbeitsuchende erhält nach § 7 Abs. 4 S. 1 SGB II nicht, wer in einer stationären Einrichtung untergebracht ist (**Leistungsausschluss**). Der Ausschluss gilt umfänglich, bezieht sich also sowohl auf die Leistungen zur Eingliederung in Arbeit (§§ 14–16 g SGB II) als auch auf die Leistungen zur Sicherung des Lebensunterhalts (§§ 19–29 SGB II).

Im Hinblick auf den **Begriff der stationären Einrichtung** knüpft die Rechtsprechung des Bundessozialgerichts (BSG NZS 2008, 536–538) nicht an die gesetzliche Bestimmung desselben in § 13 SGB XII an. Vielmehr legt es eine eigenständige Begriffsbestimmung zugrunde. Es käme insoweit ausschließlich auf die objektive Struktur und Art der Einrichtung an. Sei die Einrichtung so strukturiert und gestaltet, dass es dem dort Untergebrachten nicht möglich wäre, aus der Einrichtung heraus eine Erwerbstätigkeit auszuüben, die den zeitlichen Kriterien des § 8 Abs. 1 SGB II genüge, so sei der Hilfebedürftige dem SGB XII zugewiesen. Tragender Gesichtspunkt für eine solche Systementscheidung ist nach dem BSG damit die Annahme, dass der in einer Einrichtung Verweilende aufgrund der Vollversorgung und aufgrund seiner Einbindung in die Tagesabläufe der Einrichtung räumlich und zeitlich so weitgehend fremdbestimmt sei, dass er für die für das SGB II im Vordergrund stehenden Integrationsbemühungen zur Eingliederung in Arbeit (§§ 14 ff SGB II) nicht oder nicht ausreichend zur Verfügung stehe.

Auf dieser Grundlage sieht die Arbeitsverwaltung nach DH-BA 7.35 a die folgenden Institutionen grundsätzlich als **stationäre Einrichtungen** in diesem Sinne an; dabei ist jedoch trotz des dortigen Aufenthalts stets zu beachten, ob durch die individuellen Umstände der Unterbringung nicht doch eine selbstbestimmte Lebensführung möglich ist:

- Altenpflegeheime,
- Altenpensions- und Kurheime,
- Therapeutische Wohngemeinschaften,
- Werkstätten für behinderte Menschen,
- Arbeiterkolonien,
- Blindenheime,

- Erholungsheime,
- Heilstätten,
- SOS-Kinderdörfer,
- Krankenhäuser,

im Einzelfall auch:

- Mütterhäuser,
- Obdachlosenunterkünfte und Einrichtungen für Nichtsesshafte,
- Weitere Einrichtungen zur Resozialisierung nach §§ 67–69 SGB XII.

Nicht dazu rechnen Einrichtungen, in denen dem Hilfebedürftigen als sächliche Hilfe lediglich die Unterkunft (und ggf Verpflegung) zur Verfügung gestellt wird, und sich beispielsweise die weitere Hilfe auf ambulante Betreuungsleistungen beschränkt, also zB:

- Altenwohnheime,
- Anlernwerkstätten,
- Auswandererlager,
- Badehotels,
- Frauenhäuser,
- Jugendherbergen,
- Grenzdurchgangslager,
- Übergangswohnheime für Spätaussiedler,
- Kindertagesstätten,
- Wohnheime.

Bei Erfüllung der dargestellten tatbestandlichen Voraussetzungen geht die Rechtsprechung von einer **fiktiven Erwerbsunfähigkeit** des untergebrachten Hilfebedürftigen aus, welche die Erwerbsfähigkeit iSd §§ 7 Abs. 1 S. 1 Nr. 2 iVm 8 Abs. 1 SGB II mit der Folge entfallen lässt, dass der Betroffene gemäß § 5 Abs. 2 SGB II iVm § 21 S. 1 SGB XII Leistungen der sozialhilferechtlichen Hilfe zum Lebensunterhalt (§ 19 Abs. 1 iVm §§ 27 ff SGB XII) erhalten kann. Nachdem der Reformgesetzgeber den vormals tatbestandlich erforderlichen Prognosezeitraum aus der Vorschrift gestrichen hat, tritt der Regelausschluss nunmehr mit dem ersten Tag der Unterbringung in der stationären Einrichtung ein.

Eine **Ausnahme vom Leistungsausschluss** betreffend stationär Untergebrachter sieht § 7 Abs. 4 S. 3 SGB II für bestimmte Krankenhauspatienten bzw erwerbstätige stationär Untergebrachte vor.

Trotz Unterbringung in einer stationären Einrichtung im obigen Sinne erhält Leistungen nach dem SGB II zunächst derjenige, welcher voraussichtlich für weniger als sechs Monate in einem **Krankenhaus** im Sinne des § 107 SGB V untergebracht ist. Dies sind Einrichtungen, die

■ der Krankenhausbehandlung oder Geburtshilfe dienen,

■ fachlich-medizinisch unter ständiger ärztlicher Leitung stehen, über ausreichende, ihrem Versorgungsauftrag entsprechende diagnostische und therapeutische Möglichkeiten verfügen und nach wissenschaftlich anerkannten Methoden arbeiten,

■ mithilfe von jederzeit verfügbarem ärztlichen, Pflege-, Funktions- und medizinisch-technischem Personal darauf eingerichtet sind, vorwiegend durch ärztliche und pflegerischen Hilfeleistungen Krankheiten der Patienten zu erkennen, zu heilen, ihre Verschlimmerung zu verhüten, Krankheitsbeschwerden zu lindern oder Geburtshilfe zu leisten,

und in denen

■ die Patienten untergebracht und verpflegt werden können.

In diesem Fall muss die vorübergehende Aussetzung der tatsächlichen Nutzung der Unterkunft auch ausnahmsweise als unschädlich für die Fortgewährung entsprechender Leistungen für die **Kosten der Unterkunft** nach § 22 Abs. 1 S. 1 SGB II angesehen werden.

Unglücklich ist der Wortlaut des § 7 Abs. 4 S. 3 SGB II insoweit, als er offen lässt, ob sich der pauschal auf § 107 SGB V vorgenommene Verweis lediglich auf die Definition des Krankenhausbegriffs im dortigen Abs. 1 bezieht oder aber darüber hinaus auch Vorsorge- oder Rehabilitationseinrichtungen im Sinne des § 107 Abs. 2 SGB V umfassen soll. Da letzteres dem Wortlaut der Vorschrift und der darin vorgenommenen Verweisung nicht widerspricht, zugleich aber im Hinblick auf den objektiven Regelungszweck kein Grund ersichtlich ist, weshalb zwischen diesen Einrichtungen differenziert werden sollte, erfasst der Krankenhausbegriff des SGB II insoweit auch diese Vorsorge- und Rehabilitationseinrichtungen. Dies sind Einrichtungen, die

■ der stationären Behandlung der Patienten dienen, um

– eine Schwächung der Gesundheit, die in absehbarer Zeit voraussichtlich zu einer Krankheit führen würde, zu beseitigen oder einer Gefährdung der gesundheitlichen Entwicklung eines Kindes entgegenzuwirken (Vorsorge) oder

– eine Krankheit zu heilen, ihre Verschlimmerung zu verhüten oder Krankheitsbeschwerden zu lindern oder im Anschluss an eine Krankenhausbehandlung den dabei erzielten Behandlungserfolg zu sichern oder zu festigen, auch mit dem Ziel, eine drohende Behinderung oder Pflegebedürftigkeit abzuwenden, zu beseitigen, zu mindern, auszugleichen, ihre Verschlimmerung zu verhüten oder ihre Folgen zu mildern (Rehabilitation), wobei Leistungen der aktivierenden Pflege nicht von den Krankenkassen übernommen werden dürfen,

■ fachlich-medizinisch unter ständiger ärztlicher Verantwortung und unter Mitwirkung von besonders geschultem Personal darauf eingerichtet sind, den Gesundheitszustand der Patienten nach einem ärztlichen Behandlungsplan vorwiegend durch Anwendung von Heilmitteln einschließlich Krankengymnastik, Bewegungstherapie, Sprachtherapie oder Arbeits- und Beschäftigungstherapie, ferner durch andere geeignete Hilfen, auch durch geistige und seelische Einwirkungen, zu verbessern und den Patienten bei der Entwicklung eigener Abwehr- und Heilungskräfte zu helfen,

und in denen

■ die Patienten untergebracht und verpflegt werden können.

Da die Leistungsberechtigung davon abhängen soll, dass der Aufenthalt in einem solchen Krankenhaus voraussichtlich **weniger als sechs Monate** dauern wird, hat der Grundsicherungsträger insoweit eine Prognoseentscheidung zu treffen. Maßgeblich hierfür sind die für ihn im Zeitpunkt der Antragstellung, frühestens jedoch im Zeitpunkt der Aufnahme in die Einrichtung, erkennbaren Umstände. Ergibt die Prognose einen kürzeren Aufenthaltszeitraum in der Einrichtung, sind

SGB II-Leistungen zu gewähren, im gegenteiligen Fall Hilfe zum Lebensunterhalt nach § 19 Abs. 1 iVm §§ 27 ff SGB XII. Erweist sich die Prognose als falsch, zieht dies nicht einen automatischen Wechsel in das jeweils andere Leistungssystem nach sich. Da die Bindungswirkung der konkreten Leistungsbewilligung (vgl § 77 SGG) nur unter den Voraussetzungen des § 47 SGB X aufgehoben werden könnte, dies allerdings einen Widerrufsvorbehalt bzw eine Auflage in der Leistungsbewilligung voraussetzen würde – die gem. § 32 S. 1 SGB X im Rahmen der gebundenen Verwaltung als Nebenbestimmung nur dann zulässig wäre, wenn sie durch Rechtsvorschrift zugelassen wäre oder sicherstellen soll, dass die gesetzlichen Voraussetzungen des Verwaltungsaktes erfüllt würden – bliebe es für die Dauer des Bewilligungszeitraums von idR sechs Monaten (vgl § 41 Abs. 1 S. 4 SGB II) bei der ursprünglichen Leistungsbewilligung und der dort ausgewiesenen Leistungsart. War der Prognoseentscheidung dagegen nicht falsch, sondern ändert sich aufgrund zwischenzeitlich eingetretener Besserung des Gesundheitszustandes die Prognosegrundlage stellt dies eine wesentliche Änderung der tatsächlichen Verhältnisse, die beim Erlass der Leistungsbewilligung vorgelegen haben, und somit einen Anwendungsfall der Aufhebungsvorschrift des § 48 Abs. 1 SGB X dar. Es ist dann auf der Grundlage der neuen gesundheitlichen Situation eine erneute Prognoseentscheidung zu treffen. Ist nach dieser der Verbleib im Krankenhaus für nunmehr (gerechnet von diesem Zeitpunkt der neuerlichen Prognoseentscheidung an) weniger als sechs Monate wahrscheinlich, bestünde fortan ein Leistungsanspruch nach dem SGB II, der durch entsprechende Leistungen nach diesem Regelungssystem zu erfüllen wäre.

Ferner soll der Leistungsausschluss für diejenigen Personen nicht gelten, die trotz stationärer Unterbringung unter den üblichen Bedingungen des allgemeinen Arbeitsmarktes mindestens 15 Stunden wöchentlich **tatsächlich erwerbstätig** sind. Das Bundessozialgericht sieht in dieser nachträglich eingefügten Ausnahmeregelung die für das Grundsicherungsrecht eigenständige Bestimmung des Einrichtungsbegriffs iSd § 7 Abs. 4 SGB II (vgl hierzu oben) bestätigt. Denn dadurch

würde dem Hilfebedürftigen nunmehr die Möglichkeit eröffnet, einen Gegenbeweis anzutreten, selbst wenn die objektive Struktur der Anstalt bzw Einrichtung eine Erwerbstätigkeit im Grundsatz als unmöglich erscheinen lässt. Es bliebe dem SGB II-Antragsteller dann immer noch die Möglichkeit, durch tatsächliche Erwerbstätigkeit im Umfang des § 7 Abs. 4 S. 3 Nr. 2 SGB II nachzuweisen, dass er weiterhin dem Geltungsbereich des SGB II als Anspruchsinhaber zuzuordnen ist. Im Übrigen könne auch aus dem Wortlaut des § 7 Abs. 4 S. 3 Nr. 2 SGB II ein weiteres Argument dafür gefunden werden, dass in der seitens des BSG vertretenen abstrakten Einrichtungsdefinition iSd § 7 Abs. 4 SGB II auf eine dreistündige Erwerbstätigkeit pro Tag bzw 15-stündige Erwerbstätigkeit pro Woche abzustellen sei. Welcher Anwendungsbereich für diese Ausnahmeregelungen allerdings unter Zugrundelegung der von der Rechtsprechung vertretenen „objektiven" Begriffsbestimmung der stationären Einrichtungen verbleiben wird, ist der Entscheidung des BSG nicht zu entnehmen. Die tatsächliche Ausübung einer Erwerbstätigkeit in einem Umfang von drei Stunden täglich bzw 15 Stunden wöchentlich stünde streng genommen in einem denklogischen Widerspruch zu der Annahme einer Unterbringung in einer „stationären Einrichtung" in diesem Sinn. In der Praxis wird deshalb die Rückausnahme des § 7 Abs. 4 S. 3 Nr. 2 SGB II kaum einen Anwendungsbereich finden.

Eine entsprechende Anwendung des Ausschlusstatbestandes des § 7 Abs. 4 S. 1 SGB II (nicht aber der Rückausnahme des § 7 Abs. 4 S. 3 SGB II) gilt für Personen, die in einer Einrichtung zum Vollzug richterlich angeordneter Freiheitsentziehung (**Haftanstalt**) untergebracht sind (§ 7 Abs. 4 S. 2 SGB II).

Der Leistungsausschlusstatbestand des § 7 Abs. 4 S. 1 SGB II unterscheidet sich (ebenso wie derjenige für →**Vollzugsinsassen** nach § 7 Abs. 4 S. 2 SGB II) von den Leistungsberechtigungsausschlusstatbeständen des § 7 Abs. 1 S. 2 SGB II, welcher dem Wortlaut nach Ausnahmen bereits von der Berechtigung iS einer negativen Berechtigungsvoraussetzung formuliert. Die Rechtsfolgen, welche aus dieser Differenzierung zu ziehen sind, werden im Gesetz nicht klar zum Ausdruck gebracht. Offenbar ist, dass die Rechtsprechung jedenfalls die nach § 7 Abs. 4 S. 1 SGB II ausgeschlossenen Personengruppen (ebenso wie die anderen in § 7 Abs. 4–6 genannten) bei Vorliegen der Voraussetzungen des § 7 Abs. 3 SGB II der Bedarfsgemeinschaft zuordnet und – ohne dass hierdurch der Leistungsausschluss berührt würde – zumindest für die Ermittlung deren Bedarfs doch auf die Regelungen des SGB II zum Arbeitslosengeld II sowie zum Sozialgeld zurückgreift. Dagegen kann die ausgeschlossene Person nicht konstituierendes Mitglied einer eigenen Bedarfsgemeinschaft sein. Vielmehr ist die Mitgliedschaft allenfalls in einer von einem nicht ausgeschlossenen Mitglied abgeleiteten Form möglich.

Literaturhinweise:
GK-SGB II/*Loose* § 7 Rn 79–95; *Hammel* ZFSH/SGB 2006, 707–718; *Hannes* SGb 2008, 666–669; Kreikebohm/Spellbrink/ Waltermann/*Knickrehm*, Kommentar zum Sozialrecht, § 7 SGB II Rn 22–26; LPK-SGB II/*Berlit* § 22 Rn 14; LPK-SGB II/*Thie/Schoch* § 7 Rn 92 ff; *Mrozynski* ZFSH/SGB 2008, 328–337; *Münder/Geiger* SGb 2008, 1–8

Suchtberatung

Definition: Suchtberatung ist in der Grundsicherung für Arbeitsuchende eine Ermessensleistung des kommunalen Trägers zur Unterstützung der Eingliederung in Arbeit.

Rechtsgrundlage: § 16 a Nr. 4 SGB II

Erläuterungen: Die Suchtberatung gehört in der Grundsicherung für Arbeitsuchende zu den kommunalen →**Eingliederungsleistungen** nach § 16 a SGB II. Diese wiederum sind Teil des Gesamtspektrums der Leistungen zur Eingliederung in Arbeit. Zur Verwirklichung des Ziels der Eingliederung in Arbeit setzt der Grundsatz des Förderns (§ 14 S. 1 SGB II) eine umfassende Unterstützung durch die Leistungsträger voraus. Hierzu kann es notwendig sein, auch auf solche **Vermittlungshemmnisse** einzugehen, auf die das gewöhnliche Instrumentarium der Arbeitsförderung (vgl § 16 Abs. 1 SGB II in Verbindung mit dem SGB III) nur unzureichend abgestimmt ist.

Suchtprobleme können in vielerlei Hinsicht die Eingliederung in Arbeit erschweren, sei es, dass sie die Arbeitsuche und -aufnahme behindern oder dass sie die Stabilität eines bestehenden Beschäftigungsverhältnisses gefährden. So können Hilfen nach § 16 a Nr. 4 SGB II die Voraussetzung dafür sein, dass andere Maßnahmen zur Eingliederung in Arbeit überhaupt in Anspruch genommen werden. Da Sucht aber nicht nur ein Vermittlungshemmnis am Arbeitsmarkt darstellt, sondern die soziale Lebenssituation insgesamt betrifft, müssen Leistungen nach § 16 a Nr. 4 SGB II stets **im Kontext anderer Leistungssysteme** gesehen werden, die an die Eigenschaften der Sucht als Krankheit und als seelische Behinderung anknüpfen. Dies sind insbesondere Leistungen der Krankenbehandlung nach §§ 27 ff SGB V sowie Leistungen der Rehabilitation und Teilhabe, etwa Eingliederungshilfeleistungen nach §§ 53 ff SGB XII.

Dabei kommt es darauf an, die unterschiedlichen Leistungsarten unter Würdigung ihrer jeweiligen Zielrichtungen wirkungsvoll aufeinander abzustimmen (Gagel/*Kohte* § 16 a Rn 20). Eine Eingliederungshilfeleistung nach § 53 SGB XII, deren Ziel die soziale Eingliederung insgesamt ist, kann beispielsweise nicht mit der Begründung abgelehnt werden, dass der Betroffene erwerbsfähig und daher eine Suchtberatung zur Eingliederung in Arbeit nach § 16 a Nr. 4 vorrangig zu erbringen sei (LSG Sachsen-Anhalt 23.3.2007 – L 8 B 41/06 SO ER). Der **Begriff der Sucht** ist weit zu verstehen, dh neben Medikamenten-, Alkohol- und anderen Drogensuchterkrankungen können auch Spielsucht, Internetsucht oder ein gestörtes Essverhalten dazu gehören.

§ 16 a Nr. 4 SGB II ist eine Rechtsgrundlage für Suchtberatung als Eingliederungsleistung, stellt diese allerdings in das **Ermessen** der Behörde. Das Ermessen bezieht sich sowohl auf die Entscheidung, ob Suchtberatung geleistet wird, als auch auf die Art und Weise der Leistungserbringung. Zuständig für die Suchtberatung als Eingliederungsleistung sind nach § 6 Abs. 1 S. 1 Nr. 2 SGB II die **kommunalen** Träger, dh Ansprechpartner für den Leistungsberechtigten ist im gesetzlichen Regelfall die gemeinsame Einrichtung nach § 44 b SGB II oder im Falle der Option nach §§ 6 a, 6 b SGB II der zugelassene kommunale Träger. Die Ermessensentscheidungen darüber, ob und wie Suchtberatung geleistet wird, trifft der →**persönliche Ansprechpartner** nach § 14 S. 2 SGB II. Welche Maßnahmen hierbei in Betracht kommen, hängt von den Umständen des Einzelfalles ab. Denkbar sind etwa Hilfen bei der Initiierung einer Behandlungs- oder Rehabilitationsleistung sowie persönliche Beratung und Unterstützung, ggf auch unter Einbeziehung von Personen aus dem näheren sozialen Umfeld (näher dazu Fahlbusch NDV 2010, 93, 140).

Literaturhinweise:
Fahlbusch, Gutachten vom 26. Juni 2009 – G 01/09: Eingliederungsleistungen nach § 16 a SGB II, NDV 2010, 93 und 140

Teilhabe am Arbeitsleben

Definition: Die Teilhabe am Arbeitsleben ist eine gesondert vorgesehene Leistung, die für behinderte Menschen verschiedene Instrumente zur Aufnahme und Unterstützung einer Arbeitstätigkeit vorsieht. Bei den Teilhabeleistungen geht es in erster Linie um die Integration in Arbeitsprozesse und die damit verbundenen sozialen Lebenszusammenhänge. Dies ist nicht davon abhängig, ob die Eingliederung in eine auf dem allgemeinen Arbeitsmarkt nachgefragte Erwerbsarbeit am Ende gelingen wird – oder die erzielten Einkünfte einen wesentlichen Beitrag zur Deckung des Lebensunterhalts leisten können.

Rechtsgrundlagen: § 16 Abs. 1 S. 3 SGB II iVm §§ 112–118, 127, 128 SGB III; §§ 46, 90 SGB III

Erläuterungen: Leistungen zur Teilhabe am Arbeitsleben sollen die Erwerbsfähigkeit von Menschen mit Behinderung entsprechend ihrer Leistungsfähigkeit erhalten, verbessern, (wieder-)herstellen und möglichst auf Dauer sichern (§ 112 SGB III, § 33 Abs. 1 SGB IX). Bei der Suche oder dem Erhalt eines Ausbildungsplatzes oder einer Beschäftigung sollen behinderte Menschen besonders unterstützt werden. Im Rahmen der Leistungen zur Teilhabe können auch neue Berufsfelder eröffnet werden.

Als **behinderte Menschen** nach § 19 Abs. 1 SGB III werden Leistungsberechtigte erfasst, deren Aussichten am Erwerbsleben teilzuhaben wegen Art und Schwere der Behinderung nicht nur vorübergehend wesentlich gemindert sind. Gleichgestellt sind Personen, bei denen der Eintritt einer solchen Behinderung mit hoher Wahrscheinlichkeit droht. Wie bei den anderen Eingliederungsleistungen handelt es sich auch bei der Teilhabe am Arbeitsleben um eine →**Ermessensleistung,** auf die kein unmittelbarer Rechtsanspruch besteht. In Ausnahmefällen (zB besonderer persönlicher Betroffenheit oder einer besonders naheliegenden Möglichkeit, eine Erwerbsarbeit aufzunehmen) kommt allerdings auch eine Ermessensreduzierung in Betracht.

Bei den Leistungen zur Teilhabe am Arbeitsleben wird unterschieden zwischen allgemeinen Leistungen (§§ 115, 116 SGB III) und den besonderen Leistungen (§§ 117, 118 SGB III). Die für den Bereich des SGB II nach § 16 Abs. 1 S. 3 SGB II anwendbaren **allgemeinen Leistungen** (Leistungen zur →**Aktivierung** und beruflichen Eingliederung, Leistungen zur Förderung der beruflichen →**Weiterbildung**) gehen nicht über die üblichen allgemeinen Eingliederungsleistungen für nicht behinderte Menschen hinaus. Es ergeben sich hier nur bestimmte erleichterte Zugangsvoraussetzungen aus § 116 Abs. 5 SGB III. **Besondere Leistungen** dürfen nur dann erbracht werden, wenn durch die allgemeinen Leistungen die Eingliederung nicht bewirkt werden kann. Von Bedeutung sind hier insbesondere die Fälle, in denen nach Art und Schwere der Behinderung Maßnahmen in besonderen Einrichtungen für behinderte Menschen unerlässlich sind (§ 117 Abs. 1 S. 1 Nr. 1 a SGB III). Dabei handelt es sich in der Praxis um Berufsbildungswerke, Berufsförderungswerke und →**Werkstätten für behinderte Menschen.** Möglich sind allerdings auch sonstige Maßnahmen, die auf die besonderen Bedürfnisse behinderter Menschen ausgerichtet sind. Im Rahmen der besonderen Leistungen können die **Teilnahmekosten** für die Maßnahmen übernommen werden (§ 118 S. 1 Nr. 3 SGB III). Die Gewährung von Übergangsgeld oder Ausbildungsgeld ist nach § 16 Abs. 1 S. 3 SGB II ausgeschlossen.

Es gibt noch eine Reihe von Förderungsmöglichkeiten, die für **Arbeitgeber** Anreize schaffen sollen, behinderten Menschen eine Beschäftigungsmöglichkeit anzubieten: zB Eingliederungszuschüsse (→**Lohnkostenzuschuss)** für behinderte und schwerbehinderte Menschen nach § 90 SGB III, Übernahme von Kosten für ein Probearbeitsverhältnis bis zu drei Monaten bei Beschäftigung von behinderten oder schwerbehinderten Menschen nach § 46 Abs. 1 SGB III. Richten sich die Maßnahmen zur Teilhabe am Arbeitsleben an **bereits berufstätige Menschen** mit Behinderung, spricht man von **Berufsförderung**. Von den zuständigen Rehabilitationsträgern wird Unterstützung beim Erhalt des Arbeitsplatzes oder bei der beruflichen Neuorientierung angeboten. So kann auch die behindertengerechte Ausstattung des Arbeitsplatzes bezuschusst werden (§ 46 Abs. 2 SGB III).

Literaturhinweise:
Eicher/Spellbrink/*Eicher*, SGB II-Kommentar, 2. Aufl., § 16 Rn 92–115; LPK-SGB II/*Thie*, 4. Aufl., Anh. § 16 Rn 37 ff; *Stascheit/Winkler*, Leitfaden für Arbeitslose, 27. Aufl. 2010, S. 526 ff

Trainingsmaßnahmen

Definition: Trainingsmaßnahmen sind Maßnahmen zur Aktivierung und beruflichen Eingliederung.

Rechtsgrundlagen: § 16 Abs. 1 SGB II; § 45 Abs. 1 S. 1 Nr. 1, 2 SGB III

Erläuterungen: Trainingsmaßnahmen dienen in vielfältigen denkbaren Ausgestaltungen der individuellen Beschäftigungsfähigkeit durch **Heranführung an den Arbeitsmarkt** oder Feststellung und Verringerung bzw Beseitigung von **Vermittlungshemmnissen** (→Aktivierungshilfen). Wie bei allen →**Eingliederungsleistungen** besteht kein Rechtsanspruch; über die vorgesehenen Maßnahmen entscheidet das Jobcenter nach pflichtgemäßem Ermessen. Voraussetzung ist eine Prognoseentscheidung über die Geeignetheit und Angemessenheit der Maßnahmen zur Verbesserung der Eingliederungsaussichten. Trainingsmaßnahmen können nur auf Vorschlag oder mit Einwilligung des Jobcenters begonnen werden. Dabei muss festgestellt werden, dass es sich um eine förderungsfähige Maßnahme oder Tätigkeit handelt. Man unterscheidet Maßnahmen in einem Betrieb und die Teilnahme an Maßnahmen eines Trägers. Denkbar sind Einzel- oder Gruppenmaßnahmen. Beispiele für Trainingsmaßnahmen sind: Bewerbungstraining und Aufklärung über die Möglichkeiten der Arbeitsplatzsuche, Maßnahmen, die die Selbstsuche des Arbeitslosen sowie seine Vermittlung unterstützen. Umstritten sind Maßnahmen, die lediglich die Arbeitsbereitschaft und Arbeitsfähigkeit prüfen, wenn ansonsten kein Eingliederungszweck erkennbar ist. Die Dauer der Maßnahmen ist, wenn Sie bei einem Arbeitgeber durchgeführt wird, auf einen Zeitraum von höchstens sechs Wochen beschränkt. Bei der Vermittlung von beruflichen Kenntnissen in Maßnahmen bei einem Träger darf die Dauer von acht Wochen nicht überschritten werden (§ 45 Abs. 2 SGB III). Die Leistungen für Trainingsmaßnahmen können neben den Maßnahmenkosten auch die angemessenen Fahrtkosten und Betreuungskosten für aufsichtsbedürftige Kinder umfassen.

Literaturhinweise:
Eicher/Spellbrink, SGB II-Kommentar, § 16 Rn 74 ff; LPK-SGB III/*Thie*, 4. Aufl., Anh. § 16 Rn 16 ff; *Stascheit/Winkler*, Leitfaden für Arbeitslose, 27. Aufl. 2010, S. 69 ff

Überprüfungsantrag (§ 44 SGB X)

Definition: Der Überprüfungsantrag – auch Neufeststellungsantrag genannt – führt zu einer neuen Prüfung einer bereits vorliegenden Verwaltungsentscheidung (Bescheid, →**Verwaltungsakt**) auch wenn die Entscheidung bereits unanfechtbar (→**Bestandskraft**) geworden ist.

Rechtsgrundlagen: § 44 SGB X; § 40 Abs. 1, 2 SGB II; § 330 Abs. 1 SGB III

Erläuterungen: Wenn Sozialleistungen zu Unrecht abgelehnt worden sind oder in zu niedriger Höhe gewährt wurden, kann auch nachträglich noch ein Überprüfungsantrag (§ 44 SGB X) bei der Behörde gestellt werden, die den unrichtigen Bescheid erlassen hat. Durch § 40 Abs. 1 S. 2 SGB II hat der Gesetzgeber klargestellt, dass ein Überprüfungsantrag im Bereich der Grundsicherung für Arbeitsuchende grundsätzlich möglich ist. Der Überprüfungsantrag ist auch dann noch möglich, wenn die **Widerspruchsfrist versäumt** wurde und die Voraussetzungen für einen Antrag auf →**Wiedereinsetzung** in den vorigen Stand nach § 27 SGB X nicht vorliegen. Selbst nach einem rechtskräftigen Urteil in einem sozialgerichtlichen Verfahren ist der Überprüfungsantrag noch zulässig. Auf den Antrag hin muss die Behörde neu prüfen, ob der früher erlassene Bescheid rechtmäßig gewesen ist. Kommt man zu dem Ergebnis, dass der Bescheid fehlerhaft ist, muss er mit Wirkung für die Vergangenheit zurückgenommen werden. Dann müssen zB auch **nachträglich Sozialhilfeleistungen gewährt** werden, wenn die Leistungen in der Vergangenheit zu niedrig waren. In jedem Falle – also auch dann, wenn die Behörde weiterhin davon ausgeht, sie habe rechtmäßig gehandelt – muss ein **neuer Bescheid** erlassen werden, gegen den dann innerhalb der neu beginnenden Frist →**Widerspruch** eingelegt werden kann. Dadurch kann stets das Verfahren neu aufgerollt werden. Wenn das Widerspruchsverfahren negativ verläuft, kann nach dem Widerspruchsbescheid eine Klage vor dem Sozialgericht erhoben werden.

Es gibt allerdings eine **zeitliche Begrenzung** für die Wirkungen der Überprüfungsanträge. Grundsätzlich werden Sozialleistungen rückwirkend für einen Zeitraum von bis zu vier Jahren erbracht (§ 44 Abs. 4 S. 1 SGB X). Diese Regelung wurde nun für das Arbeitslosengeld II und die Sozialhilfe zulasten der Leistungsberechtigten deutlich eingeschränkt: Sozialhilfeleistungen und Arbeitslosengeld II werden **rückwirkend** nur für einen Zeitraum von einem Jahr erbracht. Allerdings wirkt der Überprüfungsantrag auf den Beginn des Jahres zurück, in dem er gestellt wurde.

Beispiel: Mit Bescheid vom 18.3.2011 wurde Arbeitslosengeld II zu niedrig gewährt, weil zu Unrecht Einkommen berücksichtigt wurde. Mit einem bei der Behörde am 23.12.2012 eingegangenen Überprüfungsantrag hat der Betroffene die Überprüfung des Bescheids vom 18.3.2011 nach § 44 SGB X beantragt. Der Antrag wirkt auf den Beginn des Jahres zurück, in dem er gestellt wurde (1.1.2012). Rückwirkend für ein Jahr, also frühestens ab Januar 2011, können damit Grundsicherungsleistungen nachträglich erbracht werden, wenn sie zu Unrecht vorenthalten worden sind.

Auch bei **rechtswidrigen Aufhebungs- und Erstattungsbescheiden** (Aufhebung von Verwaltungsakten, Erstattung §§ 45, 48, 50 SGB X) kann nachträglich ein Überprüfungsantrag gestellt werden.

Überprüft werden muss dann nicht nur, ob die Voraussetzungen für die Leistungsgewährung nicht doch vorgelegen haben; auch die besonderen Voraussetzungen für die Aufhebungsentscheidung – zB ein Verschulden des Leistungsberechtigten müssen neu geprüft werden. Selbst wenn die Behörde einen Überprüfungsantrag insgesamt abgelehnt und gar kein Neufeststellungsverfahren durchführen will, stellt dies eine ablehnende Entscheidung dar, gegen die mit Widerspruch vorgegangen werden kann.

Auch ein sozialgerichtliches Eilverfahren (→**Einstweiliger Rechtsschutz**) ist möglich, wenn durch die Verweigerung der nachträglichen Leistungsgewährung noch eine aktuelle Existenzgefährdung zweifelsfrei nachgewiesen werden kann. Da bereits einige Zeit vergangen ist, bis das Überprüfungsverfahren eingeleitet wurde, wird man dann allerdings die Frage beantworten müssen, warum jetzt erst die Eilbedürftigkeit deutlich geworden ist.

Der den Überprüfungsantrag stellende Leistungsberechtigte trägt allerdings die →**Beweislast** dafür, dass Sozialleistungen zu Unrecht nicht oder zu niedrig gewährt wurden.

Über § 40 Abs. 2 Nr. 2 SGB II iVm § 330 Abs. 1 SGB III ergibt sich noch eine weitere wesentliche Einschränkung: Wenn eine von der Entscheidungspraxis der Jobcenter abweichende ständige Rechtsprechung des BSG vorliegt, kann die Korrektur nach § 44 SGB X frühestens ab Entstehung der **neuen ständigen Rechtsprechung** verlangt werden. Entsprechendes gilt, wenn sich ein Bescheid des Jobcenters auf eine Regelung bezieht, deren Verfassungswidrigkeit vom BVerfG festgestellt wurde. Auch hier kann eine nachträgliche Korrektur frühestens ab Veröffentlichung der Entscheidung des BVerfG verlangt werden, wenn zuvor innerhalb der Rechtsbehelfsfrist gegen den Verwaltungsakt kein Widerspruch eingelegt wurde.

Literaturhinweise:
LPK-SGB II/*Conradis*, 4. Aufl., § 40 Rn 3 ff; LPK-SGB II/*Armborst*, 4. Aufl., Anh. Verfahren Rn 57; Eicher/Spellbrink/ *Eicher*, SGB II-Kommentar, 2. Aufl., § 40 Rn 35 ff; *Geiger*, Leitfaden für Arbeitslosengeld II, 8. Aufl. 2011, S. 720 ff

Überzahlung

Definition: Von einer Überzahlung wird in der Praxis der Jobcenter gesprochen, wenn aufgrund eines Verwaltungsaktes Geldleistungen erbracht worden sind, die nicht oder nicht mehr mit dem jeweiligen Leistungsgesetz übereinstimmen.

Rechtsgrundlage: § 50 SGB X

Erläuterungen: Der Begriff „Überzahlung" wurde durch die Praxis gebildet und hat im Sozialgesetzbuch keine Grundlage. Mit diesem Begriff werden Geldleistungen bezeichnet, die im weiteren Sinne „rechtswidrig" erbracht wurden, sei es, weil sie von Beginn an ohne Rechtsgrundlage geleistet wurden oder weil sie infolge einer nach dem Erlass eines Dauerverwaltungsakts stattgefundenen tatsächlichen oder rechtlichen Änderung materiellrechtlich nicht mehr zu erbringen gewesen wären.

Die Praxis knüpft an das Vorliegen einer solchen „Überzahlung" häufig geradezu automatisiert und reflexartig eine Rückerstattungsforderung oder eine Aufrechnung mit laufenden Ansprüchen des Sozialleistungsberechtigten. Hierbei wird jedoch häufig übersehen, dass es einen Rechtsgrund für die erbrachte Sozialleistung gibt, der dem Betroffenen das Recht einräumt, die mit dem SGB II nicht in Einklang stehende Leistung behalten zu dürfen: Den Bewilligungsbescheid, dh einen Verwaltungsakt im Sinne des § 31 SGB X. Erst wenn dieser Verwaltungsakt durch einen weiteren Verwaltungsakt beseitigt wurde, können Sozialleistungen nach § 50 Abs. 1 SGB X zurückgefordert werden. Selbst wenn im Einzelfall eine Sozialleistung ausnahmsweise ohne Verwaltungsakt erbracht wurde, darf die Rückforderung nicht ohne Weiteres erfolgen, da § 50 Abs. 2 SGB X den Empfänger so schützt, als ob er die Leistung aufgrund eines begünstigenden Verwaltungsaktes erhalten hätte: §§ 45 und 48 SGB X sind entsprechend anzuwenden, so dass insbesondere schutzwürdiges Vertrauen darin, die Leistung behalten zu dürfen, entsprechend § 45 Abs. 2 S. 1 SGB X eine Rückforderung ausschließt.

Die Fokussierung auf die „überzahlte" Geldleistung und nicht auf den ihr zugrunde liegenden Verwaltungsakt oder die für die Rückforderung von Sozialleistungen erforderliche Ermächtigungsgrundlage mag die Ursache dafür sein, dass ein nennenswerter Anteil der wegen einer „Überzahlung" erlassenen rückfordernden oder aufrechnenden Verwaltungsakte rechtswidrig ist.

Beruht die rechtswidrige Leistung auf einem Verwaltungsakt, der bereits bei seiner Bekanntgabe rechtswidrig war, so darf die rechtswidrig erbrachte Leistung nur zurückgefordert werden, soweit der rechtswidrige Verwaltungsakt nach Maßgabe des § 40 SGB II iVm § 330 SGB III iVm § 45 SGB X zurückgenommen wurde. Eine rechtmäßige Rücknahme scheitert jedoch häufig daran, dass der Begünstigte Vertrauensschutz für sich geltend machen oder der Sozialleistungsträger die Einjahresfrist des § 45 Abs. 4 S. 2 SGB X nicht einhalten kann. In diesen Fällen darf der rechtswidrige, die Leistung bewilligende Verwaltungsakt nicht bzw nicht mit Wirkung für die Vergangenheit zurückgenommen und erbrachte Geldleistungen nicht nach § 50 Abs. 1 SGB X zurückgefordert werden; auch eine Aufrechnung scheidet aus.

Haben sich die tatsächlichen oder rechtlichen Verhältnisse, die zum Zeitpunkt der Bekanntgabe des Verwaltungsaktes vorlagen, wesentlich – also rechtserheblich – geändert, so ist der Verwaltungsakt mit Wirkung für die Zukunft aufzuheben (§ 40 Abs. 1 SGB II, § 330 SGB III, § 48 Abs. 1 S. 2 SGB X). Mit Wirkung seit der Änderung der Verhältnisse – dies allein verhilft dazu, erbrachte Leistungen nach § 50 Abs. 1 SGB X zurückfordern zu dürfen – ist eine Aufhebung jedoch nur erlaubt, wenn eine der Ziffern 1 bis 4 des § 48 Abs. 1 S. 2 SGB X erfüllt ist. Ist keine dieser Ziffern erfüllt, so fehlt dem Sozialleistungsträger eine Ermächtigungsgrundlage zur Aufhebung des ursprünglichen Verwaltungsaktes und damit zur Rückforderung erbrachter Sozialleistungen oder zu einer Aufrechnung. Eine Aufrechnung ist im Übrigen nur unter den in § 43 SGB II aufgeführten Voraussetzungen erlaubt.

Umzug

Definition: Ein Umzug ist ein Wohnungswechsel.

Rechtsgrundlagen: § 22 Abs. 1, 4, 5 u. 6 SGB II

Erläuterungen: Bei einem Umzug ist entscheidend, ob es sich um eine erwerbsfähige leistungsberechtigte Person handelt, die **jünger als 25 Jahre** (junger Erwachsener) **oder älter als 24 Jahre** ist.

Eine erwerbsfähige leistungsberechtigte Person, die älter als 24 Jahre ist, soll gemäß § 22 Abs. 4 S. 1 SGB II vor Abschluss eines Vertrages über eine neue Unterkunft die **Zustimmung** des Grundsicherungsträger des Wegzugortes einholen. Dieser entscheidet unter Beteiligung des Grundsicherungsträgers des Zuzugorts.

Andernfalls riskiert sie, falls der Grundsicherungsträger nicht nachträglich zustimmt, dass gemäß § 22 Abs. 1 S. 2 SGB II die Umzugskosten nicht und die Unterkunftskosten maximal in alter Höhe übernommen werden.

Der Grundsicherungsträger des Wegzugortes muss gemäß § 22 Abs. 4 S. 2 SGB II zustimmen, wenn der Umzug **erforderlich** ist und die Aufwendungen für die neue Unterkunft **angemessen** sind. Die Angemessenheit ist nach den örtlichen Verhältnissen am Zuzugsort zu bestimmen (BSG 7.11.2006 – B 7 b AS 10/06 R, FEVS 58, 248).

Ein Umzug ist erforderlich, wenn es für ihn einen **plausiblen Grund** gibt, von dem sich auch ein Nichtleistungsberechtigter leiten lassen würde (so zuletzt LSG SN 4.3.2011 – L 7 AS 753/10 B ER).

Ein Umzug ist zB erforderlich bei **Aufforderung zum Umzug** durch den Grundsicherungsträger zur Senkung der Unterkunftskosten;

Aufnahme eines **Arbeits- oder Ausbildungsplatzes** außerhalb des Tagespendelbereichs; erhebliche nicht beseitigbare **Baumängel** wie Feuchtigkeit oder Schimmel; **Familienzuwachs;** Auszug aus einer **Obdachlosenunterkunft; dringende persönliche Gründe** wie Zerrüttung, Bedrohung durch den Partner; **persönliche Pflege** eines Angehörigen an einem anderen Ort; **Kündigung** durch den Vermieter.

Bei Zustimmung übernimmt der Grundsicherungsträger des Wegzugorts die **Umzugskosten** und der Grundsicherungsträger des Zuzugorts die **Unterkunftskosten.**

Ein junger Erwachsener soll bei Auszug aus dem Elternhaus ebenfalls vor Abschluss eines Vertrages über eine neue Unterkunft die **Zustimmung** des Grundsicherungsträger des Wegzugortes einholen.

Der Grundsicherungsträger des Wegzugortes muss einem Umzug zustimmen, wenn die Beziehung des jungen Erwachsenen zu anderen Mitgliedern der Bedarfsgemeinschaft (zB einem Stiefelternteil) tiefgreifend **zerrüttet** ist oder wenn ein Auszug zur **Eingliederung in den Arbeitsmarkt** erforderlich ist oder bei sonstigen, ähnlich schwerwiegenden Gründen.

Bei Zustimmung des Grundsicherungsträgers werden die Umzugskosten und die Unterkunftskosten übernommen. Weiterhin ist nach § 24 Abs. 3 Nr. 1 SGB II bei einem Erstauszug eines jungen Erwachsenen die **Erstausstattung** für die Wohnung einschließlich Haushaltsgeräten zu übernehmen.

Ist ein junger Erwachsener ohne Zustimmung des Grundsicherungsträgers aus dem Elternhaus ausgezogen, werden gemäß § 22 Abs. 5 S. 1 SGB II bis zur Vollendung des 25. Lebensjahres weder die Umzugskosten noch die Unterkunftskosten übernommen, es sei denn, dass es ihm aus wichtigem Grund nicht zumutbar war, die Zustimmung einzuholen (§ 22 Abs. 5 S. 3 SGB II).

Nach § 20 Abs. 3 SGB II erhalten junge Erwachsene, die ohne Zustimmung ausgezogen sind, anstatt 374 EUR nur einen monatlichen Regelbedarf von 299 EUR.

Literaturhinweise:
LPK-SGB II/*Berlit*, 4. Aufl., § 21 Rn 1 ff

Unabweisbarer Mehrbedarf

Definition: Der unabweisbare Mehrbedarf ist ein gesetzlich anerkannter – und damit leistungserhöhender – Mehrbedarf für einen im Einzelfall unabweisbaren, laufenden und nicht nur einmalig bestehenden Bedarf.

Rechtsgrundlage: § 21 Abs. 6 SGB II

Erläuterungen: Dem konzeptionellen Ansatz folgend, durch möglichst weitgehende Pauschalierung der Leistungen zur Sicherung des Lebensunterhalts Verwaltungsvereinfachungen zu erzielen, waren bereits in der ursprünglichen Gesetzesfassung neben dem pauschalierten Regelleistungssatz zur Sicherung des Lebensunterhalts (§ 20 SGB II) nur enumerativ aufgezählte Mehrbedarfe berücksichtigungsfähig (vgl bereits § 21 Abs. 1 SGB II). Diese Intention wurde mit dem Fortentwicklungsgesetz durch Einfügung des § 3 Abs. 3 S. 1 Hs 2 SGB II aF noch einmal ausdrücklich gegenüber Tendenzen in der Rechtsprechung betont, die den Grundsatz aufgrund der Sachzwänge im Einzelfall aufzuweichen drohten. Die Einfügung bestimmte, dass die nach diesem Buch vorgesehenen Leistungen den Bedarf der erwerbsfähigen Leistungsberechtigten und der mit ihnen in einer Bedarfsgemeinschaft lebenden Personen decken würden. Eine davon abweichende Festlegung des Bedarfs galt als ausgeschlossen (§ 3 Abs. 3 S. 2 SGB II aF). Unabweisbare besondere Bedarfe konnten somit nur mittels einer Darlehensleistung oder eines systemwidrigen Ausweichens auf SGB XII-Leistungen gedeckt werden (§ 23 Abs. 1 SGB II aF bzw § 24 Abs. 1 SGB II nF).

Das **Bundesverfassungsgericht** (BVerfG NJW 2010, 505–518) sah das Fehlen jeder Härteklausel für einen zur Deckung des menschenwürdigen Existenzminimums unabweisbaren, laufenden, nicht nur einmaligen, besonderen Bedarf als mit Art. 1 Abs. 1 GG iVm Art. 20 Abs. 1 GG unvereinbar an. Ein entsprechender Leistungsanspruch sei für denjenigen Bedarf erforderlich, der nicht schon von den §§ 20 ff SGB II abgedeckt werde, weil die Einkommens- und Verbrauchsstatistik, auf der die Regelleistung beruht, allein den Durchschnittsbedarf in üblichen Bedarfssituationen widerspiegelt, nicht aber einen darüber hinausgehenden, besonderen Bedarf aufgrund atypischer Bedarfslagen. Der Gesetzgeber erhielt seitens des BVerfG den Auftrag, bis spätestens 31.12.2010 wegen dieser Lücke in der Deckung des lebensnotwendigen Existenzminimums eine Härtefallregelung in Form eines Anspruchs auf Hilfeleistungen zur Deckung dieses besonderen Bedarfs für die nach § 7 SGB II Leistungsberechtigten vorzugeben. Allerdings hielt es das Gericht für geboten, dass die nach § 7 SGB II Leistungsberechtigten, bei denen ein derartiger besonderer Bedarf vorliegt, bereits vor der Neuregelung die erforderlichen Sach- oder Geldleistungen erhalten würden. Andernfalls läge eine Verletzung von Art. 1 Abs. 1 GG vor, die auch nicht vorübergehend hingenommen werden könne. Um die Gefahr einer Verletzung von Art. 1 Abs. 1 GG iVm Art. 20 Abs. 1 GG in der Übergangszeit bis zur Einführung einer entsprechenden Härtefallklausel zu vermeiden, schloss das BVerfG die verfassungswidrige Lücke für die Zeit ab der Verkündung des Urteils durch eine entsprechende Anordnung: Bis zur Neuregelung durch den Gesetzgeber sollte der Anspruch auf besonderen Bedarf nach Maßgabe der Urteilsgründe unmittelbar aus Art. 1 Abs. 1 GG iVm Art. 20 Abs. 1 GG zulasten des Bundes geltend gemacht werden können.

Der Gesetzgeber reagierte rasch und fügte in die Mehrbedarfsregelung des § 21 SGB II einen neuen Abs. 6 ein. Danach erhalten erwerbsfähige Leistungsberechtigte nunmehr einen **Mehrbedarf**, soweit im Einzelfall ein unabweisbarer, laufender, nicht nur einmaliger besonderer Bedarf besteht. Der Mehrbedarf ist unabweisbar, wenn er insbesondere nicht durch Zuwendungen Dritter sowie unter Berücksichtigung von Einsparmöglichkeiten der Leistungsberechtigten gedeckt ist und seiner Höhe nach erheblich von einem durchschnittlichen Bedarf abweicht.

Damit greift der Gesetzgeber die Formulierung des Bundesverfassungsgerichts auf. Bei der Bestimmung der Unabweisbarkeit dagegen verdreht der Gesetzeswortlaut die Anforderungen des Gerichts. Während dieses den Mehrbedarfsanspruch unter die Voraussetzung der Erheblichkeit desselben stellt und diese Erheblichkeit dadurch näher bestimmt, dass die Gesamtsumme der dem Leistungsberechtigten gewährten Leistungen – einschließlich der Leistungen Dritter und unter Berücksichtigung von Einsparmöglichkeiten des Leistungsberechtigten – das menschenwürdige Existenzminimum nicht mehr gewährleistet, setzt der Gesetzgeber zwar ebenso voraus, dass der Mehrbedarf nicht durch die Zuwendungen Dritter sowie unter Berücksichtigung von Einsparmöglichkeiten der Leistungsberechtigten gedeckt ist, stellt aber das nach der Rechtsprechung hierdurch bereits definierte Merkmal der Erheblichkeit als zusätzliche Anforderung daneben und verlangt darüber hinaus eine Erheblichkeit der Abweichung des Mehrbedarfs auch der Höhe nach. Sollte diese zusätzliche Anforderung eine eigenständige Bedeutung erlangen, würde dies bedeuten, dass die Betroffenen auch dann auf die Regelleistung zu verweisen wären, wenn sie einen unabweisbaren, laufenden, nicht nur einmaligen besonderen Bedarf nachweisen können, den sie auch nicht anderweit decken können und der jedenfalls bereits so erheblich ist, dass er auch durch zumutbare Einsparungen nicht bewältigt werden kann, er aber eine weitere Erheblichkeitsschwelle nicht überschreitet, für die das Gesetz noch nicht einmal einen Maßstab ausweist. Eine solche Interpretation widerspräche der Entscheidung des Bundesverfassungsgerichts. Die Vorschrift ist deshalb im dortigen Sinne auszulegen und von einer Auslegung, die eine doppelte Erheblichkeitsschwelle einziehen würde, entgegen dem Wortlaut der Bestimmung abzusehen.

Vor diesem Hintergrund sind auch die Maßgaben der DH-BA Ziff. 21.34 kritisch zu betrachten, welche pauschal davon ausgehen, dass Einsparmöglichkeiten bis zu einer Größenordnung von 10 Prozent des Regelbedarfs eines Alleinstehenden bzw Alleinerziehenden jedenfalls erwartet werden könnten, und erst bei einem darüberhinausgehenden Mehrbedarf die Umstände des Einzelfalls berücksichtigt werden müssten. Eine derartige, weitergehende Pauschalierung wäre allenfalls als Regelfallvermutung zulässig, die dann aber durch den Betroffenen eben gerade durch den Verweis auf die Umstände des Einzelfalls widerlegbar ausgestaltet sein muss. Dies gilt umso mehr, als bei Festlegung des Regelbedarfs eines Alleinstehenden bzw Alleinerziehenden als Bezugspunktes der 10-Prozent-Regelung die Varianzen in den Regelleistungen, die bei Berücksichtigung des Sozialgeldes weiterhin etwa zwischen 60 und 100 Prozent desselben variieren, völlig negiert werden. Es kann nicht begründet werden, weshalb von einem Kind, welches nur etwa 60 Prozent des Regelleistungssatzes erhält, erwartet werden kann, dass es von diesem niedrigeren Satz 16,7 Prozent einsparen können soll, während dem alleinstehenden erwerbsfähigen Leistungsberechtigten dagegen nur Einsparungen in Höhe von 10 Prozent seines Regelleistungssatzes abverlangt werden.

Zutreffend weist die Arbeitsverwaltung dagegen darauf hin, dass es sich bei einem besonderen Bedarf im Sinne des § 21 Abs. 6 SGB II nicht um einmalige oder kurzfristige Bedarfsspitzen (zB die Erforderlichkeit der Erst- bzw Ersatzanschaf-

fung einer Waschmaschine oder eines Wintermantels), die durch ein Darlehen nach § 23 Abs. 1 SGB II ausgeglichen werden können, handeln darf. Stattdessen müssen die hier zu berücksichtigenden besonderen Bedarfe längerfristig oder dauerhaft, zumindest regelmäßig wiederkehrend anfallen. Ein besonderer Bedarf ist demnach grundsätzlich dann als regelmäßig wiederkehrend anzusehen, wenn er im Bewilligungszeitraum voraussichtlich mehrmals anfällt. Einmalige Mehrbedarfe können dagegen über Darlehensleistungen nach § 23 Abs. 1 SGB II abgefangen werden.

Literaturhinweise:
Gagel/*Düring* § 21 SGB II Rn 43–50; GK-SGB II/*Loose* § 21 Rn 61–95; *Klerks* info also 2010, 205–208; *Lauterbach* ZFSH/SGB 2010, 403–408; *Mrozynski* SGb 2010, 677, 683; *Wendt* RdLH 2010, 94

Untätigkeitsklage

Definition: Die Untätigkeitsklage ist eine besonders geregelte Form der Klage, die es ermöglicht, eine gerichtliche Überprüfung herbeizuführen, auch wenn noch keine Entscheidung der Behörde in Form eines Verwaltungsakts oder Widerspruchsbescheides vorliegt.

Rechtsgrundlage: § 88 SGG

Erläuterungen: Wenn über einen Leistungsantrag oder einen Widerspruch innerhalb angemessener Frist ohne sachlichen Grund nicht entschieden wurde, ist gemäß § 88 SGG eine Untätigkeitsklage vor dem Sozialgericht möglich. Wenn seit dem Leistungsantrag mindestens sechs Monate vergangen sind, ist die unmittelbare Klageerhebung vor dem →Sozialgericht zulässig. Auch bei nicht beschiedenen **Überprüfungsanträgen** nach § 44 SGB X ist eine Untätigkeitsklage grundsätzlich zulässig. Bei **Widerspruchsverfahren** beträgt die regelmäßig vorgesehene angemessene Frist für die Bearbeitung drei Monate. Eine solche Klage kann nur dann sinnvoll erhoben werden, wenn der Leistungsberechtigte selbst alle **Mitwirkungspflichten** erfüllt und alle notwendigen Unterlagen vorgelegt hat. Bevor eine Untätigkeitsklage erhoben wird, ist zu empfehlen, dies der Behörde gegenüber anzukündigen und um Mitteilung zu bitten, ob Hinderungsgründe für eine fristgemäße Entscheidung bestehen. Wenn bspw noch Ermittlungen zum Sachverhalt durchgeführt werden oder ein medizinisches Sachverständigengutachten noch nicht vorliegt, gibt es einen sachlichen Grund dafür, mit der Entscheidung abzuwarten. Dann wäre die Klage noch nicht gerechtfertigt und würde vom Gericht abgewiesen. Die Behörde ist bei Ablauf der angemessenen Bearbeitungszeiträume zumindest verpflichtet, den Leistungsberechtigten über den Sachstand der Bearbeitung zu informieren. Hohe **Arbeitsbelastung** allein ist für den Sozialleistungsträger kein zu berücksichtigender Hinderungsgrund. Mangelnde Ausstattung oder zu wenig Personal können nicht angeführt werden (LSG Sachen 17.3.2008 – L 2 B 91/08 AS). Hier müssen von der Behörde hinreichende organisatorische Maßnahmen ergriffen werden, um angemessene Bearbeitungszeiten zu gewährleisten. Nur in Ausnahmefällen, zB gleichzeitige Erkrankung mehrerer Sachbearbeiter oder Umzug der Behörde, müssen längere Verzögerungen hingenommen werden. In vielen Fällen reicht auch schon die Ankündigung einer Untätigkeitsklage, um den Verwaltungsvorgang soweit als möglich zu beschleunigen. In Eilfällen sollte eine Untätigkeitsklage nicht erhoben werden, weil das Verfahren bis zu einer Entscheidung des Gerichts längere Zeit dauern kann. Durch die Erhebung der Untätigkeitsklage kann die Sachentscheidung der Behörde noch weiter verzögert werden, weil die Verwaltungsakte dann an das Sozialgericht zu senden ist. Wenn alle für den Antrag erforderlichen Unterlagen eingereicht wurden, kann in Eilfällen vielmehr ein Antrag auf Erlass einer einstweiligen Anordnung im Rahmen des →**einstweiligen Rechtsschutzes** beim Sozialgericht gestellt werden. Hierfür müssen die in § 88 SGG genannten Fristen (sechs bzw drei Monate) nicht eingehalten werden; maßgeblich ist insoweit allein die darzulegende Eilbedürftigkeit.

Literaturhinweise:
Geiger, Leitfaden zum Arbeitslosengeld II, 8. Aufl. 2011, S. 739 ff; LPK-SGB II/ *Conradis*, 4. Aufl., Anh. Verfahren Rn 77

Unterhaltsansprüche

Definition: Unterhaltsansprüche sind bürgerlich-rechtliche Ansprüche, die ihren Grund in persönlichen Nähebeziehungen haben; sie können kraft Gesetzes auf Grundsicherungsträger, die Leistungen an Unterhaltsberechtigte erbringen, übergehen.

Rechtsgrundlage: § 33 SGB II

Erläuterungen: Die Rechtsgrundlagen für Unterhaltsansprüche finden sich im **Familienrecht** (4. Buch des BGB), dort insbesondere in §§ 1360 (Familienunterhalt), 1361 (Getrenntlebendenunterhalt), 1570 ff (Scheidungsunterhalt), 1601 ff (Verwandte in gerader Linie) und 1615 l (aus Anlass der Geburt) sowie im LPartG. Nach diesen Vorschriften richten sich auch Voraussetzungen, Ausnahmen und Höhe (vgl dazu ergänzend die Düsseldorfer Tabelle) der Unterhaltspflichten.

Soweit Unterhaltszahlungen geleistet werden, stellen sie ein →**Einkommen** im Sinne des § 11 SGB II dar und sind als solches bei der →**Berechnung der Leistungen** zu berücksichtigen. Dabei sind Unterhaltszahlungen, die für ein Kind geleistet werden, idR auch dann als Einkommen des Kindes zu betrachten, wenn sie auf dem Konto eines anderen Bedarfsgemeinschaftsmitglieds, namentlich des betreuenden Elternteils, eingehen.

Wird ein Unterhaltsanspruch nicht erfüllt, ist der Anspruch dem Begriff nach eigentlich ein →**Vermögen** des Hilfebedürftigen im Sinne des § 12 SGB II. Soweit die Unterhaltsleistung aber nicht sofort durchgesetzt und zur Minderung der Hilfebedürftigkeit genutzt werden kann, fehlt es an der Verwertbarkeit des Vermögens (Eicher/Spellbrink/*Mecke* § 12 Rn 22). Der Grundsicherungsträger ist daher, wenn alle sonstigen Voraussetzungen erfüllt sind, zur Leistung verpflichtet. Zum Ausgleich darf er aber den Unterhaltspflichtigen in Regress nehmen.

Hierzu sieht § 33 Abs. 1 SGB II vor, dass der Unterhaltsanspruch kraft Gesetzes auf den Leistungsträger übergeht. Ausnahmen vom →**Anspruchsübergang** regelt § 33 Abs. 2 SGB II. Der Leistungsträger muss nach § 33 Abs. 3 SGB II dem Unterhaltsschuldner mitteilen („Rechtswahrungsanzeige"), dass dem Unterhaltsgläubiger Leistungen nach dem SGB II erbracht werden, da er nur Ansprüche von diesem Zeitpunkt an rückwirkend geltend machen kann. Verweigert der Unterhaltsschuldner die Zahlung, muss der Leistungsträger gegen ihn vorgehen wie ein gewöhnlicher Unterhaltsgläubiger; er darf also keine Zahlungen durch Leistungsbescheid einfordern, sondern muss notfalls vor dem Familiengericht klagen und mit den Mitteln des Zivilprozessrechts vollstrecken. Mit dem Unterhaltsanspruch geht zugleich der **unterhaltsrechtliche Auskunftsanspruch** auf den Grundsicherungsträger über.

Bei Unterhaltsansprüchen minderjähriger Kinder ist zu beachten, dass der **Unterhaltsvorschuss** nach dem UVG, soweit dessen Voraussetzungen erfüllt sind, gegenüber Leistungen zum Lebensunterhalt nach dem SGB II Vorrang hat. Wenn ein Leistungsberechtigter selber Unterhaltszahlungen leistet, kann er diese Zahlungen nach § 11 Abs. 2 S. 1 Nr. 7 SGB II von seinem Einkommen absetzen. Voraussetzung ist aber, dass der entsprechende Betrag in einem Unterhaltstitel oder in einer notariell beurkundeten Unterhaltsvereinbarung festgeschrieben ist.

Literaturhinweise:
Kuntze, Rückgriffsansprüche des Leistungsträgers im Rahmen des § 33 SGB II, ZfF 2007, 155; *Hußmann*, Der gesetzliche Forderungsübergang nach § 33 SGB II, FPR 2007, 354; *Schürmann*, Kindesunterhalt im Spannungsfeld von Familien- und Sozialrecht, SGb 2009, 200

Unterhaltsrechtlicher Auskunftsanspruch

Definition: Der unterhaltsrechtliche Auskunftsanspruch richtet sich auf Auskunfterteilung über Einkommens- und Vermögensverhältnisse eines dem Grunde nach Unterhaltsverpflichteten, damit sich der Anspruchsinhaber Klarheit über den Umfang des Anspruchs verschaffen kann.

Rechtsgrundlagen: §§ 33 Abs. 1 S. 4, 60 Abs. 2 SGB II; §§ 1361 Abs. 4 S. 4, 1580, 1605 BGB

Erläuterungen: Bei der Geltendmachung eines **Unterhaltsanspruchs** kann es für den Anspruchsteller schwierig sein, die Anspruchshöhe genau zu beziffern. Soweit es für die Anspruchshöhe auf die Leistungsfähigkeit des Unterhaltsschuldners ankommt, muss der Anspruchsinhaber dessen Einkommens- und Vermögensverhältnisse kennen. Hierzu enthält das BGB für verschiedene Arten von Unterhaltsansprüchen verschiedene unterhaltsrechtliche Auskunftsansprüche:

- § 1361 Abs. 4 S. 4 BGB für den Unterhalt unter Verheirateten,
- § 1580 BGB für den Unterhalt unter Geschiedenen,
- § 1605 BGB für den Unterhalt unter Verwandten.

Wenn ein Leistungsträger nach dem SGB II wegen eines **Anspruchsübergangs** nach § 33 SGB II Inhaber eines Unterhaltsanspruchs wird, erwirbt er nach § 33 Abs. 1 S. 4 SGB II zugleich den damit zusammenhängenden unterhaltsrechtlichen Auskunftsanspruch. Der Leistungsträger kann Auskunfts- und Unterhaltsanspruch miteinander verbinden und im Wege der Stufenklage (§ 254 ZPO) gegen den Unterhaltsschuldner vorgehen. Auf diese Weise hat er die Möglichkeit, zunächst die erforderlichen Auskünfte einzuklagen und auf deren Grundlage die Höhe des Unterhaltsanspruchs exakt zu beziffern.

Neben dem bürgerlich-rechtlichen Auskunftsanspruch steht der Agentur für Arbeit – dh praktisch dem →**Jobcenter** nach § 44 b oder im Falle der Optionskommune dem kommunalen Träger – auch ein sozialrechtlicher →**Auskunftsanspruch** nach § 60 Abs. 2 SGB II zu. Im Unterschied zum bürgerlich-rechtlichen Auskunftsanspruch kann dieser sozialrechtliche Auskunftsanspruch durch **Verwaltungsakt** gegen den Unterhaltsschuldner geltend gemacht werden (LSG NRW FamRZ 2008, 929). Auf welche Weise der Leistungsträger im Einzelfall gegen den Auskunftsverpflichteten vorgeht, ist letztlich eine Frage der Zweckmäßigkeit. Nur dann, wenn von vornherein offensichtlich ist, dass ein Unterhaltsanspruch nicht gegeben ist, darf das Auskunftsverlangen weder auf die eine noch auf die andere Weise geltend gemacht werden (LSG NRW 29.1.2007 – L 1 AS 12/06).

Literaturhinweise:
Kuntze, Rückgriffsansprüche des Leistungsträgers im Rahmen des § 33 SGB II, ZfF 2007, 155–159

Unterkunftskosten

Definition: Kosten für Unterkunft und Heizung werden bei der Berechnung des Anspruchs auf Arbeitslosengeld II oder Sozialgeld nicht als Teil des Regelbedarfs, sondern in tatsächlicher Höhe berücksichtigt, soweit sie angemessen sind.

Rechtsgrundlage: § 22 SGB II

Erläuterungen: Die Kosten für Unterkunft und Heizung gehören zum Bedarf, der mit dem →**Arbeitslosengeld II** bzw dem →**Sozialgeld** abgedeckt wird, sind aber nicht bereits vom →**Regelbedarf** nach § 20 SGB II umfasst. Vielmehr werden sie als gesonderter Bedarfsposten in die →**Berechnung der Leistungen** einbezogen (vgl § 19 Abs. 1 S. 3 SGB II). Der Umfang, in dem dies geschieht, ergibt sich aus § 22 SGB II. Als Grundsatz bestimmt § 22 Abs. 1 S. 1 SGB II, dass die Unterkunftskosten in Höhe der **tatsächlichen Aufwendungen** berücksichtigt werden, soweit diese angemessen sind.

Die Angemessenheit ist ein **unbestimmter Rechtsbegriff**, zu dem sich eine umfangreiche Kasuistik herausgebildet hat. Die Rechtsprechung legt eine →**Produkttheorie** zugrunde, nach der die Höhe der angemessenen Kaltmiete dem Produkt aus angemessener Wohnfläche in Quadratmetern und angemessenem Quadratmeterpreis entspricht (BSGE 97, 231). Nach §§ 22 a ff SGB II ist unter den dort geregelten Voraussetzungen auch eine Bestimmung der Angemessenheitsgrenzen durch kommunale Satzungen möglich. Zu den →**Nebenkosten** als Bestandteil der Unterkunftskosten siehe dort. Im Übrigen regelt Abs. 1 die Rechtsfolgen einer **Überschreitung des angemessenen Umfangs** (Aufforderung zur Senkung der Kostensenkung, aber Übernahme der unangemessenen Kosten für einen Zeitraum, in dem die Kostensenkung möglich und zumutbar ist, im Regelfall längstens sechs Monate). Bei Leistungsberechtigten, die über **selbst genutztes Wohneigentum** verfügen, sind neben den laufenden Kosten wie zB Grundsteuern, Umlagen an die Wohnungseigentümergemeinschaft oder Darlehenszinsen die aus Abs. 2 ersichtlichen Aufwendungen als Bedarf zu berücksichtigen.

Nach einem →**Umzug** müssen grundsätzlich auch die Unterkunftskosten für die neue Wohnung übernommen werden. Die →**Zusicherung** nach § 22 Abs. 4 S. 1 SGB II ist hierfür keine Voraussetzung, sie einzuholen soll vielmehr den Leistungsberechtigten die Sicherheit geben, dass nicht ein Teil der Kosten – etwa wegen § 22 Abs. 1 S. 2 SGB II – nicht übernommen wird. Die letztgenannte Vorschrift ist allerdings im Lichte des Freizügigkeitsgrundrechts (Art. 11 GG) auszulegen und daher auf Umzüge in der näheren räumlichen Umgebung zu beschränken (BSG WuM 2010, 701, 703). Weiter ist die vorherige Zusicherung von Bedeutung für die Übernahme von →**Wohnungsbeschaffungskosten** und Umzugskosten nach § 22 Abs. 6 SGB II. Deren Übernahme ohne vorherige Zusicherung ist aber möglich, wenn die Zusicherung rechtswidrig verweigert wurde.

Als Bestandteil des Arbeitslosengeldes II bzw des Sozialgeldes werden die Unterkunftskosten grundsätzlich an die Leistungsberechtigten ausgezahlt. Nur unter den in Abs. 7 genannten Voraussetzungen, dh auf Antrag oder bei mangelnder Sicherstellung zweckgerichteter Verwendung durch die Leistungsberechtigten, ist die **Auszahlung an den Vermieter oder andere Empfangsberechtigte** zulässig. Abweichend vom Gegenwärtigkeitsprinzip ist im Bereich der Unterkunftskosten nach Ermessen auch eine Übernahme von →**Schulden** möglich; bei drohender Wohnungslosigkeit ist das Ermessen zugunsten des Leistungsberechtigten reduziert (§ 22 Abs. 8 S 2. SGB II).

Einschränkungen der Übernahme von Unterkunftskosten regelt Abs. 5 für **Personen, die das 25. Lebensjahr noch nicht vollendet haben**. Diese Einschränkungen beziehen sich allerdings nur auf die Situation eines Erstauszugs aus dem elterlichen Haushalt bei bestehender oder absehbarer Hilfebedürftigkeit (SG Gießen 30.4.2010 – S 26 AS 352/10 ER).

Literaturhinweise:
Zimmermann, Unterkunfts- und Heizkosten nach dem SGB II, NJ 2010, 400

Unwirtschaftliches Verhalten

Definition: Unwirtschaftliches Verhalten ist ein (je nach Verwendung im Gesetz: zurechenbar) verschwenderischer Umgang des Leistungsberechtigten mit Einkommen und Vermögen, der einzelfallbezogen zu einem von den Regelleistungen umfassten und nach den Umständen unabweisbaren Bedarf zur Sicherung des Lebensunterhalts führt und weder durch den Anschaffungsfreibetrag des § 12

Abs. 2 Nr. 4 SGB II noch auf andere Art und Weise gedeckt werden kann.

Rechtsgrundlagen: §§ 24 Abs. 2, 31 Abs. 2 Nr. 2 SGB II

Erläuterungen: Der Begriff des unwirtschaftlichen Verhaltens ist im Recht der Grundsicherung an zwei verschiedenen Stellen (§§ 24 Abs. 2, 31 Abs. 2 Nr. 2 SGB II) angeführt, bleibt aber als **unbestimmter Rechtsbegriff** ohne gesetzliche Definition.

Einer reinen **Wortlautauslegung** zufolge müsste jedes Verhalten, das im Widerspruch zu dem Prinzip steht, mit gegebenen Mitteln größtmöglichen Ertrag zu erwirtschaften (Duden, Deutsches Universalwörterbuch, 4. Auf. 2001, Stichwort Wirtschaftlichkeit), als unwirtschaftlich angesehen werden.

Die **systematische Auslegung** des Begriffs lässt jedoch schnell erkennen, dass dies nicht die Bestimmung des Begriffs in seiner Verwendung im SGB II sein kann. Denn dieses Gesetz verweist mit dem Ansatz weitgehender – im Abgeltungsbereich der Regelleistungen gar abschließender – Pauschalierung auf die Eigenverantwortung und Selbstbestimmung des Hilfeempfängers für Lebensführung und Wirtschaften. Mit diesem Ansatz wäre es unvereinbar, zugleich jedes nichtwirtschaftliche, dh ökonomisch suboptimale Verhalten mit der Umwandlung der Geld- in Sachleistungen (§ 24 Abs. 2 SGB II) zu bedrohen und gar mit der Absenkung bzw dem Wegfall des Arbeitslosengelds II einschließlich des befristeten Zuschlags zwingend (ohne Ermessensspielraum) zu sanktionieren. Ein diese Rechtsfolgen unter Berücksichtigung des Verhältnismäßigkeitsgrundsatzes rechtfertigendes öffentliche Interesse kann nur dann entstehen, wenn das nichtwirtschaftliche Verhalten die Allgemeinheit belastet. Dies ist dann der Fall, wenn dem Leistungsberechtigten ein Darlehen zu gewähren wäre, weil er nicht mehr in der Lage ist, einen von den Regelleistungen umfassten und nach den Umständen unabweisbaren Bedarf zur Sicherung des Lebensunterhalts durch den Anschaffungsfreibetrag des § 12 Abs. 2 Nr. 4 SGB II oder auf andere Art und Weise zu decken (vgl § 24 Abs. 1 SGB II; in diesem Sinne wohl auch DH-BA Nr. 23.13 u. Nr. 31.35 mit der Forderung, dass weiterer Hilfebedarf aus-

gelöst wird, was sich nur auf § 24 Abs. 2 SGB II beziehen kann; vgl diesbezüglich zutreffend LPK-SGB II/*Berlit* § 31 Rn 122, unter fehlerhaftem Verweis auf § 23 Abs. 1 SGB II). Dagegen stellt die eine zur Minderung nach § 31 a SGB II führende Feststellung einer Pflichtverletzung in § 31 Abs. 2 Nr. 2 SGB II mangels dahin gehend entsprechend konkretisierter Verpflichtungsnorm keinen Hebel dar, den Leistungsberechtigten zu Ansparungen etwa im Rahmen des Anschaffungsfreibetrags zu zwingen (ähnlich Kreikebohm/Spellbrink/Waltermann/*Spellbrink*, Kommentar zum Sozialrecht, 1. Aufl., § 31 SGB II Rn 28).

Ferner wird man nach der Verwendung des Begriffs im jeweiligen Kontext **zu differenzieren** haben. Während die Umstellung der Geldleistungen in Sachleistungen nach § 24 Abs. 2 SGB II auch dem Interesse des Leistungsberechtigten an der damit trotz seines Unvermögens gewährleisteten Deckung des eigenen Bedarfs entspricht, es – wie auch der Vergleich mit dem dortigen zweiten undifferenzierten Fallbeispiel der Drogen- bzw Alkoholsucht zeigt – auf die Frage der Verantwortlichkeit nicht vorrangig ankommt und mit der Entscheidung keine unmittelbare erzieherische Zielsetzung verfolgt wird (anders LSG Hamburg 9.6.2005 – L 5 B 71/05 ER AS n.v.; wohl auch Kreikebohm/Spellbrink/Waltermann/*Kohte*, Kommentar zum Sozialrecht, § 24 SGB II Rn 13), verfolgt die Minderung der Leistungen nach § 31 a SGB II bei einer Pflichtverletzung nach **§ 31 Abs. 2 Nr. 2 SGB II** mit dem Sanktionscharakter, welcher der Vorschrift zu eigen ist, das pädagogische Ziel, den Leistungsberechtigten zu künftig wirtschaftlicherem Verhalten zu veranlassen. Dies wird auch durch die dort geforderte konkrete und eindeutige Belehrung über die Rechtsfolgen eines fortgesetzten unwirtschaftlichen Verhaltens deutlich. Deshalb und unter Berücksichtigung des Verhältnismäßigkeitsgrundsatzes vermag das unwirtschaftliche Verhalten bei verfassungskonformer Auslegung die Absenkung nur dann zu rechtfertigen, wenn die fortgesetzte Unwirtschaftlichkeit vorgeworfen werden kann, der Leistungsberechtigte also insoweit einsichts- und steuerfähig ist, und daher für sein Verhalten verantwortlich gemacht werden kann.

Literaturhinweise:
Berlit ZfSG/SGB 2008, 3–20; Gagel/*Bender* § 23 SGB II Rn 48; GK-SGB II/*Loose* § 23 Rn 31; Kreikebohm/Spellbrink/ Waltermann/*Kohte*, Kommentar zum Sozialrecht, § 24 SGB II Rn 12 u. 13; Kreikebohm/Spellbrink/Waltermann/*Knickrehm*, Kommentar zum Sozialrecht, § 31 SGB II Rn 32 u. 33; *Lauterpacht* NJ 2008, 241–248; LPK-SGB II/*Berlit* § 31 Rn 89–94; LPK-SGB II/*Münder* § 24 Rn 19–23; *O'Sullivan* SGb 2005, 369–376

Unzumutbarkeit von Arbeit

→Zumutbarkeit

Urlaub

Definition: Während des Bezugs von Arbeitslosengeld II haben die Leistungsberechtigten nur in zeitlich begrenztem Umfang nach vorangegangener Zustimmung des Jobcenters die Möglichkeit, sich außerhalb des zeit- und ortsnahen Bereichs aufzuhalten.

Rechtsgrundlagen: § 7 Abs. 4 a S. 5 SGB II

Erläuterungen: Nur wenn das Jobcenter einer Ortsabwesenheit zustimmt, besteht ein Anspruch auf Arbeitslosengeld II ‚auch wenn sich der Betroffene außerhalb des zeit- und ortsnahen Bereichs aufhält. Der Anspruch auf Urlaub soll während des Leistungsbezugs regelmäßig **drei Wochen im Kalenderjahr** nicht überschreiten (§ 7 Abs. 4 a S. 5 SGB II). Die Regelung ist insofern bedenklich, weil der Mindesturlaub nach § 3 BUrlG inzwischen 24 Tage im Kalenderjahr beträgt. Jedenfalls bei Arbeitnehmern, die neben der Arbeitstätigkeit noch Arbeitslosengeld II erhalten, muss dieser Mindesturlaub berücksichtigt werden. Ein Anspruch auf Gewährung von Urlaub zu einem bestimmten Zeitpunkt besteht nicht. Jedoch kann eine grundlose Verweigerung der Zustimmung ermessensfehlerhaft und pflichtwidrig sein. Der Urlaub soll versagt werden, wenn während des Urlaubs eine Vermittlung in Arbeit oder eine Teilnahme an einer Eingliederungsmaßnahme in Betracht kommt. Wird ein Urlaub **ohne Zustimmung** des Jobcenters angetreten oder über den zugestimmten zeitlichen Umfang hinaus verlängert, entfällt der

Anspruch auf Arbeitslosengeld II unmittelbar, weil die Leistungsvoraussetzungen nicht erfüllt sind. In diesem Fall liegt keine →**Erreichbarkeit** mehr vor. Die Leistungsbewilligung wirdrückwirkend nach dem § 45, 48 SGB X aufgehoben und bereits angewiesene Zahlungen müssen dann erstattet werden. Häufig wird für die Zeit nach Rückkehr aus dem Urlaub ein Meldetermin (→**Meldepflicht**) vorgesehen. Wird der Meldetermin versäumt, werden die Leistungen erst ab dem Tag der erfolgten Rückmeldung angewiesen (LSG NRW 17.3.2010 – L 12 B 122/09 AS).

Literaturhinweise:
LPK-SGB II/*Thie/Schoch*, 4. Aufl., § 7 Rn 115; Eicher/Spellbrink/*Spellbrink*, SGB II-Kommentar, 2. Aufl., § 7 Rn 83 ff; *Geiger*, Leitfaden zum Arbeitslosengeld II, 8. Aufl. 2011, S. 92 f

Vermittlung

Definition: Die Vermittlung als zentraler Handlungsauftrag im Rahmen des Arbeitsförderungsrechts besteht darin, dass die Agentur für Arbeit Arbeit- und Ausbildungssuchenden sowie Arbeitgebern Ausbildungs- und Arbeitsvermittlung anzubieten hat. Die Vermittlung umfasst alle Tätigkeiten, die darauf gerichtet sind, Arbeitsuchenden mit Arbeitgebern zur Begründung eines Beschäftigungsverhältnisses zusammen zu führen. Entsprechendes gilt für die Ausbildungsplatzsuche.

Rechtsgrundlagen: § 16 Abs. 1 S. 1 SGB II; §§ 35–39 SGB III

Erläuterungen: Zentrale Aufgabe der Vermittlung ist es, einen Ausgleich von Angebot und Nachfrage auf dem Arbeitsmarkt herbeizuführen und dem Entstehen von Arbeitslosigkeit entgegenzuwirken bzw. ihre Dauer zu verkürzen. Aus den gesetzlichen Bestimmungen wird ein umfassendes Verständnis der Vermittlungstätigkeiten deutlich. Der gesetzliche Auftrag zum **Anbieten von Vermittlung** nach § 35 SGB III verpflichtet aktiv tätig zu werden. Dabei sollen bereits im Vorfeld der Beendigung von Arbeitsverhältnissen Schritte unternommen werden, um eine drohende Arbeitslosigkeit zu verhindern. Damit korrespondiert die **Verpflichtung zur frühzeitigen Meldung für Arbeitsuchende** (§ 38 Abs. 1 SGB III) bereits vor dem Ende eines Beschäftigungsverhältnisses. Die

Arbeitsvermittlung ist durchzuführen, solange der Arbeitssuchende Leistungen zum Ersatz des Arbeitsentgelts beansprucht bzw bis zur Beendigung des Arbeitsverhältnisses bei frühzeitiger Arbeitsuchendmeldung (§ 38 Abs. 3 SGB III). Erfüllt der Arbeitsuchende die obliegenden **Mitwirkungspflichten** oder die Pflichten aus einer →**Eingliederungsvereinbarung** nicht, kann die Arbeitsagentur die Vermittlung auf Grundlage einer Ermessensentscheidung einstellen. Die Vermittlungsleistung durch die Bundesagentur für Arbeit wird zwar gemäß § 22 Abs. 4 S. 1 Nr. 1 SGB III nicht an Leistungsberechtigte im Sinne des SGB II erbracht. Allerdings ergibt sich aus § 16 Abs. 1 S. 1 SGB II ein Anspruch auf Vermittlungsangebote für die Leistungsberechtigen im Rahmen des SGB II. Ein Anspruch auf Vermittlung in einen bestimmten Beruf oder eine bestimmte Stelle besteht nicht. Bei den Vermittlungsaktivitäten und der Stellenauswahl wird ein **weitreichender Beurteilungsspielraum** zugestanden. Das Recht, sich selbst eine Stelle zu suchen, wird durch die Vermittlungstätigkeiten nicht eingeschränkt. Die **Selbstsuche** über Selbstinformationseinrichtungen im Internet ist als eine Möglichkeit der Vermittlung ausdrücklich vorgesehen (§ 35 Abs. 3 SGB III).

Eine verstärkte Unterstützung im Rahmen der Vermittlung ist für Arbeitslose vorgesehen, deren berufliche Eingliederung voraussichtlich erschwert ist (§ 35 Abs. 1 S. 3 SGB III). Dies setzt regelmäßig die Durchführung einer →**Eignungsfeststellung** (Potenzialanalyse) voraus. Nur so ergibt sich eine gesicherte Prognose der Eingliederungschancen der Betroffenen. Als verstärkte Unterstützung kommen bspw in Betracht: intensivierte Beratung, vermehrte Vermittlungsangebote über breitere Arbeitsfelder, Teilnahme an Maßnahmen zur Aktivierung, frühzeitige Angebote zur Qualifizierung oder →**Weiterbildung**. Im Zusammenhang mit Maßnahmen zur →**Aktivierung** kommt auch die Gewährung eines Aktivierungs- und →**Vermittlungsgutscheins** nach § 45 Abs. 4 SGB III in Betracht. Bei der Auswahl von Vermittlungsaktivität und Maßnahmen besteht allerdings wiederum ein weitreichender Beurteilungsspielraum.

Die **Grundsätze der Vermittlung** (§ 36 SGB III) gelten entsprechend auch bei Leistungsberechtigten nach dem SGB II. Es darf kein Arbeitsverhältnis vermittelt werden, das gegen gesetzliche Bestimmungen oder die guten Sitten verstößt. Zu berücksichtigen sind insbesondere Arbeitnehmerschutzgesetze (zB Arbeitszeitgesetz, Mutterschutzgesetz) aber auch Teilzeit- und BefristungsG und das Allgemeine Gleichbehandlungsgesetz (AGG). Eingehalten werden müssen bei Allgemeinverbindlichkeit oder Tarifbindung auch tarifvertragliche Bestimmungen sowie gesetzliche Mindestarbeitsbedingungen (insb. Mindestlohn). Eine Vermittlung in sittenwidrige Tätigkeiten und sittenwidrige Arbeitsbedingungen (insb. bei Lohnwucher) darf ebenso wenig erfolgen.

Literaturhinweise:
LPK-SGB II/*Thie*, 4. Aufl., Anh. § 16 Rn 3 f; GK-SGB III/*Rademacher* § 35 Rn 13 ff, § 36 Rn 20 ff

Vermittlungsgutschein

Definition: Bei dem Vermittlungsgutschein handelt es sich um eine schriftliche Zusicherung der Agentur für Arbeit. Darin verpflichtet sie sich, den Vergütungsanspruch eines von dem Arbeitsuchenden eingeschalteten Vermittlers zu erfüllen, wenn dem Arbeitsuchenden erfolgreich eine versicherungspflichtige Beschäftigung im Umfang von mindestens 15 Stunden/ wöchentlich vermittelt wurde.

Rechtsgrundlagen: § 16 Abs. 1 S. 2 Nr. 2 SGB II; §§ 45 Abs. 4–7, 296 SGB III

Erläuterungen: Bei der →**Vermittlung** durch die Bundesagentur muss der Arbeitsuchende keine Kosten tragen. Wird jedoch ein privater Vermittler eingeschaltet, entsteht ein Vergütungsanspruch (Maklerlohn gemäß § 652 BGB). Der **Vergütungsanspruch** entsteht jedoch nur, wenn ein schriftlicher Vermittlungsvertrag mit Angabe über die Höhe der vorgesehenen Vergütung geschlossen wurde und erfolgreich ein Arbeitsverhältnis zustande gekommen ist (§ 296 SGB III). Für die erfolgsbezogene Arbeitsvermittlung können maximal 2.000 EUR verlangt werden (§ 45 Abs. 6 SGB III). Bei Langzeitarbeitslosen und behinderten Menschen gilt eine Höchstgrenze von 2.500 EUR. Die entstehenden Kosten können jedoch über den Vermittlungsgutschein von der Agentur für Arbeit getragen werden. Zum Schutz gegen Mitnahmeeffekte ist eine Vergütung in bestimmten Fällen ausgeschlossen (§ 45 Abs. 6 SGB III). Arbeitslose, denen ein Anspruch auf Arbeitslosengeld I zusteht, haben nach einer Arbeitslosigkeit von sechs Wochen – wenn sie innerhalb einer Frist von drei Monaten nicht vermittelt werden konnten – einen Anspruch auf einen Aktivierungs- und Vermittlungsgutschein. Für Leistungsberechtigte nach dem Arbeitslosengeld II wird lediglich im Rahmen einer **Ermessensentscheidung** über die Bewilligung eines Vermittlungsgutscheins entschieden. Ein Rechtsanspruch besteht nicht.

Literaturhinweise:
LPK-SGB II/*Thie*, 4. Aufl., Anh. § 16 Rn 27; *Stascheit/Winkler*, Leitfaden für Arbeitslose, 27. Aufl. 2010, S. 73 ff

Vermögen

Definition: Zum Vermögen gehören Geld und geldwerte Mittel, über die eine nachfragende Person bereits zum Zeitpunkt der Antragstellung verfügt.

Rechtsgrundlage: § 12 SGB II

Erläuterungen: Zum Vermögen gehören Geld und geldwerte Mittel, über die eine nachfragende Person bereits zum Zeitpunkt der Antragstellung verfügt.

Vermögen ist bei der Ermittlung, ob →**Hilfebedürftigkeit** besteht, zu berücksichtigen, soweit es verwertbar ist (§ 12 Abs. 1 SGB II). Was verwertbar ist, beurteilt sich nach den tatsächlichen und rechtlichen Verhältnissen (BSG 16.5.2007 – B 11 b AS 37/06 R, Rn 29). Es ist tatsächlich verwertbar, wenn es möglich ist, es innerhalb absehbarer Zeit – in der Regel innerhalb von sechs Monaten – zu „versilbern", dh zu verbrauchen, zu übertragen oder zu belasten. Rechtlich verwertbar ist es, wenn keine Verfügungsbeschränkungen bestehen, deren Beseitigung durch die nachfragende Person nicht erreicht werden können. Zuletzt muss die Verwertung für den Betroffenen einen Ertrag bringen, durch den er jedenfalls kurzzeitig seinen Lebensunterhalt bestreiten kann.

Das Vermögen ist zum Zeitpunkt der (Wieder-)Antragstellung mit seinem Verkehrswert zu berücksichtigen (§ 12 Abs. 4 S. 1 und 2 SGB II, § 8 Alg II-V). Lasten auf dem Vermögensgegenstand Schulden, so vermindern sie dessen Wert. Im Übrigen spielen Schulden keine Rolle, da keine Saldierung von Aktiva und Passiva erfolgt.

Verfügt der Antragsteller über verwertbares Vermögen, so beseitigt oder vermindert es die Bedürftigkeit unmittelbar und nicht erst in dem Zeitpunkt, in dem etwaige Erlöse aus der Verwertung zufließen (BSG 16.5.2007 – B 11 b AS 37/06 R, Rn 32). Ist der Antragsteller zur Verwertung nicht in der Lage, seinen Lebensunterhalt zu decken oder stellt der sofortige Verbrauch oder die sofortige Verwertung eine besondere Härte dar, so ist er nach § 9 Abs. 4 SGB II als hilfebedürftig im Sinne des § 7 Abs. 1 S. 1 Nr. 4 SGB II anzusehen. Leistungen werden ihm allerdings nur als Darlehen gewährt, wobei dem Jobcenter Ermessen eröffnet ist, die Leistungen in Form von Sach- oder Geldleistungen zu erbringen (§ 24 Abs. 1 S. 1 SGB II).

Verschiedene Vermögenswerte sind kraft gesetzlicher Bestimmung von der Vermögensberücksichtigung ausgenommen worden (§ 12 Abs. 3 SGB II). Hierzu gehört beispielsweise ein Vermögensfreibetrag, angemessener Hausrat, ein angemessenes Kraftfahrzeug im Wert von höchstens 7.500 EUR und ein selbst genutztes Hausgrundstück oder eine entsprechende Eigentumswohnung von angemessener Größe. Das verwertbare Vermögen wird um Absetzungspositionen (§ 12 Abs. 2 SGB II) vermindert.

Literaturhinweise:
Renn/Schoch/Löcher, Grundsicherung für Arbeitsuchende, 3. Aufl. 2011, Rn 201 ff

Verpflichtungsklage

→**Klageverfahren**

Vertretung der Bedarfsgemeinschaft

Definition: Im Rahmen der Grundsicherung für Arbeitsuchende besteht die gesetzliche Vermutung, dass der den Antrag stellende erwerbsfähige Leistungsberechtigte bevollmächtigt ist, verfahrensrechtliche Handlungen auch für die anderen Personen in der Bedarfsgemeinschaft vorzunehmen. Es handelt sich um die gesetzliche Fiktion einer Bevollmächtigung.

Rechtsgrundlage: § 38 SGB II

Erläuterung: Ungeachtet der Konstruktion der →**Bedarfsgemeinschaft** hat jeder Leistungsberechtigte in der Grundsicherung für Arbeitsuchende einen Einzelanspruch. Aus Gründen der Praktikabilität wird jedoch kein getrenntes Verwaltungsverfahren für die einzelnen Personen einer Bedarfsgemeinschaft durchgeführt. Gemäß § 38 SGB II soll nur ein Verfahren durchgeführt werden. Es muss nur ein Leistungsantrag gestellt werden und es wird nur ein Bewilligungsbescheid für alle Mitglieder der Bedarfsgemeinschaft erlassen. Der Bescheid wird nur einer Person zugestellt und die Leistung nur an die Person, die die Bedarfsgemeinschaft vertritt, auch für alle anderen Mitglieder erbracht.

Die **Bevollmächtigung** wird nur zugunsten der erwerbsfähigen Leistungsberechtigten vermutet. Leben in der Bedarfsgemeinschaft mehrere Erwerbsfähige, gilt die Vermutung zugunsten der den Antrag stellenden Personen (§ 38 Abs. 1 S. 2 SGB II). Die Personen in der Bedarfsgemeinschaft können allerdings auch eine andere Person zu ihrer Vertretung bevollmächtigen. Dann sollte allerdings im Zweifel eine **schriftliche Vollmacht** nachgewiesen werden, damit die **gesetzliche Vermutung** widerlegt ist. Weiter besteht die Möglichkeit, dass die Personen in der Bedarfsgemeinschaft erklären, dass ein erwerbsfähiger Leistungsberechtigter nicht zu ihrer Vertretung bevollmächtigt ist, auch wenn sie den Leistungsantrag gestellt hat. Der Gesetzgeber hat die Vermutung einer Vertretung der Bedarfsgemeinschaft auf Fälle beschränkt, in denen keine entgegenstehenden Anhaltspunkte existieren. Neben dem Fall, dass die Betroffenen erklären, ihre Interessen selbst wahrzunehmen, sind **entgegenstehende Anhaltspunkte** dann anzunehmen, wenn in der Bedarfsgemeinschaft schwerwiegende Konflikte bestehen oder wenn deutlich wird, dass der Vertreter der Bedarfsgemeinschaft die an ihn erbrachten Leistungen den anderen Personen vorenthält bzw für eigene Zwecke (zB bei Suchterkrankungen) verwendet. In Zweifelsfällen muss das Jobcenter eine Vollmacht bei den anderen Personen in der Bedarfsgemeinschaft einholen.

Die Vertretung umfasst neben der Beantragung der Leistungen und deren Entgegennahme auch **weitere Verfahrenshand-**lungen wie die Entgegennahme von Bescheiden, die Einlegung von Widersprüchen und die Entgegennahme des Widerspruchsbescheids. Ebenso sind ergänzende Handlungen die Möglichkeit der Rücknahme von Anträgen und die Änderung bzw Ergänzung von Angaben zum Sachverhalt von der Vertretung umfasst. Zur **Klageerhebung** ermächtigt die vermutete Bevollmächtigung jedoch nicht, weil sie alleine Wirkungen auf das Verwaltungsverfahren hat.

Ein **Verschulden des Vertreters** der Bedarfsgemeinschaft (zB die Versäumung einer Frist; →**Wiedereinsetzung**) ist den anderen Mitgliedern nur dann zuzurechnen, wenn sie dem Vertreter entweder eine ausdrückliche Vollmacht erteilt haben oder er ausdrücklich mit deren Kenntnis gehandelt hat (Duldungsvollmacht).

Bescheide, mit denen Leistungsbewilligungen aufgehoben und Leistungen zurückgefordert werden (→**Aufhebung von Verwaltungsakten**), sind immer nur an diejenige Personen zu richten, für die ein Aufhebungsgrund besteht und von denen eine Erstattung verlangt werden kann. Hier gilt die Vertretung in der Bedarfsgemeinschaft nicht. Bei der Verletzung von →**Mitwirkungspflichten** ist eine Einschränkung der Leistung nach § 66 SGB I immer nur gegenüber demjenigen zulässig, der seine Mitwirkungspflichten verletzt hat (LSG Bayern 11.8. 2010 – L 16 AS 387/10 B ER). Adressat eines Aufhebungs- oder Ablehnungsbescheids kann deshalb nicht die gesamte Bedarfsgemeinschaft sein.

Für die Fälle, in denen zur **Ausübung des Umgangsrechts** eine temporäre Bedarfsgemeinschaft entsteht, also wenn sich ein Kind zeitweise zur Durchführung des Umgangs bei dem anderen Elternteil aufhält, sieht § 38 Abs. 2 SGB II eine Sonderregelung vor. Für die Dauer des Aufenthalts des Kindes wird dem umgangsberechtigten Elternteil die Vertretung zur Beantragung und Entgegennahme der Leistungen übertragen.

Literaturhinweise:
LPK-SGB II/*Schoch*, 4. Aufl., § 38 Rn 1 ff; Eicher/Spellbrink/*Link*, SGB II-Kommentar, 2. Aufl., § 38 Rn 8 ff

Verwaltungsakt

Definition: Verwaltungsakt ist jede Verfügung, Entscheidung oder andere hoheitliche Maßnahme, die eine Behörde zur Regelung eines Einzelfalls auf dem Gebiet des öffentlichen Rechts trifft und die auf unmittelbare Rechtswirkung nach außen gerichtet ist.

Rechtsgrundlagen: § 31 S. 1 SGB X (ebenso § 35 S. 1 VwVfG bzw L-VwVfG)

Erläuterungen: § 31 S. 1 SGB X enthält die oben wiedergegebene, für den Anwendungsbereich des Sozialverwaltungsverfahrens (§ 1 Abs. 1 SGB X) geltende Legaldefinition des Verwaltungsakts. Aus dieser Definition lassen sich (in nachfolgender oder anderweitiger Anordnung und Bezeichnung) Begriffsmerkmale eines Verwaltungsakts ableiten (vgl hierzu im Einzelnen zB Kreikebohm/Spellbrink/Waltermann/*Fichte*, Kommentar zum Sozialrecht, § 31 Rn 4–18; Hauck/Noftz/*Littmann* § 31 SGB X Rn 37–45):

Der Verwaltungsakt stellt eine **Regelungsmaßnahme** iS einer einseitigen, verbindlichen Rechtsfolgensetzung dar, durch die Rechte und Pflichten des Adressaten geändert werden. Mittels dieses Merkmals grenzt sich der Verwaltungsakt ab vom Verwaltungsrealakt, weil dieser auf einen tatsächlichen, nicht auf einen rechtlichen Erfolg zielt, sowie vom öffentlich-rechtlichen Vertrag, der zwar ebenfalls Recht setzt, dies aber durch übereinstimmende, beiderseitige Willenserklärungen und eben gerade nicht einseitig tut.

Ferner muss die Regelungsmaßnahme auf dem Gebiet des öffentlichen Rechts, dh hoheitlich und eben gerade nicht privatrechtlich, getroffen werden. Zur Abgrenzung kann auf eine Zusammenschau aus modifizierter Subjektstheorie, Subordinationstheorie und gegebenenfalls noch Interessentheorie (vgl hierzu *Detterbeck* Rn 16–85; *Maurer* § 3 Rn 10–17) abgestellt werden.

Erlassender des Verwaltungsakts muss eine **Behörde** sein, dh jede Stelle, die Aufgaben der öffentlichen Verwaltung wahrnimmt (vgl § 1 Abs. 2 SGB X). Privatpersonen können folglich Verwaltungsakte nicht erlassen, es sei denn, sie wären Beliehene, dh natürliche oder juristische Personen des Privatrechts, denen hoheitliche Aufgaben zur Erfüllung im eigenen Namen und auf eigene Verantwortung zusammen mit den erforderlichen hoheitlichen Befugnissen übertragen wurden, ohne hierdurch Teil der Staatsorganisation zu werden. Der Behördenbegriff macht zudem deutlich, dass Gesetzgebung, Rechtsprechung und Regierung (im Sinne der Staatsführung) keine Autoren von Verwaltungsakten sein können.

Durch den Verwaltungsakt wird der **Einzelfall** geregelt. Damit grenzt sich der Verwaltungsakt vom Gesetz ab, welches eine verbindliche Regelung abstrakt für eine unbestimmte Vielzahl erfassbarer Lebenssachverhalte und eine generell unbestimmte Vielzahl von Adressaten trifft. Eine Sonderform des Verwaltungsakts stellt die Allgemeinverfügung dar, die sich an einen nach allgemeinen Merkmalen bestimmten oder bestimmbaren Personenkreis richtet oder die öffentlich-rechtliche Eigenschaft einer Sache bzw ihre Benutzung durch die Allgemeinheit betrifft (§ 31 S. 2 SGB X).

Die zuletzt erforderliche **Außenwirkung** hat das Verwaltungshandeln, wenn Rechte und Pflichten einer außerhalb der Verwaltung stehenden Rechtsperson begründet werden sollen, das Handeln also dem objektiven Sinngehalt nach Außenwirkung erzielen soll. Eine nur tatsächliche Außenwirkung reicht dagegen nicht aus. Bloße Verwaltungsinterna wie die Weisung, Verwaltungsvorschriften oder interne Zustimmung beim sog. mehrstufigen Verwaltungsakt stellen somit keinen Verwaltungsakt dar.

Der Verwaltungsakt kann mit **Nebenbestimmungen** versehen werden (§ 32 SGB X).

Er wird gegenüber demjenigen, für den er bestimmt ist oder der durch ihn betroffen wird, mit Bekanntgabe (§ 37 SGB X) **wirksam** (§ 39 Abs. 1 S. 1 SGB X) und bleibt dies bis zu seiner Aufhebung (v.a. §§ 44–48 SGB X) oder sonstigen Erledigung (§ 39 Abs. 2 SGB X), es sei denn, er ist nichtig (§ 39 Abs. 3 iVm § 40 SGB X). Da Nichtigkeit grundsätzlich sowohl schwerwiegende als auch offensichtliche Rechtswidrigkeit voraussetzt, wird deutlich, dass ein zwar rechtswidriger, aber nicht nichtiger Verwaltungsakt wirksam ist und zudem **bestandskräftig** wird, wenn gegen ihn nicht, nicht rechtzeitig oder erfolglos Widerspruch (§§ 78 ff SGG) bzw Klage (§§ 87 ff SGG) erhoben wird (§ 77

SGG) und damit im Regelfall (vgl zur Ausnahme im Grundsicherungsrecht die →sofortige Vollziehung, § 39 SGB II) die Vollziehbarkeit bis zur Entscheidung über den Rechtsbehelf ausgesetzt wird (aufschiebende Wirkung, § 86 a Abs. 1 u. 2 SGG). Um diesen Rechtsschutz effektiv wahrnehmen zu können, ist der schriftliche Verwaltungsakt bzw der auf Verlangen schriftlich bestätigte mündliche oder elektronische Verwaltungsakt (vgl hierzu § 33 Abs. 2 S. 2 u. 3 SGB X) regelmäßig zu begründen (§ 35 SGB X) und mit einer ordnungsgemäßen Rechtsbehelfsbelehrung zu versehen (§ 36 SGB X), ohne welche die Rechtsbehelfsfristen nicht zu laufen beginnen (§ 66 Abs. 1 SGG; beachte aber die Jahresfrist des § 66 Abs. 2 SGG).

Im Übrigen sieht das Gesetz weitere Regelungen vor, um auch rechtswidrige Verwaltungsakte **aufrechterhalten** zu können. So können Verfahrens- oder Formfehler unter den Voraussetzungen des § 41 SGB X geheilt werden oder führen nach Maßgabe des § 42 SGB X ggf nicht zur Aufhebbarkeit. Schließlich gibt § 43 SGB X die begrenzte Möglichkeit, einen fehlerhaften in einen fehlerfreien Verwaltungsakt umzudeuten.

Eine alternative Verwaltungshandlungsform zum Verwaltungsakt stellt der öffentlich-rechtliche Vertrag dar (§§ 53–61 SGB X), der aber im Sozialleistungsverhältnis zwischen Leistungsberechtigtem und Leistungsträger im Vergleich mit dem Verwaltungsakt kaum eine Rolle spielt. Soweit für den Bereich der **Grundsicherung für Arbeitsuchende** in der Eingliederungsvereinbarung des § 15 SGB II eine Ausnahme zu erkennen ist, muss berücksichtigt werden, dass diese durch einen Verwaltungsakt ersetzt werden kann (§ 15 Abs. 1 S. 6 SGB II) und nach der Rechtsprechung nicht einmal ein Anspruch auf den Abschluss einer →**Eingliederungsvereinbarung** besteht.

Die Bewilligung von SGB II-Leistungen stellt einen **Verwaltungsakt mit Dauerwirkung**, regelmäßig mit Wirkung für eine Dauer von sechs Monaten, dar (vgl § 41 Abs. 1 S. 4 SGB II und →**Dauer der Bewilligung**).

Das Grundsicherungsrecht sieht über die Verweisung des § 40 Abs. 2 Nr. 2 u. 3 SGB II auf § 330 Abs. 1 bzw 2, 3 S. 1 u. 4 SGB III zudem Spezialvorschriften für die

Aufhebung von Verwaltungsakten und damit auch die →**Aufhebung der Leistungsbewilligung** vor, die den allgemeinen Bestimmungen der §§ 44-48 SGB X vorgehen.

Literaturhinweise:
Detterbeck, Allgemeines Verwaltungsrecht, 8. Aufl. 2010, Rn 419–496; Hauck/Noftz/*Littmann* § 31 Rn 37–45; Kreikebohm/Spellbrink/Waltermann/*Fichte*, Kommentar zum Sozialrecht, § 31; LPK-SGB II/*Armborst*, Anhang Verfahren Rn 26–63; *Maurer*, Allgemeines Verwaltungsrecht, 17. Aufl. 2009, § 9 Rn 6–28

Verzicht

Definition: Verzicht ist die vollständige oder teilweise, sowie jederzeit mit Wirkung für die Zukunft widerrufliche Aufgabe des Anspruchs auf Sozialleistungen mit Erlöschungswirkung durch schriftliche Erklärung gegenüber dem zuständigen Leistungsträger.

Rechtsgrundlage: § 46 SGB I

Erläuterungen: Die in § 46 SGB I in allgemeiner Form geregelte Verzichtsmöglichkeit auf Sozialleistungen ist Ausfluss des **Selbstbestimmungsrechts** des Hilfebedürftigen unter gleichzeitiger Wahrung der Interessen dritter Personen und Leistungsträger vor daraus entstehenden Belastungen. In einem erweiterten Sinn kann auf Sozialleistungen bereits dadurch „verzichtet" werden, dass die meist konstitutive Beantragung derselben unterbleibt oder der gestellte Antrag vor Bestandskraft der Bewilligung wieder zurückgenommen wird. Diese Gestaltungsmöglichkeiten werden durch die Verzichtsvorschrift nicht erfasst, schränken aber ihren Anwendungsbereich und damit ihre Bedeutung erheblich ein. Raum für eine entsprechende Anwendung der Maßgaben des § 46 SGB I sieht die Rechtsprechung dagegen im Fall einer Beschränkung eines (Feststellungs-)Antrags (BSGE 60, 11–18).

Verzichtsobjekt können ausschließlich Ansprüche auf Sozialleistungen gegen einen Leistungsträger iSd § 12 S. 1 SGB I sein, über die der Verzichtende verfügungsbefugt ist, wenn zudem keine vorzugswürdigen öffentlichen Interessen entgegenstehen; dies ist bei einseitigen Rechten und Vergünstigungen in der Regel nicht der Fall (BSGE 60, 11–18). Wegen der jederzeitigen Widerruflichkeit des Verzichts (§ 46 Abs. 1 Hs 2 SGB I) kann bei Ansprüchen auf wiederkehrende Leistungen zwar auf den einzelnen bereits fälligen oder fällig werdenden Anspruch, nicht aber auf das Stammrecht verzichtet werden (BSGE 66, 44–52).

Der Verzicht bedarf der **Form** nach einer schriftlichen Erklärung gegenüber dem zuständigen Leistungsträger und erlangt Wirksamkeit grundsätzlich mit Zugang bei diesem. Schriftform verlangt die eigenhändige Unterzeichnung der Erklärung mittels Namensunterschrift oder notariell beglaubigtem Handzeichen (§ 126 Abs. 1 BGB). Textform (§ 126 b BGB) und damit Erklärungen per E-Mail genügen dem nicht, es sei denn, es würde die elektronische Form eingehalten (§ 126 Abs. 3 iVm § 126 a BGB). Verzichtswille und Verzichtsobjekt müssen sich eindeutig für den Leistungsträger ermitteln lassen; Unklarheiten sind durch diesen von Amts wegen aufzuklären (§ 20 Abs. 1 S. 1 SGB X). Handlungsfähige Minderjährige bedürfen für die Verzichtserklärung der Zustimmung des gesetzlichen Vertreters (§ 36 Abs. 2 S. 2 SGB I).

Rechtsfolge der Verzichtserklärung ist die Aufgabe des Anspruchs, dh das Erlöschen des Anspruchs und damit die Befreiung des Leistungsträgers von der Leistungsverpflichtung.

Mit Wirkung für die Zukunft kann der Verzicht jederzeit durch den Verfügungsberechtigten **widerrufen** werden. Für die Vergangenheit kann er allenfalls unter entsprechender Anwendung der §§ 119 ff BGB angefochten werden (vgl zu dieser Möglichkeit zB BayLSG FEVS 59, 191–192; LSG Rheinland-Pfalz SozVers 1983, 22–24). Der Widerruf kann (anders als der Verzicht) von handlungsfähigen Minderjährigen auch ohne Zustimmung der Eltern erklärt werden und ist formfrei möglich, erlangt Wirksamkeit aber erst durch Zugang beim zuständigen Leistungsträger.

Der Verzicht ist **unwirksam**, soweit durch ihn andere Personen oder Leistungsträger unmittelbar belastet oder Rechtsvorschriften umgangen werden (§ 46 Abs. 2 SGB I). Eine solche Belastung kommt bei der Auslösung von Unterhalts- oder nachrangigen Sozialleistungsansprüchen eben-

so in Betracht wie bei der Begründung eigener Leistungsunfähigkeit des Verfügungsberechtigten gegenüber anspruchsberechtigten Dritten. Daneben kann der Verzicht auch wegen Verstoßes gegen §§ 134 u. 138 BGB, also insbesondere wegen Sittenwidrigkeit, nichtig sein. Hierdurch können gegebenenfalls auch Fälle der mittelbaren Belastung erfasst werden. Namentlich im Hinblick auf den Verzicht auf Unterhaltsansprüche kann Sittenwidrigkeit angenommen werden, etwa bei Schädigungsabsicht zulasten eines Sozialleistungsträgers oder wenn eine nicht gerechtfertigte Lastenverteilung in den ehelichen Lebensverhältnissen erzielt wird (im Einzelnen LPK-SGB II/*Münder* § 33 Rn 24 f SGB II).

Eine ausdrückliche **Ausnahme von der Unwirksamkeit** nach § 46 Abs. 2 SGB I sieht § 6 a Abs. 1 Nr. 4 S. 4 BKGG für den Verzicht auf Leistungen der Grundsicherung für Arbeitsuchende und Sozialhilfeleistungen vor, wenn hierdurch ein Anspruch auf →Kinderzuschlag entstehen würde. Damit soll erreicht werden, dass bei der Prüfung, ob Hilfebedürftigkeit vermieden wird, Mehrbedarfe nach § 21 und § 23 Nr. 2–4 SGB II nicht berücksichtigt werden müssen.

Literaturhinweise:
Deinert ZfSH/SGB 2008, 515–527; GK-SGB II/*Schellhorn* § 33 SGB II Rn 143; Kreikebohm/Spellbrink/Waltermann/ *Hänlein*, Kommentar zum Sozialrecht, § 46 SGB I; LPK-SGB II/*Münder* § 33 Rn 22–27; *Seiler* NZS 2008, 505–510

Verzinsung

Definition: Verzinsung ist im Rahmen des Sozialrechts die nach Ablauf eines Kalendermonats nach Fälligkeitseintritt – frühestens aber nach Ablauf von sechs Kalendermonaten nach Eingang des vollständigen Leistungsantrags beim zuständigen Leistungsträger – unmittelbar kraft Gesetzes erfolgende Begründung eines Anspruchs eines Mehrbetrags zu einem Geldleistungsanspruch gegenüber diesem Leistungsträger, der sich in einem Prozentsatz des Geldleistungsanspruchs bemisst.

Rechtsgrundlage: § 44 SGB I

Erläuterungen: Ganz allgemein sind im Sozialrecht **Ansprüche auf Geldleistungen**

i.S.d. § 11 S. 1 Alt. 3 SGB I (zum Begriff eingehender Hauck/Noftz/Rolfs § 44 SGB I Rn 5-7) – nicht aber solche auf Sach- oder Dienstleistungen – durch den Leistungsträger (§ 12 SGB I) mit 4 % zu verzinsen (§ 44 SGB I). Erfasst werden demnach nur die Ansprüche des Leistungsempfängers gegenüber dem Leistungsträger nicht aber der Leistungsträger untereinander oder der Leistungsträger gegen den Leistungsempfänger (etwa für Rückzahlungsansprüche). Die Vorschriften des Zivilrechts zu den Prozess- (§ 291 BGB) und Verzugszinsen (§ 288 BGB) sind nach der Rechtsprechung im Sozialrecht nicht ohne ausdrücklichen Verweis anzuwenden (BSGE 71, 72-78); es bedarf folglich in diesen Konstellationen einer ausdrücklichen sozialrechtlichen Verzinsungsvorschrift (vgl. z.B. § 50 Abs. 2 a u. 108 Abs. 2 SGB X; einen verallgemeinerungsfähigen Wandel in der sozialgerichtlichen Rechtsprechung prognostiziert Müller SGb 2010, 336-340).

Der **Verzinsungszeitraum** beginnt grundsätzlich mit der Fälligkeit des Geldleistungsanspruchs (§ 44 Abs. 1 SGB I), d.h. regelmäßig mit ihrem Entstehen (§ 41 SGB I). Allerdings beginnt der Zeitraum frühestmöglich nach Ablauf von sechs Kalendermonaten nach Eingang des vollständigen (beachte aber die Pflicht der Behörde auf einen klaren, sachdienlichen und vollständigen Antrag hinzuwirken, § 16 Abs. 3 SGB I), d.h. den Maßgaben des § 60 Abs. 1 S. 1 Nr. 1 u. 3 SGB I entsprechenden und dem Leistungsträger die weitere Aufklärung im Wege der Amtsermittlung (§ 20 SGB X) ermöglichenden (Hauck/Noftz/Rolfs § 44 SGB I Rn 22) Leistungsantrags beim zuständigen (beachte aber § 16 Abs. 2 S. 2 SGB I) Leistungsträger (§ 44 Abs. 2 Hs. 1 SGB I). Dies gilt nach dem BSG unabhängig davon, ob die Leistung antragsgebunden war. Trotz einer etwaigen Pflicht, eine Leistung von Amts wegen festzustellen, sei es nämlich dem Versicherten unbenommen, dem Leistungsträger einen vollständigen Leistungsantrag vorzulegen. Nur hieran knüpfe § 44 SGB I an (BSG SozR 1200 § 44 Nr 3). Fehlt es dagegen an einem Leistungsantrag soll der Verzinsungszeitraum nach § 44 Abs. 2 Hs. 2 SGB I frühestens nach Ablauf eines Kalendermonats nach der Bekanntgabe der Leistungsentscheidung beginnen. Anderes

gilt dann, wenn die Leistung von Amts wegen zu erbringen ist, und der Leistungsträger dem Leistungsberechtigten signalisiert, das Verfahren durchzuführen; denn damit bringt er zum Ausdruck, dass die – wie gesehen auch im antragsfreien Verfahren – mögliche Antragstellung entbehrlich ist (BSG 55, 238-241; verallgemeinernd Hauck/Noftz/Rolfs § 44 SGB I Rn 29-35). Der Verzugszinszeitraum endet mit dem Ablauf des Kalendermonats vor der Zahlung (§ 44 Abs. 12 SGB I). Bei Teilzahlungen gilt dies begrenzt auf die entsprechende Höhe der Teilzahlung (Kreikebohm/Spellbrink/Waltermann/ *Hänlein* § 44 Rn 14).

Bei Ermittlung der **Zinshöhe** beträgt der Zinssatz 4 % der Geldleistung (§ 44 Abs. 1 SGB I). Verzinst werden nur volle Euro-Beträge (§ 44 Abs. 3 S. 1 SGB I). Eine Rundungsregelung ist nicht allgemein, wohl aber im Hinblick auf die Geldleistung selbst im Grundsicherungsrecht für Arbeitssuchende in § 41 Abs. 2 SGB II vorgesehen (→Rundung von Beträgen). Bei der Berücksichtigung des Verzinsungszeitraums wird der Kalendermonat aus Gründen der Verwaltungsvereinfachung mit 30 Tagen zugrundegelegt.

Literaturhinweise:
Hauck/Noftz/*Rolfs* § 44 SGB I; Kreikebohm/Spellbrink/Waltermann/*Hänlein* § 44; *Marschner* SozVers 1995, 225–227; Müller SGb 2010, 336–340; Ossege MedR 2010, 17–23;

Vollzugsinsassen

Definition: Vollzugsinsassen sind Personen, die in einer Einrichtung zum Vollzug richterlich angeordneter Freiheitsentziehung untergebracht sind.

Rechtsgrundlage: § 7 Abs. 4 S. 2 SGB II

Erläuterungen: In § 7 Abs. 4 S. 2 SGB II sieht das Gesetz einen Leistungsausschluss für Personen vor, welche in einer →Einrichtung zum Vollzug richterlich angeordneter Freiheitsentziehung untergebracht sind. Insoweit soll dem Aufenthalt in einer stationären →Einrichtung der Aufenthalt in einer **Einrichtung zum Vollzug richterlich angeordneter Freiheitsentziehung** gleichstehen. Es kann insoweit zunächst auf die Darlegungen zur →Einrichtung und zu den **stationär Untergebrachten** verwiesen werden. Danach gilt der Leistungsausschluss umfänglich, bezieht sich also sowohl auf die Leistungen zur Eingliederung in Arbeit (§§ 14–18 a SGB II) als auch auf die Leistungen zur Sicherung des Lebensunterhalts (§§ 19–35 SGB II).

Ein Vollzug richterlich angeordneter Freiheitsentziehung liegt nach der gesetzgeberischen Vorstellung insbesondere in folgenden Konstellationen vor:

■ Strafhaft,

■ Untersuchungshaft,

■ Maßregeln der Besserung und Sicherung,

■ einstweilige Unterbringung,

■ Absonderung nach dem Infektionsschutz- oder Geschlechtskrankheitengesetz,

■ Unterbringung psychisch Kranker und Suchtkranker nach den öffentlich-rechtlichen Unterbringungsgesetzen der Länder,

■ zivilrechtliche Unterbringung eines Kindes (§§ 1631 b, 1666, 1800 BGB) oder Betreuten (§ 1906 BGB).

Die Gleichstellung des Vollzugsinsassen mit in einer stationären Einrichtung Untergebrachten ist nachzuvollziehen, macht man sich die Rechtsprechung des Bundessozialgericht (BSG NZS 2008, 536–538) zum „objektiven" Begriff der →Einrichtung entsprechend zu eigen, nach welchem maßgeblich auf die Erwartung abgestellt wird, sich (innerhalb eines bestimmten Zeitrahmens) in den Arbeitsmarkt integrieren zu können oder aber aufgrund der Unterbringungssituation hiervon abgehalten zu werden.

Allerdings gilt die **Rückausnahme** des § 7 Abs. 4 S. 3 SGB II aufgrund dessen klarer Wortlautbeschränkung auf S. 1 der Vorschrift nicht auch für Insassen von Vollzugseinrichtungen, deren Leistungsausschluss in S. 2 derselben geregelt ist. Vollzugsinsassen sind folglich auch dann von der Leistung ausgeschlossen, wenn sie voraussichtlich nur für einen weniger als sechs Monate dauernden Zeitraum untergebracht sind oder aber trotz Vollzugsunterbringung unter den üblichen Bedingungen des allgemeinen Arbeitsmarktes mindestens 15 Stunden wöchentlich erwerbstätig sind. →**Freigänger** dagegen will eine weit verbreitete Auffassung bereits nicht dem Ausschlusstatbestand zuordnen (vgl

zur diesbezüglichen Auseinandersetzung dort).

Der Leistungsausschlusstatbestand des § 7 Abs. 4 S. 2 SGB II unterscheidet sich (ebenso wie derjenige für →**stationär** Untergebrachte nach § 7 Abs. 4 S. 1 SGB II) von den Leistungsberechtigungsausschlusstatbeständen des § 7 Abs. 1 S. 2 SGB II, welcher seinem Wortlaut nach Ausnahmen bereits von der Berechtigung (iS negativer Berechtigungsvoraussetzungen) formuliert. Die Rechtsfolgen, welche aus dieser Differenzierung zu ziehen sind, werden im Gesetz nicht klar dargelegt. Offenbar ist, dass die Rechtsprechung jedenfalls die nach § 7 Abs. 4 S. 2 SGB II ausgeschlossenen Personengruppen (ebenso wie die anderen in § 7 Abs. 4–6 genannten) bei Vorliegen der Voraussetzungen des § 7 Abs. 3 SGB II der Bedarfsgemeinschaft zuordnet und – ohne dass hierdurch der Leistungsausschluss berührt würde – zumindest für die Ermittlung deren Bedarfs doch auf die Regelungen des SGB II zum Arbeitslosengeld II sowie zum Sozialgeld zurückgreift. Dagegen kann die ausgeschlossene Person nicht konstituierendes Mitglied einer eigenen Bedarfsgemeinschaft sein. Stattdessen ist die Mitgliedschaft allenfalls in einer von einem nicht ausgeschlossenen Mitglied abgeleiteten Form möglich.

Literaturhinweise:
GK-SGB II/*Loose* § 7 Rn 85–86.1; *Groth* info also 2006, 243–245; *Hammel* ZFSH/SGB 2006, 707–718; *Hannes* SGb 2008, 666–669; Kreikebohm/Spellbrink/ Waltermann/*Knickrehm*, Kommentar zum Sozialrecht, § 7 SGB II Rn 24; LPK-SGB II/*Brühl/Schoch*, 3. Aufl., § 7 Rn 97, 104; LPK-SGB II/*Thie/Schoch* § 7 Rn 104 ff; *Mrozynski* ZFSH/SGB 2008, 328–337; *Münder/Geiger* SGb 2008, 1–8

Vorläufige Entscheidung

Definition: Vorläufige Entscheidung ist eine unter dem Vorbehalt einer nachfolgenden endgültigen Entscheidung sowie etwaiger Rückforderung stehende Vorauszahlung des zuständigen Leistungsträgers in den drei alternativen Fallkonstellationen des § 328 Abs. 1 SGB III bzw der weiteren Alternative des § 40 Abs. 2 Nr. 1 Hs 2 SGB II.

Rechtsgrundlage: § 40 Abs. 2 Nr. 1 SGB II iVm § 328 SGB III

Erläuterungen: Der Grundsicherungsträger ist in viererlei Konstellationen ermächtigt, vorläufig über die Erbringung von Geldleistungen zu entscheiden (§ 40 Abs. 2 Nr. 1 SGB II iVm § 328 SGB III), nämlich wenn

■ die Vereinbarkeit einer Vorschrift des SGB II, von der die Entscheidung über den Antrag abhängt, mit höherrangigem Recht Gegenstand eines Verfahrens beim BVerfG oder beim EuGH ist,

■ eine entscheidungserhebliche Rechtsfrage von grundsätzlicher Bedeutung Gegenstand eines Verfahrens beim BSG ist,

■ zur Feststellung der Voraussetzungen des Anspruchs eines Arbeitnehmers auf Geldleistungen voraussichtlich längere Zeit erforderlich ist, die Voraussetzungen für den Anspruch mit hinreichender Wahrscheinlichkeit vorliegen und der Arbeitnehmer die Umstände, die einer sofortigen abschließenden Entscheidung entgegenstehen, nicht zu vertreten hat, oder

■ die Gültigkeit einer Satzung oder einer anderen im Rang unter einem Landesgesetz stehenden Rechtsvorschrift, die nach § 22 a Abs. 1 SGB II und dem dazu ergangenen Landesgesetz erlassen worden ist, Gegenstand eines Verfahrens bei einem LSG, dem BSG oder einem VerfG ist.

Dem Grundsicherungsträger wird damit ein Instrument verliehen, über einen Antrag zwar nur vorübergehend und ohne Bindungswirkung für die Zukunft, aber im Interesse des Antragstellers zeitnah zu befinden. Die Regelung ist für ihren Anwendungsbereich abschließend, so dass für die Anwendung der Rechtsprechung zu Vorwegzahlungen kein Raum ist (vgl Niesel/*Niesel* § 328 SGB III Rn 5).

Die **ersten beiden Alternativen sowie die letzte Alternative** verfolgen den Zweck unnötige Widerspruchsverfahren, die sich andernfalls in der tatbestandlich vorausgesetzten Situation in großer Zahl ergäben, durch die Vorläufigkeit der Leistung zu vermeiden.

Die **dritte Fallgestaltung** lehnt sich an die Regelung zum →**Vorschuss** (§ 42 SGB I) an, unterscheidet sich aber insofern, als

dass für die Anwendbarkeit der Leistungsanspruch dem Grunde nach noch nicht feststehen muss, sondern diesbezüglich lediglich eine hinreichende Wahrscheinlichkeit gefordert ist. Zumindest bei der entsprechenden Anwendung der Vorschrift im Rahmen des Grundsicherungsrechts richtet sich die Auslegung des unbestimmten Rechtsbegriffs „längere Zeit" nicht nur an der üblichen Bearbeitungsdauer, sondern auch am Interesse des Antragstellers am kurzfristigen Leistungserhalt aus. Aufgrund des existenzsichernden Charakters der Leistungen kann der fragliche Zeitraum sich somit auf wenige Tage, wenn nicht gar im Extremfall auf einen Tag verkürzen. Die geforderte hinreichende Wahrscheinlichkeit setzt voraus, dass nach dem Stand der behördlichen Ermittlungen aus der subjektiven Sicht der Behörde erheblich mehr für als gegen das Vorliegen der Anspruchsvoraussetzung spricht, letzte Zweifel aber noch nicht ausgeräumt sind (andernfalls müsste eine endgültige Entscheidung getroffen werden).

Nur in der dritten Alternative besteht auf Antrag ein **Anspruch** auf vorläufige Entscheidung; iÜ und in jedem Fall hinsichtlich der Leistungshöhe steht sie im **Ermessen** des zuständigen Leistungsträgers. In dem Verwaltungsakt, welcher der Leistung zugrunde liegt, ist Umfang und Vorläufigkeit der Leistung anzugeben; unterbleibt dies, fehlt es an der Vorläufigkeit selbst, so dass die Leistung als endgültig zugesprochen gilt.

Mit Erlass des **endgültigen Leistungsbescheids** erledigt sich ihrer Natur nach die vorläufige Entscheidung und wird damit unwirksam (§ 39 Abs. 2 aE SGB X). Aufgrund der vorläufigen Entscheidung sind erbrachte Leistungen auf die zustehende endgültige Leistung anzurechnen. Soweit mit der abschließenden Entscheidung ein Leistungsanspruch nicht oder nur in geringerer Höhe zuerkannt wird, sind aufgrund der vorläufigen Entscheidung erbrachte Leistungen zu erstatten, ohne dass der Behörde hier Ermessen oder dem Empfänger Vertrauensschutz eingeräumt wäre. Etwaige Härten sind über den **Erlass von Forderungen** (§ 44 SGB II) oder über die entsprechend anwendbaren Regelungen über die Stundung (§ 76 Abs. 2 S. 1 Nr. 1 SGB IV) und Niederschlagung (§ 76 Abs. 2 S. 1 Nr. 2 SGB IV) abzufangen (argumentum a maiori ad minus; vgl auch LPK-SGB II/*Conradis* § 44 Rn 8).

Dies setzt allerdings voraus, dass der zuständige Leistungsträger im Tenor seiner Entscheidung hinreichend deutlich Umfang und Grund der Vorläufigkeit angegeben hat. Ob „dies der Fall ist, ist durch Auslegung des Verwaltungsakts aus der Sicht eines an Treu und Glauben orientierten, mit den Umständen des Falles vertrauten Erklärungsempfängers zu ermitteln" (so BSG 1.7.2010 – B 11 AL 19/09 R n.V., mwN zum →**Vorschuss**). Andernfalls hat die Leistungsbewilligung der „vorläufigen" Entscheidung ohne Anrechnungsmöglichkeit Bestand; die materielle Überzahlung könnte nur durch Erstattungsaufforderung (§ 50 Abs. 1 S. 1 SGB X) nach Aufhebung dieser Bewilligung unter den engen Voraussetzungen des § 45 SGB X (erweitert über § 330 Abs. 2 u. 4 SGB III iVm § 40 Abs. 2 Nr. 3 SGB II) zurückgenommen werden.

Literaturhinweise:
Leopold info also 2008, 104–109; LPK-SGB II/*Conradis* § 40 SGB II Rn 4–8; *Schmidt-De Caluwe* NZS 2001, 240–250; *Schwabe* ZfF 2006, 145–154

Vorläufiger Rechtsschutz

→**Einstweiliger Rechtsschutz**

Vorschuss

Definition: Vorschuss ist eine unter dem Vorbehalt einer nachfolgenden endgültigen Entscheidung sowie etwaiger Rückforderung stehende Vorauszahlung des zuständigen Leistungsträgers an eine Person, deren Anspruch auf eine Geldleistung dem Grunde nach feststeht, wenn die Feststellung der Anspruchshöhe voraussichtlich noch längere Zeit erfordern wird.

Rechtsgrundlage: § 42 SGB I

Erläuterungen: Gerade bei Mindestsicherungsleistungen wie den Leistungen zur Sicherung des Lebensunterhalts im Rahmen der Grundsicherung für Arbeitsuchende ist die rechtzeitige Leistungserbringung oftmals von existenzieller Bedeutung. Ihrem **Zweck** nach können Vorschusszahlungen diese Rechtzeitigkeit namentlich in den Fällen gewähren, in denen etwa aufgrund der Komplexität der

Ermittlungen, noch fehlender Informationen oder Überlastung der Behörde die Berechnung der Höhe einer Geldleistung andauert und deshalb eine rechtzeitige Anspruchserfüllung gefährdet wäre, die Anspruchsberechtigung aber dem Grunde nach feststeht. Die Verwaltung soll nach Vorschussgewährung in der Zwischenzeit eine eingehende, nicht unter unangemessenem Zeitdruck stehende, endgültige Entscheidung treffen können (BSGE 55, 287–292).

Zunächst ist einschränkend festzuhalten, dass Vorschusszahlungen ihrer Natur und dem klaren Regelungswortlaut nach nur auf **Geldleistungsansprüche** erbracht werden können.

Diese stehen dem Grunde nach fest, wenn der zuständige Leistungsträger nach dem Ergebnis bisheriger Ermittlungen vom Vorliegen der Anspruchsvoraussetzungen und seiner eigenen Leistungsverpflichtung (bei Zweifeln hierüber wären allenfalls vorläufige Leistungen zu gewähren, vgl § 43 Abs. 1 SGB I) überzeugt ist, dh Ungewissheiten im Hinblick auf die **Anspruchsgrundlage** nach seinem Dafürhalten ausschließen kann. Entscheidend ist die subjektive behördliche Überzeugung von der Erfüllung der Anspruchsvoraussetzungen, nicht deren objektives Vorliegen (BSG 1.7.2010 – B 11 AL 19/09 R n.v.). Entsprechend kann sich die Überzeugung von der Erfüllung der Anspruchsvoraussetzungen im Nachhinein als fehlerhaft erweisen; auf die Richtigkeit der behördlichen Überzeugung kommt es deshalb nicht an (BSG SozR 3-1300 § 42 Nr. 5). Bei verbleibenden Zweifeln an der Begründetheit des Anspruchs dem Grunde nach ist auch zwischen den Senaten des Bundessozialgerichts streitig, ob und inwieweit § 42 SGB I analog anwendbar ist oder stattdessen auf die Grundsätze der Vorwegzahlung über Nebenbestimmungen verwiesen werden muss (vgl Hauck/*Rolfs* § 42 Rn 17–20, mwN). Für das Grundsicherungsrecht kann insoweit auf die Möglichkeit der →**vorläufigen Entscheidung** verwiesen werden (§ 40 Abs. 2 Nr. 1 SGB II iVm § 328 Abs. 1 S. 1 Nr. 3 SGB III), neben der jedenfalls kein Platz für anderweitige Vorwegzahlungen ist (vgl Niesel/Niesel § 328 SGB III Rn 5). Die Ermittlung der Höhe des Geldleistungsanspruchs muss bei prognostischer Betrachtung aus behördlicher Sicht voraussichtlich noch längere Zeit erfordern. Wann von einer „längeren Dauer" in diesem Sinne auszugehen ist, lässt sich nicht generell, sondern nur unter Berücksichtigung der Einzelfallumstände und namentlich der Eilbedürftigkeit der Leistungserbringung bestimmen. Bei Grundsicherungsleistungen ist aufgrund der dargestellten Interessenlage ggf schon eine Bearbeitungsdauer von nur wenigen Tagen oder gar nur einem Tag ausreichend.

Unter den genannten Voraussetzungen steht die Erbringung einer Vorschusszahlung ebenso wie die Festlegung der Höhe derselben zunächst im behördlichen Ermessen (§ 42 Abs. 1 S. 1 SGB I), das pflichtgemäß auszuüben ist (§ 39 SGB I). Beantragt der Berechtigte dagegen Vorschussleistungen, muss der Leistungsträger diese unter den dargelegten Voraussetzungen spätestens einen Monat nach Antragseingang erbringen (§ 42 Abs. 1 S. 2 SGB I).

Die Vorschüsse sind auf die gemäß endgültiger Bewilligung zustehende Leistung anzurechnen (§ 42 Abs. 2 S. 1 SGB I), und bringen den endgültigen Leistungsanspruch in entsprechender Höhe zum Erlöschen; der Verwaltungsakt, mit welchem der Vorschuss gewährt wurde, wird durch Erledigung unwirksam (§ 39 Abs. 2 aE SGB X; BSG DVBl 1990, 215–216). Überzahlungen sind vom Empfänger – nach Maßgabe des entsprechend anzuwendenden § 50 Abs. 4 SGB X – zu erstatten, ohne dass der Behörde hier Ermessen oder dem Empfänger Vertrauensschutz eingeräumt wäre. Etwaige Härten sind über den →**Erlass von Forderungen** (§ 44 SGB II) oder über die entsprechend anwendbaren Regelungen über die Stundung (§ 76 Abs. 2 S. 1 Nr. 1 SGB IV) und Niederschlagung (§ 76 Abs. 2 S. 1 Nr. 2 SGB IV) abzufangen (argumentum a maiori ad minus; vgl auch LPK-SGB II/*Conradis* § 44 Rn 8).

Dies setzt allerdings voraus, dass der zuständige Leistungsträger im Tenor des Verwaltungsakts verdeutlicht hat, „dass er wegen eines von seinem Standpunkt aus dem Grunde nach bestehenden Anspruchs auf Geldleistungen, deren genaue Höhe noch nicht zeitnah festgestellt werden kann, ein Recht auf Zahlungen bewilligt, das noch keinen dauerhaften Rechtsgrund für das Behaltendürfen des Gezahlten bildet und dessen Ausübung

daher wirtschaftlich mit dem Risiko einer möglichen Rückzahlungspflicht behaftet ist. Ob der Leistungsträger dies hinreichend deutlich gemacht hat, ist durch Auslegung des Verwaltungsakts aus der Sicht eines an Treu und Glauben orientierten, mit den Umständen des Falles vertrauten Erklärungsempfängers zu ermitteln" (BSG 1.7.2010 – B 11 AL 19/09 R n.v. mwN). Andernfalls hat die Leistungsbewilligung des „Vorschussbescheids" ohne Anrechnungsmöglichkeit Bestand; die materielle Überzahlung könnte nur durch Erstattungsaufforderung (§ 50 Abs. 1 S. 1 SGB X) nach Aufhebung dieser Bewilligung unter den engen Voraussetzungen des § 45 SGB X (ggf erweitert über § 330 Abs. 2 u. 4 SGB III iVm § 40 Abs. 2 Nr. 3 SGB II) zurückgenommen werden.

Für das Grundsicherungsrecht ist aufgrund der Verweisungsnorm des § 40 Abs. 2 Nr. 1 SGB II auch allgemein noch einmal auf die Möglichkeit der Erbringung vorläufiger Leistungen nach § 328 SGB III aufmerksam zu machen (→**vorläufige Entscheidung**).

Literaturhinweise:
Fischer/Scheibe sozialrecht aktuell 2007, 168–172; Hauck/*Rolfs*, § 42 SGB I; Kreikebohm/Spellbrink/Waltermann/*Hänlein*, Kommentar zum Sozialrecht, § 42; *Leopold* info also 2008, 104–109; *Schwabe* ZfF 2006, 145–154

Warmwasserbereitungskosten

→**Energiekosten**

Werkstatt für behinderte Menschen (WfbM)

Definition: Werkstätten für behinderte Menschen sind Einrichtungen, die Leistungen zur →**Teilhabe am Arbeitsleben** erbringen. Können Menschen mit Behinderungen wegen der Art oder Schwere der Behinderung auf dem allgemeinen Arbeitsmarkt nicht oder nicht mehr beschäftigt werden, besteht ein Anspruch auf Aufnahme in der nächstgelegenen Behindertenwerkstatt, sofern erwartet werden kann, dass sie ein „Mindestmaß wirtschaftlich verwertbarer Arbeitsleistung" erbringen werden.

Rechtsgrundlagen: §§ 136 ff SGB IX, Werkstättenverordnung (WVO)

Erläuterungen: Die Anforderungen sind allerdings nicht besonders hoch; so ist nach einem Urteil des Bundessozialgerichtes vom 29.6.1995 (11 RAR 57/94, BSGE 76, 178–184) ein Mindestmaß wirtschaftlich verwertbarer Arbeitsleistung zu erwarten, wenn die Person an der Herstellung der von diesen Werkstätten vertriebenen Waren und Dienstleistungen durch **nützliche Arbeit** beteiligt werden kann. Davon ist bereits dann auszugehen, wenn der behinderte Mensch in mindestens einem Arbeitsprozess, der in einer WfbM regelmäßig anfällt, eingesetzt werden kann. Es kommt nicht darauf an, wie hoch der Arbeits-, Sach- und Personalaufwand gegenüber dem Arbeitsergebnis ist. Es ist gleichfalls nicht erforderlich, dass der behinderte Mensch durch seine Tätigkeit ein Mindesteinkommen erzielt oder einen Teil der Kosten seines Arbeitsplatzes in der WfbM erwirtschaftet (BSG 7.12.83 – 7 RAr 73/82).

Die Beschäftigung in der Werkstatt gliedert sich in drei Stufen: Eingangsverfahren, Berufsbildungs- und Arbeitsbereich. Im **Eingangsverfahren** wird überprüft, ob die Werkstatt die geeignete Einrichtung ist und welche Einsatzbereiche in Frage kommen (§ 40 Abs. 1 SGB IX). Diese Phase dauert üblicherweise drei Monate. Wird in der abschließenden Stellungnahme der Werkstatt keine Eignung festgestellt, soll eine Empfehlung über andere geeignete Maßnahmen oder Einrichtungen abgegeben werden (§ 3 WVO). Das Eingangsverfahren kann – falls notwendig – mehrfach durchlaufen werden.

Für die Dauer des Eingangsverfahrens wird →**Ausbildungsgeld** nach § 122, 125 SGB III gewährt, sofern nicht die Voraussetzungen für den Bezug von Übergangsgeld (§§ 119 ff SGB III) erfüllt sind. Das Ausbildungsgeld beträgt im ersten Jahr zurzeit 63 EUR monatlich. Während des Eingangsverfahrens besteht **Versicherungspflicht in der gesetzlichen Kranken- und Rentenversicherung.** Zur Errechnung der zu zahlenden Beiträge wird ein fiktives Mindestarbeitsentgelt zugrunde gelegt. Solange das tatsächlich erzielte Arbeitsentgelt in der WfbM bestimmte Grenzen unterschreitet, trägt die Werkstatt die Sozialversicherungsbeiträge allei-ne (§ 251 Abs. 2 S. 1 Nr. 2 SGB V, § 168 Abs. 1 Nr. 2 SGB VI).

Nachdem im Eingangsverfahren die Eignung für die WfbM festgestellt wurde, soll im Anschluss im **Berufsbildungsbereich** die Erwerbsfähigkeit entwickelt, verbessert oder wiederhergestellt werden (§ 40 SGB IX). Der zuständige Rehabilitationsträger bewilligt die Leistung gewöhnlich für **ein Jahr** („Grundkurs"); eine Verlängerung für ein weiteres Jahr ist nach Stellungnahme der WfbM möglich („Aufbaukurs"). Während im Grundkurs neben der Entwicklung des Selbstwertgefühls und des Sozial- und Arbeitsverhaltens vor allem grundlegende Kenntnisse und Fertigkeiten im Umgang mit verschiedenen Werkstoffen und Werkzeugen vermittelt werden, verlangt der Aufbaukurs größere Ausdauer und Belastbarkeit (§ 4 Abs. 3 WVO). Zum Beispiel kann auch der Umgang mit Maschinen oder schwierigere Herstellungsverfahren gelernt werden.

Auch im Berufsbildungsbereich kann **Ausbildungsgeld** gezahlt werden (s.o.); es erhöht sich nach dem ersten Jahr auf zurzeit 75 EUR im Monat. Die Ausführungen zur **Versicherungspflicht** in der gesetzlichen Krankenversicherung und Rentenversicherung (s.o.) gelten weiter.

An den Berufsbildungsbereich schließt sich der **Produktions- bzw Arbeitsbereich** an. Es sollen Tätigkeiten angeboten werden, die der Eignung und den Neigungen der beschäftigten Menschen entsprechen. Außerdem sollen die im Berufsbildungsbereich erworbenen Kenntnisse und Fähigkeiten verbessert und vertieft sowie die Persönlichkeit der Beschäftigten weiterentwickelt werden. Ein weiteres Ziel ist die Förderung des Übergangs auf den allgemeinen Arbeitsmarkt, sofern dies möglich erscheint (§ 41 Abs. 2 SGB IX). Gemäß § 138 Abs. 2 SGB IX zahlen die Werkstätten aus ihrem erwirtschafteten Arbeitsergebnis den Beschäftigten ein **Arbeitsentgelt.** Dieses setzt sich aus einem **Grundbetrag** in Höhe des Ausbildungsgeldes und einem **leistungsabhängigen Steigerungsbetrag** zusammen. Zusätzlich wird nach § 43 SGB IX ein **Arbeitsförderungsgeld** in Höhe von maximal 26 EUR monatlich gewährt, solange dadurch der Gesamtverdienst 325 EUR nicht übersteigt. Insgesamt erscheint das Werkstattentgelt bezogen auf die geleisteten

Arbeitsstunden gering. Allerdings sollte dabei berücksichtigt werden, dass die soziale Absicherung (Kranken- und Rentenversicherung) auf einem höheren Niveau erfolgt und schon im Werkstattentgelt enthalten ist.

Bei Beschäftigten im Arbeitsbereich einer WfbM wird das Vorliegen einer **vollen Erwerbsminderung** grundsätzlich angenommen (§ 43 Abs. 2 S. 3 Nr. 1 iVm § 1 S. 1 Nr. 2 SGB VI). Dies gilt nach herrschender Meinung auch für Beschäftigte im Eingangs- und Berufsbildungsbereich, sofern der Fachausschuss der Werkstatt die Notwendigkeit des Werkstattbesuchs zur Eingliederung ins Arbeitsleben bestätigt hat (§ 45 Abs. 1 S. 3 Nr. 2 SGB XII).

Literaturhinweise:
Cramer, Werkstätten für behinderte Menschen, 4. Aufl. 2006; Kossens/von der Heide/*Maaß*, SGB IX-Kommentar, 3. Aufl. 2009

Wichtiger Grund

Definition: Der „wichtige Grund" ist ein unbestimmter **Rechtsbegriff**, mit dem die besonderen Umstände des Einzelfalls erfasst werden sollen und damit unverhältnismäßige und unzumutbare negative Rechtsfolgen durch Eingriffe in die Rechtsposition der Leistungsberechtigten verhindert werden.

Rechtsgrundlagen: §§ 10 Abs. 1 Nr. 5, 31 Abs. 1 S. 2, 32 Abs. 1 S. 2 SGB II; § 65 Abs. 1 Nr. 2 SGB I; § 159 SGB III

Erläuterungen: Durch den unbestimmten Rechtsbegriff „wichtiger Grund" findet eine Abwägung zwischen den Interessen der Allgemeinheit und den besonderen persönlichen Gründen der Betroffenen statt. Häufig wird dadurch neben den konkret formulierten Regelungen ein Auffangtatbestand normiert.

In § 10 Abs. 1 SGB II ist der Grundsatz normiert, dass für eine erwerbsfähige leistungsberechtigte Person jede Arbeit zumutbar (→**Zumutbarkeit**) ist. Die damit formulierte weitgehende Selbsthilfeverpflichtung soll nur eingeschränkt werden, wenn die individuellen Gründe des Erwerbsfähigen im Verhältnis zu den Interessen der Allgemeinheit am umfassenden Einsatz der Arbeitskraft ein besonderes Gewicht haben. Neben die in § 10 Abs. 1 Nr. 1–4 SGB II ausdrücklich geregelten

Fälle tritt der „wichtige Grund"(§ 10 Abs. 1 Nr. 5 SGB II). Als besondere Umstände des Einzelfalls kommen dabei insbesondere gesundheitliche oder familiäre Gründe in Betracht. Auch Glaubens- oder Gewissensgründe sowie die Arbeitsschutzbestimmungen und die konkreten Arbeitsbedingungen sind hier zu berücksichtigen. Ein Arbeitsentgelt, das so deutlich unter dem Tariflohn oder der ortsüblichen Vergütung liegt, dass von einer Sittenwidrigkeit (Lohnwucher) auszugehen ist, muss von dem erwerbsfähigen Arbeitsuchenden nicht hingenommen werden. In diesem Fall kann er sich auf einen „wichtigen Grund" berufen.

Die gesetzlichen Bestimmungen sehen eine weitere Prüfung des „wichtigen Grundes" im Zusammenhang mit der Frage vor, ob ein bestimmtes Verhalten des Leistungsberechtigten zu einer **Sanktion** führt (§ 31 Abs. 1 S. 2 SGB II). Die Norm ist den **Sperrzeitregelungen** im Arbeitsförderungsrecht (§ 159 SGB III) nachempfunden. In der Sache sind die hier zu berücksichtigenden besonderen persönlichen Gründe jedoch ebenfalls vergleichbar mit den wichtigen Gründen, die auch zu einer Einschränkung der Zumutbarkeit führen. Auch hier ist eine Abwägung zwischen den berechtigten Interessen des Hilfebedürftigen mit entgegenstehenden Belangen der Allgemeinheit durchzuführen. Dabei ist festzustellen, ob die angeführten Gründe das Verhalten des Hilfebedürftigen rechtfertigen (BSG 9.11.2010 – B 4 AS 27/10 R). Nicht als wichtiger Grund ausreichend sind in erster Linie subjektiv empfundene Erschwernisse, zB eine größere Entfernung zur angebotenen Arbeitsstelle als bisher, ungünstigere Arbeitsbedingungen oder eine Tätigkeit, die nicht vollständig der bisherigen Qualifikation entspricht. Die subjektiv empfundene Unzumutbarkeit muss vielmehr auch bei objektiver Betrachtung vorliegen.

Den wichtigen Grund hat der Leistungsberechtigte **darzulegen und nachzuweisen** (§ 31 Abs. 1 S. 2 SGB II). Dies ist nachvollziehbar, soweit es sich – wie in den meisten Fällen – um Gründe handelt, die in der persönlichen Sphäre des Betroffenen liegen. Problematisch ist es bei Sachverhalten, die seiner Einwirkung weitgehend entzogen sind (zB deutliche Qualitätsmängel bei der Durchführung einer Eingliederungsmaßnahme). Auch wird durch die vorgesehene Verpflichtung zur Darlegung und zum Nachweis die weiterhin bestehende Amtsermittlungspflicht, etwa bei Gesundheitsgefährdung oder Überforderung des Leistungsberechtigten, nicht aufgehoben. Die Darlegungspflicht begrenzt sich deshalb darauf, dass erkennbare Anhaltspunkte für das Vorliegen eines wichtigen Grundes nachvollziehbar dargestellt werden müssen. Die →Beweislast kommt erst dann zum Tragen, wenn auch unter Ausschöpfung der dem Jobcenter möglichen Sachverhaltsermittlung nicht aufgeklärt werden kann, ob ein wichtiger Grund tatsächlich vorliegt.

Einen wichtigen Grund als Rechtfertigung für die Abweichung von Verhaltenspflichten normiert auch § 31 Abs. 1 S. 2 SGB II im Zusammenhang mit den **Meldepflichten** und der Verpflichtung, bei einem ärztlichen oder psychologischen Untersuchungstermin zu erscheinen. Praktische Bedeutung für die Grundsicherung hat der wichtige Grund auch im Zusammenhang mit der Einschränkung von **Mitwirkungspflichten**, die sich dann ergeben, wenn dem Betroffenen die Erfüllung der allgemeinen Mitwirkungspflichten nach §§ 60–64 SGB I aus einem wichtigen Grund nicht zugemutet werden kann (§ 65 Abs. 1 Nr. 2 SGB I).

Literaturhinweise:
LPK-SGB II/*Armborst*, 4. Aufl., § 10 Rn 25 ff; LPK-SGB II/*Berlit*, 4. Aufl. § 31 Rn 63 ff; *Eicher/Spellbrink/Rixen*, SGB II-Kommentar, 2. Aufl., § 10 Rn 69 ff; *ders.* § 31 Rn 34 ff; *Geiger*, Leitfaden zum Arbeitslosengeld II, 8. Aufl., S. 649 ff

Widerspruch

Definition: Ein Widerspruch ist ein Rechtsbehelf gegen einen belastenden oder einen eine beantragte Sozialleistung ablehnenden Verwaltungsakt.

Rechtsgrundlagen: § 62 SGB X; §§ 78 ff SGG

Erläuterungen: Vor Erhebung einer Anfechtungs- oder Verpflichtungsklage ist – sofern nicht ausnahmsweise durch Gesetz ausgeschlossen – ein Widerspruchsverfahren durchzuführen. Das Widerspruchsverfahren beginnt mit der Erhebung eines Widerspruchs, dh einer öffentlich-rechtlichen Willenserklärung, die darauf gerichtet ist, dass der Verwaltungsakt in einem behördlichen Verfahren überprüft, ganz oder teilweise aufgehoben und ggf die begehrte, aber abgelehnte Leistung gewährt wird. Es gilt das Meistbegünstigungsprinzip, so dass die Erklärung so auszulegen ist, dass der Widerspruchsführer seine Rechte möglichst weitgehend realisiert. Soll eine Verpflichtungsklage in Form einer Untätigkeitsklage (§ 88 SGG) erhoben werden, so ist ein Widerspruch nicht statthaft.

Regelungen über das Widerspruchsverfahren in sozialrechtlichen Angelegenheiten finden sich sowohl in §§ 78 ff SGG als auch in §§ 68 ff VwGO. Ob die einen oder anderen Vorschriften auf den konkreten Widerspruch Anwendung finden, richtet sich danach, welcher Rechtsweg für das anschließende Klageverfahren eröffnet ist. Sind nach § 51 SGG die Gerichte der Sozialgerichtsbarkeit zuständig, so bestimmen die Vorschriften des SGG das Widerspruchsverfahren, sind die Gerichte der Verwaltungsgerichtsbarkeit zuständig, so sind es die der VwGO. In Angelegenheiten der Grundsicherung für Arbeitsuchende sind nach § 51 Abs. 1 Nr. 4 a SGG die Gerichte der Sozialgerichtsbarkeit zuständig, wenn es sich um eine öffentlich-rechtliche Streitigkeit nicht verfassungsrechtlicher Art handelt. Daher sind in der Regel §§ 78 ff SGG anwendbar.

Der Widerspruch ist schriftlich oder zur Niederschrift innerhalb eines Monats nach Bekanntgabe oder Zustellung des Verwaltungsaktes bei der Stelle, die den Verwaltungsakt erlassen hat oder bei einer anderen inländischen Behörde im Sinne des § 1 Abs. 2 SGB X, einem Sozialversicherungsträger oder einer anderen in § 84 Abs. 2 SGG aufgeführten Stelle einzureichen. Zudem müssen die weiteren üblichen Zulässigkeitsvoraussetzungen (Widerspruchsbefugnis, Rechtsschutzbedürfnis usw) erfüllt sein. Die Handlungsfähigkeit, dh die Fähigkeit, im Sozialrecht wirksame Handlungen vorzunehmen, beginnt mit der Vollendung des 15. Lebensjahres, so dass beginnend mit diesem Zeitpunkt ein Widerspruch wirksam eingelegt werden kann. Ein Widerspruch muss nicht begründet werden.

Nach § 84 Abs. 2 S. 3 SGG gelten § 66 SGG und § 67 SGG entsprechend. Die Widerspruchsfrist beginnt daher nur dann zu laufen, wenn dem Verwaltungsakt eine ordnungsgemäße →Rechtsbehelfsbelehrung beigefügt war. Fehlte diese, so beginnt statt der Widerspruchsfrist eine einjährige Ausschlussfrist, innerhalb der der Widerspruch einzureichen ist. Wird die Widerspruchsfrist unverschuldet versäumt, so ist dem Widerspruchsführer unter den Voraussetzungen des § 84 Abs. 2 S. 3 SGG iVm § 67 SGG Wiedereinsetzung in den vorigen Stand zu gewähren.

Ein Widerspruch hat in weiten Bereichen des SGB II keine **aufschiebende Wirkung**, so dass die Verfügungen des Verwaltungsaktes trotz des Widerspruchs vollzogen werden dürfen. Im Einzelnen betrifft dies nach § 39 SGB II Widersprüche gegen Verwaltungsakte, die SGB II-Leistungen aufheben, zurücknehmen, widerrufen, eine Pflichtverletzung und die Minderung des Auszahlungsanspruchs feststellen, Leistungen zur Eingliederung in Arbeit oder Pflichten erwerbsfähiger Leistungsberechtiger bei der Eingliederung in Arbeit regeln, den Übergang eines Anspruchs bewirken, zur Beantragung einer vorrangigen Leistung oder zur persönlichen Meldung bei der Agentur für Arbeit auffordern.

Wurde innerhalb von drei Monaten nach Widerspruchseinlegung über den Widerspruch nicht entschieden und liegt hierfür kein hinreichender Grund vor, so kann nach Maßgabe des § 88 Abs. 2 SGG eine sog. Untätigkeitsklage erhoben werden.

Soweit dem Widerspruch abgeholfen wird, ergeht ein Abhilfebescheid. Soweit ihm nicht abgeholfen wird, wird er durch Widerspruchsbescheid zurückgewiesen.

Literaturhinweise:
Zimmermann, Das Hartz-IV-Mandat, 2. Aufl. 2011

Wiedereinsetzung in den vorigen Stand

Definition: Ausgangssituation ist die nicht rechtzeitige Vornahme einer fristwahrenden Rechtshandlung. Die Wiedereinsetzung in den vorigen Stand ist einem Antragsteller zu gewähren, wenn er ohne Verschulden daran gehindert war, eine gesetzliche Frist einzuhalten. Als Rechtsfolge wird der Antragsteller so gestellt, als hätte er die Frist nicht versäumt; ihm

wird die Nachholung der Rechtshandlung gestattet.

Rechtsgrundlagen: §§ 26, 27 SGB X; § 67 SGG

Erläuterungen: Durch die Möglichkeit der Wiedereinsetzung soll in bestimmten Fällen den materiellen Rechtsansprüchen Vorrang vor den das Verfahren ordnenden Fristbestimmungen eingeräumt werden. Die **praktische Bedeutung** der Wiedereinsetzung ist im sozialrechtlichen Verwaltungsverfahren reduziert, weil in vielen Fällen noch ein →Überprüfungsantrag gemäß § 44 SGB X mit dem Ziel einer neuen Sachentscheidung gestellt werden kann. Anknüpfungspunkt für die Wiedereinsetzung im Verwaltungsverfahren ist das **Versäumnis einer gesetzlichen Frist** (§ 27 Abs. 1 SGB X). Die Wiedereinsetzung ist grundsätzliche nur auf Antrag zu gewähren. Fehlt die Antragstellung und wird lediglich die versäumte Rechtshandlung nachgeholt, steht die Einräumung einer Wiedereinsetzung im Ermessen der Behörde (§ 27 Abs. 2 S. 4 SGB X). Für den Wiedereinsetzungsantrag muss eine **Frist von zwei Wochen** nach Wegfall des Hindernisses (zB die Rückkehr aus dem Krankenhaus oder Urlaub) eingehalten werden. Bis zu diesem Zeitpunkt muss auch die versäumte Rechtshandlung (zB der Widerspruch) nachgeholt werden (§ 27 Abs. 2 S. 3 SGB X).

Die wichtigste Voraussetzung bei der Wiedereinsetzung ist, dass das Fristversäumnis **ohne Verschulden** eingetreten sein muss. Ein Verschulden ist dann anzunehmen, wenn die erforderliche Sorgfalt außer Acht gelassen wurde, die ein gewissenhaft Handelnder in dem Verwaltungsverfahren beachtet hätte. Zu berücksichtigen sind dabei allerdings die individuellen Kenntnisse und Fähigkeiten des Betroffenen. Bloße Arbeitsüberlastung oder das Verwenden einer falschen Adresse sind keine zureichenden Gründe. Bei einem langen Urlaub (zB mehr als sechs Wochen) oder einen langem Krankenhausaufenthalt, der planbar ist, müssen entsprechende Vorkehrungen getroffen werden, dass eingehende Post zur Kenntnis genommen werden kann. Bei mangelnden Deutschkenntnissen wird eine Handlungspflicht darin gesehen, dass eine Übersetzung der Schreiben herbeigeführt werden muss. Ein Verschulden liegt nicht vor, wenn ein Schreiben auf dem normalen Postwege verloren geht oder längere Zeit benötigt als die üblichen Postlaufzeiten. Auch andere technische Schwierigkeiten oder ein Unfall kurz vor Fristablauf, die nicht vorhersehbar sind, führen zu einer unverschuldeten Säumnis. Grundsätzlich kann eine Frist bis zum letzten Tag vollständig ausgeschöpft werden. Bei Handlungen kurz vor Fristablauf gelten allerdings erhöhte Sorgfaltsmaßstäbe. Das **Verschulden eines Vertreters** (zB Verbandsvertreter oder Rechtsanwalt) wird dem Betroffenen zugerechnet. Die Wiedereinsetzungsgründe müssen glaubhaft gemacht werden. Dies kann durch die üblichen Beweismittel (→Beweis) geschehen; möglich ist auch eine eidesstattliche Versicherung.

Wird eine nicht vom Gesetz vorbestimmte, sondern durch die **Behörde bestimmte Frist** versäumt, kann diese Frist ggf auch rückwirkend nach Ablauf verlängert werden (§ 26 Abs. 7 SGB X). Hierüber hat die Behörde nach Ermessen zu entscheiden. Es ist jedoch davon auszugehen, dass sich das Ermessen auf Null reduziert, wenn gleichzeitig ein Grund vorliegt, der einen Wiedereinsetzungsantrag rechtfertigen würde.

Bei der Versäumung von Fristen betreffend das →**Widerspruchsverfahren und das sozialgerichtliche Verfahren** gilt § 67 SGG. Als Frist zur Beantragung der Wiedereinsetzung gilt hier ein Zeitraum von einem Monat. Im Übrigen bestehen weitgehend die gleichen Voraussetzungen wie nach § 27 SGB X. Von einer stillschweigenden Wiedereinsetzung ist auszugehen, wenn die Behörde sachlich über einen zu spät eingegangenen Leistungsantrag oder Widerspruch entscheidet und einen entsprechenden Bescheid bzw Widerspruchsbescheid erlässt.

Literaturhinweise:
LPK-SGB X/*Timme*, 3. Aufl., § 27 Rn 1 ff; *Klaus,* in: Fichte/Plagemann/Waschull (Hrsg), Sozialverwaltungsrecht, S. 102 ff

Wohngeld

Definition: Wohngeld ist eine Geldleistung, die den Zweck verfolgt, den Leistungsbeziehern die Finanzierung angemessenen Wohnraums zu ermöglichen.

Rechtsgrundlagen: §§ 1 ff WoGG
Erläuterungen: Das Wohngeld als antragsabhängiger Zuschuss zur Finanzierung einer angemessenen Wohnung steht **sowohl Mietern als auch Eigentümern** von Wohnraum offen. Für die **Höhe der Leistung** sind die tatsächlichen Aufwendungen und das um Freibeträge bereinigte Familieneinkommen maßgeblich. Die maximal zu berücksichtigenden Beträge ergeben sich aus der in § 12 Abs. 1 WoGG enthaltenen Tabelle und richten sich nach der Zahl der Haushaltsmitglieder sowie nach dem Mietniveau der jeweiligen Gemeinde bzw des Kreises. Zur Berechnung der Wohngeldhöhe werden der zu berücksichtigende Betrag und das bereinigte Familieneinkommen in eine Formel einbezogen, die in § 19 Abs. 1 S. 1 WoGG niedergelegt ist.

Aus § 7 WoGG ergibt sich, welche Personenkreise vom Wohngeld **ausgeschlossen** sind. Der Ausschluss betrifft nach § 7 Abs. 1 Nr. 1 WoGG u.a. alle Bezieher von →**Arbeitslosengeld II** und →**Sozialgeld,** weil bei diesen die Kosten der Unterkunft in tatsächlicher Höhe in die Leistungsberechnung einfließen. Aus § 12 a SGB II ergibt sich ein prinzipieller Vorrang anderer Sozialleistungen und somit auch des Wohngeldes vor den Leistungen nach dem SGB II. Dies betrifft vor allem Hilfebedürftige mit einem geringen Einkommen, die eine Bedarfslücke lediglich bei den Unterkunftskosten haben und diese durch Inanspruchnahme von Wohngeld decken können. Der **Vorrang des Wohngeldes** gilt nach § 12 a S. 2 Nr. 2 SGB II nur dann ausnahmsweise nicht, wenn damit nicht für einen zusammenhängenden Zeitraum von mindestens drei Monaten der Bedarf gedeckt werden kann.

Nach SG Dresden 7.1.2008 – S 5 AS 5410/08 ER genügt die abstrakte Möglichkeit, Wohngeld zu beantragen, jedoch nicht, um einen Antrag auf Leistungen nach dem SGB II abzulehnen. Ggf muss Arbeitslosengeld II daher jedenfalls so lange geleistet werden, **bis der Wohngeldbezug tatsächlich einsetzt.** Auch dem Zuschuss zu den Unterkunftskosten nach § 27 Abs. 3 SGB II kann nach der Rspr ein Vorrang des Wohngeldanspruchs nicht entgegen gehalten werden (LSG Hessen 23.9.2009 – L 6 AS 340/08 B ER; aA *Wrackmeyer* NDV 2008, 355).

Literaturhinweise:
Hinrichs, Studierende und Wohngeld – Anspruch, Haushaltsmitgliedschaft und Plausibilitätsprüfung, ZMR 2010, 418

Wohnungsbeschaffungskosten

Definition: Wohnungsbeschaffungskosten sind Ausgaben, die mit dem Finden und Anmieten einer Wohnung verbunden sind.

Rechtsgrundlage: § 22 Abs. 6 S. 1 SGB II

Erläuterungen: Grundlage für die Übernahme von Wohnungsbeschaffungskosten ist § 22 Abs. 6 S. 1 SGB II. Sie gehören demzufolge **nicht zu den laufenden →Unterkunftskosten** im Sinne des § 22 Abs. 1 S. 1 SGB II, sondern sind bei Vorliegen der Voraussetzungen gesondert zu berücksichtigen. Der Begriff der Wohnungsbeschaffungskosten ist weit auszulegen im Sinne **aller Aufwendungen, die zum Finden und Anmieten einer Wohnung unvermeidbar sind** (BSGE 102, 194). In Betracht kommen somit Kosten für Fahrten, Zeitungsannoncen und Telefonate. Auch Abstandszahlungen und doppelte Mietzahlungen können Wohnungsbeschaffungskosten im Sinne des § 22 Abs. 6. S. 1 SGB II sein, sofern sie unvermeidlich sind (BeckOKSozR/*Breitkreuz* § 22 SGB II Rn 23). Ausnahmsweise kann auch eine Maklercourtage dazu gehören, wenn eine erfolgreiche Wohnungssuche anders nicht möglich ist (BSG 18.2.2010 – B 4 AS 28/09 R). Nicht zu den Wohnungsbeschaffungskosten, sondern zu den Unterkunftskosten nach § 22 Abs. 1 S. 1 SGB II zählen die Kosten für mietvertraglich geschuldete **→Ein- und Auszugsrenovierungen.**

Nach § 22 Abs. 6 S. 1 SGB II setzt die Übernahme von Wohnungsbeschaffungskosten voraus, dass der zuvor örtlich zuständige kommunale Träger eine entsprechende **→Zusicherung** gegeben hat. Auf die Zusicherung kann nur in besonderen Fällen verzichtet werden, etwa bei einem aus beruflichen Gründen dringend erforderlichen Wohnungswechsel (LSG NRW 23.9.2009 – L 19 B 39/09 AS) oder bei treuwidriger Verweigerung der Zusicherung durch den kommunalen Träger (LSG NRW 3.7.2009 – L 19 B 138/09 AS ER).

In formeller Hinsicht muss die Zusicherung nach § 34 Abs. 1 S. 1 SGB X im Voraus **in schriftlicher Form** erteilt worden sein. Die Zusicherung soll – dh in der Regel muss – erteilt werden, wenn die Voraussetzungen des § 22 Abs. 6 S. 2 SGB II vorliegen, also die **Notwendigkeit des**

Umzugs oder seine Veranlassung durch den kommunalen Träger. Nach dem Wortlaut des § 22 Abs. 6 S. 1 SGB II („kann") liegt selbst bei vorheriger Zusicherung die Übernahme der Wohnungsbeschaffungskosten im Ermessen des kommunalen Trägers. Praktisch ist aber kaum eine Situation denkbar, in der notwendige Wohnungsbeschaffungskosten ermessensfehlerfrei abgelehnt werden können (Eicher/Spellbrink/*Lang/Link* § 22 Rn 87).

Literaturhinweise:
Eicher/Spellbrink/*Lang/Link* § 22 Rn 81 ff

Wohnungserhaltungskosten

Definition: Kosten zur Aufrechterhaltung der Wohnung während längerfristiger Abwesenheit zählen idR nicht zu den nach § 22 SGB II zu tragenden Kosten der Unterkunft.

Rechtsgrundlagen: § 22 Abs. 1 S. 1 u. Abs. 8, § 7 Abs. 4 SGB II

Erläuterungen: Nach § 22 Abs. 1 S. 1 SGB II werden die **→Unterkunftskosten** in Höhe der tatsächlichen Aufwendungen übernommen. Die Anwendung dieser Vorschrift setzt aber schon begrifflich voraus, dass eine Unterkunft vorhanden ist, in der der Leistungsempfänger tatsächlich seinen Lebensschwerpunkt hat. Eine **kurzfristige Abwesenheit** steht der weiteren Übernahme der Unterkunftskosten nicht entgegen, sofern die übrigen Anspruchsvoraussetzungen – insbesondere nach § 7 Abs. 4 a SGB II – erfüllt sind.

Bei einer **längeren Abwesenheit** ist dagegen die Übernahme der Kosten für die Aufrechterhaltung der Wohnung nicht ohne Weiteres möglich. Dies betrifft vor allem die in § 7 Abs. 4 SGB II geregelten Fälle des Aufenthalts in einer stationären Einrichtung oder einer richterlich angeordneten Freiheitsentziehung. Jedenfalls dann, wenn nach dieser Vorschrift der Leistungsanspruch wegen einer **stationären Unterbringung** voraussichtlich über sechs Monate hinaus entfällt, lässt sich auch aus § 22 Abs. 1 S. 1 SGB II kein Anspruch auf Übernahme der Kosten zur Aufrechterhaltung der Unterkunft herleiten. Bei Inhaftierungen neigt die Kommentarliteratur dazu, dieselben zeitlichen Maßstäbe anzulegen (Gagel/*Lauterbach* § 22 SGB II Rn 13; Eicher/Spellbrink/

Lang/Link § 22 Rn 19 a unter Hinweis auf LSG Niedersachsen-Bremen Breith 2006, 680, dem allerdings noch die Vorgängerfassung des § 7 Abs. 4 SGB II zugrunde lag).

Bei einer Abwesenheit, die diese zeitlichen Maßstäbe überschreitet, kommt als Rechtsgrundlage aus dem SGB II für die Übernahme von Unterkunftskosten allenfalls das →**Darlehen** nach § 22 Abs. 8 SGB II in Betracht, insbesondere zur Vermeidung einer Wohnungslosigkeit nach der Haftentlassung (*Gagel/Lauterbach* § 22 SGB II Rn 13). Leistungen zur Erhaltung einer Wohnung nach § 68 Abs. 1 S. 1 SGB XII iVm § 4 der Verordnung zur Durchführung der Hilfe zur Überwindung besonderer sozialer Schwierigkeiten stehen zwar auch Leistungsberechtigten nach dem SGB II offen. Da insoweit aber in erster Linie Beratungs- und Unterstützungsleistungen erbracht werden sollen und für Geldleistungen § 22 Abs. 8 SGB II vorrangig ist, wird sich ein Anspruch auf Wohnungserhaltungskosten auf diese Weise nur selten begründen lassen.

Literaturhinweise:
Gagel/Lauterbach § 22 SGB II Rn 13

Zeitarbeit

→**Leiharbeit**

Zuflussprinzip

Definition: Nach dem Zuflussprinzip zählen Geld und Geldeswerte, die nach Antragstellung zufließen, zum Einkommen.

Rechtsgrundlagen: § 11 SGB II; §§ 1 ff Alg II-V

Erläuterungen: Die Hilfebedürftigkeit gehört zu den das Recht der Grundsicherung für Arbeitsuchende tragenden Voraussetzungen (§ Abs. 1 S. 1 Nr. 3 SGB II, § 9 SGB II). Soweit Einkommen und Vermögen vorhanden und zu berücksichtigen ist, verringern oder beseitigen sie die Hilfebedürftigkeit. §§ 11 und 12 SGB II sowie §§ 1 ff Alg II-V regeln, ob und in welcher Höhe Einkommen oder Vermögen zu berücksichtigen sind, ohne jedoch eine Abgrenzung zwischen beiden Begriffen vorzunehmen. Diese Abgrenzung ist aber erforderlich, da der Gesetzgeber unterschiedliche Ausnahme- und Absetzungstatbestände für Einkommen einerseits und Vermögen andererseits geschaffen hat.

Die Rechtsprechung des BSG nimmt diese Abgrenzung nach dem (modifizierten) Zuflussprinzip vor. Demnach gehören zum Einkommen sämtliche Einnahmen in Geld oder in Geldeswert, die jemand nach Antragstellung wertmäßig dazu erhält (BSG 30.9.2008 – B 4 AS 29/07 R, Rn 18). Auszugehen ist vom tatsächlichen Zufluss, es sei denn, der Gesetzgeber hat etwas anderes bestimmt (modifiziertes Zuflussprinzip). Geld und Geldeswerte, die bereits zum Zeitpunkt der Antragstellung vorhanden waren, zählen ungeachtet ihrer Höhe grundsätzlich zum Vermögen.

Literaturhinweise:
Renn/Schoch/Löcher, Grundsicherung für Arbeitsuchende, 3. Aufl. 2011, Rn 56 ff

Zugelassene kommunale Träger (Experimenierklausel)

Definition: Zugelassene kommunale Träger (teilweise noch als Optionskommunen bezeichnet) sind die in der Anlage zur Kommunalträger-Zulassungsverordnung (KomtrZV) vom 24.9.2004 idF vom 1.12.2010 anstelle der Bundesagentur als Träger der Leistungen nach § 6 Abs. 1 S. 1 Nr. 1 SGB II zugelassenen kreisfreien Städte und Kreise.

Rechtsgrundlagen: §§ 6a-6 c SGB II; KomtrZV; KtEfV

Erläuterungen: Kommunale Träger der Grundsicherung iSd § 6 Abs. 1 S. 1 Nr. 2 SGB II (kreisfreie Städte und Kreise) konnten bereits seit Inkrafttreten des SGB II im Rahmen des als **Experimentierklausel** bezeichneten § 6 a SGB II aF auf Antrag (deshalb die teilweise noch immer gängige Bezeichnung „Optionskommunen") im Wege der Erprobung anstelle der Bundesagentur für Arbeit als Träger der Leistungen nach § 6 Abs. 1 S. 1 Nr. 1 SGB II zugelassen werden. Ihre Zahl war jedoch auf höchstens 69 Zulassungen begrenzt. Ihre verfassungsrechtliche Grundlage fand diese Organisationsstruktur in Art. 91 e Abs. 2 GG. Danach kann der Bund zulassen, dass eine begrenzte Anzahl von Gemeinden und Gemeindeverbänden auf ihren Antrag und mit Zustimmung der obersten Landesbehörde die Aufgaben der gemeinsamen Einrichtungen allein wahrnimmt. Die notwendigen

Ausgaben einschließlich der Verwaltungsausgaben hat nach diesen Vorgaben der Bund zu tragen, soweit die Aufgaben bei einer Ausführung von Gesetzen nach § 91 Abs. 1 GG vom Bund wahrzunehmen sind.

Nach der nunmehr geltenden Gesetzesfassung konnten die Zulassungen der seinerzeit zugelassenen kommunalen Träger auf Antrag über den 31.12.2010 hinaus **unbefristet verlängert** werden, wenn sie sich innerhalb einer , verpflichteten eine Zielvereinbarung über die SGB II-Leistungen mit der zuständigen Landesbehörde zu schließen und Daten gemäß der Verordnung zur Erhebung der Daten nach § 51 b SGB II (VOErhDSGBII) an die Bundesagentur zu übermitteln, um bundeseinheitliche Datenerfassung, Ergebnisberichterstattung, Wirkungsforschung und Leistungsvergleiche zu ermöglichen. Die Experimentierphase ist somit beendet. Die auf dieser Grundlage derzeit zugelassenen kommunalen Träger sind in Anlage zur Kommunalträger-Zulassungsverordnung (**KomtrZV**) vom 24.9.2004 idF vom 1.12.2010 benannt. Darin sind bereits neuerliche Zulassungen wegen zwischenzeitlicher kommunaler Neugliederungen berücksichtigt worden (vgl hierzu § 6 a Abs. 7 SGB II).

Weiteren kommunalen Trägern kann gemäß § 6 a Abs. 2 SGB II auf Antrag (beachte das Erfordernis einer 2/3 Mehrheit in den kommunalen Gremien) in begrenzter Zahl (höchstens 25 Prozent der zum 31.12.2010 bestehenden Arbeitsgemeinschaften iSd § 44 b SGB II aF, zugelassenen Träger und Kreisen/kreisfreien Städte (dh 41 Stück, Groth/Luik/Siebel-Huffmann/*Luik*, Das neue Grundsicherungsrecht, Rn 102), in denen keine Arbeitsgemeinschaft errichtet wurde) vom Bundesministerium für Arbeit und Soziales durch Rechtsverordnung die unbefristete (§ 6 a Abs. 4 S. 3 SGB II) Zulassung erteilt werden, wenn sie neben den bereits genannten, für die ursprünglich zugelassenen kommunalen Trägern geltenden Voraussetzungen

- geeignet sind, die Aufgaben zu erfüllen,

- sich verpflichten, eine besondere Einrichtung nach § 6 a Abs. 5 SGB II zu schaffen,

- sich verpflichten, mindestens 90 Prozent der Beamtinnen und Beamten, Arbeitnehmerinnen und Arbeitnehmer der Bundesagentur, die zum Zeitpunkt der Zulassung mindestens seit 24 Monaten in der im Gebiet des kommunalen Trägers gelegenen Arbeitsgemeinschaft oder Agentur für Arbeit in getrennter Aufgabenwahrnehmung im Aufgabenbereich nach § 6 Abs. 1 S. 1 SGB II tätig waren, vom Zeitpunkt der Zulassung an, dauerhaft zu beschäftigen (vgl zu den Einzelheiten des Personalübergangs § 6 c SGB II).

Auf der Grundlage des § 6 a Abs. 3 SGB II hat das Bundesministerium für Arbeit und Soziales die Voraussetzungen der Eignung und deren Feststellung sowie die Verteilung der Zulassung auf die Länder in der Kommunalträgerfeststellungsverordnung (**KtEfV**) geregelt. Namentlich hat der antragstellende kommunale Träger neben der Führung des vergangenheitsbezogenen Nachweises seiner Fähigkeit zur Aufgaben- und Zielerfüllung (§ 3 Abs. 2 KtEfV) verschiedene Konzepte zu seiner Einigung einzureichen (§ 2 Abs. 1, § 3 Abs. 1, 3–5 KtEfV):

- Konzept zur organisatorischen Leistungsfähigkeit,

- Konzept für eine überregionale Arbeitsvermittlung,

- Konzept für ein transparentes internes Kontrollsystem,

- Konzept für den Übergang der Aufgabenwahrnehmung.

Der Zulassungsantrag konnte zunächst nur bis zum 31.12.2010 mit Wirkung zum 1.1.2012 gestellt werden. Eine weitere Möglichkeit der Antragstellung sieht § 6 a Abs. 3 SGB II für den Zeitraum vom 30.6.2015 bis zum 31.12.2015 mit Wirkung zum 1.1.2017 vor.

Widerruf und **Ende der Trägerschaft** regelt § 6 a Abs. 6 SGB II.

Die **Rechtswirkung der Zulassung** liegt im gesetzlichen Übergang der Zuständigkeit, Aufgaben, Rechte und Pflichten in Bezug auf die Erbringung der Leistungen nach § 6 Abs. 1 S. 1 Nr. 1 SGB II von der Bundesagentur für Arbeit auf den zugelassenen kommunalen Träger (§ 6 b Abs. 1 SGB II) bei (ggf pauschalierender) Kostentragung durch den Bund (§ 6 b Abs. 2 SGB II). Nähere haushalts- und rechnungsprüfrechtliche Bestimmungen ergeben sich aus § 6 b Abs. 2 a–5 SGB II.

Auch die zugelassenen kommunalen Träger tragen die Bezeichnung „Jobcenter" (§ 6 d SGB II) und haben sowohl örtliche Beiräte zu bilden (§ 18 d SGB II) als auch Beauftragte für Chancengleichheit am Arbeitsmarkt zu bestellen (§ 18 e SBG II).

Literaturhinweise:
Dauderstädt GdS 2010 Nr. 4, 14–16; GK-SGB II/*Buchheim* §§ 6 a–6 c; *Groth/Luik/Siebel-Huffmann/Luik*, Das neue Grundsicherungsrecht, Rn 98 ff; *Luthe* ZfF 2011, 1–4; *Nakielski* SozSich 2010, 165–173; *Ruschmeier* ZfF 2010, 50–54; *Ruschmeier/Werner* ZfF 2010, 265, 276

Zumutbarkeit

Definition: Zumutbarkeit ist ein unbestimmter Rechtsbegriff, der im Zusammenhang mit der Annahme von Arbeitsangeboten, Eigenbemühungen und Eingliederungsmaßnahmen die Grenze der Verpflichtung und der hinnehmbaren Belastungen von Arbeitsuchenden konkretisieren soll.

Rechtsgrundlagen: §§ 2 Abs. 1 S. 3, 10, 31 Abs. 1 S. 1 Nr. 1 bis 3 SGB II

Erläuterungen: Die Formulierung der Zumutbarkeit ist eine zentrale Kategorie im Regelungskonzept des Gesetzgebers. Damit werden die zentralen Elemente des Forderns (→**Fördern und Fordern**) und der Aktivierung (→**Aktivierungshilfen**) für den Einzelfall handhabbar gemacht. Die gesetzliche Struktur der Zumutbarkeit geht von dem Grundsatz aus, dass für arbeitslose Leistungsberechtigte (und auch für erwerbstätige Hilfebedürftige, die ergänzend Arbeitslosengeld II beziehen) jede **Arbeit zumutbar** ist, es sei denn, einer der Ausnahmetatbestände greift ein (§ 10 Abs. 1 SGB II). Aus dem Grundsatz folgt, dass es im Rahmen des Bezugs von Arbeitslosengeld II keinen Berufsschutz gibt; der Leistungsberechtigte hat keinen Anspruch auf eine Tätigkeit, die der vorhandenen **Qualifikationen** entspricht. Soweit wie möglich müssen jedoch die angemessenen Wünsche der Leistungsberechtigten berücksichtigt werden (§ 33 SGB I). Ebenso hat das Jobcenter im Rahmen der verfügbaren Arbeitsstellen nach den geltenden Vermittlungsgrundsätzen (§ 16 Abs. 1 S. 1 SGB II und § 35 Abs. 2 S. 2

SGB III →**Vermittlung**) Neigung, Eignung und Leistungsfähigkeit der Arbeitsuchenden zu berücksichtigen. Eine **schlechtere Vergütung** der Arbeitstätigkeit als aus vorangegangenen Tätigkeiten muss grundsätzlich hingenommen werden. Gesetzliche Grenzen sind jedoch einzuhalten. Eine Vergütung unterhalb gesetzlicher Mindestlöhne oder für allgemeinverbindlich erklärter Tarifverträge ist unzumutbar. Ebenso darf die Grenze der Sittenwidrigkeit nicht unterschritten werden. Eine Arbeitstätigkeit muss jedoch auch dann angenommen werden, wenn das erzielte Einkommen nicht ausreicht, um den eigenen Bedarf bzw den Bedarf der Bedarfsgemeinschaft abzudecken. Sofern die gesetzlichen Bestimmungen eingehalten sind, ist auch die Verpflichtung zur Annahme einer Tätigkeit bei einem Zeitarbeitsunternehmen (→**Leiharbeit**) zumutbar. Auch eine schlechtere Erreichbarkeit der Arbeitsstelle muss hingenommen werden. Üblicherweise wird bei einer Vollzeitstelle eine tägliche Pendelzeit von insgesamt drei Stunden als zumutbar angesehen (Dienstanweisung der Bundesagentur zu § 10 SGB II). Gründe, die ausnahmsweise zu einer Unzumutbarkeit von Erwerbsarbeit führen, werden in § 10 Abs. 1 Nr. 1 bis 4 SGB II konkret aufgeführt: Überschreitung der körperlichen, geistigen oder seelischen Leistungsfähigkeit, wesentliche Erschwerung einer künftigen qualifizierten Arbeit, Kindererziehung, Pflege von Angehörigen. Als offener Tatbestand kommt noch eine Unzumutbarkeit hinzu, wenn dafür ein →**wichtiger Grund** vorliegt (§ 10 Abs. 1 Nr. 5 SGB II). Der wichtige Grund muss ähnlich schwerwiegend sein wie die anderen Unzumutbarkeitsgründe. Hierunter fallen bspw gesundheitsgefährliche, demütigende oder ausbeuterische Arbeitsverhältnisse, denen aber auch wesentliche Grundrechtsbeeinträchtigungen wie zB die Glaubens- und Bekenntnisfreiheit. Erfasst werden auch die drohende Verletzung von erheblichen Persönlichkeitsrechten oder eine schwerwiegende Beeinträchtigung von Ehe- und Familienleben.

Alle gesetzlich in Betracht kommend Eingliederungsmaßnahmen (§ 16 Abs. 1 SGB II iVm den →**Eingliederungsleistungen** aus dem SGB III und die in §§ 16 a bis 16 g SGB II vorgesehenen Eingliederungsleistungen) sind grundsätzlich als zumutbar anzusehen. Eine ausnahmsweise Unzumutbarkeit kommt aus den gleichen Gründen wie bei der Unzumutbarkeit von Erwerbsarbeit in Betracht. Zusätzlich muss das Jobcenter die Eignung der Maßnahme und deren Qualität konkret festgestellt haben und es muss eine verbindliche Zusicherung vorliegen, dass die Maßnahmekosten übernommen werden.

Rechtsfolge bei der Ablehnung zumutbarer Erwerbsarbeit ist gemäß § 31 Abs. 1 S. 1 Nr. 2 SGB II eine →Sanktion. Entsprechendes gilt für die Ablehnung einer zumutbaren Eingliederungsmaßnahme bzw deren Abbruch nach § 31 Abs. 1 S. 1 Nr. 3 SGB II. Schließlich ist die Zumutbarkeit eine maßgebliche Kategorie bei der Pflicht zu →Eigenbemühungen. Die konkret vorgesehenen Verpflichtungen sollen sich aus der →Eingliederungsvereinbarung ergeben bzw durch einen die Eingliederungsvereinbarung ersetzenden Verwaltungsakt festgelegt werden. Bei derartigen Regelungen müssen die Grenzen der Zumutbarkeit allerdings entsprechend beachtet werden.

Literaturhinweise:
Eicher/Spellbrink/*Rixen* § 10 Rn 9 ff; *Geiger*, Leitfaden zum Arbeitslosengeld II, 8. Aufl. 2011, S. 152 ff

Zusicherung

Definition: Zusicherung ist im Grundsicherungsrecht die vor einem Umzug durch den Leistungsberechtigten bei dem örtlich zuständigen kommunalen Träger einzuholende schriftliche Zusage mit Verwaltungsaktcharakter, die Aufwendungen für die neue Unterkunft nach dem Umzug im Rahmen der Ermittlung des Grundsicherungsleistungsanspruchs zu berücksichtigen sowie gegebenenfalls Wohnungsbeschaffungskosten, Umzugskosten und eine Mietkaution zu übernehmen, weil der Umzug als erforderlich und die Aufwendungen für die neue Unterkunft als angemessen angesehen werden können bzw – wenn der Hilfebedürftige das 25. Lebensjahr noch nicht vollendet hat – weil der Betroffene aus schwerwiegenden sozialen Gründen nicht auf die Wohnung der Eltern oder eines Elternteils verwiesen werden kann, der Bezug der Unterkunft zur Eingliederung in den Arbeitsmarkt er-

forderlich ist oder ein sonstiger, ähnlich schwerwiegender Grund vorliegt.

Rechtsgrundlage: § 22 Abs. 4, 5 u. 6 SGB II iVm § 34 SGB X

Erläuterungen: Um eine Kostensteigerung aufgrund eines nicht erforderlichen **Umzugs** zu vermeiden, verlangt § 22 Abs. 4 S. 1 SGB II, dass vor Abschluss eines Vertrags über eine neue Unterkunft die Zusicherung des für die Leistungserbringung bisher örtlich zuständigen kommunalen Trägers zu den Aufwendungen für die neue Unterkunft eingeholt werden soll.

Funktion dieses Zusicherungsverfahrens ist es, dem Betroffenen Rechtssicherheit hinsichtlich der künftigen Deckung der Kosten der Unterkunft zu gewähren. Die Regelung soll weitergehende finanzielle Schwierigkeiten des Hilfebedürftigen vermeiden helfen, die durch eine Nichtberücksichtigung der neuen Unterkunftskosten bei der künftigen Leistungsanspruchsermittlung entstehen können. Vor Leistungsbeginn bzw Erstantragstellung bedarf es einer Zusicherung grundsätzlich nicht (beachte aber § 22 Abs. 5 S. 4 SGB II für Personen, die das 25. Lebensjahr noch nicht vollendet haben).

Die Zusicherung stellt ihrem **Rechtscharakter** nach eine Zusage des gemäß § 22 Abs. 4 SGB II bislang für die Leistungserbringung und nunmehr für die Zusicherung zuständigen kommunalen Trägers dar, dass die Kosten der neuen Unterkunft als angemessene nach dem Umzug in der Bedarfsermittlung und dem darauf begründeten Leistungsverwaltungsakt berücksichtigt würden. Die Zusicherung ist folglich eine solche nach § 34 SGB X, zu deren Wirksamkeit die schriftliche Form erforderlich ist. Der für den Ort der neuen Unterkunft örtlich zuständige kommunale Träger ist insoweit zu beteiligen.

Der kommunale Träger ist zur Zusicherung nur verpflichtet, wenn der Umzug erforderlich ist und die Aufwendungen für die neue Unterkunft angemessen sind.

Es wird diskutiert, ob das Zusicherungsverfahren eine Einschränkung des Grundrechts auf **Freizügigkeit** (Art. 11 Abs. 1 GG) darstellt. Das hierdurch geschützte Recht aller Deutschen, an jedem Ort innerhalb des Bundesgebiets Aufenthalt und Wohnsitz zu nehmen bzw diesen innerhalb des Bundesgebiets zu wechseln, wird nach den Maßstäben der Rechtsprechung des Bundesverfassungsgerichts (BVerfG NVwZ 2005, 797–800, zum Wohnortzuweisungsgesetz) zwar nicht unmittelbar beschränkt. Die Umzugsregelungen knüpfen an eine solche Wahl nur eine sozialrechtlich nachteilige Rechtsfolge. Grundrechte können aber auch durch mittelbare Maßnahmen beeinträchtigt sein. Das Grundgesetz bindet den Schutz vor Grundrechtsbeeinträchtigungen nicht an den Begriff des Eingriffs oder gibt diesen inhaltlich vor. Auch staatliche Maßnahmen, die eine mittelbare oder faktische Wirkung entfalten, können Grundrechte beeinträchtigen und müssen daher von Verfassungs wegen hinreichend gerechtfertigt sein. Solche Maßnahmen können in ihrer Zielsetzung und Wirkung einem normativen und direkten Eingriff gleichkommen und müssen dann wie dieser behandelt werden. Zielsetzung des Zusicherungsverfahrens ist es jedoch nicht, den Inhaber des Grundrechts an den Zuweisungsort zu binden. Anders als beispielsweise die Regelungen des Wohnortzuweisungsgesetzes hat die Zusicherungsregelung keine Lastenverteilungsfunktion. Auch hat die Vorschrift keine entsprechende faktische Wirkung, da der Grundsicherungsträger grundsätzlich zur Zustimmung verpflichtet ist, falls der Umzug erforderlich ist und die Aufwendungen für die neue Wohnung angemessen sind. Anderes anzunehmen würde heißen, Art. 11 Abs. 1 GG den Bedeutungsgehalt eines Leistungsgrundrechts im Sinne einer Gewährleistung zuzumessen, jeglichen Freizügigkeitswunsch auf Kosten der Allgemeinheit zu finanzieren.

Allerdings gebieten diese Feststellungen eine grundrechtskonforme Auslegung der tatbestandlichen Voraussetzungen einer Zusicherung zum Umzug, nämlich der Merkmale der Erforderlichkeit und der Angemessenheit der nachfolgend entstehenden Unterkunftskosten. **Erforderlich** ist ein Umzug demnach immer dann, wenn eine Person, die nicht auf Sozialleistungen angewiesen ist und damit die entstehenden Kosten des Umzugs selbst übernehmen müsste, aus plausiblen Gründen ebenfalls umziehen würde. Insoweit ist u.a. ein Vergleich der derzeitigen Kosten mit den künftigen Kosten anzustellen, wobei bei letzteren die Umzugskosten und die Wohnungsbeschaffungskosten einzurechnen sind. Etwaig entstehende

Mehrkosten sind den berechtigten Interessen des Hilfebedürftigen an dem Umzug gegenüberzustellen. **Angemessen** sind die neu entstehenden Kosten der Unterkunft, wenn sie sich an den örtlichen Gegebenheiten des Zuzugsorts orientieren. Eines nochmaligen Vergleiches mit den vormaligen Unterkunftskosten unter Berücksichtigung der Umzugskosten bedarf es nicht.

Eine **Sondervorschrift** sieht § 22 Abs. 5 SGB II für Personen vor, die das **25. Lebensjahr** noch nicht vollendet haben. Wenn diese umziehen, werden ihnen Leistungen für die Zeit nach einem Umzug bis zur Vollendung des 25. Lebensjahres nur erbracht, wenn der kommunale Träger dies vor Abschluss des Vertrags über die Unterkunft zugesichert hat. Die Intention des Gesetzes wird aus der Vorschrift des § 22 Abs. 5 S. 4 SGB II deutlich, der den Willen des Gesetzgebers zum Ausdruck bringt, die missbräuchliche Schaffung der Voraussetzungen und Arbeitslosengeld II-Leistungen auf Kosten der Allgemeinheit, insbesondere für den Unterkunftsbereich, zu vermeiden. Danach werden Leistungen für Unterkunft und Heizung Personen, die das 25. Lebensjahr noch nicht vollendet haben, nicht erbracht, wenn diese vor der Beantragung von Leistungen in eine Unterkunft in der Absicht umziehen, die Voraussetzung für die Gewährung der Leistungen herbeizuführen. Anders als bei der allgemeinen Umzugsregelung des § 22 Abs. 4 SGB II ist in Bezug auf die Sonderregelung des § 22 Abs. 5 SGB II in der Tat von einem Eingriff in den Schutzbereich des Art. 11 Abs. 1 GG auszugehen. Denn die Voraussetzungen, an welche die Zusicherungserteilung geknüpft sind, verdeutlichen, dass die Vorschrift gerade die Intention hat, den Inhaber des Grundrechts an den bisherigen Unterkunftsort zu binden. Darin liegt eine mittelbare zielgerichtete Beeinträchtigung des Grundrechts iSd Rechtsprechung des Bundesverfassungsgerichts (aaO). Dieser ist allerdings grundsätzlich über die Grundrechtsschranke des Art. 11 Abs. 2 GG zu rechtfertigen, weil es sich bei § 22 Abs. 5 SGB II um eine gesetzliche Vorschrift zur Regelung eines Falls handelt, in dem eine ausreichende Lebensgrundlage nicht vorhanden ist und der Allgemeinheit durch die Ausübung des Freizügigkeitsrechts besondere Lasten entstehen würden. Allerdings ist der Anwendungsbereich der Vorschrift bei verfassungskonformer Auslegung auf die – auch aus § 22 Abs. 5 S. 4 SGB II erkennbare – Intention zu reduzieren, dass Mehrkosten vermieden werden sollen, die deshalb entstehen, weil eine Person unter 25 Jahren aus einer bestehenden Bedarfsgemeinschaft auszieht. Hierauf ist der Anwendungsbereich der Vorschrift zu reduzieren. Es wäre kein legitimes Ziel erkennbar, den Betroffenen auch nach Erteilung einer erstmaligen Zusicherung aus Anlass eines weiteren Umzugs den besonderen Einschränkungen des § 22 Abs. 5 SGB II zu unterwerfen, falls sich die erstmalige Zusicherung auf die Übernahme der Unterkunftskosten als Alleinstehender bezog. Die Verhältnismäßigkeit des Grundrechtseingriffs in das Recht auf Freizügigkeit (Art. 11 Abs. 1 GG) wäre nicht mehr gewahrt. Gleichzeitig wäre eine sachlich nicht zu rechtfertigende Gleichheitswidrigkeit (Art. 3 Abs. 1 GG) anzunehmen.

Zu einer Zusicherung nach vorstehenden Maßgaben ist der kommunale Träger **verpflichtet**, wenn der Betroffene aus schwerwiegenden sozialen Gründen nicht auf die Wohnung der Eltern oder eines Elternteils verwiesen werden kann, der Bezug der Unterkunft zur Eingliederung in den Arbeitsmarkt erforderlich ist oder ein sonstiger, ähnlich schwerwiegender Grund vorliegt. Vom Erfordernis der Zusicherung **kann abgesehen werden** (§ 22 Abs. 5 S. 3 SGB II), wenn es dem Betroffenen aus wichtigem Grund nicht zumutbar war, die Zusicherung einzuholen. Eine solche Unzumutbarkeit ist dann gegeben, wenn der Umzug aufgrund besonderer Umstände keinen Aufschub erlaubt und eine vorherige Zusicherung nicht oder nur unter erheblich erschwerten Bedingungen rechtzeitig einzuholen ist. In diesem Fall ist der Behörde ein Ermessen eingeräumt, ungeachtet des grundsätzlichen Zustimmungserfordernisses Leistung zu erbringen. Das Ermessen kann aufgrund der konkreten Umstände des Einzelfalls auf Null reduziert sein.

Regelfolge einer fehlenden Zusicherung ist bei einem nicht erforderlichen Umzug, dass die angemessenen Aufwendungen für Unterkunft und Heizung weiterhin nur in Höhe der bisherigen Kosten berücksichtigt werden (vgl § 22 Abs. 1 S. 2 SGB II). Ziehen allerdings Personen vor die Voll-

endung des 25. Lebensjahres ohne erforderliche Zusicherung um, werden die Kosten der Unterkunft und Heizung überhaupt nicht berücksichtigt (§ 22 Abs. 5 S. 1 SGB II; **Ausschlussfolge**). Gleichzeitig reduzieren sich die für sie zu gewährenden Regelleistungen auf 80 Prozent des Eckregelleistungssatzes (§ 20 Abs. 3 SGB II). Ferner werden nach § 24 Abs. 6 SGB II keine Leistungen für die Erstausstattung für die Wohnung gemäß 24 Abs. 3 S. 1 Nr. 1 SGB II erbracht.

Schließlich ist auch die Übernahme von →**Wohnungsbeschaffungskosten** und Umzugskosten (zB Kosten für Transport, Entsorgung, Helferverpflegung, Nachsendeauftrag oder vorübergehende doppelte Mietzinsen) von der vorherigen Zusicherung durch den bis zum Umzug örtlich zuständigen kommunalen Träger und die Übernahme einer Mietkaution von der vorherigen Zusicherung durch den am Ort der neuen Unterkunft zuständigen kommunalen Träger abhängig (§ 22 Abs. 6 SGB II).

Literaturhinweise:
Hammel ZfSH/SGB 2006, 521–529; Kreikebohm/Spellbrink/Waltermann/ *Knickrehm*, Kommentar zum Sozialrecht, § 22 SGB II Rn 31–39; LPK-SGB II/*Berlit* § 22 Rn 117–133; *Schafhausen* ASR 2008, 94; *Schruth* ZKJ 2008, 360–367; *Spindler* info also 2007, 81–82; *Trenk-Hinterberger* info also 2006, 223; *Winkel* SozSich 2006, 107–108; *Zimmermann* NJ 2010, 400–407

Zuständigkeit

Definition: Zuständigkeit ist die örtliche und sachliche Zuordnung von Verwaltungsaufgaben zu einem Träger der öffentlichen Verwaltung.

Rechtsgrundlagen: §§ 6, 6 a, 36, 44 b SGB II

Erläuterungen: In § 6 Abs. 1 SGB II wird die sachliche Zuständigkeit für Aufgaben nach dem SGB II unter zwei **Grundsicherungsträgern** aufgeteilt. Die in § 6 Abs. 1 S. 1 Nr. 2 SGB II genannten Aufgaben, insbesondere die Kosten der Unterkunft, fallen in den Zuständigkeitsbereich der **kommunalen Träger**. Für alle nicht in Nr. 2 genannten Aufgaben ist nach Nr. 1 die →**Bundesagentur für Arbeit** der zuständige Träger. Die Träger sollen ihre

Aufgaben allerdings nicht jeweils getrennt wahrnehmen, sondern nach § 44 b gemeinsame Einrichtungen mit der Bezeichnung →Jobcenter gründen.

Aus der Sicht der Leistungsberechtigten ist das Jobcenter somit im Regelfall die für alle Leistungen nach dem SGB II **sachlich zuständige Behörde**. Abweichend hiervon sind im Fall der Option nach § 6 a SGB II die zugelassenen kommunalen Träger für alle Aufgaben nach dem SGB II sachlich zuständig. Um sich an den richtigen Ansprechpartner zu wenden, müssen sich Leistungsberechtigte daher informieren, ob sie sich im Zuständigkeitsbereich einer gemeinsamen Einrichtung nach § 44 b SGB II oder einer Optionskommune befinden. Für die **örtliche Zuständigkeit** ist dabei § 36 SGB II maßgeblich. Die örtliche Zuständigkeit richtet sich danach primär nach dem gewöhnlichen Aufenthalt sowie sekundär, falls ein solcher nicht festzustellen ist, nach dem tatsächlichen Aufenthaltsort.

Nach § 16 Abs. 1 S. 1 SGB I müssen **Anträge** auf Leistungen zwar grundsätzlich bei der örtlich und sachlich zuständigen Behörde gestellt werden. § 16 Abs. 1 S. 2 SGB I enthält aber eine Entgegennahmepflicht für alle Leistungsträger. Daher genügt es nicht, wenn die unzuständige Behörde den Antragsteller an die zuständige Stelle weiterverweist. Sie muss den Antrag entgegennehmen und darüber hinaus nach § 16 Abs. 2 S. 1 SGB I unverzüglich an die zuständige Behörde **weiterleiten**. Damit Leistungsberechtigten keine Nachteile aus Irrtümern über die Zuständigkeit entstehen, schreibt § 16 Abs. 2 S. 2 SGB I vor, dass der **Antragszeitpunkt rückwirkend** fingiert wird. Bei einer Leistung wie dem Arbeitslosengeld II, welches nicht nur antragsabhängig ist, sondern auch ab dem Antragszeitpunkt berechnet wird (§ 37 Abs. 2 SGB II), ist diese Regelung von besonderer Bedeutung (näher dazu *Blüggel* SozSich 2009, 193).

Literaturhinweise:
Blüggel, Ohne Antrag keine Leistungen – Grundsicherung nach dem SGB II, SozSich 2009, 193

Zuwendungen der freien Wohlfahrtspflege oder anderer

Definition: Zuwendungen der freien Wohlfahrtspflege oder anderer sind freiwillige, dh nicht auf einer Rechtspflicht beruhende, Leistungen aller Personen oder Stellen, die bestimmungsgemäß oder im konkreten Einzelfall freie (dh nicht öffentliche, sondern auf privater Trägerschaft beruhende) Sorge zugunsten von Hilfebedürftigen betreiben (zB die Verbände der Bundesarbeitsgemeinschaft freier Wohlfahrtsverbände, Religionsgemeinschaften, Vereine, usw).

Rechtsgrundlagen: § 11 a Abs. 4 u. 5 SGB II; § 1 Abs. 1 Nr. 12 Alg II-V

Erläuterungen: § 11 a Abs. 3 SGB II zählt grundsätzlich abschließend das **nichtberücksichtigungsfähige** →Einkommen auf. Weitere Positionen ergeben sich aus § 1 Alg II-V. Nach § 11 a Abs. 4 SGB II sind **Zuwendungen der freien Wohlfahrtspflege** unter den dortigen Maßgaben nicht als Einkommen bei der Ermittlung der Hilfebedürftigkeit (§ 9 Abs. 1 SGB II) zu berücksichtigen, mindern also den bedarfsbezogenen Leistungsanspruch gegenüber dem Grundsicherungsträger nicht.

Unter **Zuwendungen der freien Wohlfahrtspflege** sind die freiwilligen Leistungen aller Personen oder Stellen zu verstehen, die freie (dh nicht öffentliche) Wohlfahrtspflege zugunsten von Hilfebedürftigen betreiben. Freiwillige Leistungen sind dadurch gekennzeichnet, dass sie nicht auf einer Rechtspflicht beruhen. Insbesondere darf sie der Hilfebedürftige weder rechtlich einfordern noch gar durchsetzen können. Die freie Wohlfahrtspflege zeichnet sich dadurch aus, dass sie nichtstaatlicher Natur ist, dh auf privatrechtlicher Trägerschaft beruht. Sie verfolgt bestimmungsgemäß die Zwecksetzung der Sorge um Hilfebedürftige. Dabei können die Art der Sorge und die Gruppe der Hilfebedürftigen ebenso eingegrenzt wie unspezifiziert sein. Organisatorische Anforderungen sind keine zu stellen. Zur freien Wohlfahrtspflege zählen nicht nur die Verbände der Bundesarbeitsgemeinschaft freier Wohlfahrtsverbände (dh des Zusammenschlusses der Spitzenverbände der freien Wohlfahrtspflege: Arbeiterwohlfahrt, Deutscher Caritasverband, Der Paritätische Gesamtverband, Deutsches Rotes Kreuz, Diakonisches Werk der Evangelischen Kirche in Deutschland, Zentralwohlfahrtstelle der Juden in Deutschland), sondern jede Vereinigung entsprechender Zwecksetzung. Auch Einzelpersonen, welche sich einer entsprechenden

Zielsetzung verschrieben haben und nicht lediglich im konkreten Einzelfall Zuwendungen tätigen, sind hierunter zu fassen.

Kennzeichnend für die Regelung des § 11 a Abs. 3 SGB II ist, dass die Leistungen der Träger der freien Wohlfahrtspflege nur dann nicht berücksichtigt werden dürfen, soweit sie die Lage der Empfänger nicht so günstig beeinflussen, dass daneben Leistungen nach dem SGB II nicht gerechtfertigt wären. Mit Wirkung vom 1.1.2011 wird dagegen nicht mehr die weitere Voraussetzung abverlangt, dass die Zuwendungen einem **anderen Zweck** als die Grundsicherungsleistungen dienen müssen, was ohnehin – mit gutem Grund – bereits zuvor durch § 1 Abs. 1 Nr. 3 Alg II-V aF weitgehend unterlaufen worden war, als dieser vorsah, dass zweckidentische unter den gleichen Voraussetzungen wie zweckdifferente Zuwendungen der freien Wohlfahrtspflege von der Berücksichtigung als einzusetzendes Einkommen auszunehmen seien, wenn sie nur die Lage des Empfängers nicht so günstig beeinflussen würden, dass daneben Leistungen nach dem SGB II nichtgerechtfertigt wären. Klare Kriterien hierfür haben sich trotzdem in der Rechtsprechung noch nicht herausgebildet. Die Durchführungshinweise der Bundesagentur für das SGB II in der vor dem 1.1.2011 geltenden Fassung hielten eine solche „**Gerechtfertigkeitsprüfung**" für entbehrlich, wenn die Einnahmen und Zuwendungen einen Betrag in Höhe einer halben monatlichen Regelleistung gemäß § 20 Abs. 2 S. 1 SGB II nicht übersteigen. Dies sollte für jedes Mitglied einer Bedarfsgemeinschaft separat gelten, wenn mehrere Mitglieder der Bedarfsgemeinschaft zweckbestimmte Einnahmen hätten. Aus dieser Verwaltungspraxis wird deutlich, dass mit dieser Prüfung in erster Linie Missbrauch vorgebeugt werden soll.

Zuwendungen Dritter, die keine solchen der freien Wohlfahrtspflege darstellen, können unter den Voraussetzungen des § 11 a Abs. 5 SGB II nunmehr ebenfalls losgelöst von ihrer Zweckbestimmung unberücksichtigt bleiben, soweit ihre Berücksichtigung für die Leistungsberechtigten grob unbillig wäre oder sie die Lage der Leistungsberechtigten nicht so günstig beeinflussen, dass daneben Leistungen nach dem SGB II **nicht gerechtfertigt** wären. Für die letztere Konstellation kann

auf das zu den Zuwendungen der freien Wohlfahrtspflege Ausgeführte verwiesen werden. Nach der Gesetzesbegründung sollen damit namentlich gelegentliche oder regelmäßige Zuwendungen Anderer, die üblich und auch gesellschaftlich akzeptiert sind, ohne Berücksichtigung bleiben (zB ein geringfügiges monatliches Taschengeld seitens der Großeltern oder Urgroßeltern; vgl BR-Drucks. 661/10, 152).

Für die Alternative der **groben Unbilligkeit** hatte der Gesetzgeber Fallgestaltungen vor Augen, bei denen eine Berücksichtigung des zugewendeten Betrages – ohne Rücksicht auf die Höhe der Zuwendung – nicht akzeptabel wäre und die Zuwendung erkennbar nicht auch zur Deckung des physischen Existenzminimums verwendet werden soll. Dies betrifft nach der Gesetzesbegründung beispielsweise Soforthilfen bei Katastrophen, gesellschaftliche Preise zur Ehrung von Zivilcourage, Ehrengaben aus öffentlichen Mitteln (zB bei Alters- oder Ehejubiläum, Lebensrettung), Spenden aus Tombolas für bedürftige Menschen, insbesondere in der Vorweihnachtszeit. Auch die teilweise erbrachten „Begrüßungsgelder" für Neugeborene sollen hierunter fallen; durch die Nichtberücksichtigung als Einkommen könne aber der Bedarf für die Erstausstattung bei Geburt (teilweise) gedeckt sein. „Obergrenze" für die Nichtberücksichtigung" derartiger Zuwendungen seien die geltenden Vermögensfreibeträge, da die Zuwendung im Monat nach dem Zufluss Vermögen darstellen würden. Eine Berücksichtigung der Zuwendung als Vermögen sei dann nicht automatisch „besonders hart" im Sinne des § 12 Abs. 3 S. 1 Nr. 6 SGB II (BR-Drucks. 661/10, 152).

Literaturhinweise:
Groth/Luik/Siebel-Huffmann, Das neue Grundsicherungsrecht, 2011, Rn 439–445; Kreikebohm/Spellbrink/ *Becker*, Kommentar zum Sozialrecht, § 11 a SGB II Rn 7; LPK-SGB II/*Geiger* § 11 Rn 14; *Rixen* SGb 2008, 501–505; *Schwede* dbr 2009, Nr. 5, 18–19

Zweckbestimmte Einkünfte

Definition: Zweckbestimmte Einkünfte sind Einkünfte, die aufgrund öffentlich-rechtlicher Grundlage zu einem ausdrücklich genannten Zweck erbracht werden.

Rechtsgrundlagen: §§ 11, 11 a Abs. 3 SGB II

Erläuterungen: Leistungen, die aufgrund öffentlich-rechtlicher Grundlage zu einem ausdrücklich genannten Zweck erbracht werden, sind nur soweit als Einkommen zu berücksichtigen, als die Grundsicherungsleistungen demselben Zweck dienen (§ 11 a Abs. 3 S. 1 SGB II). Ziel dieser Regelung ist zum einen zu verhindern, dass die besondere Zweckwirkung einer Leistung durch ihre Berücksichtigung als Einkommen im SGB II verfehlt wird, zum anderen sollen Doppelleistungen zur Erfüllung ein und desselben Zweckes ausgeschlossen werden (BSG 5.9.2007 – B 11 b AS 15/06 R, Rn 28; BSG 30.9.2008 – B 4 AS 19/07 R, Rn 14).

Zweckbestimmt ist eine Leistung dann, wenn sie „final für etwas" (BSG 30.9.2008 – B 4 AS 57/07 R, Rn 25) erbracht wird. Die Zweckbestimmung muss sich ausdrücklich aus der gesetzlichen Vorschrift ergeben.

Zweckbestimmte Leistungen in diesem Sinne sind beispielsweise Aufwandsentschädigungen für Blutspenden, Aufwandsentschädigungen für Mitglieder kommunaler Vertretungen oder sonstiger ehrenamtlicher Tätigkeiten, das bei Maßnahmen in Werkstätten für behinderte Menschen erbrachte Ausbildungsgeld (BSG 18.1.2011 – B 4 AS 90/10 R, Rn 20 ff) sowie ein pauschaler Anteil in Höhe von 20 v.H. der BAföG-Leistungen (BSG 17.3.2009 – B 14 AS 63/07 R, NDV-RD 2009, 116, 118).

Literaturhinweise:

Renn/Schoch/Löcher, Grundsicherung für Arbeitsuchende, 3. Aufl. 2011, Rn 93 ff